Aschner

Technik der Konstitutionstherapie

Technik der Konstitutionstherapie

mit 150 Fallbeispielen aus der Praxis

Von Dr. med. Bernhard Aschner ✝

7. Auflage

Vollständig neu bearbeitet und ergänzt
von HDoz. Dr. med. Ingo W. Müller

HAUG

Karl F. Haug Verlag · Heidelberg

Die Deutsche Bibliothek - CIP-Einheitsaufnahme

Aschner, Bernhard:
Technik der Konstitutionstherapie : mit 150 Fallbeispielen aus der Praxis /
von Bernhard Aschner.
- 7. Aufl. / vollst. neu bearb. und erg. von Ingo W. Müller.
- Heidelberg : Haug, 1995
(Erfahrungsheilkunde, Naturheilverfahren)
ISBN 3-7760-1411-3
NE: Müller, Ingo Wilhelm [Bearb.]

Titel-Nr. 2411 • ISBN 3-7760-1411-3

Druck und Verarbeitung: Druckhaus Darmstadt GmbH, 64295 Darmstadt

Inhalt

Some Reflections on the Life of my Father, Dr. Bernhard Aschner

My father was a man of broad and varied interests: he had a keen appreciation of nature, enjoyed sports, swimming, hiking, skiing. He played the piano well, was widely read in the classics, and was a gifted story teller. An outgoing person, he delighted in good conversation, and our home was the scene of many parties. His consuming passion, however, was the pratice of medicine, which he considered an art as well as a science. While mindful of the technological and diagnostic advances of his day, he was struck by the inability of the physicians to treat successfully most chronic conditions such as heart disease, arthritis, high blood pressure, obesity and mental illness. It was his belief that from the history of medicine could be culled many remedies and treatments worth preserving and incorporating into modern practice. His work earned him both unprecedented success and fame as well as criticism from the medical establishment. His energy and productivity were astouning. Even in later life, he would rise at six AM and spend several hours studying and writing before seeing patients in his office, hospitals and clinics where he was on staff, as well as paying home visits, as was the custom in those days.

On his seventieth birthday, a lecture was given in his honor at the John´s Hopkins University by Dr. H. Sigerist, Professor of the History of Medicine at that institution. He said: " ... it must give him great satisfaction to know that he has helped innumerable human beings, has considerably enriched medical science, and that there are people in all countries who see in him a courageous pioneer.“

Thirty-five years after his death his spirit lives on, in the memory of those who were privileged to know him, in his writings, and magically and mysteriously in his grandsons Dr. Andrew Laster and Dr. Steven Laster who have chosen the field of medicine as their life´s work.

Elizabeth Aschner Laster,
New York, March 1995

Vorwort des Herausgebers und Bearbeiters

Die Neuauflage eines Werkes, das seit rund sechs Jahrzehnten kontinuierlich seine Käufer und Leser findet, bedarf keiner Rechtfertigung. Die ständige Nachfrage spricht für seine Qualität. „Longseller" dieser Art sind selten. Sie gehören zweifellos zu den Klassikern. Daran wäre an sich noch nichts Ungewöhnliches. Denn gute Literatur findet fast immer das Wohlwollen des Publikums.

Das Besondere in diesem Fall ist aber, daß es sich nicht um ein Stück schöngeistiger Literatur handelt, sondern um ein medizinisches Fachbuch. Bücher aus diesem Bereich haben üblicherweise die Eigenschaft, daß sie zu einem beträchtlichen Teil bereits bei Erscheinen veraltet sind; so rasant sind die Veränderungen in der Wissenschaft. Sie erfordern, wenn sie Bestand haben sollen, in kurzen Abständen Neubearbeitungen. Dieses Buch des am 9.3.1960 in New York verstorbenen Arztes dagegen ist zuletzt noch 1984 in unveränderter sechster Auflage gedruckt worden.

Man könnte es also mit Fug und Recht als einen medizinhistorischen Klassiker bezeichnen. Werke, die als geschichtliche Dokumente betrachtet werden, bedürfen keiner Aktualisierung mehr, sondern sollten buchstabengetreu den Charakter des Originals bewahren. Aber in diese Kategorie will das Buch nicht so recht passen. Rein medizinhistorische Werke sind in der Regel Ladenhüter, von denen sich weltweit höchstens einige hundert Exemplare absetzen lassen; sie verstauben in Spezialbibliotheken.

Aschners „Technik der Konstitutionstherapie" dagegen wird von einem breiten Fachpublikum gekauft, um gelesen und benutzt zu werden. Es enthält also offensichtlich eine Fülle von wertvollen Erkenntnissen, die nicht überholt sind und wohl auch in Zukunft nicht veralten werden, eine echte Rarität in dieser Literaturgattung.

Warum nun doch eine Neubearbeitung? - Die Notwendigkeit wird leichter einsichtig, wenn wir uns zunächst ein wenig mit dem Werdegang seines Autors befassen.

Bernhard Aschner wurde am 22.1.1883 in Wien geboren. Nach Medizinstudium und Promotion in seiner Heimatstadt strebte er eine akademische Karriere an. Er war bereits als Student drei Jahre lang Demonstrator in der Anatomie. 1907 trat er als Operateur in die Chirurgische Universitätsklinik des berühmten *Anton von Eiselsberg* (1860-1939) ein und erbrachte 1908 mit der Entdeckung des okulokardialen Reflexes (Pulsverlangsamung bei Druck auf das Auge) eine beachtliche wissenschaftliche Leistung. Das herausragendste Ergebnis erzielte *Aschner* auf dem Gebiet der Hypophysenforschung. Tierexperimentelle Hypophysenentfernung wurde von vielen Forschern versucht, um die unbekannte Funktion der Hirnanhangsdrüse zu entschleiern. Die Versuchstiere starben, wenn das Organ vollständig entfernt wurde, ausnahmslos schockartig innerhalb von zwei Tagen. Man schloß daraus, die Hypophyse sei ein zum Leben unentbehrliches Organ. *Aschner* erkannte aber, daß die tödliche Wirkung des Versuchs auf Gefäßverletzungen zurückzuführen war. Er entwickelte eine schonendere Operationmethode, und seine Versuchstiere überlebten. In der Folge zeigte sich dann bei den jungen Hunden ein ausgeprägter Wachstumsstillstand. Die nicht operierten Kontrollhunde dagegen erreichten ganz normal ein mehrfaches der ursprünglichen Größe (1909-1912).

Die Bedeutung dieser Entdeckung wurde von *Aschners* Zeitgenossen nicht hinreichend gewürdigt. *Eiselsberg* verzieh *Aschner* nicht, daß dieser ein Problem gelöst hatte, welches ihm selbst nicht gelungen war. Er gab *Aschner* keine Möglichkeit, länger an seiner Klinik zu bleiben und hinderte dessen akademische Karriere in Wien, wo er nur konnte. 1947 erhielt ein anderer Forscher, *Bernardo Alberto Houssay* (1887-1971) aus Buenos Aires, für Arbeiten zur Bedeutung der Hypophyse für den Zukkerstoffwechsel, die auf *Aschners* Methodik beruhten, den Nobelpreis.

Aschner wandte sich mangels weiterer chirurgischer Ausbildungsmöglichkeiten der Frauenheilkunde zu und setzte seine wissenschaftlichen Forschungen zur Endokrinologie u.a. mit Arbeiten über den Eierstock fort, die internationale Anerkennung fanden. 1914 habilitierte er sich für Geburtshilfe und Gynäkologie in Halle (Saale), nach dem Kriege dann endlich in Wien, wo er Vorstand des Frauen-Ambulatoriums am Allgemeinen Krankenhaus wurde. 1938 zur Emigration gezwungen, erlangte er in New York als Vorstand der Arthritis-Klinik am Stuyvesant-Hospital nochmals internationale Anerkennung.

Trotz aller Hemmnisse also letzten Endes doch eine geglückte Karriere in der anerkannten wissenschaftlichen Medizin, *Aschner* eine ihrer profiliertesten Gestalten. Wenn aber heute der Name *Aschner* fällt, so denkt man zuerst an ihn als eine der legendären Gestalten der Naturheilkunde. Und es ist sicher nicht übertrieben, ihn als den bedeutendsten Vertreter dieser Richtung im 20. Jh. zu bezeichnen, ebenbürtig mit einer Reihe von berühmten Vorläufern, angefangen mit *Hippokrates* (460-380/370) und *Galen* (129-199), *Fernel* (1797-1558), *Sydenham* (1624-1689), *Hoffmann* (1660-1742), *Stahl* (1660-1734) und *Boerhaave* (1668-1738) bis hin zu *Hufeland* (1762-1836).

Aschner hätte sich damals gegen diese Einordnung gewehrt. Wohl sah er sich selbst in der angedeuteten Traditionskette stehen. Aber mit der Naturheilkunde in einem Atemzuge genannt zu werden, das hätte er sich nicht zur Ehre angerechnet. Er stand den Naturheilverfahren zwar keineswegs grundsätzlich ablehnend gegenüber. Aber häufig äußerte er sich kritisch über sie, warf der Naturheilkunde unverzeihliche Einseitigkeiten vor.

Ein Widerspruch? - *Aschner* etwa doch mehr Schulmediziner als Naturheilkundiger?

Die Frage geht an *Aschners* Wesen und Wirken vorbei. Der Gegensatz trifft ihn nicht, denn *Aschner* vereinte beide Aspekte der Medizin in einer pragmatischen Haltung, die letztlich nur den Heilerfolg am Patienten gelten läßt. Wo es an tatsächlichen Erfolgen mangelte, griff *Aschner* ohne Nachsicht die Schwächen beider Seiten an und maß sie an den eigenen Behandlungsergebnissen, die ihn überall zu einem der gesuchtesten Ärzte machten. *Aschner* scheute keine Auseinandersetzung und ließ in seinen Werken nur selten eine Gelegenheit zu polemischen Äußerungen gegen die Medizin seiner Zeit ungenutzt verstreichen, sei es die „Schulmedizin" oder die „Naturheilkunde". Aber es war keine undifferenzierte Kritik. *Aschner* verwandte von beiden Richtungen, was er als erfolgreich und bewährt erfahren hatte. Er lobte die wissenschaftlichen Errungenschaften seiner Zeit und bekannte sich zum Stolz auf ihre diagnostischen und therapeutischen Glanzleistungen, die kein vernünftiger Mensch würde verkleinern oder ausschalten wollen.

Aschners Ansatz ist mehr als nur eine Synthese von damaliger Naturheilkunde und Schulmedizin. Er fügte noch einen entscheidenden Faktor hinzu als Ergänzung, Bindeglied und übergeordneten Gesichtspunkt, eben das System, das er als Konstitutionstherapie bezeichnete. Wegweisend war dabei für ihn die historische Methode. Das bedeutet freilich nicht, daß *Aschner* nun Medizin durch Philologie ersetzt hätte. Er lehnte kategorisch die „antiquarische" Richtung ab, welche sich nur mit „*Sichtung und Registrierung der verschiedenen alten Ausgaben und Lesarten, Buchtitel und sonstigen bibliographischen Einzelheiten befaßt*". Diese Form der Medizingeschichtsschreibung habe keinen Einfluß auf das Heilen. Ebenso nicht die „biographische" Methode, bei der hinter Anekdotischem und allgemein Kulturgeschichtlichem das praktisch Nützliche zu kurz komme. *Aschner* verstand es wie kein anderer, aus der Vergangenheit zu lernen und den Erfahrungsschatz der alten Ärzte aus mehreren Jahrtausenden zu nutzen, aus einer Zeit, als noch nicht jene unselige Auftrennung der Medizin in „Schule" und „Natur" erfolgt war, welche die Anerkennung von Erfahrungen der Gegenseite immer wieder unnötig behindert.

Der Medizinhistoriker *Max Neuburger* (1868-1955) hatte bei dem Studenten *Aschner* den Boden für eine erweiterte Sichtweise gelegt. Hinzu kamen prägende Erlebnisse in den frühen Jahren seiner ärztlichen Tätigkeit. Ein Beispiel: 1908 wandte sich eine 50jährige Patientin, die nach einer Uterusexstirpation an qualvollen klimakterischen Beschwerden, Herzbeschwerden, Herpes zoster und zuletzt heftigen Ischiasbeschwerden litt, an den jungen Assistenzarzt. Die wohlhabende Frau hatte bereits die größten medizinischen Autoritäten Wiens erfolglos konsultiert. *Aschner* mußte sie zu einem umstrittenen Wunderheiler begleiten, einem tschechischen Arzt, der um diese Zeit in Wien praktizierte und enormen Zulauf von Patienten hatte, die anderswo nicht geheilt werden konnten. Dieser medizinische Außenseiter schockierte den wissenschaftlich erzogenen Arzt mit der Prognose, die Frau werde in acht Tagen geheilt sein. Er rieb eine scharf aromatisch riechende, grünliche Salbe von geheimer Zusammensetzung in der schmerzhaften Region ein. Es entwickelte sich ein scharlachroter, masernartiger Ausschlag, der nach acht Tagen eintrocknete. Der Ischiasschmerz verschwand und kehrte niemals wieder.

Aschner ließ diese als „beschämend" empfundene Erfahrung keine Ruhe. Er suchte das Phänomen zu ergründen, veranlaßte z.B. Analysen der Salbe im pharmakologischen Institut, ohne eine plausible Erklärung zu finden. Der Zufall kam ihm in Gestalt eines alten Bibliotheksdieners zu Hilfe, der ihn aufforderte, doch nicht den „modernen Unsinn" zu lesen und ihm *Hufelands* „Enchiridion medicum" zeigte. *Aschner* fühlte sich sogleich von dem *„Stil gefesselt und bei weiterer Lektüre ging mir eine völlig neue Welt auf. Das Buch wurde fortan meine Bibel."* Mehr oder weniger Zufall waren auch die unerwarteten Erscheinungen, die er 1913 und 1914 als Assistent der Universitäts-Frauenklinik in Halle beobachten konnte. Zur Blutgewinnung für verschiedene neue Laboruntersuchungen mußten an vielen hundert Frauen Aderlässe vorgenommen werden. In der Folge verschwanden Kopfschmerzen, Hautausschläge, Entzündungen, Herzklopfen, Parästhesien und andere Gefäßbeschwerden, krampfartige Zustände usw. In der alten medizinischen Literatur fanden sich diese vergessenen Wirkungen bestätigt. Und *Aschner* gelangte zu der Überzeugung, daß humoralpathologische Anschauungen und Methoden als dringende Ergänzung unserer heutigen Klinik wieder eingeführt werden müßten.

Durch *Hufeland* erschloß sich die Möglichkeit einer Ganzheitsbehandlung des Menschen auf der Basis der alten humoralmedizinischen Methoden. Die überraschend positiven Resultate bei Anwendung dieser Verfahren drängten *Aschner*, sich intensiv mit der Medizingeschichte zu beschäftigen. Werke von modernen Medizinhistorikern befriedigten ihn wenig, weil überwiegend philologisch und wenig an praktischem Nutzen orientiert. Ihre Schilderungen schienen nur dazu dienlich, *„zu zeigen, ‚wie weit wir es heute doch gebracht haben' und wie armselig dagegen das Rüstzeug unserer Vorgänger gewesen sei."*

Als ergiebig erwiesen sich aber die Quellen, die Werke der alten Ärzte selbst, aus denen sich *Aschner* reichlich Anregung besorgte. Erstaunt mußte er konstatieren, daß seine offizielle Gegenwartsmedizin nur etwa 10% der therapeutischen Möglichkeiten nützte, da sie den Rest als unwissenschaftlich, altmodisch oder kurpfuscherhaft verachtete. Den blinden Glauben an den Fortschritt und die Verachtung der Tradition charakterisierte *Aschner* treffend mit einer sarkastischen Äußerung *Hermann Nothnagels* (1841-1905): *„Bei den meisten Ärzten beginnt die Geschichte der Medizin mit dem eigenen Promotionsdatum."* In dieser Vernachlässigung wertvollsten Erfahrungsgutes erkannte *Aschner* den Grund für die Unzulänglichkeiten und das Versagen der modernen Medizin. Er machte diesen Zustand als „Krise der Medizin" publik, ein Ausdruck der für Jahrzehnte zum vielbenutzten Schlagwort wurde.

Die heutige Medizin gleiche einem Danaidenfaß, in welches von oben unaufhörlich neue Tatsachen hineingeschüttet würden, während unten durch die alten Erfahrungen verschwänden, als ob sie früher nie dagewesen seien. Verbunden mit dieser unhistorischen Einstellung, die er schon vom Standpunkt der Forschungsokönomie für fragwürdig hält, sieht *Aschner* ein übertrieben rationalistisches Denken, das nur noch induktives, tatsachensammelndes, analytisches Vorgehen kennt, das dem Arzt das Vertrauen in seine eigene Sinneswahrnehmung raubt, ihn zu übersteigerter Labordiagnostik veranlaßt und seiner therapeutischen Möglichkeiten beraubt. Ein einseitig kausal orientiertes Denken und eine Überschätzung der Meßbarkeit lassen qualitative Störungen beim Patienten übersehen, weil sie nur noch für wichtig erachten, was meßbar ist, lassen nur noch Behandlungsmethoden zu, die mit dem herrschenden System der Medizin und dem Stand ihres Wissens verstandesmäßig in Einklang gebracht werden können. Wie jede Zeit glaubt auch die heutige, daß ihre Auffassung vom medizinischen Denken und Handeln die fortgeschrittenste und bestmögliche sei. Wie früher birgt aber eine Einheitlichkeit der Anschauung die Gefahr, die Vielheit von Wirkfaktoren und Bedingungen zu übersehen, fördert die Tendenz zu geistigen Kurzschlüssen und den Hang, in Schlagwörtern zu denken und alles zu standardisieren.

Die Meinung, alle Erkrankungen nur mit durchsichtigen, wissenschaftlichen Methoden heilen zu dürfen, hält *Aschner* für *„naiver als die abergläubische Medizin der Urvölker"*. Mit *C.G.Jung* (1875-1961) sieht er im Verstand nur eine unter verschiedenen anderen psychischen Funktionen, welche Bilder von der Welt vermitteln. Sein alleiniger Einsatz könne bestenfalls Halbwahrheiten hervorbringen. Zumindest in der täglichen Praxis sind auch Instinkt, Phantasie und Intuition nötig, wenn die Medizin nicht im rein Technischen verharren soll. Das rationalistisch-kausale Denken muß notwendig um ein konditionales, fiktionales, hypothetisches und final-teleologisches Denken ergänzt werden. Und die gesammelte Menschheitserfahrung muß als feststehende Tatsache hingenommen werden, auch wenn sich keine befriedigende kausale Erklärung finden läßt.

Als Ausweg aus der Krise fordert *Aschner* vor allem die Rückbesinnung auf die alte Humoralmedizin. Ihm ist bewußt, daß deren Theorien aus moderner Sicht mit Recht sehr zweifelhaft erscheinen müssen. Aber die praktische Medizin ist ein Bereich, wo Ziele zu erreichen sind, die durch gewöhnliche Vernunftschlüsse nicht zugänglich sind. Hier ist das fiktionale Denken erlaubt, die Verwendung von Hilfsbegriffen und Annahmen, von deren Wirklichkeit wir nicht überzeugt sind, die uns aber in der Praxis bewährte Handlungsschemata zu geben vermögen. Die praktische Bewährung gibt diesen Auffassungen recht, auch wenn sie theoretisch als falsch erscheinen mögen.

Zwar könne man scheinbar sehr exakte und wissenschaftliche Erklärungen für manche Wirkungen der historischen Heilmethoden geben. Ob aber das Wesen dieser Erscheinungen damit wirklich geklärt werde, sei durchaus fraglich. Und immer wieder sei zu beobachten gewesen, daß übertriebene Bestrebungen, die Fülle der wertvollen, überlieferten Heilkenntnisse zeitgemäß theoretisch zu erklären und in exakte Regeln zu fassen, das empirisch-praktisch-therapeutische Handeln verschütteten, obwohl doch die empirische Heilwirkung unabhängig von zeitgebundenen, wechselnden Erklärungen immer gleich bleibe.

Weil also *Aschner* eine ungebührliche Einschränkung der empirisch bewährten Indikationen befürchtete, hielt er an humoralmedizinischen Theorien als unverzichtbare Ergänzung zur Ausweitung des begrenzten streng naturwissenschaftlichen Blickwinkels fest. Freilich war diese Gedankenwelt in seiner Zeit bereits zu exotisch geworden. Die Anwendung humoralmedizinischer Allgemeinbehandlungsmethoden paßte ebensowenig wie ihre Terminologie in das von den meisten Ärzten verinnerlichte Konzept einer möglichst spezifischen Therapie, die auf dem Erkennen von klar definierbaren biochemischen und morphologischen Veränderungen beruht. Eine gewisse Annäherung der Humoralmedizin an das zeitgenössische Denken war erforderlich, um dem Therapeuten einigermaßen nachvollziehbare Anweisungen für sein praktisches Handeln vermitteln zu können. *Aschner* bediente sich des vieldiskutierten, wenngleich sehr schwammigen Konstitutionsbegriffs, um die humoralmedizinische Indikationslehre in eine annehmbare Form zu bringen. Damit war die „Konstitutionstherapie" als zweckmäßige Komplementierung der offiziellen Schulmedizin geboren.

Trotz der auf Integration bedachten Grundhaltung befand sich *Aschner* unvermeidlich in einer Außenseiterposition. Wollte er seinen Einsichten Geltung verschaffen, so konnte er nicht ständig eine versöhnliche Haltung an den Tag legen, wie es sonst seiner Art entsprach. Er mußte Unzulänglichkeiten der offiziellen Medizin anprangern, mußte den Finger in offene Wunden legen. Jeder wird ihm heute wohl zugestehen, daß die Kritik berechtigt war. Die heutige Medizin hat vielfach längst das, was zu *Aschners* Zeit wissenschaftlich anerkannte, fortschrittlichste Medizin war, in die Rumpelkammer der Geschichte geworfen. Viele ihrer Lehrsätze erscheinen heute als unverzeihliche, engstirnige Dogmen, die tatsächlichen therapeutischen Möglichkeiten als äußerst mangelhaft und beschränkt. Ihre Methoden sind teils gänzlich obsolet oder gelten gar - Ironie der

Geschichte! - als typische Verfahren der Naturheilkunde oder Außenseitermedizin.

Aschners Kritik wirkt daher für den Leser, der nicht mit der Medizin der dreißiger Jahre eng vertraut ist, befremdlich oder würde ihn zu Mißverständnissen hinsichtlich der heutigen Schulmedizin verleiten, würde man nicht jeweils langatmige Erklärungen hinzufügen, um den falschen Eindruck rechtzeitig zurechtzurücken. Der positive Kern von *Aschners* Werk würde im Wust von überflüssigen Worten versinken.

Notwendige Konsequenz für eine Neubearbeitung ist also die weitgehende Beseitigung jener polemischen Äußerungen, die nicht wesentlich zum Verständnis beitragen. Ebenso soll aber auch unnötige Kritik *Aschners* an der Naturheilkunde gekürzt werden. Die Naturheilkunde umfaßte zu Beginn von *Aschners* Wirken noch nicht das weite Spektrum von heutigen Möglichkeiten. Heute sind ja die Methoden der Humoralmedizin integrierter Bestandteil dieses Bereichs der Medizin. Und das ist zweifellos *Aschners* Verdienst. Vielen ist der humoralmedizinische Ursprung nicht mehr bewußt. In Unkenntnis, daß *Aschner* im Grunde nur humoralmedizinisches Wissen wiederbelebt hat, bezeichnet man sie heute als „*Aschner*-Verfahren", wohl das schönste Denkmal für die herausragenden Leistungen dieses Arztes. Zu seiner Zeit aber konnte *Aschner* zutreffend der Naturheilkunde Einseitigkeit vorwerfen. Sie litt noch weitgehend unter den Folgen des Naturismus, beschränkte sich oft in sektiererischer Weise einzig und allein auf die rein naturgegebenen Heilfaktoren wie z.B. Licht, Luft und Wasser und begab sich damit eines reichen Arsenals von therapeutischen Möglichkeiten.

Weitere Straffungen waren möglich, z.B. in den historischen Passagen, wo *Aschner* verständlicherweise nicht immer genau genug recherchieren konnte und umfangreiche Kommentare notwendig wären, oder in Bereichen, die heute besser durch Literatur erschlossen sind. Beispielsweise ist im gleichen Verlag eine umfangreiche Darstellung der hippokratisch-galenistischen Humoralmedizin erschienen, ebenso eines der Hauptwerke *Hufelands* in moderner Bearbeitung. Weitere Beiträge zu einer pragmatischen Geschichte der Medizin im Sinne *Aschners* befinden sich in Vorbereitung. Der Leser ist also nicht mehr allein auf *Aschners* Ausführungen zu den überlieferten Erfahrungsschätzen der traditionellen Erfahrungsheilkunde angewiesen. Als unerreichtes Ideal, zu welchem *Aschner* selbst seine *Paracelsus*-Ausgabe beitragen konnte, schwebte ihm ohnehin vor, daß dem praktischen Arzt eine Bibliothek auserlesener Klassiker zur Verfügung stehen sollte, eine Reihe von ausgewählten Texten, aus welchen unmittelbar das alte Erfahrungswissen geschöpft werden kann.

Gestrichen wurde das Kapitel über Akupunktur. *Aschner* beurteilte die Akupunktur positiv, hat sie selbst aber niemals ausgeübt. Er kannte sie nur aus flüchtiger Lektüre, die zu zahlreichen Mißverständnissen Anlaß gab. Angesichts der großen Fülle von guten Lehrbüchern dieses mittlerweile fest etablierten Verfahrens kann man gut auf *Aschners* Ausführungen verzichten.

Ferner darf die Pietät gegenüber dem großen Vorbild nicht verdecken, daß nicht jedes seiner Worte Ewigkeitswert besitzt, nicht jede seiner Empfehlung unübertrefflich bleibt. Z.B. gehörten zu *Aschners* Lieblingsmitteln toxische Quecksilberverbindungen, die er etwa als Diuretika oder Abführmittel auch bei vergleichsweise harmlosen Befindlichkeitsstörungen einsetzte. Die moderne Pharmakologie bietet Substanzen, die den angestrebten Effekt mit geringerem Risiko erreichen. Zu seiner Zeit handelte es sich aber um wirksamste, anerkannteste Mittel der Schulmedizin, für die kein gleichwertiger Ersatz existierte. Wir dürfen sicher sein, daß *Aschner* sich heute ebenfalls davon distanziert und von den verbesserten Angeboten Gebrauch gemacht hätte, so wie er später bedenkenlos auch die modernen Antibiotika in seinen Heilmittelschatz als Erweiterung der antiphlogistischen Methoden aufnahm. Eine weitgehende Streichung dieser Passagen bedeutet also keinen substanziellen Verlust. Ein Ersatz solcher Präparate durch moderne Pharmaka ist in Ausnahmefällen sicher gerechtfertigt. Dabei müssen aber die anerkannten schulmedizinischen Indikationen, Kontraindikationen und Dosierungsanweisungen als Richtschnur dienen. Aus konstitutionstherapeutischer Sicht wäre nur zu überlegen, wie sich spezifisch wirkende Mittel jeweils sinnvoll in das allgemeine Behandlungskonzept eingliedern lassen. Voraussetzung ist also die Beherrschung sowohl des schulmedizinischen als auch des naturheilkundlich-humoralmedizinischen Wissens. Für den erstgenannten Aspekt sei auf die gängigen Lehrbücher verwiesen.

Eine vollständige Aktualisierung und Integration in die Schulmedizin soll und kann hier nicht geleistet werden, so wünschenswert für die Zukunft dieses Anliegen sein mag. In diesem Buch wird überwiegend nur der naturheilkundlich-zeitlose Aspekt zu Wort kommen, wie er sich aus dem Original herauskritallisiert, *Aschners* historische Methode auf sein Hauptwerk selbst angewandt.

Eine bloße Kürzung würde freilich dem Anliegen auch nicht gerecht. Ziel ist eine Quintessenz des gesamten Aschner. Wo sich in anderen Werken *Aschners* bedeutsame Erkenntnisse fanden, die hier nicht erwähnt wurden, sind sie sinngemäß an passender Stelle in den revidierten Text eingefügt worden. Insbesondere wurde der durch die Streichungen gewonnene Platz für Ergänzungen genutzt, die für den Praktiker von besonderem Interesse sind. Über *Aschners* Werke verstreut findet sich eine Fülle von erprobten Rezepten. Angesichts der zunehmenden Beliebtheit der Phytotherapie erschien es geraten, eine Auswahl aus diesem Bereich hinzuzufügen, getreu dem oft geäußerten Grundsatz des Autors, daß für die konstitutionsmedizinische Behandlung eine größtmögliche Fülle von Rezepten zur Verfügung stehen sollte.

Diese Rezepte sind nicht *Aschners* Erfindungen. Er hat sie in der alten Literatur gefunden. Sie sind also seit Jahrhunderten bewährt und ihr praktischer Nutzen wird von *Aschner* erneut bestätigt. Die mögliche Kritik, daß in vielen Fällen für die verwendeten Einzeldrogen von der modernen Phythopharmaka-Forschung kein eindeutiger Wirksamkeitsnachweis erbracht werden konnte, trifft nicht. Sie geht am Wesen der Konstitutionstherapie vorbei. Denn Ziel ihrer Methoden ist ja nicht die spezifische, unmittelbar diagnosebezogene Arzneibehandlung, sondern die indirekte Kur, die Beeinflussung des Bodens, auf dem sich gesundes und krankes Geschehen im Organismus abspielt, ein Bereich, in dem es nicht um apparativ meßbare Parameter geht. Insofern entzieht sie sich völlig den derzeit geltenden Kriterien der Arzneimittelforschung.

Nicht ignoriert werden darf dagegen, was wir heute an erweiterten Erkenntnissen über schwerwiegende Nebenwirkungen besitzen. Wie jede wirksame Therapie sind auch die konstitutionsmedizinischen Maßnahmen nicht immer unbedenklich und erfordern eine gründliche Abwägung des Risiko-Nutzen-Verhältnisses. Es erschien daher geraten, an einigen Stellen auf besonders gravierende Risiken hinzuweisen. Damit soll nicht ausgedrückt sein, alles übrige ließe sich bei jedem Patienten völlig gefahrlos und gleichzeitig mit sicherem Erfolg anwenden.

Ein neu erstellter und differenzierterer Index schließlich sowie ein zeitgemäßes Druckbild mögen dazu beitragen, die Lesbarkeit zu verbessern und das Buch zu einem leicht handhabbaren Lern- und Nachschlagewerk zu machen.

1 Einleitung

1.1 Wesen, Notwendigkeit und Nutzen der Konstitutionstherapie

Nach einer Zeit der extremen Lokalpathologie ist man in den letzten Jahrzehnten wieder bestrebt, nicht bloß einzelne Organe und einzelne Krankheiten, sondern den ganzen Menschen zu erfassen und zu behandeln. Es beanspruchen zwar auch Strömungen wie die Naturheilkunde, die biologische Medizin, die Homöopathie, die verschiedenen Diätsysteme und die Psychotherapie für sich die Behandlung des ganzen Menschen. Aber es sind im Grunde wieder nur spezialistische Methoden, welche wohl sehr viel Gutes leisten können, aber zu Einseitigkeit führen, wenn sie nicht in das breite Fundament der allgemeinen Erfahrungsmedizin eingebaut sind.

Alle diese Reformversuche bewegen sich eben noch auf viel zu schmaler Basis, greifen nur Teilprobleme an, vernachlässigen, ja verleugnen sogar zum Teil die unentbehrliche historisch-empirische Grundlage. Ich habe mich bemüht zu zeigen, daß der praktisch erfolgreiche Ausweg aus diesem als unbefriedigend empfundenen Zustand die Konstitutionstherapie ist.

Diese Bezeichnung bedarf der Erklärung und Rechtfertigung. Von Konstitution, aber auch von ihrer wirksamen Beeinflussung durch die Therapie, sprach man vom Altertum bis in die Mitte des 19. Jahrhunderts. *Hippokrates* z.B. lehrte, daß man die schlaffe, fette, feuchte Konstitution mit austrocknenden, zusammenziehenden Mitteln behandeln müsse. Eine vollblütige Konstitution durch Verminderung des Blutes und der Körpersäfte überhaupt usw. Wir finden dieselben Behandlungsgrundsätze in verfeinerter Form bei den fortgeschrittenen Hippokratikern des 17. und 18. Jahrhunderts, wie *Hoffmann, Stahl, Boerhaave, Hufeland, van Swieten* usw.

Erst unter dem Einfluß einer überwerteten Morphologie und Vererbungslehre wollen Konstitutionsforscher des 19. Jahrhunderts, wie *Tandler, J. Bauer, Mathes, Kretschmer* u. a., die Konstitution als unbeeinflußbar, als „unerbittliches somatisches Fatum" des Individuums betrachten, indem sie als Konstitution nur die Erbmasse ansehen. Wohl nehmen die genannten Autoren eine beeinflußbare „Kondition" (Phaenotypus) an, aber Tatsache ist, daß alle diese Richtungen therapeutisch unfruchtbar geblieben sind, während diejenigen, welche die Konstitution als Inbegriff der gesamten Reaktionsweise des Individuums auf die Umwelt ansehen, auch in weiterem Ausmaß an eine Beeinflußbarkeit der Konstitution glauben.

Praktisch gesprochen ist also Konstitutionstherapie eine vertiefte Form der klassisch-traditionellen Allgemeinbehandlung, welche nicht bloß auf die individuellen Unterschiede, sondern auch auf die häufig wiederkehrenden Konstitutionstypen Rücksicht nimmt. Der Kranke wird individualisiert, die Krankheit wird verallgemeinert. Die Konstitutionstherapie behandelt asthenische Menschen anders als hypertonische, dunkelhaarige anders als blonde, magere Personen anders als Pykniker. Andere solche allgemeine Richtlinien ergeben sich auch aus dem Geschlecht, dem Lebensalter und dem in pathologischer Richtung hervorstechenden Organsystem. Den Bezeichnungen wie lymphatischer, biliärer, arthritischer, dyskrasischer usw. Habitus entspricht die antilymphatische, antiarthritische, antiphlogistische, antidyskratische, deplethorische usw. Behandlungsmethodik.

Alle diese Methoden sind jahrhundertelang bewährtes und durch das Zeugnis der größten Ärzte aller Zeiten immer wieder bestätigtes Erfahrungsgut. Sie werden aber heute an keiner Universitätsklinik mehr systematisch gelehrt und sind auch in keinem offiziellen Lehrbuch enthalten. Ihre Wiedereinführung und Anerkennung in Verbindung mit moderner Diagnostik und Technik eröffnet ganz neue Perspektiven und führt zu noch nie dagewesenen Heilerfolgen. Ganz logisch, denn die Alten kannten unsere heutigen Fortschritte und Behelfe nicht, während die moderne Klinik durch Überbordwerfen alter, aber ewig ihren Heilwert behaltender Kenntnisse und Methoden auf weiten Gebieten erhebliche Rückschritte gemacht hat und dadurch täglich schwere Unterlassungen und Fehler begeht.

Es dürfte z.B. nicht vorkommen, daß fettleibige, vollblütige, arthritische und sonst stoffwechselgestörte Personen monate- und jahrelang an schweren Augenleiden konservativ oder operativ (z. B. an Glaukom, Glaskörpertrübung, Netzhautabhebung, Iritis, Katarakt, Sehnervenentzündung, Chorioiditis usw.) behandelt werden, ohne daß auch nur der Versuch gemacht würde, die erwähnten Allgemeinstörungen zu beseitigen.

Ganz das gleiche gilt für alle übrigen Spezialfächer, die interne Medizin mit inbegriffen, denn wir sehen alltäglich Menschen mit Angina pectoris oder Asthma bronchiale, welche intensiv mit Herz- oder Asthmamitteln behandelt werden, wo aber die Allgemeinkonstitution sowie die indirekten entfernten Ursachen entweder vernachlässigt oder nicht richtig verstanden bzw. behandelt werden. Und das nicht etwa von schlecht ausgebildeten Anfängern, sondern von maßgebenden klinischen Stellen. Es richtet sich dieser Vorwurf nicht gegen einzelne, denn dieser Zustand herrscht auf allen Universitäten der ganzen Welt und beweist nur, daß die Lokalpathologie und das Spezialistentum bis zu einem Extrem gediehen ist, welches neben großen Errungenschaften schwere Nachteile und Gefahren für die Kranken mit sich gebracht hat und dringendst einer Korrektur bedarf.

Wenn von „Hippokratismus" als einem erstrebenswerten Ideal gesprochen wird, so drückt sich darin das Bedürfnis aus, eine Revision des heutigen Standpunktes am Maßstab der Geschichte vorzunehmen. Aber es genügt nicht und ergibt zu primitive Schlußfolgerungen, wenn man sich nur an *Hippokrates* selbst hält, sondern man kommt zu ungleich fruchtbareren Ergebnissen, wenn man auch die späteren ärztlichen Klassiker, wie *Galen*, die indische Medizin (*Sushruta*), *Paracelsus*, und die großen Ärzte des 17. und 18. Jahrhunderts zu Rate zieht.

Konstitutionstherapie ist eine außerordentlich **verbreiterte, vertiefte und verfeinerte Form der Allgemeinbehandlung, welche die Lokalbehandlung sinngemäß unterstützen und ergänzen soll**. Sie ist, da sie auf die historische Tradition zurückgreift („*Die Geschichte einer Wissenschaft ist die Wissenschaft selbst*", *Goethe*), vorwiegend humoralpathologisch orientiert, aber keineswegs ausschließlich. Sie ist auch nicht bloß Allgemeinbehandlung, legt aber auf diese weit größeres Gewicht, als es heute üblich ist. **Der Ausdruck Konstitutionstherapie ist also als pars pro toto gemeint, denn es werden in dieses Heilsystem alle bewährten empirischen und humoralpathologischen Methoden einbezogen**, z.B. die Hautableitungsverfahren, welche ja im wesentlichen lokal wirken.

Eine besondere Bedeutung in diesem System beanspruchen die ausleerenden Behandlungsmethoden, weil trotz aller modernen Begriffe, wie Hormone, Vitamine, Allergie u.dgl., das uralte Prinzip der kritischen, spontanen oder künstlich herbeigeführten Ausleerung, Reinigung oder Derivation von Krankheitsstoffen praktisch recht behält. Es handelt sich dabei um Nachahmung der kritischen Ausleerungen, welche der Natur selbst abgelauscht sind. Der Satz des *Paracelsus*: „*Wenn die Natur irgendwo im Körper einen Schmerz erzeugt, so will sie dort schädliche Stoffe anhäufen und ausleeren*", bewährt sich immer wieder als fruchtbringender therapeutischer Hinweis.

Genau so wie vor 2000 Jahren steht es heute noch fest, daß eine beginnende Pleuritis durch nichts so schnell zum Rückgang gebracht werden kann als durch ein blasenziehendes Cantharidenpflaster. Die Klinik hat dieses Mittel mit Unrecht vergessen und als schädlich verworfen, teils aus übertriebener Furcht vor Nierenreizung, teils weil man keine befriedigende naturwissenschaftliche Erklärung dafür zu geben wußte. Dasselbe Schicksal traf die durch jahrhundertelange Erfahrung sanktionierten Methoden des Aderlasses, des Schröpfens, der Blutegelanwendung, der Pustulantien, Fontanellen, des Brechmittels usw.

Viele Krankheiten, welche durch diese scheinbar einfachen Mittel leicht und sicher geheilt werden konnten, erscheinen heute durch Unkenntnis dieser Methoden als schwer heilbar oder unheilbar. In anderen Fällen wieder glaubt man, nur durch eingreifende, zerstörende, mitunter lebensgefährliche Operationen helfen zu können. Beispiele dafür gibt es in allen Spezialfächern der Medizin.

Die Konstitutionstherapie macht es sich zur Aufgabe, das ganze System der **Humoralmedizin in zeitgemäß verbesserter Form** und planmäßig, nicht bloß bruchstückweise wieder neu aufzubauen.

Wie sehr sich dieses System in der Behandlung von Kranken bewährt hat, beweisen mir Zuschriften von praktischen Ärzten aus allen Ländern. Eine der letzten dieser Art lautete dahin, daß der betreffende Kollege sich als praktischer Arzt an der Peripherie von Wien seit vier Jahren niedergelassen hatte. Er brachte sich schlecht und recht dabei fort, aber die Arbeit machte ihm keine Freude, weil abgesehen von der Zuweisung operativer Fälle ins Krankenhaus die Therapie monoton war und wenig Erfolge zeitigte. Sobald er aber die Methoden der Konstitutionstherapie sich angeeignet hatte, Aderlässe, Blutegel, Vesikantien, *Baunscheidt*-Verfahren, Pflanzenheilkunde, antidyskratische Methoden u. dgl. verwendete, änderte sich das Bild mit einem Schlage. Die Erfolge mehrten sich, die Kranken kommen von weit und breit, der Betreffende ist heute einer der gesuchtesten Ärzte der ganzen Gegend und hat wieder Freude an seiner Arbeit.

Solche Kundgebungen kamen mir in den verschiedensten Varianten aus allen Ländern Europas zu, vereinzelt auch aus Südamerika, China und Ägypten. Denn, wie gesagt, der Zustand der Universitäts-Medizin ist auf der ganzen Welt ungefähr der gleiche.

Von seiten der Kliniken dagegen erfährt diese Arbeitsrichtung noch immer strenge Kritik und vielfache Ablehnung. Aber es scheint immer so gewesen zu sein. Die Geschichte der Medizin gibt unzählige Beispiele dafür, daß neue Richtungen zunächst immer auf den Widerstand der Fakultäten stoßen. So schreibt der Medizinhistoriker *Sigerist*: *„Als von der Renaissance an sich eine neue Wissenschaft zu entwickeln begann, verhielten sich viele Universitäten gänzlich ablehnend. Die Entwicklung ging an ihnen vorüber.“*

Die Erklärung für das heutige Verhalten der medizinischen Fakultäten gibt u.a. auch der Historiker *Honigmann*, indem er sagt, daß unter dem Hochdruck materialistischer und mechanistischer Weltanschauung und Methodik eine Fülle tatsächlicher Befunde angehäuft wurde, welche die Leistungsfähigkeit dieser Denk- und Arbeitseinstellung glänzend dartun, daß aber auf der anderen Seite auch gewisse Zeichen ihrer Dämmerung, des beginnenden Verfalles ihrer Herrschaft sich zeigen. Überall drängt sich die Überzeugung auf, daß der unbedingte Materialismus und Mechanismus nicht imstande ist, die Erscheinungen zu meistern. Die überwiegende Menge der Forscher und Ärzte sucht allerdings noch die Tatsachen in diesem Sinne zu deuten und zu verwerten.

Aber die von den Klinikern der letzten Generationen immer als Richtschnur angenommene Naturwissenschaft selbst hat diesen, von den Ärzten noch immer festgehaltenen positivistischen und materialistischen Standpunkt längst verlassen. Die reine Naturwissenschaft ist wieder ein Bündnis mit der so lange verpönten Philosophie eingegangen, indem sie einsah, daß die exakten Forschungsergebnisse allein ohne Einordnung unter allgemeinere, geistigere und weltanschaulichere Gesichtspunkte nur bedingten Wert haben.

Wir erleben das groteske Schauspiel, daß gerade diejenige Wissenschaft, welche sich am meisten mit dem Lebendigen zu befassen hat, nämlich die Medizin, noch im tiefsten Mechanismus und Materialismus steckengeblieben ist. Die Mehrzahl der Ärzte ist weit mehr darauf stolz, Techniker des Laboratoriums und des Operationssaales zu sein als Gelehrte, jedoch mit Unrecht. Erst die Verbindung des historisch-humanistischen Erfahrungswissens mit der modernen Technik ergibt das Richtige.

Die hier vorgetragene Konstitutionstherapie stellt die so oft geforderten Verbindungsbrükken zwischen den einzelnen klinischen Spezialfächern her. Sie scheint mir aber auch eine notwendige Vorbedingung für die Ausübung jedes einzelnen Spezialfaches zu sein, wenn es nicht ein leeres Gerede bleiben soll, daß man wirklich den ganzen kranken Menschen behandeln will. Es genügt nicht, einen Kranken, wie es heute vielfach üblich ist, von einem Spezialarzt zum anderen zu schicken, sondern es muß zumindest einer von diesen Ärzten den Überblick über die Zusammenhänge haben. Diesen kann aber nur eine Anschauung vermitteln, welche die Gesamtkonstitution auch in therapeutischer Hinsicht erfaßt.

Die heutige interne Medizin, welche dazu berufen wäre, leistet das nicht, denn auch sie denkt viel zu sehr experimentell bzw. lokalpathologisch und kennt viele wichtige Zusammenhänge überhaupt nicht, z.B. die Wechselwirkung zwischen unsichtbarer Hautatmung, Schleimhauterkrankungen und Rheumatismus; den Antagonismus zwischen Magen- und Lungenleiden; zwischen Geistesstörungen und der Trägheit der Unterleibsorgane; zwischen Amenorrhöe bzw. Hypomenorrhöe und Stoffwechselstörungen; zwischen Hämorrhoidalleiden und den Erkrankungen des Kopfes, des Herzens und der Lunge usw.

Wenn also schon die interne Medizin, welche die Basis der gesamten Heilkunde bilden sollte, therapeutisch häufiger versagt, als notwendig wäre, wie sollen dann erst die meist mit noch geringerer medizinischer Allgemeinbildung ausgestatteten Vertreter der übrigen Spezialfächer der Sache gewachsen sein?

Wir werden später hören, daß die Behandlung der gutartigen Magenerkrankungen, also eine der häufigsten und alltäglichsten Angelegenheiten, auf der ganzen Welt falsch gemacht wird und daher zu Mißerfolgen führt. Nun wissen wir aber, daß viele Hautkrankheiten (Ekzem, Akne, Akne rosacea, Urtikaria usw.), viele Nerven-, Geistes- und Gemütsstörungen (Kopfschmerz, Hypochondrie, Depressionen, Schlaflosigkeit, wirkliche Psychosen, Angstzustände u.dgl.), aber auch Augen- und Ohrenleiden, Herz- und Lungenstörungen, Gallenleiden usw. von einer gestörten Magenverdauung ausgelöst und erhalten oder verschlimmert werden können.

Wie soll der betreffende Spezialist mit dem Leiden fertig werden, wenn nicht einmal der Internist imstande ist, das zugrundeliegende Magenleiden zu beheben; und letzteres ist nicht möglich auf Grund der heutigen Lehre, welche nach dem exakten chemischen Magenbefund vorgeht.

Man kann also sozusagen von jedem einzelnen Kapitel der Konstitutionstherapie aus die ganze Front der heutigen übertrieben lokalistischen und spezialistischen klinischen Medizin aufrollen. Es ist ein großes Gebiet, dessen Durcharbeitung nach den oben angegebenen Grundsätzen geeignet ist, der Medizin ein vollständig neues Gesicht zu geben.

Ein besonders großes Wirkungsfeld ist dabei auch dem praktischen Arzt zugedacht, welcher, ausgerüstet mit diesen Kenntnissen, tatsächlich wieder Ersprießliches leisten kann. Es dürfte und wird hoffentlich in absehbarer Zeit nicht mehr vorkommen, daß ein Hausarzt jahrelang zusieht, wie sein Patient immer fettleibiger, vollblütiger und arthritischer wird, schließlich Blasenblutungen, Prostatahypertrophie und Glaukom bekommt und damit zum Urologen und Augenarzt geschickt wird, ohne daß der Hausarzt versucht hätte, beide Übel durch rechtzeitige Blutentziehung, Entfettungskur und sonstige Stoffwechselbehandlung zu bekämpfen bzw. zu verhüten, wozu man in den meisten Fällen imstande ist.

Bei richtiger Zugrundelegung der für jede ärztliche Praxis unumgänglich notwendigen Konstitutionstherapie aber werden auch die Vertreter der verschiedenen klinischen Spezialfächer ihre konservativen und operativen Resultate erfolgreicher, sicherer und schonender gestalten können. Es wird weniger unheilbare Krankheiten und weniger organzerstörende Operationen geben.

Noch auf einen für die Allgemeinheit bzw. den Staat und die Volkswirtschaft wichtigen Punkt möchte ich hinweisen. Ist es nicht widersinnig, daß für den abnormen Fall der Krankheit jeder Arbeiter oder Angestellte einen beträchtlichen Teil seines Lohnes für Krankenversicherung hergeben muß? Dabei sind die Kranken oft schlecht versorgt. Seit vielen Jahren konnte ich nachrechnen, daß man durch eine rationellere ärztliche Behandlung, als sie heute üblich ist, eben im Sinne der Konstitutionstherapie, diese enormen Krankenkassenabgaben auf ein Viertel bis ein Zehntel des bisherigen herabdrücken und dabei die Kranken besser behandeln könnte als bisher. Mehrere Beispiele sollen das belegen.

Eine Frau in den Wechseljahren z.B., welche über chronische Neuritis am Oberarm klagt, bekommt viele Wochen lang Diathermie, Heißluft, Massage, Schlammpackungen, verschiedene Medikamente. Das alles kostet viel Geld. Eine einzige pustelerzeugende Einreibung vermag dieses Leiden in der überwiegenden Mehrzahl aller Fälle in weniger als einer Woche zu beheben.

Eine jugendliche Patientin, welche über Magenbeschwerden (Sodbrennen, Magendrücken, Übelkeit usw.) klagt, wird zunächst einer Reihe kostspieliger, nicht durchwegs unbedingt notwendiger Untersuchungen unterzogen, mit den üblichen Medikamenten durch mehrere Monate behandelt und schließlich und endlich vorübergehend beschwerdefrei gemacht. Bei neuerlichem Einsetzen der Beschwerden wird ein Zwölffingerdarmgeschwür festgestellt und möglicherweise operativ behandelt. Die konstitutionstherapeutische Behandlung führt in solchen Fällen schon innerhalb weniger Wochen zum vollen Erfolg, schiebt dadurch der Geschwürbildung wirksame Riegel vor und macht spätere ausgedehnte Eingriffe überflüssig.

Noch ein drittes Beispiel. Eine Frau von 36 Jahren leidet an chronischer Arthritis der Wirbelsäule mit zunehmender Versteifung (*Bechterew*sche Krankheit). Sie hat von ihrer Krankenkasse seit zwei Jahren die verschiedensten Badekuren (Schwefelbäder, Thermalbäder, Schlammbäder), Röntgenbestrahlung, Diathermie, unzählige Injektionen, Medikamente bekommen. Alles nützte nichts. Sie bekam ein orthopädisches Mieder mit eisernen Stützen unter den Achselhöhlen, welches panzerartig bis an die Oberschenkel reichte. Auch diese Behandlung hat sehr viel Geld gekostet, und dabei hatte man der Patientin erklärt, daß das Leiden unaufhaltsam fortschreiten und sie mit der Zeit ganz gelähmt sein werde. (Invaliditätsrente!). Mehrmalige Behandlung mit dem *Baunscheidt*-Verfahren und Anlegung einer kleinen Fontanelle am schmerzhaftesten Punkt der Wirbelsäule nebst direkter antidyskratischer Allgemeinbehandlung brachte die Patientin in kurzer Zeit so weit, daß sie achtstündige Bergtouren und Akrobatik machen konnte. Das orthopädische Mieder trug sie nie wieder.

Solche Beispiele lassen sich beliebig vermehren. Es könnten große Summen erspart und besseren Zwecken zugeführt werden, wenn diese für die Patienten und die Volkswirtschaft so folgenschweren Zustände über alle bürokratischen und zünftigen Bedenken sowie Interessensphären hinweg beseitigt würden.

1.2 Die historische Methode als unentbehrliches Forschungsprinzip in der Medizin

Dem Meere gleich ist grenzenlos die Heilkunde. Auch nicht mit Myriaden von Versen vermag man sie völlig darzustellen.

(Sushruta)

Zwei Hauptaufgaben hat die medizinische Wissenschaft: Neue Fortschritte zu machen und die bisher bewährten Erfahrungen in möglichster Vollständigkeit zu erhalten, zu vermitteln und mit dem jeweiligen Zeitwissen in Einklang zu bringen.

Während in den letzten 100 Jahren der erste Teil dieser Forderung aufs glänzendste durch Errungenschaften wie Mikroskopie, Bakteriologie, Serologie, Seuchenbekämpfung, Chirurgie, Röntgenverfahren usw. erfüllt worden ist, liegt der zweite Teil, nämlich die Kenntnis der historisch-empirischen Medizin und ihre Benutzung als unentbehrliche Grundlage jeder Heilkunde, in einer Weise im argen, wie es den wenigsten Ärzten zum Bewußtsein kommt.

Bis zur ersten Hälfte des 19. Jahrhunderts war es eigentlich selbstverständlich, daß die medizinische Lehre und Praxis auf den als bewährt überlieferten Erfahrungen unserer ärztlichen Vorgänger aufgebaut sein müsse.

Einer der größten wissenschaftlichen Systematiker aller Zeiten, nämlich *Aristoteles*, hat als die zwei Hauptererfordernisse jeder Wissenschaft die genaue Kenntnis der Geschichte des betreffenden Faches und die Einsicht in den eigentlichen Zweck (er nannte das die Definition) dieser Wissenschaft bezeichnet. Für die Medizin ist dieser eigentliche Zweck das Heilen.

Der Medizinhistoriker *Honigmann* hat mit Recht beklagt, daß eben diese **zwei Hauptquellen** der Medizin, nämlich die **Geschichte** und der eigentliche **Heilzweck**, durch die neuere Entwicklung bis zur Unkenntlichkeit verschüttet worden sind. *Diepgen*, ebenfalls Medizinhistoriker, sagt: Wenn jemals, so hat die Medizin in unseren Tagen Veranlassung, sich auf ihre Vergangenheit zu besinnen. Zerrissen und geschmäht, vom rein naturwissenschaftlichen Denken enttäuscht, vom extremen Irrationalismus in ihrer Zuverlässigkeit gefährdet, mit Vorwürfen über die Verkennung ihrer wahren Ziele überschüttet, könnte sie an sich verzweifeln, hätte sie nicht den Blick auf das, was sie in jahrtausendelanger treuer Arbeit für die Menschheit geleistet hat.

Die ganze Geschichte der Medizin ist ein ewiges Ringen zwischen **zwei Hauptbestrebungen**. Die eine will hauptsächlich dem Kranken helfen, ihn **heilen**. Es ist die **empirische Richtung**. Die andere will wissenschaftliche **Erklärungen dafür geben**, die **rationalistische Richtung**. Alles, was in das jeweils geltende medizinische System nicht hineinpaßt oder sich auf Grund dieser Anschauungen nicht erklären läßt, wird ausgemerzt. Wir haben heute wieder ein derartiges Extrem erreicht und sehen die Zurückdrängung wertvoller empirischer Heilmethoden zugunsten einer mehr theoretisierenden, diagnostischen, technischen und experimentellen Richtung.

Aus verwandten Gründen wurde auch die Kenntnis der Medizingeschichte für belanglos erklärt. Erst kürzlich fragte mich ein Professor der internen Medizin, der sich auf experimentellem Gebiet einen bekannten Namen gemacht hat, ob ich denn wirklich glaube, daß das, was die alten Autoren vor mehr als 100 Jahren geschrieben haben, nicht lauter Unsinn sei.

Alle die glanzvollen Namen aus der zweiten Hälfte des 19. Jahrhunderts, wie *Billroth, Nothnagel, v. Bergmann* u.a., waren so fasziniert von den staunenswerten Fortschritten der Technik mit ihren wirklich großartigen Errungenschaften (Chirurgie, Bakteriologie, Mikroskopie, Seuchenbekämpfung, Hygiene, Röntgenverfahren usw.), daß sie den großen Fehler begingen und alles, was vor dieser Epoche lag, als minderwertig, unkritisch, unzulänglich und unwissenschaftlich ansahen. Und das tun die meisten heutigen Universitätslehrer auch jetzt noch. Ja die meisten heutigen Ärzte, insbesondere die Kliniker, schämen sich und weigern sich noch immer, die alten Autoren ernst zu nehmen und von ihnen zu lernen.

Dieser Standpunkt ist in mehrfacher Hinsicht falsch, vor allem erkenntnistheoretisch. Ich erinnere an die oben erwähnte Forderung des *Aristoteles*, der auch *Goethe* beipflichtete. Es ist ferner anzunehmen, daß man in weiteren hundert Jahren noch ungleich bessere technische Hilfsmittel haben wird als heute. Mit dem gleichen Recht wie wir heute würden dann die Ärzte in hundert Jahren von uns sagen, daß unsere heutige Wissenschaft belangloser, überwundener Unsinn sei.

In Wirklichkeit wechseln die Systeme im Laufe der Medizingeschichte von einem Extrem ins andere, und gewisse Probleme und Gegensätzlichkeiten kehren immer wieder, wenn auch das Gesamtniveau steigt. Es muß aber die Kenntnis der früheren geschichtlichen Systeme und Tatsachen gefordert werden.

Nur wer die Geschichte kennt, weiß, was die Vorfahren geleistet haben und wie er selbst es anfangen muß, um das Wirken der Jahrhunderte organisch fortsetzen zu können. Nur er wird es vermeiden, Fehler zu wiederholen, die sich bereits als solche herausgestellt haben. **Jedes unhistorische Arbeiten ist daher unökonomisch**, da es die erprobten Wege der Tradition nicht kennt und deren Irrwege nicht zu meiden weiß.

Außerdem bedeutet bei der bisher ziemlich unorganischen Entwicklung der Naturwissenschaften und der Medizin selbst noch lange **nicht alles Neue einen Fortschritt und alles Alte etwas Überholtes**.

Die Kenntnis der historischen Tatsachen, insbesondere der Heilmethoden und Heilerfolge, mahnt zur Bewunderung und Bescheidenheit. Diejenigen Forscher, welche ohne genaue Kenntnis auf dem Gebiete auf die früheren Generationen verächtlich herabblicken, denen sie doch ein Großteil ihrer eigenen Lehre verdanken, laufen Gefahr, von den zukünftigen Generationen in ähnlicher Weise beurteilt zu werden.

Es ist ungemein lehrreich, die wichtigsten dieser ständigen Probleme zu betrachten, und das soll im folgenden geschehen.

Seit jeher haben sich Empirie und Rationalismus gegenübergestanden und oft bis zum Extrem übertrieben. Nur die ganz großen unter den Ärzten, z.B. *Hippokrates, Galen, Sydenham, Boerhaave* und *Hufeland*, haben es verstanden, die richtige Mitte zwischen beiden zu halten. Das gleiche Problem besteht für uns auch heute noch. Eine kurze geschichtliche Betrachtung wird das noch deutlicher machen.

Die Anfänge der Medizin bei den alten Kultur- und Naturvölkern sind größtenteils auf **Erfahrung und Heilinstinkt** zurückzuführen. Auf diese Weise ist eine ganz beträchtliche Menge von Wissen und Können zustande gekommen. Auch heute noch gehört ein gewisser Instinkt dazu, um neue Entdeckungen zu machen und Intuition für die richtige Krankenbehandlung.

Erst später meldeten sich **religiöse und philosophische Systeme**, welche das vorhandene Erfahrungswissen in ihren Gedankengang einzuordnen suchten. Wir finden das in der indischen, ägyptischen und griechischen Medizin. Bei letzterer war es die ionische Naturphilosophie, welche die Unterscheidung nach den vier Elementarqualitäten (warm, kalt, feucht, trokken) und den vier Kardinalsäften (Blut, Schleim, gelbe Leber- und schwarze Milzgalle) zur Deutung des vorhandenen Erfahrungswissens heranzog. Humorale Vorstellungen kombiniert mit den pneumatischen Lehren, die von der Atmung ausgehen und die Luft (*Pneuma*) als wichtigstes Lebensprinzip ansehen, wurden hineingetragen.

Diese Lehren spielten dieselbe Rolle in der Medizin wie unsere heutigen Naturwissenschaften, und man glaubte, damit eine bessere geistige Durchdringung und Vertiefung des Heilwissens sowie schärfere Beobachtung erzielen zu können. Zum Teil gewiß mit Recht, trotzdem wir heute einsehen, wie primitiv die damaligen naturwissenschaftlichen Begriffe und Hilfsmittel waren.

Die wichtigsten Grundlagen der damaligen Erfahrungsmedizin, nämlich Beobachtung des Selbstheilungsbestrebens des Organismus (*physis* genannt) sowie die Unterstützung dieses Bestrebens durch eine große Zahl pflanzlicher, tierischer und mineralischer Arzneimittel, insbesondere auch durch ausleerende und ableitende Heilmethoden, wie Abführmittel, Brechmittel, Schwitzmittel, Blutentziehungen und Kauterisation der Haut, sind heute noch die gleichen geblieben, aber mit Unrecht von einem zu weit getriebenen Rationalismus des 19. Jahrhunderts verschüttet worden.

Wir sehen dieses Spiel immer wieder mit dem Auftauchen neuer Systeme oder Untersuchungsmethoden im Laufe der Medizingeschichte sich wiederholen. Immer wieder hielt man das jeweils neue System für das einzig richtige und beste, genau so wie jetzt. Die Medizinhistoriker glauben diesen Kampf zweier Anschauungen immer wieder durch den Mangel objektiver Forschungsmethoden und geeigneter technischer Hilfsmittel entschuldigen zu müssen, aber letztere sind ja immer relativ, und jede Zeit glaubt im Besitze vollgültiger Methoden zu sein.

Galen im 2. Jahrhundert n. Chr., welcher eineinhalb Jahrtausende lang das medizinische Denken der damaligen Kulturwelt beherrschte, wird immer der Vorwurf gemacht, er sei zu doktrinär und entferne sich zu weit von der Natur. Deshalb wird er seit fast hundert Jahren überhaupt nicht mehr gelesen. Das ist sehr einfach, aber man tut ihm und der Medizin damit Unrecht. Wenn man sein zwanzigbändiges Kolossalwerk durchblättert, so findet man, von den theoretischen Spitzfindigkeiten abgesehen, darin eine solche Fülle von wertvollen therapeutischen Erfahrungen und Beobachtungen, daß wir mit unserer heutigen ärztlichen Erziehung alle von ihm lernen können.

Eine neue Art von Naturwissenschaft brachte die Schule der Methodiker in die Medizin hinein (um 90 v. Chr.). Mit großem Selbstbewußtsein erklärten sie die erfahrungsgemäß seit Jahrhunderten bewährte empirische Humoralpathologie für falsch und wollten eine „wissenschaftliche Lehre“ als Richtschnur für das Verständnis und die Behandlung der Krankheiten setzen. Die damals „moderne“ Physik war sehr einfach, denn sie unterschied nur zwei Haupteigenschaften der Körper, die Zusammenziehung der Poren bzw. der Gewebe (den *status strictus*) und die Erschlaffung der Gewebe (den *status laxus*). Daraus ergab sich scheinbar sehr einfach, wissenschaftlich exakt und sicher (man denke immer wieder an die heutigen Parallelen) das Heilverfahren. In ersterem Falle mußte man erschlaffende, im zweiten Falle zusammenziehende Mittel verordnen.

In manchen Fällen hatte man und hat man auch heute noch sicher damit Erfolg. Aber in dieses allzu einfache Schema geht ein Großteil der Erscheinungen überhaupt nicht hinein, und die Mißerfolge zeigten sich alsbald in der Praxis. Es war ganz ähnlich wie die *Virchow*sche Lehre eine Solidarpathologie im Gegensatz zur Humoralpathologie. Genau wie heute bekämpfte man die ausleerenden Heilmethoden und setzte an ihre Stelle eine Art Naturheilkunde mit Hydrotherapie, Massage, Gymnastik, die auf gewissen Gebieten, aber nicht unbeschränkt, sicher ihr Gutes leistete.

Schon um das Jahr 200 v. Chr. betonte die Schule der Empiriker, daß allzu weit getriebene dogmatische Spekulationen unfruchtbar seien und verwarf überhaupt jede dialektisch-theoretische Begründung der Heilkunde. Nur die klinische Beobachtung und die Erfahrung sollten der Maßstab für Diagnose und Therapie sein.

In größtem Stile bewies durch sein Lebenswerk erst *Galen*, daß **ohne die Korrektur gedanklich-kritischer Vorstellungen die Empirie zu einer immer mehr verflachenden Routine herabsinken muß**. In seiner Enzyklopädie der gesamten damaligen Heilkunde vereinigte er beide Denkrichtungen. Die Grundlagen der Medizin sollten 1. die Erfahrung *(peira)* und 2. die unmittelbare Gewißheit des Verstandes (*logos*) sein.

Obwohl in seinen Schriften die rationalistischen Vorstellungen die Erfahrung überwiegen, muß er in seiner praktischen Tätigkeit doch große Erfolge gehabt haben.

Eine weitere Parallele zur heutigen Zeit ergibt sich aus der arabischen Medizin, welche das galenische Wissen immer noch mehr systematisierte, so daß es zu einer fast mathematisch anmutenden Höhe scheinbarer Exaktheit getrieben wurde. Der Sinn für andere Formen der Erkenntnis war damals verlorengegangen.

In ähnlicher dogmatisch-akademischer Weise wurde die ganze mittelalterliche Medizin betrieben, sie entfremdete sich dem Volksempfinden und begünstigte so das Emporkommen der Laienmedizin (vgl. die heutigen nach Tausenden zählenden Heilpraktiker in Deutschland als Folge der jetzigen „naturwissenschaftlichen Neuscholastik") und das steigende Ansehen der ungelehrten Wundärzte, also einer primitiven, mehr ursprünglichen Empirie.

Aber auch die geistige Verarbeitung des empirischen Wissens ging seit jeher verschiedene Wege. Der mehr realistisch-objektiven Richtung des *Aristoteles* steht die mehr intuitive Denkungsweise der platonischen Schule gegenüber. Zur Zeit der Renaissance kam letztere wieder mehr zum Durchbruch (Neuplatoniker). Die Umwandlung des scholastischen Denkens in das moderne hängt aber noch mit anderen geistigen Strömungen zusammen.

Es entstand durch die astronomischen und physikalischen Entdeckungen eines *Kopernikus, Kepler, Galilei* und *Newton* ein ganz neues Weltbild auf induktiv-naturwissenschaftlicher Grundlage. Auch der menschliche Körper wurde in mechanistischem Sinne als automatisch arbeitende Maschine angesehen, und dieser Gedanke ist letzten Endes auch heute noch in der heutigen mechanistischen Auffassung der Biologie vorhanden.

Eine weitere Steigerung erfuhr diese Geisteshaltung im 17. Jahrhundert, welches auch das „naturwissenschaftliche" genannt wurde. Physik und Chemie wurden als Leitgedanken auch für die Krankenbehandlung aufgestellt. Die iatromathematische, iatrophysische und iatrochemische Richtung hat davon den Namen. Auch damals hielt man, genau wie heute, die betreffenden naturwissenschaftlichen Methoden für sehr fortschrittlich, exakt und untrüglich, obwohl sie, vom heutigen Standpunkt aus betrachtet, uns recht primitiv erscheinen. In hundert Jahren wird man von unseren Methoden dasselbe sagen.

Die heutigen Medizinhistoriker beurteilen die damalige naturwissenschaftliche Begründung der Heilkunde gar nicht gut: Man habe **in leichtsinniger Analogie die Ergebnisse der Naturwissenschaft ohne weiteres auf physiologische und pathologische Zustände übertragen** und habe sie auf Grund von Scheinbeweisen zu Hypothesen ausgesponnen, deren Verwirklichung sich stets sehr fragwürdig und fadenscheinig gestaltete. Geblendet von den neuen chemischen Forschungsresultaten (Entdeckung der Säuren, Alkalien und Salze), glaubte man die dunklen Vorgänge des Körpers nicht anders deuten zu können, als auf dem gleichen Wege.

Man braucht nicht viel an dieser Ansicht zu ändern, und sie paßt auf die heutige Zeit.

Die Historiker stellen weiter fest, daß diese neue naturwissenschaftliche Lehre sich vielfach zum Schaden der Kranken auswirkte und sprechen von den „chemischen Phantasmen“ dieser Epoche und von „bedauerlichen Irrwegen, in welche ihre vorzeitige Anwendung (man hielt bloße Analogien für Beweise) die Forschung lockte.“

Baglivi (1668-1707) einer der bedeutendsten Vertreter der iatromechanischen Richtung, versuchte die Mehrzahl aller Krankheiten auf mechanische Störungen in der Blutbewegung, auf die sogenannten Blutstockungen zurückzuführen. Aber in der Praxis dachte er hippokratisch und eklektisch, wie so manche andere bedeutende Ärzte der folgenden Zeit.

Vor allem ist in dieser Reihe *Sydenham* (1624-1699), der „englische Hippokrates“, zu nennen. Er war kein akademischer Lehrer, sondern nur praktischer Arzt, aber als solcher von europäischem Weltruf. Er lehnte es ausdrücklich ab, theoretische Erklärungen für die Lebenserscheinungen zu geben, weil er mit Recht alle diese Versuche für unzulänglich hielt. Desto mehr hielt er von der direkten Beobachtung des Patienten und von einer breitangelegten Therapie, in welcher Blutentziehungen und ein reicher Schatz von bewährten Arzneimitteln die Hauptrolle spielen.

Sydenham empfahl hauptsächlich Schwitzen, Abführen und Aderlassen. Man schuldigte ihn an, daß er nicht versuche, tiefer in die Mysterien der Krankheiten einzudringen. Er antwortete, man solle ihm erklären, warum ein Pferd 7 Jahre, ein Mensch 21 Jahre brauche, um erwachsen zu sein. Oder warum einige Pflanzen im Mai, andere im Juni blühen. Er kämpfte für die klinische Beobachtung als wissenschaftliche Methode und seine eigene Art, sie anzuwenden. Er hätte mehr Ehre erworben, wenn er leere und unnütze Spekulationen veröffentlicht hätte. Aber er zog die direkte Beobachtung dem nutzlosen Philosophieren vor.

Dieselbe Diskrepanz trifft auch noch für die heutige Universitätsmedizin und den Hippokratismus zu. Man verlangt vor allem theoretische und wissenschaftliche Erklärungen und erst in zweiter Linie Empirie.

Das 18. Jahrhundert ist vorbildlich für die Vereinigung von großangelegter medizinischer Systematik und neugefundenen naturwissenschaftlichen Ergebnissen. *Boerhaave, Hoffmann* und *Stahl* sind die Hauptvertreter dieser Epoche. *Boerhaave* hat als Kliniker großen Stils und hippokratisch eingestellter Eklektiker in seiner Auffassung sehr viel Ähnlichkeit mit *Sydenham.* Auch er verzichtete ausdrücklich auf eine Erklärung der letzten Ursachen körperlicher Erscheinungen. Vorbildlich ist für alle Zeiten sein universell gerichtetes Denken im Gegensatz zur pedantischen Detailforschung der heutigen Zeit, der das Wissen um die großen Linien und Zusammenhänge fehlt.

Auch *Stahl* verurteilte die ungenügenden und leichtfertigen Versuche, durch mechanische und chemische Analogien alle Vorgänge im menschlichen Körper zu erklären. Weit vorausschauend, hielt er es auch für unfruchtbar, aus den an sich höchst bedeutungsvollen detaillierten anatomischen Forschungen, wie aus dem Vorhandensein chemischer oder physikalischer Vorgänge im Körper, die immer nur sekundärer Natur sein können, die Erklärung für dessen Erscheinungsform zu suchen. Die *Stahl*sche Lehre wurde auch der Boden für den medizinischen Vitalismus, der seitdem in verschiedener Gestalt ein Hauptproblem der Medizin bildete.

In der Folge zeigte sich, daß die **vitalistische Einstellung** gegenüber den pathologischen Phänomenen, besonders vom hippokratisch-physiatrischen Standpunkt aus, sachgemäßer und **vorteilhafter** erschien. Geister wie *Goethe, Kant, Fichte* und besonders *Schelling* mit seiner Naturphilosophie hatten gar keinen Respekt vor den groben atomistischen Vorstellungen des beginnenden 19. Jahrhunderts.

Auch über diese Zeit urteilen die heutigen Medizinhistoriker mitleidig und sprechen von der „Armseligkeit methodischer Hilfsmittel“, von Ohnmacht und Unverständnis gegenüber den wirklichen Problemen der Heilkunst. Sicher mit Unrecht, denn damals lebten Ärzte von der Größe *Hufelands*, *van Swietens* und *Joh. Peter Franks*, welche Hippokratiker im feinsten Sinne des Wortes waren und die alte überlieferte Empirie mit dem wissenschaftlichen Geist des 19. Jahrhunderts zu verbinden wußten.

Überhaupt führte schon damals die neuerweckte Beschäftigung mit der pathologischen Anatomie bei den Ärzten zu **Skeptizismus und Nihilismus**, so daß man höchstens lokale Behandlung zuließ und für die allgemeine Beeinflussung des kranken Menschen das Verständnis verloren hatte. Wieder ganz ähnlich der heutigen Situation.

Der damalige Tübinger Kliniker *Wunderlich* mußte eingestehen, daß die früheren Ärzte bei aller Armut ihrer Kenntnisse bessere Praktiker gewesen waren, als die damals modernen, pathologisch-anatomisch geschulten.

Der Kampf zwischen praktischer Empirie und wissenschaftlichem Rationalismus ging weiter. Dem berühmten Wiener pathologischen Anatomen *Rokitansky* wurde es von *Virchow* übel ausgelegt, daß er mit seiner Krasenlehre wieder für die Humoralpathologie eintrat zu einer Zeit, wo man stolz darauf war, letztere schon vernichtet zu haben. Heute kann man es dem Anatomen *Rokitansky* nur zum Verdienst anrechnen, daß er sich mit den rein morphologischen Befunden und Erklärungen nicht zufrieden gab.

Der **Rationalismus pathologisch-anatomischer Herkunft wirkte** in der Folge **lähmend auf die ärztliche Praxis**. Skepsis und Nihilismus erreichten ihren höchsten Grad in der jüngeren Wiener Schule, und es zeigte sich ein klaffender **Gegensatz zwischen** den Aufgaben **der medizinischen Wissenschaft und der ärztlichen Kunst**. Ganz ähnlich wie zur Zeit der griechischen Empiriker und Methodiker.

Auch die *Virchow*sche Zellularpathologie ist ein solches bis ins feinste durchgebildetes rationales System, welches, trotz aller gegenteiligen Versicherungen und programmatischen Erklärungen von *Virchow* selbst, den Zusammenhang mit der überlieferten ärztlichen Empirie zum großen Teil in Vergessenheit geraten ließ. Das Selbstbewußtsein und die große Sicherheit, mit der diese Lehre überall vorgetragen wurde, ließ jeden Hinweis auf das rein Erfahrungsmäßige als überwunden und unwissenschaftlich erscheinen.

Immer wieder heißt es in der Medizingeschichte, daß die neue Wissenschaft nach besseren Erklärungen sucht. Aber schließlich kehrt man auf Umwegen und durch praktische Mißerfolge bekehrt doch immer wieder zur alten Empirie zurück, die man kurz vorher als dürftig, mangelhaft begründet, mit zu wenig Hilfsmitteln ausgestattet und unwissenschaftlich ansah.

Es entwickelte sich im 19. Jahrhundert immer mehr das technische Zeitalter des modernen Materialismus, und die Seele dieser technisch gewordenen Kultur war die Naturwissenschaft. Den großen leitenden Ideen ging man soweit als möglich aus dem Wege. Alles, was nicht mechanistisch oder evolutionistisch gedacht war, wurde als unwissenschaftlich bezeichnet. Die Klinik war bereit, fast die ganze arzneitherapeutische Vergangenheit zu opfern, um eine neue rationale Ära zu begründen.

Aber selbst dort, wo der Rationalismus sich direkt in den Dienst der Therapie stellen wollte, nämlich auf dem Gebiete der Arzneimittellehre selbst, schoß er weit übers Ziel. Die Pharmakologie trieb die Verwissenschaftlichung ihres Gebietes so weit, daß sie sich mit ihren Fragestellungen der Klinik weitgehend entfremdete und ein theoretisches Eigenleben führt. Ihre Vertreter arbeiten meist nur am Tierversuch und im chemischen Laboratorium. Die Wirkung am Menschen kennt man dort meist bloß vom Hörensagen. So ist es kein Wunder, wenn große Teile des klassischen Arzneischatzes als überflüssig und obsolet erklärt werden, was natürlich wieder zur therapeutischen Verarmung der Klinik führt.

Eine weitere moderne Abart des Rationalismus ist die **ätiologische Forschung**. Sie leistete zwar der Diagnostik unschätzbare Dienste, mechanisierte aber auf der anderen Seite durch ihren neuen Dogmatismus, der an Unduldsamkeit nichts zu wünschen übrig ließ, das medizinische Denken in wenig erfreulicher Weise. Das Kausalitätsproblem wurde von ihr in einseitigster Weise zu lösen versucht. Der ganze durch die Beobachtung langer Zeiträume gehäufte Schatz ätiologischer Vorstellungen (z.B. die Lehre von den Kongestionen, humoralen Metastasen, vikariierenden Exkretionen usw.) wurde mit Unrecht so gut wie entwertet.

Das Resultat davon war u.a. ein zu starker Physiologismus, der die Grenzen der klinischen Ziele weit überschritt. Das äußerte sich am verhängnisvollsten in der Entwicklung der Therapie. In den meisten Lehrbüchern der modernen Medizin erscheint sie auch heute noch als ein bloßes Anhängsel der anatomischen und klinischen Pathogenese.

Die Oberflächlichkeit, mit welcher in scheinbar rationalistischer Weise Schlafmittel, Fiebermittel, Analgetica usw., rein symptomatisch verordnet wurden, läßt uns heute schon stutzig werden. Noch nicht eingesehen wird von der heutigen Klinik, daß es ebenso oberflächlich ist, etwa eine Uterusblutung mit Hormonen oder oder gar Uterusexstirpation und Röntgenbestrahlung zu bekämpfen, ohne die Gesamtheit der übrigen körperlichen Zustände zu berücksichtigen.

Das ärztliche Denken verflacht, und die Heilkunde wird zu einem mehr handwerksmäßigen oder technischen Betrieb herabgezogen. So kommt es dann, daß die chirurgische Leistung überschätzt, die interne unterschätzt wird. Aus einer solchen unzweckmäßigen arzneilichen und chirurgischen Behandlung erst konnte sich mit besonderem Erfolg als Gegenströmung die Naturheilkunde mit ihrer allzu extremen Forderung der arzneilosen Behandlung entwickeln. Es ist klar, daß auch hier die Wahrheit in der Mitte liegt.

Man kann demnach heute geradezu von einem Kampf zweier Weltanschauungen in der Medizin sprechen, nämlich zwischen der materialistisch-mechanistischen und der mehr vitalistisch-hippokratischen Richtung. Die letztere sucht in individualisierender Form eine geläuterte Empirie mit einem Rationalismus idealistischer Prägung zu verbinden.

Von sonstigen Problemen und Richtungen, welche in der Medizingeschichte eine Rolle spielen, seien der Gegensatz zwischen Lokal- und Allgemeinpathologie sowie Solidar- und Humoralpathologie genannt. Diese Gegensatzpaare kehren unter den verschiedensten Formen und Verkleidungen immer wieder, ohne daß sich die jeweils in einem solchen Extrem Befangenen darüber klar geworden sind. Nur die Kenntnis der Medizingeschichte kann vor solchen Irrtümern schützen.

Eine andere, ebenfalls uralte praktische Unterscheidung ist die zwischen sthenischen und asthenischen Zuständen bzw. Krankheiten. Durch antisthenische Behandlung auf der einen und tonisierende Behandlung auf der anderen Seite kann man nicht nur auf den Allgemeinzustand, sondern auch auf zahlreiche Erkrankungen einzelner Organe in einer Weise günstig einwirken, wie dies heute vielfach vergessen worden ist.

Im Laufe der Medizingeschichte hat man bald mehr bald weniger daran gedacht, obwohl dies nach hippokratischen Grundsätzen unbedingt zu einer vollständigen Heilkunde gehört. Schärfere Betonung fand dieses Prinzip, wie schon erwähnt, bei den Methodikern im alten Rom, bei den Iatrophysikern im 17. und bei den verschiedenen Systematikern im 18. und beginnenden 19. Jahrhundert, z.B. bei *Baglivi, Stahl, Brown, Broussais, Rasori* u.a. In neuerer Zeit in der modernen Konstitutionstherapie.

Der Überblick über Geschichte und Materia medica auf diesem Gebiete ist der heutigen Klinik weitgehend verlorengegangen. Einen großen Raum nehmen in den verschiedenen Systemen im Laufe der Medizingeschichte die methodischen und erkenntnistheoretischen Fragen ein. Die Lehre von der Naturheilkraft bzw. dem Selbstheilungsbestreben des Organismus (*physis*), die Definition des Krankheitsbegriffs, die schon besprochene Unterscheidung zwischen Empirie und Rationalismus, zwischen mechanistischer und vitalistischer bzw. dynamistischer Auffassung, zwischen Historismus und selbstgenügsamer, jeweils zeitgebundener Einstellung sind wesentlich.

Eine große Streitfrage von der ältesten bis in die neueste Zeit bildet auch die Unterscheidung zwischen **induktiver und deduktiver Forschungsmethodik**. Hier häufen sich die Mißverständnisse. Bald will man nur die eine, bald wieder nur die andere Richtung gelten lassen. Namentlich das naturwissenschaftlich orientierte 19. Jahrhundert verdammte die deduktive Methodik nahezu ganz, und erst allmählich sieht man jetzt wieder ein, daß auch die deduktive Systematik nicht bloß Ordnung in die Fülle von Tatsachen hineinbringt, sondern großen heuristischen Wert hat.

Fragt man heute einen Universitätslehrer, ob unsere derzeitige Medizin nach einem bestimmten wissenschaftlichen System gelehrt wird, so wird die Antwort recht schwerfallen. Viele leugnen überhaupt die Berechtigung der Systembildung in der Medizin, jedoch mit Unrecht. Man muß immer wieder versuchen, ein solches auf Grund der bisherigen Denksysteme, angepaßt dem jeweiligen Stande der wissenschaftlichen Forschung, aufzustellen. Die Konstitutionstherapie ist ein solcher Versuch.

Der Wert der deduktiven Methodik möge an einigen Beispielen klar werden. Man ist bekanntlich gegen zahlreiche Beschwerden der Wechseljahre oft recht machtlos, wie z.B. gegen Parästhesien, Schwindel, Ohrensausen, Rheumatismen, Kopfschmerzen, Schweißausbrüche u.dgl., und es ist schwer, sie nach den heutigen bloß innersekretorischen Anschauungen unter einen Hut zu bringen und vor allem, sie wirksam zu behandeln. Schließt man aber an die induktive Sammlung aller einschlägigen Tatsachen die richtige Deduktion an und klassifiziert diese Erscheinungen in die drei Hauptgruppen der Plethora, Dyskrasie und Diathesis inflammatoria, dann bieten sich wirksame Handhaben für nahezu alle Störungen. In ganz ähnlicher Weise kann man die Erkrankungen der Schwangerschaft und die vielseitigen Folgen der Hypomenorrhöe klassifizieren und erfolgreich behandeln. Eine solche Auffassung ist der heutigen Klinik fremd, und deshalb versagt sie auch bei konservativer Behandlung so häufig. Es läßt sich aber leicht nachweisen, daß die Vernachlässigung der deduktiven Methodik eine der Hauptursachen dieses Versagens ist.

Weitere solche immer wieder aktuelle Probleme sind das Schwanken zwischen **Nihilismus und Polypragmasie** in der internen Medizin, sowie exspektativem Verhalten und operativem Radikalismus in den chirurgischen Fächern. Je mehr man die historisch überlieferten Heilmethoden und die Denkverfahren beherrscht, desto eher kann man den **golden Mittelweg** zwischen diesen Extremen finden. **Der gute Wille allein und programmatische Vorschläge tun es nicht. Es müssen auch die empirischen Kenntnisse als Grundlage dazukommen.**

Auch die richtige Einschätzung der Exaktheit, des mathematischen Vorgehens, der Detailarbeit ist eine sehr einschneidende Frage. Gewiß ist sie auch auf manchen Gebieten notwendig. Aber sie darf nicht allein bestimmend sein. Im Gegenteil, sie ist meist von sekundärer Bedeutung. Denn schon *Hippokrates* sagt, daß **beim menschlichen Organismus Maß und Zahl in den Hintergrund zu treten haben vor der reinen Erfahrung**. Wir sehen die Exaktheitsbestrebungen in der iatromathematischen Schule des 16. Jahrhunderts und heute in den Kurven, Tabellen, Statistiken und Meßmethoden mancher hyperexakter Kliniker bis ins Extrem ausgebildet. Sie decken sich aber oft nicht mit der Wirklichkeit, und man übersieht dabei häufig, daß es noch andere viel wesentlichere Zusammenhänge gibt.

Eine Schweizer Ärztin hatte trotz Exstirpation der Gallenblase noch jahrelang cholangitische Beschwerden mit Fieber und Schmerzen, so daß sie ihren Beruf nicht ausüben konnte. Verschiedene Kurversuche halfen nicht. Endlich kam sie in das Krankenhaus eines exakten Klinikers, welcher eine Woche lang alle erdenklichen Laboruntersuchungen machte und schließlich mit einem ganzen Pack von (Befunden, Kurven, Tabellen usw.) beschriebenen Papieren anrückte. Befriedigt sagte er: „Nun haben wir doch endlich einmal Zahlen." Aber helfen konnte er ihr nicht. Die betreffende Kollegin kam dann nach Wien, wurde „unwissenschaftlich" konstitutionstherapeutisch mit Ableitung auf den Darm, Resolventien, Blutegeln und Cantharidenpflaster behandelt, war in sechs Wochen vollkommen hergestellt und ist jetzt fünf Jahre lang bis auf einen vorübergehenden kurzen Rückfall, der ebenso behandelt wurde, dauernd gesund.

Bis zum Exzeß ist die Hyperexaktheit derzeit in Amerika ausgebildet. Das Publikum beginnt dort auch das Vertrauen zu den Ärzten zu verlieren, weil ihm, bevor noch überhaupt eine Behandlung einsetzt, eine Menge Geld für die zahlreichen ganz automatisch und mechanisch angestellten Laboratoriumsuntersuchungen aus der Tasche gezogen wird. Sicherlich ist die Mehrzahl dieser Untersuchungen nicht bloß überflüssig, sinn- und nutzlos, sondern führt auch oft zu falschen Schlußfolgerungen. Die ganze Gleichung ist unrichtig angesetzt. Man stürzt sich auf Details in den Blut- und Harnbefunden, im Hormon- und Kalkspiegel und übersieht dabei meistens, daß das ganze recht trivial von einer Mageninsuffizienz, von einer ungenügenden Menstruation oder Hautatmung, von Fettsucht oder Vollblütigkeit kommt.

Ein besonders tragisches Kapitel der Medizingeschichte ist der fortwährende Streit zwischen **offizieller und inoffizieller Medizin**. Seit es medizinische Schulen gibt, und das war ja schon in Indien, Ägypten, Griechenland usw. der Fall, gibt es immer gewisse Gruppen von Vertretern derselben, welche darüber wachen, daß die bestehende Lehre in möglichster Reinheit erhalten bleibt. Oft genug ist dies zu allen Zeiten in **Dogmatismus und Unduldsamkeit** ausgeartet, und wir sehen auch heute noch genügend Beispiele dafür.

Immer wieder berichten die Medizinhistoriker, daß jede neue Lehre (mit seltenen Ausnahmen) von der Schule heftig bekämpft wurde. Man nennt in neuester Zeit als krasseste Beispiele dafür das tragische Schicksal von *Semmelweis*, ferner Namen wie *Schleich, Freud* u.a. Aber weniger bekannt ist es, daß selbst so objektiv nachweisbare Entdeckungen wie die anatomischen Ergebnisse *Vesal*s und *Morgagni*s, ganz besonders aber die Entdekkung des Blutkreislaufs von *Harvey*, mit einem Entrüstungssturm von den Universitätsgelehrten aufgenommen wurden.

Auf anderen Gebieten erlitten *Kopernikus, Galilei*, *Robert Mayer* und *Galvani* ähnliche Schicksale. Sie wurden bedroht, verlacht oder verkannt. Es scheint eben in der menschlichen Natur zu liegen, daß das wirklich Neue auf Widerstand stoßen muß. Man sollte aber meinen, daß philosophische und historische Schulung die dazu berufenen Gelehrten davor schützen sollte, in solche Irrtümer zu verfallen.

Interessant ist auch, daß die Entdeckung *Auenbrugger*s, die Perkussion, vollkommen unbeachtet geblieben und totgeschwiegen worden ist. Der Medizinhistoriker *Honigmann* schreibt darüber: „*Für die Führer der ersten Wiener Schule, die sich doch bestrebten, hippokratisch zu denken und zu handeln, ist es kein Ruhmestitel, daß diese auf ihrem eigenen Boden entstandene aussichtsvolle Bereicherung der Krankheitserkenntnis aus theoretischer Befangenheit und menschlicher Kleinlichkeit der Vergessenheit überantwortet wurde.*“

Immer wiederholt sich das gleiche Spiel. Eine neue inoffizielle Richtung wird zuerst heftig von der Schule bekämpft, um dann mit der Zeit selbst der offiziellen Lehre einverleibt zu werden. Wir haben das an der Hypnose, an der Psychotherapie und Hydrotherapie erlebt. In einem Übergangsstadium befinden sich heute die Naturheilkunde, die verschiedenen Diätsysteme, die Homöopathie und Magnetopathie.

Man kann in der Medizin zu wenig tun. Und man kann zu viel tun, das trifft auf die meist viel zu radikalen Eingriffe der Chirurgie zu. Das lokalistische Denken führt leicht zur Resignation und zur Skepsis. Der Ausdruck „post hoc, ergo propter hoc“ wird viel zu häufig und leichtfertig angewendet, um unbequeme, in das Schema nicht passende Gedankengänge, namentlich auf therapeutischem Gebiet, mit einer Handbewegung abzutun.

Der übersteigerte naturwissenschaftliche Rationalismus hat zu einer Art **naturwissenschaftlicher Neuscholastik**, zu einem neuen Dogmatismus geführt. Ein **Charakteristikum** dieses neuen Dogmatismus **ist vermeintliche Exaktheit**. Diese bezieht sich aber meist nur auf sekundäre Erscheinungen und artet so in Pseudoexaktheit aus, welche über die wahren Probleme hinwegtäuscht.

Im Zusammenhang damit ist auch der Begriff Naturwissenschaft oft mißdeutet worden. Bezieht sich dieser nur auf die exakten Naturwissenschaften, nämlich Physik und Chemie, dann sind diese für die Erkenntnis des menschlichen Organismus nicht ausreichend, denn das Leben hat seine eigenen Gesetze (Vitalismus). Soll aber das Programm vieler Kliniker, die Medizin „naturwissenschaftlich“ zu betreiben, einen Sinn haben, dann muß eben der Begriff Naturwissenschaft dem organischen Leben angepaßt sein und hört damit auf „exakt“ zu sein. Damit nähern wir uns aber schon wieder der hippokratisch-empirischen Auffassung.

In diesem Zusammenhang sei auch noch einmal die Abgrenzung zwischen **allgemeiner Medizin und Spezialistentum** erwähnt. Erstere sollte von den Internisten vertreten werden, doch hat man sich auch hier schon viel zu sehr spezialisiert. Es gibt Spezialisten für Herz-, Lungen-, Magenerkrankungen u.dgl. Das führt zur Erforschung feiner technischer, morphologischer sowie diagnostischer Einzelheiten, aber die allgemeine Therapie leidet sichtlich darunter. Der Herzspezialist übersieht meist, daß viele Herzleiden auch vom Bauch kommen, der Lungenspezialist desgleichen, und der Magenspezialist arbeitet gewöhnlich nach Laboratariumsbefunden und übersieht das konstitutionelle Moment. In den anderen Spezialfächern steht es nicht besser.

Erst kürzlich kam eine Frau in den Wechseljahren zu mir, welche seit dem Nachlassen der Menstruation, also seit etwa zwei Jahren, schneidende Schmerzen in der Stirn- und Augengegend sowie Klingen und Sausen in den Ohren („wie ein Orkan, wie ein Wasserfall und wie ein Uhrwerk") hatte. Sie wurde vom Hausarzt zum Augen- und Ohrenarzt geschickt, beide Spezialisten sagten, es käme nicht von den Augen und nicht von den Ohren, und damit war für sie der Fall erledigt. Der Hausarzt aber verordnete Beruhigungs- und Betäubungsmittel, und damit wurde das Leiden natürlich auch nicht besser. Ganz ähnlich wurde in einer Nervenheilanstalt vorgegangen, wo die Patientin außerdem noch Hydrotherapie (mit dem Erfolg von etwas Linderung) bekam. Die Untersuchung der Patientin ergab, daß sie seit jeher zu spärliche Menses gehabt und dabei fettleibig, vollblütig und arthritisch geworden ist, Körpergewicht 90 kg. Keinem der Spezialisten war es eingefallen, hier den Hebel anzusetzen. Alle dachten viel zu lokalistisch. Auf ein entsprechend stoffwechselverbesserndes Regime (Entfettungskur, Ableitung auf den Darm, Resolventia, Blutegel und Cantharidenpflaster hinter die Ohren) verschwanden die Beschwerden in drei Wochen. Solche Fälle kommen nicht bloß vereinzelt vor, sondern sind alltäglich und typisch.

1.3 Praktischer Hippokratismus

Immer im Laufe der Medizingeschichte, wenn Unsicherheit und Unzufriedenheit in der medizinischen Theorie und Praxis eingetreten war, ertönte der Ruf: „Zurück zu *Hippokrates*." Was soll man unter praktischem Hippokratismus verstehen? Die meisten Autoren, welche über diesen Gegenstand schreiben, bewegen sich in allgemeinen Ausdrücken über die Physis, welche das Selbstheilungsbestreben des Organismus verkörpert, über Diagnostik, Prognostik, Ethik des Arztes u.dgl. Den eigentlich praktischen Gehalt der hippokratischen Lehren hat noch keiner der heutigen Autoren richtig erfaßt und dargestellt, trotzdem viele den Wunsch aussprechen, unser jetziges ärztliches Denken und Handeln mit hippokratischem Geiste auszufüllen.

Das Studium der hippokratischen Schriften selbst macht es einem nicht leicht, den praktischen Gehalt dieser Lehren zu erfassen. Es ist eine größtenteils ungeordnete, unübersichtliche Aneinanderreihung von Krankengeschichten und ärztlichen Regeln mit zahlreichen Wiederholungen und Widersprüchen. Hier sollen zur Illustration nur einige Stichproben dienen, um zu zeigen, was praktischer Hippokratismus ist, aber auch, wie weit die heutige Klinik noch davon entfernt ist.

Vor allem fällt auf, daß in den hippokratischen Schriften bei schmerzhaften Zuständen (im Kopf, in den Brust- oder Bauchorganen) zunächst keine schmerzstillenden Mittel gegeben werden, so wie das die heutige Klinik macht, sondern daß man den Schmerz durch Beseitigung seiner Ursache zu beheben sucht. Diese werden meist in einer Überfüllung des Körpers mit Blut oder anderen reizenden Stoffwechselprodukten (Körpersäften), auch mit überschüssigen Nahrungsstoffen gesucht. Wiederholt heißt es z.B.: „*Die Vollblütigen leiden oft an allgemeinen Körperschmerzen und Entzündungen*."

Die therapeutische Folgerung daraus lautete denn auch hauptsächlich auf **Entleerung der überschüssigen Stoffe** durch die fünf Kardinalheilmethoden, welche auch schon den alten Indern Gesetz waren, nämlich Abführen, Erbrechen, Blutentziehungen, Schwitzverfahren und Kauterisation der Haut. Ausdrücklich heißt es an mehreren Stellen, daß z.B. Schmerzen in der Leber- und Gallengegend so lange mit Abführmitteln, allenfalls Brechmitteln und Aderlässen behandelt werden sollen, bis der Schmerz aufhört. Auch heute noch läßt sich das bei Entzündungen der Gallenblase, mit entsprechender Vorsicht ausgeführt, nachweisen. Betäubungsmittel zur Schmerzstillung wurden relativ selten gegeben und immer erst dann, wenn der Körper auf die oben angegebene Weise nach Möglichkeit von den schmerz- und entzündungserregenden Stoffen befreit war.

Dieses Prinzip der Ausleerung schädlicher Stoffe zur Behebung von Schmerzen und Entzündungen erstreckt sich auf zahlreiche Organe und Krankheiten und hat sich im Laufe der Jahrhunderte unter allen Systemen immer wieder bewährt. Es muß demnach die Grundlage jeder praktischen Heilkunde bilden.

Ein zweites wichtiges Grundprinzip der hippokratischen Heilkunst ist die Lehre von den **vikariierenden Ausscheidungen**. Heftige Darmentleerungen, etwa in Form von Dysenterie oder das spontane Auftreten eines Hämorrhoidalflusses, wird als heilsam bei schweren Geistesstörungen betrachtet. Auch heute noch läßt sich das bestätigen, und es ist naheliegend, solche Entleerungen versuchsweise auch künstlich nachzuahmen. So sind ja auch die genannten fünf Kardinalheilmethoden entstanden.

Aber auch durch **Ablagerung der Krankheitsstoffe auf andere Organe** (*Metaschematismus*) sah man Heilungen. So verschwanden Psychosen nach Auftreten eines Hydrops, einer Arthritis im Hüftgelenk oder eines Diabetes. Das letztere konnte ich selbst schon an zwei Fällen beobachten. In den Aphorismen VI und VII heißt es ausdrücklich: „*Wenn bei Geisteskranken Krampfadern oder Hämorrhoiden auftreten, so befreit sie das von der Geisteskrankheit.*“ Ferner: „*Wenn bei Geisteskrankheiten Dysenterie oder Hydrops eintritt, ist es gut.*“ Solche Gedankengänge sind in der heutigen Psychiatrie vollkommen unbekannt. „*Wenn die Epilepsie bei einem zur Gewohnheit geworden ist, dienen zur Hebung derselben: Schmerzen in den Hüften, Blindheit, Anschwellung der Hoden oder der Brustwarzen.*“ - „*Wenn bei Halsbräune ein Geschwür außen am Hals entsteht, ist es gut. Die Krankheit zieht sich nach außen.*“ Die hippokratischen Ärzte bis vor hundert Jahren wendeten aus diesem Grunde mit Erfolg Vesikantien und Blutegel dabei an. „*Bei Gelenkschwellungen kleiner Kinder würde das Hervorbrechen kleiner Geschwüre zur Hebung dienen.*“

Auf Schritt und Tritt finden wir in den hippokratischen Schriften Entleerungsverfahren angegeben, welche solchen Beobachtungen an der Natur abgelauscht sind. Diese Art von Beobachtung und Schlußfolgerung ist der Kern des Hippokratismus und nicht die heute dominierende Analyse von toten Teilstücken im Laboratorium. Dieser Vorgang erscheint vielleicht zu einfach, aber er erfordert zur richtigen Durchführung reiche Erfahrung und große Kenntnisse.

In den Aphorismen IV,18 steht der berühmte Satz: „*Schmerzen über dem Zwerchfell zeigen an, daß es einer* ***Purgation*** *nach oben bedarf, Schmerzen unterhalb hingegen, daß es einer solchen nach unten bedarf.*“ So primitiv dieser Lehrsatz anmutet, so folgenschwer für eine wirksame Therapie, aber auch so wenig bekannt und beachtet ist er. Er besagt nichts anderes, als daß man bei Erkrankungen des Kopfes, des Halses, des Herzens und Lunge sich der Brechmittel bedienen soll. Wie in dem betreffenden Kapitel gezeigt wird, kann man diese alte ärztliche Wahrheit heute noch an zahlreichen Krankheitsbildern als richtig bestätigen, oft gerade dort, wo andere Mittel versagen. Dieses Gebiet liegt an der heutigen Klinik vollkommen brach.

Für die Erkrankungen unterhalb des Zwerchfells ist, selbstverständlich wieder mit entsprechender Vorsicht und Auswahl, die Ausleerung nach unten durch **Klysmen oder Abführmittel** das Gegebene. Bei Gallensteinen oder Gallenblasenentzündungen z.B. ist die lange Zeit fortgesetzte Ausleerung nach unten wichtiger als alles andere. Es ist auch gar nicht gleichgültig, wann, wie und mit welchen Mitteln das geschieht.

Andere alte Autoren geben nicht das Zwerchfell, sondern den Nabel als Grenze an, was vielleicht insofern richtiger ist, als man bei Magen- und Leberleiden oft mit Erfolg Brechmittel geben kann, was ebenfalls heute vergessen ist.

Der Begriff der Purgation ist bei *Hippokrates* aber nicht mit einfacher Entleerung des Darminhaltes gleichbedeutend, sondern es werden je nach der Wahl der Arzneimittel nicht bloß überflüssige Stoffe, sondern auch ganz bestimmte Körpersäfte, wie z.B. Schleim oder Galle, vorzugsweise entleert. So heißt es z.B. in den Aphorismen: „*Die Purgation ist nicht eher beendet, als bis der Kranke Durst bekommt.*“

Es ließe sich eine lange Abhandlung darüber schreiben, bei welchen Krankheitszuständen *Hippokrates* eine solche Purgation für notwendig und heilsam erachtet. Hier nur einige Beispiele. „*Unregelmäßige Menses und solche von schlechter Farbe benötigen eine Purgation.*“ Niemand denkt bei der heutigen innersekretorischen Einstellung an solche Zusammenhänge. „*Diarrhöe bei Augenentzündungen ist gut.*“ „*Gegen Augenschmerzen ist Aderlaß oder Purgieren heilsam.*“ Daneben werden Bäder, Räucherungen und das Trinken von ungemischtem Wein empfohlen.

Man sieht, wie sehr man damals auf die Zusammenhänge der Lokalerkrankungen mit dem Allgemeinorganismus bedacht war und wie wenig die heutige spezialistische Auffassung diesen Grundsätzen entspricht.

Ganz allgemein heißt es dort: „*Alle durch Überfüllung kommenden Krankheiten heilt die Entleerung, alle durch Entleerung kommenden die Anfüllung und die übrigen ihr Gegenteil.*“ Ferner: Es gibt drei Anfangsgründe, aus welchen sich die Krankheiten entwickeln:

1. Wenn der Mensch nicht entleert ist (damit ist auch Überernährung gemeint).
2. Wenn die Himmelsverhältnisse ungünstig und gegen die Lebensgewohnheit gerichtet sind.
3. Gewaltsame äußere Eingriffe.

Bei Uterusleiden wird Purgation nach oben und unten empfohlen. „*Schwangere purgiere man, wenn die Materie nach außen drängt, vom 4. bis zum 7. Monat. Vor- und nachher soll man sich davor hüten.*“ „*Melancholische soll man energisch nach unten purgieren.*“ „*Die Reinigung (Katharsis) kann nach oben durch Nase oder Mund, nach unten durch Blase oder Mastdarm erfolgen, auch durch die Menses.*“ „*Konvulsionen entstehen entweder durch Anfüllung oder Entleerung, ebenso das Schlucken (Singultus).*“

Es ist klar, daß die heutige Behandlung mit Betäubungsmitteln diesen Grundsätzen nicht entspricht. Bei verschiedenen Arten von Bauchschmerzen und Koliken wird immer wieder Purgation nach oben und unten sowie Aderlaß, manchmal bis zur Blutleere bzw. Ohnmacht empfohlen, worauf dann die Kolik aufhört. „*Ältere Podagrakranke können durch menschliche Kunst ohne Ausnahme nicht gesund gemacht werden. Am besten kuriert sie hinzutretende Dysenterie oder andere Bauchflüsse.*“ „*Hüftschmerz entsteht infolge unreiner Säfte und schlechter Purgation.*“ „*Die akuten Krankheiten entstehen durch die Galle.*“ Die therapeutische Folgerung daraus lautete, die überflüssige oder schädliche Galle im Beginn dieser Erkrankungen durch ein Brechmittel oder sonstige Maßnahmen wegzuschaffen.

Das **Brechmittel** wurde in einer Mannigfaltigkeit und Differenzierung verwendet, die uns heute fremd ist, sowohl was die Auswahl der Mittel als die Indikationen anbelangt. Gewöhnlich wurde dem Patienten empfohlen, reichlich Linsenwasser (das Kochwasser von Linsenabkochungen) oder in Wasser gelösten Sauerhonig (Oxymel), auch Essig und Salz in Wasser, Meerzwiebel, Nieswurz, Smyrnaischen Dosten und eine ganze Reihe anderer Pflanzenmittel zu gebrauchen. Auch das Kitzeln des Schlundes mit einer Feder.

Als Beispiele für die Indikationen mögen folgende dienen: „*Purgieren muß man im Sommer mehr die oberen, im Winter mehr die unteren Teile des Körpers.*“ „*Schwindsüchtige sollen vorsichtig nach oben purgiert werden.*" "*Appetitlosigkeit, Magenkrampf, Schwarzwerden vor den Augen und bitterer Geschmack im Munde zeigen an, daß eine Purgation nach oben not tut*“ (Aph. IV). Die späteren Hippokratiker bis zum beginnenden 19. Jahrhundert empfahlen auch bei Gallenrückfluß in den Magen Brechmittel zu geben. „*Zuträglich ist es auch, sich des Erbrechens zu bedienen, damit der Körper gereinigt wird, wenn das die körperlichen Übungen und Dampfbäder zu mangelhaft besorgten.*“ „*Geistesstörungen werden durch Diät, Dampfbad und Erbrechen behandelt.*“ „*Wenn an Brustfellentzündung Erkrankte nicht innerhalb vierzehn Tagen nach oben purgiert werden, schlägt sie bei ihnen in Empyem um. Wenn letzteres innerhalb von vierzig Tagen purgiert wird, tritt Heilung ein, sonst entsteht Schwindsucht.*“ Gegen Ausschläge und Jucken werden Dampfbäder und Erbrechen empfohlen.

Sehr häufig kehrt der Ausdruck „*Purgieren des Kopfes*“ wieder. Es ist damit nicht nur das Erbrechen gemeint, sondern auch die **Ausleerung durch Speichelfluß, Niesen** und besonders durch vermehrte **Absonderung von Nasenschleim**, welche durch Einlegen reizender Stoffe in die Nase (z.B. Kupfervitriol und andere Metallsalze) erzielt wurde. Die Wirkung dieses letzteren Verfahrens gegen Hirnentzündung, Kopfschmerz, Augen- und Ohrenleiden muß sehr beträchtlich gewesen sein. Wir wissen heute gar nichts mehr davon.

Sehr zu denken gibt der Satz: „*Was man abführen muß, soll man da, wohin es sich wendet, abführen durch die dazu geeigneten Stellen.*" Es ist damit nicht bloß wörtlich Abführen durch den Stuhlgang gemeint, sondern verschiedenartige Ausleerungen auch durch Erbrechen, Schweiß, Harn, Menstruation und Hämorrhoidalblutungen; ein Beispiel für feine Krankenbeobachtung ohne Zuhilfenahme von Instrumenten.

Natürliche Krankheitsausscheidungen erfolgen durch die Haut und die Körperöffnungen, ferner durch Karzinom(!), andere Geschwülste(!) und **Hämorrhoiden**. „*Diejenigen, welche Hämorrhoiden haben, werden weder von Brustfell- noch Lungenentzündung, noch fressenden Geschwüren, noch von Furunkeln usw. befallen. Wenigstens wurden schon viele von diesen, wenn die Hämorrhoiden vorzeitig geheilt wurden, nur allzuschnell von solchen Krankheiten befallen, und zwar ging es mit dem Tode aus.*" „*Schwindel nach rasch vorübergehendem Hämorrhoidalfluß deutet auf bevorstehende Apoplexie, Aderlaß behebt sie.*" Plötzliche Stillung von Hämorrhoidalblutungen erzeugte einen Tobsuchtsanfall. Oder „*wenn bei Melancholie und Nierenleiden Hämorrhoiden hinzukommen, ist es gut*".

Sehr eindrucksvoll ist die hohe Einschätzung der **Menstrualblutung** als Ausleerungs- und Reinigungsvorgang. Es heißt dort: „*Wenn die Menses nicht abgesondert werden, erkranken die Frauen an ihrem Leibe.*" Ein großer Teil der beiden Bücher des *Hippokrates* über Frauenkrankheiten ist denn auch ausgefüllt mit einer enormen Menge von medikamentösen und sonstigen Vorschriften zur Wiederherstellung einer normalen Menstruation. Interne Emmenagoga, emmenagoge Vaginaleinlagen, Bäder, Räucherungen, Diät, Blutentziehungen und indirekte Behandlung durch Purgation nach oben und unten sind in reicher, geradezu verblüffender Weise angegeben. „*Unter den Frauen gibt es solche, welche durch die Menses eine genügende Reinigung erfahren. Andere, welche eine geringere erfahren.*" „*Unfruchtbare Frauen räuchere man oder purgiere man.*"

Gar nicht wegzudenken ist aus der hippokratischen Therapeutik der **Aderlaß** an verschiedenen genau bestimmten Körperstellen. Plethora, lokale Kongestionen, Entzündungen, lokale und allgemeine Schmerzen, Krämpfe wurden damit erfolgreich behandelt. Einige Beispiele: „*Harnbeschwerden hebt Aderlaß. Öffnen soll man aber die inneren Venen.*" „*Bei Augenleiden gebe man unvermischten Wein zu trinken, wasche den Patienten viel mit warmem Wasser ab und lasse dann zur Ader.*" Bei Schmerzen im Rücken und in den Hüften wird Aderlaß an der Kniekehle und außen an den Knöcheln, bei Schmerzen in den Lenden und Hoden Aderlaß an den Kniekehlen und innen an den Knöcheln empfohlen. Aderlaß und Entziehungsdiät werden als Vorbeugung gegen verschiedene Krankheiten verwendet, denn „*durch übermäßige Anfüllung der Adern in den Eingeweiden entstehen Tumoren und Fieber.*" „*Gegen Hinterkopfschmerzen hilft die Durchschneidung der in der Stirn aufsteigenden Vene.*" „*Angina und Augenentzündungen hebt Aderlaß.*" Aufgetriebensein des Bauches wurde durch Aderlaß behoben. „*Harnstrenge und Urinbeschwerden hebt Weingenuß und Aderlaß.*"

Ausgiebigen Gebrauch macht *Hippokrates* auch vom blutigen und unblutigen **Schröpfen** bei allen möglichen schmerzhaften und entzündlichen Prozessen (Kopfschmerz, Angina, Pleuritis, Pneumonie, Gallenleiden, Nierensteinen, Menstruationsstörungen, Ischias usw.)

Vollkommen fremd ist der heutigen Klinik die ausgiebige Anwendung des **Glüheisens**, welches *Hippokrates* nicht nur in der Chirurgie, sondern auch bei internen Leiden als eines der höchsten und wirksamsten Heilmittel preist. Der in den letzten Jahren wieder mehr zitierte Satz des *Hippokrates*: „*Was Medikamente nicht heilen, heilt das Eisen, was das Eisen nicht heilt, heilt das Feuer, was das Feuer nicht heilt, ist unheilbar*" wird in seiner Tragweite noch viel zu wenig erkannt, sonst müßte man die Kauterisation ungleich häufiger anwenden als heute. Er verwendet sie nicht bloß zur Gewebszerstörung, sondern weit öfter zur

Ableitung auf die Haut nach Art der indischen und orientalischen Medizin überhaupt. In milderer Form wird die Kauterisation auch mit Lampendochten vorgenommen. Es heißt z.B.: Wenn sich bei Leuten, welche an chronischer Ischias leiden (hier scheint eine Verwechslung mit Coxitis vorzuliegen), die Hüfte luxiert, so atrophiert der Schenkel, und sie fangen an zu hinken, wenn sie nicht kaustisch behandelt werden. Auch Empyeme der Brust und der Leber werden teils mit dem Messer, teils mit Feuer behandelt. Letzteres scheint ungefährlicher zu sein und Nebenverletzungen (Blutungen) besser zu vermeiden. „*Es wurden schon manche (Wassersüchtige), welche dem Exitus nahe waren, kauterisiert und das Wasser dadurch bei ihnen entleert.*" Wenig bekannt ist auch, daß er Krampfadern an den Beinen durch Inzisionen oder Verödung mit dem Glüheisen heilte.

Interessante Beobachtungen werden über das Mammakarzinom gemacht. „*Verborgene (geschlossene) Krebse behandelt man besser nicht, denn sonst gehen sie schnell zugrunde, nicht behandelt leben sie länger*". Wir können ähnliches bei einem Großteil der auch im Beginn der Erkrankung operierten Fälle sehen, indem danach oft rasche Metastasenbildung im ganzen Körper auftritt. Sehr lehrreich ist auch folgende Beobachtung: „*Eine Frau hatte ein Krebsgeschwür an der Brust. Es floß blutige Jauche aus der Warze. Als dieser Fluß aufhörte, starb sie.*" Man kann oft sehen, daß der heute gefürchtete Ausfluß aus Krebsgeschwüren eine Art Ausleitung schädlicher Stoffe bedeutet, wobei das Allgemeinbefinden relativ gut ist. Wird dieser Ausfluß durch Verschorfung oder Exstirpation des Tumors beseitigt, dann treten manchmal rasch Rezidive und Metastasen ein, während Belassung des ursprünglichen Zustandes dem Allgemeinbefinden oft zuträglicher ist.

Sonstige bemerkenswerte Regeln sind: „*Es ist eine sehr große Kunst, die Abszesse in ihrer Entwicklung aufzuhalten und aufzulösen.*" „*Augenleiden erfordern Gegenzug nach der Kehle und Entleerung auf allen möglichen Wegen, auch durch Schweiß und durch die Nase.*" „*Bei Nierensteinen ist es nicht zuträglich, sich der Ruhe hinzugeben. Dagegen werden Leibesübungen empfohlen. Man esse sich nicht voll. Jungen Leuten verschreibe man Nieswurz. Man lasse ihnen in der Kniekehle zur Ader, reinige sie durch urintreibende Mittel und mache sie schmächtig und zart.*"

Daß die **Diät** eine der Hauptgrundlagen des hippokratischen Systems ist, wird immer wieder zitiert, aber es ist keineswegs die heute im Vordergrund stehende vegetarische Rohkost- oder salzlose Diät, sondern eine Fülle von individualisierenden Vorschriften, in denen auch die verschiedensten Fleischsorten und Wein neben pflanzlichen Nahrungsmitteln und verschiedenen Milcharten durchaus dominieren. Das ist um so mehr zu bedenken, als manche heutige Ernährungsreformer, so Großes und Gutes sie auch geleistet haben mögen, doch oft zu einseitig (Ernährungsfanatiker) werden. Alle diese Richtungen sind in irgendeiner Form schon einmal dagewesen, insbesondere auch die Hungerkur, und man hat später immer wieder eingesehen, daß solche Ernährungsformen ein wichtiges Glied in der Kette ärztlicher Maßnahmen sein können, aber gewiß nicht allein ausreichen. „*Einschränkung in der Lebensweise soll man nicht lange Zeit hindurch anwenden.*" Das würde gegen manche Übertreibungen in der heutigen Entziehungsdiät sprechen.

„*Die Krankheiten befallen den Menschen nicht sofort, sondern nachdem sie sich nach und nach angesammelt haben.*" Ähnlich sagt *Paracelsus*: „*Die Krankheiten kommen nicht vom Himmel gefallen.*" Daraus ist zu entnehmen, daß der Boden für die Krankheit (z.B. auch für Krebs, Gicht, Augenleiden, Gelenkleiden, Infektionskrankheiten usw.) durch unzweckmäßige Ernährung und Lebensweise vorbereitet wird, daß man aber durch energische Korrektur dieser Bedingungen scheinbar unentrinnbaren Krankheiten vorbeugen kann.

„*Zur Wohlbeleibtheit muß natürlicherweise eine Entzündung des Blutes treten.*" D.h. Überernährung und Vollblütigkeit geben eine Disposition zu Entzündungen ab. Ausleerende Methoden beugen demnach vor. „*Spaziergang nach dem Abendessen verhindert Fettleibigkeit.*" Auch Morgenspaziergänge sind besonders gesund. „*Kopf, Auge und Ohr werden dabei gereinigt, und die Menschen werden munter.*"

Ein Streiflicht auf die ägyptisch-asiatische, in Indien zu höchster Vollkommenheit ausgebildete Atmungslehre wirft der Satz: *„Erheben der Arme nach oben regt Körper und Seele an.“*

„Wenn man die vorgeschriebenen Lebensregeln befolgt, wird man sein Lebtag gesund sein, und ich bin es, welcher, soweit das überhaupt für einen Menschen möglich ist, mit Hilfe der Götter diese Lebensweise entdeckt hat.“ D.h. mit anderen Worten, wer hygienisch lebt, braucht nicht oder kaum krank zu werden. Gewiß eine ewige Wahrheit, doch gehen die Ansichten über hygienische Lebensweise auch heute noch weit auseinander. *Hippokrates* z.B. empfiehlt geradezu bei gewissen Konstitutionen Fleisch, Wein, wenig Gemüse und hält körperliche Übungen, Abführen, Erbrechen, Blutentziehungen, Dampfbäder auch als zur Hygiene gehörig.

Weitaus systematischer und konzentrierter finden wir diese Lehre dargestellt bei den Nachfolgern des *Hippokrates*, bei den sogenannten Hippokratikern. Als wichtigste Hippokratiker kann man *Galen*, den byzantinischen Arzt *Oribasius*, bis zu einem gewissen Grade auch *Paracelsus*, besonders aber im 17. Jahrhundert *Sydenham*, den „englischen Hippokrates“, ferner im 18. Jahrhundert *Boerhaave* und *Hufeland* nennen. Dazwischen gibt es noch eine große Reihe anderer Ärzte, welche auch nach diesen Grundsätzen bis zu hoher Vollkommenheit arbeiteten, z.B. *Alexander Trallianus, Baglivi, Hoffmann, Stahl, van Swieten, Frank, de Haen, Stoll.*

Überblicken wir die Arbeitsweise dieser Männer und vergleichen wir sie mit den Lehren des *Hippokrates*, so finden wir folgende gemeinsame Grundzüge: Alle bauten auf der historischen Überlieferung auf und hielten diese für wertvoll und unentbehrlich, ganz im Gegensatz zur heutigen Zeit. *Hippokrates* selbst tritt sehr entschieden dafür ein in seiner Schrift *„Über die alte Medizin“*, wo er grundsätzlich alle diejenigen tadelt, welche geringschätzig über die Leistungen der Vergangenheit urteilen.

Das Studium der Medizingeschichte verleiht zu allen Zeiten den viel weiteren Horizont gegenüber denjenigen, welche sich nur mit aktuellen Detailfragen befassen (letztere sind heute weitaus in der Mehrzahl), und es verschafft den Überblick über alle vorhandenen und meist sehr zahlreichen therapeutischen Möglichkeiten, welche oft unter dem Einfluß jeweiliger Modeströmungen in Vergessenheit geraten.

Alle diese Autoren halten an gewissen **Fundamentalheilmethoden** fest, **welche schon seit jeher den Grundstock jeder ärztlichen Praxis bildeten**. Gerade diese Methoden, welche immer als unvergängliches ärztliches Gut gegolten haben, sind gegenwärtig am meisten zurückgedrängt und bedürfen einer vollständigen Erneuerung, wie sie von der Konstitutionstherapie eben betrieben wird.

Es sind damit die ausleerenden, ableitenden und antidyskratischen Heilmethoden gemeint, also das Abführen (Ableitung auf den Darm), das Brechmittel, die Blutentziehungen (Aderlaß, Blutegel, blutige und unblutige Schröpfköpfe), das Schwitzverfahren, die emmenagoge Behandlung und nicht zuletzt die heute ganz in Verfall geratene Ableitung auf die Haut durch Vesikantien, Pustulantien, künstliche Geschwüre (Fontanellen) und die Kauterisation (Moxen, chemische Ätzmittel, Glüheisen).

Dieses ganze Riesengebiet, welches neun Zehntel der praktischen Heilkunde ausmacht und die schonendsten Heilungen zustande bringt, wird heute nur zum geringsten Teil ausgeübt. Durch die Unkenntnis dieser Fundamentalmethoden erscheinen eben viele Krankheiten als chronisch, schwer heilbar oder unheilbar, die es gar nicht sind. Aus dem gleichen Grunde kommt es zu organschädigenden Operationen, welche bei rechtzeitiger Anwendung dieser Mittel oft verhütet werden könnten. Wer es mit der Wiedereinführung des Hippokratismus ernst meint, muß vor allem auf die Renaissance dieser Methoden dringen.

Praktischer Hippokratismus ist gerade das, wovor die moderne Klinik am meisten zurückscheut, weil es zu einfach, zu primitiv, zu antiquiert, zu „mittelalterlich“, zu volkstümlich und zu wenig „wissenschaftlich“ erscheint. Immer wieder wird reine Beobachtung, Erfahrung und die „gute alte Empirie“ gelobt und herbeigewünscht. Aber die wenigsten Kliniker wollen es wahr haben, daß jene hauptsächlich in diesen einfachen großen Linien und Maßnahmen bestehen. Sie suchen den Hippokratismus irgendwo in den Wolken, während er greifbar vor Augen liegt.

Schließlich ergibt sich die Forderung nach einer brauchbaren **Synthese der Medizin**, welche eine Fülle von Gegensätzen vereinigt:

historische	und	moderne Medizin
Humoralpathologie	"	Solidarpathologie
Allgemeinpathologie	"	Zellular- od. Lokalpathologie
Allgemeinmedizin	"	Spezialistenmedizin
empirische	"	rationale Medizin
deduktive	"	induktive Forschungsmethode
Klassifizieren	"	Individualisieren
(Typenlehre)		(Variabilität)
finales	"	kausales Denken
synthetisches	"	analytisches Arbeiten
intuitives	"	logisches Vorgehen
universelles Denken	"	Detailforschung
Allopathie	"	Homöopathie

Eine derartige Synthese genügt allen zeitgemäßen Anforderungen, wird der Theorie gerecht und steht gleichzeitig mit beiden Füßen in der Praxis. Sie hat in der hippokratisch aufgefaßten Konstitutionstherapie ihre Verwirklichung gefunden.

Die medizinischen Klassiker der früheren Zeit haben immer die **Verknüpfung und Untrennbarkeit aller Zweige der Medizin** als etwas Selbstverständliches hervorgehoben, und es lohnt sich, den Ausspruch eines der größten medizinischen Autoren des Altertums zu zitieren, welcher lautet: *„Das muß man vor allem wissen: Alle Teile der Medizin sind so miteinander verflochten, daß sie nicht abgesondert werden können“* (*Celsus*).

Die Synthese in der Medizin fügt sich in das Streben nach Ganzheit, Universalismus und Totalität auch auf anderen geistigen Gebieten ein. Häufig wird *Schelling* zitiert mit seinem Ausspruch: *„Das Ganze ist mehr als die Summe seiner Teile. Das Wahre ist das Ganze.“* Aber selbst die Geschichte der Medizin ist heute mit wenigen Ausnahmen spezialistisch eingeengt und wird von Theoretikern statt wie früher einmal von Praktikern betrieben. Die Mehrzahl der Historiker behandelt ihren Gegenstand philologisch und philosophisch statt pragmatisch und ist nicht imstande, den Praktikern zu zeigen, wie notwendig die Wiederaufnahme der historischen Heilmethoden ist. Letztere werden aber erst reizvoll durch ihre Verbindung mit der modernen Medizin. Gewöhnlich hat man bei medizinhistorischen Schilderungen den Eindruck, daß sie dartun, wie herrlich weit wir es heute schon gebracht haben, und daß die Behandlungsmethoden der Alten, so Großes sie auch geleistet haben mochten, „Gott sei Dank überwunden und abgetan seien“.

2 Die Bedeutung der Konstitutionsformen für die Technik der Konstitutionstherapie

2.1 Das Wesen der Konstitution

Es gibt zwei Auffassungen über das Wesen der Konstitution. Die einen, wie z.B. *Tandler, J. Bauer, Kretschmer, Siemens* u.a., fassen die Konstitution als therapeutisch unbeeinflußbare Erbmasse auf. Diese Richtung verleitet leicht zu Pessimismus und therapeutischem Nihilismus. In diesem Sinne kann man auch nicht von Konstitutionstherapie sprechen. *Siemens* hat denn auch von einem „Fiasko der Konstitutionslehre" gesprochen. Das kann natürlich nur bei einer morphologisch und mechanistisch eingeengten Konstitutionslehre zutreffen, nicht aber bei der konstitutionstherapeutischen Richtung, welche sich überraschend bewährt hat.

Andere, wie *Martius, F. Kraus* und ich selbst, fassen die **Konstitution** als **Inbegriff der Reaktionsweise und Widerstandsfähigkeit gegenüber den Reizen der Umwelt** auf. Nach letzterer Auffassung ist die Konstitution sehr wohl modellierbar durch Umweltfaktoren, wie Klima, Ernährung, Beschäftigung, aber auch durch ärztliche Beeinflussung des endokrinen Systems, durch Medikamente u. dgl. Nur unter letzterer Voraussetzung kann man eine Konstitutionstherapie aufbauen.

Auch *Siebeck* schreibt: „*Unter Konstitution verstehen wir die Reaktionsbereitschaft des Individuums, die seine Leistungs- und Anpassungsfähigkeit bedingt. Konstitution bezeichnet also die Gesamtsituation der Person zu ihrer Umwelt, wie sie sich aus der Erbanlage unter den dauernden Einflüssen des Lebens entwickelt. Die Erbanlage spielt bei der Konstitution eine ganz überragende Rolle, aber es ist für den ärztlichen Sprachgebrauch nicht angemessen, den Begriff der Konstitution der Erbanlage gleichzusetzen.*"

Stockard, Kalifornien, äußert sich über die körperlichen Grundlagen der Persönlichkeit folgendermaßen: „*Wenn auch die Konstitution auf der besonderen Beschaffenheit der Erbmasse beruht, so hängt ihre Entwicklung doch wesentlich von den Bedingungen der Umwelt ab, auf deren ständige Reize die Erbmasse ununterbrochen reagieren muß.*"

2.2 Die Kriterien der Konstitution

Man kann die Konstitution nach verschiedenen Kriterien beurteilen. Die bekanntesten Einteilungsprinzipien sind die nach der Dimension und Proportion, wie es in Frankreich und Italien *Viola, Pende* und *Sigaud, Chaillou* und *Mac Auliffe*, in Deutschland *Brugsch* und *Kretschmer*, in Österreich *J. Bauer* getan haben. Ferner nach dem Tonus im Sinne *Tandlers*.

Ich konnte aber zeigen, daß diese Prinzipien bei weitem nicht genügen, viel zu einseitig sind, häufig zu Widersprüchen führen und vor allem viel zu wenig therapeutische Hinweise bieten. Daher habe ich als weitere notwendige Kriterien noch die Komplexion (Pigmentgehalt), das Lebensalter, das Geschlecht und das in physiologischer oder pathologischer Richtung hervorstechende Organsystem hinzugefügt. Die Kenntnis dieser Kriterien ermöglicht es, durch Kombination von empirischem Wissen und deduktiver Methodik fast die ganze Medizin in dieses System einzuordnen.

2.2.1 Dimension

Man kann die Konstitution nach der Dimension in **schmale, mittlere und breit gebaute** Menschen einteilen. Hierher gehören die Einteilungen von *Kretschmer* in schizoide, athletische und pyknische Individuen. Ferner die von *Viola, Sigaud, Pende* und *J. Bauer* in asthenisch-zerebrale, muskuläre und arthritisch-digestive Typen. All das geht auf die alte hippokratische Einteilung in die Extreme des phthisischen und apoplektischen Habitus zurück, die im Laufe der Medizingeschichte unter verschiedenen Namen immer wiederkehrt.

Es kann aber gar nicht scharf genug betont werden, daß diese, als typisch angesehenen Habitusformen bei einem Großteil der Menschen sich im Laufe des Lebens von einem Extrem bis zum anderen verwandeln können. Alter übt einen Einfluß aus, indem es bei über 30jährigen Individuen die Zahl der Leptosomen herabsetzt, die Zahl der Pykniker steigert und die der athletischen unverändert läßt.

Die meisten Menschen sind in der Jugend schlank und gehen nach dem 40. Lebensjahr in die Breite. Pyknische oder gar fettleibige junge Menschen sind immer krankhaft veranlagt. Man soll trachten, diese Abweichung durch Konstitutionstherapie zur Norm zurückzuführen, was auch häufig gelingt.

Aber auch im höheren Lebensalter befinden sich diejenigen Menschen besser, bei welchen das bis zu einem gewissen Grade physiologische In-die-Breite-Gehen ein gewisses Maß nicht überschreitet. Auch darauf kann und soll eine vorausschauende Konstitutionstherapie Einfluß nehmen. Sie wird dadurch viele scheinbar unausweichliche oder schwer heilbare Alterskrankheiten vermeiden, bessern oder heilen können, die durch bloße Lokaltherapie unangreifbar erscheinen.

Am deutlichsten zeigt sich die Unzulänglichkeit dieser rein dimensionalen Einteilung beim weiblichen Geschlecht. Alltäglich sieht man fettleibig-vollblütige Frauen zwischen dem 30. und 60. Lebensjahr mit einem Körpergewicht von 70-100 kg, welche in der Jugend mager und blutarm waren und etwa 54 kg gewogen haben. Zu seltene und zu spärliche Menstruation, Schwangerschaften, natürliches und künstliches Klimakterium bringen am häufigsten solche Veränderungen mit sich. Auch hier wieder kann die Konstitutionstherapie regulierend eingreifen und schädliche Folgezustände oft recht weitgehend vermeiden. Pyknische junge Frauen sind meist innersekretorisch gestört und leiden häufig an zu seltener und zu spärlicher Menstruation.

2.2.2 Tonus

Nach dem Tonus unterscheidet *Tandler* **hypo-, normo- und hypertonische** Menschen. Man versteht darunter hauptsächlich die **Beurteilung des Habitus nach der Körperhaltung**, wie sie durch den Spannungszustand der quergestreiften Skelettmuskulatur bedingt ist. Auch *Hippokrates* unterschied schon die **straffe**, trockene Konstitution des Mannes von der mehr **schlaffen**, feuchten Konstitution des Weibes, und es ist sicher kein Zufall, wenn *Tandler* als Beispiel für die asthenische Konstitution die weiblichen Figuren von *Botticelli*, insbesondere dessen Venus als Typus des hypertonischen Menschen, den „Moses" von *Michelangelo*, also eine männliche Figur mit übermächtiger Muskelausbildung wählt. Durch diesen Geschlechtsunterschied verliert aber dieses Prinzip an Allgemeingültigkeit.

Noch mehr durch die Tatsache, daß die Eingeweidemuskulatur sich gar nicht leicht in dieses Schema einreihen läßt. Denn man sieht bei ein und derselben Person überaus häufig Atonie des Magens mit Spasmus des Dickdarmes und zugleich Hypertonie des Gefäßsystems mit Erschlaffung der Bauchmuskulatur, etwa bei klimakterischen Frauen.

Tandler hat in bezug auf seine Einteilung das witzige Bonmot geprägt: „*Der normotonische Normalmensch ist derjenige, welcher die Weltgeschichte erlebt. Der hypertonische Gewaltsmensch ist derjenige, welcher die Weltgeschichte macht, und der neurasthenische Intelligenzler ist derjenige, welcher die Weltgeschichte schreibt.*" Diese Einteilung enthält aber wieder nur einen Teil der Wahrheit und ist sehr cum grano salis zu nehmen. Dennoch kann man aus ihr wertvolle therapeutische Schlüsse ziehen.

Die Umwandlung asthenischer oder atonischer Organe und Individuen in normotonische ist eine der dankbarsten Aufgaben der Konstitutionstherapie. Umgekehrt bedeutet die Herabsetzung der Hypertonie im Gefäßsystem oft Entscheidung über Leben und Tod eines Individuums.

2.2.3 Komplexion

Auch die Einteilung nach dem **Pigmentgehalt**, kenntlich an der **Haar-, Haut- und Augenfarbe**, reicht schon bis ins früheste Alter tum zurück, ist aber von der Klinik der letzten hundert Jahre fast vollständig vergessen worden.

Man kann danach die Menschen einteilen in **blonde, braune und schwarzhaarige**. Besondere Spielarten sind die **Rothaarigen** und **Albinotischen**. Ferner in solche mit **weißer** und solche mit ausgesprochen **brünetter Haut**. Ebenso in Menschen mit **heller (blauer, grauer oder grüner) oder dunkelbrauner Iris**.

Es ist wenig bekannt, daß Menschen mit heller Iris meist auch eine hellere, zartere Haut haben als solche mit dunkler Iris, ebenso empfindlichere Schleimhäute und Nerven und eine besondere Disposition zu allergischen Erkrankungen. Bei Frauen ist es ein noch zu wenig beachtetes Schönheitsmerkmal, wenn braune oder schwarze Haare mit heller Iris vergesellschaftet sind, wobei gleichzeitig auch hellere und zartere, oft besonders schöne Hautbeschaffenheit vorhanden ist. Die Kombination mit Hypertrichosis ist bei ihnen häufig von Menstruationsstörungen begleitet.

Ein dunkelpigmentierter, etwa biliärer Typus sieht nicht nur anders aus, sondern hat auch andere chemische, physiologische und pathologische Eigenschaften als ein blonder, helläugiger, wenig pigmentierter Typus.

Bekanntlich ist die **Haut der Hellen viel empfindlicher** gegen Licht, z.B, Sonnenbrand, und Chemikalien. Aber das läßt sich auch experimentell messen, indem ein aufgelegtes Cantharidenpflaster bei Angehörigen der dunklen Komplexion in der Regel 12-24 Stunden, bei hellen oft kaum 6 Stunden benötigt, um eine Hautblase zu erzeugen.

Weit weniger bekannt ist es schon, daß auch die Schleimhäute der Hellen, insbesondere auch der Personen mit heller Iris, viel empfindlicher sind als die der dunklen. Dieselbe Dosis eines Abführmittels, welche bei stärker pigmentierten Personen eben genügt, um eine normale Stuhlentleerung zu erzeugen kann bei hellen schon heftige Durchfälle hervorrufen.

Die jahrhundertelang als selbstverständlich erachtete Bedeutung der Komplexion für Temperament (bei Blonden überwiegt das phlegmatische und sanguinische Temperament, bei Dunklen mehr das cholerische und melancholische) und Krankheitsdisposition hat, wie sich heute neuerlich zeigen läßt, auch für die Art der Krankenbehandlung große Wichtigkeit.

Die **dunkelpigmentierten Menschen neigen weit mehr zu Gallensteinen und Leberleiden** als die hellen. Daher haben die französischen Autoren teils intuitiv, teils mit Anlehnung an die alte Humoralpathologie den **biliären Typus** mit dunklen Haaren und brünetter Haut aufgestellt.

Man weiß, daß die Hautausdünstungen bei dunkel pigmentierten Menschen einen viel intensiveren, oft penetranten Geruch haben, hervorgerufen durch bestimmte Fettsäuren. Die französischen Autoren *Vernois* und *Becquerel* haben schon vor Jahrzehnten genaue chemische Untersuchungen darüber angestellt und gefunden, daß die chemische Zusammensetzung der Milch bei dunklen Frauen große charakteristische Verschiedenheiten aufweist gegenüber der von hellen.

Im allgemeinen kann man sagen, daß die **Dunklen** ein **konzentrierteres Blut** und konzentriertere Säfte haben als die Hellen. Klinisch kann man die erhöhte **Disposition** der Dunklen **zu Konkrementen** immer wieder feststellen, also nicht nur erhöhte Neigung zu Gallen-, sondern auch zu Nierensteinen.

Die meisten **Lebensäußerungen** der Dunkelpigmentierten haben überhaupt **größere Intensität**, ganz im Sinne des **cholerischen Temperamentes** der Alten.

Nicht nur Gemütsaffekte, sondern auch Krankheiten verlaufen bei Dunklen oft heftiger und schwerer, z.B. Psychosen, Melancholien und Depressionen sind bei Dunklen nicht nur an sich häufiger (**melancholisches Temperament**), sondern verlaufen auch anders. Aber auch schwere Formen von Diabetes und Gicht bevorzugen die Dunkelhaarigen.

Zu wenig beachtet wurde bis jetzt auch, daß **Krebsfamilien** meist dunkelhaarig, in der Regel sogar schwarzhaarig sind. Man schrieb früher solchen Konstitutionen eine besondere Schärfe „Acrimonia" zu, die sich chemisch zwar nicht nachweisen läßt, aber subjektiv und klinisch durch scharfen Harn, Schweiß, Hautjucken und scharfriechende Ausdünstungen zu beobachten ist.

Wenn man also wirklich Synthese und hippokratische Medizin betreiben will, dann muß man nicht nur nach solchen Merkmalen die

Menschen in Typen klassifizieren, sondern bei der Behandlung auch darnach individualisieren. Darin besteht die feinere ärztliche Kunst und oft genug das Geheimnis des Erfolges. Noch die Klassiker des 18. Jahrhunderts, wie *Boerhaave, van Swieten, Hoffmann, Stahl, Hufeland* u.a., sprachen von „galliger Schärfe", welche besonders zu Entzündungen und selbst Neubildungen durch ihren chemischen Reiz Anlaß geben sollte.

Die therapeutische Folgerung daraus ist das Bestreben, blutverdünnende, diese Schärfen mildernde, stoffwechselverbessernde Methoden anzuwenden. Schon Hippokrates sprach davon, daß man die **dunkle**, trockene, straffe Konstitution mit anfeuchtenden und **erweichenden** Mitteln, die **helle**, schlaffe, feuchte mit austrocknenden, **zusammenziehenden** Mitteln behandeln müsse.

Die Hellpigmentierten haben nicht bloß empfindliche Haut und empfindliche Schleimhäute, weniger konzentrierte Körpersäfte und geringeren Muskeltonus, sondern neigen auch mehr zu Lymphatismus und Infantilismus. Pigmentarmut ist ja überhaupt oft ein Stigma von Stehenbleiben auf infantiler Stufe. *Klare* spricht von **blonden, blauäugigen Menschen** mit **exsudativ-lymphatischer Konstitution**.

Helle, wenig pigmentierte Menschen benötigen oft **antilymphatische** und **tonisierende**, roborierende Behandlung. **Dunkelhaarige** Typen dagegen erfordern oft die **deplethorisch-resolvierende** Behandlungsmethode. Diese wirkt auflösend, zerteilend, blutverdünnend und resorptionsfördernd. Die **Braunhaarigen** stehen in der Mitte zwischen Schwarzhaarigen und Blonden.

Einen besonders eigenartigen Konstitutionstyp repräsentieren die **Rothaarigen**. Über ihre Eigenart in Temperament und Charakter, der sich aus der Volkserfahrung in der Dichtkunst aller Zeiten und Völker widerspiegelt. Somatisch **vereinen** die Rothaarigen in sich die **Krankheitsdispositionen der Dunklen und Hellen**. Sie sind leberempfindlich wie die Dunklen, zeigen als Stigma dafür oft Sommersprossen und haben die zarte Haut und sensiblen Schleimhäute wie die Blonden. Sie fiebern leichter und heftiger als andere Menschen und sind bei Infektionen besonders gefährdet. Lymphatismus und Infantilismus findet sich auffallend häufig. Ebenso seltener eigenartiger Verlauf schwerer Erkrankungen, wie Nierentuberkulose, Rückenmarksleiden usw. Es würde sich lohnen, eine eigene Pathologie der Rothaarigen zu schreiben. Jedenfalls muß man bei Behandlung von rothaarigen Personen auf alle möglichen Empfindlichkeiten und Anomalien im Krankheitsverlauf gefaßt sein.

2.2.4 Lebensalter

So selbstverständlich es eigentlich ist, daß jedes Lebensalter seine charakteristischen Körperproportionen, ein vorwaltendes Temperament, bestimmte endokrine, nervöse und stoffwechselmäßige Regulationen, einen bestimmten Lebensrhythmus und spezifische Krankheitsdispositionen hat, so hat man in neuerer Zeit doch auch daraus zu wenig therapeutische Folgerungen gezogen.

Eine entsprechende konstitutionstherapeutische Allgemeinbehandlung je nach den verschiedenen Altersstufen bringt auch hier oft Heilerfolge, welche durch bloße spezialistische Lokalbehandlung allein nicht erreichbar sind.

Die bloße Tatsache, daß junge asthenische, anämische Menschen im höheren Lebensalter sehr häufig breitgebaut, fettleibig und plethorisch, apoplektisch werden, wirft allein schon das Dogma von der Unbeeinflußbarkeit der Konstitution und des Habitus über den Haufen.

a) Kindesalter. Die Existenzberechtigung der Kinderheilkunde an sich schon ergibt sich daraus, daß das Kindesalter in seinen verschiedenen Abschnitten jeweils eine ganz eigenartige Pathologie mit spezifischen Krankheitsdispositionen hat.

Man unterscheidet bekanntlich neben dem Säuglingsalter die sog. erste Kindheit bis zum siebenten Lebensjahr. Als Markstein wird die zweite Dentition angesetzt, zugleich auch eine regere Entwicklung des Geisteslebens, die auch in dem Beginn des Schulbesuches ihren äußeren Ausdruck findet. Die Intensität des Stoffwechsels im ersten Kindesalter wird als fast doppelt so groß im Verhältnis zur Körpermasse eingeschätzt, wie die des Erwachsenen. Rein äußerlich drückt sich das auch darin aus, daß die Kinder vom zweiten bis zum fünften Lebensjahr viel mehr hüpfen und laufen als gehen. Besondere Krankheitsdispositionen, die mit intensivem Stoffwechsel und schneller Entwicklung zusammenhängen, sind Kongestionen zum Kopf, akute fieberhafte Erkrankungen und Darmstörungen.

Die Altersstufe der zweiten Kindheit wird in den Zeitraum vom 7.-14. Lebensjahr verlegt. Die untere Grenze entspricht dem Zahnwechsel, die obere dem Eintritt der Geschlechtsreife. Die letztere Grenze ist je nach Individualität oder den äußeren Einwirkungen etwas schwankend. Immerhin liegt sie bei der Mehrzahl der gesunden Individuen zwischen dem 14. und 15. Lebensjahr.

Wir begegnen bei dieser Einteilung der Siebenzahl, nach welcher schon *Hippokrates* die Lebensstufen eingeteilt hat. Die dritte Altersstufe dauert bis zum 21. Lebensjahr, in welchem das Längenwachstum abgeschlossen wird. Die vierte Stufe bis zum 28. Lebensjahr, mit welchem die volle männliche Reife erreicht und das Jünglingsalter abgeschlossen wird. Das kräftigste Mannesalter dauert nach *Hippokrates* bis zum 49. Lebensjahr, mit welchem regressive Veränderungen einzusetzen pflegen. Bei der Frau entspricht diese Stufe dem Durchschnittsalter des Klimakteriums. Mögen diese Zahlen immerhin manchem willkürlich und mystisch vorkommen, so scheint die Siebenzahl doch auf gewisse Beziehungen zwischen Makrokosmos und Mikrokosmos hinzuweisen, wie insbesondere das Menstruationsintervall von 28 und die Schwangerschaftsdauer von 280 Tagen.

Die Konsequenzen, welche sich bei richtiger Auffassung daraus für die Konstitutionstherapie ergeben, sind praktisch sehr einschneidend. Die Neigung des Kindesalters zu **akuten Infektionen** und ihren Nachkrankheiten gibt Gelegenheit, das **antiphlogistische Verfahren** mit Erfolg anzuwenden. Die **antilymphatische** Behandlung verbessert außerordentlich die Behandlungsresultate bei Kindern mit **Skrofulose**, Rachitis und chirurgischer Tuberkulose. Die oft recht hartnäckigen **Hautkrankheiten** der Kinder können durch **antidyskratische** Behandlung weit rascher und sicherer geheilt werden, als durch bloße Diät und äußere Behandlung.

b) Im **Pubertäts- und Wachstumsalter** ist der Organismus zu **asthenischen Erkrankungen** disponiert, wie Enteroptose, Atonia ventriculi, Lungentuberkulose, Chlorose u. dgl. Planmäßige, **tonisierende und roborierende Behandlung** kann diesen Zuständen wirksamer entgegentreten als bloße spezialistische Lokalbehandlung. Zu seltene und zu spärliche Menstruation im Entwicklungsalter wird gewöhnlich zu leicht genommen. Empfehlenswert ist emmenagoge Behandlung. Von anstrengendem Sport während der Menstruation ist abzuraten. Schädlich wirkt zu intensives Studieren.

c) Im **Klimakterium** und im **höheren Lebensalter** schließlich findet man wieder die Häufung von allgemeiner und lokaler **Hyperämie**, **Stoffwechselstörungen** und Neigung zu Entzündungen. Die **deplethorische, antidyskratische** und **antiphlogistische** Behandlung ist hier am Platze. Man kann dadurch auch außerordentlich viel zur Lebensverlängerung beitragen.

2.2.5 Geschlecht

Für die Beurteilung der Konstitution eines Menschen von noch tieferer einschneidenderer Bedeutung als die bisher genannten Kriterien (Dimension, Tonus, Pigmentgehalt, Lebensalter) ist die Zugehörigkeit zum männlichen oder weiblichen Geschlecht. Wenn ein Patient unser Sprechzimmer betritt oder wenn wir an sein Krankenbett gerufen werden, so geben wir uns selbstverständlich Rechenschaft darüber, ob es sich um einen Mann oder eine Frau handelt. Aber die sich daraus ergebenden, sehr weitreichenden, die ganze Heilkunde umspannenden Deduktionen in konstitutionstherapeutischer Hinsicht werden gewöhnlich nicht zur Kenntnis genommen. Am Beispiel des besonders differenzierten **weiblichen** Organismus soll das gezeigt werden.

Der weibliche Körper ist vom männlichen durch eine ganze Reihe von spezifischen Eigenschaften unterschieden, die mit der Fortpflanzung und Keimdrüsentätigkeit zusammenhängen. Schon der Einbau der rhythmischen, den ganzen Stoffwechsel und das Nervensystem ergreifenden periodischen Menstruationswelle bedingt eine Unmenge von Krankheitsdispositionen und Behandlungsweisen. Es widerspricht der jahrtausendelangen ärztlichen Erfahrung und führt auf Abwege, wenn man nur an die innere Sekretion der Ovarien und an Hormone denkt und die menstruelle Blutausscheidung vernachlässigt.

Störungen der Menstruation, und zwar nicht nur zu häufige und zu starke, sondern insbesondere die zu seltene und spärliche Menstruation, gehören **zu den häufigsten und wichtigsten Allgemeinursachen der ganzen weiblichen Pathologie**. An sonstigen Allgemeineigenschaften des weiblichen Organismus kann man aus der Erfahrung noch folgende aufstellen.

1. **Größere Neigung zu Erschlaffungszuständen** bei Frauen. Nach *Mathes, Bucura* u. a. zeigen 30-70% aller Frauen asthenische Merkmale wie angeborene und erworbene Enteroptose, Erschlaffung der Skelettmuskulatur und der Bandapparate an Gelenken und Eingeweiden. Erschlaffung der Venenwände (Krampfadern u. dgl.).

Schon *Hippokrates* fiel die schlaffere Konstitution der Frau gegenüber der strafferen des Mannes auf, und der Ausdruck „das schwache Geschlecht" findet darin seine natürliche Begründung. Demzufolge werden wir besonders oft Gelegenheit haben, mit **roborierenden, tonisierenden Methoden** beim weiblichen Geschlecht erfolgreich einzugreifen, wo bloße Lokalbehandlung versagt, z.B. bei Fluor. Dieser entsteht in der überwiegenden Mehrzahl der Fälle, z.B. bei virginellen Personen, nicht durch bakterielle Infektion, sondern durch Stauung infolge Beckenhyperämie, und diese wieder wird meist durch Obstipation und Atonia ventriculi hervorgerufen. Alle lokalen und bakteriologisch orientierten oder adstringierenden Mittel bleiben bei solchem Fluor erfolglos, solange nicht die Magenatonie behoben ist.

Ebenso trotzen viele abnorme Uterusblutungen jeder hormonalen und sonstigen konservativen Behandlung. Die heutige **Einstellung, welche ganz auf die Hormone gerichtet ist, ist absolut einseitig**. Man kann immer wieder Fälle von heftigen Pubertätsblutungen, aber auch von Metropathia haemorrhagica der Erwachsenen und der klimakterischen Frauen sehen, wo der ganze klinische Apparat von Medikamenten, Bettruhe, Kürrettage usw. aufgehoben wurde und mangels Erfolg zur Uterusexstirpation oder Röntgenkastration geschritten werden sollte, und wo die so einfache, aber der Klinik unbekannte Regelung der Magenverdauung durch Tonica wieder vollständig normale Menstruationsverhältnisse herbeigeführt hat.

Wenn nicht ein Karzinom besteht, so soll man, wenn irgend möglich, die **Menstruation bis ins höchste klimakterische Alter hinauf zu erhalten trachten**. Solche Frauen bleiben viel länger jugendlich und gesund als die künstlich klimakterisch gemachten.

Wegen Metropathia haemorrhagica oder gar wegen Pubertätsblutungen braucht man niemals eine Uterusexstirpation vorzunehmen. Es ist nämlich einer der verhängnisvollsten Irrtümer der heutigen Klinik, die menstruelle Blutausscheidung als belanglos anzusehen. Niemand kann beweisen, daß sie nicht eine bestimmte exkretorische, blutreinigende, stoffwechselentlastende Funktion hat.

Die meisten Operateure sehen ihre Patientinnen gewöhnlich nur kurze Zeit nach dem Eingriff oder bestenfalls zwei bis fünf Jahre lang nachher und sind dann sehr befriedigt, wenn sie in einer großen Zahl von Fällen keine Klagen hören. Tatsächlich empfinden sie ihre Beschwerden erst fünf bis zehn Jahre später, im Alter der natürlichen Menopause. Dann treten die Symptome eines krankhaft gesteigerten Klimakteriums auf. Viele Patientinnen sind nach dem Eingriff ständig kränklich, wirken welk, alt, fett und melancholisch oder sterben vorzeitig an Apoplexie oder Herzinfarkt.

2. Die **größere Neigung zum Infantilismus** bei Frauen kann universell und, was viel häufiger ist, partiell sein. Beim Mann finden sich bekanntlich Infantilismen, auch solche des Genitales viel seltener als bei der Frau. Der Infantilismus der Frau wird bis zu einem gewissen Grade auch als physiologisch bedingt erklärt.

Ein solches Beispiel ist die große Häufigkeit der Hypofunktion des weiblichen Genitales in Form der Hypomenorrhöe (zu seltene und zu spärliche Menstruation), deren allgemeine Bedeutung für den Gesundheitszustand stark unterschätzt wird.

Es ist auch hier irrtümlich, nur an die ungenügenden Hormone des Ovariums oder der neuerdings viel zu sehr überschätzten Hypophyse zu denken. Eine **zu seltene oder ungenügende Ausscheidung des Menstrualblutes** ist oft sehr folgenschwer. **Fettsucht, Vollblütigkeit, Neigung zu Entzündungen und Stoffwechselstörungen** sind auch hier häufige Folgen, deren Zusammenhang mit der Hypomenorrhöe noch lange nicht genug gewürdigt sind.

Obige Allgemeinzustände können sich an sämtlichen Organen manifestieren, und zwar als Augen- oder Ohrenleiden, Kopfschmerz, Migräne, Basedow, Herzbeschwerden, Angstzustände, die verschiedenen Hautkrankheiten (insbesondere Urtikaria, Ekzem, Akne rosacea, Herpes, Pruritus usw.). Ferner Gallenblasenentzündungen, chronische Arthritis, Neuritis, Rheumatismen, Gefäßkrämpfe, Ohnmachtsanfälle, Schlafsucht, Depressionszustände und wirkliche Psychosen.

Auch die intensivste Hormontherapie mit Hunderttausenden von „Mäuseeinheiten" nützt hier meistens nichts.

Zweierlei muß man tun:

a) Wegschaffung der im Körper angehäuften ungenügend ausgeschiedenen menstruellen Stoffwechselprodukte durch die verschiedenen **ausleerenden Methoden**, insbesondere Aderlaß, Blutegel, blutiges Schröpfen, sorgfältig abgestufte Ableitung auf den Darm durch **Antidyscratica und Resolventia** und schließlich Ableitung auf die Haut in verschiedener Form.

b) Das eigentliche **emmenagoge Verfahren** anwenden. Mit größter Hartnäckigkeit behaupten fast sämtliche Kliniken, daß die Hormontherapie wissenschaftlicher, einfacher, angenehmer und genügend wirksam sei, jedoch mit Unrecht.

Die eigentlichen klassischen Emmenagoga, Senna, Aloe, Sabina, Hb. Gratiolae, ferner Yohimbin usw. wirken nachweisbar stark hyperaemisierend auf das Genitale, und zwar viel rascher, stärker und nachhaltiger als die stärksten Ovarial-, Placenta- und Hypophysenpräparate.

Die Tierexperimente sind hier nicht maßgebend, weil ja gerade unsere Versuchstiere keine Menstruation haben und zumindest die meist dazu herangezogenen Nagetiere auf alle möglichen Substanzen mit Genitalhyperaemie, Follikelreifung und Corpus-luteum-Bildung reagieren.

3. **Größere Reizbarkeit und Empfindlichkeit des Nervensystems bei Frauen.** Frauen sind bekanntlich gegen atmosphärische Einflüsse (Föhn, Gewitter usw.) viel empfindlicher als Männer. Auch **krampfartige Erkrankungen** kommen bei ihnen häufiger vor (Hysterie, Chorea, Epilepsie usw.). Viele Krankheitszustände können daher bei Frauen durch Einwirkung auf das vegetative Nervensystem direkt, aber auch indirekt auf dem Wege des Stoffwechsels beeinflußt werden.

Es besteht aber auch bei Frauen im Zusammenhang mit der Menstruation und ihren Störungen eine gewisse Disposition zu **Depressionszuständen und Psychosen**. Bekanntlich sind die Menstruationstermine bei solchen Frauen oft kritisch, namentlich bei ungenügender Menstruation. Nervina und Organpräparate allein helfen da nicht. Man muß emmenagoge und ausleerende Verfahren anwenden. Solche endokrin bzw. menstruell beeinflußte Neurosen und Psychosen sind stark endogen bestimmt und daher durch somatische Konstitutionstherapie meist überraschend gut beeinflußbar.

Noch viel folgenschwerer wirkt sich dieser Zusammenhang bei der Behandlung des weiblichen Jugendirrsinns (Schizophrenie) aus. Durch individualisierende Konstitutionstherapie sind die meisten Fälle von Schizophrenie in den ersten zwei Jahren der Erkrankung relativ leicht und rasch heilbar. Mit jedem weiteren Jahr dann schwieriger.

4. **Größere Fähigkeit zur Reproduktion von Körperflüssigkeiten und Geweben** bei Frauen. Auch diese Eigenschaft hängt im Grunde mit den Fortpflanzungsvorgängen zusammen. Man denke an die monatliche menstruelle Blutausscheidung, an die bei Mehrgebärenden viele Hunderte von Litern betragende Milchabsonderung, wobei zu bedenken ist, daß die Milch eine lymphoide, auch dem Blut selbst verwandte Flüssigkeit darstellt.

Man denke ferner an die bei Frauen ungleich häufigere **Fettsucht**. Es gibt wenige Dinge, die so rasch zu Fettansatz und **Vollblütigkeit** führen können, wie Hypomenorrhöe, Amenorrhöe,

Gravidität, natürliches und künstliches Klimakterium. Auch dagegen gibt die Konstitutionstherapie dem Arzt mächtige Waffen in die Hand.

Zu den krankhaften Steigerungen der Reproduktionsfähigkeit muß man auch die größere Disposition des weiblichen Organismus zu **gut- und bösartigen Neubildungen** rechnen. Eine solche Feststellung nähert sich wieder der Karzinomtheorie der Humoralpathologie, welche annahm, daß Überschuß an Körpersäften allein schon Entzündungen und Tumoren erzeugen kann. Wenn dann noch „Verderbnis oder krankhafte Schärfe" hinzukommen, dann können solche Geschwülste bösartig werden.

5. **Erhöhte Disposition zu Blutdrüsen- und Stoffwechselstörungen** bei Frauen hängt mit dem monatlichen endokrinen Rhythmus der Frau und mit den Fortpflanzungsvorgängen überhaupt zusammen. Bekanntlich neigen Frauen viel mehr zu **Struma** und **Basedow** als die Männer. Die so häufigen Störungen der Menstruation und inneren Ovarialsekretion gehören auch hierher. Es kann nicht genug betont werden, daß die Rolle der Hypophyse auf Grund von Tierexperimenten dabei weit überschätzt, die Rolle der menstruellen Exkretion aber unterschätzt wird.

Von Stoffwechselstörungen wurden die Fettsucht und die Vollblütigkeit schon erwähnt. Hypomenorrhöe, Schwangerschaft und Klimakterium schaffen aber bekanntlich auch die Disposition zu einer Reihe anderer Stoffwechselstörungen, welche sich auf die verschiedenste Weise an fast allen Organen in Form von Schmerzen, **aseptischen Entzündungen** u. dgl. äußern können. Praktisch am wichtigsten ist eine für das weibliche Geschlecht charakteristische Form des **chronischen Gelenkrheumatismus.** Dieser wurde früher mit einem gewissen Recht zur uratischen Diathese, also jedenfalls zu den Stoffwechselstörungen gerechnet.

2.2.6 Temperament

Durch jahrhundertelange Beobachtung wurden praktisch wichtige Beziehungen zwischen Körperbeschaffenheit, Gefühlsleben, geistiger Aktivität und Krankheitsneigung festgestellt, die nicht morphologisch oder chemisch faßbar und meßbar sind. Diese Beziehungen, die sich u.a. in Dimension, Komplexion und Tonus widerspiegeln, wurden von den alten Ärzten als „Temperamente" bezeichnet und als das Produkt einer spezifischen Mischung der organischen Lebenssäfte (Blut, Schleim, gelbe und schwarze Galle) erklärt.

Unter der Voraussetzung, daß sich reine, unvermischte Temperamente nur selten finden, wollen wir versuchen, das Charakteristische der vier Hauptkategorien zu umgrenzen:

1. **Sanguinisches Temperament**. Vorwiegend schlanker und zarter Körperbau, geringer Fettansatz, weiche und gut durchblutete Haut, blaue oder braune Augen, blondes oder braunes Haar. Leichtigkeit der Bewegungen. Leichte Ansprechbarkeit des Nervensystems. Vorwiegend heitere Stimmung; psychische Erregungen gehen rasch vorüber; leicht empfänglich für subjektive Eindrücke, Mangel an Ruhe, Nüchternheit und Objektivität. Schnelle und reichliche Blutbildung, daher Neigung zu Plethora, Kongestionen und Entzündungen, besonders beim weiblichen Geschlecht, im Kindes- und Wachstumsalter.

2. **Cholerisches Temperament**. Meistens dunkle Haare und brünette Haut, tief dunkelbraune Augen, starke Augenbrauen. Der vermehrte Pigmentgehalt soll auf stärkere Konzentration und Schärfe des Blutes und vermehrte Beimengung von Gallebestandteilen hinweisen. Körperbau gedrungen und kräftig, wenig Fett, widerstandsfähige Haut, kräftige Muskeln, kraftvolle Bewegungen. Das Nervensystem ist leicht erregbar. Die Gemütsstimmungen neigen zu Heftigkeit und Bitterkeit, Tendenz zum Sarkasmus. Entzündliche Erkrankungen verlaufen besonders heftig, häufig sind Leber und Gallenwege beteiligt.

3. **Phlegmatisches Temperament**. Hellere Farbe von Augen und Haaren, graue oder mattblaue Augen, schlaffe Gewebe, reichlicher Fettansatz, schütteres dünnes Haar, grobe Körperformen (z.B. fleischige Nase, kräftige Kinnbacken, schlaffe Wangen, wulstige Lippen, große Ohren, kurze platte Stirn, kurzer fetter Hals). Das Nervensystem ist wenig reizbar, Trägheit und langsamere Reaktionen in allen körperlichen und psychischen Funktionen, Mangel an Wärme. Neigung zu Schleim-

und Wasseranhäufungen, zu Ausflüssen, zu chronischen Krankheiten der Atonie und Asthenie, zu Lymphatismus, Enteroptose, Ödemen, Katarrhen.

4. **Melancholisches Temperament.** Weiches, dunkles Haar, grünlichgraue oder schwarze Augenfarbe, trockne, blasse Haut, meist hoher Wuchs, hagerer Körper, kürzerer Rumpf und längere Gliedmaßen, flache Brust, schmale Schultern, langer Hals. Das Nervensystem reagiert langsam, aber tiefgreifend und andauernd. Trübe Gemütsstimmung, Neigung zu allen chronischen Krankheiten, besonders Hypochondrie, Magenatonie, Gallenleiden, Obstipation, Gicht, Karzinom.

2.2.7 Hervorstechendes Organsystem

Die Einteilung nach dem in physiologischer und pathologischer Richtung hervorstechenden Organsystem ist ebenfalls aus den jahrhundertealten Bedürfnissen der ärztlichen Praxis hervorgegangen. Schon *Hippokrates* sprach von **phthisischem, apoplektischem** und **plethorischem** Habitus, und man spricht heute wieder von diesen Typen und außerdem von **neuropathischem, lymphatischem, arthritischem, biliärem Habitus**. Dadurch wird ziemlich weitgehend Erscheinung und Krankheitsdisposition einer Person charakterisiert. Mehr als Messungen, Wägungen und subtile chemische Untersuchungen dartun können. Man kann von jedem Menschen behaupten, daß er einen relativ schwachen Teil bzw. ein minderwertiges Organ besitzt, das am meisten krankheitsanfällig ist.

Darüber hinaus bieten solche Bezeichnungen aber auch wirksame therapeutische Handhaben, wenn man auf dem Boden der Konstitutionstherapie steht. Bei Personen mit leicht ansprechbarem Darmkanal, Gefäß- oder Hautsystem wird sich auch die Therapie dieser Wege bedienen, um erregend, ableitend usw. auf diese Körperteile einzuwirken. Man wird einen Lymphatiker mit antilymphatischen Mitteln behandeln, z.B. mit Jodpräparaten und pflanzlichen Antilymphatica wie Rad. Calami, Eichelkaffee und Fol. Juglandis (Nußblätter) nebst vielen anderen. Bei apoplektischem Habitus kann man auf lange Sicht vorbeugen durch Entziehungsdiät, salinische Abführmittel und Weinsteinpräparate (monatelang fortgesetzt) und entsprechend wiederholte Aderlässe. Letztere allein führen natürlich nicht zum Ziel, wohl aber in Verbindung mit dem Obigen. Bei neuropathischem und psychopathischem Habitus endlich ist immer wieder nicht bloß an Psyche und Nervensystem zu denken, sondern an Störungen im sonstigen Körperhaushalt, hauptsächlich in den Abdominalorganen, insbesondere an Plätschermagen, Leberstörungen und Menstruationsanomalien. Außerdem an mangelhafte Hautatmung.

1. **Arterielle Konstitution**: Rasche Blutbildung und erhöhte Reizbarkeit. Fast identisch ist die plethorisch-phlogistisch-sthenische Konstitution. Aus ihr kann sich der apoplektische Habitus entwickeln (kurzer dicker Hals, untersetzter Körper).

2. **Venöse Konstitution**: Neigt zur Plethora abdominalis, d.h. zur Überfüllung der Venen im Unterleib, im kleinen Becken, insbesondere der Hämorrhoidalvenen. Die Venen der Hautoberfläche sind oft strotzend gefüllt, die Haut blaurot verfärbt. Amenorrhöe. Schwangerschaft und Klimakterium schaffen die Disposition dazu. Bei Männern besteht Neigung zu Hämorrhoidal- und Prostataleiden. Prostatahypertrophien kann man übrigens durch Ansetzen von Blutegeln am Perineum oft zum Rückgang bringen.

3. **Lymphatische Konstitution**: Es besteht eine Neigung zu Hypertrophie und Hyperfunktion von lymphatischen Organen, vor allem von Gaumen- und Rachenmandeln und Thymus. Die älteren Autoren bezogen auch die Schilddrüse in den Kreis dieser Organe mit ein und bezeichneten die Struma als Skrofelsymptom. Ähnlich wurde die Rachitis als Skrofulose der Knochen betrachtet. Ferner besteht eine Beziehung zu den chirurgischen Formen der Tuberkulose. Man findet sie besonders oft bei der schwammigen lymphatischen Konstitution und kann durch die antilymphatische Behandlungsmethode überraschende Heilerfolge erzielen. Neben der krankhaften Wucherung der Tonsillen und Lymphdrüsen kann sich auch eine Überfunktion des Lymphsystems in Form

der exsudativen Diathese manifestieren. Die plastische Kraft der Lymphflüssigkeit zeigt sich auch in lymphatischen und leukämischen Neubildungen.

4. **Gastrische Konstitution**: Dyspepsie mit Hyperazidität, Magenatonie, Gastroptose, Sodbrennen, Magenschmerzen, Blähungen. Weiter können sich Magen- und Zwöffingerdarmgeschwüre entwickeln. Die verdrießliche Gemütsstimmung wird bezeichnenderweise „hypochondrisch" genannt. Eine dauerhaft gestörte Magenverdauung kann zur Dyskrasie mit Abmagerung, Anämie und Asthenie führen.

5. **Biliäre Konstitution**: Dunkelpigmentierte Individuen mit erhöhter Neigung zu Gallensteinen, Gallenblasenentzündung, Ikterus, Leberzirrhose, Karzinom der Leber und Gallenwege. Chronische Erkrankungen solcher Individuen lassen sich günstig durch Leber- und Gallemittel wie Rhabarber und Aloe beeinflussen.

6. **Nervöse Konstitution**: Sie kommt öfter beim weiblichen Geschlecht vor und ist gekennzeichnet durch das Vorherrschen des Nervensystems, insbesondere der Sensibilität und Irritabilität über die anderen Funktionen. Reizbarkeit und Empfindlichkeit sind erhöht, die Reflexerregbarkeit gesteigert. Der Körperbau ist eher zart und schwächlich. Die Unterscheidung in vagotonische und sympathikotonische Individuen gehört auch hierher. Psychische Labilität begünstigt eine Neigung zu Neurasthenie, Neurosen, Psychosen und verschiedenen chronischen Nervenleiden. Besserung oder Heilung sind oft durch humorale Beeinflussung möglich, z.B. durch Blutentziehungen, Purgieren, Schwitzen und Hautreizmittel.

7. **Arthritische Konstitution**: Sie ist verwandt mit der biliären und gastrischen Konstitution und nähert sich der robusten apoplektischen. Es besteht eine besondere Anlage zu akuten Gelenkentzündungen, vor allem zu Gicht. Der arthritische Habitus manifestiert sich erst im mittleren und höheren Lebensalter mit zunehmender Körperfülle und Breitenwachstum. Bei Frauen trägt besonders das Klimakterium dazu bei.

8. **Rheumatische Konstitution**: Sie entspricht am häufigsten dem athletischen Habitus. Typisch ist die Neigung zur rheumatischen Erkrankung der Muskulatur, der Sehnen und ihrer Häute. Häufig werden aber auch wie bei der arthritischen Konstitution die Knochen befallen, so daß eine scharfe Trennung zwischen beiden Konstitutionen nicht möglich ist. Beide Zustandsgruppen lassen sich auch gut auf humoralem Wege beeinflussen.

9. **Phthisische Konstitution**: Langgestreckter Körper, langer Hals, flache Brust, abstehende Schulterblätter, reizbares Blutgefäßsystem, Neigung zu Pulsbeschleunigung, Wallungen und Kongestionen., bei stärkerer Ausprägung hektisch gerötete Wangen, heiße Hände nach dem Essen, rasch Atemnot bei Anstrengungen. Es besteht Neigung zu atonisch-asthenischen Lungenkrankheiten wie Pleuritis, Bronchitis und Tuberkulose.

10. **Asthmatische Konstitution**: Breiter, faßförmiger Brustkorb. Neigung zu Asthma bronchiale, Emphysem, chronischer Bronchitis, Bronchiektasen und akuten Pneumonien.

11. **Psorische Konstitution**: Rauhe, trockene, oft unreine Haut mit ungenügender Funktion. Sowohl die unsichtbare Hautatmung wie auch das Schwitzen können qualitativ oder quantitativ verändert sein. Begünstigt werden die verschiedensten inneren Krankheitszustände wie Rheumatismus, seröse Entzündungen usw. Anregung der Hautausscheidung führt zu guten Heilungsresultaten.

12. **Dyskratische Konstitution**: Der Ausdruck Dyskrasie ist als Oberbegriff für alle chemischen Störungen im Körperhaushalt verwendbar. Hierzu gehören Stoffwechselstörungen wie Fettsucht, Diabetes und Gicht, Erkrankungen des Blutes und der Lymphe, endokrine Erkrankungen, Tumordisposition, Kachexien, schlechte Ernährung, Vitaminmangelkrankheiten, mangelhafte Ausscheidungstätigkeit von Lunge, Niere und Gebärmutter.

13. **Dysplastische Spezialtypen**: Meistens handelt es sich dabei um Wachstumsstörungen, sei es infolge gestörter Keimanlage, sei es auf

grund von Stoffwechselstörungen, z.B. Zwergwuchs, Mongolismus, Eunuchoidismus, Infantilismus, Hypertrichosis usw.

2.3 Praktische Bedeutung tyischer Habitusformen

Trotz aller nicht genug zu schätzender Fortschritte der Diagnostik, Untersuchungstechnik, Bakteriologie, Immunitätslehre, Chirurgie usw. erleben wir es in der Praxis doch alltäglich, daß Tausende von Fällen auch bei Anwendung der modernsten Mittel sich nicht bessern, also chronisch krank bleiben, und daß wir oft Zuständen, wie Angina pectoris, chronische Arthritis und dergl., machtlos gegenüberstehen. Hier kann tatsächlich die Konstitutionstherapie unter Beachtung der oben geschilderten Allgemeinursachen und ihrer therapeutischen Konsequenzen einen rettenden Ausweg bringen.

Die praktische Anwendung aus all diesen Kriterien der Konstitution und ihrer Kombinationen ermöglicht es, schon wenn wir an ein Krankenbett treten, oder wenn der Patient das Sprechzimmer betritt, sehr weitgehende Schlüsse auf seine Krankheitsdisposition und die einzuschlagende Behandlung zu ziehen, ohne daß erst tagelange chemische, mikroskopische und röntgenologische Untersuchungen mit papierenen Befunden notwendig sind. Selbstverständlich können und müssen solche Befunde unter Umständen auch gemacht werden. Aber in der Mehrzahl der Fälle sind sie überflüssig, zumindest in der alltäglichen Praxis.

Man bekommt mit der Zeit dann einen Blick für gewisse typische Habitusformen, z.B. klimakterische Frauen mit Fettleibigkeit, Vollblütigkeit und dunklen Haaren werden in gesteigertem Maße eine Disposition zu Gallen- und Nierensteinen, Arthritis deformans, Nervenentzündungen, Krampfadern, Herz- und Atembeschwerden sowie Blutdrucksteigerung zeigen. Ohne lange Laboratoriumsuntersuchungen kann man getrost in einem solchen Falle mit resolvierenden, ausleerenden Behandlungsmethoden (Entfettungskur, Ableitung auf den Darm, Aderlaß usw.) beginnen und wird sehen, daß unter der Hand ein großer Teil der Beschwerden verschwindet.

Ein anderer solcher Typus mit gehäuften Symptomen ist etwa ein junges Mädchen im Alter von 20 Jahren mit hellen Augen, blonden Haaren, zarter empfindlicher Haut, mager, aufgeschossen, mit Plätschermagen und Obstipation, Fluor und zu häufigen Uterusblutungen. Auch hier wieder kann man ohne jede Hormonspiegeluntersuchung u. dgl. mit gutem Gewissen eine roborierende, tonisierende Behandlung mit entsprechender Diät, Hydrotherapie und Roborantien verordnen und wird in den allermeisten Fällen rasch zum Ziele kommen.

Ähnliche Kombinationen ergeben sich nach den oben angeführten Kategorien in größerer Zahl. Beachtung der Hautbeschaffenheit, des Körpergewichtes, der Blutfülle und Blutverteilung, einer etwa vorhandenen Magenatonie, Obstipation oder Menstruationsstörungen weist auf die notwendigsten und dringendsten Behandlungserfordernisse hin, während die üblichen spezifisch-lokalistischen und ätiologischen Detailuntersuchungen oft genug den Blick von den gemeinsamen dynamischen Lebensäußerungen ablenken und in falsche Richtung führen.

3 Technik der Konstitutionstherapie bei asthenischem Habitus

3.1 Grundsätzliches und Geschichtliches

Die geläufigsten Einteilungen der Konstitutionsformen in neuerer Zeit beziehen sich, wie erwähnt, auf die äußere Körperform (Dimension und Proportion) oder auf den Spannungszustand der Gewebe, insbesondere der glatten und quergestreiften Muskulatur (Tonus). Auffallend ist, daß sowohl bei *Kretschmer* als auch bei *Viola, Sigaud* und *Bauer* die mageren Leute fast lauter junge Menschen, die breitgebauten durchaus ältere Personen, etwa um das 50. Lebensjahr herum in den Abbildungen darstellen. Es scheint das von den genannten Autoren nicht bemerkt worden zu sein, ist aber hinsichtlich der therapeutischen Schlußfolgerungen von großer Bedeutung. Die meisten Menschen sind nämlich in der Jugend schlank, besonders während der Wachstumsjahre (die bekannte Streckung), nehmen im mittleren Lebensalter auch mittlere Dimensionen an und gehen im reiferen Alter häufig in die Breite.

Wir sehen daraus schon, wie notwendig es ist, sich nicht wie bisher auf ein Einteilungsprinzip zu beschränken, sondern eine Kombination (eine wirkliche Synthese) der einzelnen Kriterien vorzunehmen. So erklärt es sich auch leicht, warum gerade die an Jugendirrsinn erkrankten Menschen meist mager sind, nämlich weil sie eben jung sind. Breite, fettleibige junge Menschen sind immer krankhaft veranlagt. Und zwar leiden sie meist an Störungen der inneren Sekretion, die Frauen insbesondere an zu seltener oder zu spärlicher Menstruation. Daher ist auch die Tuberkulose bis zum 30. Lebensjahr am gefährlichsten, später nicht mehr so sehr, weil dann der Körper von selber in die Breite geht und sich vom phthisischen Habitus entfernt.

Die **asthenische Konstitutionsanomalie** manifestiert sich ebenso wie die Magerkeit schon im Wachstumsalter und bessert sich häufig im höheren Lebensalter. Asthenie und **Magerkeit** treffen also häufig zusammen, besonders im jüngeren Lebensalter. Auch die Behandlung beider Zustände deckt sich vielfach, weil es sich ja in beiden Fällen um die Behebung eines **Schwächezustandes** handelt, wiewohl die begriffliche Trennung aufrechterhalten bleiben soll.

Nicht zweckmäßig ist es, den Infantilismus mit der Asthenie zu verquicken, obwohl auch dieser als Minusvariante oder Kümmerform oft mit Asthenie und schmalem Körperbau zusammentrifft. Eine solche Verschmelzung würde aber doch eine zu starke Begriffsverwirrung beinhalten. Neben dem jugendlichen Lebensalter bietet besonders die Zugehörigkeit zum weiblichen Geschlecht eine erhöhte Disposition zu asthenischen Zuständen.

30-70% aller Frauen weisen nach *Mathes* Züge von partieller oder universeller Asthenie auf, deren wichtigster Teilkomplex die angeborene oder erworbene **Enteroptose** ist. Daß der weibliche Organismus mehr zur Relaxation neigt und von Haus aus schwächer, empfindlicher und zarter ist („das schwache Geschlecht"), gilt seit jeher als selbstverständlich. Man hat schon im Altertum daher den weiblichen Organismus konstitutionell anders gewertet und behandelt als den männlichen, auch bei Erkrankungen, die mit der Geschlechtssphäre nichts zu tun haben. Die Fortpflanzungstätigkeit allerdings bringt an sich schon mit ihren großen Schwankungen des Leibesumfanges und des Stoffwechsels die Disposition zu Überdehnungs- und Erschlaffungserscheinungen mit sich.

So wie es kein Zufall zu sein scheint, daß bei *Kretschmer, J. Bauer* u.a. die mageren asthetischen Typen alle jung und die Pykniker alle älter sind, so ist es auch kein Zufall, daß *Tandler* als Typus der Hypotonie oder Asthenie gerade weibliche Figuren von *Botticelli* und als Typus der Hypertonie männliche Gestalten von *Michelangelo* gewählt hat. Weniger beachtet wurde, daß auch die **helle Komplexion**, also blonde Haare, helle Augen und besonders helle

Haut, auch zarter und empfindlicher ist gegenüber äußeren Einwirkungen, z.B. gegen Sonnenstrahlen, Medikamente u. dgl. Die dunkle Komplexion ist im allgemeinen die robustere. Es lassen sich daraus sehr wertvolle Hinweise, nicht nur auf die Dosierung, sondern auch auf die qualitative Auswahl der verschiedenen Arzneimittel und Heilmethoden ableiten. In dieser feineren Individualisierung liegt erst die vielfach abhanden gekommene höhere ärztliche Kunst und erklärt, warum bei ein und derselben Krankheit der eine Arzt Erfolg hat und der andere nicht. Es ist zu bequem und irreführend, hier nur alles der suggestiven Kraft der ärztlichen Persönlichkeit zuzuschreiben.

Neben der Behandlung der asthenischen Konstitution gehört zu den Feinheiten ärztlicher Kunst die Berücksichtigung des **„schwachen Teiles“**. Die meisten Menschen haben einen Locus minoris resistentiae, an welchem sich die allgemeinen Krankheitsursachen, wie Überanstrengung, Erkältung, Erhitzung, Gemütsaffekte, am häufigsten durch Funktionsstörung äußern. Bei dem einen schlägt sich alles auf den Magen, bei dem anderen auf die Leber oder auf die Hautatmung, auf die Nerven oder Blutgefäße. Diese jeweiligen „schwachen Teile“ sind dann besonders durch tonisierende oder roborierende Maßnahmen zu berücksichtigen, und man kann dann gelegentlich von so einem Schlüsselpunkte aus die kompliziertesten Krankheitszustände meistern. Anamnese und Habitus helfen meist genügend, um diesen schwachen Teil ausfindig zu machen.

Zu den asthenischen Zuständen im weiteren Sinne kann man die **Schwäche des blutbildenden Apparates** rechnen, wie sie sich insbesondere im jugendlichen Alter als Chlorose und einfache Anämie neben der gleichzeitigen allgemeinen Körperschwäche äußert. Weitere häufige Manifestationen der Asthenie sind: **Schwäche der Bandapparate**, insbesondere Plattfuß, Schwäche der Venenwände in Form von Krampfadern, verminderte Widerstandskraft der Nerven und der Psyche, Atonie des Uterus, Erschlaffung seiner Bandapparate und des Beckenbodens, vielleicht auch manche Teilerscheinungen der Rachitis und Skrofulose. Praktisch am allerwichtigsten die angeborene und erworbene Enteroptose.

Das **Zentralproblem der ganzen Astheniefrage** ist die richtige Behandlung der **Atonie des Magens** mit all ihren Folgezuständen, wovon später die Rede sein soll.

Für alle diese Zustände ist die **Behandlung durch roborierende, tonisierende Methoden** das Gegebene. Historisch betrachtet existiert eine Behandlung der Asthenie schon seit dem Altertum. Schon damals standen sich zwei Hauptrichtungen medizinischer Systeme gegenüber, die Humoralpathologie und die Solidarpathologie. Während erstere die verschiedene Quantität, Qualität, Mischung und Lokalisation der Körpersäfte für die Verschiedenheit der Konstitutionen und für die Neigung zu bestimmten Erkrankungen verantwortlich machte, war das Um und Auf der ganzen antiken und mittelalterlichen Solidarpathologie bis weit in die Neuzeit hinein die **Lehre vom Tonus**.

Die alten Methodiker unterschieden in straffe und schlaffe Faser, und es wurde namentlich dem weiblichen Geschlecht im allgemeinen schlaffe, fette, feuchte, kalte, rötliche (blonde? oder mit zarterer, hellerer Haut versehene?) Konstitution gegenüber der straffen, gedrungenen, trockenen, heißen und dunkelfarbigen Konstitution des Mannes schon seit *Hippokrates* zuerkannt und durch entsprechende entgegengesetzte Mittel behandelt. Frauen mit schlaffer Faser wurden zum Gebären und Stillen als mindertauglich bezeichnet. Der Tonus sei aus dem Allgemeinverhalten des Körpers, insbesondere aus dem Pulse leicht zu erkennen und wurde als das verknüpfende Band des Organismus betrachtet (*Aretaios, Rufus, Soranus, Aristoteles*). Diese Lehre hielt sich, von *Galen* und seinen Nachfolgern oft bis zur äußersten Spitzfindigkeit modifiziert und mit der Humoralpathologie kombiniert, bis in die Neuzeit hinein. Als mittlerer Gleichgewichtszustand zwischen **straffer** und **schlaffer Faser** wurde auch ein Status mixtus angenommen.

Eine tiefere Wandlung erfuhr die Lehre vom Tonus erst zu Beginn der Neuzeit durch *Paracelsus, Helmont, Bacon, Descartes* und *Sylvius*, welche wieder systematisch physikalische und chemische Maßstäbe zur Beurteilung der körperlichen Vorgänge in Anwendung brachten. Im 18. Jahrhundert baute Friedrich *Hoffmann* in Halle sein ganzes System auf dem Tonus auf. **Kontraktion** und **Dilatation** der festen Teile, Kohärenz und Widerstand der Gewebe als physikalische Vorgänge sollten Gesundheit und Krankheit bedingen. Auch *Boerhaave* macht für die Krankheiten der festen Teile u.a. auch die **Rigidität** und **Laxität** der Gewebe verantwortlich, meint aber ähnlich wie *Stahl*, daß diese durch chemische Vorgänge ausgelöst und durch Einwirkung auf die Säfte wieder beseitigt werden können.

Durch *Glisson* und *Haller* kam noch der Begriff der Irritabilität hinzu, und durch *Cullen, Monro, Brown* u.a. wurden **Spasmus** und **Atonie** als Funktionsäußerungen des alles regulierenden Nervensystems angesehen. Krankheit sollte entweder durch **zu heftige Erregung (sthenischer Zustand)** oder durch **zu schwache Erregbarkeit (asthenischer Zustand)** entstehen. Dabei kann die betreffende Störung örtlich oder allgemein sein.

Bei sthenischem Zustand wurde von *Rasori* zur Herabsetzung des Tonus das kontrastimulierende Verfahren empfohlen, obenan der Aderlaß, aber auch eine ganze Reihe anderer **reizmildernder Mittel**, wie Ausleerung durch den Darm, durch die Haut usw. Beim asthenischen Zustand dagegen wurden **erregende Mittel** verordnet, wie kräftige Ernährung, Fleisch, Wein, Äther, Gewürze und dergleichen. *Boerhaave* und seine Zeitgenossen beschreiben ausführlich die roborierende Methode und teilen die **stärkenden Medikamente** in mehrere Gruppen ein.

1. Rein bittere: Rad. Gentianae, Hb. Centaurii, Rad. Colombo, Hb. Trifolii fibrini etc.
2. Rein adstringierende und saure: Schwefelsäure und die anderen Mineralsäuren, Alaun, Eichenrinde, Rad. Tormentillae u.a.
3. Adstringierend bittere: Cort. Chinae, Cort. Salicis, Cort. Cascarillae u.a.
4. Aromatisch-harzige: Hb. Absinthii, Hb. Millefolii, Cort. Aurantiorum, Aloe und Myrrha.
5. Eisenmittel.

Diese historische Aufstellung zeigt, wie umfangreich und wie feiner Differenzierung fähig diese Methode seit jeher gewesen ist.

3.2 Technik der tonisierenden und roborierenden Allgemeinbehandlung

Zu den wichtigsten tonisierenden und roborierenden Mitteln gehören Klima, Ernährung, Muskelübung, die Kälte in Form von Luft- und Wasseranwendung (Hydrotherapie) und die große Gruppe der Tonika, Roborantia und Plastika unter den Medikamenten.

3.2.1 Klima

Wir verordnen Aufenthalt an der **See** oder im **Hochgebirge** als kräftigende Maßnahmen, wobei Temperatur, Lichtwirkung u.a. als uns noch unbekannte Faktoren mitwirken. Der tonisierende Einfluß der Seebäder bzw. des Meerwassers auf Nervenschwäche (Neurasthenie) wird noch immer zu wenig systematisch ausgenutzt.

3.2.2 Muskelübung

Körperliche Anstrengung womöglich im Freien, beruflicher Natur und als Sport vermögen bekanntlich erstaunliche Umwandlungen des Habitus vom asthenischen zum athletischen Typus hervorzubringen. Zu diesem Zwecke waren gymnastische Systeme schon bei den alten Griechen bis ins feinste ausgebildet. Ein solches Lehrbuch der griechischen Gymnastik ist in der Schrift von *Philostratus* enthalten. Wenig bekannt dürfte es sein, daß die schwedische Gymnastik daraus entlehnt und weiter entwickelt ist. Auch die verschiedenen anderen modernen Systeme der Gymnastik und Körpererziehung hängen irgendwie damit zusammen. Daß Mangel an Muskelübung zur Asthenie als Domestikationserscheinung führt, wußte man schon im Altertum. Auch heute noch sagt *Liek* mit Recht: *„Der moderne Mensch ißt, sitzt und denkt zu viel.“*

3.2.3 Hydrotherapie

Ein starkes Gegengewicht gegen die durch die städtische Lebensweise aufgezwungenen Domestikationsfolgen ist u.a. auch die Hydrotherapie. Auch sie wurde schon seit dem Altertum systematisch angewendet, geriet zu manchen Zeiten in Vergessenheit, wurde im 18. Jahrhundert durch die Gebrüder *Hahn* sozusagen wieder neu entdeckt und mußte auch am Ende des 19. Jahrhunderts durch Laien wie *Prießnitz, Schroth, Pfarrer Kneipp, Rikli*, und ärztliche Outsider, wie *Schweninger* und *Lahmann*, der klinischen Medizin wieder in Erinnerung gebracht werden.

Es ist interessant zu verfolgen, daß die wissenschaftliche Hydrotherapie (wie sie *Winternitz* und *A. Strasser* in Wien betrieben haben), sich keineswegs parallel entwickelte mit den hydrotherapeutischen Ansichten, Prozeduren, Indikationen und Heilerfolgen der naturheilkundlichen Richtungen eines *Schroth, Kneipp, Schweninger, Lahmann, E. Klein, Schönenberger, Brauchle* usw.

Das **Naturheilverfahren** weist in mancher Hinsicht **tiefgreifendere Erfolge** auf, weil es weniger auf Messen und Wägen ausgeht als auf empirische Behandlung des ganzen Menschen und Erweckung der natürlichen Abwehrkräfte. Nicht zuletzt auch dadurch, daß es in humoralpathologischem Sinne die Ausleerung schädlicher Stoffe durch Darm und Hautatmung anstrebt, während die klinische Hydrotherapie vorwiegend an die Zirkulation, Blutkörperchenzählung, Temperaturmessung u. dgl. denkt.

Aber auch abseits von all diesen Systemen ist es erstaunlich, wieviel die **konsequente Anwendung des kalten Wassers** in Form von täglichen Duschen oder Abwaschungen, kalten Bädern oder kalten Übergießungen (bei der Umwandlung eines asthenischen Körpers in einen normalen) zu kräftigen vermag. Schon aus diesem Grunde sollte jeder Stadtbewohner täglich die Gelegenheit zu einer lauwarmen oder kalten Dusche nutzen. Es trägt dies mehr zur Erhaltung der Gesundheit bei als manche Medikamente und schwer einzuhaltende Diätvorschriften. Schon die alten griechischen und römischen Autoren sagten, daß kalte Bäder zur Erhaltung der Gesundheit notwendig seien. Sie wirken tonisierend und rufen offenbar auch die Naturheilkraft im Organismus auf.

3.2.4 Ernährung

Die Frage ist recht kompliziert geworden. Man sprach früher von **roborierender Diät** und meinte damit eine kräftige, leicht verdauliche gemischte Kost. Im Abschnitt Magenkrankheiten wird darauf näher eingegangen werden.

Hier sei nur soviel darüber gesagt, daß gerade die Modeströmungen, wie Vegetarismus, Rohkost, eiweißarm, salzlos, gewürzfrei, das genaue Gegenteil einer roborierenden Diät sind. Bei der so häufigen Überlastung des Stoffwechsels leisten sie sicherlich Gutes. Bei mageren, anämischen, asthenischen, schwächlichen Menschen sind sie nicht am Platze. Hier bewirken **Fleisch, geringe Mengen Alkohol und Gewürze** viel rascher Appetit, Gewichtszunahme, Blutbildung, erhöhten Turgor und allgemeine Kräftigung. Das sind uralte Erfahrungen, die auch heute nicht umgestoßen werden können. „Weintrinken macht vollblütig", sagt das Volk mit Recht.

Auch **Bohnenkaffee** gehört zu den wirksamsten Mitteln der Tonisierung und Kräftigung und ist durchaus unschädlich, wenn man in mäßigen Grenzen bleibt. Bei der Behandlung des asthenischen Magens ist er sogar, wie wir sehen werden, von entscheidender Bedeutung für einen raschen Heilerfolg.

3.2.5 Tonisierende und roborierende Arzneimittel

Tonisierende und roborierende Arzneimittel, welche aus einer asthenischen, schlaffen, torpiden, anämischen Konstitution nicht nur vorübergehend, sondern auch dauernd wieder eine mit normalem Tonus und Turgor der Gewebe und Säfte machen können, sind folgende:

3.2.5.1 Chinarinde und andere adstringierende, bittere Pflanzenmittel

Das wichtigste Mittel ist **Chinarinde** (Cortex Chinae). Man verwendet sie heute bezeichnenderweise fast nur mehr in Form des Chinins. Die blutbildende, roborierende und tonisierende Wirkung der Gesamtdroge hat man ganz vergessen. Man verordnet vielleicht hier und da einmal China-Eisenwein bei schwächlichen blutarmen Personen, aber schon die gleichfalls offizinelle Tinct. Chinae composita wird kaum mehr verschrieben. Und doch sind die Chinapräparate imstande, auf den Chemismus, die Blutbildung und den Tonus des ganzen Körpers rasch und tiefgreifend einzuwirken. Wie alle bitteren Mittel regen sie auch den Appetit und die Verdauungskraft des Magens an.

Man verordnet Cort. Chinae pulv. 1,0, dreimal täglich, mit Zucker und Zimtrinde vermischt,

Rp.	Cort. Chinae		1,0
	Sacchari		
	Cinnamomi	aa	0,5
	Tal. dos. Nr. XX		
	S. 3mal tgl. 1 Pulver		

ebenso Extr. Chinae 0,5-2,0, 3-5mal täglich in Pillen, Pulvern oder Mixturen.

Eine besonders mild wirkende Anwendungsweise ist ein kalt zubereitetes Chinainfus, 5,0-10,0 : 200,0; 3-6 Eßlöffel täglich vor dem Essen. Kräftiger wirkt in der gleichen Dosierung das heiß zubereitete Infus und noch stärker das Dekokt.

Tinct. Chinae dreimal täglich 10-30 Tropfen oder die mit geschmacksverbessernden, magenstärkenden und dabei gleichfalls tonisierenden Mitteln (Rad. Gentianae, Cortex Cinnamomi) versetzte Tinct. Chinae compos. dreimal täglich 10-30 Tropfen, welch letztere in der älteren Medizin den bezeichnenden Namen Elixir roborans führte.

Hierher gehören auch die vom Magen besonders gut vertragenen Präparate Chinawein und Chinaeisenwein. Man gibt sie bei den verschiedenen Formen der Anämie, weil der dazu verwendete Südwein an sich nicht nur magenstärkend und appetitanregend, sondern auch erwärmend und blutbildend wirkt.

Es ist nicht ganz gleichgültig, welches von den genannten Chinapräparaten man im Einzelfall verordnet, denn jedes hat neben der adstringierenden und tonisierenden Gerbstoffwirkung noch eine Reihe von Nebenwirkungen auf Magen, Blutgefäße, Nervensystem und Stoffwechsel, welche mit Vorteil individuell abgestuft werden können.

Ähnlich wie die Chinarinde können eine ganze Reihe **anderer** adstringierender, gerbstoffhaltiger und **bitterer Pflanzenmittel** verwendet werden. Man trifft sie in der alten Medizin und Volksmedizin häufig an, und man kann diese Mittel erst richtig verstehen, wenn man sie, wie dies hier versucht wird, in ein System bringt.

Eines der am häufigsten gebräuchlichen Mittel ist die **Eichenrinde** (Cortex Quercus im Dekokt), wohl meist nur in äußerlicher Anwendung. Intern gut verwendbar ist Semen Quercus tostum (geröstete Eicheln oder Eichelkaffee), welches namentlich bei Kindern gegen Skrofulose und Rachitis mit gutem Erfolg als Tonicum gegeben wurde.

Ähnliche solche Mittel sind **Cort. Salicis** (Weidenrinde), **Rad. Ratanhiae, Rad. Tormentillae** (Ruhrwurzel). Beide in Form von Dekokten und Tinkturen verwendbar. Ferner **Fol. Juglandis** (Nußblätter) und **Fol. Salviae** (Salbei). Namentlich die Nußblätter werden in der Volksmedizin und Naturheilkunde viel gegen Chlorose, Anämie, Schwächezustände und Skrofulose mit Nutzen verwendet. Ebenso **Rad. Colombo** und **Cort. Cascarillae**.

So naiv und einfach scheinbar dieser Gedankengang ist, daß atonische Zustände durch adstringierende, zusammenziehende Mittel nicht bloß vorübergehend, sondern auch auf Dauer behoben werden können, scheint es sich dennoch so zu verhalten. Die Erfahrung spricht dafür.

Einen wichtigen Platz nehmen dabei die im nächsten Hauptabschnitt näher zu besprechenden **Amara tonica stomachica** ein. Wie aus der Pharmakologie ersichtlich ist, kann man die Roborantia in verschiedene Gruppen einteilen. Die Auswahl soll möglichst individualisierend und fein differenzierend sein und sich nach dem jeweiligen Habitus und den Begleitsymptomen richten. Man wird bei der so häufigen begleitenden Dyspepsie und Magenschwäche die Amara tonica stomachica bevorzugen. Unter diesen wieder vertragen robustere Personen die kräftigen Mittel, während empfindlichere Individuen milde Zubereitungen erfordern, die wohlschmeckend und appetitanregend sind.

Mit Beiseitelassung übertriebener Vorurteile wird man gerade in schwierigen Fällen mit weinigen Zubereitungen, wie z.B. **Condurangowein, Wermutwein, Tinct. Rhei vinosa**, am schnellsten vorwärtskommen. Auch die Beimengung flüchtiger, aromatischer ätherischer Mittel erleichtert die Resorption und die Kräftigung.

Die heute vielfach belächelte sorgfältige Verschreibung solcher zusammengesetzter Arzneien nach Art der früheren Elixire (d. h. flüssige Arzneiformen, welche mit aromatischen Mitteln, Wein oder Fruchtsäften versetzt waren), wirkt gerade bei Schwächezuständen aller Art, auch auf lange Sicht hin, belebend und umstimmend.

3.2.5.2 Gewürze und harzige Bittermittel

Eine zweite solche Gruppe sind die Gewürze, pharmakologisch **Aromatica** genannt. Doch gibt es auch in der Gruppe der Amara stomachica eine ganze Reihe von Mitteln, welche aromatisch-ätherische Stoffe enthalten und vermittels dieser auch auf das Nervensystem im Sinne der Tonisierung und Stimulierung einwirken, z. B. **Hb. Millefolii, Hb. Artemisiae, Rad. Angelicae** und viele andere.

Gewürze (z.B. Pfeffer und Ingwer) und harzige Bittermittel, wie **Aloe** und **Myrrha**, erzeugen nicht nur ein Wärmegefühl im Magen, sondern wirken auch erhitzend, zirkulations- und stoffwechselanregend bei torpiden anämischen Konstitutionen. Fertige solche Arzneiformen sind die Tinct. aromatica und Pulvis aromaticus. Unter der Annahme, daß es eine Umstimmung der asthenischen Konstitution gibt, erhalten solche scheinbar sinnlos gewordenen Arzneiformen wieder Bedeutung.

Man gibt am besten anfangs die mildesten Formen der Roborantia, nämlich kalten Aufguß von **Lignum Quassiae**, später von Chinarinde. Diesen werden beim Einnehmen einige Tropfen Essigäther oder Schwefelätherspiritus (Spiritus Aetheris Hoffmanni) zugesetzt. Ein solches zusammengesetztes gutes Roborans ist ***Hoffmanns*** **Elixir**:

Rp.	Extr. Gentianae		15,0
	Extr. Rhei		
	Extr. Myrrhae	aa	5,5
	Vini Hispanici		250,0
	Spir. Aetheris Hoffmanni		2,5
	S. mehrmals täglich einige Kaffeelöffel vor und nach dem Essen.		

3.2.5.3 Eisen, Phosphor und Säuren

Eine weitere Gruppe bilden z.B. Eisen und Phosphor. Sie werden ähnlich wie die Nährpräparate, z.B. Malzextrakt oder Fleischextrakt, oder wie Alkohol und künstlich zugeführte Verdauungsfermente, auch als **Plastica**, d.h. gewebsaufbauende Mittel, bezeichnet.

Wenn der Magen es verträgt, kann man als Roborans mit Vorteil das **Eisen** verwenden, aber anfangs auch nur in der milden Form der alkoholischen oder noch besser ätherischen Tinkturen. Die bei Asthenie am raschesten wirksame und verträglichste Form des Eisens ist Tinct. ferri chlorati aetherea, auch Tinct. nervinotonica *Bestuscheffii* genannt, oder die Tinct. ferri acetici aetherea (*Klaproth*sche Tinktur), dreimal täglich 5-15 Tropfen, am besten in Verbindung mit aromatischen Mitteln zur Schonung und Stärkung des Magens, zugleich zur Anregung der Zirkulation des Nervensystems.

Der **Phosphor** in Milligrammen wirkt als Analeptikum erwärmend, pulsverstärkend. Auch Steigerung der Muskelenergie und des Geschlechtstriebes wurden danach beobachtet. (Auch die Homöopathie verdankt diesem Mittel manche bemerkenswerte Erfolge. Der Phosphor ist auch ein Bestandteil vieler Geheimmittel von sonst unerklärlicher Wirkung.)

Vorsicht! Elementarer, löslicher Phosphor ist sehr giftig. Die tödliche Dosis für Erwachsene beträgt 60-100 mg. Akute Intoxikation führt u.a. zu Stoffwechselstörungen mit Gelbsucht, Leberschwellung, Durchfall und inneren Blutungen, chronische Intoxikation zu Kiefernekrosen. In geringen Mengen regt weißer Phosphor das Knochenwachstum an, daher früher die Verwendung bei Rachitis und Osteomalazie.

Geläufiger sind uns die Phosphorsäure und die phosphorsauren Salze als Kräftigungsmittel.

Die **anorganischen Säuren**, am stärksten die Schwefelsäure, dann die Salzsäure, Salpetersäure und Phosphorsäure bewirken in verdünntem Zustand lokal auf der Mundschleimhaut das Gefühl von Zusammenziehung, wie es eben Dinge tun, die so stark sauer sind, „daß sie einem den Mund zusammenziehen". In den Kreislauf übergehend, bewirken diese Säuren Zusammenziehung und größere Straffheit der Gewebe überhaupt, sind also tonussteigernd. Man hat sie deshalb seit Jahrhunderten schon bei Erschlaffungszuständen aller Art gegeben. China und Mineralsäuren war eine ständige Arzneikombination in der Rekonvaleszenz nach auszehrenden Krankheiten, wie Typhus oder Dysenterie, wo große Hinfälligkeit und Schwäche zurückgeblieben waren. Weit milder und schwächer wirken die **organischen Säuren**, wie z.B. Essigsäure, Zitronensäure, Weinsäure. Man verwendet sie als Analeptika, also Erfrischungsmittel von mehr vorübergehender Wirkung, zum Teil auch äußerlich, wie z.B. Essigwaschungen bei Ohnmachten.

3.2.5.4 Nervinotonica und Analeptica

Eine weitere Gruppe sind die **Nervinotonica**. Praktisch am wichtigsten der **Bohnenkaffee**, weil er, wie später gezeigt werden wird, eines der besten Genußmittel bei asthenischem Magen ist. Weit weniger zuverlässig sind als Tonica der **Tee** und **Maté**. Typische Nervinotonica sind: **Kola, Rad. Valerianae, Rad. Angelicae, Rad. Imperatoriae** (Meisterwurz), **Asa foetida, Cortex Cinnamomi** (Zimtrinde), **Hb. Millefolii, Hb. Absinthii, Cortex fruct. Aurantii, Hb. Melissae, Folia Menth. pip., Folia Menth. crispae, Fruct. Cubebarum, Caryophylli** (Gewürznelken), **Flores Arnicae, Flores Croci** (Safran), **Vanille** und **Nux vomica**.

Es liegt eine Negativ-Monographie der Kommission E zu Nux vomica vor. Die Verwendung erscheint entbehrlich, da die Risiken den Nutzen überwiegen. Brechnuß-Alkaloide wirken am ZNS als Krampfgift. Außerdem besteht die Gefahr der Kumulation bei längerer Anwendung.

Alle diese Mittel können, je nach den Begleitsymptomen, bei Behandlung der asthenischen Konstitution Wertvolles leisten, besonders wenn nervöse Reizbarkeit und Ermüdbarkeit im Vordergrunde steht.

Arnika zum Beispiel in Form der Arnikatinktur, des Arnikainfuses oder der Arnikablüten in Substanz 0,3-1,0 p. dosi, wirkt besonders günstig bei labilem Gefäßsystem infolge Vasomotorenschwäche.

Vorsicht! Oft allergische Reaktionen. Besonders bei innerlicher Gabe der Tinktur kann es zu Vergiftungserscheinungen kommen: Übelkeit, Erbrechen, Atem- und Herzstörungen, Krämpfe.

Zimtrinde gegen leichte Ermüdbarkeit des Herzmuskels, zum Beispiel beim hypoplastischen Tropfenherzen der Astheniker, wo man nicht gleich Digitalis geben will. Die Tinct. Cinnamomi heißt deshalb auch in der klassischen Medizin „rote Edelherztropfen".

Gegen jene Schwächezustände, welche häufig mit Ohnmacht und Schwindel einhergehen, sind die **Analeptica** dienlich, und zwar nicht nur in akuten Fällen, sondern auch längere Zeit hindurch verabreicht, indem sie anregend auf die Zirkulation und den Stoffwechsel wirken. Auch als Beimengung zu sonstigen Roborantien. **Alkohol** in kleinen Mengen und die verschiedenen Ätherarten, Schwefeläther mit Alkohol zu gleichen Teilen gemischt, als sog. ***Hoffmanns*tropfen**, Essigäther, ein Spezificum gegen Schwindel, Spiritus aetheris nitrosi als krampfstillendes Analeptikum, verdienen häufigere Wiederanwendung.

In weiterer Folge kann man auch gegen zu niedrigen Blutdruck (als Teilerscheinung der Asthenie) Roborantia und Tonica verwenden. Besondere Formen der Asthenie entstehen oft nach schweren auszehrenden Krankheiten, z.B. nach Typhus, Dysenterie, Wassersucht, Tuberkulose, Chlorose. Hier kann man selbst bei Patienten, welche bis zum Skelett abgemagert, also schwach und blutarm sind, durch Roborantia und Tonica wie Chinapräparate, Condurangowein usw. die Rekonvaleszenz außerordentlich erleichtern und beschleunigen.

Bei den hippokratischen Ärzten bis zu Beginn des 19. Jahrhunderts war es eine selbstverständliche Regel, jede Krankenbehandlung mit einer den Umständen angepaßten Reinigung des Körpers (Purgation durch Abführmittel, Brechmittel, Schwitzmittel oder Blutentziehungen) zu beginnen und die Kur mit einer roborierenden Behandlung abzuschließen.

3.2.5.5 Auswahl weiterer Rezepte

Innerlich:

Rp.	Syrupus Chinae		
	Syrupus cort. Aurant.		
	Syrupus Aurant. flor.		
	Vini hispan.	aa	25,0
	S. Teelöffelweise		

Rp.	Infus. Cascarillae	10,0 : 150,0
	Chinini sulfur.	0,5
	Acid. sulfur. dil.	2,0
	Extr. Hyosc.	0,5
	S. Gegen Schwäche	

Rp.	Ferri sulf. crist.		5,0
	Extr. Myrrhae		
	Galbani	aa	15,0
	Extr. Aurant. cort. q.s.f. pil. 150		
	S. 4mal 5 Pillen täglich		

Rp.	Ferri chlorati		
	Extr. Marrubii		
	Aloes	aa	5,0
	Asae foet.		15,0
	M.f.pil. 250		
	S. 3mal 2 Pillen täglich		

Rp.	Tinct. Colae	10,0
	Syrupi	90,0
	Tinct. Vanillae gutt. X	
	S. Teelöffelweise	

Rp.	Colanini		2,5
	Vini Malac.		500,0
	Tinct. arom.		1,5
	Tinct. Zingib.		
	Tinct. Cinnam.	aa	1,0
	S. Mehrmals täglich 1 Eßlöffel		

Rp.	Tinct. Cinnam.	5,0
	Tinct. arom.	2,0
	Ol. Anisi gutt. II	
	Spir. conc.	50,0
	Aq. Rosar.	60,0
	Syr. Aurant. flor.	150,0
	S. Teelöffelweise	

Rp.	Hb. Veronicae		60,0
	Fol. Melissae		
	Fol. Aurant.	aa	15,0
	Fol. Menth. pip.		
	Fol. Anisi stell.	aa	5,0
	S. Tee		

Rp.	Fol. Aurant.		
	Fol. Menth. pip.		
	Rad. Valer.		
	Rad. Caryophyll.	aa	25,0
	S. Nervenstärkender Tee.		

Rp.	Cort. Aurant.	10,0
	Cort. Quercus	40,0
	Rad. Caryophyll.	30,0
	Rad. Gentianae	40,0
	Spir. dil.	350,0
	Aq. Menth. pip.	150,0
	digere, filtra.; S. Kaffeelöffelweise.	

Rp.	Camph.	7,5
	Extr. Gentianae	10,0
	Pulv. Alrhaeae	6,0
	M.f.pil. 120	
	S. 3mal 2-4 Pillen täglich.	

Äußerlich:

Rp.	Ol. Cinnam.	25,0
	Ol. Myrist.	75,0
	S. Einreibung (z.B. in der Magengegend).	

Rp.	Ol. Caryoph.		
	Ol. Cinnam.		
	Ol. Citri		
	Ol. Lavand.		
	Ol. Thymi	aa	1,0
	Ol. Bergam.		3,0
	Spirit. 90 %		260,0
	S. Einreibung gegen Schwächezustände.		

3.3. Tonisierende Magenbehandlung bei Asthenie

Den **Mittelpunkt des ganzen Asthenieproblems** bildet die **Behandlung des asthenischen, „schwachen", atonischen Magens**. Er ist nicht nur eines der wichtigsten Teilsymptome der angeborenen und erworbenen Enteroptose, sondern führt durch seine Funktionsschwäche oft zu fortschreitender Abmagerung und zum Kräfteverfall, wodurch die allgemeine Asthenie noch mehr gesteigert wird. Umgekehrt kann man durch die richtige Behandlung des atonischen Magens eine Asthenie so rasch beheben wie durch nichts anderes.

In diesen Bereich gehört die überwiegende Mehrzahl aller gutartigen Magenbeschwerden, wie **Störungen der Motilität**, besonders die Gastrektasie, Magenerschlaffung oder Atonia ventriculi, auch **Plätschermagen** genannt, die Ptose, der Sanduhrmagen und wie die verschiedenen Bezeichnungen noch alle heißen mögen. Auch manche vermeintliche Pylorusstenose entpuppt sich bei richtiger Behandlung als Magenerweiterung und Ptose mit abnorm starken Retentionserscheinungen (infolge Pyloruskrampf). Nicht selten sieht man auch an ein und derselben Person, ja an ein und demselben Tage Hyper- und Hypomotilität abwechselnd, je nach der Art der eingeführten Nahrungsmittel, dem Nervenzustand und der sonstigen Lebensweise. So erzeugen Milch und mit Mehlbrei zubereitete sog. falsche Suppen sowie manche Gemüse beim schwachen Magen Hypomotilität mit stundenlangem Aufstoßen, während Bohnenkaffee an demselben Individuum prompt Hypermotilität hervorrufen kann.

Ganz ähnlich steht es mit den **Anomalien der Sekretion**. Man findet meistens wohl **Hyperazidität** und Hypersekretion. Aber auch diese wechseln dem Grade nach bei ein und demselben Individuum sehr stark, je nach Art der Nahrungsaufnahme, Gemütsstimmung, Muskeltätigkeit usw. Die **Achylie** und den **Salzsäuremangel** kann man ebenfalls als Symptome der Magenschwäche auffassen, und sie lassen sich, wie die Erfahrung lehrt, auch durch magenstärkende, tonisierende Mittel beheben.

Bekanntlich leidet in der Großstadt jeder dritte und vierte Mensch an Magenbeschwerden, offenbar eine Folge der domestizierten Lebensweise, mit ihrer ungenügenden Muskeltätigkeit und dem Mangel an lebenswichtigen Hautreizen durch Licht und Luft. Schon *Celsus* im alten Rom stellt fest: *„Einen schwachen Magen haben die meisten Städter und fast alle Gelehrten*".

Wenn ein Kranker über Sodbrennen, Magendrücken, Magenschmerzen, Magenkrämpfe u. dgl. klagt und 2-6 Stunden nach der letzten Flüssigkeitsaufnahme deutliches **Magenplätschern** zeigt, so ist man berechtigt, von Insuffizienz des Magens zu sprechen. Wohl wenden viele Internisten ein, daß das Magenplätschern gar keine pathognomonische Bedeutung habe und führen eine ganze Menge von theoretischen Gründen dafür an. Aber die Praxis lehrt doch, daß das Magenplätschern im Zusammenhang mit den genannten subjektiven Beschwerden auf einen Erschlaffungszustand des Magens hinweist und auf tonisierende Behandlung günstig reagiert.

Was geschieht nun heute, wenn ein solcher Patient, der über Sodbrennen, Magendrücken, Aufstoßen, Blähungen, nervöse Dyspepsie u. dgl. klagt, zum Internisten oder Magenspezialisten geht? Die wissenschaftlich exakt und unfehlbar erscheinende Behandlung erweist sich in der Praxis oft als unzulänglich, oft sogar als falsch. Durch fortgesetzte Verordnung von Alkalien wird z.B. der Magen zu noch stärkerer Säureproduktion veranlaßt, und die Kranken werden ihre dyspeptischen Beschwerden nicht los, erkranken schließlich an Ulcus ventriculi oder Ulcus duodeni. Es kommt oft genug zu Rezidiven und zu operativen Eingriffen.

Wie immer, wenn die Anwendung theoretischer Grundsätze zu praktischen Mißerfolgen führt, so soll man auch hier die alte ärztliche Erfahrung befragen. Auch diese hat wohl bei Säurebeschwerden des Magens gelegentlich Alkalien oder alkalische Erden (Kreide, Krebsaugen, Austernschalen, Soda, Magnesia u. dgl.) verordnet, aber stets nur bei sozusagen akuten Gelegenheiten, wie momentane Verdauungsstörungen durch Überladung des Magens oder bei chronischen Zuständen am Anfang der Behandlung, gewissermaßen nur aushilfsweise zur Linderung der ärgsten Beschwerden.

Das **eigentliche Heilmittel** waren die seit dem Altertum als solche bekannten **Stomachica**, d.h. Magenmittel. Man versteht darunter eine ganze Klasse von **bitteren, tonisierenden, verdauungsanregenden Mitteln**, die Amara tonica stomachica.

Diese beheben, unterstützt durch eine **gleichsinnige tonisierende Diät**, die Schwäche bzw. Atonie und Hypomotilität des Magens, dämpfen durch ihre adstringierende Wirkung die Hyperazidität und Hypersekretion und regen merkwürdigerweise auch bei Anazidität und Achylie ohne Zuhilfenahme von Salzsäure oder Pepsin die Magensekretion bis zu normalem Ausmaß an.

Die Stomachica stärken also einen schwachen Magen und bringen ihn sozusagen automatisch zu einer normalen Funktion. Ich konnte mich ebenso wie meine Mitarbeiter an Tausenden von Fällen von der Richtigkeit dieser alten Erfahrungstatsachen überzeugen.

4 Technik der tonisierenden Magenbehandlung

4.1 Technik der Diätbehandlung

Das Wichtigste in der tonisierenden Magenbehandlung ist die Diät. - Bisher wurde mit Rücksicht auf die Diagnose Magenkatarrh, Gastritis, nervöse Dyspepsie, Ulcusgefahr, Hyperazidität u. dgl. gewöhnlich Schonungskost verordnet, und zwar Milch, Tee, Tee mit Milch, Kakao, Schleimsuppen, Kartoffelpüree, Zwieback, Sahne, Butter, später allenfalls weißes Fleisch und Gemüse, womöglich in Püreeform. Bestand, wie so häufig, gleichzeitig Obstipation, so verordneten manche Schulen grobe Schlackenkost, wie Grahambrot, viel Obst, Gemüse, ja sogar Rohkost.

Beide Ernährungsformen werden von dem schwachen Magen aber schlecht vertragen. Magenatonie reagiert auf gewisse Speisen (auch grobe Speisen, z.B. Sauerkraut) gut, auf andere (wie z.B. Milch, Speck, Fett überhaupt, Kakao, saures Kornbrot usw.) schlecht. Für solche Fälle ist die von uns zusammengestellte gemischte Kost entschieden sicherer als die Schonungskost einerseits oder die wahllose Grobkost andererseits.

Die jetzt moderne „Suggestion" des Arztes allein macht es nicht. Richtige Auswahl der Mittel wirkt noch weit mehr. Statt der von ihm empfohlenen Schlafmittel, die doch den Magen verstimmen, würde ich gutes Bier und schweren Wein (Südwein oder Wermutwein) abends empfehlen, so lange, bis eine normale Lebensweise und dadurch auch spontaner Schlaf ermöglicht ist.

Die lange Zeit für so besonders gesund und bekömmlich gehaltene **Milch** wird vom schwachen Magen meist **besonders schlecht vertragen**. Die Kranken klagen danach über Appetitlosigkeit, Gefühl von Schwere im Magen, Druckgefühl, Blähungen, vermehrte Säurebeschwerden, Schläfrigkeit, Verstopfung. Es kann ein jeder, der einen empfindlichen Magen hat, dies immer wieder an sich nachprüfen. Ich habe zahlreiche Kranke gesehen, welche durch vieles Milchtrinken immer mehr und mehr heruntergekommen und abgemagert sind. Man sieht daraus, wie falsch es war, Milch zu Mastkuren zu verwenden. Selbst bei Kindern und in den Wachstumsjahren wird durch die schablonenmäßige Verordnung von Milch die Atonie des Magens geradezu gezüchtet. Die alten Ärzte lehrten sogar, daß Milchkost nur von erwachsenen Menschen vertragen wird, die körperlich schwer arbeiten, z.B. Bauern und Holzfäller.

Dr. L. Berghof (Bukarest) berichtete mir über einen Fall, wo **nach** exzessiver **Breikost Darmlähmung** eingetreten und bei der Obduktion der ganze Magen und Darm strotzend damit angefüllt war. Das zeigt im Extrem, daß die übliche breiige Schonungskost gar nicht immer so gut ist und daß der Darm auf feste und gemischte Kost viel besser mit entsprechenden Reizen reagiert. Dazu kommt noch, daß bei Breikost das Kauen und Einspeicheln meist nicht so gründlich geschieht wie bei fester Kost und daß außerdem die zur Verdauung so notwendigen Geschmacksreize reduziert sind. Es wird die so wichtige alkalisierende Vorverdauung im Mund übersprungen; und dann überwiegt eben die Magensäure.

Ich verbiete bei Menschen mit empfindlichem Magen süße Milch in jeder Form, zumindest am Anfang der Behandlung. Gegen Milchspeisen ist allerdings nichts einzuwenden. Auffallend **gut** dagegen **wird** vom schwachen Magen oft **saure Milch vertragen**.

Für sehr schädlich halte ich auf Grund meiner Erfahrung den **Kakao**. Er wirkt bekanntlich **stopfend**. Kakao ist für Menschen mit schwachem Magen ausgesprochen **schwer verdaulich**, bleibt lange im Magen liegen und verlegt den Appetit. Er gehört ebenso wie die Milch und andere ölige, fettige Substanzen zu den sog. Emollientia, d.h. zu den erweichenden, einhüllenden, resorptionsverzögernden Mitteln; er verlangsamt also die Verdauung schon im Magen, während man bei schwacher Verdauung doch gerade das Gegenteil anstreben will. Wesentlich besser vertragen wird Schokolade, offenbar wegen der darin enthaltenen geschmacksreizenden gewürzhaften Zusätze.

Auch **Sahne, Butter, Öl** und andere **Fette** werden in unvermischtem Zustand oder in größerer Menge vom atonischen Magen schlecht vertragen. Sie **vermehren die Säurebeschwerden**, sind offenbar ebenso wie die Milch Säurelocker und werden anscheinend noch im Magen ranzig. Auch das jetzt so in Mode gekommene Kochen mit Olivenöl oder Kokosfett an Stelle tierischer Fette wird von den Dyspeptikern häufig schlecht vertragen. Noch schlechter allerdings die verschiedenen Kunstfette wie Margarine u. dgl. Es scheint, daß dem menschlichen Organismus doch Butter und Schweinefett, namentlich bei empfindlichem Magen, am adäquatesten sind.

Wesentlich besser als Milch oder Kakao wird schon **russischer Tee** vertragen, am besten mit Zusatz von Zucker und Zitrone. Aber auch der Tee wirkt stuhlverstopfend, denn man gibt ihn ja bei Ruhr und Durchfall. Schlecht vertragen wird Tee mit 10-15 Stück Zucker (Zuckerprobefrühstück), was auch noch vielfach verordnet wird.

Das weitaus **beste Mittel**, um einen atonischen, dyspeptischen, hyperaziden Magen rasch in Ordnung zu bringen, ist **reiner Bohnenkaffee**. Man gibt ihn am besten zum ersten Frühstück und allenfalls noch einmal am Nachmittag in mäßiger Menge, etwa 10 bis 20 Gramm auf $^1/_8$-¼ Liter kochenden Wassers im Aufguß und 1-2 Stück Zucker dazu. Diese einfache Verordnung wirkt bei vielen vorher monate- und jahrelang magenleidend gewesenen Kranken oft zauberhaft. Der träge, wie ein schlaffer Sack empfundene Plätschermagen wird lebendig, die Mattigkeit vergeht, oft tritt schon nach einer Viertelstunde Stuhlentleerung ein, Appetit und Bewegungsdrang kehren wieder. Die meisten Autoren sind heute gegen die Verabreichung von Bohnenkaffee bei Magenkranken, und doch ist er eines der besten Stomachica und Tonica; er macht geradezu Hunger, indem er rasche Magen- und Darmentleerung bewirkt. Das Koffein, aber auch die aromatischen Bitterstoffe des gerösteten Kaffees, bewirken das. Er ist bei maßvoller Anwendung das ideale Stomachicum und ein Tonicum auch für den übrigen Körper. *Hufeland* und andere Ärzte des 18. Jahrhunderts empfahlen eine Tasse guten Bohnenkaffees als eines der besten Kräftigungs- und Belebungsmittel bei den verschiedensten Schwächezuständen.

Nicht empfehlenswert ist es, Kaffee nach dem Abendessen zu nehmen, wie das vielfach geschieht, denn die so nötige Entspannung während des Schlafes wird dadurch gestört.

Alle die verschiedenen Kaffeesurrogate, wie koffeinfreier Kaffee oder gar Malzkaffee, Zichorie u. dgl., leisten nicht dasselbe. Es kommt nicht nur auf das Koffein an, sondern auch auf gutes Aroma und gute Zubereitung. Daran fehlt es aber an vielen Orten ganz gewaltig. Wirklich guten Bohnenkaffee als Selbstverständlichkeit bekommt man im Orient und in den südlichen Ländern (Ungarn, Jugoslawien, Italien). In Mittel- und Nordeuropa oft nur in gut geführtem Familienhaushalt und in einzelnen besonderen Lokalen. Die große Masse der Bevölkerung ist damit sehr schlecht versorgt. In den Speisewagen fast sämtlicher Eisenbahnen Europas ist die Qualität des dargebotenen Kaffees unter aller Kritik. Er schmeckt oft wie ein Brechmittel und ist so gut wie ungenießbar.

Die häufigsten Fehler bei der Kaffeebereitung sind: Schlechte Qualität, schlecht gebrannt, zu grob gemahlen, unzweckmäßiges Kochen. Ein guter Bohnenkaffee **muß immer frisch bereitet werden** und darf nicht längere Zeit stehen. Schon nach einer Viertelstunde wird er schlecht.

In der Folge habe ich unzähligen Menschen durch diesen einfachen Rat die Lebensfreude und Arbeitskraft wiedergeben können. Bei Ärzten und ängstlichen Patienten meldeten sich alsbald Bedenken dagegen. Kaffee mache nervös und sei schädlich für das Herz. Viele Menschen sind zum großen Teil nervös und hypochondrisch, weil sie eine schlechte Magenverdauung haben. Auch *Nietzsche* nannte den Magen „den Vater der Trübsal", und der Ausdruck Hypochondrie kommt von der Erkrankung der in den Hypochondrien liegenden Organe, nämlich des Magens, der Leber und der Milz. Man kann solchen Patienten, wenn sie ängstlich sind, ruhig sagen, eine schlechte Verdauung mache viel mehr nervös als 1-2 Tassen Kaffee täglich.

Man kann also eine Nervosität oder Neurasthenie, wenn sie mit schlechter Verdauung einhergeht, durch Bohnenkaffee geradezu beseitigen, so paradox es auch klingen mag. Nur bei Menschen mit überempfindlichem Herzen oder Nervensystem verordne ich koffeinfreien Kaffee, dessen tonisierende Wirkung natürlich der des Bohnenkaffees nachsteht.

Ich selbst und zahlreiche meiner Bekannten und Patienten leben seit vielen Jahren nach dem beifolgenden **Diätschema** zur allseitigen Zufriedenheit.

Frühstück: 7.30 Uhr früh reiner Bohnenkaffee, 2 Stück Zucker, nichts dazu essen. (1 Eßlöffel geriebenen Bohnenkaffee mit $^1/_8$ Liter kochenden Wassers übergossen.)

Früh und abends im Bett bei flacher Rückenlage (ohne Polster) Bauchgymnastik, und zwar 5-20mal Aufsetzen, je 5-20mal Beinkreisen nach innen und außen.

Morgens lauwarme, kühlwerdende Dusche oder Abwaschung (28-24-20) am ganzen Körper, dann mit glattem Handtuch trocken abreiben, bis zur allgemeinen Hautrötung. (Keine heißen Bäder!)

9-10 Uhr: Frische Semmeln oder frisches gemischtes Bäckerbrot, wenig Butter, magerer Schinken, geräucherte Zunge, weiche Eier oder lockere Eierspeise, später magere Wurst.

Mittags: Starke Rindssuppe mit Nudeln (anfangs keine falschen Suppen). Mageres, am besten gebratenes schwarzes oder weißes Fleisch, Geflügel oder Fisch.

Reis, leichte grüne Gemüse (grüne Fisolen, Spinat, Kochsalat, Spargel), grüner Salat, Kompott (am besten Aprikosen, Pfirsiche, Ananas, Bananen).

Gekochte Mehlspeisen (Auflauf, Pudding, Omeletten, Nudelteig). Keine Germspeisen, keine zu süßen und zu fetten Zubereitungen.

Allenfalls schwarzer Kaffee.

4-5 Uhr: Tee mit Zitrone oder dunkler Milchkaffee.

Abends: Fleisch und Beilagen usw. wie mittags, allenfalls Schinken, weiche Eier, magere Wurst, Fisch, weicher Käse. 1 Glas Bier oder Sodawasser (allenfalls süßer Rotwein oder Dessertwein, besonders Wermutwein).

Bauchübungen im Bett wie morgens.

Allgemein: Kein Wasser, kein Kakao, keine süße Milch, keine sauren Weine, keine Germspeisen, keine Hülsenfrüchte, kein Kartoffelpüree.

Gegen Durst: Kompott, Obst, saure Milch, Sodawasser, Bier. Schwimmen, Sonnenbäder, Bergsteigen, überhaupt viel Bewegung im Freien.

4.1.1 Erstes Frühstück

Dyspeptiker sollen also zum ersten Frühstück schwarzen Kaffee mit Zucker, ohne Milchzusatz nehmen und ohne etwas dazu zu essen, denn die Milch stumpft nach dem oben Gesagten die verdauungsbeschleunigende Wirkung des Bohnenkaffees ab. Beobachtungen an Personen mit empfindlichem Magen ergeben tatsächlich, daß die wohltuende Wirkung des Bohnenkaffees auf den Magen am besten durch puren schwarzen Kaffee erzielt wird.

Zum ersten Frühstück auch kein Gebäck, um die Wirkung des Kaffees nicht abzuschwächen. Man erklärt das dem Patienten am besten so, daß man ihm sagt, der Kaffee müsse durch den Magen und einen Teil des Darmes ungehindert durchlaufen können. Ißt man aber eine Semmel dazu, so saugt diese den Kaffee wie ein Schwamm auf und hält ihn fest. Man soll also etwas Festes erst 1-2 Stunden nach dem ersten Frühstück nehmen, womöglich nach erfolgtem Stuhlgang, worauf der schwache Magen besonders durch vermehrten Appetit und bessere Verdauungskraft reagiert.

4.1.2 Zweites Frühstück

Zum zweiten Frühstück frische Semmeln oder frisches Brot mit wenig Butter, etwas Schinken oder weiche Eier. Häufig wurden bei Magenkranken frische Semmeln oder frisches Brot als unbekömmlich verboten und statt dessen gebähte Semmeln, Keks, Toast oder Zwieback verordnet. Ich bin anderer Meinung. Gerade der schwache Magen braucht **zur Anregung Geschmacksreize**, und es ist doch gar kein Zweifel, daß frisches Gebäck, besonders bei sorgfältiger Zubereitung und in verschiedener Auswahl, viel appetitlicher ist und besser schmeckt als der langweilige, trockene, geschmacksertötende Zwieback und ähnliche Produkte. Das Gebäck muß nur langsam gegessen und gut gekaut werden.

Es gibt natürlich Fälle, wo frisches Brot oder frische Semmeln Blähungen machen, aber das sind die Ausnahmen. Wenn der Patient langsam ißt und gut kaut und einspeichelt, dann ist diese Gefahr wesentlich geringer. In diesen, allerdings seltenen Ausnahmsfällen, wo frisches Gebäck schlecht vertragen wird, kann man gebähte Semmeln geben. Aber alle die verschiedenen Zwiebacksorten sind langweilig und gewiß nicht so schmackhaft wie gutes frisches Brot. Andererseits wird auch das Vollkornbrot im Anfang bei solchen Kranken schlecht vertragen, wohl aber im Stadium der fortgeschrittenen Heilung.

Gekochter Schinken gehört auch für den schwächsten und empfindlichsten Magen zu den besten und leicht verdaulichsten Nahrungsmitteln. Später kann man dann statt dessen magere Wurst, kaltes Fleisch, Sardinen oder weichen Käse geben. Auch die Eier werden nicht in jeder Form gleich gut vertragen. Am besten weichgekochte Eier oder lockeres, nicht zu festes Rührei. Harte Eier oder Spiegeleier oder der feste Eierkuchen sind sehr schwer verdaulich.

4.1.3 Mittagessen

Zum Mittagessen gibt man als Einleitung am besten einen Teller starke **Rindssuppe** mit Einlage. In Krankenhäusern, Sanatorien, Gasthöfen und Hotels ist eine anständige Rindssuppe fast nirgends zu bekommen, und doch ist sie bei der Krankenernährung, nicht bloß bei Magenleiden, ebenso wie der Bohnenkaffee eines der wichtigsten Erfordernisse. Mangelhaft zubereitete Rindssuppe wird schlecht, hochwertige Fleischbrühe dagegen gut vertragen. Die als Schonungskost empfohlenen Einbrennsuppen dagegen bleiben oft stundenlang im Magen liegen, machen Sodbrennen, Aufstoßen und Schläfrigkeit.

Man vergleiche damit die reformerischen Diätbestrebungen, welche Fleisch, Salz und Gewürze verbieten, und man wird sehen, wie einseitig das ist. Es ist zweckmäßig, lieber wenig, aber sehr kräftige Rindssuppe zu geben, da zu große Flüssigkeitsmengen vom atonischen Magen nicht gut vertragen werden. Im übrigen ist es gar nicht gleichgültig, welche Art von Flüssigkeit eingeführt wird. Gewöhnliches Wasser bleibt lange im atonischen Magen liegen und verursacht Magendrücken. Das gleiche Quantum guter Fleischsuppe wird dagegen rasch entleert.

Manche Magenkranke vertragen besser leere Bouillon, die meisten ziehen aber Suppe mit eingekochten Einlagen wie Reis, Grieß, Teigwaren u. dgl. vor. Auch letztere sollen sorgfältig zubereitet sein. Die zu Hause angefertigten sind der Fabrikware entschieden vorzuziehen. Fleischlose Gemüsesuppen und sog. falsche, mit Fett und Mehl bereitete Einbrennsuppen werden im Anfang schlecht vertragen und können erst im Stadium der Besserung allmählich versucht werden.

Die Ärzte der früheren Zeit haben bei Schwächezuständen aller Art stets kräftige Fleischbrühen verordnet, insbesondere Hühnersuppe und sogar Schneckenbrühe. Die mehr klinisch als experimentell orientierte vorvirchowsche Medizin empfahl bei überschüssiger Magensäure geradezu ausdrücklich „animalische Diät", also Fleisch und Eier, und verbot Milch und aus Mehl gemachte Speisen offenbar aus Instinkt und alter Erfahrung.

Der nicht genug zu lobende *Hufeland* sagt: *„Die beste Nahrung für einen schwachen Magen ist **gebratenes Fleisch**."* Ich kann das aus vieljähriger Erfahrung immer wieder nur bestätigen. Die heute im Anwachsen begriffene Angst vor dem Fleischgenuß steht dazu in offenem Widerspruch. Es ist ja naheliegend, daß gerade ein schwacher Magen dasjenige am leichtesten verdaut (assimiliert), was dem Körper am ähnlichsten ist, und das ist Fleisch. Gewiß wird niemand übertriebenen Fleischgenuß gutheißen, aber in mäßiger Menge ist es der städtischen Lebensweise und unserem Klima sicher angepaßt. Die Aufschließung der zellulosereichen Vegetabilien macht dem Magen viel mehr Arbeit als die Verdauung des Fleisches. Außerdem reagiert der hyperazide schwache Magen weitaus besser auf Fleisch.

Man kann also Personen mit empfindlichem Magen schwarzes oder weißes Fleisch, Fisch oder Geflügel mit Vorteil geben. Im Anfang möglichst wenig fett, wohl aber gut gewürzt, denn die **Gewürze** sind ja im Laufe der Jahrtausende von der Menschheit erfunden worden, gerade um eine schwache Verdauung anzuregen und zu unterstützen. Die üblichen Gewürze, wie Pfeffer, Ingwer, aber auch Senf und Meerrettich, werden gerade vom schwachen Magen auffallend gut vertragen. Die alte Medizin und Naturheilkunde (*Kneipp*) lassen sogar morgens auf nüchternen Magen eine Anzahl weißer Pfefferkörner als Tonicum schlukken. Die Volksmedizin hat oft mit rohem Knoblauch den gleichen Erfolg.

Von Zukost wird am frühesten und besten gedünsteter **Reis** vertragen. Er muß jedoch von guter Qualität und so zubereitet sein, daß nicht ein Brei entsteht, sondern ein Korn vom anderen fällt. Die dafür zweckmäßigste Bereitungsart ist die italienische, wobei der Reis zuerst mit Butter oder Fett leicht angeröstet und dann erst gekocht wird.

Viel schwerer schon werden **Kartoffeln** verdaut. Auch hier ist die Form der Zubereitung keineswegs gleichgültig. Das stets als Krankenkost empfohlene Kartoffelpüree (Breikost) ist bei insuffizientem Magen gerade am wenigsten bekömmlich, es macht Blähungen, Verstopfung und Säurebeschwerden. Weit besser werden Salzkartoffeln oder geschnittene und gebackene Kartoffeln vertragen. Alles wieder mit möglichst wenig Fett.

Von **grünen Gemüsen** sind am zuträglichsten grüne Bohnen, Spargel, Kochsalat. Spinat und grüne Erbsen werden von vielen Menschen nicht so gut vertragen. Sehr schlecht vertragen werden auch oft die jetzt überall wegen des vermeintlich so wichtigen Vitamingehaltes empfohlenen rohen Tomaten.

Auffallend gut wird der richtig zubereitete grüne Kopfsalat vertragen, ebenso Salzgurken, wogegen der frische Gurkensalat bei empfindlichem Magen zu den am allerschwerverdaulichsten Vegetabilien gehört.

Trockene Hülsenfrüchte wie Linsen, Erbsen und Bohnen sind bekanntlich blähend, verursachen aber auch schon im dyspeptischen Magen Unbehagen, bleiben lange liegen und machen stundenlanges Aufstoßen,

Auffallend gut und sogar in großen Mengen wird **Sauerkraut** vertragen, Süßkraut nicht immer so gut.

Von **Kompotten** sind Aprikosen, Pfirsiche, Bananen und Ananas die mildesten. Das stets als besonders leicht empfohlene Apfelpüree erzeugt Säurebeschwerden. Apfelkompott überhaupt, ebenso Birnen-, Pflaumen- und Kirschenkompott sind im Anfang zu meiden. Auch die meisten **Marmeladen**, die man vielfach zum Frühstück für unentbehrlich hält und die jetzt besonders wieder bei der vegetarischen Ernährungsweise empfohlen werden, erzeugen, besonders wenn sie viel Zucker enthalten, Säurebeschwerden, wie man überhaupt zu süße und zu fette Speisen bei empfindlichem Magen vermeiden soll.

Praktisch schwierig zu lösen ist die Frage der **Süßspeisen** oder **Mehlspeisen**, besonders in denjenigen Ländern, wo auf die Kochkunst nicht viel Zeit, Mühe und Können verwendet wird. Der empfindliche Magen braucht aber eine sorgfältige Küchenführung, und es ist kein Zufall, daß gerade in Amerika, wo das Essen sehr schnell und lieblos, womöglich in Konservenform zubereitet und eingenommen wird, so besonders viel Magenkrankheiten, auch Magenkrebs vorkommen. Ideale Verhältnisse findet man diesbezüglich nur in Österreich, und ohne übertriebenen Lokalpatriotismus möchte ich im Interesse aller Magenkranken wünschen, daß die Wiener Küche internationales Gemeingut wird. Die in vielen Ländern üblichen, mit viel Schlagsahne oder Gelatine zubereiteten leichten, schlüpfrigen, „zitternden“ Süßspeisen wie rote Grütze u. dgl. sind nicht zweckmäßig. Ebenso nicht die zahlreichen, oft mangelhaft gegorenen und unausgebackenen Konditorwaren. Vom Backwerk sind die mit Hefe zubereiteten Sorten (in Österreich Germspeisen genannt) zu meiden. Weitaus am besten sind die zu Hause angefertigten Mehlspeisen aus Nudelteig oder nach Art ganz leichter, flaumiger Omeletten und ebensolche Puddings oder Aufläufe. Man muß hier schon wegen alles Näheren auf gute Kochbücher der süddeutschen Küche verweisen.

Die spartanische und asketische Einfachheit in allen Ehren. Aber Menschen mit empfindlichem Magen werden damit nicht glücklich und nicht leistungsfähig. Auch bei bescheidenem Haushalt kann man durch sorgfältige Auswahl und Zubereitung viel erzielen. Es ist natürlich denkbar, daß man auch durch **Entziehungsdiät** (wenig essen, Fastenkuren usw.) bei viel

Muskelarbeit einen schwachen atonischen Magen dazu bringen kann, daß er Obst, Gemüse, Rohkost, Vollkornbrot u. dgl. verträgt. Aber leichter, angenehmer, rascher und sicherer ist es, nach der hier angegebenen Methode vorzugehen. Ich habe allzu oft Vegetarier und Rohköstler gesehen, die hochgradig abgemagert und entkräftet waren, weil sie eben einen Plätschermagen hatten, der diese Kostform schlecht verträgt. Doch sei zugegeben, daß man auf verschiedenen Wegen zu demselben Ziele kommen kann.

Menschen mit Säurebeschwerden tun am besten, das weniger bekannte „anständige" Zitat aus dem *Götz von Berlichingen* zu beherzigen, nämlich: „*Post coenam stabis, vel passus mille meabis.*" **Bewegung** vermindert, das Nachmittagsschläfchen vermehrt bei solchen Menschen die Säurebeschwerden. Letztere werden auch durch schwarzen Kaffee oft wirksam hintangehalten oder wenn sie schon auftreten, meist wieder rasch getilgt. Wahrscheinlich wegen der bitteren, adstringierenden, die Magenentleerung beschleunigenden Wirkung des Kaffees. Man kann ihn entweder nach Tisch geben oder nachmittags etwa zwischen 4-5 Uhr.

Im allgemeinen soll man Menschen mit empfindlichem Magen besonders ans Herz legen, wenn irgend möglich ganz **pünktliche Mahlzeiten** einzuhalten. So wie vieles andere im Körper (Herzschlag, Atmung, Nierenentleerung), ist auch die Verdauung ein rhythmischer Vorgang, und sie befindet sich um so besser, wenn diese Rhythmik nicht gestört, sondern durch regelmäßige pünktliche Nahrungsaufnahme unterstützt und gefördert wird. Da die Säurekurve des Magens und damit auch die Säurebeschwerden der Dyspeptiker auch nach rhythmischen Tagesschwankungen verlaufen, sind regelmäßige, darauf Rücksicht nehmende Mahlzeiten dort besonders wichtig. Es haben sich dabei die in meinem Diätschema angegebenen fünf Mahlzeiten, und zwar drei feste und zwei rein flüssige Mahlzeiten, am besten bewährt, zumindest in den ersten Stadien der Behandlung. Später können individuelle Abweichungen vorgenommen werden.

4.1.4 Vierte Mahlzeit

Als 4. Mahlzeit (Vesper oder Jause) im Tage empfehle ich entweder Tee mit Zitrone und Zucker, oder man kann auch den Bohnenkaffee statt nach Tisch nachmittags zwischen 4-5 Uhr geben. Bei fortschreitender Besserung und reduziertem Ernährungszustand empfiehlt es sich, belegte Brötchen hinzuzufügen. Diese werden erfahrungsgemäß von solchen Kranken besser vertragen als einfache Semmeln oder Buttersemmeln.

4.1.5 Abendessen

Zum Abendessen gibt man am besten kaltes oder warmes Fleisch mit entsprechenden Beilagen, ähnlich wie mittags. Statt Fleisch kann man auch Schinken, magere Wurst oder dergleichen geben. Auch weiche Eier oder weichen Käse, je nach Appetit und Toleranz. Die harten Käsesorten werden im Anfang nicht so gut vertragen.

Bei Dyspeptikern stellt sich nach dem Abendessen, übrigens auch nach dem Mittagessen, oft unmittelbar darauf starkes **Schlafbedürfnis** ein, offenbar weil das Blut vom Kopf in den Magen strömt. Der Patient soll aber diesem Schlafbedürfnis womöglich nicht nachgeben und noch mindestens zwei Stunden vor dem Schlafengehen verstreichen lassen und womöglich auch nach dem Abendessen einen Spaziergang machen.

Dyspeptiker klagen häufig über unruhigen Schlaf mit schlechten Träumen; sie sind dann am Morgen unausgeschlafen, wie zerschlagen stehen schwer auf, mit allerlei Unlustgefühlen wie schlechtem Geschmack, Säurebeschwerden, eingenommenem Kopf u. dgl. Der alte Spruch: „*Ut sis nocte levis, sit tibi coena brevis*" hat wohl viel Wahres an sich. Bei Dyspeptikern stimmt er aber nicht immer. Wenn sie zu wenig am Abend essen, stellen sich oft erst recht Säurebeschwerden ein. Manche Ärzte empfehlen solchen Kranken fortwährend, auch nachts beim Aufwachen etwas zu essen (Backwerk oder dgl.). Ja, manche sprechen sogar von einer Zwei-Stunden-Diät. Ich kann dem nach meiner Erfahrung nicht zustimmen und halte es eher mit denjenigen Ärzten, welche sagen, daß keine Mahlzeit eingenommen werden soll, bevor nicht die vorige den Magen verlassen hat.

4.1.6 Getränke

Die Naturheilanhänger empfehlen klares Quellwasser als das Gesündeste. Das stimmt aber für den dyspeptischen Magen keineswegs. **Wasser** wird vom Plätschermagen „schlecht verdaut". Personen mit empfindlichem Magen geben auch selbst an, daß das Wasser Gefühl von Druck und Schwere verursache. Es bleibe stundenlang im Magen liegen und verursache das Plätschern. Aus einer ähnlichen Erfahrung heraus sagt das Volk, „vom Wasser bekommt man Läuse im Magen". Damit ist offenbar das unbehagliche, „lausige" Gefühl umschrieben. Die Gefahr des Wassertrinkens ist um so größer, als die an Magenerweiterung leidenden Kranken nicht nur oft Heißhunger, sondern oft abnorm großen Durst haben und dann große Mengen Wassers einfach hinunterstürzen und sich nachher noch weit schlechter fühlen. Diese Gewohnheit trifft man oft schon bei Kindern und Halbwüchsigen an, und sie ist immer auf Magenerweiterung und Magenerschlaffung verdächtig. Man sollte daher das viele Wassertrinken nicht einfach als „gesunde Durchspülung des Körpers" ansehen und empfehlen, sondern eher eindämmen.

Dagegen wird **Sodawasser** von Dyspeptikern meist besonders gut vertragen und lindert sogar Druckgefühl und Säurebeschwerden. Auch wenn das Wasser gar nicht alkalisch reagiert, sondern bloß Kohlensäure enthält. Diese wirkt offenbar anregend auf die Geschmacksorgane und die Magenwand und beschleunigt anscheinend die Magenentleerung. Die kohlensäurehaltigen Wässer löschen in viel kleineren Quantitäten den Durst und wirken dabei appetitanregend.

Bei Anhängern der Naturheilkunde, aber auch bei vielen Ärzten stößt die Verordnung von Sodawasser als Tischgetränk auf Widerstand, weil erstere die Einführung der Kohlensäure für naturwidrig halten, und letztere meinen, das Sodawasser mache noch mehr Blähungen und verschlimmere die Magenerweiterung. Aber die Erfahrung widerspricht dem. Sogar bei Überladung des Magens wirken einige Schlucke Sodawasser erleichternd durch Entweichen der Gase nach oben bzw. durch Aufstoßen.

So gut wie ganz vergessen wurde es auch, daß Sodawasser eines der wirksamsten Mittel gegen Brechreiz ist, namentlich wenn dieser vom Mageninhalt oder von der Magenwand herstammt, aber auch sonst symptomatisch. Das Sodawasser ist auch dem Gebrauch der Speisesoda vorzuziehen, weil letztere wegen des Alkaligehaltes als Säurelocker wirkt.

Auffallend leicht wird **Bier** von guter Qualität vertragen, erstens wegen des Kohlensäuregehaltes und zweitens wegen der als Stomachica wirkenden Bitterstoffe. Sehr bekömmlich sind Dyspeptikern **Condurangowein** und **Wermutwein**, ferner **Südweine**, wie Sherry, Malaga und Portwein, **je bitterer desto besser**. Junge und saure Weine werden vom asthenischen Magen schlecht vertragen, ebenso solche, die zu süß sind. Milde Sorten, besonders solche, die Kohlensäure enthalten (moussieren), sind eher zu empfehlen. Ebenso milde Rotweine, die aber wegen ihrer stopfenden Wirkung oft kontraindiziert sind.

Einer ähnlichen Erfahrung entspringen auch die weitverbreiteten **Bitterschnäpse**. Da sie aber mit hochprozentigem Alkohol bereitet sind, ist ihre Verwendung höchstens bei gelegentlicher Indigestion zu empfehlen, häufig genommen, erzeugen sie doch Reizzustände auf der Magenwand. Ähnliches gilt für Cognac, andere Liköre und Spirituosen. Die in ihnen enthaltenen Stomachica, wie Kümmel, Anis, Orangenschalenextrakt u. dgl., lassen sich als Stomachica auch ohne alkoholischen Zusatz verwerten.

Entgegen manchen allzu puritanischen Ansichten kann man mäßigen **Alkoholgenuß** nervösen Dyspeptikern und Asthenikern am Abend zur Entspannung der Nerven sehr wohl empfehlen. Geeignete alkoholische Getränke sind jedenfalls viel harmloser als die verschiedenen Schlafmittel, welche oft viel unbedenklicher verordnet werden, aber meist doch unangenehme Gefühle im Kopf und im Magen hinterlassen und auf die Dauer gewiß nicht gleichgültig sind.

4.1.7 Sonstige allgemeine Verhaltensmaßregeln

An sonstigen allgemeinen Verhaltungsmaßregeln bei asthenischem Magen wäre noch folgendes zu bemerken. Möglichst geregelte Lebensweise, am besten **früh aufstehen** und nicht zu spätes Schlafengehen. Da die Dyspeptiker meist auch an Obstipation leiden und die Verdauung vor Beginn der Tagesarbeit erledigt sein sollte, weil das zum Wohlbefinden solcher Individuen besonders notwendig ist, müssen sich solche Patienten besonders viel Zeit zu ihrer Morgentoilette lassen. Alles Hasten ist schädlich. Vor allem soll man langsam essen und gut kauen.

Es mag trivial und überflüssig scheinen, über solche Einzelheiten zu sprechen, aber gerade von solchen Kleinigkeiten in der Lebensführung hängt oft der Erfolg ab, und nur so kann man aus den vielen Tausenden von Neurasthenikern und Hypochondern wieder normale Menschen machen. Schon beim Schulkind, das immer fürchtet, zu spät zu kommen, fängt es an. Das zu knappe Aufstehen am Morgen ist sicher schlecht. In der österreichischen Armee war dem Offizier vom Reglement eine Zeit von eineinhalb Stunden für seine Morgentoilette vorgeschrieben. Der Körper braucht tatsächlich, besonders bei großstädtischer Lebensweise, so viel Beachtung und Pflege, sonst rächt er sich früher oder später.

Der Dyspeptiker soll also, bevor er an seine Arbeit geht, frühzeitig genug seinen Bohnenkaffee trinken, damit er die **stuhlentleerende Wirkung noch zu Hause abwarten** kann. Bei gelungener Regulierung erfolgt sie spätestens eine Viertelstunde nach dem Frühstück.

Dringend zu empfehlen ist die **tägliche Ganzwaschung am Morgen**, und zwar am besten eine **lauwarme Dusche** mit Abseifen des ganzen Körpers, Abspülen und **gründlichem Frottieren** des ganzen Körpers, bis zur allgemeinen Hautrötung. Sehr schädlich sind heiße Bäder, wie sie namentlich von mondänen Frauen häufig der Schönheit halber gebraucht werden. Sie erzeugen direkt Eingeweideerschlaffung und steigern daher auch die Magenatonie und Obstipation. Aber auch die ganz kalten Waschungen und Duschen werden nicht von jedermann gleich gut vertragen und sind nicht so ohne jeden Vorbehalt zu empfehlen, wie es die Naturheilanhänger tun. Die lauwarme, später kühlerwerdende Dusche oder Ganzwaschung am Morgen hat einen doppelten Zweck. Sie fördert reflektorisch Magenverdauung und Stuhlentleerung, vielleicht auch mittelbar durch Kontraktion der Bauchmuskeln. Andererseits soll sie aber auch anregend auf die Hautzirkulation und Hautatmung wirken, was nicht nur durch die Reinigung der Hautporen mit Seife und durch das mechanische Reiben, sondern auch durch Wärmewirkung entsteht. Zu kaltes Wasser erzeugt bei manchen Personen, besonders wenn sie nicht sehr daran gewöhnt sind oder ihre Regulationsmechanismen nicht gut funktionieren, Krampf der Hautgefäße und dadurch Unterdrückung der Hautatmung, was von großem Nachteil ist. Namentlich die Füße vertragen lauwarmes Wasser besser als kaltes, und *Nothnagel* empfahl schon vor vielen Jahren, bei kalten Duschen die Füße in lauwarmes Wasser zu stellen. Man muß also auch hier wieder sorgfältig nach Jahreszeit und Körperverfassung individualisieren und sich von praktischen Ratschlägen mehr als von abstrakten theoretischen Grundsätzen leiten lassen.

Eine solche richtig und mit Ruhe durchgeführte Ganzwaschung am Morgen genügt bei vielen Personen schon als Morgentraining. Wo noch Zeit und Neigung dafür vorhanden ist, können **gymnastische Übungen, Spaziergang** oder sonstiger **Sport** sehr empfohlen werden. Von Gymnastik ist die Betätigung der oft vernachlässigten Bauchmuskeln in Form von Aufsetzen aus der flachen Rückenlage oder Beinkreisen mit gestreckten Knien besonders ratsam. Es ist ein Prinzip der schwedischen Gymnastik, durch Übung der Rumpfmuskeln auch die darunterliegenden Eingeweide zu tonisieren. Ich konnte das in jahrelanger Beobachtung durchaus auch für die Bauchorgane bestätigen, indem man einen Plätschermagen durch systematische Bauchmuskelübungen oft beseitigen kann. Es gilt eben hier, von überallher das Gute zu nehmen. Manche wollen es nur mit Gymnastik, manche nur mit Hydrotherapie, Diät oder Medikamenten allein schaffen. Die passende Vereinigung aller führt am besten zum Ziel.

Viele Dyspeptiker machen die Beobachtung, daß sie sich bei schwerer körperlicher Anstrengung, z.B. beim Bergsteigen, ungleich wohler fühlen, sozusagen „Steine verdauen", als bei der großstädtischen Lebensweise. Daher ist jeder geeignete, die Muskeln trainierende Sport dringend zu empfehlen.

Mit Recht wird auch von anderer Seite bei nervösem Magen immer wieder empfohlen, sich nicht unnötig aufzuregen und zu ärgern oder zu ängstigen, **alles unnötige Hasten** in der Lebensführung zu **vermeiden**. Man sieht außerordentlich oft Leute, „welche sich nicht einmal zum Essen Zeit nehmen", weil sie diese Zeit für verloren halten. Besonders in Amerika war das die längste Zeit üblich, daher auch das abnorme Überhandnehmen der Magenleiden. Aber auch bei uns in Europa ist die Unsitte des hastigen Essens weit verbreitet. Ganze Brocken werden gierig hinuntergeschluckt, und solche Menschen wundern sich dann, wenn sie magen- und gallenleidend werden. Selbst ein Glas Wasser darf man nicht einfach hinunterstürzen, sondern sollte jeden Schluck mit Speichel vermengt, also schon vorassimiliert, in den Magen bringen. Tut man das nicht, so bekommt der Magen unvorbereitetes Material und muß darauf natürlich mit abnormaler Sekretion usw. reagieren. Diese so selbstverständlichen Überlegungen werden alltäglich immer wieder mißachtet.

4.1.8 Beispiele

Wie sehr die richtige tonisierende Magenbehandlung imstande ist, sowohl hartnäckig erscheinende, auf die übliche Weise vergeblich behandelte Magenleiden rasch zu beheben und auch günstige Fernwirkungen auf Erkrankungen anderer Organe auszuüben, mögen folgende Beispiele zeigen.

Eine sechzigjährige Frau ist seit siebzehn Jahren magenleidend (Sodbrennen, Magendrücken, Aufstoßen, Magenkrampf usw.), klagt über große Mattigkeit und leichte Ermüdbarkeit. Immer wieder wurden chemische und röntgenologische Untersuchungen vorgenommen. Die darauf begründete Behandlung auf die übliche Weise war vergeblich. Patientin suchte auch jedes Jahr Kurorte auf, hielt sich aber für lebenslänglich krank, und auch ihre Umgebung war davon überzeugt.

Nach einer einzigen Ordination, deren Anweisung Patientin gewissenhaft befolgte, fühlte sie sich schon im Verlaufe der ersten Woche „wie neu geboren". Besonders der lange entbehrte Kaffee, kräftige Rindssuppen, Fleisch, Condurangowein wurden als besonders wohltuend empfunden. Appetit und Kräftezustand wurden bedeutend gehoben. Binnen zwei Wochen waren gar keine Magenbeschwerden mehr vorhanden. Die ganze Umgebung wunderte sich über das geradezu verjüngte Aussehen der Patientin. Es wäre wirklich oberflächlich, hier den bequemen Einwand von Suggestion, Zufall und dergleichen zu gebrauchen.

Eine zweiunddreißigjährige Frau litt seit Monaten an hochgradigen Magenbeschwerden mit Erbrechen, Übelkeit und Obstipation. Wurde in einer sehr namhaften internen Krankenhausabteilung mit Schonungskost, Magnesia und Paraffinöl behandelt. Da sie darauf immer Brechreiz bekam, wurde ihr schließlich Obstbrei verordnet. Sie wurde dabei immer elender, hatte starke Kopfschmerzen.

Patientin verließ mangels Heilerfolg die Anstalt, nahm mit großem Appetit die tonisierende Diät, ferner bekam sie Amara stomachica und anfangs Sennadekokt. Schon nach wenigen Tagen hörten die Magenbeschwerden, das Erbrechen und die Kopfschmerzen auf. Patientin erholte sich sehr rasch und blieb dauernd beschwerdefrei.

Ich wurde eines Nachmittags von einer meiner Hörerinnen angerufen, ich sollte doch unbedingt noch am selben Tage ihre kranke Mutter besuchen. Sie sei vor einigen Tagen aus einem Krankenhaus heimgekommen, wo sie zwei Monate lang an vermutlichem Duodenalgeschwür und Magenleiden mit Alkalien, Belladonna und Schonungskost behandelt worden war. Da der Zustand sich nicht besserte, habe man sie in ziemlich desolatem Zustande nach Hause genommen.

Es war mir unmöglich, noch am gleichen Tage den Besuch zu machen, und so empfahl ich vorläufig, der Kranken jede Stunde einen Eßlöffel Condurangowein zu geben und, falls sie es noch erleben sollte, am nächsten Morgen eine große Tasse schwarzen Kaffee. Als ich dann am nächsten Vormittag hinkam, stand die ganze Familie glückstrahlend um das Bett herum. Die Patientin hatte sich seit vielen Monaten nicht so wohl befunden, verlangte möglichst viel zu essen und wollte nach mehrmonatigem, ununterbrochenem Krankenlager das erstemal aufstehen. Ich verordnete ihr die oben beschriebene tonisierende Diät, und sie erholte sich so rasch, daß sie in acht Tagen vollkommen beschwerdefrei war und mir nach zwei Wochen einen Dankbesuch abstattete.

In Paris erlebte ich folgenden Fall: Im Anschluß an meine Vorträge an der Fakultät wurde ich zu einer achtundzwanzigjährigen Frau gerufen, welche seit mehreren Monaten wegen

Verdacht auf Ulcus duodeni, Magenbeschwerden und Gallenblasenreizung zu Bette lag und hochgradig abgemagert war. Sie bekam viel Milch, breiige Schonungskost, Thermophor, Alkalien und Belladonna.

In diesem Stadium wurde ich zugezogen, verordnete ihr reinen Bohnenkaffee, Schinken, später allmählich die angegebene tonisierende Diät und als Medikament Condurangowein. Statt des Thermophors kalte Essigwasser-Umschläge. In drei Tagen konnte die Frau bereits aufstehen und ihren Haushalt versorgen, und wenige Wochen später stellte sie sich vollkommen beschwerdefrei und gut aussehend bei mir in Wien vor.

Ähnliche Fälle werden mir von meinen Schülern und Mitarbeitern aus verschiedenen Ländern zu Hunderten berichtet, und eine meiner Patientinnen, die auf ebensolche Weise geheilt worden war, hat während ihres Sommerurlaubes auf eigene Faust einem armen Teufel (dem dort servierenden Hotelkellner) bloß durch diese einfachen Ratschläge geholfen. Der früher kräftige Mann war unter dem üblichen Milchtrinken, Alkalien und Schonungsdiät bis auf 45 kg abgemagert und sah sich in seiner Existenz bedroht. Er aß von da ab einfach dieselbe Diät, welche er der betreffenden Dame servieren mußte, und war in acht Tagen vollkommen beschwerdefrei, nahm an Gewicht zu und blieb dauernd gesund.

4.2 Die Technik der Arzneibehandlung

Wir haben gesehen, daß die richtige Diät und Lebensweise, besonders genügend körperliche Bewegung, eigentlich das Wichtigste in der ganzen Behandlung der gutartigen Magenerkrankungen ist, und daß es bei solchem Vorgehen gar nicht zu Ulcus ventriculi und duodeni kommen kann und darf. Sind solche Komplikationen dennoch ausgebrochen, so ist natürlich eine andere Diät und Medikation anzuwenden, wie auf S. 85ff. angegeben ist.

4.2.1 Alkalien und Erden

Für die gewöhnlichen Magenbeschwerden (Sodbrennen, Magendrücken, Aufstoßen, Magendruck, Völlegefühl, Anomalien der Sekretion und Motilität, Magenschmerz, Magenkrampf, nervöse Dyspepsie usw.) pflege ich Alkalien oder Erden, also Natr. bic., Magnesium oxyd. oder Magnesium carb., Magnesia usta oder Calcium carb., ferner Aluminiumsilikate **nur im äußersten Notfalle** und nur für wenige Tage zu empfehlen.

Im übrigen scheint es nicht gleichgültig zu sein, welche Alkalien man gegen Sodbrennen verwendet. Besser als Speisesoda ist **Magnesium carbonicum** und **Calcium carbonicum**, ebenso ist es nicht gleichgültig, welche Kalkpräparate man gibt. Die natürlichen Erden mit ihren organischen Beimengungen und kolloidchemischen Eigenschaften scheinen oft günstiger zu wirken, z.B. die **Lapides cancrorum** (Krebsaugen), welch letztere auch krampfstillende Nebenwirkungen haben, von denen man besonders in der Kinderpraxis Gebrauch machen kann. Als kräftigstes Mittel gegen Sodbrennen nennt die ältere Medizin Ammonium carbonicum 0,2 in Aqua Melissae 40,0 aufgelöst pro dosi.

Meist werden diese Mittel durch Auswahl der richtigen Speisen und Getränke (zunächst schwarzer Kaffee und Sodawasser) rasch entbehrlich.

4.2.2 Bittere Magenmittel

Zur besonderen Unterstützung dienen die Amara tonica stomachica. Sie sind die **eigentlichen spezifischen Mittel** gegen die meisten Magenbeschwerden. Sie beheben die Atonie, wirken bei Hypersekretion und Hyperazidität adstringierend und schmerzstillend und regen andererseits bei Anazidität und Achylie, ähnlich wie die Gewürze, die Magensekretion an, machen also die Verordnung von Salzsäure und Fermenten fast immer entbehrlich. Sehr bald können auch die Stomachica sich selbst entbehrlich machen und durch abwechslungsreiche appetitanregende Kost ersetzt werden. Daß die Patienten sich dabei auch subjektiv wohler fühlen als bei der langweiligen monate- und jahrelang fortgesetzten reizlosen Schonungskost, leuchtet ohne weiteres ein.

Man kann die Stomachica einteilen in bittere und aromatische (gewürzhafte) Mittel. Die praktisch wichtigsten bitteren Magenmittel (Amara tonica stomachica) sind folgende:

Rad. Gentianae (Enzianwurzel).

Kontraindikation gemäß Kommission E: Magen- und Zwölffingerdarmgeschwüre.

Sie ist ein Hauptbestandteil der bekannten Tinctura amara, kann aber auch für sich als Tinctura gentianae (dreimal täglich 10-20 Tropfen) verwendet werden. Ebenso einzeln oder in Gemischen als Magenpulver oder als magenstärkender Tee, z.B.

Pulvis stomachicus:

Rp.	Rad. Gentianae pulv.		
	Rad. Calami pulv.		
	Pulv. Cinnamomi		
	Cort. Aurant. pulv.		
	Fruct. Anisi pulv.	aa	10,0
	S. Mehrmals täglich eine Messerspitze vor dem Essen.		

Species stomachicae:

Rp.	Rad. Gentianae		
	Hb. Trifolii fibrini		
	Hb. Absinthii		
	Rad. Calami		
	Cort. Aurant.		
	Fruct. Foeniculi		
	Cort. Cinnamomi	aa	10,0
	S. 1 Kaffeelöffel auf ¼ Liter Wasser als Tee (einmal aufkochen, 5 Min. ziehen lassen).		

Magentropfen:

Rp.	Tinct. Gentianae		
	Tinct. Rhei aquos.		
	Tinct. aromat.		
	Tinct. Angelicae		
	Tinct. Galangae	aa	5,0
	S. 3mal tgl. 10-20 Tropfen in 1 Löffel Wasser.		

Magenpillen:

Rp.	Extr. Gentianae		
	Extr. Liquir.		
	Extr. Aurant.	aa	5,0
	M. f. pil. a 0,3		
	S. 3mal 3 Pillen tgl.		

Mixtura stomachica:

Rp.	Extr. Gentianae		
	Extr. Absinthii		
	Extr. Centaurii		
	Extr. Trifolii	aa	5,0
	Aqu. Cinnamomi		100,0
	Syr. Rubi. Id.		30,0
	S. Mehrmals tgl. 1 Kaffeelöffel vor dem Essen.		

Vinum stomachicum:

Rp.	Tinct. Gentianae		
	Tinct. Chinae		
	Tinct. Condurango		
	Tinct. Cinnamomi		
	Tinct. Aurant.		
	Tinct. Absinthii		
	Tinct. aromat.	aa	5,0
	Vini hispanici	ad	250,0
	S. Mehrmals tgl. 1 Eßlöffel.		

Nach ähnlichem Muster kann man sich diese Grundarzneiformen in den verschiedensten Kombinationen selbst zusammenstellen und dem einzelnen Fall individuell anpassen.

Ein zweites wichtiges Stomachicum ist **Hb. Centaurii min.** (Tausendguldenkraut). Es hat nicht umsonst diesen auffallenden Namen und leistet bei akuten und chronischen Magenleiden unschätzbare Dienste. Am einfachsten und bekömmlichsten in Form von Infus oder Dekokt bzw. Tee. Es ist in dieser Form eines der gebräuchlichsten Hausmittel und wurde daher lange Zeit von den Wissenschaftlern verächtlich belächelt und unter die Altweibermittel gerechnet. Sehr mit Unrecht, denn es wirkt besser als alle Chemikalien und war daher auch ein Hauptbestandteil des älteren klassischen Arzneischatzes.

Da es an sich sehr bitter schmeckt, verordnet man am besten folgendes Rezept:

Rp.	Hb. Centaurii		
	Fruct. Foenic.	a	30,0
	S. 1-2 Schalen Tee tgl. entweder vor den Hauptmahlzeiten oder tagsüber schluckweise.		

Die Bereitung ist wieder die gleiche wie bei den Species stomachicae (s.o.), was übrigens für die meisten dieser Pflanzentees gilt. Außerdem kann noch Extr. Centaurii zu Pillen und Mixturen verwendet werden. Man gibt das Mittel tage- und wochenlang ohne Schaden fort. Meist erübrigt sich seine Anwendung bei richtiger Diät aber schon nach kurzer Zeit. Personen mit empfindlichem Magen tun gut, einen solchen Tausendguldenkrauttee jeden Abend vor dem Schlafengehen so lange zu trinken, bis die Empfindlichkeit geschwunden ist.

Verwandt damit ist **Hb. Absinthii** (Wermut). Die Zubereitung ist die gleiche, nur ist diese Droge noch bitterer und wird daher zweckmäßig mit geschmacksverbessernden und etwas versüßenden Mitteln versetzt, z.B.:

Rp.	Hb. Absinthii		
	Cort. Cinnamomi		
	Fruct. Anisi	aa	20,0
	S. 1-3 Schalen Tee tgl.		

Auch von Hb. Absinthii wird das Pflanzenpulver und der Extrakt (letzterer zu Pillen und Mixturen) verwendet. Sehr bekannt ist der Wermutwein. Man gibt ihn am besten als Aperitif, vor dem Mittag- und Abendessen, etwa ½ Weinglas voll. Er ist gleichzeitig ein harmloses und gutes Schlafmittel, wenn er in etwas größerer Menge genommen wird.

Schlaflosigkeit kommt gerade bei Dyspeptikern häufig vor, und da wirken Wermutwein, ebenso wie Condurangowein oder andere bittere Südweine (z.B. Sherry), zugleich magenstärkend und schlafbefördernd, während die immer noch verordneten Schlafmittel die Verdauung stören und insbesondere den Magen verstimmen.

Cort. Condurango. Das Mittel wurde von den Indianern seit jeher bei allen möglichen Magenbeschwerden mit Erfolg verwendet, bei uns die längste Zeit bei inoperablem Magenkarzinom. Es bewährt sich aber in Form der Tinct. Condurango (3mal tgl. 10-20 Tropfen), noch besser als Vinum Condurango (mehrmals tgl. 1 Eßlöffel bis ½ Weinglas) ausgezeichnet bei den verschiedensten Formen von Dyspepsie. Mit Condurangowein und Bohnenkaffee allein kann man oft sozusagen über Nacht Wunderkuren machen (s. Beispiele S. 68).

Lignum Quassiae. Es ist das bitterste und am meisten adstringierende Mittel in dieser Reihe, und man verwendet es daher am besten bei den hochgradigsten Fällen von Atonie als Dekokt, als Pulver, als Extrakt. Am häufigsten und bequemsten wohl als Tinct. Quassiae (3mal tgl. 5-20 Tropfen).

Kontraindikation Schwangerschaft.

Cort. Aurantiorum (die grünen Schalen der unreifen Orangen). Sie enthalten nicht nur bittere, sondern auch aromatische Stoffe und wirken daher auch geschmacksverbessernd und nervenstärkend. Sie werden ebenfalls zu Tees, Pulvern, als Extrakt, in Pillenform und zu Mixturen verwendet, s. die obigen Rezepte. Die Tinct. Aurantiorum für sich (dreimal tgl. 20 Tropfen in etwas Wasser oder auf Zucker) ist angenehm zu nehmen und kann als analeptisches Hausmittel auch bei augenblicklichen Magenverstimmungen oder Schwächezuständen gegeben werden. Sehr gut ist auch das von *Dörfler* angegebene Rezept:

Rp.	Tinct. Rhei vinos.		
	Elixir Aurantior.	aa	40,0
	Tinct. Aurantior.		20,0
	S. 1 Kaffeelöffel vor jeder Mahlzeit		

(Da Elixir Aurant. kompliziert zu bereiten und nicht überall vorrätig ist, kann man es auch durch Vinum Condurango ersetzen.)

Damit wären die wichtigsten Amara tonica stomachica besprochen, und man kommt mit diesen in der Praxis stets aus. Der Vollständigkeit halber und weil es immer gut ist, ein möglichst großes Repertoire an Arzneimitteln zu haben, seien noch folgende Stomachica angeführt:

Hb. Trifolii fibrini (Fieber- oder Bitterklee). Er wirkt fieberwidrig, magen- und nervenstärkend. Er ist ein Bestandteil der sog. Species nervinae, welche man im Klimakterium gerne als sog. „Wechseltee“ verschreibt.

Rp.	Rad. Valer.		
	Hb. Trifolii fibrini		
	Fol. Menth. pip.	aa	20,0
	S. 1-2 Schalen Tee tgl.		

Rad. Calami (Kalmuswurzel) von aromatisch bitterem Geschmack, ebenfalls als Pulver, Tee, Extrakt, in Pillen und Mixturen sowie als Tinktur und zu einigen Zubereitungen verwendbar. Ein sehr angenehmes Präparat ist Confectio Calami (verzuckerte Kalmuswurzeln), welche in Stücken so groß wie Bonbons 3-6 Stück tgl. genommen werden können. Es ist auch ein wirksames Antilymphaticum und kann daher mit Vorteil bei Skrofulose, Rachitis der Kinder, aber eben auch bei Dyspepsie der Erwachsenen mit Vorteil gegeben werden.

Kalmuswurzel ist bedenklich. Tri- und tetraploide Pflanzen enthalten das als kanzerogen eingestufte (-Asaron in beachtlicher Menge.

Rad. Galangae (Galgantwurzel), **Rad. Zedoariae** (Zitwerwurzel), **Rad. Angelicae, Hb. Millefolii** (Schafgarbe), **Hb. Artemisiae** (Beifuß), **Hb. Cardui benedicti** (Kardobenediktenkraut) sind ebenfalls häufig gebrauchte Stomachica mit allerlei günstigen Nebenwirkungen auf Nervensystem, Brustorgane, Gefäße und Hautatmung.

4.2.3 Aromatische Magenmittel

Hierher gehören die Gewürze:

Pfeffer (Piper niger et albus)
Ingwer (Rad. Zingiberis)
Paprika (Capsicum)
Neugewürz (Fruct. Amomi)
Muskat (Semen Myristicae)

Es liegt eine Negativ-Monographie der Kommission E vor. Muskatsamen in größerer Menge ruft psychische Störungen bis hin zu intensiven Halluzinationen hervor. Im Öl ist eine kanzerogene Substanz gefunden worden. Ferner besteht eine abortive Wirkung. Gegen die Verwendung geringer Mengen als Geruchs- und Geschmackskorrigens werden aber keine Bedenken erhoben.

Safran (Crocus)
Kümmel (Fruct. Carvi)
Fenchel (Fruct. Foeniculi)
Anis (Fruct. Anisi)
Koriander (Fruct. Coriandri)
Kubeben (Fruct. Cubebarum)
Zimt (Cort. Cinnamomi)
Gewürznelken (Caryophylli)

Alle diese Mittel können auf die übliche Weise den Speisen zugesetzt werden und so als Stomachica dienen. Pfarrer *Kneipp* verordnete jeden Morgen sechs weiße **Pfefferkörner** auf nüchternen Magen zu nehmen. Im Volksgebrauch dienen **Knoblauch** und **Zwiebel** ähnlichen Zwecken, ebenso Schnittlauch. Auch **Senf** und **Meerrettich** werden von Magenkranken ungleich besser vertragen als man gewöhnlich glaubt, ganz gleichgültig, ob es sich um Hyper- oder Anazidität handelt. Der Instinkt des Kranken, wenn man ihn fragt, auf was er Appetit hätte, führt oft in diese Richtung, und das bringt auch den Erfolg.

4.2.4 Brechmittel

Das „Purgieren nach oben“ bildete von *Hippokrates* bis *Hufeland* eines der wichtigsten und erfolgreichsten Hilfsmittel, nicht nur bei der Behandlung der akuten, sondern auch der chronischen Magenleiden.

Bei **akuten Indigestionen** nach Überladung des Magens oder Genuß verdorbener Nahrungsmittel half man sich aus erster Instanz mit Brechmitteln und beugte so verschiedenen Komplikationen, wie „gastrischem“ Fieber, Herzbeschwerden und selbst Apoplexien vor, die bekanntlich oft bei dazu disponierten Personen nach Überfüllung des Magens entstehen.

Aber auch bei **chronischen Erkrankungen** des Magens, wie Säurebeschwerden, Schleimanhäufung, Völlegefühl, mehr oder minder hochgradiger Atonie des Magens, mit konsekutiver Hypochondrie, allgemeiner Schwäche und Depression, bewirkt das Brechmittel oft zauberhaft mit einem Schlage vollständigen Umschwung.

Erklärungen dafür gibt es eine ganze Menge. Die schlaffe Magenwand wird zu den allerstärksten Kontraktionen gereizt, deren sie auf natürlichem Wege kaum fähig gewesen wäre. Die Lebensnerven und der Selbsterhaltungstrieb werden durch das Brechmittel stimuliert und damit auch die Magensekretion auf offenbar wohltätige Weise umgestimmt. Ganz abgesehen von der oft sonst schwer erzielbaren momentanen, mechanischen Entlastung des Magens.

Man hat an Stelle des Brechmittels heute die Magenspülung eingeführt und erzielt auch damit oft bei Magenerweiterung und Magenerschlaffung, auch bei Gastritis gute Erfolge, wenn auch auf langwierige und umständliche Weise.

Zum Verständnis der Wirkung des Brechmittels ist es notwendig zu wissen, daß es nicht nur mechanisch, **ausleerend**, sondern auch **umstimmend** auf Innervation, Zirkulation, Tonus und Sekretion des Magens wirkt.

Die lokale **Wirkung** auf den Magen erstreckt sich nicht nur auf den Magen selbst, sondern **auch auf das Duodenum, die Gallenblase und die Leber**. Teils durch Kontraktion der glatten Muskulatur, teils durch den Druck der Bauchpresse wird der Inhalt aller dieser Organe nach oben und unten entleert. Man verwendete daher das Brechmittel früher sehr viel auch bei Gallen- und Leberleiden. Durch vorsichtige, wohlindizierte Anwendung bei Stauungen der Gallenwege wird man vielleicht manches Krankheitsbild rascher zum Abklingen bringen und manche Operation umgehen können. Dieses Gebiet liegt noch vollkommen brach und bedarf neuerer Versuche. Auf ähnliche Weise werden die ganzen **oberen Luftwege** und die **Lunge** durch den Brechakt zur Ausleerung nach oben gebracht. Daneben findet aber erfahrungsgemäß eine Umstimmung der Innervation und Sekretion statt, so daß z.B. spastische Zustände des Ösophagus oder des Pylorus davon dauernd gelöst werden. Außerdem kann man damit geradezu die übermäßige Erzeugung von Schleim und Säure im Magen oft schlagartig und dauernd beheben.

Kontraindikationen gegen das Brechmittel sind alle wirklich entzündlichen und hämorrhagischen Zustände am Magen-Darmtrakt. Besonders also Ulcus ventriculi und duodeni, Magenkarzinom, Appendizitis und dgl.

Das Brechmittel kommt überall dort in Frage, wo Magenstörungen mit anderen Organerkrankungen zusammenhängen. Auch wenn dies nach unseren heutigen Anschauungen auf den ersten Blick nicht ohne weiteres einleuchtet, z.B. bei Erysipel, Urtikaria, manchen Arten von Halsentzündung, Stomatitis, bei Psychosen und verschiedenen Lungenleiden (Asthma, Keuchhusten, manche Formen der Bronchitis usw.)

Kommt das Erbrechen nicht genügend rasch zustande, so kann man es durch Trinken von lauwarmem Wasser oder Kamillentee beschleunigen. Wenn auf das Brechmittel allein nicht genügend Stuhl erfolgt ist, soll man nachher ein mildes Abführmittel geben. (Näheres s. S. 196ff.).

4.2.5 Auswahl weiterer Rezepte von tonisierenden Stomachica

Rp.	Tinct. amarae		
	Tinct. aromat.		
	Tinct. Aurant.	aa	10,0
	Tinct. Cinnamomi		20,0
	Vini Hispanici		200,0
	S. Eßlöffelweise		

Rp.	Tinct. Myrrhae	20,0
	Tinct. Aurantior.	50,0
	Vini Malacens.	300,0
	S. Eßlöffelweise	

Rp.	Tinct. Cinnamomi	20,0
	Ol. Caryophyllat. gutt II	
	Aquae amygdal. amar.	10,0
	Vini Hispanici	200,0

Rp.	Tinct. aromat.		
	Tinct. Cinnamomi	aa	25,0
	Syrupi		100,0
	Vini rubri Gallici		850,0
	S. ½-1 Weinglas voll mehrmals täglich		

Rp.	Tinct. Chinae comp.		
	Tinct. Rhei vinos.		
	Tinct. Zingiberis	aa	10,0
	S. 3mal täglich 20-50 Tropfen.		

Rp.	Tinct. Aloes		
	Tinct. Myrrhae	aa	10,0
	Tinct. Croci		5,0
	Tinct. Rhei		15,0
	Acid. Hydrochl.		10,0
	Vini Xerens.		200,0
	S. 2mal täglich 50-80 Tropfen.		

Rp.	Tinct. amara		
	Tinct. Aurantior.	aa	25,0
	S. 3mal täglich 20-50 Tropfen in etwas Sodawasser, vor dem Essen.		

Rp.	Tinct. Absinthii		40,0
	Tinct. Gentianae		25,0
	Tinct. Aurant.		20,0
	Tinct. Rhei		15,0
	Tinct. Cascarillae		
	Tinct. Aloes	aa	5,0
	S. 3mal täglich 20-50 Tropfen.		

Rp.	Tinct. Aurant.		50,0
	Tinct. Gentianae		25,0
	Tinct. Galangae		
	Tinct. Zedoariae		
	Tinct. Cinnamomi	aa	5,0
	Ol. Citri gutt. V		
	Ol. Caryophyll. gutt II		
	S. 3mal tägl. 20-30 Tropfen.		

Rp.	Hb. Absinthii		
	Hb. Menthae crispae	aa	30,0
	S. 1-2 Schalen Tee täglich.		

Rp.	Hb. Cardui bened.		
	Hb. Absinthii		
	Hb. Centaurii min.	aa	20,0
	S. 1-2 Schalen Tee täglich.		

Rp.	Hb. Trifolii fibrini		
	Fol. Menthae pip.		
	Hb. Centaurii min.		
	Hb. Millefolii		
	Fruct. Foeniculi	aa	20,0
	S. 1-2 Schalen Tee täglich.		

Rp.	Fruct. Coriandri		15,0
	Fruct. Anisi		
	Fruct. Foeniculi	aa	5,0
	Cort. Cinnamomi		
	Rad. Caryophyll.	aa	1,5
	Piper long.		6,0
	Sacchari		30,0
	div. in p. XX		
	S. Nach der Mahlzeit ½ Pulver.		

Rp.	Magnes. carbon.		
	Pulv. Rhei		
	Pulv. Foeniculi		
	Pulv. Rad. Valerianae		
	Kali tartar.	aa	10,0
	S. Messerspitzen- bis kaffeelöffelweise nach dem Essen.		

Rp.	Extr. Centaurii		5,0
	Myrrhae pulv.		10,0
	Bals. peruv.		2,0
	Rad. Gentianae q.s.f.pil. à 0,15		
	S. 3-10 Pillen täglich.		

Rp.	Extr. Aloes		
	Chinini sulf.	aa	2,0
	Extr. Valer. q.s.f.pil. N 40		
	S. 1-4 Pillen täglich.		

Rp.	Extr. Colombo		
	Extr. Gentianae		
	Extr. Quassiae		
	Fel. tauri inspiss.	aa	5,0
	Pulv. aromat.		10,0
	M.f.pil. 200		
	S. 2-3 Stunden vor jeder Mahlzeit.		

5 Die tonisierende Magenbehandlung im Rahmen der Konstitutionstherapie

5.1 Allgemeines

Die Tragweite einer richtigen Magenbehandlung liegt darin, daß die **Magenstörungen sich** nicht nur am Magendarmkanal selbst, sondern **in allen Teilen des Körpers auswirken**. Der ganze Ernährungszustand hängt oft davon ab. Bei vielen Fällen von **Magerkeit** wurden oft vergeblich die verschiedensten Mastkuren versucht. Erst die richtige Behandlung der Magenatonie führte zum Ziel. Die von vielen Seiten bei Mastkuren empfohlenen Zweistundenmahlzeiten oder gar stündliche Mahlzeiten sind nicht so ohne weiteres gutzuheißen. Denn erstens lassen sie den atonischen Magen nie zur Ruhe kommen, und zweitens sagt eine alte ärztliche Erfahrung, daß eine neue Mahlzeit erst genommen werden soll, wenn die vorherige den Magen schon verlassen hat.

Ganz ähnlich steht es mit der **Blutarmut**. Sowohl wirkliche Anämie kann durch Mageninsuffizienz erzeugt, als auch scheinbare Blutarmut vorgetäuscht werden. Es ist üblich, von der blassen Haut und den blassen Schleimhäuten des Auges und der Lippen auf Blutarmut zu schließen. Handelt es sich um Dyspeptiker, so ist bei diesen das ganze Blut im Bauchraum angesammelt, und sie frieren auch tatsächlich an der Körperoberfläche, selbst im Bett. Verwöhnte Frauen dieser Art gehen denn auch häufig mit einer Wärmeflasche schlafen. Reguliert man bei solchen Patienten die Magenverdauung nach den oben angegebenen Grundsätzen, so wird die Zirkulation schon binnen einer Woche umgeschaltet, und aus den scheinbar Blutarmen werden in kurzer Zeit wohlgefärbte, gutaussehende Menschen mit rosigen Wangen und warmer Haut. Auch in akuten Fällen kann Überladung des Magens reflektorisch allgemeine Blässe und **Krampf der Hautgefäße** hervorrufen, was oft nach dem Rat der alten Ärzte durch ein einziges Brechmittel augenblicklich behoben werden kann.

Auffallend ist, wie oft Magenstörungen mit hochgradiger **Mattigkeit** und **allgemeiner Körperschwäche** einhergehen. Der nervöse und humorale Konsensus des Magens mit dem übrigen Körper kommt darin zum Ausdruck.

Chronische Störungen des Magens können die Quelle unzähliger Krankheiten werden, zunächst im Darmkanal selbst, aber auch im übrigen Körper können sie **Reizzustände aller Art, Krämpfe und sogar Entzündungen und Fieber** hervorrufen. Selbst Dyskrasie, Diathesis inflammatoria und Neigung zu spastischen Zuständen und Krämpfen, besonders bei Frauen und Kindern, können durch jahrelang bestehende Magenatonie ausgelöst werden.

Die chronische Magenschwäche, von den früheren Ärzten gastrische Krankheit oder gastrischer Zustand genannt, stellt eine eigene Krankheitsklasse dar, und die früheren Ärzte heilten sie hauptsächlich durch Ausleerung. Also wurde im 17. und 18. Jahrhundert auch die Dyspepsie und die Atonie des Magens nicht nur durch Amara tonica, sondern auch durch vorübergehende Ausleerung nach oben oder unten geheilt. Die klassische Medizin hielt diese Methodik für ebenso spezifisch wie die Kur des Rheumatismus durch Schwitzen und Vesikantien und die Kur der Entzündung durch Blutentziehung. Alles Dinge, die unserer heutigen Auffassung verlorengegangen sind.

Da die Erfahrung lehrt, daß ein **gastrischer Zustand fast alle Arten von Krankheiten erzeugen kann, ist auch** die gastrische Methode im weiteren Sinn, **die Reinigung des Darmkanals** und des Abdomens überhaupt, von den ältesten Zeiten her **eine der Fundamentalmethoden** der ärztlichen Praxis gewesen. Sie hat sich bei allem Wechsel der Zeiten, Theorien und Systeme erhalten. Solche chronischen, oft mit auffallender Mattigkeit und Schwäche einhergehenden Verdauungsbeschwerden wurden oft durch ein einziges Brech- oder Abführmittel behoben und der Rückfall durch Verordnung bitterer Magenmittel und einer geeigneten Diät nebst viel körperlicher Bewegung verhütet.

Man kann es sozusagen von Kopf bis zu Fuß an allen Organen verfolgen, wie alle diese Erkrankungen in solchen Fällen nur durch die richtige Magenbehandlung geheilt werden können. Deshalb haben die Ärzte der früheren Zeit seit jeher das größte Augenmerk auf richtige Funktion und „Reinigung der ersten Wege“ gelegt. Die gastrische Methode als ein Hauptprinzip der Allgemeinbehandlung stand neben dem Purgieren, dem Ausleeren schädlicher Stoffe, überhaupt obenan.

5.2 Hautkrankheiten

Die Haut ist bei richtiger Betrachtung ein Spiegelbild des Stoffwechsels, und es entstehen auch die **meisten Hautkrankheiten aus inneren Ursachen**. Durch die Perspiratio insensibilis werden pro Tag bis zu 1,5 kg Stoffe nach außen befördert, und zwar nicht nur Wasserdampf und Kohlensäure, sondern noch eine Menge anderer sehr differenter Stoffe, die je nach Konstitution, Lebensweise und Ernährung außerordentlich wechseln. So ist z.B. die Ausdünstung der dunkelhaarigen Menschen viel intensiver als die der blonden. Zahlreiche mit der Nahrung aufgenommene Stoffe machen sich alsbald in der Hautausdünstung durch den Geruch, andere wieder durch Hautjucken oder gar Hautausschläge bemerkbar, z.B. Alkohol und Gewürze. Ein Beweis, daß die Abbauprodukte der Nahrungsmittel zum Teil auch durch die Haut ausgeschieden werden.

Das, was man heute als **allergische Hautkrankheiten** bezeichnet, ist oft gar nichts anderes als eine **alimentäre Schädlichkeit**, welche im Magendarmkanal und im intermediären Stoffwechsel schlecht verarbeitet und auf der Hautoberfläche ausgeschieden wird. Regelung der Diät und der Magenverdauung, besonders ausleerende und stoffwechselverbessernde Mittel, bringen das Hautleiden meist auf die kürzeste Weise in Ordnung und machen die komplizierten Desensibilisierungsmethoden fast immer überflüssig. Man hat dabei oft den Eindruck, als ob die normale Verdauung die eingeführten Stoffe qualitativ oder quantitativ nicht bewältigen könnte und sie daher auf unregelmäßige Weise durch die Haut als reizende, entzündungserregende Stoffwechselprodukte nach außen befördere.

So entstehen viele Hautkrankheiten durch **Überlastung des Stoffwechsels**, wie z.B. bei Fettsucht, Vollblütigkeit, uratischer Diathese, reichlicher Überernährung, namentlich mit Fleisch, Alkohol und Gewürzen, aber auch Überernährung an sich oder durch verdorbene Nahrungsmittel. Eine der landläufigsten Ursachen von Hautkrankheiten ist die **Obstipation.** Schlechter Teint, Akne, Seborrhöe, Urtikaria, Ekzeme, Pruritus und Prurigo im Gefolge von Obstipation sind bekannt.

Weit weniger geläufig ist der Zusammenhang zwischen Hautkrankheiten und **Magenleiden**. Schon unter physiologischen Verhältnissen bestehen wichtige, nicht immer genügend bekannte und beherrschte Wechselbeziehungen zwischen diesen beiden Organen. Äußere und innere Oberfläche des Körpers stehen oft in einem gewissen Antagonismus bezüglich Innervation und Blutverteilung. Die Hautzirkulation und Hauterwärmung hängt weitgehend von den verschiedenen Stadien der Verdauung ab. Entlastung des Darmes durch Abführungsmittel und des Magens durch Brechmittel können eine vorher blasse, krampfartig verschlossene Haut wieder gut durchblutet machen, Schweiß und Hautatmung wieder in Gang bringen und dadurch Hautkrankheiten wie Urtikaria oder gar Erysipel oft schlagartig zum Rückgang bringen.

Es ist bekannt, daß Magendyspepsie ebenso wie Obstipation schlechten Teint, Seborrhöe, Haarausfall, Komedonen, Akne, Ekzem, Herpes, Urtikaria, Pruritus, Intertrigo, Neurodermitis usw. hervorrufen kann. Eine rationelle Heilung dieser Erkrankungen ist aber unmöglich, solange nicht die richtige Magenbehandlung einsetzt.

Ein drastisches **Beispiel**: Eine vierundvierzigjährige Frau litt seit Jahren an der ganzen linken Gesichtshälfte an einem **seborrhoischen Ekzem** allerschwersten Grades. Sie war durch hochgradige Rötung und Krustenbildung so entstellt, daß sie monatelang nicht ausgehen konnte. Sie trug nach Aussage ihrer Verwandten „ein ganzes Vermögen“ zu einem sehr namhaften Dermatologen, der sogar durch sein ungewöhnliches Verständnis für Stoffwechselstörungen bei Hautkrankheiten bekannt war. Aber an die Behandlung des bestehenden hochgradigen Plätschermagens dachte er nicht, und es hätte ihm dies auch nicht viel genützt, weil ja die derzeitige internistische Methode dafür unzulänglich ist.

In diesem Zustand kam die Patientin wegen gleichzeitiger gynäkologischer Beschwerden in meine Behandlung. Ich beseitigte den Plätschermagen durch tonisierende Diät und Amara tonica stomachica, fügte als antiphlogistisches Mittel noch einen Aderlaß hinzu, schickte die Patientin zur Anregung der Hautatmung zweimal wöchentlich ins Dampfbad. Man sieht nämlich sehr häufig trockene, rauhe Haut an den bekleideten Teilen des Körpers, und an den unbekleideten Partien (Gesicht und Hände) kommen oft förmlich die schädlichen Stoffe in Form von Hautausschlägen an die Oberfläche, welche an den anderen Teilen des Körpers anscheinend zurückgehalten werden.

Die betreffende Kranke war in vierzehn Tagen dauernd von dem betreffenden Übel befreit und ist schon über zwei Jahre ohne Rückfall. Lokal verwendete sie dieselben Mittel ihres Dermatologen, welche vorher keinen dauernden Erfolg erzielen konnten.

Bezüglich Seborrhöe des behaarten Kopfes und **Haarausfall** habe ich das schlagendste Beispiel an einer Familie meiner nächsten Umgebung. Der Vater war sein ganzes Leben lang magenleidend und ging trotz andauernder internistischer Überwachung während des Krieges an einer Blutung nach Ulcus duodeni zugrunde. Er litt seit dem mittleren Mannesalter ebenfalls trotz andauernder dermatologischer Behandlung an Haarausfall und bekam eine ausgedehnte Glatze.

Seine fünf Söhne waren alle mit hyperazider Dyspepsie und Magenatonie belastet. Die zwei ältesten Brüder hatten in den Entwicklungsjahren sehr unter Verdauungsstörungen zu leiden und bekamen dadurch frühzeitig Haarausfall und schütteren Haarwuchs. Bei den drei jüngeren Geschwistern wurde schon die richtige Magenbehandlung nach meinen Angaben durchgeführt, und diese behielten einen ganz normalen üppigen Haarwuchs.

Im folgenden sei auf einzelne Hautkrankheiten näher eingegangen:

Die **Akne vulgaris** entsteht bekanntlich besonders in den Entwicklungsjahren. Der häufig so schlechte Teint der Mittelschüler und Mittelschülerinnen ist bekannt. Pubertätsentwicklung und sitzende Lebensweise wirken hier zusammen. Bei manchen geht das Leiden mit oder ohne ärztliche Behandlung ohne besonderen Schaden vorüber, bei vielen aber resultieren dauernde Verunstaltungen des Gesichtes durch Aknenarben und, namentlich beim männlichen, aber auch beim weiblichen Geschlecht, frühzeitiger starker Haarausfall am Kopf.

Die besten dermatologischen Methoden bringen hier oft nur mangelhafte Erfolge, solange nicht die fast immer vorhandene Magendyspepsie (besonders Hyperazidität und Atonie) und die Obstipation auf die angegebene rationelle Weise beseitigt werden. Die salinischen Abführmittel bewirken nicht nur Darmausleerung, sondern auch wirkliche Stoffwechselentlastung („Blutreinigung"). Am wirksamsten ist die tonisierende Magenbehandlung. Unentbehrliche Hilfsmittel sind oft Schwitzen und Aderlaß.

Bei **Furunkulose** nimmt man heute allgemein neben der äußeren Infektion auch einen endogenen Faktor an. Aber auch Vollblütigkeit und entzündliche Diathese überhaupt. Im letzteren Falle helfen Aderlässe und salinische Abführmittel oft auffallend rasch. Bei Diabetes scheint eine derartige entzündliche Diathese durch die abnorme Stoffwechsellage gegeben zu sein. Aber auch Dyspepsie und Obstipation sind häufige Ursachen. Besser als Hefepräparate wirkt in solchen Fällen die Regelung der Verdauung in tonisierendem Sinne.

Die Wiener Klinik lehrte seit langem, daß **Akne rosacea** mit Verdauungsstörungen und Erkrankungen des weiblichen Genitales zusammenhängt. Vom Genitale her sind die zu seltene und zu spärliche Menstruation, bezüglich der Verdauung der hyperazide Plätschermagen und die Obstipation weitaus am häufigsten und wichtigsten als Ursachen. Oft kommen beide Zustände vereinigt vor und führen bei höhergradiger Amenorrhöe und im Klimakterium außerdem zu einer allgemeinen oder doch lokalen Blutüberfüllung, so daß nebst Regelung der Verdauung auch ein Aderlaß die Heilung beschleunigt. Auch bei depressiven Zuständen mit Plätschermagen läßt sich Akne rosacea öfters beobachten. Alle diese Krankheitszustände greifen ineinander und beweisen, daß Krankheit weit öfter ein komplexer Vorgang ist, als die fein säuberlich herausgeschälten, spezialistischen „exakten" Diagnosen oft glauben machen wollen. Nach Regelung der Verdauung und der sonstigen entfernten Ursachen kommt man dann mit den üblichen dermatologischen Mitteln weit rascher zum Ziel.

Die Haut ist geradezu ein Spiegelbild der internen Stoffwechselvorgänge. Äußere Schädlichkeiten werden meist erst dann wirksam, wenn körperliche Störungen eine endogene Disposition dazu bilden, und darin steht eine schlechte Verdauung obenan. Innersekretorische und allergische Momente wurden natürlich zugestanden. Beides allerdings stark überwertet. Das trifft besonders für das **seborrhoische Ekzem** zu. Bei einer besonderen Form desselben, der sog. Neurodermitis, nehmen zwar manche Autoren nervöse Dyspepsie als Ursache an. Wenn man aber dann sieht, wie solche Kranke mit Nervenmitteln und Schonungsdiät behandelt werden, so versteht man, daß dieses Hautleiden monate- und jahrelang bestehen und als schwer heilbar gelten konnte. Aber auch verschiedene andere Arten von Ekzemen heilen erst dann prompt, wenn man ihre internen Ursachen ausfindig gemacht hat, unter denen neben Störungen der Hautatmung die der Menstruation und des Magens obenanstehen.

Die **Urtikaria** wird heute zu den allergischen Krankheiten im allerengsten Sinne gerechnet. Der Begriff der Allergie lenkt auch hier wieder von den primitiven sonstigen Ursachen ab: Harnsäurevermehrung, Störungen der Gallensekretion, ungenügende Menses, Nierenstörungen, Wechselerscheinungen, besonders aber ungenügende Hautatmung und Dyspepsie sind die häufigsten. Es hat keinen Sinn, hier in stereotyper Weise Kalzium zu geben und so die Hautkapillaren abzudichten, statt sie zur Ausscheidung anzuregen. Als Ursachen der Urtikaria werden Druck, Kälte, Wärme, Einverleibung von Serum und Nahrungsmittel angegeben.

Von *Weese* wurde ein Fall von Urtikaria nach Schmalzgenuß beschrieben. Statt Abführmittel und Schwitzmittel zu geben, vertrieb man die Urtikaria durch Behandlung mit Kalzium in einigen Tagen. Als der Patient dann kurz darauf wegen rheumatischer Beschwerden mit Lichtbügel behandelt wurde, trat wieder Urtikaria auf, die neuerlich mit Kalzium geheilt wurde.

Ich möchte folgende Erklärung dazu geben. Durch das Kalzium wurden die schädlichen Stoffe in den Körper zurückgetrieben und haben Rheumatismus erzeugt oder verschlimmert. Durch die Glühlichtanwendung wurden die Stoffe wieder an die Haut gelockt, schließlich aber wieder mit Kalzium zurückgetrieben. Es ist nur sehr wahrscheinlich, daß diese Schädlichkeiten später an anderen Organen zum Ausdruck kommen werden. Man muß eben nicht bloß durch die Haut, sondern auch durch den Magendarmkanal die schädlichen Stoffe ausleeren, unter Umständen auch durch Regelung der Magenverdauung und Brechmittel.

Lokaler und allgemeiner **Pruritus** wurde lange Zeit und wird vielfach auch heute noch von manchen Klinikern als nervös erklärt. Die Annahme reizender Stoffwechselprodukte hat ungleich mehr für sich. Nicht immer ist man so glücklich, eine konkret faßbare Ursache wie beim Diabetes zu finden und muß nach mehr unbestimmten Schädlichkeiten suchen, wie Anomalien der Menstruation, Gallensekretion, des Harnsäurestoffwechsels, der Verdauung, der Hautatmung, Nierenabsonderung usw. Auch wenn diese Momente nicht ganz exakt feststellbar sind, muß man den Versuch ex juvantibus machen und wird überraschend oft Erfolg haben, zumindest mit den unspezifisch ausleerenden Methoden. Bei jedem Pruritus ist Regelung der Magenverdauung, Ableitung auf den Darm, Dampfbad und meist auch ein Aderlaß von Nutzen.

Das **Erysipel**, auch soweit es sich nicht als Wundrose unmittelbar an Wunden oder Verletzungen anschließt, wird allgemein als infektiös aufgefaßt. Es gibt aber Fälle von rezidivierendem oder habituellem Erysipel, welche im Klimakterium, bei Menstruationsstörungen sowie bei Magen- und Gallenleiden auftreten. Für die alten Ärzte bis *Hufeland* waren diese Zusammenhänge das Primäre und Selbstverständliche. Gemütsaffekte, zarte, blonde Haut, namentlich bei Frauen, Fettsucht, kranke oder reizbare Leber und „gastrische Störungen" wurden als Hauptursachen betrachtet, auch bei der lebensgefährlichen Gesichtsrose. Das Hauptmittel waren immer gastrische Ausleerung durch Brechmittel oder Purgiermittel, besonders mit Tamarinden und Cremor tartari zur Verbesserung der Gallensekretion. Daneben antiphlogistische Diät und leicht diaphoretisches Verhalten.

Äußerlich vermied man sorgfältig alle adstringierenden und zurücktreibenden Mittel, vor allem Blei und Kampfer. Besonders bei der Gesichtsrose machte man die Erfahrung, daß die schnellste und sicherste Hilfe durch Brechmittel geleistet wurde. Ich konnte die Richtigkeit obiger Gedankengänge wiederholt durch eigene Erfahrungen bestätigen.

Bei **Herpes** zoster und vielen Herpesformen, wie Herpes labialis und genitalis, scheinen auch Toxine oder reizende Stoffwechselprodukte eine Rolle zu spielen, wie sie nicht nur bei fieberhaften Erkrankungen, sondern auch bei Hypomenorrhöe und im Klimakterium, bei Gallenleiden, Magenstörungen und den verschiedensten Arten der Dyskrasie vorkommen können. Meist treffen mehrere dieser Ursachen zusammen, um eine solche „Schärfe" des Blutes zu erzeugen. Beispiele für Herpes bei Magendyspepsie sind häufig. Behebung der entfernten Ursachen, insbesondere antidyskratische, antiphlogistische und ausleerende Behandlung, im speziellen Magendiät, Brechmittel, Abführmittel und Aderlaß bringen die meisten Fälle von Herpes, auch den Herpes zoster, rasch zum Rückgang. Letzterer wird begründeterweise mit einer Neuritis der begleitenden Nerven in Zusammenhang gebracht. Auch diese bildet sich rascher durch die obige komplexe Behandlung zurück. Bezeichnenderweise dachten die alten Ärzte nicht bloß an eine Lokalerkrankung, sondern an „tieferliegende allgemeine Dyskrasien", sicher der überlegenere Standpunkt.

Auch bei **allen sonstigen** hier noch nicht angeführten Erkrankungen der Haut, wie Anomalien der Schweißsekretion, schlechter Hautausdünstung, rauher trockener, schmutziger, kalter Haut, Schweißfuß, übelriechendem Schweiß überhaupt, ist auffallend oft die Verdauung mit im Spiel. Selbst die Heilung scheinbar gar nicht damit zusammenhängender Hautkrankheiten, wie die verschiedenen Lichenarten, Psoriasis, Erythema nodosum, geht besser vor sich, wenn neben der übrigen Behandlung auch die Magenverdauung geregelt wird.

5.3 Kopfschmerz, Migräne, Schwindel

Kopfschmerzen und Migräne werden meist als neuralgische oder vasomotorische Zustände aufgefaßt und dementsprechend mit schmerzstillenden oder vasomotorisch wirkenden Mitteln behandelt. Die Ursachen für diese auslösenden Gefäß- und Nervenstörungen liegen aber auch hier meist tiefer und sind oft nur Endeffekte einer Stoffwechselstörung oder Autointoxikation. Die Wirkung von Sedativa ist meist nur vorübergehend. Ärztlich höher steht auch hier wieder die individualisierende Aufsuchung der entfernten Ursachen, von denen **Menstruationsstörungen, Hautatmung und Magenverdauung** die wichtigsten sind.

Kopfschmerzen und Migräne nach Störungen der Magenverdauung und Obstipation sind ein alltäglicher Befund. Diese Art von Kopfleiden kann aber nicht geheilt werden, wenn die Behandlung des asthenischen Magens keine richtige ist. Interessant ist die Beobachtung, daß Kopfschmerzen, die vom Magen herrühren, meist in Stirn oder Schläfen lokalisiert sind, während Kopfschmerzen infolge von Vollblütigkeit oder hohem Blutdruck mehr im Hinterkopf sitzen.

Vor längerer Zeit suchte mich die neunundvierzigjährige Frau eines Universitätsprofessors wegen klimakterischer Beschwerden auf. Bei dieser Gelegenheit berichtete sie auch, daß sie seit ihrer Pubertät an heftiger, fast täglicher Migräne leide, die alle erdenklichen Behandlungsversuchen widerstanden habe. Es wurde dabei übersehen, daß die Frau immer zu schwach menstruierte und einen enormen Plätschermagen hatte. Auf **tonisierende Diät** und einmaligen **Aderlaß** nebst Hydrotherapie verschwand mit dem Plätschermagen auch die Migräne dauernd binnen zwei Wochen.

Ein wichtiges, heute gar nicht mehr benutztes Mittel zur raschen Beseitigung von Kopfschmerzen, auch zur Beendigung eines sonst stunden- oder tagelang dauernden **Migräneanfalles** ist das **Brechmittel**. Das „Purgieren nach oben" war von *Hippokrates* angefangen bis ins beginnende 19. Jahrhundert bei allen Kopfleiden eine Selbstverständlichkeit. Die empirische Medizin fügt in solchen Fällen noch **Niesmittel, Schröpfköpfe, Blutegel** und in schweren Fällen selbst blutige Einschnitte in die Kopfhaut hinzu. Kurz, das ausleerende Verfahren hilft auch hier wieder in den meisten Fällen, wo einfache Behebung der entfernten Ursachen allein nicht ausreicht.

Der Ausdruck **Magenschwindel** weist auf die engen reflektorischen Beziehungen zwischen Magen und Gehirn hin. Wahrscheinlich entsteht beim atonischen und dyspeptischen Magen Hyperämie der Bauchorgane und Anämie des Gehirnes mit Schwindel. Es ist klar, daß nur eine dauernde Behebung der Dyspepsie und Atonie hier helfen kann und nicht die bloße Verordnung von Medikamenten. Ein bewährtes, aber vergessenes Spezifikum gegen Schwindel ist der **Essigäther**, mehrmals täglich 5-10 Tropfen auf Zucker. Er wirkt offenbar durch belebenden Reiz auf die Hirngefäße. Hier sei auch auf die Psychosen verwiesen, wo wegen des engen Konnexes zwischen Gehirn und Magentätigkeit **Brechmittel** zu den allerwichtigsten Heilmitteln gehören.

5.4 Augen- und Ohrenkrankheiten

Augen und Ohren können von allen Allgemeinursachen für Erkrankungen der Haut und der Schleimhäute betroffen werden. Schon die Verdauungsekzeme der Kinder, auch später die seborrhoischen Ekzeme im Pubertätsalter und in den späteren Lebensjahren hängen mit Dyspepsie zusammen und können so als Ekzem des äußeren Gehörganges, Seborrhöe der Lidränder, Entzündung und Vereiterung der *Meibom*schen Drüsen sich lokalisieren. Aber auch verschiedene Formen der Konjunktivitis und Keratitis sind auf abnorme Verdauungs- und Stoffwechselprodukte zurückzuführen. Es ist nicht einzusehen, warum nicht auch die tieferen Schichten des Auges und Ohres diesen Schädlichkeiten unterliegen sollen. Störungen des Labyrinths in Form von sog. Magenschwindel, Mittelohrkatarrhe, möglicherweise sogar manche Formen von Schwerhörigkeit können von dem chronischen Magenleiden her ausgelöst werden.

Die alte Medizin hat auch bei schweren Augen- und Ohrenleiden wie bei anderen Erkrankungen des Kopfes an das „Purgieren nach oben“ durch **Brechmittel** gedacht. Durch Berücksichtigung dieser Momente wird vielleicht mancher scheinbar unheilbare Fall von Iritis, Skleritis, Chorioiditis und Retinitis einer Besserung zugänglich sein.

5.5 Krankheiten des Mundes und der oberen Luftwege

Der hippokratische Lehrsatz: „*Fehlt es über dem Zwerchfell, gib ein Brechmittel, fehlt es unter dem Zwerchfell, ein Abführmittel*“ enthält tiefe, durch jahrhundertelange Erfahrung bestätigte praktische Wahrheiten. Namentlich bei den Erkrankungen des Kopfes und Halses, einschließlich aller in ihnen enthaltenen Organe, spielte das „Purgieren nach oben“ eine wichtige Rolle. Auch heute bewährt es sich noch überraschend, gerade dort, wo die üblichen spezialistischen Mittel versagen.

Wir beurteilen den Zustand der Magenverdauung gern nach der **Beschaffenheit der Zunge**. Erfahrene Ärzte können daraus auf Anazidität oder Hyperazidität, auch auf Mitbeteiligung der Galle schließen. Reine Zunge weist auf gute, schmutzige belegte Zunge auf schlechte Magenverdauung hin. Ebenso wie schlechter Mundgeruch, sofern er nicht aus der Nase oder von schlechten kariösen Zähnen kommt. Mehr Kopfzerbrechen macht schon das manchmal recht qualvolle **Brennen der Zunge**. Regelung der Magenverdauung und Brechmittel beseitigen es rasch, sofern nicht andere Stoffwechselstörungen wie Diabetes oder harnsaure Diathese vorliegen.

Ein klassisches Objekt für diese Zusammenhänge ist die **Stomatitis aphthosa**. Die Ärzte des 17. und 18. Jahrhunderts erklären die Ursache geradezu als „gastrisch“ und „katarrhalisch“ und kennen auch das epidemische Vorkommen. Überall kehrt dort der lapidare Satz wieder: Die Kur besteht hauptsächlich in der baldigen Anwendung des **Brechmittels**, welches oft allein schon das ganze Übel behebt. Nachher abführende Mittel und Mineralsäuren, Chlorkalklösung als Lokalmittel.

Es ist naheliegend, auch manche andere Erkrankungen des Mundes, wie **Faulecken, Glossitis, Speicheldrüsenentzündungen, Gin-**

givitis, Zahnfleischschwund, Zahnkaries und **Alveolarpyorrhoe**, unter ähnlichen Gesichtspunkten zu betrachten.

Schlechtes Gebiß ist bekanntlich oft eine Ursache von Magenleiden, aber umgekehrt ebenso die Zahnkaries häufig Folge einer gestörten Magenverdauung. Nur bei richtiger tonisierender, mehr allgemein orientierter Magenbehandlung kann somit auch der Karies auf weite Sicht vorgebeugt werden.

Von den schon erwähnten **Entzündungen der Speicheldrüsen** nimmt die der Ohrspeicheldrüse eine Sonderstellung ein. Mumps, obwohl epidemisch und infektiös, wird durch nichts so schnell zum Rückgang gebracht wie durch **Brechmittel**. Offenbar durch Umstimmung des lymphatischen Apparates und der mit den Speicheldrüsen zusammenhängenden Magenwand. Daneben gibt man mit Vorteil **extern zerteilende Mittel** nach Art des Linim. volatile und anderer Resolventia.

Bei allen Arten der **Halsentzündung** nimmt die empirische Medizin Mitbeteiligung gastrischer Ursachen, also von Magenstörungen, an und empfiehlt aus diesen und anderen Gründen das **Brechmittel** als eine der allerwichtigsten und hilfreichsten Maßnahmen. Es kupiert die Krankheit oft am Anfang, beschleunigt die Heilung bei bereits vorgeschrittenem Stadium und wirkt oft lebensrettend unter den schwierigsten Umständen, besonders bei drohender Erstickungsgefahr. Dasselbe gilt auch sogar für die Diphtherie. Im Anfang kann man sie damit kupieren, bei vorgeschrittenem Belag die Membranen damit herausbefördern und manche Intubation oder Tracheotomie dadurch vermeiden. Selbstverständlich soll das Serum gleichzeitig und so früh als möglich angewendet werden. Aber die besonders bei schweren Epidemien noch lange nicht befriedigenden Resultate des Diphtherieserums werden durch richtig indizierte Brechmittel, **Blutegel** und Ableitung auf die Haut, später **Abführmittel** um vieles verbessert werden können.

Kinder erbrechen viel leichter als Erwachsene und sind bei richtiger Dosierung auch nachher gar nicht erschöpft. Auch bei katarrhalischer, lakunärer, eitriger und sogar gangränöser Angina beschleunigt das im richtigen Zeitpunkt gegebene Brechmittel ganz auffallend die Heilung. Intern Salmiak und Schwitzmittel, später Abführmittel als Hauptmedikamente. So wird mancher hartnäckig rezidivierenden Angina aus „gastrischen Ursachen" wirksam vorgebeugt und die Tonsillektomie meist entbehrt werden können.

Bei Personen mit Dyspepsie sieht man häufig **chronischen Katarrh** mit abnormer Trockenheit, Krustenbildung oder **Verschleimung der oberen Luftwege**, also der Nase und ihren Nebenhöhlen, des Rachens, des Kehlkopfes und der Luftröhre. Lokale Behandlung, wie Inhalieren, Pinseln, Ätzen und Operieren, hilft nicht immer. Wohl aber Regelung der Hautatmung und Magenverdauung, woran bei rein spezialistischer Betrachtung meist nicht gedacht wird. Bei vielen Kranken konnte ich jahrelang diese Zusammenhänge beobachten. Wenn Haut und Verdauung in Ordnung waren, bestanden keine Beschwerden, wenn aber nicht, dann klagten die Personen über chronische Rhinitis, Rhinitis vasomotoria, Muschel- und Schleimhauthypertrophien, trockenen Rachenkatarrh, Kehlkopfhusten, Heiserkeit, Luftröhrenkatarrh u. dgl. Natürlich kommen auch äußere klimatische Faktoren in Betracht, auch andere interne Ursachen wie Rheumatismen, Lymphatismus und akute Infektionen. Aber selbst den letzteren kann größerer Widerstand bei guter Magenverdauung entgegengesetzt werden, und es kommt seltener zu Rezidiven, chronischem Verlauf und Komplikationen.

5.6 Lungenkrankheiten

Der aphoristische Lehrsatz: „*Phthisicus saepe ex abdomine fit*" enthält eigentlich in nuce schon das ganze Problem. Man kann sich heute nichts Rechtes darunter vorstellen, weil die tiefere Erkenntnis dieser Zusammenhänge verlorengegangen ist. Bei einigem Nachdenken finden wir aber den Weg wieder. Phthisischer und **asthenischer Habitus** sind ja mitunter fast identisch. Zu letzterem gehört der atonische Plätschermagen, die Mageninsuffizienz als ein Hauptsymptom. Diese wieder bewirkt an sich schon Abmagerung und Schwäche, besonders bei der oft geübten, unzweckmäßigen Ernährung mit Bevorzugung von Milch und Schonungskost. Auch die Liegekur verschlimmert die Atonie des Magens.

Die empirisch-historische Medizin betrachtet die Lungentuberkulose nicht bloß als lokalen, chronischen Entzündungsvorgang, sondern sucht nach disponierenden Momenten. Als solche werden angegeben: Natürliche Schwäche und Schlaffheit der Lungen; entzündliche und nervöse Reizbarkeit derselben, aber auch des ganzen Körpers; Ablagerung von Krankheitsprodukten in der Lunge aus anderen Organen oder allgemeinen Stoffwechselstörungen, wie Hautkrankheiten, Skrofulose, chronischem Rheumatismus und anderen „Dyskrasien“. Schließlich besteht ein Zusammenhang mit den Abdominalorganen: Störungen der Menstruation, der Leber, des Pfortaderkreislaufes und **vor allem der chronische Katarrh des Magens kann fortdauernde reflektorische Reizungen, Kongestionen und Entzündungen der Lunge hervorrufen**.

Bei den abdominalen, besonders gastrischen Ursachen der spezifischen und unspezifischen chronischen Bronchitis sind Magenmittel und Roborantia, kalte Waschungen, sogar körperliche Übungen am Platze. Noch der Wiener Kliniker *Neusser* sprach um 1900 von Abdominalhusten und Magenhusten. Ein Beweis, daß diese Zusammenhänge nicht unbekannt waren. Ebenso sprach man von einem **Asthma abdominale**, einem Asthma atonicum, adynamicum, hypochondriacum, flatulentum und saburrale, d.h. durch Überladung des Magens entstanden. Man verordnete speziell gegen diese Abarten des Asthmas mit Erfolg schwarzen Kaffee, Abführmittel und Brechmittel, allenfalls blähungstreibende Mittel. Unter solchen Gesichtspunkten versteht man wieder die Wirkung der roborierenden Lungenmittel, wie **Lichen islandicus** und die zugleich magenstärkenden Verordnungen von **Cort. Cascarillae** und **Quassia**.

Selbst die schweren Fälle von **Emphysem** und **Bronchiektasie** reagieren oft günstig auf Darmableitung, Regulierung der Magenverdauung, Tonica und Brechmittel.

Auch der **Keuchhusten** bei Kindern kann durch frühzeitig gereichte Brechmittel vollständig kupiert, bei Epidemien sein Ausbruch mit ziemlicher Sicherheit verhindert werden. Die empirische Medizin stellt sich dabei vor, daß durch Brechmittel die „ersten Wege“ von Infektionserregern gereinigt werden, also Magen, Speiseröhre, Rachen und obere Luftwege. Außerdem denkt man dabei an Umstimmung der Nerven, der Schleimhäute und des lymphatischen Apparates. Die Richtigkeit dieser Annahme wurde von mir und meinen Mitarbeitern ganz entsprechend den Angaben der klassischen Medizin wiederholt bestätigt.

Bei **Lungenödem** und **Lungenembolie** kann das Brechmittel neben dem Aderlaß oft die einzige Rettung sein.

5.7 Krankheiten des Herzens und der Gefäße

Die vorvirchowsche Medizin gab den Rat, alle Störungen des Herzens zunächst als symptomatisch zu betrachten und nach entfernten Ursachen zu suchen, welche viel häufiger der Urgrund der Störungen sind, als eine Affektion des Herzens selber.

Ganz ähnlich wie die Lungenleiden kommen viele Herzstörungen von den Bauchorganen. Ganz allgemein gesprochen ist das Abdomen ja das chemische Laboratorium für den ganzen Körper, und es können die verschiedensten Stoffwechselprodukte nach Störungen der Leber, der Niere, auch harnsäureartige Stoffe das Herz und die Gefäße schädigen. Alte und älteste Erfahrungen schreiben auch den Störungen im Pfortaderkreislauf solchen Einfluß zu. Plötzliche **Unterdrückung von Hämorrhoidal- oder Menstrualblutungen** können nicht bloß Asthma bronchiale, sondern auch die verschiedensten Herzbeschwerden, insbesondere **Angina pectoris**, auslösen. Setzt man **6-10 Blutegel** an die Mastdarmvenen und gibt innerlich Schwefel mit weinsaurem Kali, so bessern sich die Hämorrhoidalbeschwerden und das Herzleiden zugleich. Behandlung der indirekten Ursachen beseitigt also oft allein schon die Herzbeschwerden und erspart die Anwendung von spezifischen Herzmitteln.

Sehr häufig entstehen die verschiedensten Herzbeschwerden vom Magen-Darmkanal. Man spricht vom ***Roemheld*schen Symptomenkomplex** und beruhigt sich gewöhnlich mit der Feststellung von Zwerchfellhochstand und verschanzt sich hinter diesem Begriff, der aber therapeutisch ziemlich unfruchtbar ist.

Man denkt dabei meist an Meteorismus oder Fettsucht. Die weitaus häufigste und praktisch wichtigste Ursache, nämlich die falsch behandelte **Magendyspepsie**, wird gewöhnlich übersehen.

Gibt man solchen Leuten die von uns empfohlene richtige Magendiät, nicht aber die übliche Schonungskost, ferner im Anfang Ableitung auf den Darm, Hydrotherapie und mehr Bewegung, dann verschwinden eben der als so feststehend angesehene Zwerchfellhochstand und damit auch die Herzbeschwerden.

Meteorismus des Magens und Darmes entsteht aber meist nach gestörter Magenverdauung, und diese kann auf rationelle Weise nicht mit Tierkohle oder nach dem Säure-Alkaliprinzip nebst Schonungskost geheilt werden, sondern nur durch **Stomachica** und eine **tonisierende Diät**, wobei trotz Nervosität, Herzklopfen u. dgl. Bohnenkaffee sehr günstig wirkt, der aber gerade von *Roemheld* verboten wird.

Eine der heute aktuellsten und am meisten gefürchtetsten Herzkrankheiten, die **Angina pectoris**, kommt, um es drastisch auszudrükken, meist nicht vom Herzen selbst, sondern aus dem Bauch. Man spricht wohl auch hier von dem *Roemheld*schen gastrokardialen Symptomenkomplex. Daneben muß man auch an die Plethora abdominalis, also an **Fettansatz** und **Blutüberfüllung** im Bauchraum denken. Ferner an schädliche Stoffwechselprodukte im Pfortaderblut, welche durch Hämorrhoidalblutungen entleert werden können. Endlich an Obstipation, Meteorismus und schädliche Stoffwechselprodukte, welche bei der Verdauung entstehen.

Außerordentlich häufig sieht man, daß Patienten mit Angina pectoris jahrelang zunächst nur über **Magenbeschwerden** geklagt haben. Diese wurden dann mit Säuren oder Alkalien und Schonungskost behandelt, jedoch ohne Erfolg. Im Zusammenhang damit stellten sich Herzbeschwerden mit anginösen Anfällen ein. Nun wurde erst recht Schonungskost verordnet, und die Kranken fühlten sich immer elender, auch psychisch durch die Einschränkung ihrer Lebensweise sehr deprimiert. Hätte wenigstens in diesem Stadium noch eine richtige Magenbehandlung eingesetzt, so wären diese Kranken bei dem offensichtlichen engen Zusammenhang zwischen Herz- und Magenleiden noch gerettet worden.

Zwei Beispiele:

Eine sechzigjährige Frau leidet seit mehreren Jahren an luetischen Herzbeschwerden mit Aortenerweiterung und anginoiden Zuständen. Gleichzeitig klagt die Patientin seit zwei Jahren über „nervöse" Magenbeschwerden mit zu wenig Magensäure. Dagegen wurden hauptsächlich Milchspeisen verordnet. Die Herzbeschwerden nahmen aber dabei zu, so daß die Patientin als lebensgefährlich krank und nicht arbeitsfähig galt. **Tonisierende Magenbehandlung**, abends etwas Alkohol (Bier oder Wermut-Wein), Hydrotherapie und Ableitung auf den Darm durch Senna-Tee bewirkten in kaum einer Woche einen kompletten Umschwung. Es waren fast gar keine Herzbeschwerden mehr vorhanden, und die Patientin war ungleich leistungsfähiger bei körperlicher und geistiger Arbeit.

Ein zweiter Fall lag ganz ähnlich. Frau J. F., 66 Jahre, klagt seit zehn Jahren über unerträgliches Ohrensausen und *Menière*schen Schwindel, Blutdruck 140. Die Patientin hatte vor ungefähr zwanzig Jahren Magengeschwür mit Bluterbrechen. In den letzten zwei Jahren Krampfzustände in der Herzgegend und in beiden Armen. Gegen letztere wurde sie von namhaften Herzspezialisten medikamentös behandelt. Das Ohrenleiden wurde von einem der prominentesten Ohrenärzte für unheilbar erklärt.

Das Magenleiden blieb in den letzten Jahren unberücksichtigt. Stuhl nur auf Abführmittel. Die Patientin nahm bis zu vierzehn Tassen Tee mit fünfzig bis sechzig Stück Zucker täglich und noch Sahne dazu, im übrigen leichte gemischte Kost und wiederholte Karlsbader Kuren wegen früherer Gallenbeschwerden.

So hatte die Patientin seit vielen Jahren eine ganz verweichlichte blasse, kühle Haut, die mit Pityriasis versicolor bedeckt war, als Zeichen schlechter Pflege. Gegen diese Pilzerkrankung wurde hier und da einmal eine vom Hausarzt verordnete Schälsalbe verwendet. Das natürlichere häufige Waschen, Baden und Abseifen wurde vom Herzspezialisten als zu anstrengend verboten. Die Patientin solle möglichst selten baden. Statt dessen trug die Patientin gegen ihr ständiges Frieren immer dreifache Wäsche.

Die Patientin bekam nun tägliche milde Hydrotherapie zur Anregung der Hautzirkulation, leichte Ableitung auf den Darm durch Senna-Tee, tonisierende Magendiät mit Einschränkung der Flüssigkeit und Verbot von Tee und Milch, dagegen Condurangowein und bot ebenfalls in zwei Wochen ein vollständig verändertes Bild. Sie bekam ein frisches Aussehen, alle Betäubungsmittel wurden weggelassen, und trotzdem zeigten sich die Herz- und Gefäßkrämpfe nicht wieder.

Die Verwendung von **Brechmitteln** bei Angina pectoris (man nannte es früher Asthma syncopticum oder Asthma cardiale) war den Ärzten der früheren Jahrhunderte ganz geläufig. *Heberden, Laennec, Corvisart, Boerhaave* und *Hufeland* erwähnen es als eines der wirksamsten Mittel. Man muß sich natürlich überlegen, ob bei lebensgefährlichen Zuständen des Herzens durch das Brechmittel das Ende nicht noch beschleunigt wird und muß daher sehr sorgfältig Herzschwäche von Krampfzuständen des Herzens unterscheiden. Da das Brechmittel eines der mächtigsten krampflösenden Mittel ist, wird es eben bei krampfartigen Zuständen seine Indikation finden. Ein solches scheinbar empirisches Mittel kann über alle subtilen Erklärungen und wissenschaftlichen Hemmungen hinweg den Erfolg bringen, manchmal gerade bei solchen Krankheitszuständen, wo die üblichen Mittel versagen.

Oft sieht man Kranke mit **Extrasystolen**, die zweifelsohne mit Magenstörungen zusammenhängen. Die mechanische Erklärung durch Magenblähung bzw. Meteorismus überhaupt, Zwerchfellhochstand und Verdrängung des Herzens allein reicht nicht aus. Eher schon sind reflektorische Wirkungen der gedehnten oder chemisch überreizten Magenwand plausibel. Eine rasche und dauernde Heilung erzielt man dabei aber wieder nur durch rationelle Behandlung des atonischen schwachen Magens. Dasselbe gilt für viele Fälle von Herzklopfen.

Herzklopfen, Arrhythmien und **Extrasystolen** brauchen nicht immer als Zeichen von Schwäche oder Herzmuskelschädigung aufgefaßt werden. So sieht man oft Fälle von Arrythmien und Extrasystolen bei Hypertonie im Klimakterium, welche unmittelbar nach einem **Aderlaß** verschwinden.

Wie entscheidend die hier vorgetragene richtige Magenbehandlung selbst bei *Basedow* und *Basedow*oid wirken kann, mögen folgende zwei Fälle beweisen. Sie sind zugleich ein Beitrag dafür, daß selbst bei scheinbar ausgesprochen eindeutiger Ätiologie wie bei Thyreotoxikosen die Berücksichtigung anderer mitauslösender Faktoren für den Heilerfolg ausschlaggebend sein können.

Fall 1: Eine 27jährige Frau litt seit ihrer vor acht Monaten erfolgten Entbindung an Abmagerung, Tachykardie bis 120 Pulsschläge in der Minute und hochgradigen Schwächezuständen, so daß sie monatelang das Bett nicht verlassen konnte. Es wurde die Diagnose Thyreotoxikose gestellt. Medikamentöse Behandlung ohne Erfolg. Ich stellte einen enormen Plätschermagen fest, verordnete an Stelle der bisherigen lactovegetabilischen Diät roborierende, tonisierende Kost, Condurangowein und Hydrotherapie. Die Patientin kräftigte sich zusehends, die Tachykardie und der Plätschermagen verschwanden, die Kranke konnte in zwei Wochen das Bett verlassen und ist seit nunmehr zehn Jahren vollkommen gesund,

Fall 2: Eine nahe dem Klimakterium befindliche Frau machte ohne genügende ärztliche Kontrolle eine Abmagerungskur mit Jodpräparaten. Es entwickelte sich ein typischer Jodbasedow. Fortschreitende Abmagerung, Kräfteverfall, Pulsbeschleunigung, Durchfälle. Patientin wurde in einen Höhenkurort gebracht, wo ich Gelegenheit hatte, sie zu sehen. Ich fand einen enormen Plätschermagen, welcher m.E. an der Abmagerung mitbeteiligt war. Stomachica und tonisierende Diät führten rasche Besserung und Gewichtszunahme herbei, worauf auch die sonstigen Maßnahmen gegen den Jodbasedow erfolgreich waren.

Bei dieser Gelegenheit sei ein Wort über den **großen Bauch** bei Männern und Frauen nach dem 50. Lebensjahr gesagt. Diese Veränderung wird von den meisten Ärzten als etwas Naturgegebenes und Selbstverständliches betrachtet, und es wird viel zu wenig, oft überhaupt nicht, dagegen vorgegangen. Dieser Zustand ist aber keineswegs harmlos. Magenerweiterung, Meteorismus des Darmes, Blutüberfüllung des Pfortadergebietes, Stauungsvorgänge in der Leber und im kleinen Becken, Fettansatz im Gekröse und in den Bauchdecken, schließlich die Erschlaffung der Bauchdecken (der sogenannte **Schlotterbauch**) sind die Hauptcharakteristika. Aus ihnen können sich alle möglichen akuten und chronischen Folgezustände entwickeln. Bei allen heute wieder so aktuellen, auf Lebensverlängerung hinzielenden Bestrebungen müßte auf Beseitigung des großen Bauches älterer Menschen gedrungen werden. Man erreicht das durch Regelung der Magenverdauung, entsprechende Diät, tonisierende körperliche Übungen, Hydrotherapie, Ableitung auf den Darm, Resolventia und nötigenfalls regelrechte Entfettungskuren.

Bei klimakterischen und postklimakterischen Frauen ist **hoher Blutdruck** und ausgedehnter Plätschermagen ein überaus häufiger Befund. Behandlung des Plätschermagens bringt oft den hohen Blutdruck zum Rückgang und beseitigt häufig auch eine Reihe anderer klimakterischer und postklimakterischer Beschwerden von seiten des Kopfes, des Herzens und der Gefäße und Nerven, z.B. Parästhesien bzw. Gefäßkrämpfe.

Beispiele für den häufigen Konflikt zwischen Behandlung der **Arteriosklerose** und gleichzeitiger Magenbeschwerden sind folgende Fälle:

Frau A. T., 72 J., hatte schon vor Jahren Ohnmachtsanfälle vom Magen her. Seit einigen Wochen steht Patientin wegen Schwindels und hohen Blutdrucks (200 RR) mit Brechreiz in Behandlung eines namhaften Internisten. Patientin liegt zu Bett, ist ziemlich apathisch. Ihr Zustand hat sich in den letzten Tagen so verschlechtert, daß die Familie das Schlimmste befürchtet. Auch der Internist denkt an drohenden Schlaganfall. Als Diät wurde Milch, rohes Obst und reizlose Kost empfohlen, dagegen Fleisch, Kaffee, Gewürze und Alkohol verboten. Infolge der Medikamente hat die Patientin oft bis zu vier Tagen keinen Stuhl. Unter dieser Behandlung wurde die Appetitlosigkeit immer größer, der Allgemeinzustand und die Magenbeschwerden immer schlechter. Dabei lechzt Patientin selbst nach pikanten Speisen, Bier und Wein, welche ihr aber verboten sind.

Ich begann die Behandlung mit einem Klysma sowie Verabreichung von Bohnenkaffee und Condurangowein, was ausgezeichnet vertragen wurde. Stimmung und Kräftezustand hoben sich binnen 24 Stunden. Allmählicher Übergang zur tonisierenden Diät, Weglassung aller früheren Medikamente. Der Blutdruck ging binnen drei Tagen auf 160 herunter, Patientin verließ zu dieser Zeit auch das Bett und befindet sich seither vollkommen wohl.

Frau E. G. 66 J., klagt seit mehr als zehn Jahren über Magensäurebeschwerden, Obstipation, üblen Geschmack. Da Patientin einen Blutdruck von ca. 200 RR hatte, wurde von zwei namhaften Internisten salzlose Kost und Calcium carbonicum verordnet. Darauf nahmen Obstipation und Magenbeschwerden noch zu.

Auf tonisierende Diät, Stomachica und anfängliche Laxantia verschwanden die Magenbeschwerden und die Obstipation in 1 ½ Wochen, worauf trotz der Fleischkost der Blutdruck auf 170 RR bei subjektivem Wohlbefinden herunterging.

Ähnliche Beispiele kann man alltäglich erleben, und man kann nicht genug betonen, daß der Zustand der Verdauungsorgane meist primärer und wichtiger bei der Krankenbehandlung ist, als irgendwelche andere spezialistische Rücksichten.

5.8 Krankheiten des Verdauungstraktes

5.8.1 Ulcus ventriculi und duodeni

Die weitaus häufigsten aller Magenstörungen, nämlich Magenatonie, Hyperazidität und nervöse Dyspepsie, allenfalls die sog. Gastritis bilden die Vorstufen des Ulcus ventriculi und duodeni, und in weiterer Folge des Magenkarzinoms. Bei der jetzt allgemein üblichen Behandlungsmethode werden Ulcus ventriculi und duodeni geradezu gezüchtet, und umgekehrt stehe ich nicht an zu erklären, daß bei richtiger Magenbehandlung nach den hier vorgetragenen Grundsätzen es niemals zu Ulcus ventriculi oder duodeni, zu Pylorusstenose oder kallösem Geschwür kommen darf. Selbst das Magenkarzinom braucht man nicht als schicksalsmäßig gegeben hinzunehmen und kann ihm oft genug im voraus durch Behebung der gutartigen chronischen Reizzustände den Boden abgraben.

Daß man auch sonst noch vieles tun kann, um gutartige Geschwüre und bösartige Neoplasmen zu **verhüten**, wie z.B. durch individuell indizierte **Aderlässe**, Ansetzen von **Blutegeln** in die Magengegend oder durch Ausleerung des oft schuldtragenden Pfortaderblutes an den Hämorrhoidalvenen, ferner durch Ausleerung reizender Stoffwechselprodukte mittels **Cantharidenpflaster** in der Magengegend, oder durch Verabreichung von Mitteln, welche die **Gallensekretion** verbessern, das alles ist gleichfalls zum Schaden der Kranken in Vergessenheit geraten und soll durch die Konstitutionstherapie wieder neu eingeführt werden. Der den alten Ärzten geläufige Begriff der humoralen „Metastasen“, d.h. der Versetzung von Krankheitsstoffen von einem Organ auf das andere, muß wieder neu eingeführt werden. Es kann also eine entzündliche oder rheumatische Krankheitsmaterie bald in den Muskeln, bald in der Pleura, bald in der Magenwand sich festsetzen und dort Entzündungen, Blutungen, Krämpfe, Schmerzen, Sekretionsstörungen

u. dgl. machen. Es ist klar, daß in solchen Fällen eine ableitende, ausleerende Behandlung mehr ausrichtet, als die rein lokalistische mit Säuren und Alkalien.

Ist infolge unzweckmäßiger oder vernachlässigter **Behandlung** von Magenstörungen das Ulcus ventriculi oder duodeni schon manifest geworden, so treten die von der heutigen Klinik ausgearbeiteten Behandlungsmethoden in ihre vollen Rechte.

Sie können aber sehr wirksam unterstützt werden durch eine ganze Anzahl außer Gebrauch gekommener pflanzlicher Adstringentia, wie **Radix Ipecacuanhae** in Zentigrammen, welche zugleich krampf- und blutstillend wirken. Ferner **Radix Tormentillae** mit ähnlichen Eigenschaften. Ferner **Herb. Millefolii, Herb. Absinthii, Herb. Equiseti, Flor. Salviae, Herb. Polygoni, Herb. Caps. burs. past.** Ebenso ein Dekokt von **Schwarzwurzeln**. Von mineralischen Adstringentien verdienen die Alaunmolken Wiederanwendung. Ebenso alle derivierenden, den Blutstrom vom Magen ablenkenden Verfahren, wie Klystiere, Essigumschläge auf die Magengegend, Senfpapiere an die Waden, **Blutegel am Mastdarm**. Nach Verheilung dieser Geschwüre allmählicher Übergang zu der eine normale Magenfunktion am ehesten herbeiführenden tonisierenden Diät nebst magenstärkenden tonisierenden Mitteln.

Der therapeutisch hochbegabte Pfarrer *Kneipp* empfiehlt bei bereits vorhandenen Magengeschwür frischen, nicht sauren Topfenkäse (Quark), jede Stunde einen Eßlöffel voll. Dieses Mittel kühlt und nährt gleichzeitig. Daneben empfiehlt er **Hydrotherapie** und **adstringierende Pflanzendekokte** (Schafgarbe, Wermut, Salbei, Zinnkraut usw.). Sehr vernünftig ist bei ihm der Rat, wenig Flüssigkeiten zu nehmen, was ganz im Gegensatz zu den üblichen Milchkuren steht. *Kneipp* behält aber praktisch recht.

Bei **Schmerzen** im Magen und Duodenum mit und ohne Ulcusverdacht bewährt sich oft ein Infus von **Radix Berberidis** (Sauerdorn).

Negativ-Monographie der Kommission E. Bei Überdosierung des Alkaloids Berberin kommt es zu Benommenheit, Nasenbluten, Dyspnoe, Haut-, Augen- und Nierenreizungen, Übelkeit und Erbrechen. Tod durch Atemlähmung ist beschrieben. Berichte über Vergiftungen mit der Droge sind allerdings nicht bekannt.

Es ist dies der bekannte, an Waldrändern wachsende Strauch, welcher die roten Berberitzenfrüchte trägt. Die Wurzel wird seit langem von Jägern und Kräutersammlern als eine Art Geheimmittel gegen schwere Magenleiden verwendet und verdient, mehr bekannt zu sein. Die Droge ist in ihrer Wirkung und in ihren chemischen Bestandteilen verwandt der afrikanischen **Colombowurzel**, die auch als Stomachicum und Tonicum gilt, speziell gegen Kardialgien.

Ich habe Rad. Berberidis wiederholt mit Erfolg verordnet und manche Operation verhüten können. Man läßt einen Eßlöffel der zerkleinerten Wurzel über Nacht mit 300 Gramm kalten Wassers ziehen, kocht es am Morgen einmal kurz auf und läßt die eine Hälfte morgens, die andere abends austrinken.

Es seien nun folgende Krankengeschichten mitgeteilt, welche zeigen, wie leicht und rasch fast ausnahmlos die von uns angegebene Methode zum Ziele führt. Außerdem aber, mit wie vielen anderen körperlichen Krankheitszuständen solche Magenleiden zusammenhängen und wie schwer erstere geheilt werden können, wenn nicht die richtige Magenbehandlung einsetzt.

Ein befreundeter zwanzigjähriger junger Mann mit zarter Haut, groß, blond mager, hochaufgeschossen, Beamter mit sitzender Lebensweise fiel durch sein von Woche zu Woche immer elenderes Aussehen auf und klagte über heftige Magenschmerzen, starken Durst, Appetitlosigkeit, abwechselnd mit Heißhunger, allgemeine Müdigkeit, zunehmende Schwäche. Es wurden Röntgenaufnahmen und Magenausheberungen gemacht. Man fand vermehrte Salzsäure, verordnete Alkalien und Belladonna sowie sehr viel Milch, Butter, Schleimsuppen und Kartoffelpüree. Der Patient magerte immer mehr und mehr ab und fühlte sich immer elender. Schließlich sagte man ihm, daß nur mehr eine Operation helfen könne. In seiner Verzweiflung wendete er sich an mich.

Ich verbot ihm sofort Milch, Schleimsuppen, Butter usw. und ließ ihn reinen Bohnenkaffee, Tee mit Zitrone und dick mit Grieß eingekochte Rindssuppen nehmen. Semmel oder Schinken vertrug er anfangs gar nicht und hatte die heftigsten Schmerzen. In der ersten Woche nährte er sich hauptsächlich von rohen Eiern. Unter Zuhilfenahme bitterer Magenmittel konnte er allmählich die ganze tonisierende Kostform vertragen und war in vier Wochen vollständig beschwerdefrei. Daneben machte er Hydrotherapie, machte mehr körperliche Bewegung und wurde innerhalb der nächsten Jahre ein preisgekrönter Meisterschwimmer von athletischem Körperbau. Er ist auch heute noch vollkommen gesund und kräftig.

Frau O. P., 61 Jahre alt, klagt seit mehr als zehn Jahren über Magensäurebeschwerden mit Schmerzen, zeitweilig Brechreiz. Röntgenologisch Verdacht auf Magengeschwür festgestellt. Die Säurewerte bald normal, bald erhöht. Hat jahrelang viel Milch verordnet bekommen. Zuletzt hat ihr der Hausarzt empfohlen, gegen die fortschreitende Abmagerung täglich ¼ kg Butter zu essen. Als Medikament wurde Wismut verschrieben. Der Zustand wurde zusehends schlechter, und die Frage der Operation wurde in Erwägung gezogen. Mit Rücksicht auf ihr vorgerücktes Alter konnte sich die Patientin nicht dazu entschließen und hielt sich daher für unheilbar bzw. verloren.

Auf tonisierende Diät, Radix Berberidis als Tee, Hydrotherapie, Essigwasserumschläge war Patientin in 1 ½ Wochen schmerzfrei. Sie nahm an Gewicht acht kg innerhalb zwei Monaten zu und ist jetzt seit 3 ½ Jahren beschwerdefrei.

Frau H. N., 46 Jahre alt, leidet seit 1 ½ Jahren an heftigen Schmerzen im Duodenum, Abmagerung, Appetitlosigkeit, Obstipation. Ein namhafter Internist machte alle denkbaren Analysen und Untersuchungen und stellte Verdacht auf Zwölffingerdarmgeschwür fest. Er verordnete Thermophor, viel Milch und die Speisen alle in Püreeform. Der Zustand verschlechterte sich zusehends.

Ich stellte einen ausgedehnten Plätschermagen fest, verbot sofort die Milch, statt Thermophor kalte Essigwasserumschläge, vorsichtiger Beginn mit der tonisierenden Diät, Bittertee, und zwar zuerst von Rad. Berberidis, später von Hb. Centaurii, keine Alkalien, dagegen Hydrotherapie. In weniger als einer Woche war Patientin schmerzfrei, in drei Wochen dauernd gesund.

Ich kam eines Tages zu einer Familie, in der ich als Frauenarzt tätig war, und fand alle in größter Besorgnis und Aufregung. Der zehnjährige Sohn der Familie lag seit vielen Wochen krank zu Bett und wurde von den namhaftesten Kinderärzten und Internisten wegen eines schweren Magenleidens behandelt. Man sprach den Verdacht auf Ulcus duodeni aus. Bei einem zehnjährigen Kind ein sehr seltenes Vorkommnis. Der Knabe war bis zum Skelett abgemagert, blaß und schwach, er konnte sich kaum mehr aufsetzen vor Mattigkeit. Man hatte ihm Milch, Schlagsahne, Butter, Kartoffelpüree und Speisesoda verordnet und auch schon eine Bluttransfusion gemacht. Der Zustand wurde immer elender, so daß man schon an eine Operation als letztes Mittel dachte.

Man fragte mich um meinen Rat. Ich fand einen enormen bis zum Nabel reichenden Plätschermagen, welcher bisher der Beachtung nicht gewürdigt worden war. Man pflegt ja auch nach der heutigen Methodik erst gar nicht auf dieses Symptom zu untersuchen, sondern nur auf den Röntgenbefund und das Ergebnis der Magensondenprüfung zu achten.

Ich stellte sofort die bisherige Milch-, Fett- und Breidiät ab, verordnete dem Knaben - horribile dictu - zweimal täglich eine kleine Tasse starken Bohnenkaffee, ferner Condurangowein, schluckweise ein Dekokt von Herba Centaurii und Fruct. Foeniculi aa und Essigwaschungen des ganzen Körpers. Schon am nächsten Tage wurde mir telephoniert, der Knabe hätte fortwährend Hunger und gar keine Magenbeschwerden mehr. Sehr bald bekam er Schinken, weiche Eier und nach und nach auch die kompakteren Bestandteile der tonisierenden Magendiät. In vier Wochen war er vollkommen hergestellt und entwickelte sich zu einem kräftigen, sportlich gut trainierten Jungen, der seit nunmehr vier Jahren keinen Rückfall mehr hatte.

Frau A. Ch., 51 Jahre, leidet seit ihrer im Alter von 42 Jahren erfolgten Uterusexstirpation (stark blutendes Myom) an allen möglichen entzündlichen und schmerzhaften Zuständen im Körper, welche von mir jedesmal durch ausleerende und ableitende Behandlung relativ rasch geheilt worden sind. Dann war immer 1-2 Jahre Ruhe, während welcher Zeit die Patientin nichts für ihre Gesundheit tat. So hatte sie hintereinander eine Neuritis am Oberarm, chronische Arthritis in den Kniegelenken, eine Trigeminusneuralgie und im letzten Jahr heftige Krämpfe in der Magen- und Duodenalgegend. Die Internisten stellten einen Verdacht auf Duodenalgeschwür fest und verordneten Alkalien, Belladonna und Thermophor. Der Zustand besserte sich nicht, und es wurde eine Operation in Aussicht genommen.

Patientin fragte mich in diesem Zustande um Rat, und ich faßte dieses Duodenalgeschwür als lokale Manifestation des künstlichen Klimakteriums auf mit seiner Überladung an reizenden Stoffwechselprodukten. Ich machte einen Aderlaß von 250 ccm, legte ein Cantharidenpflaster 5 × 5 cm für 24 Stunden auf die schmerzhafte Stelle und verordnete intern ein kaltes Infus von Rad. Berberidis. Die Schmerzen hörten binnen 24 Stunden auf. Unter vorsichtig ansteigender tonisierender Diät und adstringierende Bittertee in der auf S. 70 geschilderten Zusammensetzung, zweimal täglich schluckweise, erholte sich die Patientin in zwei Wochen vollkommen, so daß sie im Sommer auf Gebirgstouren gehen konnte.

Frau J. K., 32 Jahre, leidet seit mehr als zwei Jahren an hochgradigen Magenbeschwerden, steht seit dieser Zeit wegen Duodenalgeschwür in ständiger spezialärztlicher Behandlung. Sie ist dabei hochgradig abgemagert, 56 kg gegen ein früheres Körpergewicht von 71 kg bei 172 cm Körpergröße. Da der Zustand sich nicht besserte, wird eine Operation in Aussicht genommen.

In diesem Stadium wurde ich zugezogen: Tonisierende Diät mit vollkommenem Verbot von Milch, welche immer Völlegefühl und Druckbeschwerden machte, wird auffallend gut vertragen. Schon in der ersten Woche wird Bohnenkaffee, Condurangowein, Bier, Schinken, Sodawasser, weiche Eier, gebratenes Fleisch ausgezeichnet vertragen. In kaum zwei Wochen vollkommen beschwerdefrei und arbeitsfähig. Als Medikament hauptsächlich Infus Rad. Berberidis während drei Wochen. Patientin ist bis jetzt über ein Jahr beschwerdefrei.

Frau E. K., 34 Jahre, seit fünf Jahren Verdauungsbeschwerden, Magenkrämpfe, Kolitis, heftige Krämpfe in der Gegend des Pylorus und Duodenums, die tage- und wochenlang andauern. Hat fast alle Magen-Darmspezialisten, Internisten und Chirurgen Wiens befragt. Die bisherige Behandlung war erfolglos, so daß eine Operation als einziger Ausweg bevorstand. Patientin hatte 10 kg abgenommen.

Auf tonisierende Diät Verbesserung des Appetits und Nachlassen der Magenbeschwerden. Patientin konnte in kurzer Zeit alles essen. Auch die Spasmen ließen allmählich nach, besonders auf Hydrotherapie. Condurangowein und Ableitung auf den Darm durch Klysmen und Senna-Tee.

Frau K. K., 29 Jahre, seit zwei Jahren hochgradige Magenbeschwerden, Schmerzen, Krämpfe, Sodbrennen, Magendrücken, Übelkeit den ganzen Tag, besonders vormittags, Völlegefühl. Ist von 72 auf 63 kg abgemagert. Röntgenbefund lautet auf Ulcus duodeni. Großer Plätschermagen noch drei Stunden nach der letzten Flüssigkeitsaufnahme nachweisbar. Schonungskost, Alkalien und Belladonna nutzlos.

Allmähliche Einführung der tonisierenden Diät, Amara stomachica, Hydrotherapie. Schon in einer Woche vollständig beschwerdefrei. Nimmt an Gewicht zu und ist dauernd gesund geblieben.

Frau M. C., 38 Jahre, seit zwei Jahren magenleidend. Von einem namhaften Magen-Darmspezialisten wurde Ulcus duodeni festgestellt. Da Mutter und Schwester an Karzinom gestorben waren und sie dauernd hochgradige Beschwerden hatte, fürchtete Patientin, auch Magenkrebs zu haben. In den letzten drei Wochen besonders starke Schmerzen, Erbrechen, viel Magensäure, auch okkultes Blut soll nachgewiesen worden sein. Patientin wurde hauptsächlich mit Milch, Tee, Zwieback, Kartoffelpüree, Alkalien und Belladonna behandelt. Der Zustand galt nach so langer vergeblicher fachärztlicher Behandlung als internistisch unheilbar, und es war eine Operation in Aussicht genommen.

Es klingt unglaublich, aber die Patientin war auf eine einzige Ordination beschwerdefrei und dauernd geheilt. Drei Jahre später bekam ich noch einen Bericht über vollkommenes Wohlbefinden. Tonisierende Diät, Hydrotherapie, insbesondere Bohnenkaffee, Sodawasser und gebratenes Fleisch und einige Stomachica haben den Umschwung bewirkt.

5.8.2 Magenkrampf und Magenschmerzen

Die Ärzte des 17. und 18. Jahrhunderts führten Magenkrampf und Erbrechen in vielen Fällen auf Asthenie des Magens zurück und verordneten dagegen Amara tonica stomachica. Man stellte früher fest, daß dieses oft auch mit Übelkeit, Erbrechen, Angst, Kälte der Extremitäten und sogar Ohnmachten einhergehende Übel viel **häufiger bei Frauen** als bei Männern vorkommt. Bei Frauen besonders oft im **Klimakterium** und bei **Amenorrhöe**. Neben den sonstigen allgemeinen Ursachen der Nervenkrankheiten wurden die Pubertätsentwicklung und Unterdrückung der Hautatmung nach chronischen Erkältungen besonders dafür verantwortlich gemacht.

Bei der Behandlung nahm man auf so entstandene **kongestive Zustände** am Magen besonders Rücksicht und verordnete lokale und allgemeine Blutentziehungen. Ferner zur Entleerung des stagnierenden Mageninhaltes **Abführmittel** und geeignetenfalls auch Brechmittel. **Brechmittel** stillen Magenkrämpfe, falls diese nicht von Geschwüren und Neubildungen herrühren, oft augenblicklich. Bei Magenbeschwerden, welche durch Ablagerung von Krankheitsstoffen (sog. Metastasen), rheumatischer, arthritischer, menstrueller und sonstiger Natur entstanden sind, helfen **Cantharidenpflaster** auf die Magengegend. Bei rein nervösem Magenkrampf erst soll man krampfstillende Mittel geben, aber auch nicht gleich Belladonna, sondern Wismut, Brausepulver und äußerliche **krampfstillende Einreibungen.** Als Sedativum gab man **Extr. Hyosciami** 0,05 pro dosi mit **Magnesium carbonicum** kombiniert.

An die Stelle der Brechmittel kann in manchen Fällen die **Magenspülung** treten. Ich habe wiederholt von Fällen gehört, wo einige Magenspülungen die Hyperaziditätsbeschwerden auf Monate und Jahre hinaus beseitigt haben.

5.8.3 Gallenleiden

In der Therapie wird praktisch eigentlich so gut wie gar keine Rücksicht darauf genommen, daß Gallenleiden sehr häufig mit Magenstörungen einhergehen. In meinem Krankenmaterial wurden unter rund 15 000 Patientinnen 967mal Gallensteine und 102mal Gallenblasenentzündungen, teils anamnestisch vermerkt, teils als jeweiliger Befund erhoben. Unter diesen Gallenleidenden wurden in 845 Fällen Magenstörungen beobachtet, meist in Form von Sodbrennen, Magendrücken, Aufstoßen. Dabei ist zu bedenken, daß bei dem oft pyknischen, fettleibigen Habitus der Gallensteinkranken ein Plätschermagen seltener ist als bei dem mageren asthenischen Habitus. Trotzdem finden sich in der überwiegenden Mehrzahl aller Fälle Magenstörungen, welche durch die von uns angegebene Methode rasch heilbar sind, was auch auf die Gallenbeschwerden meist unmittelbar günstig einwirkt.

Die **Obstipation** ist ja eine besonders häufige, fast regelmäßige Begleiterscheinung bei Gallenleiden. Dazu kommt noch die besondere Häufigkeit beim **weiblichen Geschlecht**, bei **Fettleibigkeit** und **dunkler Haarfarbe** (**biliärer Typus**). Letzterer besonders auch durch brünette Haut und halonierte Augen gekennzeichnet. Auch die Hypertrichosis bei Frauen disponiert bis zu einem gewissen Grade zu Gallen- und Nierenkonkrementen. Auch der Ikterus catarrhalis entsteht bekanntlich oft aus Magenkatarrhen und kann bei richtiger Magenbehandlung besser vermieden oder rascher geheilt werden als durch die übliche Schonungskost.

Leichte Verdauungsanregung, also leicht gewürzte Kost, besonders Rindssuppen, geräucherter Schinken, rohe und gekochte Eier, kohlensäurehaltige Mineralwässer und **Vermeidung von Fett** ist zu empfehlen. Von Medikamenten sind die zugleich magenstärkenden und den Gallenfluß anregenden Mittel: **Rhabarber, Aloe** und **Lignum Quassiae** angezeigt.

Die bei Gallensteinen übliche purinarme und reizlose Schonungskost kontrastiert nun sehr stark mit der für die begleitende Dyspepsie erforderlichen eiweißreichen und anregenden tonisierenden Diät. Dadurch verschlechtert sich das Magenleiden und mittelbar auch wieder das Gallenleiden. Würde man gleich am Anfang die Magenstörung in unserem Sinne richtig behandeln, so kämen auch viele Gallenleiden gar nicht erst zum Ausbruch.

Nur kurz sei hier darauf hingewiesen, daß **bei Gallensteinen und Gallenblasenentzündungen das Wichtigste die Ausleerung nach unten ist**, daß also bloß besänftigende Mittel und Narkotika eher schädlich sind und nur ganz im Anfang verwendet werden sollten. Ansonsten erreicht man die krampf- und schmerzstillende Wirkung viel rationeller durch **Aderlaß, Blutegel** und Canthariden-pflaster, welche zugleich auch antiphlogistisch sind.

Beispiele:

Eine 58jährige Frau M. N. suchte mich wegen postklimakterischer Beschwerden auf. Gleichzeitig klagte sie seit fünf Monaten über heftige Schmerzen in der Gallenblasengegend, mit Krämpfen, Übelkeiten und zeitweiligen Magenbeschwerden. Sie war bei verschiedenen Internisten, auch in einem Ambulatorium für innere Krankheiten die ganze Zeit in Behandlung und erzielte keine Besserung. Man verordnete ihr Milch und Milchspeisen und verbot ihr alle anregenden Mittel. Sie gab an, daß ihr Milch absolut widerstehe und die Zwieback-Brei-Diät stundenlang träge im Magen liegen bleibe und Unbehagen verursache. Dabei bestand Obstipation, gegen welche ihr die verschiedensten Abführmittel nebst Kamilleneinläufen verordnet wurden. Man übersah, daß die mittelgroße Patientin 96 kg schwer war, einen Plätschermagen hatte und eine trockene Haut mit mangelhafter Hautatmung und nur schwer in Gang zu setzender Schweißsekretion hatte. Wegen der Erfolglosigkeit der bisherigen Behandlung riet man der Kranken zur Gallenblasenexstirpation als der einzig möglichen Hilfe. Bei einer Frau mit so hochgradiger Adipositas und Fettherz im vorgerückten Alter ist eine Gallenblasenoperation doch immer mit einem gewissen Risiko verbunden.

Ich verordnete der Patientin tonisierende Magendiät welche zugleich den Gallenfluß anregt, dann vorsichtige Entfettung, zuerst mit Glaubersalz morgens, Sennatee abends und Schilddrüsentabletten mittags. Allmählich wird auch eine Entfettungsdiät mit möglichst wenig Fett und Kohlehydraten verabreicht. In die Gegend der Gallenblase sechs Blutegel und Cantharidenpflaster. Da durch die mangelhafte Hautatmung entzündliche und krampfhafte Zustände noch verstärkt werden, bekommt Patientin allmählich auch schweißtreibende Mittel. So verschwanden alle Beschwerden, und die Operation konnte vermieden werden.

Frl. F. L., 46 Jahre, steht seit zwanzig Jahren immer wieder wegen chronischer Gallenblasenentzündung mit Koliken und Fieber in fachärztlicher Behandlung. Angeblich sollen auch kleine Gallensteine und Duodenalbeschwerden bestehen. Patientin klagte auch oft über Magenbeschwerden und Migräne.

Trotz intensiver und häufiger Kuren gilt die Patientin als chronisch krank, leidend und von verminderter Leistungsfähigkeit. Die von mir vorgenommene Untersuchung ergab Magenplätschern noch vier Stunden nach der letzten Flüssigkeitsaufnahme.

Tonisierende Diät wird sofort gut vertragen, Bittertee, morgens Glaubersalz und Hydrotherapie brachten sofort auffallende Besserung. Da Patientin außerdem vollblütig war, wurde ein Aderlaß von 250 ccm gemacht. In etwa drei Wochen war Patientin vollständig beschwerdefrei, behielt dieses Regime bei und ist jetzt seit ¾ Jahren ganz gesund.

Frau E. L., 49 Jahre alt, leidet seit vielen Jahren an Obstipation und ständigen Gallenblasenreizungen. Sie war wiederholt in Karlsbad und hielt besonders in den letzten zwei Jahren strenge Diät. Man verbot ihr schwarzes Fleisch. Auch weißes durfte sie nur einmal täglich nehmen. Ferner nichts Gewürztes, fast kein Salz, statt Brot oder Semmel nur Zwieback, kein Alkohol, viel Milch und Butter, die Speisen zumeist in Püreeform, keine Rindssuppe usw. Die viel in Gesellschaft gehende Dame war schon ganz deprimiert darüber, daß sie bei allen Einladungen zum Essen sich als krank ausgeben und spezielle Zubereitungen für sich verlangen mußte.

Die sofortige Umstellung auf Bohnenkaffee, Condurangowein, starke Rindssuppe, gebratenes schwarzes Fleisch usw. wurde anstandslos vertragen, und Patientin hatte in zwei Wochen nicht nur keine Magen-, sondern auch keine Gallenbeschwerden mehr. Die immer als Damokles-Schwert drohende Gallenblasenoperation wurde gleichfalls überflüssig.

Frau M. R., 40 Jahre alt, leidet seit Jahren an Magen- und Gallenbeschwerden. Letztere werden an einer internen Klinik als von Lamblieninfektion herrührend erklärt und als hartnäckig angesprochen. Fettsucht, Obstipation. Patientin wurde mit Schonungskost, Karlsbader Wasser und Duodenalsonde behandelt, hielt sich für schwer krank, schwer heilbar und wurde ganz hypochondrisch und arbeitsunfähig.

Entfettungskur mit Ableitung auf den Darm, tonisierende Magendiät und Stomachica beseitigten das Druckgefühl in der Magen- und Gallengegend binnen einer Woche. Hydrotherapie und Bewegung (Sport) machten die Patientin in weiteren drei Wochen vollständig beschwerdefrei.

Frau M. B., 29 Jahre, litt seit ihrer vor vier Jahren erfolgten Entbindung an Gallenschmerzen und Obstipation. Sie wurde mit strengster Schonungskost behandelt. Fast alles war ihr verboten.

Nach einer einzigen Ordination (Magendiät, Condurangowein und Sennatee) mit Weglassung der Betäubungsmittel war Patientin in wenigen Tagen dauernd beschwerdefrei.

Frau P. G., 52 Jahre, leidet seit zwanzig Jahren an häufigen Anfällen von Gallenblasenentzündung, Magenbeschwerden und Obstipation. Hat schon die verschiedensten Kuren durchgemacht und verzweifelt an Heilung. Die Untersuchung ergab Fettsucht (78 kg), belegte Zunge, dyspeptische Beschwerden, auch von seiten des Magens, Druckempfindlichkeit daselbst, sowie besonders in der Gallenblasengegend.

Die Behandlung bestand in tonisierender Diät, Glaubersalz, Sennatee, zehn Blutegel an die Gallenblasengegend. Eine Woche später ein Cantharidenpflaster daselbst. Die Beschwerden ließen rasch nach. Hierauf Entfettungskur. In sechs Wochen war Patientin vollständig beschwerdefrei und ist jetzt über zwei Jahre lang ganz gesund.

5.8.4 Darmleiden

So bekannt es ist, daß die drei Zustandsbilder **Kolitis, Typhlitis** und **Appendizitis** oft **durch Obstipation bedingt** sind, so wenig Aufmerksamkeit wird den ebensooft dabei vorhandenen **Magenstörungen** geschenkt. Die Obstipation selbst beginnt ja oft schon mit der Trägheit des atonischen Magens. Der fehlerhaft verdaute, meist auch übersäuerte Mageninhalt erzeugt dann Reizzustände in den unteren Darmabschnitten und so auch Typhilitis und Appendizitis. Ich habe sehr häufig chronisch-schmerzhafte Zustände in der Blinddarmgegend, die keiner anderen internen Behandlung gewichen sind und schon operiert werden sollten, nach richtiger Magenbehandlung verschwinden gesehen. Umgekehrt wieder sieht man sehr häufig Patienten nach Appendektomie, wo trotzdem die Schmerzen weiterbestehen, die man dann durch adhäsive Beschwerden zu erklären sucht.

Daß die **akute Appendizitis** nicht so unter allen Umständen operiert werden muß, wie man noch vor wenigen Jahren glaubte, wird heute immer mehr bekannt. Es soll damit gewiß nichts gegen die Frühoperation gesagt sein, wenn sie bei strikter Indikation und günstigen sonstigen Umständen ausgeführt werden kann. Sind aber irgendwelche Kontraindikationen oder äußere Unmöglichkeiten (z.B. im Hochgebirge) vorhanden, so kann man durch Hungerdiät, später vorsichtige **Einläufe, Umschläge, Blutegel** und sonstige antiphlogistische Maßnahmen die Gefahr der Perforation und Peritonitis beherrschen und nötigenfalls auch ohne Operation durchkommen oder diese allenfalls in dem viel weniger riskanten fieberfreien Stadium durchführen.

Sehr häufig findet sich **bei Atonie des Magens spastische Obstipation**. Gelegentlich auch Atonie des Dickdarmes. So kommt es, daß namhafte Internisten zahlreiche Fälle von Obstipation als therapeutisch kaum beeinflußbar ansehen. Sie behelfen sich dauernd mit Abführmitteln. Wer selbst jemals mit solchen Störungen zu tun gehabt hat, wird bestätigen, daß alle diese Mittel die normale Magen-Darmtätigkeit aus dem Geleise bringen, Unbehagen und Krankheitsgefühl verursachen. Behebt man dagegen die meist vorhandenen Magenstörungen mit tonisierender Magenbehandlung, so schwindet die Obstipation ganz von selbst, und man braucht höchstens im Anfang durch ein mildes Sennainfus nachhelfen.

Interessant sind übrigens die **engen Wechselbeziehungen zwischen Stuhlentleerung und Magenverdauung**. Die ärztlichen Klassiker des 17. und 18. Jahrhunderts verlangten bei „Gastrosen" ausgiebige Entleerung nach oben und nach unten. Tatsächlich kann man bei Dyspeptikern mit atonischem Magen meist unmittelbar nach der Stuhlentleerung lebhafte Tätigkeit des vorher schlaffen überfüllten Magens beobachten. Er entleert sich sehr rasch, das Druckgefühl und Unbehagen verschwindet und weicht einem Hungergefühl. Umgekehrt wieder sieht man oft wenige Minuten nach Einnahme verdauungsanregender Magenmittel, zum Beispiel von Bohnenkaffee am Morgen, Stuhlentleerung eintreten. Entweder geschieht dies auf dem Blutwege oder, was noch wahrscheinlicher ist, durch Reflexwirkung vom Magen auf den Dickdarm. Aus diesem Grunde möchte ich die Verwendung von Belladonna weder bei Magenleiden noch gegen spastische Obstipation empfehlen, weil sie in beiden Fällen retardierend wirkt. Sie ist durch Stomachica und tonisierende Diät viel besser zu ersetzen. Selbst krampfartige Zustände im Magen und Duodenum weichen auch ohne Betäubungsmittel durch genügende Ausleerung nach unten. Mit einem Worte, Purgieren ist in den allermeisten Fällen viel besser als Betäuben. Das gilt für Magen, Galle, Appendix und Dickdarm.

Beispiel:

Frau E. Z., 59 Jahre alt, leidet seit mehr als zwanzig Jahren an hartnäckiger Obstipation und war bei zahlreichen namhaften Internisten des In- und Auslandes in Behandlung. Man gab ihr gegen die Verstopfung Agar-Präparate und Paraffinöl. Daß die Obstipation ihre Ursache in einem enormen Plätschermagen hat (ausgedehnte Plätschergeräusche noch zehn Stunden nach der letzten Flüssigkeitsaufnahme), wurde von keinem der behandelnden Ärzte entdeckt und berücksichtigt.

Tonisierende Diät, Hydrotherapie, Stomachica, in diesem Fall Rhabarber und Aloe-Präparate, zwei Wochen lang gegeben. Pulv. Rhei, Pulv. Liquir. comp. aa 30,0; S. abends 1 Kaffeelöffel; und Tinct. Aloes comp. 30,0; S. 3mal täglich 20 Tropfen vor dem Essen, machten in der Folge alle weiteren Medikamente überflüssig. Die Atonie und die Obstipation verschwanden dauernd, das Allgemeinbefinden besserte sich deutlich.

Magenatonie erzeugt nicht nur Obstipation, sondern auch **Beckenhyperämie** und **Stauung im Pfortadergebiet**. Am weiblichen Genitale äußert sich das in Form von Fluor und abnormen Uterusblutungen, am männlichen Genitale durch Prostatahypertrophie und am Mastdarm durch **Hämorrhoiden, Analfissur, Analekzem, Pruritus** und **Proktitis**. Lokale konservative und operative Behandlung genügt nur in den seltensten Fällen den kausalen Ansprüchen. Diese sind meist höher oben zu suchen, besonders in einer gestörten Magenverdauung. Nach Regelung derselben sind auch die lokalen Maßnahmen wirksamer und dauerhafter.

Neben den verschiedenen Salben, Operations- und Injektionsmethoden möchte ich auf ein paar bewährte Mittel aufmerksam machen. Bei allen den genannten Mastdarmleiden erweist sich ein Dekokt von **Herba Millefolii** (Schafgarbe) als spezifisch heilsam. 1-3 Schalen täglich. Extern bevorzuge ich das **Unguentum Linariae** (Leinkrautsalbe). Dieses einfache, sogar offizinelle Mittel wirkt überraschend gut bei schmerzhaften und entzündeten Hämorrhoidalknoten, besonders aber bei Analekzem und Pruritus. Es kühlt und stillt den Juckreiz. Ein Hauptmittel bei Mastdarm- und Hämorrhoidalbeschwerden ist die interne Verabreichung von **Schwefel**, z.B. nach folgendem Rezept:

Rp.	Kal. tartar.		20,0
	Flor. sulfur.		
	Sacchari	aa	10,0
	S. 2mal täglich 1 Kaffeelöffel.		

Andere interne Mittel sind **Radix Graminis** und **Rad. Taraxaci** im Dekokt oder als Extrakte in Pillenform.

Die ganze Frage der Hämorrhoidalbeschwerden ist in den letzten Jahrzehnten rein chirurgisch und daher zu mechanistisch aufgefaßt worden. Es läßt sich aber zeigen, daß die **Hämorrhoidalblutungen**, ähnlich wie die Menses, eine **heilsame Entlastung der Störungen im Pfortaderkreislauf** sind. Viele Fälle von Asthma und Angina pectoris, aber auch von Apoplexie und Leberleiden können verhütet oder geheilt werden durch Ansetzen von **Blutegeln** an die Mastdarmvenen. Schaltet man dagegen solche spontane Hämorrhoidalblutungen plötzlich durch operative Behandlung aus, ohne zuvor die Störungen im Pfortaderkreislauf zu beheben, dann können schwere, selbst tödliche Komplikationen von seiten der inneren Organe entstehen.

5.9 Frauenkrankheiten

Es ist bekannt, daß die Teilerscheinungen der Asthenie, sowie im besonderen der angeborenen und erworbenen Enteroptose sich speziell auch am weiblichen Genitale vielfach äußern. Wenig beachtet wird es aber, daß nicht nur die **Obstipation**, sondern auch die **Atonia ventriculi eine der häufigsten Ursachen der Beckenhyperämie** mit ihren kleineren und größeren Folgezuständen ist. Man wird ohne weiteres einsehen, daß eine solche chronische Beckenhyperämie **Hämorrhoidalbeschwerden**, aber auch **Stauungserscheinungen am äußeren und inneren Genitale** hervorrufen kann. Beim Mann Prostatahypertrophie, bei der Frau die sog. chronisch-metrische Vergrößerung und Verdickung des Uterus. Ferner vermehrte Schleimabsonderung in Form von sog. Cervicitis, Vaginitis und Vulvitis, Pruritus und Intertrigo. Schließlich auch **zu häufige und zu starke Menstruationsblutungen**, gewöhnlich Metropathia haemorrhagica genannt.

Alle diese Erkrankungen können durch Lokaltherapie allein entweder gar nicht, oder nur durch Zuhilfenahme zu radikaler Methoden (Uterusexstirpation) geheilt werden, wohl aber durch vorurteilsfreie Aufsuchung aller entfernten Ursachen im Körper, wozu allerdings einseitige, spezialistische, ausschließlich operativ oder hormonal eingestellte Betrachtungsweise nicht genügt. Gewiß, die operative Technik muß gepflegt werden. Ich selbst beherrsche und übe sie auch. Bei Karzinom ist sie natürlich ohne jede Diskussion am Platze. Bei Metropathia haemorrhagica von juvenilen Blutungen angefangen, bis zu klimakterischen Metrorrhagien, betrachte ich die Radikaloperation oder Röntgenkastration als einen Kunstfehler.

Bei **Myom** ist die konservierende Enukleation und Resektion anzustreben, welche in mindestens zwei Drittel aller Fälle gelingt, so daß die Menstruation bis ins höchste klimakterische Alter hinauf erhalten werden kann. Was das für die einzelne Frau bedeutet, kann man ermessen, wenn man Hunderte von Fällen künstlichen Klimakteriums fünfzehn Jahre lang sorgfältig beobachtet hat, wie es bei meinem Material der Fall ist.

Im einzelnen können schon viele **juvenile Blutungen** durch Behebung der Beckenhyperämie allein, auch bei bedrohlichem Grade behoben werden. Änderung der sitzenden Lebensweise, Abstellung abnormer Reize am Genitale und besonders Behandlung der zum Beispiel bei chlorotischen Blutungen so häufigen Magenatonie nebst Obstipation bringen oft den Erfolg.

Bei **lebensgefährlichen Blutungen**, wenn man nicht mehr Zeit hat, den Effekt der Allgemeinbehandlung abzuwarten, genügt die Einführung eines Chlorzinkätzstiftes in die Uterushöhle, um auch die stärkste Blutung sofort zum Stillstand zu bringen. Für die Metropathia hämorrhagica der erwachsenen Frau sowie für die **klimakterischen** und **postklimakterischen Blutungen** gilt ganz dasselbe. Oft konkurrieren mehrere Allgemeinursachen neben der gestörten Verdauung mit, wie z.B. Störungen der Schilddrüse, der Gallensekretion und der Hautatmung.

Beispiele:

Frl. E. B., 20 Jahre, klagt über zu häufige und zu starke Menses. Diese kehren alle zwei Wochen wieder und dauern acht Tage mit starkem Blutverlust. Im Intervall starker Fluor. Patientin ist anämisch, außerdem besteht Obstipation und ausgedehnter Plätschermagen. Ohne Anwendung von Organpräparaten werden die Menses durch Hydrotherapie, tonisierende Diät und Chinadekokt in wenigen Wochen ganz normal und sind es auch seit nunmehr vier Jahren geblieben.

Frau G. N., 30 Jahre, Arztgattin, zwei Geburten, zuletzt vor zwei Jahren, kann sich seither nicht mehr erholen, klagt immer über Mattigkeit, hochgradige Nervosität, Abmagerung, Kreuzschmerzen, Fluor. Die Menses sind zu häufig und zu stark geworden (2-3wöchentl., 7tägig) und schmerzhaft. Patientin wird als schwer krank und jeder Therapie trotzend von ihrem Gatten in meine Behandlung geschickt. Von seiten des Magens werden keine Klagen angegeben. Ich konstatierte einen ausgedehnten Plätschermagen, verordnete tonisierende Diät, Stomachica, Hydrotherapie, worauf eine rasche, für die Umgebung erstaunliche Besserung eintrat, die seither schon mehrere Jahre anhält. Patientin blühte förmlich auf. Die Menses wurden normal.

Für die Wichtigkeit einer richtigen Allgemeinbehandlung zur Pubertätszeit ebenfalls ein Beispiel.

Frl. G. R., 14 lahre, hochaufgeschossen, 174 cm groß, dabei sehr mager und nur 57 kg schwer, chlorotisches Aussehen, noch keine Menses, Herzklopfen, leichte Ermüdbarkeit. Häufige Ohnmachtsanfälle. Alle bisherigen Mittel, wie Eisen und Ovarialpräparate, erfolglos. Man gab ihr viel Milch zu trinken, und da Patientin darauf starken Durst bekam, trank sie außerdem noch viel Wasser. Sie wurde dabei immer magerer und schwächer, so daß sie den Schulbesuch auf Wochen und Monate unterbrechen mußte.

Tonisierende Magendiät mit Malagawein, den Patientin sehr gerne nahm, und ebenso gewürzte Speisen, Fleisch, Wurst, was ebenfalls von Patientin sehr begrüßt wurde, Milch und Breikost wurden abgestellt, ebenso Eisen. Später bekam sie Chinadekokt mit Himbeersaft versetzt. Patientin nahm in zwei Monaten 5 kg zu, sah bedeutend besser aus. Der anfangs enorme Plätschermagen wurde wieder normal. Nach zehn Monaten traten die ersten Menses ein und damit vollkommenes Wohlbefinden.

Man sieht daraus, daß Chlorose, Amenorrhöe, nervöse Zustände, Müdigkeit und Pubertätsbeschwerden überhaupt ohne richtige Magenbehandlung oft schwer zu bekämpfen sind. Besonders wichtig ist die richtige Magenbehandlung bei vielen Fällen von Pubertätsblutungen.

Verwendet man bei **Fluor** statt der Desinfizientien lokale Adstringentia, wie Alaun und Zinksulfat, in Form von Spülungen oder Suppositorien, und sorgt man für individualisierende Allgemeinbehandlung, vor allem also für Behebung des Plätschermagens und der Obstipation, so wird man die meisten Fälle in kurzer Zeit dauernd heilen können, während sie vorher eine Crux der Sprechstunden und Ambulatorien gewesen sind. Bei **Erosionen** der Zervix verhindern Hyperämie und der Reiz des offenbar ätzenden Zervikalschleimes die Heilung der Geschwüre, solange nicht die höheren Ursachen ausgeschaltet werden. Ein gutes lokales Hilfsmittel sind Ichthyolsuppositorien. Sie wirken nach Art einer Schälkur. Es gibt auch eine Reihe interner Pflanzenmittel gegen Fluor wie z.B. Dekokte von **Herba Alchemillae, Herba Equiseti** und **Herba Lamii** (Taubnessel). Sie wirken adstringierend, mildern aber auch die „Schärfe" der Exkrete, wie alte Erfahrungen lehren.

Darniederliegende Magen-Darmfunktion mit Stauung im kleinen Becken scheint auch den Übertritt von Darmbakterien auf das Genitale, die Blase und die Nierenbecken zu erleichtern. Auch der häufige Harndrang, die sog. Pollakisurie, kann durch Beckenhyperämie erklärt und durch deren Beseitigung behoben werden. Lange Zeit wurde der vermehrte Harndrang als rein nervös betrachtet und mit Beruhigungsmitteln bekämpft. Durch Regelung der Magen-Darmfunktion konnte ich solche Fälle meist in wenigen Tagen beschwerdefrei machen.

Schon bei kleinen Kindern sieht man im Gefolge gestörter Verdauung **Juckreiz** und **intertriginöses Ekzem** auftreten. Auch bei der erwachsenen Frau ist diese Ursache neben sonstigen Stoffwechselstörungen überaus häufig. Der sog. essentielle Pruritus ohne diabetische Grundlage ist meist gar nichts anderes als das Produkt noch unbekannter reizender Stoffwechselprodukte, wie sie auch durch abnorme Verdauung ausgelöst werden. Die besten Lokalmittel allein nützen nicht, solange nicht die entfernte Ursache behoben wird. Von lokalen Medikamenten haben sich mir besonders das **Unguentum Linariae** bewährt.

5.10 Nervenkrankheiten, Neurosen, Psychosen

Nietzsche nennt den Magen „den Vater der Trübsal", und bekanntlich sind die Dyspeptiker meist schlecht gelaunt und verdrießlich. *Stiller* sagt in seiner Monographie über die Asthenie, daß man sich den Optimisten *Goethe* schwer mit einem Plätschermagen behaftet vorstellen könne, wenn er morgens strahlend zum Frühstückstisch ins Zimmer trat, während das bei dem asthenischen, schwindsüchtigen, mehr deprimierten *Schiller* sich von selbst verstand. Der Begriff der **Hypochondrie** in der ganzen alten Medizin war eng verknüpft mit der Vorstellung von Magen-, Leber- und Milzleiden. Unter den auslösenden körperlichen Ursachen der Neurosen und Psychosen kann ich die Magendarmstörungen mit an erste Stelle setzen. Hier findet das viel erörterte Leib-Seele-Problem die therapeutisch fruchtbarsten Anhaltspunkte.

Ähnlich wie bei den Störungen der Leber, der Menstruation und anderen somatischen Begleiterscheinungen der Neurosen und Psychosen läßt es sich nicht immer genau auseinanderhalten, ob die Atonie und Dyspepsie des Magens Ursache, Folge oder koordinierte Erscheinung ist. Als therapeutischer Angriffspunkt ist sie aber ungemein wichtig. Die vorspezialistische Medizin sprach mit Recht vom **„Darniederliegen der Funktion der Bauchorgane"**. Man findet an ein und derselben Kranken oft Atonie des Magens, Obstipation, Leberstörung und Amenorrhöe vereint. Man könnte an einen herabgesetzten Tonus und an Hypästhesie des vegetativen Nervensystems denken, vergleichbar der bei Geisteskranken oft vorhandenen Hypästhesie der Haut. Die gleiche Dosis von Brech- und Abführmitteln, welche beim normalen Menschen schon heftige Reaktionen auslöst, bewirkt bei Katatonen oft gar keinen Effekt, und erst die 3-4fache Dosis ist von Erfolg.

Man sprach früher von „konsensuellen", wir würden heute sagen „chemischen und nervös reflektorischen Beziehungen" des Magens zu fast allen Organen. Von seiten des Nervensystems sieht man bei Indisposition des Magens am häufigsten Kopfschmerz, Schwindel, Ohnmachtsanfälle, allgemeine Mattigkeit, Unlustgefühle aller Art, Schlaflosigkeit, aber auch Schlafsucht, vorübergehende oder dauernde Verstimmungen bis zu schweren Depressionen und wirklichen Psychosen.

Besonders hervorzuheben ist die allgemeine **Nervosität**, Neurasthenie mit leichter **Reizbarkeit** und **Ermüdbarkeit** bei Magenleidenden. Auch hier besteht wieder ein reziprokes Verhältnis: allgemeine Nervosität erzeugt nervöse Dyspepsie, und umgekehrt bewirkt ein atonischer dyspeptischer Magen alle möglichen nervösen Symptome.

Auch **Angstzustände** und **hysterische Erscheinungen** können bekanntlich durch somatische Ursachen mitbedingt und auf diesem Wege geheilt werden, unter denen ungenügende Menstruationen und Dyspepsie die häufigsten sind.

Bei den mit Gemütsverstimmungen und Angstzuständen einhergehenden chronischen Magenbeschwerden hilft meist sehr rasch eine Mischung aus krampfstillenden, blähungstreibenden, bitteren und säurebindenden Mitteln, des sog. *Solamen hypochondriacorum* der klassischen Medizin.

Rp. Magnes. carbon
Kal. sulfur.
Pulv. Rhei
Rad. Valer.
Fruct. Foenic. aa 10,0
S. 1 Kaffeelöffel nach dem Essen.

Bei Behandlung der **Hypochondrie** empfahl noch *Berends*, Ordinarius der internen Medizin in Berlin 1830, folgendes: *„Man vermeide blähende Speisen, verordne mehr animalische als vegetabilische Kost ... Fische und Mehlspeisen untersage man. Sehr dienlich ist **geräuchertes Fleisch (Schinken)**, besonders zum Frühstück ... Bald nach der Mahlzeit gibt eine Tasse **starken reinen Kaffees** ohne Milch ein kräftiges Stärkungsmittel ab. Allmählich wird dann mit zunehmender Verdauungskraft des*

Magens erst zu einer weniger strengen Diät übergegangen und etwas Gemüse u. dgl. gereicht.“

Frl. E. K., 16 Jahre alt, **Hysterie, Angstzustände**, kann nicht unter Menschen gehen, bekommt dabei Übelkeiten. Besonders vor und während der Menstruation Übelkeit vom Magen mit Brechreiz. Chlorotisches Aussehen. Bekam bisher Eisen, was vom Magen schlecht vertragen wurde. Ebenso falsche Ernährung mit Kakao, viel Milch, Hafersuppe mit recht viel Butter hinein. Sie wurde unter dieser Behandlung immer magerer und hinfälliger. Groß, mager, 53 kg bei 169 cm Körpergröße, rasch gewachsen, atonischer Magen mit Blähungen, Aufstoßen, Magendrücken. Ausgedehntes Plätschern noch drei Stunden nach der letzten Flüssigkeitsaufnahme.

Sofortige Umstellung der Ernährung. Patientin nimmt Schinken, Fleisch, Wurst, Malagawein, wonach sie längst gelechzt hatte, gierig zu sich. Daneben Condurangowein, Chinadekokt löffelweise, Hydrotherapie. Patientin ist alsbald imstande, längere Spaziergänge zu machen. Nach sechs Wochen beginnt sie Gymnastik und Schwimmen und ist in drei Monaten nicht wiederzuerkennen, von blühendem Aussehen. Körperlich vollkommen leistungsfähig. Die Übelkeiten zur Zeit der Menstruation vollkommen verschwunden. Kein Plätschermagen mehr.

Frau M. B., 43 Jahre, leidet seit mehreren Jahren an **Platzangst** und Angstzuständen überhaupt. Die übliche neurologische Behandlung mit Psychotherapie, Beruhigungsmitteln und dergleichen war erfolglos. Anamnese und Untersuchung ergaben bisher nicht berücksichtigte Klagen über Dyspepsie, Plätschermagen, Obstipation, Herzklopfen. Tonisierende Diät und Hydrotherapie, in der ersten Woche Laxantia, beseitigten rasch die Obstipation und die Magenbeschwerden, zugleich auch die Angstzustände.

Man sieht auch hier wieder, daß die bloße Behebung des Magenleidens durch richtige Behandlung auch die Nervenzustände und die Blutarmut beseitigt hat.

Frau L. Z., 56 Jahre, seit mehreren Jahren **schwere Depressionen**, Angstzustände, Zwangsvorstellungen, Zitter- und Brechkrämpfe, religiöse Angstvorstellungen, Platzangst, fürchtet sich, allein Treppen zu steigen. Psychotherapie hat bisher keinen Erfolg; ein namhafter Nervenarzt stellte eine zweifelhafte Prognose. Es bestand Fettsucht, schlechte Hautatmung, Obstipation und Dyspepsie mit starken Blähungsbeschwerden. Patientin hält sich für unheilbar. Tonisierende Diät, Magenelixier, Senna-Tee und Glaubersalz nebst Hydrotherapie erzielen binnen zwei Wochen eine bedeutende Besserung. Nach zwei Monaten ist Patientin vollständig beschwerdefrei. Keine Depressionen, keine Zwangsvorstellungen, auch physisch vollkommen leistungsfähig.

Hypomenorrhöe mit und ohne Fettsucht, Vollblütigkeit, allgemeine Stoffwechselstörungen, Neigung zu Entzündungen, natürliches und künstliches Klimakterium, Gallenleiden können mit und ohne Dyspepsie **Depressionszustände** unterhalten, die seelischen Ursachen sind meist auch vorhanden. Trotzdem wird das Individuum leichter damit fertig, wenn die körperlichen Störungen behoben werden.

Das für die Depression Gesagte gilt in noch viel höherem Maße bei der **Melancholie**. Man spricht von „endogenen Psychosen“ und verbindet damit oft eine vage Vorstellung von unbekannten inneren Ursachen. Diese werden greifbarer, wenn man an die Störungen der inneren Sekretion, der Menstruation, des Stoffwechsels, der Leber und des Magens denkt.

Auch die **Wochenbett-** und **Laktationsmelancholie** reagiert oft sehr günstig auf somatische Behandlung. Übereinstimmend mit den sonstigen Erschlaffungszuständen im Wochenbett findet man häufig Plätschermagen, verstärkt durch die während der Laktation noch immer viel verordnete Mehlsuppen- und Milchdiät. Gibt man tonisierende Kost und insbesondere Brechmittel, so geht die Psychose oft schlagartig rasch zurück. Das ist wichtig zu wissen. Denn in den ersten Tagen oder Wochen ist jede Psychose leichter heilbar, als wenn sie schon monate- oder jahrelang gedauert hat und sozusagen systemisiert ist.

Auch bei klimakterischer und postklimakterischer bzw. Altersmelancholie sind dieselben somatischen Richtlinien wirksam. Sehr oft habe ich Fälle von **künstlichem Klimakterium mit Melancholie** gesehen. Der Plätschermagen wurde gewöhnlich übersehen. Behandlung desselben, insbesondere mit Brechmitteln, führte oft Besserung und Heilung herbei, wiewohl die Melancholie, namentlich im höheren Lebensalter, auf somatische Behandlung weit weniger gut anspricht als die Schizophrenie.

Von den Psychosen gibt bekanntlich die **Amentia** meist eine gute Prognose. Sie wird gewöhnlich exspektativ behandelt. Schneller kommt man durch Behebung der Begleitsymptome zum Ziel, also jeweils durch Schwitzprozeduren, Emmenagoga, Abführmittel, Magenbehandlung, am eklatantesten durch **Brechmittel**.

Auch bei **manischen Zuständen** hat man oft damit Glück. Hier wirkt auch der Aderlaß meist rasch beruhigend. Doch gibt es Fälle, wo erst monatelange konsequente Anwendung zum Ziele führt. Auch bei **periodischen Psychosen** ist es mir häufig gelungen, durch individualisierende somatische Behandlung, besonders durch 1-2mal wöchentlich verabreichte Brechmittel, die Intervalle zu verlängern und den Unterschied zwischen manischem und depressivem Stadium so auszugleichen, daß der Übergang oft kaum mehr kenntlich war und schließlich ein annähernd normales Verhalten eingetreten ist.

Schon der typisch magere, schizoid asthenische Habitus der **Schizophrenen** weist auf Disposition zur Magenerschlaffung hin. Besonders bei der katatonen Form ist Magenatonie und Obstipation ein überaus häufiger Befund. Im Zusammenhang damit der für Schizophrene fast charakteristische schlechte Teint, die unreine seborrhoische, meist blasse kühle Haut außerdem. Es läßt sich zeigen, daß tatsächlich durch Stomachica, Brechmittel und Abführmittel solche blasse Schizophrene oft in wenigen Wochen wieder gute Farbe und reine Haut bekommen.

Die ärztlichen Klassiker des 18. Jahrhunderts sagen geradezu, daß der **körperliche Weg der Behandlung des Wahnsinnes der wichtigste** ist, und daß unter den körperlichen Mitteln neben den kalten Begießungen die **Brechmittel** das Wichtigste sind. Es wird dabei an die vitale Bedeutung des Magensinnes gedacht. Hunger, Appetit und das Gegenteil, der Ekel als fundamentale arterhaltende Lebenstriebe, sind, auch künstlich hervorgerufen, oft imstande, geistesgestörte Kranke wieder zu sich selbst zu bringen.

Drei kurz geschilderte Fälle sollen die günstige Wirkung der Magenbehandlung beleuchten.

Frl. H. S., 22 Jahre, seit zwei Jahren in einer Landesirrenanstalt wegen angeblich unheilbarer, aussichtsloser Schizophrenie. Amenorrhöe, hochgradige Abmagerung, Blässe, Plätschermagen, Katatonie. Patientin bekommt nur Beruhigungsmittel. Auf Wunsch der Angehörigen wird Patientin aus der Anstalt herausgenommen, bekommt tonisierende Diät, Hydrotherapie und Emmenagoga, auch Brechmittel. In wenigen Wochen ist Patientin wie ausgewechselt, wird wieder arbeitsfähig. Ein Zustand, der einige Jahre lang anhält.

Ein zweiter Fall betrifft ebenfalls ein junges Mädchen mit mehrjähriger Amenorrhöe, Plätschermagen und Katatonie. Von der Nervenklinik in Wien als unheilbar bezeichnet. Nach mehrmonatiger Behandlung auf ähnliche Weise wie die vorige Patientin fortschreitende Besserung und allmähliche vollständige Genesung. Patientin ist jetzt seit zwölf Jahren dauernd geheilt und arbeitsfähig.

Im dritten Fall handelt es sich um ein 19jähriges Mädchen, welches seit vier Jahren an Schizophrenie (Anstaltsdiagnose) erkrankt war. Schlechte Prognose. Hochgradige Katatonie, Amenorrhöe, Plätschermagen, Abmagerung. Magendiät, Hydrotherapie, Emmenagoga, sichtliche Besserung von Monat zu Monat. Nach einem Jahr war Patientin vollständig geheilt und wurde von mir dann in einer Ärzte-Gesellschaft in Berlin demonstriert. Sie ist seit nunmehr fünf Jahren dauernd geheilt.

6 Technik der Konstitutionstherapie bei fettleibig-plethorischem Habitus

6.1 Technik der resolvierend-deplethorischen Allgemeinbehandlung

Dient die roborierende, tonisierende Methodik dazu, um magere asthenische Menschen zu kräftigen und Gewichtszunahmen zu erzielen (plastische Methode), so sehen wir alltäglich zahlreiche Kranke, die einer entgegengesetzten Behandlung bedürfen. Ihre Beschwerden rühren von einem erhöhten Tonus bzw. von einem Zuviel an Körpermaterial her.

6.1.1 Das direkte Sedieren

Eine direkte sedative Wirkung wird durch Medikamente wie Opium, Belladonna, Stramonium erzielt.

Von der Kommission E liegt eine Negativ-Monographie zu Stramonium vor. Da die Wirksamkeit nicht hinreichend belegt erscheint und andererseits tödliche Vergiftungsfälle bekannt wurden, dürfte das Risiko den Nutzen überwiegen.

Von den Narkotika ist **Hyoscyamus** besonders vielseitig und wirksam, z.B. bei Asthma, Angina pectoris, motorischer Unruhe, Zittern, Nieren- und Gallenkoliken, Dysmenorrhöe, Krämpfen und Schmerzen bei Ulcus ventriculi und duodeni. Früher wurde es neben dem Opium als wichtigstes kühlendes Narkotikum angesehen. Man verschreibt z.B. Tinct. Hyoscyami 30,0. S. 3mal täglich 10-20 Tropfen in einem Löffel Flüssigkeit.

Daneben ist eine Reihe von nichtnarkotischen Antispasmodica zu nennen, z.B. **ätherische Öle** mit krampfstillender und blähungstreibender Wirkung (Kümmel, Anis, Fenchel, Melisse, Pfefferminze, Kamille). Gute antispasmodische Wirkung bei Bronchialasthma zeigt **Radix Ipecacuanhae**.

Gesteigerte Erregbarkeit des Nervensystems wird durch Sedativa im engeren Sinne herabgesetzt. In diese Gruppe gehören z.B. **Baldrian- und Hopfenpräparate**.

Eine wichtige Aufgabe im Rahmen der Tonusminderung kann die Schmerzstillung sein. Die Analgetika sind so geläufig, daß sich eine Aufzählung erübrigt. In Vergessenheit geraten ist die Anwendung der ***Hoffmanns*****tropfen**, die wegen ihrer schmerzstillenden Wirkung auch den Namen Liquor anodynus führen. Sie können in einer Dosis von 5-15 Tropfen mehrmals täglich eingenommen werden und haben zugleich einen analgetischen Effekt.

Rezeptbeispiele für Sedativa:

Rp.	Magnes. carbon.		
	Lapid. Cancror.		
	Cornu cervi rasp.		
	Visci Quercini		
	Rad. Valerianae	aa	5,0
	S. 1-2 Messerspitzen voll.		

Rp.	Extr. Valer.		8,0
	Ammon. carbon.		1,6
	Aq. dest.		40,0
	Spir. conc.		35,0
	Aq. Ceras.		30,0
	Tinct. Cinnam.		15,0
	Tinct. Cort. Aurant.		5,0
	Syrupi		50,0
	S. 3stündlich ½ Eßlöffel.		

Rp.	Camphorae		
	Kali nitr.	aa	5,0
	Rad. Ipecac.		2,5
	Aq.q.s.f.pil. 50		
	S. 3-4stündlich 1 Pille.		

Rp.	Castorei		
	Asae foet.	aa	5,0
	Liq. Ammonii anis.		20,0
	Spirit.		80,0
	S. 15-20 Tropfen.		

Rp.	Camphorae		10,0
	Aetheris		20,0
	S. 20-30 Tropfen in Wein.		

Rp.	Gland. Lupuli		5,0
	Camphorae		1,5
	Therebinth. Laric.		10,0

Rp.	Rad. Valerianae		
	Fol. Aurant.		
	Visci albi		
	Rad. Paeoniae pulv.	aa	20,0
	S. 2-3 Schalen Tee täglich.		
	F. pil. 150. Consp. Magnes. carbon.		
	S. 3-5 Pillen abends.		

Rp.	Extr. Hyoscyami		
	Fol. Hyoscyami pulv.	aa	2,0
	F. pil. 30		
	S. 2-4mal täglich 1 Pille.		

Rp.	Extr. Bellad.		0,3
	Extr. Valer.		4,0
	Rad. Althaeae q.s.f.pil. 30.		

Rezeptbeispiele für Carminativa:

Rp.	Fruct. Foeniculi		
	Fruct. Anisi		
	Fruct. Carvi		
	Fruct. Coriandri	aa	10,0
	S. 1-3 Schalen Tee täglich.		

Rp.	Ol. Anisi		0,5
	Ol. Anisi stell.		
	Ol. Carvi	aa	0,3
	Ol. Cardamomi		
	Ol. Cubebarum		
	Ol. Foeniculi	aa	0,1
	Spir. vini dil.		100,0
	Syrupi		200,0
	S. Likörglasweise.		

Rp.	Fol. Menthae pip.		30,0
	Hb. Centaurii		10,0
	S. Tee		

Rp.	Fol. Menthae crisp.		
	Flor. Chamomillae		
	Fruct. Foeniculi		
	Fruct. Anisi stell.	aa	10,0
	S. 1-3 Schalen Tee täglich.		

Rp.	Ol. Chamom. infus.		20,0
	Ol. Carvi		
	Ol. Cumini		
	Ol. Foenic.	aa	gutt. X
	Ol. Menthae pip.		1,2
	S. Einreibung am Bauch.		

6.1.2 Diät und Ableitung auf den Darm

Wichtiger als das direkte Sedieren ist allerdings die indirekte Behandlungsmethode, die stärker an den entfernteren Ursachen des übermäßigen Tonus orientiert ist, also vor allem die Beseitigung der Fülle. Die alten Ärzte verstanden unter **Plethora**, d.h. Überfülle, nicht bloß die Vermehrung des Blutes, sondern ein Zuviel auch an Körperfett, anderen Säften (z.B. Lymphe) und überschüssigen unverarbeiteten Stoffwechselprodukten. Letztere erzeugen an den verschiedensten Organen Hyperämien, Schmerzen, Entzündung, Katarrhe und sogar Neubildungen.

Auch der etwas veraltet scheinende Ausdruck **Plethora abdominalis** heißt nicht bloß Blutüberfüllung des Bauches, sondern man hat darunter die besonders im höheren Lebensalter auftretende **Kombination von Fettbauch, Stauung und Blutüberfüllung im Pfortadersystem** zu verstehen. Oft ist auch Meteorismus dabei. An Stelle der Muskelplastik, wie wir sie normalerweise in jüngeren und mittleren Jahren sehen, nimmt der Bauch bei älteren Menschen die Form des Kugelbauches, Spitz- oder Schlotterbauches an. Schon der bloße äußere Anblick zeigt, daß die Abdominalorgane nicht mehr so funktionieren wie in früheren Jahren, und der Arzt sollte trachten, in allen diesen ungemein häufigen Fällen stets in der Richtung zu arbeiten, daß wieder möglichst normaler Bauchumfang und normale Muskelkonturen herauskommen. Dadurch allein schon würde man vielen als unvermeidlich erscheinenden Erkrankungen des höheren Lebensalters (Stoffwechsel-, Herz- und Gefäßkrankheiten) wirksam entgegentreten können.

Daher muß man die richtige **Behandlung der Fettsucht und Plethora** als zweite wichtige **Fundamentalmethode** der Allgemeinbehandlung und der ganzen Medizin ansehen.

Das Resolvieren und Ausleeren hat daher in allen bedeutenden ärztlichen Systemen von *Hippokrates* bis *Hufeland* eine Hauptrolle gespielt und wurde mit großer Feinheit und Differenzierung gehandhabt. *Paracelsus* sagt z.B.: *„Purgieren ist nicht Resolvieren"* und meint damit, daß Abführmittel oder Brechmittel allein noch nicht zur Ausleerung genügen. Man muß vorher die Krankheitsprodukte bzw. Ablagerungen auflösen und mobilisieren, z. B. bei der Gicht.

Auch durch Überfülle können, wie erwähnt (ganz analog wie durch Magenleiden), Erkrankungen der verschiedensten Organe entstehen, wo die raffinierteste, spezialistische Lokalbehandlung nicht helfen kann, sondern nur die richtig durchgeführte Entlastung des Stoffwechsels. So kenne ich aus eigener Erfahrung zahlreiche Fälle von heftigen **Kopfschmerzen, Migräne, chronischem Gelenkrheuma, Urtikaria, Menstruationsstörungen, Asthma, Herzleiden, Depressionen und Psychosen**, aber auch von **Gefäßkrämpfen, Gallen- und Nierenleiden**, diversen **Hautkrankheiten** (z.B. Ekzem), wo man vergebens nach endokrinen, bakteriologischen oder allergischen Momenten gefahndet hat, und wo nur die richtige konstitutionelle Behandlung zum Ziele führte.

Praktisch weitaus am wichtigsten ist dabei die **zugleich resolvierende** (auflösende, zerteilende, stoffwechselanregende) **und auf den Darm ableitende deplethorische Behandlung**.

Ich führe sie seit Jahren mit gutem Erfolg nach folgender Methode durch:

1. Nachstehende kohlenhydrat- und fettarme **Diät**:

8 Uhr: Schwarzer Kaffee (reiner Bohnenkaffee) oder Tee mit Zitrone und Saccharin oder Kristallose oder Kandiset.

10 Uhr: Äpfel, Birnen, Orangen, Kirschen und anderes nicht zu süßes Obst in beliebiger Menge.

13 Uhr: Leere Rindssuppe, 100 Gramm mageres Fleisch, viel Gemüse ohne Mehl- und Fettzusatz, nur in Rindssuppe oder Salzwasser gekocht, Salat, rote Rüben, Salzgurken, Sauerkraut, Radieschen, Rettiche, Obst, allenfalls schwarzer Kaffee mit Saccharin. (Statt Fleisch können auch Eier, Käse, Fisch oder magere Wurst gegeben werden.)

16 Uhr: Wie Frühstück (Tee oder Kaffee mit Obst)

20 Uhr: Wie mittags (aber ohne Kaffee). Keine Semmeln, kein Brot, keine Mehlspeisen, kein Zwieback usw. Kein Reis, keine Kartoffeln usw.

Kein Mehl, kein Fett, kein Zucker.

2. Außerdem morgens **Glaubersalz**, mittags **Schilddrüsentabletten** und abends **Sennatee** laut nachfolgenden Rezepten:

Zu Schildrüsentabletten: Nur bei klarer Indikation zu vertreten, z.B. Substitution bei Hypothyreose und Suppression des endemischen oder sporadischen Kropfes.

Rp. Natr. sulf. siccum 10,0
tal. dos. X.
S. 1 Pulver in ¼ Liter lauwarmen Wassers gelöst, früh nüchtern austrinken.

Rp. Tab. thyreoid. à 0,3
Nr. 50
S. 2 Tabletten täglich mittags vor dem Essen.

Thyreoidea-sicca-Präparate sollten wegen des unbekannten Gehaltes an T4, T3 und Jod nicht mehr verwendet werden.

Rp. Fol. Sennae
Rad. Liquir.
Fruct. Foenic. aa 30,0
S. abends 1 Schale Tee.

Glaubersalz und Sennatee wirken als **Ableitung auf den Darm** nicht nur gegen die Obstipation und entgiftend, sondern bewirken auch eine verringerte Ausnutzung der Nahrung. Außerdem sind sie, ähnlich wie die Schilddrüsentabletten, kräftige Resolventia, d.h. sie wirken in diesem Sinne auf den intermediären Stoffwechsel. Durch die gleichzeitige starke Ableitung auf den Darm wird eine **Thyreotoxikose** mit ziemlicher Sicherheit erfahrungsgemäß **vermieden**. Trotzdem soll man selbstverständlich die Patienten unter strenger ärztlicher Kontrolle halten und sie aufmerksam machen, daß, wenn die leisesten Anzeichen von Überdosierung mit Schilddrüse eintreten, wie Zittern, Augenflimmern, Nervosität, Schwächegefühl, Herzklopfen usw., man einige Tage aussetzen und dann wieder mit einer Tablette beginnen muß. Im allgemeinen werden aber bei dieser Kombination mit Abführmitteln die Schilddrüsentabletten weit besser vertragen als dort, wo man diesen so naheliegenden Kunstgriff nicht anwendet.

Es gibt noch eine ganze Reihe anderer Mittel und Methoden, welche ableitend auf den Darm, **resolvierend** und stoffwechselentlastend und damit entfettend wirken. Man kann sich einiger dieser Mittel als Kunstgriff mit Vorteil bedienen. Sie setzen das Hungergefühl herab und wirken gleichzeitig hemmend auf die Ausnutzung der Nahrung. Hierher gehören vor allem die organischen Säuren, z. B. **Weinsteinsäure**, entweder als Brausepulver, Seidlitzpulver oder einfach in wäßriger Lösung gegeben. Man kann auch Kalium tartaricum dazu verwenden, mehrmals täglich ein Kaffeelöffel in ¼ Liter Wasser. Ebenso aber in weit kleinerer Dosis die **Zitronensäure** und ihre Salze, was an die von Laien oft empfohlene, aber nicht unbedenkliche Zitronenkur erinnert.

Mir hat sich am besten als Kunstgriff der **Brechweinstein** in subnauseoser Dosis bewährt, und zwar Tart. stib. 0,02-0,05 in ½ Liter Wasser gelöst, tagsüber schluckweise langsam austrinken. Bei dieser Verteilungsart tritt keine Übelkeit und kein Erbrechen ein, sondern bloß **Abstumpfung des Hunger- und Durstgefühles**, ohne nachteilige Folgen. Außerdem bewirkt das Mittel an sich schon als Resolvens Abmagerung. Zusammen mit der oben angegebenen Methode gibt es sehr gute Resultate.

Die obige Diät kann von den meisten Kranken leicht eingehalten werden, da sie zwar kalorienarm, aber doch magenfüllend ist und kein unerträgliches Hungergefühl erzeugt. Wasser oder Sodawasser können dabei in unbegrenzter Menge getrunken werden, was im Gegensatz zu anderen Methoden der Entfettungskur von den Patienten als sehr wohltuend empfunden wird. Die von den Patienten oft gewünschten kleinen Zugeständnisse von Grahambrot, etwas Milch oder Kartoffeln soll man lieber nicht bewilligen, weil sie den Erfolg beeinträchtigen.

Die Kranken nehmen auf diese Weise 1,5 kg pro Woche, also 6 kg pro Monat, im Durchschnitt ab, in zwei Monaten also 12 kg, in drei Monaten 18 kg usw. und können dabei ihrer Beschäftigung nachgehen. Es gelang mir, auf diese Weise Patientinnen von 120-130 kg auf 70-80 kg Körpergewicht zu reduzieren, bei bestem Wohlbefinden. Der Habitus war danach vollständig verändert, die Betreffenden waren kaum wiederzuerkennen, und zahlreiche krankhafte Begleiterscheinungen verschwanden sozusagen unter der Hand.

Es werden heute allgemein noch verschiedene andere Diätsysteme zur Entfettung angewendet, aber die meisten dieser Verfahren sind für die Patienten viel beschwerlicher, zeitraubender, kostspieliger und umständlicher. Auch führen sie bei weitem nicht immer zum Erfolg, während die von uns angegebene Entfettungskur bis auf die Abführwirkung recht wenig störend bei der täglichen Beschäftigung ist und keine Anstaltsbehandlung erfordert.

Ähnliche Ziele werden durch die strengeren Arten der Entziehungskur, wie Fastenkur, *Schroth*kur usw., bei richtiger Anwendung erreicht. Aber diese Methoden sind schon recht eingreifend und können nicht ohne Berufsstörung durchgeführt werden. Trotzdem soll natürlich diesen an sich sehr verdienstvollen und wirksamen Methoden ihr erziehlicher und therapeutischer Wert in zahlreichen, besonders schwereren Fällen nicht verkleinert werden.

Da die Fettsucht ungleich häufiger bei Frauen als bei Männern auftritt, und zwar im Zusammenhang mit der bei Frauen häufiger gestörten Keimdrüsenfunktion, so ist die richtige Behandlung dieses Zustandes von ganz besonderer Bedeutung, nicht nur in der Geburtshilfe und Gynäkologie, sondern in der ganzen weiblichen Pathologie überhaupt. Selbstverständlich kann man auch bei männlichen Patienten durch rechtzeitige Behandlung der fettleibig plethorischen Konstitution oft schwere Krankheitszustände verhindern (z.B. Apoplexie) oder heilen und eingreifende Operationen verhindern, z.B. bei **Gallenleiden** oder **Prostatahypertrophie**.

In der Frauenheilkunde speziell ist die bloße Einstellung auf Operationen, Bestrahlung und Hormonbehandlung durchaus unzulänglich. Viele Krankheitsbilder, insbesondere bei **Hypomenorrhöe**, natürlichem und künstlichem **Klimakterium**, aber auch in der **Schwangerschaft**, erweisen sich solange als schwer beeinflußbar, als man nicht die individualisierende Konstitutionstherapie heranzieht.

Bei Amenorrhöe bzw. zu seltener und zu spärlicher Menstruation von nur ein- bis zweitägiger Dauer (letzteres wird oft übersehen oder als belanglos erachtet) findet man häufig Fettsucht und Vollblütigkeit. Auch die stärksten, nach Hunderttausenden von Mäuseeinheiten noch so genau standardisierten Hormonpräparate des Ovariums, der Plazenta und der Hypophyse versagen, wenn man ehrlich ist, außerordentlich oft. Die oft recht große Zahl von begleitenden Beschwerden (Gefäßkrämpfe, Hautkrankheiten, Gallenblasenentzündung, Gelenkleiden, nervöse und psychische Zustände, Augen- und Ohrenleiden usw.) bleiben unbehoben.

Geht man aber von der scheinbar naiven, jedoch durch die alte Beobachtung und Erfahrung bestätigten Annahme aus, daß die nicht genügend ausgeschiedenen menstruellen Stoffwechselprodukte, Fettsucht, Vollblütigkeit, Stoffwechselstörungen und Entzündungen im ganzen Körper hervorrufen können, so wird man auf die ausleerende, stoffwechselentlastende, „blutreinigende" Behandlungsweise hingewiesen. Oft allein schon durch die bloße Entfettungskur, wenn sie in der obigen Art durchgeführt wird, bessert sich die Hypomenorrhöe nebst den begleitenden Symptomen.

6.1.3 Beispiele

In einer orientalischen Hauptstadt wurde mir von den dortigen Kollegen eine 27jährige Frau vorgestellt. Sie war fünf Jahre **steril** verheiratet. Die Menses waren zu selten und zu spärlich. Sie wurde dort von den besten Gynäkologen wegen ihrer Sterilität behandelt, war deswegen auch zweimal in Europa. Alles ohne Erfolg. Auf den ersten Blick war es auffallend, daß die Frau viel zu dick und zu schwer war. Sie wog 91 kg. Aber keiner von den bisher behandelnden Ärzten, weder dort noch in Europa hatte die so dringend notwendige Entfettungskur verordnet. Wieder ein Beispiel dafür, daß über der subtilen Detailerforschung des Hormonspiegels im Blut und Urin, an Mäusen ausgeführt, das Primitive und Einfache übersehen wurde.

Ich vereinbarte mit dem dortigen behandelnden Arzt eine Entfettungskur, verordnete außerdem zur Steigerung der Empfängnisfähigkeit Canthharidentinktur (dreimal täglich 5-10 Tropfen), und der dortige Kollege berichtete mir nach dreiviertel Jahren, daß die ersehnte Schwangerschaft eingetreten sei.

Eine Frau in den Wechseljahren, die seit mehr als zwei Jahren an einer qualvollen chronischen **Urtikaria** litt und von den namhaftesten Hautspezialisten Wiens ohne Erfolg behandelt worden war, suchte meine Sprechstunde auf. Man hatte bei ihr entsprechend der jetzigen therapeutischen Richtung nach allergieerzeugenden Stoffen gesucht und ihr die verschiedensten Diätvorschriften gegeben. Sie bekam auch Kalziuminjektionen, Eigenblutbehandlung, Einreibungen und Bestrahlungen, alles umsonst. Man suchte eben auch hier wieder nach detaillierten, spezifischen Ursachen und übersah das sinnfällig grobe Allgemeine.

Sofort als die Patientin in mein Zimmer trat, bemerkte ich, daß sie ebenfalls viel zu dick war. Sie wog 87 kg bei Untermittelgröße, hatte eine trockene, schlecht atmende Haut, einen erhöhten Blutdruck von 170 RR und hochgradig verdickte arthritische Kniegelenke. Ich verordnete ihr eine Entfettungskur mit der erwähnten Ableitung auf den Darm, machte ihr einen Aderlaß von ¼ Liter Blut und schickte sie zweimal wöchentlich ins Dampfbad zur Anregung der Hautatmung und Hautausscheidung. In vierzehn Tagen war der Nesselausschlag verschwunden und kehrte nicht mehr wieder. Die Erklärung dafür ist eine Überlastung des Körpers mit schädlichen Stoffwechselprodukten, deren Ausleerung auf dem Wege des Darmes, der Haut und des Blutes meist den Erfolg bringt.

Eine 24jährige Studentin litt seit Jahren an heftigen **Kopfschmerzen**, welche auch der besten fachärztlichen Behandlung nicht weichen wollten. Eine unserer größten Autoritäten unter den Nervenärzten stellte, weil die rasenden Kopfschmerzen ganz unbeeinflußbar erschienen und die Patientin berufs- bzw. arbeitsunfähig machten, die Diagnose auf Meningitis chronica serosa und wußte eigentlich keinen Rat mehr.

Ich stellte bei der Patientin fest, daß ihre Menstruation zwar regelmäßig war, aber zu spärlich und nur von 1-2tägiger Dauer, was bisher nicht beachtet worden war. Im Zusammenhang damit wog sie 84 kg, für eine junge Person von Mittelgröße entschieden zu viel. Ich verordnete eine Entfettungskur und Aloepillen (s. S. 219) zur Verstärkung der Menstruation. Die Patientin hatte in vier Wochen 6 kg abgenommen, und die Kopfschmerzen samt der scheinbar unheilbaren, chronischen, serösen Meningitis waren für immer verschwunden.

Eine 40jährige Beamtin in verantwortungsvoller Stellung litt seit 1 ½ Jahren an immer mehr zunehmenden **Depressionszuständen** mit steigender Ermüdbarkeit und Vergeßlichkeit, so daß sie fürchtete, ihre Berufspflichten nicht mehr erfüllen zu können und ihre Stelle zu verlieren. Sie konnte monatelang höchstens zwei Stunden im Tag schlafen, trotz vieler Schlafmittel. Die Menses waren zu spärlich, nur zweitägig, in den letzten 1 ½ Jahren noch schwächer. Sie hatte seither um 10 kg zugenommen und wog 78 kg. Die Kranke wurde mir von dem Psychoanalytiker *Dr. Paul Federn* zur Behandlung zugewiesen. Es war wohl auch ein psychisches Moment, ein seelischer Schock vorhergegangen, aber die körperlichen Momente standen so im Vordergrunde, daß der sehr einsichtsvolle psychoanalytische Kollege vor Beginn der Psychotherapie die körperlichen Störungen beseitigt haben wollte.

Die Patientin machte unter meiner Leitung eine Entfettungskur und Hydrotherapie durch, nahm binnen zwei Monaten 10 kg ab und kam sich am Schluß wie ausgewechselt vor. Sie sagt selbst, es sei märchenhaft, wie es ihr ginge, sie ist heiter, sieht ganz verändert und verjüngt aus und ist viel leistungsfähiger als vorher.

Frl. T. A., 28 Jahre, hat angeblich vor einem halben Jahr eine leichte Kopfgrippe durchgemacht, klagt seither über beständigen Druck im Scheitel und Hinterkopf sowie an Schwindelanfällen. Zugleich stellten sich immer schwere **Depressionszustände** ein mit Lebensüberdruß. Patientin hat gar keinen Willen, ihr Körper kommt ihr fremd vor, sie kann sich zu nichts entschließen und ist arbeitsunfähig geworden. Ihre Verzweiflung wird immer größer, sie fürchtet sich vor allem und hat Angst vor jeder kommenden Minute. Wenn man sie etwas fragt, ist ihr alles gleichgültig. Patientin wurde von namhaften Fachpsychiatern behandelt. Auch eine Sanatoriumsbehandlung mit Bürstenbädern und Psychotherapie war erfolglos. Die Patientin und ihre ganze Umgebung waren verzweifelt.

Ich fand bei der Untersuchung der Patientin mäßige Fettleibigkeit, aber ziemlich starke Vollblütigkeit. Die Menses waren in den letzten Monaten seltener und spärlicher geworden. Kopfdruck und Schwindel, ebenso wie Depression lassen sich erfahrungsgemäß bei solchen vollblütigen Personen durch Aderlaß beheben. Ich schlug daher einen ausgiebigen Aderlaß und Entfettungskur mit Ableitung auf den Darm vor, ferner energische Hydrotherapie und 1-2mal wöchentlich Brechmittel. Entsprechend den bisherigen Erfahrungen ist auch dieser Zustand in sechs Wochen geheilt worden.

6.1.4 Rezeptbeispiele für resolvierende Arzneien

Milde wirkend:

Rp.	Hordei crud.		120,0
	coque c.aq.font.		2000,0
	per ½ hor. col. adde		
	Natr. nitr.		5,0
	Oxymel. simpl.		80.0
	S. Potus resolvens.		

Rp.	Acid. lact.		5,0
	Syrupi		50,0
	Aquae		1000,0
	S. In 1-2 Tagen austrinken.		

Rp.	Kali carbon.		5,0
	Succi citri		60,0
	Aq. dest.		60,0
	Syrupi		20,0
	S. Auf 1mal austrinken.		

Rp.	Rad. Graminis		
	Rad. Rhei		
	Rad. Taraxaci		
	Rad. Liquir.		20,0
	S. Resolvierender Tee.		

Rp.	Ammon. hydrochlor.		
	Rad. Rhei	aa	40,0
	Rad. Liquir.		20,0
	Rad. Ipecac.		0,4
	S. Messerspitzenweise.		

Mittelstark wirkend:

Rp.	Fel tauri inspiss.		
	Sapon. med.		
	Pulv. Rhei	aa	5,0
	Extr. Tarax. q.s.f.pil. à 0,2		
	S. Früh und Abends 5-10 Pillen.		

Rp.	Extr. Fuci vesic.		20,0
	Extr. Frangulae		5,0
	Kal. sulfur.		10,0
	Rad. Althaeae		2,0
	Fuci vesic. pulv. q.s.f.pil. 200; obd. Lacca		
	S. 4mal täglich 1-3 Pillen.		

Rp.	Gummi ammoniaci		15,0
	Sapon.med.		10,0
	Pulv. Rhei		5,0
	Extr. Taraxaci q.s.f.pil. à 0,2		
	S. 3mal täglich 5-15 Pillen.		

Rp.	Rad. Graminis		
	Rad. Taraxaci		
	Rad. Bardanae		
	Rad. Liquirit.		
	Fol. Sennae		
	Fruct. Foeniculi	aa	10,0
	S. 1-3 Schalen Tee täglich.		

Rp.	Hb. Gratiolae		
	Rad. Saponariae		
	Rad. Liquirit.		
	Fruct. Anisi	aa	20,0
	S. 1-2 Schalen Tee täglich.		

Stark wirkend:

Rp.	Extr. Rhei		6,0
	Extr. Aloes		2,0
	Res. Jalapae		1,0
	Sapon. med.		4,0
	F. pil. à 0,2		
	S. 3mal 3 Pillen täglich.		

Rp.	Rad. Gratiolae		10,0
	Consc. infunde s.q. vini		
	per horam ad col.		500,0
	S. 2stündlich je 80,0.		

Resolvierende Klysmen:

Rp.	Rad. Graminis		
	Rad. Taraxaci		
	Hb. Marrubii		
	Flor. Chamom.		
	Rad. Valer.	aa	6,0
	S. Für 1 Klysma als Abkochung.		

Rp.	Magnes. sulf.		30,0
	Mannae		80,0
	Aq. fontis		400,0
	S. Klysma.		

Rp.	Rad. Taraxaci		
	Rad. Saponar.		
	Flor. Verbasci		
	Flor. Chamom.	aa	50,0
	S. Zu jedem Klistier 2 Eßlöffel Teemischung mit 1 Handvoll Weizenkleie kochen.		

6.2 Die resolvierend-deplethorische Allgemeinbehandlung im Rahmen der Konstitutionstherapie

Einer der **Hauptzwecke der Konstitutionstherapie** ist es, sozusagen gleich, wenn ein Patient zur Tür hereintritt, **aus dem allgemeinen Habitus** nicht nur diagnostische sondern auch **therapeutische Schlüsse zu ziehen**.

Man sollte also meinen, daß wenn ein fettleibiger Patient einen Arzt aufsucht, sei er mit was für einer Krankheit behaftet, ihm als Allgemeinbehandlung eine **Entfettungskur bis zur Erlangung eines möglichst normalen Habitus** verordnet wird. Das ist aber merkwürdigerweise in der Praxis nur in den allerseltensten Fällen geschehen. So sehr ist trotz aller theoretischen Versicherungen die Überzeugung von der unumgänglichen Notwendigkeit der Konstitutionstherapie als Grundlage abhanden gekommen.

Nun soll an Hand von Beispielen gezeigt werden, wie vielfältige Beschwerden und Krankheitszustände gleichzeitig in ein und demselben Organismus offenbar als Ausdruck einer gemeinsamen Stoffwechselstörung vorkommen und wie sie alle durch die resolvierend deplethorische Allgemeinbehandlung verschwanden, während vorher lokalistisch-spezialistische Behandlung erfolglos war.

Man wird aus diesen Ausführungen den Eindruck gewinnen, daß die Entfettungskur mit gleichzeitiger Ableitung auf den Darm und Resolventien eine **Art Allheilmittel ist in den Fällen, wo eben Fettsucht besteht**. Sie dokumentiert eben den fundamentalen Wert der

Allgemeinbehandlung, welche zumal bei ernsteren Krankheiten jeder Lokalbehandlung vorauszugehen hat oder mindestens gleichzeitig damit durchgeführt werden muß.

Skeptiker stoßen sich leicht daran (und es ist mir das bei ärztlichen Diskussionen wiederholt untergekommen), daß Fettsucht und Vollblütigkeit das eine Mal von Amenorrhöe, das andere Mal von zu starken Uterusblutungen begleitet sein kann, und sie wollen daher jeden Zusammenhang zwischen diesen Allgemeinzuständen und dem lokalen Leiden bestreiten. Diese Auffassung entspringt dem als einseitig zu überwindenden extremen Ätiologismus. Beseitigt man aber Fettsucht und Vollblütigkeit, so heilen in beiden Fällen häufig die Menstruationsstörungen, und damit ist die Berechtigung unserer Anschauung erwiesen.

Ganz analog kann man beobachten, daß oft die entgegengesetztesten Ursachen ein und dieselbe Lokalkrankheit hervorrufen können. So kann Schwindel durch Hyperämie ebenso wie durch Anämie des Gehirns zustandekommen. Kopfschmerz oder Migräne können durch Asthenie mit Plätschermagen, aber auch durch Fettsucht und Vollblütigkeit erzeugt werden.

Wir müssen daraus folgern, daß unter allen Umständen alle auffindbaren entfernten Ursachen aufgesucht und bei der Behandlung berücksichtigt werden sollen. Jede reine, noch so raffinierte und exakte lokalistische und spezialistische Behandlung ohne Konstitutionstherapie bleibt oberflächlich und unzulänglich.

6.2.1 Herzkrankheiten und Bluthochdruck

Es wäre eigentlich selbstverständlich, daß ausnahmslos jeder Fall von Erkrankung des Herzens (Vitium, Angina pectoris, Aortitis, Myokarditis, Myodegeneration usw.), wenn Fettsucht besteht, zunächst mit Entfettungskur behandelt werden muß. Nicht nur, wie man gewöhnlich glaubt, um dadurch den Zwerchfellhochstand und die zirkulatorische Arbeit des Herzens zu vermindern, sondern insbesondere weil durch Entlastung des Stoffwechsels und Ableitung auf den Darm manche wahrscheinlich toxische Einflüsse, welche die Herztätigkeit schädigen, zum Verschwinden gebracht werden. Wie immer auch die Erklärungen lauten mögen, die praktische Erfahrung gibt dieser Auffassung recht, und man braucht bei der Durchführung der Entfettungskur, speziell nach unserer Methode auch hinsichtlich der Schilddrüsenverordnung, nicht gar zu ängstlich sein. Sorgsame Überwachung ist natürlich in solchen Fällen besonders geboten.

In der überwiegenden Mehrzahl der Fälle wird also eine vorsichtig durchgeführte **Entfettungskur**, ebenso wie die **Regelung der Verdauung** sowie Blutentziehungen (**Aderlässe, Blutegel**) überraschende, mit Herzmitteln allein nicht zu erzielende Besserungen zustande bringen.

Frau P. K., 38 Jahre, Arztgattin. Menses seit elf Jahren nur mehr im Sommer, im Winter bleiben sie ganz aus, Fettsucht, 78 kg, Grundumsatz um 11% vermindert. Starke Struma (Vater *Basedow*), hochgradige Herzbeschwerden, welche Patientin an der Arbeit und beim Gehen behindern. Außerdem starke Venenschmerzen im Oberschenkel (seit ihrer Entbindung) alle vier Wochen zum Menstruationstermin. Alle üblichen Behandlungsmethoden wie Ovarialpräparate, Herzmittel, Zinkleimverband an den Beinen erfolglos. Patientin litt sehr unter ihrer verminderten Leistungsfähigkeit, trotzdem ihr Mann als Arzt alle Anstrengungen machte, um den Zustand zu bessern.

Patientin führte nach meinen Angaben die Entfettungskur durch, hat in drei Monaten 10 kg abgenommen, da die Entfettungskur wegen Furcht vor *Basedow* sehr langsam vorgenommen werden mußte. Auf die Struma wurde außerdem über Nacht 10% weiße Präcipitatsalbe eingerieben, worauf sie zum größten Teil verschwand. Außerdem wurden noch je fünf Blutegel an die schmerzhaften Stellen der Oberschenkel angesetzt.

Der Zustand besserte sich von Woche zu Woche, und nach drei Monaten war die vorher fast arbeitsunfähige Patientin wie ausgewechselt, konnte lange und ausdauernd gehen und jede Arbeit leisten. Sie beweist mir seit vielen Jahren ihre Dankbarkeit, indem sie den überraschenden Effekt dieser Behandlung überall bekannt macht.

Wie vielseitig sich eine solche Fettsucht infolge Amenorrhöe auswirkt und wie wenig im allgemeinen daran gedacht wird, gerade dort den Hebel anzusetzen, zeigt folgender Fall.

Frl. A. Sch., 30 Jahre, Menses immer sehr unregelmäßig, in zwei- bis sechsmonatigen Intervallen. Mehrere deswegen befragte Ärzte sagten ihr regelmäßig, „das mache nichts, sie werde höchstens keine Kinder bekommen und dick werden“. Seit neun Jahren sind die Menses mangels entsprechender Behandlung vollkommen ausgeblieben. Patientin wog früher 60 und wiegt jetzt 85 kg, ist mittelgroß, klagt über Schwindel, Kopfschmerz, Herzklopfen nnd Atemnot, so daß sie nur wenig gehen und Treppen steigen nur mit größter Anstrengung kann.

Entfettungskur. Die Patientin nahm in zwei Monaten 13 kg ab. Zweimaliger Aderlaß von je 400 ccm. Die Kranke fühlte sich darauf außerordentlich erleichtert. Treppensteigen und Gehen auch auf weite Strecken hin ganz unbehindert, auch die übrigen Beschwerden verschwunden. Die Amenorrhöe wird weiter behandelt mit emmenagogen Mitteln und Laminariadehnung.

Frau G. F., 45 Jahre, leidet seit einigen Jahren an anginoiden Zuständen des Herzens, Körpergewicht 87 kg bei 169 cm Körpergröße. Außerdem bestand ein übermannskopfgroßes Myom, auf welches sicher ein Teil der Herzbeschwerden, sei es mechanisch, sei es toxisch bedingt, zurückzuführen war. Die von anderer Seite vorgeschlagene Operation wird von der Patientin aus Furcht vor Herzkomplikationen abgelehnt. Der behandelnde sehr namhafte Internist hatte bisher eine Entfettungskur ebenfalls aus Besorgnis vor Herzstörungen nicht vorgenommen. Im Einvernehmen mit ihm führte ich diese Entfettungskur dennoch durch und machte später auch einen Aderlaß von 250 ccm.

Schon nach 3 kg Gewichtsabnahme zeigte die Patientin ein total verändertes Aussehen. Die anginoiden Herzanfälle waren verschwunden, sie fühlte sich jünger und frischer, was auch der Umgebung auffiel. Das Myom war auffallend kleiner geworden. Die Kleider waren ihr alle zu weit.

Ich konnte in meiner Studentenvorlesung folgenden Fall demonstrieren:

Eine 43jährige Patientin war wegen hochgradiger Herzbeschwerden, offenbar Fettherz mit Verbreiterung und Hypertrophie des Herzens, in Behandlung einer internen Station gewesen. Sie klagte außerdem über starken Scheidenkatarrh mit Pruritus, weshalb sie unsere Behandlung aufsuchte. Auf den ersten Blick fiel auf, daß die Patientin hochgradig fettleibig und vollblütig war, Körpergewicht 89 kg bei Untermittelgröße. Sie war schon drei Wochen auf einer internen Station gelegen. Alle möglichen komplizierten Untersuchungen mit Elektrokardiogramm, Röntgenverfahren und Nierenfunktionsproben waren schon gemacht worden. Patientin bekam leichte Kost mit viel Milch, Brot und Butter, ferner Digitalis und zur „Entwässerung“ Euphyllin.

An eine Entfettung oder Blutentziehung war bisher nicht gedacht worden. Wir führten die Entfettungskur durch in Verbindung mit Hydrotherapie und machten in Abständen von vier Wochen je einen Aderlaß von 250 ccm, worauf jedesmal der Zustand sich besonders rasch besserte. Gewichtsabnahme von 12 kg in zehn Wochen mit Aufhören sämtlicher Beschwerden.

Die Entfettungskur setzt häufig den hohen Blutdruck herunter, auch dort oft, wo man vorher erklärt hat, es handle sich um Arteriosklerose oder Nephrosklerose.

Ein Beispiel:

Frau M. F., 54 Jahre, Blutdruck 180 RR, heftige Schwindelanfälle und Angstzustände, so daß Patientin sich nicht über die Straße zu gehen traut. Außerdem klagt sie über Druck auf der Brust und Schmerzen in der Herzgegend. Die Untersuchung ergibt mäßige Fettleibigkeit, Gewicht 73 kg bei Untermittelgröße, besonders aber hochgradige Vollblütigkeit. Die bisherige Behandlung war erfolglos.

Entfettungskur um 6 kg sowie zwei Aderlässe von 250 ccm im Abstand von vier Wochen erzielten binnen zwei Monaten fast vollkommene Beschwerdefreiheit. Der Blutdruck war auf 130 gesunken, die Angstzustände und der Schwindel vollständig verschwunden. Ich beobachtete die Patientin noch weitere sechs Jahre, mußte im Laufe dieser Zeit anfangs jedes Vierteljahr, später halbjährlich, je einen Aderlaß machen, und Patientin befindet sich bis jetzt mit geringen Schwankungen größtenteils recht wohl.

Der Fall zeigt, daß Entfettungskur und sinngemäß ausgeführte Blutentziehungen selbst so schwere, auf übliche Art nicht beeinflußbare Zustände beseitigen können. Selbstverständlich kann man nicht in jedem Falle damit rechnen, daß ein erhöhter Blutdruck so prompt heruntergeht. Der Erfolg hinsichtlich der Herzbeschwerden, der Angstzustände und des Schwindels scheint mir aber doch bemerkenswert.

6.2.2 Gallensteine und Gallenblasenentzündung

Eine große Rolle spielt die Fettsucht bzw. die Entfettungskur bei der Entstehung von Gallensteinen und Gallenblasenentzündung. Ich konnte wiederholt darauf hinweisen, daß die Disposition zu Gallenleiden erhöht wird durch Zugehörigkeit zum **weiblichen Geschlecht, dunkle Haar-, Haut- und Augenfarbe, Dyspepsie und Obstipation** (S. 41) und ganz besonders durch die **Fettsucht**. Letztere wieder entsteht bei Frauen bekanntlich häufig im Anschluß an **Schwangerschaft, Klimakterium** und an **zu seltene und zu spärliche Menstruation**.

Kommen solche Patienten dann zur Operation, so mußte mit allen Komplikationen der Fettsucht und oft auch Vollblütigkeit (Thrombosen, Embolien, Herzmuskelentartung usw.) gerechnet werden, und eine ganze Reihe meiner Bekannten ist so an der Operation zugrunde gegangen. Da es sich dabei meist um Personen in höherem Lebensalter handelte, hätte man alles daransetzen müssen, um eine Operation zu vermeiden, und das geht auch fast immer, wenn man eine **Entfettungskur mit kräftiger Ableitung auf den Darm** und nötigenfalls auch Blutentziehungen (**Aderlaß, Blutegel**) oder **Vesikantien** anwendet. Dann wird es auch so gut wie niemals zu Steineinklemmungen, Choledochussteinen, Cholämie, Vereiterung der Gallenblase u. dgl. kommen. Auch die sehr eingreifende Operation wird dann nur in seltenen Ausnahmefällen notwendig sein, während die übliche diätetische und medikamentöse Behandlung allein diese Zwangslage oft nicht zu verhindern imstande ist.

Die ausleerende, auflösende und antiphlogistische Behandlung ist imstande, allen diesen Komplikationen auf lange Sicht vorzubeugen.

Einige Beispiele

Frau G. Y., 27 Jahre, zwei Geburten, Menses seit drei Jahren nur mehr drei- bis sechsmonatlich, hat auf 97 kg zugenommen. Seit einem Jahr Gallensteinkoliken. Interessanterweise waren die Menses vor den Geburten zu oft und zu stark, nachher zu selten und zu schwach. Man sieht daraus, daß man sich nicht auf pessimistische Begriffe wie unheilbare Hypoplasie und dergleichen festlegen soll.

Patientin klagte außerdem über Herzklopfen und Kopfschmerzen, hatte auch eine schwere Unterkiefereiterung durchgemacht, was ich als Disposition zu Entzündungen infolge Hypomenorrhöe, Fettsucht und Vollblütigkeit auffassen möchte,

Entfettungskur, Gewichtsabnahme von 6 kg in fünf Wochen und ein Aderlaß von 300 ccm. Daraufhin allein schon wiederholten sich Gallenanfälle nicht mehr. Die Entfettungskur mit Ableitung auf den Darm wurde fortgesetzt, bis ein Körpergewicht von 76 kg erreicht war. Die Menses blieben fortan regelmäßig vierwöchentlich, und auch sonst war Patientin ganz beschwerdefrei.

Frl. J. Sch., 35 Jahre, Menses früher regelmäßig. Seit einer angeblichen Appendektomie (vielleicht doch Adnexoperation) im 21. Lebensjahre keine Menses mehr. Patientin wurde daraufhin sehr vollblütig und erreichte ein Körpergewicht von 81 kg. Stark gerötetes Gesicht, Wallungen, Kopfschmerzen, Schwindel. Im 29. Lebensjahr entstand ein Tumor in der linken Mamma, welcher zur Amputation derselben Veranlassung gab. Als Ausdruck der Stoffwechselstörung hatte Patientin auch eine beiderseitige Ischias durchgemacht und litt seit 1 ½ Jahren an rezidivierender Gallenblasenentzündung.

Entfettungskur um 7 kg, Aderlaß und ein Cantharidenpflaster auf die Gallenblasengegend erzielten in sechs Wochen vollkommene und dauernde Beschwerdefreiheit.

Mehrfache Ähnlichkeit damit weist der folgende Fall auf:

Frau M. H., 34 Jahre, Menses seit einem Jahr, angeblich nach einem Schreck, nur mehr sechs- bis achtwöchentlich. Zu spärlich waren sie immer. Körpergewicht 92 kg, Dyspepsie, Obstipation, rechtsseitige Ischias und gleichzeitig chronische Gallenblasenentzündung seit zwei Jahren. Die übliche Behandlung blieb erfolglos. Die Frage einer Operation wurde erwogen.

Entfettungskur um 14 kg, Aderlaß sowie Cantharidenpflaster auf die Gallenblase brachten das Leiden vollständig zum Verschwinden. Die Ischias wurde durch *Baunscheidt*sches Verfahren binnen einer Woche geheilt.

Rezeptbeispiele für Gallensteintees:

Rp.	Flor. Chamom.		
	Hb. Caps. burs. past.	aa	20,0
	Rad. Iridis		
	Rad. Gentianae		
	Rad. Cichorii	aa	10,0

Rp.	Fruct. Anisi stell.		
	Rad. Iridis	aa	15,0
	Hb. Scabiosae		
	Hb. Polygoni		
	Fol. Menthae pip.		
	Flor. Calend.	aa	10,0

Rp.	Hb. Marrubii		
	Hb. Agrimoniae	aa	30,0
	Rad. Rhei		
	Rad. Ononidis	aa	15,0

Rp.	Hb. Centaurii		
	Fol. Sennae	aa	40,0
	Hb. Equiseti		20,0
	Hb. Millefolii		
	Hb. Absinthii	aa	10,0
	Fol. Betulae		
	Hb. Agrimoniae		
	Rad. Valerianae	aa	5,0
	S. 1-3 Schalen Tee täglich.		

6.2.3 Neoplasmen

Es kann gar nicht oft genug betont werden, daß Fettsucht und die damit häufig verbundene Vollsaftigkeit bzw. Vollblütigkeit alle erdenklichen lokalen und allgemeinen Krankheitszustände hervorrufen können, z.B. auch Neoplasmen.

Wenn **Mamma- und Uteruskarzinome** auch bei mageren Frauen vorkommen, hat man doch oft genug den Eindruck, daß das Neoplasma nur ein Glied in der Kette der zahlreichen anderen Stoffwechselstörungen der Fettleibigen ist.

Ein Beispiel:

Frau M. N., 36 Jahre, eine Geburt vor sechzehn Jahren, Menses nur zwei- bis viertägig spärlich, Körpergewicht 110 kg, sehr vollblütig, Herz- und Atembeschwerden. Hat allein in den letzten vier Jahren 30 kg zugenommen, Kopfschmerz, Kopfdruck, scharfer, beißender Harn. Ein gutartiges Neoplasma in Form einer Struma war vor einem Jahr operiert worden.

Entfettungskur und Aderlaß erzielten Gewichtsabnahme von 17 kg und ziemliche Beschwerdefreiheit.

Patientin vernachlässigte sich dann aber wieder und kam vier Jahre später wieder mit einem Körpergewicht von 98 kg und einem inoperablen Karzinom der Cervix. Das linke Parametrium war starr infiltriert, und im Zusammenhang damit bestand eine Thrombose der Beckenvenen und des linken Beines, welches fast aufs doppelte seines Umfanges angeschwollen war.

Nebst Verschorfung des Kraters mit Chlorzink, worauf die Jauchung sofort aufhörte, und anschließende Radiumbestrahlung wurde eine energische Entfettungskur eingeleitet, außerdem ein Aderlaß von 400 ccm gemacht und fünfzehn Blutegel am Ober- und Unterschenkel verteilt angelegt. Die vorher schon viele Wochen lang bettlägerige Patientin war daraufhin in drei Wochen wieder gehfähig, das Bein bis fast auf normalen Umfang abgeschwollen, und es trat allgemeines Wohlbefinden ein. Nach einem halben Jahr allerdings ging Patientin an inneren Metastasen zugrunde.

Es gehört auch zu einer wirksamen **Krebsprophylaxe**, daß man, so wie allen anderen Organ-, Funktions- und Stoffwechselstörungen, auch einer Fettsucht vorbeugt bzw., wenn sie vorhanden ist, sie bekämpft. Besonders in Familien, wo Krebs erblich ist und als Vor- und Nachbehandlung bei Krebsoperationen.

Bei männlichen Patienten gelang es meinen Mitarbeitern oft, Fälle mit **Prostatahypertrophie**, wo schon eine Radikaloperation als unausweichlich vorgeschlagen worden war, durch **Entfettungskur** und **Resolventia** wieder beschwerdefrei zu machen.

Ganz Analoges kann man bei größeren und kleineren **Myomen** sehen, wo infolge Fettsucht und Herzbeschwerden eine Operation riskant gewesen wäre. Die Entfettungskur ist oft imstande, solche Myome etwas zu verkleinern, die Fernwirkungen auf das Herz zu mildern und auch die Druckerscheinungen auf die Umgebung zu beheben.

6.2.4 Verschiedene sonstige Leiden

Die **ausgezeichnete Wirkung der Entfettungskur** möchte ich noch bei einigen weiteren Krankheitszuständen anführen.

Ähnlich wie bei Gallensteinen kann man auch bei **Nierensteinen** meist eine sehr günstige Wirkung der Entfettungskur auf die Kolikanfälle, Auflösung und Abgang von Steinen, feststellen. Schon *Hippokrates* gibt den Rat, Nierensteinkranke schlank zu machen und ihnen Ableitung auf den Darm sowie viel Bewegung zu verordnen.

Ein Beispiel:

Eine 48jährige fettleibige Patientin litt an rechtsseitigen Nierenkoliken. Es wurde röntgenologisch ein gut haselnußgroßer Stein im Nierenbecken festgestellt. Mehrere Karlsbader Kuren brachten Linderung, aber keine definitive Heilung. Nach einer Reihe von heftigen Kolikanfällen schlug ein namhafter Urologe die operative Entfernung des Steines vor, um die monatelang gestörte Arbeitsfähigkeit der Patientin wieder herzustellen.

In diesem Zustand wurde ich wegen gleichzeitiger Wechselbeschwerden befragt, verordnete Gewichtsabnahme von 74 auf 68 kg, ferner Harlemeröl (Ol. Lini sulfurat.), dreimal täglich fünf Tropfen in Sodawasser. Ferner Fol. Uvae ursi pulv., zweimal täglich einen gehäuften Kaffeelöffel, und schließlich einen steinlösenden Tee von folgender Zusammensetzung drei Schalen täglich.

Rp.	Hb. Saxifragae		
	Hb. Virgaureae		
	Fruct. Rosae caninae	aa	30,0
	S. 3 Schalen Tee täglich.		

Innerhalb von vier Wochen trat dreimal Abgang von Steinpartikelchen ein, worauf die Beschwerden gänzlich aufhörten. Eine neuerliche Röntgenaufnahme ergab, daß der Stein zur Gänze verschwunden war.

Wiederholt kann beobachtet werden, daß bei den verschiedensten Hautkrankheiten, falls Fettsucht besteht, die Entfettungskur allein schon sehr oft die Heilung bewerkstelligt. Ich sah das wiederholt bei Patientinnen mit universellem **Ekzem**, mit **Neurodermitis**, mit **Hautjucken** am ganzen Körper, ganz besonders auch bei dem so quälenden **Pruritus genitalium**.

Es waren das meist Fälle im natürlichen oder künstlichen Klimakterium, wo bereits alle lokalen Mittel, sogar Röntgenbestrahlung, und der ganze Apparat der Hormontherapie erfolglos aufgeboten worden waren. Entfettungskur und Aderlaß nebst adstringierenden lokalen Mitteln brachten wiederholt raschen Erfolg.

Sehr dankbar ist die Behandlung allgemein **klimakterischer Beschwerden** bei Fettsüchtigen. All die zahlreichen Einzelerscheinungen, wie Parästhesien, Einschlafen der Glieder, Kopfschmerz, Migräne, Rheumatismen, Wallungen, Schwindel, Schlaflosigkeit usw., verschwinden meist nach Entfettungskur nebst Aderlaß.

Auch zahlreiche Fälle von **Katarrh der Cervix und der Scheide** mit hartnäckigem Fluor wichen erst dann, als das Übermaß an Körpersäften durch Entfettungskur und meist auch Aderlaß beseitigt war. Alltäglich sieht man Fälle, wo diese einfache Maßnahme unterlassen wird.

Noch folgenschwerer wirkt sich das bei **Uterusblutungen** bzw. **Metropathia haemorrhagica** aus. Ich behandelte zahlreiche Fälle, wo ebenfalls vorher alle erdenklichen Hormonpräparate und Styptica, selbst Curettage vergeblich angewendet worden waren. Erst Entfettungskur und Aderlaß brachten die Blutung zum Stillstand und ersparten so die schon in Aussicht genommene Uterusexstirpation oder Röntgenkastration, was bei jüngeren Frauen besonders schwer ins Gewicht fällt.

Sehr in die Augen fallend ist der Effekt einer solchen Entfettungskur mit Darmableitung bei den Fällen von **Rheumatismus** der Muskeln, Nerven und Gelenke, wo die Schmerzen im ganzen Körper teils fix, teils wandernd sich bemerkbar machen. Die gewöhnliche Behandlung brachte meist nur unbefriedigende Erfolge. Durch die Entfettungskur trat fast immer eine solche Entlastung des Stoffwechsels ein, daß weitgehende Besserungen, öfters auch vollständige Beschwerdefreiheit sich zeigten.

Ganz analog dazu kann man auch eine günstige Wirkung der Entfettungskur auf die meisten akuten, subakuten und chronischen **Entzündungen** beobachten.

Fälle von **Phlebitis, Adnextumoren** und **Gallenblasenentzündungen**, welche vorher monatelang mit Wärme, Reizkörpertherapie, Umschlägen u. dgl. ohne genügenden Erfolg behandelt worden waren, heilten schlagartig, oft schon nach 1-2 Wochen durch die ausleerende Behandlung, zumal wenn noch Blutentziehungen dazu kamen. Patienten, welche oft die längste Zeit bettlägerig waren, konnten so in kürzester Frist wieder gehfähig gemacht werden.

Überhaupt, wenn mir schwer heilbare Fälle irgendwelcher Art begegnen, so bin ich geradezu froh, wenn ich Fettsucht, Vollblütigkeit oder Magendyspepsie feststellen kann, weil diese Zustände leicht zu beseitigen sind und meist einen wirksamen Angriffspunkt für das Hauptleiden bieten.

So gelang es, einen Fall von chronischer beiderseitiger Schwellung der Parotis (***Mikulicz*sche Krankheit**), der vergeblich mit Röntgenbestrahlung behandelt worden war, einfach durch die zerteilende Wirkung der Entfettungskur in befriedigender Weise zum Rückgang zu bringen.

Mehrere Fälle von **Rhinitis vasomotoria**, wo man jetzt mit Allergie und Kalzium oder lokalen Methoden sich zu behelfen sucht, heilten auf Entfettungskur und Blutentziehung. Ein anderes Mal wieder muß man natürlich Magen-, Haut- oder Menstruationsstörungen beseitigen.

Auch die Behandlung eines **Asthmas** bei Fettleibigen ohne Entfettungskur ist unzweckmäßig. Die Stoffwechselentlastung allein bringt oft schon entscheidende Besserung.

6.2.5 Nerven- und Geisteskrankheiten

Die eklatantesten Erfolge erzielt die resolvierend deplethorische Allgemeinbehandlung in frischen Fällen von **Schizophrenie** innerhalb der ersten zwei Krankheitsjahre. Auch bei veralteten Fällen haben wir durch **Entfettungskur** oft schon nach zwei- bis dreiwöchiger Behandlung Überraschendes gesehen. Katatonien und Apathie, aber auch Erregungszustände verschwanden, und die Patienten wurden wieder sozial und arbeitsfähig. Bekanntlich fassen die älteren Psychiater die Fettsucht bei Geisteskranken als ein ungünstiges, schicksalsmäßig und zwangsläufig auftretendes Symptom auf, gegen welches man nichts unternehmen kann und soll. Gerade die Durchbrechung dieses Prinzips aber bringt Bewegung in die therapeutische Stagnation und damit auch sonst unerklärliche Erfolge.

Selbst bei **Imbezillen** kann man sehen, daß Entfettungskur nebst Hydrotherapie und Brechmitteln den Geisteszustand sowie die Lern- und Leistungsfähigkeit oft auffallend bessern.

Einer meiner überraschendsten Eindrücke war folgender:

Am Anfang meiner Tätigkeit in der Nervenheilanstalt Wien XIX, Krottenbachstraße, wurde mir eine schizophrene Patientin gezeigt, welche seit neun Jahren dort als apathischer Fleischklotz vegetierte, nur selten ein Wort sprach und meist bloß unartikulierte Laute ausstieß. Fettsucht, 86 kg, Menses zu spärlich.

Nach zweiwöchiger Entfettungskur besuchte ich die Patientin wieder, und sie ergriff spontan zu unser aller Überraschung ihre auf dem Tisch liegende Krankengeschichte und begann sie laut und richtig vorzulesen. Unter entsprechender Behandlung machte sie in der Folge weitere bedeutende Fortschritte.

Weit verbreitet ist das Vorurteil, daß man bei Nervosität, Nervenkrankheiten und bei Schwächezuständen keine Entfettungskur machen dürfe. Den Gegenbeweis erbringt folgender Fall:

Frau F. F., 45 Jahre, Menses früher fünftägig, jetzt zweitägig, hat daher in den letzten Jahren von 77 auf 94 kg zugenommen. Außerdem hatte sie Gallenblasenreizung, **Depressionszustände** und **Polyneuritis**. Davon sind noch Schwächezustände in Armen und Beinen zurückgeblieben. Sie empfindet ihre Gliedmaßen wie Blei und wie gelähmt, hat immer Schmerzen, und die Hände schwellen an.

Entfettungskur mit Ableitung auf den Darm und Hydrotherapie bewirkte Gewichtsabnahme von 6 kg in vier Wochen. Daraufhin wurde Patientin nicht bloß leichter und beweglicher, sondern fühlte sich im ganzen Körper wie gereinigt von Stoffwechselschlacken. Die Müdigkeit und die Schmerzen waren verschwunden, ebenso die Depressionszustände.

Eine ähnliche Wirkung wurde in folgendem Falle erzielt:

Frau E. K., 57 Jahre, seit sieben Jahren Menopause, Fettsucht, 92 kg, Blutdruck 180, chronische Arthritis der Knie und Zehengelenke, Atemnot, Herzklopfen, starke Varizen an den Beinen. Nervöse Unruhe, leidet stark unter **Zwangsvorstellungen** und **Platzangst**.

Auf Entfettungskur, Hydrotherapie und Aderlaß von 300 ccm trat in sechs Wochen eine Gewichtsabnahme von 9 kg ein. Die Zwangsvorstellungen waren verschwunden, ebenso die Herz- und Atembeschwerden. Auch die chronische Arthritis war unter gleichzeitiger Anwendung von Vesicantien und Pustulantien bedeutend gebessert worden, so daß Patientin anstandslos lange Strecken gehen konnte.

Ein weiterer Fall von Fettsucht mit Angstzuständen:

Frau M. Sch., 42 Jahre, Menses in den letzten sechs Jahren nur mehr zweitägig. Patientin hat seither von 61 auf 92 kg zugenommen. Sie leidet an heftigen **Angstzuständen**, ist schlaflos, weint fortwährend, ständige Ruhelosigkeit und Platzangst. Der behandelnde Nervenarzt machte Psychotherapie und gab vegetarische Diät, auf welch letztere noch weitere Gewichtszunahme erfolgte.

Wir sehen hier wieder zwei häufig gemachte Fehler: 1. glaubt man vielfach, daß Fettsucht nervöse Menschen beruhigt und 2. daß vegetarische Diät unter allen Umständen vorzuziehen sei. Dieses Verfahren brachte aber keinen Heilerfolg.

Gerade sonst schwer beeinflußbare Zustände reagieren bei gleichzeitiger Entfettungskur oft auffallend günstig. So konnte ich eine seit Monaten bettlägerige Frau mit multipler Sklerose in drei Wochen durch Entfettungskur wieder gehfähig machen. Nicht nur die Gewichtsverminderung, sondern auch die Stoffwechselentlastung wirkten offenbar mit. Gleichzeitig wurde allerdings das *Baunscheidt*sche Verfahren entlang der Wirbelsäule angewendet.

Von nervösen Störungen seien solche Erfolge bei **Schlafsucht** und **Schlaflosigkeit** erwähnt. Auch manche Fälle von **Hysterie** besserten sich auffallend, ganz analog zu den Resultaten bei Angst- und Depressionszuständen. Die sonst so schwer beeinflußbare **Melancholie** reagiert ähnlich wie die Depressionen, falls Fettsucht vorhanden ist, auf Entfettungskur günstig.

6.2.6 Fettsucht und Lebensalter

Fettsucht ist also **in jedem Lebensalter zu bekämpfen**. Bei jüngeren Personen ist sie von vornherein ein Zeichen krankhafter Anlage, und bei älteren Personen muß man sie erst recht wegen der vielen damit verbundenen Nebenstörungen und lebensverkürzenden Komplikationen zu beseitigen trachten. Schon *Hippokrates* sagt, daß fettleibige Menschen, namentlich in höherem Lebensalter, weit öfter eines plötzlichen Todes sterben als magere.

Auf ältere Personen wirkt die Entfettungskur oft geradezu **verjüngend** ein. Die Betreffenden werden frischer, beweglicher und fühlen sich in jeder Beziehung wohler.

Ein Beispiel:

Frau A. P., 66 Jahre, zwei Geburten, Menopause erst mit 56 Jahren, steht seit dem achten Lebensjahr im Erwerbsleben, zunächst jahrelang als Fabrikarbeiterin, später als führende Politikerin. Wegen Gallenleiden zwölf Jahre lang nach Karlsbad gegangen, schwarze Haare, brünette Haut, fettleibig, untermittelgroß, früher 84, jetzt 76 kg. In den letzten Jahren auch Diabetes mellitus, bis 4,5% Zucker, ist deswegen an einer Klinik in Behandlung gewesen. Seit dreißig Jahren Bronchialasthma. In den letzten lahren klagt sie besonders über Druckgefühl in der Herzgegend mit Angstzuständen und Schmerzen, welche in beide Oberarme ausstrahlen. Also anginoide Zustände. Ferner über ein krampfhaftes Gefühl und Müdigkeit, Schwere und herabgesetztes Gehvermögen in beiden Oberschenkeln. Blutdruck 220, starke Arrhythmie des Herzens. Obstipation. Vor zwei Jahren hatte sie Facialislähmung. Patientin ist seelisch sehr deprimiert über ihren Zustand und fürchtet, vollständig arbeitsunfähig zu werden.

Am 5. November 1935 Beginn der Behandlung mit Entfettungskur. Am 9. November hatte sie 1 kg abgenommen und gar keine Herzbeschwerden mehr, während sie früher das Gefühl hatte, „als ob das Herz wie eine Fledermaus herumflattern würde". Objektiv bestand aber immer noch eine leichte Arrhythmie, aber keine anginoiden Beschwerden mehr.

Am 14. November Arrhythmie vollständig geschwunden, Patientin fühlt sich auch sonst bedeutend leichter, ohne jedes Herzmittel! Auch das Asthma ist vollständig verschwunden.

Am 21. November. Patientin hat im ganzen nur 3 kg abgenommen, da sie die Schilddrüsentabletten nicht besonders gut verträgt und sie daher nur zeitweise nehmen kann. Nicht nur die Schmerzen in den Armen, sondern auch die abnormen Sensationen im Oberschenkel sind vollständig verschwunden, dabei geht Patientin jetzt wieder anstandslos und sehr rasch lange Strecken. Ihre Arbeitslust ist wiedergekehrt. Sie ist voll neuer Pläne, während sie vorher ihr Leben schon abgeschlossen hatte, und arbeitet täglich wieder mehrere Stunden schriftstellerisch an der Schreibmaschine. Herzschlag vollkommen regelmäßig, Blutdruck auf 180 RR heruntergegangen.

7 Technik der direkten antidyskratischen Allgemeinbehandlung

7.1 Der Begriff der Dyskrasie

Dyskrasie, eine schlechte Mischung der Säfte, gehört bekanntlich zu den allerältesten Auffassungen über Krankheitsentstehung und ist durch die Lehre vom Stoffwechsel, von der Immunität, inneren Sekretion und Allergie wieder ganz modern geworden. Nur die Namen haben gewechselt, das Wesentliche ist gleichgeblieben. Natürlich darf man weder den historischen, noch den modernen Begriff allzu eng und spezialistisch fassen.

Der geschichtliche Ausdruck Dyskrasie ist nicht, wie man oft lesen kann, bei der primitiven Anschauung von **Blut, Schleim, gelber und schwarzer Galle** mit Hinzufügung von **Luft** (oder Wind, Pneuma) stehengeblieben, sondern hat auch große Wandlungen durchgemacht. Es kam der Begriff der „**Schärfen**" (*Acrimoniae*) und später das Überwiegen von **Säuren, Alkalien, Salzen und erdigen Bestandteilen** hinzu. Vom 16. Jahrhundert an sprach man allgemein auch schon von **skrofulöser, rheumatischer, gichtischer** und sonstiger **Dyskrasie**.

Heute läßt sich zeigen, daß es auch fließende Übergänge zwischen Erkrankungen der **inneren Sekretion**, des **Stoffwechsels**, der **Blutdrüsen** und der **blutbereitenden Organe** sowie zwischen Autointoxikationen und chronischen Entzündungen gibt. Auch hier läßt sich die strenge Lokalisation der Krankheit auf ein einzelnes Organ nicht durchführen, z.B. beim *Basedow* und bei der Chlorose. Therapeutisch ist das deshalb wichtig, weil man dabei nicht bloß durch Behandlung des kranken Organs, also etwa der Schilddrüse allein, sondern durch Beeinflussung des Gesamtstoffwechsels oft viel schonender und besser zum Ziele kommt.

Sehr schön läßt sich das auch am Beispiel der chronischen menstruellen Retentionstoxikose bei Hypomenorrhöe zeigen. Wir sehen bei diesem Zustand oft Fettsucht, Vollblütigkeit, Diathesis inflammatoria, Hautausschläge, Arthritiden und Rheumatismen, also eine Art allgemeiner Säftestörung oder Dyskrasie. Behandelt man diese nur mit Hormonpräparaten, so kommt man nur in seltenen Ausnahmefällen zum Ziel. Allgemeine Stoffwechselentlastung nebst dem emmenagogen Verfahren dagegen führt zur Heilung.

In der verallgemeinerten Anwendung dieses therapeutisch bewährten Prinzips besteht die antidyskratische Heilmethode überhaupt.

Die Wiedereinführung des Begriffes der Dyskrasie soll also nicht eine Verwischung exakter, wissenschaftlicher Beobachtungen mit sich bringen. Diese sollen vielmehr in vollem Umfang beibehalten werden. Aber neben der lokalistischen soll eine Art **unspezifischer Allgemeinbehandlung** als übergeordnetes Prinzip hinzukommen. Dadurch werden die Heilungsaussichten in zahlreichen Fällen weit optimistischer und besser.

So kommen wir auch dem historischen und volkstümlichen Begriff der „**Blutreinigung**" wieder näher. Die Pharmakologie empfahl zu diesem Zweck die **Erregung aller Sekretionen und Exkretionen** zu erhöhter Tätigkeit.

Eine solche Dyskrasie, „unreines oder scharfes" Blut und verdorbene Säfte, lassen sich auch auf einfache Weise mit den fünf Sinnen wahrnehmen. **Unreine, schlecht gefärbte Haut, Hautjucken, Hautausschläge, subjektive Angaben über ätzende, scharfe Beschaffenheit von Harn, Schweiß, Fluor, Nasen- oder Tränensekret** weisen darauf hin. **Fettsucht, Vollblütigkeit, Hypertrichosis, Pigmentflecken, häufige Schleimhautkatarrhe** sind weitere solche Stigmen.

Bei einer rationellen Behandlung von Dyskrasien wird man trachten, die Grundursachen aufzufinden und zu beseitigen, außerdem aber die direkte antidyskratische Methode anzuwenden. Also **ausleerende, umstimmende, säfteverbessernde Maßnahmen**. Letzteres kann durch Diät, physikalische und klimatische Faktoren und schließlich durch eine große Klasse von Medikamenten geschehen.

7.2 Berücksichtigung der Grundursachen

1. Die **angeborene dyskratische Anlage** läßt sich am schwersten bekämpfen. Nachkommen von Luetikern, Diabetikern, Gichtikern, Blutdrüsenkranken, Fettleibigen, hereditär Karzinomatösen oder Blutkranken sind immer gefährdet. Vieles läßt sich aber durch Konstitutionstherapie von früher Jugend auf verbessern und vorbeugen. Allerdings oft nur unter Zuhilfenahme eines umfangreichen therapeutischen Rüstzeugs und nicht durch dürftige Spezialverordnungen wie Vitamine, Lebertran, Hormone u.dgl.

2. Eine der häufigsten Ursachen von allgemeinen Säftestörungen sind **Fehler der Ernährung und Verdauung**. Wir haben hier zu unterscheiden zwischen mangelhafter Auswahl der Nahrung und ihrer schlechten Verarbeitung.

a) Es ist klar, daß **verdorbene Nahrungsmittel**, wie schlechtes Mehl, schlechtes Gefrierfleisch, schlecht zubereitete Speisen (infolge schlechter Küche, was leider sehr weit verbreitet ist), also zu derbe, zu fette, unrichtig gekochte Speisen, nicht bloß Verdauungs-, sondern auch Stoffwechselstörungen hervorrufen können. Die Nahrung gerade in den großen Krankenhäusern und Sanatorien läßt diesbezüglich oft viel zu wünschen übrig, ist lieblos zubereitet und kann es nur in den seltensten Fällen mit einer auch noch so einfachen, aber sorgfältig zubereiteten Familienkost aufnehmen.

Stark unterschätzt wird überall die Gefahr der Verwendung künstlicher Kochfette sowie die Durchsetzung unserer Lebensmittel mit allerlei Chemikalien. Dazu kommt noch die durch Ruß, Benzin und andere schädliche Stoffe verdorbene Luft.

Auch die bloße **einseitige Auswahl der Nahrung** kann zu Dyskrasien führen. Bekannt ist das vom Skorbut und der Vitaminarmut als Hauptursache.

Was man sonst unter einseitiger Nahrung zu verstehen hat, ist heute sehr strittig geworden. Mir persönlich scheint eine vernünftige **gemischte Kost** immer noch das Beste. Man kann und soll diese nach den individuellen Bedürfnissen variieren. Es gibt sicher Menschen, die nur wenig oder gar kein Fleisch brauchen, andere wieder, die, wenn man es ihnen entzieht, leicht ermüdbar, unlustig und temperamentlos werden. Man wird vernünftigerweise bei Vollblütigen Fleisch, Alkohol und Gewürze einschränken, bei Blutarmen diese Nahrungsmittel dagegen empfehlen.

Man kann oft Chlorotische durch solche einfache Ratschläge rasch aufblühen sehen, während sie vorher unter laktovegetabilischer Diät mit Eisen nicht vorwärts kamen. Ich möchte daher rein vegetarische, salz- und gewürzlose sowie Rohkostnahrung nicht als Normalnahrung, sondern als Entziehungsdiät ansehen. Sie wird in zahlreichen Fällen heilsam sein, aber die Verallgemeinerung darf nicht zu weit gehen. Von *Hippokrates* angefangen bis ins 18. Jahrhundert haben alle bedeutenden Ärzte empfohlen, die Entziehungsdiät nicht zu lange und schon gar nicht lebenslänglich anzuwenden.

Die **vegetarische Diät** wird von vielen aus weltanschaulichen Gründen bevorzugt. Letztere sind gewiß in höchstem Maße zu respektieren. Aber jeder Organismus verträgt sie nicht, besonders Blutarme und Menschen mit schwachem Magen. Ich habe oft genug Schädigungen davon gesehen. Noch mehr gilt das von der Rohkost. Sie vermag als Entziehungsdiät und Heilnahrung Großes zu leisten. Diesbezüglich ist das Verdienst von *Bircher-Benner* und seinen Mitarbeitern gar nicht hoch genug einzuschätzen. Aber es eignen sich nicht alle Fälle dafür, und man kommt oft damit allein nicht aus. Ich kenne Fälle von chronischem Gelenkrheumatismus, welche sich unter langjähriger sachgemäßer Rohkostbehandlung nicht vom Flecke rührten und nach kurzer Hautableitungsbehandlung trotz gemischter Kost rasch ausheilten. Dagegen bei Gicht, chronischen Hautkrankheiten, Überernährung u. dgl. ist Rohkost sicher oft am Platze.

Eines der mächtigsten antidyskratischen Mittel ist dagegen die **Fastenkur** in ihren verschiedenen Modifikationen, zu welchen ich auch die *Schroth*kur (Entzug von Eiweiß und Flüssigkeit) rechnen möchte. Der Ausspruch der arabischen Ärzte: „*Hunger purgiert den* *ganzen Körper*“ besteht durchaus zu Recht. Die Erfahrung lehrt, daß gichtische, rheumatische, luetische und sonstige Dyskrasien, besonders auch chronische Hautkrankheiten, durch solche Fastenkuren außerordentlich günstig beeinflußt werden können.

b) Mindestens ebenso wichtig wie die richtige Auswahl der Nahrung ist für die Verhütung und Heilung von Autointoxikationen bzw. Dyskrasien eine **richtige Verdauung**. Dieser Punkt liegt meist durchaus im argen. **Schlechte Magenverdauung** mit Säurebildung oder Anazidität, Blähungen und Gärungen macht an sich schon einen schlechten Stoffwechsel mit Hautausschlägen, Anämie, Phosphaturie, Schleimhautkatarrhen usw. Kommt dann noch eine falsche Diätverordnung seitens des Arztes hinzu, wie z. B. die Empfehlung von Milch, viel Gemüse, Öl, Butter oder dgl., so wird die Sache noch ärger. Auch schon die bloße Bekämpfung der **Obstipation** mit den heute üblichen Gleit- und Schiebemitteln ist naturwidrig und muß die Verdauung aus dem richtigen Geleise bringen. Geeignete Diät und darüber hinaus eine Zeitlang Ableitung auf den Darm ist für die Bekämpfung der meisten Dyskrasien unentbehrlich.

3. **Störungen in der Lymphbereitung**. Diese Gruppe von Erscheinungen hat man in den letzten Jahrzehnten mehr in Gestalt ihrer Endprodukte (Schwellung der Lymphdrüsen, Skrofulose, Rachitis, chirurgische Tuberkulose) als an ihrer Wurzel betrachtet. Die alte und älteste Medizin schrieb diese Zustände dem Überwiegen von Schleim (*Phlegma*) in der Säftemischung zu. Auch die Struma rechnete man hierher. Die Korrektur für diesen Säftefehler fand man in den antilymphatischen und antiskrofulösen Mitteln, deren Wiederaufnahme auch heute noch unsere Heilresultate bedeutend zu verbessern imstande ist.

Nicht genug bekannt ist, daß bei Kindern Milchgenuß einen ausgesprochenen Lymphatismus erzeugen kann. Entsprechend macht sich bei Erwachsenen durch eine mehr dem Kleinkindalter angepaßte Ernährung mit Milch- ,Brei- und Süßspeisen ein Lymphatismus mit übermäßiger Schleimbildung von Nase und Nebenhöhlen bemerkbar.

4. **Störungen in der Blutbildung**. Neben den wohldefinierten Erkrankungen des Blutes, wie Plethora vera, perniziöse Anämie u. dgl., gibt es noch eine große Anzahl anderer Störungen, wie Änderungen der Viskosität, der Gerinnungsfähigkeit, der kolloidalen Beschaffenheit, des Salzgehaltes usw. Bei Gefäßzerreißung, Schlaganfall, sonstigen Blutaustritten, Hautjucken, Thrombosen, nervösen Reizungen u.dgl. kann man versuchen, durch Normalisierung des Stoffwechsels auch eine möglichst normale Blutbeschaffenheit herbeizuführen, und das gelingt durch Anwendung der richtigen Mittel doch auffallend oft (Resolventia, Alterantia, Roborantia, Plastica usw.).

5. **Störungen der inneren Sekretion**. Schon der Ausdruck Blutdrüsenerkrankung sagt, daß von den Drüsen etwas ins Blut abgesondert wird, wodurch die Erkrankung eben ihren lokalen Charakter verliert und zu einer allgemeinen wird. Demzufolge kann man von einer Autointoxikation bei manchen Fällen von Hypomenorrhöe und ebenso bei der Thyreotoxikose sprechen. Nur war es bis jetzt zu wenig geläufig, daß man durch ausleerende Methoden den Körper von diesen Toxinen mit Vorteil entlasten kann. Bei *Basedow* z.B. durch öftere kleine Aderlässe. Man erspart dadurch häufig die Radikaloperation und beseitigt mitunter eine ganze Reihe von Störungen und Nebensymptomen wie Durchfälle, Schweißausbruch, Herzklopfen usw.

6. **Fehlerhafte Sekretion und Exkretion der Ausscheidungsorgane**. Es kann durch Störungen der **Lunge** eine chronische Zyanose und ebenso Vollblütigkeit, analog wie bei Herzfehlern entstehen. Durch mangelhafte **Lebertätigkeit** erklärte man sich eine ganze Gruppe von Dyskrasien, welche man heute unter dem biliären Typus zusammenfaßt. Aber auch Anomalien des Harnsäure- und des Zukkerstoffwechsels hängen bekanntlich mit der Leber zusammen. Man unterschied früher die cholerische, melancholische, biliäre und atrabiliäre Konstitution bzw. Dyskrasie und konnte diese durch Lebermittel und gallentreibende Medikamente heilen. Gicht, Hautkrankheiten, Gelenkrheuma, Geistesstörungen, Ikterus, Hämolyse, Gallen- und selbst Nierensteine können von einer biliären Dyskrasie ausgehen und von dort aus therapeutisch beeinflußt werden.

Auch quantitative und qualitative Störungen der **Nierensekretion**, am ausgeprägtesten bei der Schrumpfniere, führen zu verschiedenen Arten der Dyskrasie.

Bei den Frauen endlich ist eine regelmäßige und genügende **Menstruation** zur Aufrechterhaltung eines normalen Stoffwechsels notwendig. Verminderung derselben, man nannte das früher „Unterdrückung habitueller Blutausscheidungen" (das gleiche gilt für die **Hämorrhoiden**), kann gleichfalls Dyskrasie mit oft recht schweren Folgeerscheinungen herbeiführen. Die alte Medizin verlangte deshalb bei unterdrückten Menses eine Purgation des Körpers.

7. Auch die **kachexieartigen Zustände** wie Amyloidose sowie die Rückwirkung von Karzinom, Tuberkulose, Karies, Lues, chronischen Hautkrankheiten u.dgl. auf die Körpersäfte gehören noch unter den Begriff der Dyskrasie. Es ist damit auch die erhöhte Empfindlichkeit und Anfälligkeit solcher Organismen gemeint, welche auf sonst normale äußere Reize abwegig reagieren.

Aufsuchung aller dieser genannten Grundursachen und wenn möglich ihre Beseitigung ist eine Hauptvoraussetzung der antidyskratischen Behandlung. Außer den erwähnten Diätkuren müssen nach Tunlichkeit auch die klimatischen Faktoren (Seebäder, Gebirgsaufenthalt), die Badekuren und die Hydrotherapie zur Behandlung herangezogen werden. Durch richtig individualisierende Auswahl bei entsprechender Sachkenntnis und Erfahrung kann man damit außerordentlich viel erreichen.

7.3 Antidyskratische Arzneibehandlung

Die Pharmakologie verstand unter den **Antidyskratika** solche Arzneimittel, „*nach deren Aufnahme in den Organismus der gesamte Ernährungsprozeß durch noch unaufgeklärte Veränderungen in der Konstitution des Blutes und der Gewebe eine abweichende Richtung erhalten und wodurch manche pathologische Vorgänge behoben werden sollen*".

Es gehören hierher alle **Mittel zur Steigerung der natürlichen Sekretion und Exkretion**, insbesondere die **Abführmittel, Schwitzmittel, Diuretica** und **Emmenagoga**. Außerdem aber auch noch die **Resolventia** und **Alterantia**, welch letztere mit den Antidyskratika im engeren Sinne schon fast identisch sind.

Im einzelnen gehören hierher alle salinischen Abführmittel und die Weinsteinpräparate wie auch die Alkalien. Eine besondere Erwähnung verdient in diesem Zusammenhang das **Kalium carbonicum**, messerspitzenweise mehrmals täglich in etwas Wasser gelöst, intern zur Zerteilung und Auflösung von Drüsenschwellungen, auch von Strumen. Ferner die **Schwefelpräparate**. Flor Sulf. 0,5-2,0 oder Lac. Sulf. 0,2-1,0 entweder in Aufschwemmung als Mixtur oder mit weinsauren Salzen gemischt als Pulver. Wenig benutzt, aber von großer Wirksamkeit sind die **Phosphorpräparate**. Die Dosierung des Phosphors ist: 0,001-0,003, ein- bis dreimal täglich in Pillenform oder in Lebertran gelöst. Gerade bei sonst schwer beeinflußbaren körperlichen und geistigen Schwächezuständen, Kachexien und Dyskrasien wirkt der Phosphor oft rasch umstimmend (s. Anm. S. 55ff.).

Jodpräparate wirken vor allem steigernd auf die resorbierende Tätigkeit der lymphatischen Apparate, erhöhen auch die Menstrualtätigkeit und wirken umstimmend und resorbierend bei Drüsen- und Nervenleiden. Jod ist eines der bekanntesten Antidyskratika gegen Arteriosklerose, chronische Hautkrankheiten, asthmatische Zustände u.dgl. Die Dosis für Jodkali ist intern 0,01-0,5 bis 1,0 p.d. 1-4mal täglich, bis 5,0 pro die, am besten in Lösung.

Vorsicht! Bei solchen Dosierungen tritt häufig Jodismus auf: Schnupfen, Konjunktivitis, Kopfschmerzen, Bronchitis, Gastroenteritis u.a.

Extern in 10% Salben.

Außer Kurs geraten sind die Antimonpräparate. Die Alchimisten haben in der überschwenglichsten Weise von den Mysterien des Antimons, vom „*Triumphwagen Antimonii*" und von seinen Eigenschaften als „*Cerberus triceps*" gesprochen und geschrieben, und noch *Hufeland* hielt von seiner Verwendung in Form des Brechweinsteins als Brechmittel, als

Resolvens und Antiphlogistikum große Stücke. Wer sich in dieses Gebiet eingearbeitet hat, kann die Ansichten der alten Autoren nur bestätigen und muß den Verlust dieser wunderbaren Mittel bedauern.

In der alten, exotischen und Volksmedizin gibt es eine enorme Menge von **pflanzlichen Antidyskratika**, und wir wollen hier nur die allerwichtigsten anführen.

Von einheimischen Pflanzen steht hier an erster Stelle **Hb. Violae tricoloris** (Stiefmütterchen) in Form von Dekokten, besonders brauchbar gegen Hautkrankheiten innerlich, namentlich im Kindesalter. Aber auch bei Rheumatismen, Gelenkleiden und anderen Stoffwechselstörungen. Es wirkt u.a. auch schweißtreibend und diuretisch. Ihm zunächst stehen **Rad. Graminis** (Graswurzel) und **Rad. Caricis arenariae** (Sandquecke), ebenfalls in Form von Dekokten als typische „Blutreinigungsmittel". In ähnlicher Weise werden verwendet: **Rad. Bardanae** (Klettenwurzel), **Stipites Dulcamarae** (Bittersüßstengel), besonders gegen Rheuma und Hautkrankheiten.

Als Antiskrofulosa sind zu nennen: Blätter und die grünen Schalen der Nüsse. **Fol. et cort. Juglandis** im Absud und als Extrakt.

Für Juglandis cortex liegt eine Negativ-Monographie der Kommission E vor. Das enthaltene Juglon gilt als mutagen. Möglicherweise kommt es gehäuft z.B. zu Zungenkrebs bei täglicher lokaler Anwendung.

Ferner **Rad. Calami** (Kalmuswurzel) als Pulver, Dekokt, Extrakt, und als Confectio Calami (kandierte Kalmuswurzeln; s. Anm. S. 72).

Ausgesprochen antidyskratische Wirkung haben auch folgende Abführmittel: **Fol. Sennae, Cort. Frangulae, Rad. Rhei** und **Aloe**. Letztere ist daher Bestandteil zahlreicher Blutreinigungselixiere der älteren Medizin.

Die bekanntesten exotischen Antidyskratika sind: **Rad. Sarsaparillae** im Dekokt, nicht nur als Antisyphilitikum, sondern auch gegen Hautkrankheiten und chronischem Gelenkrheumatismus gut verwendbar. Ähnlich wirkt **Lignum Sassafras**, ebenfalls im Dekokt.

Sassafras wird von der Kommission E negativ beurteilt. Magenreizungen und Nierenschädigungen seien zu erwarten. Ferner kommt es zu unkontrollierter Wirkungsverstärkung oder -abschwächung anderer Arzneien.

Ein sehr vielseitiges Antidyskratikum ist auch **Lignum Guajaci**, welches eben wegen seiner Heilwirkungen bei der Franzosenkrankheit, Franzosenholz, auch Lignum benedictum und Lignum vitae genannt wurde. Es ist Bestandteil der offizinellen Species lignorum purificantes (blutreinigender Holztrank) und wirkt abführend, schweißtreibend, diuretisch sowie antidyskratisch. Statt dessen kann man auch **Resina Guajaci** 0,2-0,1 in Pulverform verordnen, z.B.

Rp.	Resin. Guajaci		
	Cremor Tartari	aa	1,5
	tal. dos. X.		
	S. früh und abends 1 Pulver auch mehrere Wochen lang.		

Es ist das ein bewährtes Mittel gegen den arteriosklerotischen Schwindel und zugleich ein Prophylaktikum bei drohendem Schlaganfall. **Tinct. Guajaci** 20-60 Tropfen mehrmals täglich, am besten in Wein, gegen chronischen Gelenkrheumatismus. Eine ähnliche Verwendung findet **Resina Jalapae** am besten in Form folgenden Rezeptes:

Rp.	Resin. Jalapae		10,0
	Spir. Vini qu. s. ad solutionem		
	Syrup. Rub. Id.	ad	100,0
	S. täglich 1-2 Kaffeelöffel.		

Diese Verschreibung ist sehr brauchbar bei allgemeiner Dyskrasie, wie sie sich als chronisches Gelenkrheuma, Hautkrankheiten usw. äußert, aber auch bei Geistesstörungen.

Der Vollständigkeit halber seien noch genannt: **Radix Serpentariae** (Schlangenwurz), **Lignum Santali** (Sandelholz) und **Linum catharticum** (Purgierflachs).

Zu Lignum Santali: Enthält kanzerogene Aristolochiasäure!

Weitere Rezeptbeispiele für allgemeine Antidyskratika:

Rp.	Lign. Santali		
	Rad. Liquiritiae		
	Fol. Uvae ursi		
	Hb. Herniar.		
	Hb. Equiseti	aa	20,0
	S. 2-3 Schalen Tee täglich.		

Rp.	Rad. Bardanae		50,0
	Rad. Liquiritiae		
	Ligni Santali rubri	aa	25,0
	Ligni Juniperi		
	Ligni Guajaci	aa	100,0
	S. Tee.		

Rp.	Res. Guajaci		
	Therebinth. laric.	aa	10,0
	Succi Liquir. inspiss.		15,0
	Ol. Junip. fruct.		
	Ol. Foeniculi	aa	1,0
	Spirit. dil.		500.0
	Digere		
	S. teelöffelweise.		

Rp.	Tinct. Aloes		
	Tinct. Gentianae		
	Tinct. Sennae		
	Tinct. Frangulae	aa	50,0
	S. Teelöffelweise mehrmals täglich.		

Rp.	Fruct. Anisi		
	Rad. Graminis	aa	5,0
	Rad. Ononidis		
	Rad. Taraxaci	aa	10,0
	Lign. Guajaci		20,0
	Fol. Sennae		50,0
	S. 1-2 Schalen täglich.		

Rp.	Aloes		10,0
	Extr. Chinae		5,0
	Cort. Cinnam.		2,0
	Syr. cort. Aurant.		3,0
	F. pil. 100		
	S. 2-3 Pillen täglich.		

Rp.	Tinct. Aloes		
	Tinct. Myrrhae	aa	20,0
	Tinct. Croci		10,0
	S. ½-1 Kaffeelöffel abends.		

Rp.	Aloes		
	Myrrhae	aa	15,0
	Rhei		10,0
	Pulv. aromat.		5,0
	Extr. Absinthii q.s.f. pil. à 0,2		
	obd. argento		
	S. 2-4 Pillen vormittags.		

Rp.	Aloes		
	Gutti	aa	5,0
	Ol. Anisi		0,25
	Mellis		2,0
	F. pil. 60		
	S. 2-5 Pillen täglich.		

7.4 Technik der Konstitutionstherapie bei verschiedenen Dyskrasien

7.4.1 Lymphatismus, Rachitis, chirurgische Tuberkulose, Skrofulose

Nebst klimatischen, diätetischen und physikalischen Methoden verwendet man hauptsächlich Lebertran, Phosphor, Kalzium und Vitamine. Die Naturheilkunde gibt mit Recht, ebenso wie die alte Medizin, **Eichelkaffee**, die erwähnten Präparate von **Kalmus** und **Nußblättern**, sowie frische Pflanzensäfte im Frühjahr, z.B. **Taraxacum** (Löwenzahn), Nasturtium (Brunnenkresse) u.a. In hartnäckigeren Fällen kann man auch **Extr. Cicutae** (Schierlingsextrakt) 0,03 zwei- bis dreimal täglich in Pulvern oder Lösungen geben.

Schierling gilt wegen Nebenwirkungen als obsolet!

Extern gegen Drüsenschwellungen **Extr. Conii** und **Pulv. fol. Digitalis virid.** in 10% Salben. Zeigen sich die allerersten Anzeichen einer tuberkulösen Gelenkerkrankung, so soll man je nach dem Alter des Patienten 3-8 **Blutegel** an dem Gelenk anwenden, später ein mehr oder minder lang unterhaltenes Vesikans oder Pustulans in der Umgebung desselben. So wird man Gelenkveränderungen höheren Grades meist vermeiden und eine rasche Ausheilung im Beginn herbeiführen können.

7.4.2 Struma

Zunächst die üblichen mit Vorsicht anzuwendenden **Jodpräparate**: Jodkali 0,1-1,0! Am besten in Lösungen. Sehr gut verträglich ist Syrupus Ferri jodati, 2mal täglich 1 Kaffeelöffel bis 1 Eßlöffel nach dem Essen. Bei manchen Arten von Strumen wirkt die bloße Verordnung von **Alkalien** durch ihre resolvierende Kraft allein, z.B. Kalium und Natrium carbon. und bicarbon., messerspitzenweise in Lösung. Auch das offizinelle Kalkwasser innerlich genommen, 5-6 Eßlöffel täglich.

Von älteren, zugleich Jod und Alkalien enthaltenden Mitteln - seien der **gebrannte Seeschwamm** (Spongia usta) 0,2-0,5 und **gepulverte Muschelschalen** (Concha ppt.) 1,0-2,0 pro dosi mehrmals täglich genannt. Man kann sie in Form von Pulvern oder als laugenartige Abkochung geben, z.B.:

Rp.	Spong. usta		20,0
	coque c. aq. font.		480,0
	ad 160,0 col. adde		
	Aq. Cinnam.		
	Syr. cort. Aurant.	aa	40,0
	S. 4mal täglich 1 Eßlöffel.		

Rp.	Kali carbon.		5,0
	Aq. Cinnam.		
	Syr. Althaeae	aa	40,0
	Aq. font.		240,0
	S. 4mal täglich 2 Eßlöffel.		

Als gleichzeitig anzuwendende externe Strumamittel sind zu empfehlen:

Rp.	Jodthion	2,5
	Ol. Olivarum	50,0
	S. Einreibung abends.	

Rp.	Extr. Conii	5,0
	Unguent. emoll.	50,0
	Ol. Lavand. gutt. V.	

Rp.	Pulv.fol. Digitalis virid.	5,0
	Unguent. simpl.	50,0
	Ol. Bergamottae gutt. III.	

7.4.3 Arthritismus

Beim Arthritismus handelt es sich in der überwiegenden Mehrzahl aller Fälle um das, was man früher als „gichtische Stoffwechselstörung“ angesehen hat. Natürlich muß man zwischen der echten anfallsartigen Arthritis urica und dem chronischen Gelenkrheumatismus unterscheiden. Aber es gibt Übergänge, auch von diesen beiden Gruppen zur Arthritis deformans. Stoffwechsel, innere Sekretion und Infektion können nebeneinander oder unabhängig voneinander daran beteiligt sein.

Neben Aufsuchung und Behandlung der Grundursachen tut man immer gut, ein stoffwechselverbesserndes antidyskratisches, auflösendes, zerteilendes und ableitendes Regime anzuwenden. Dann wird man in der Mehrzahl der Fälle gute Resultate haben.

Haben wir also einen Patienten mit chronischem Gelenkrheumatismus vor uns, wie es am häufigsten im klimakterischen und postklimakterischen Alter vorkommt, so werden wir, wenn **Fettsucht** besteht, diese mit der auf Seite 98ff. angegebenen Methode bekämpfen. Dadurch allein schon schwindet häufig ein Großteil der arthritischen Beschwerden, indem ja diese Methode zugleich resolvierend und mit Darmableitung verbunden ist. Besteht **Vollblütigkeit**, dann soll man neben entsprechender Diät auch Blutentziehungen machen, denn dadurch wird die entzündliche Diathese herabgesetzt.

Die größten Fehler werden heute allgemein bei solchen Fällen begangen, wo **Atonia ventriculi** besteht. Der gichtisch-rheumatischen Disposition zuliebe verbieten die meisten Ärzte Fleisch und verordnen lactovegetabilische Diät mit Einbrennsuppen und Mehlspeisen. Dadurch wird der Verdauungschemismus verschlechtert und indirekt auch das Gelenkleiden verschlimmert. Gibt man solchen Patienten aber die tonisierende Magendiät und Amara tonica stomachica, selbst Condurangowein, so bessert sich die Verdauung und damit auch das Gelenkleiden.

Stets soll man bei Arthritiden, Neuritiden und Rheumatismen auf eine gute, womöglich gesteigerte **Hautatmung** und Hautausscheidung bedacht sein. Also Hydrotherapie, Schwitz- und Dampfbäder, und lokal Vesikantien, Pustulantien, im Notfall Fontanellen.

Die Zahl der **internen Antiarthritika** ist außerordentlich groß. Wir wollen hier nur die praktisch wichtigsten anführen, mit denen man in der Regel auskommt.

Weinsteinpräparate, wie Seidlitzpulver am Morgen, Brausepulver am Nachmittag, letzteres nach folgendem Rezept:

Rp.	Acid. tartar.		
	Natr. bicarb.	aa	30,0
	S. 1 Kaffeelöffel auf ½ Glas Wasser nachmittags oder mehrmals täglich.		

Liquor Ammonii acet. mehrmals täglich ½ Kaffeelöffel in schweißtreibendem Tee. In der gleichen Dosierung kann man **Liquor Kali acetici** geben, welches als eine der stärksten zerteilenden Mittel überhaupt gilt und außerdem bekanntlich stark diuretisch wirkt. Sehr gut wirkt in manchen Fällen **Natrium citricum** oder **Kalium citricum**, grammweise mehrmals täglich in Wasser gelöst, mit und ohne Zusatz von Zucker.

Die typischen pflanzlichen Antiarthritika sind die Präparate von Colchicum, Lignum Guajaci und Extr. Aconiti. Man verordnet **Vinum Colchici** mehrmals täglich einen Kaffeelöffel, ebenso Acetum Colchici und Oxymel Colchici. Die **Tinctura Colchici** dreimal täglich 10-20 Tropfen. Sehr gut wirkt in manchen Fällen das **Colchicin** 0,0005-0,002 in Tabletten.

Heute sollten nur noch standardisierte Präparate verwendet werden, beschränkt auf die Behandlung des akuten Gichtanfalles. Colchicin ist ein starkes Zell-, Kapillar- und Mitosegift (zytostatische Wirkung). Toxische Dosen führen akut zu Nierenschädigungen und Durchfall, chronisch u.a. zu Agranulozytose und Haarausfall. Die tödliche Dosis liegt bei nur 20 mg.

Lignum Guajaci als Dekokt meist in Kombination mit anderen Antirheumaticis, zum Beispiel in den **Species lignorum purificantes**.

Resina Guajaci 0,5-1,0 mehrmals täglich.

Tinct. Guajaci 20-60 Tropfen in Wein mehrmals täglich.

Extr. Aconiti 0,005-0,01 in Pillen oder **Aconitin** 0,0002 pro dosi, ad 0,002 pro die. **Tinct. Aconiti**, dreimal täglich 20 Tropfen.

Gilt wegen ernsthafter Risken heute als obsolet; Negativ-Monographie der Kommission E. Intoxikationserscheinungen können bereits im therapeutischen Bereich auftreten: Kammerflimmern, Atemlähmung. Die tödliche Dosis liegt bei 1 bis 5 mg.

Tinct. Veratri, dreimal täglich 5-15 Tropfen.

Wegen hoher Giftigkeit und Unkontrollierbarkeit obsolet. Tod durch Herzversagen oder Atemlähmung möglich.

Extr. Pulsatillae 0,06-0,02 in Pillen.

Von Kommission E negativ beurteilt. Es treten Reizungen der Nieren und Harnwege auf. Außerdem ist eine teratogene Wirkung bekannt.

Extr. Conii 0,01-0,2! pro dosi in Pillen.

Vorsicht, sehr giftig! Z.B. sind tödliche Atemlähmungen möglich. Bei Tieren als fetotoxisch bekannt.

Selbstverständlich können immer wieder daneben die **Salizylpräparate** und Analgetica gegeben werden. Aber sie wirken nicht so zerteilend, wie die eigentlichen Antiarthritika.

Als externe Mittel folgende bewährte Rezepte:

Rp.	Linim. ammoniat. volat.		
	Linim. saponatocamph.	aa	100,0
	Tinct. Arnicae		50,0
	S. Einreibung.		

Rp.	Resin. Elemi		
	Gummi Ammoniaci		
	Terebinth. Venet.	aa	40,0
	Tart. stib.		10,0
	S. Gichtpflaster auf Leinwand gestrichen aufzulegen.		

Rp.	Galbani		20,0
	Ol. Terebinth.		70,0
	Ol. Lauri		
	Ol. Olivarum	aa	5,0
	S. gegen Gelenkleiden.		

Rp.	Spir. camphor.		
	Tinct. Capsici	aa	20,0
	Tinct. Guajaci		100,0
	S. Einreibung.		

Rp.	Extr. Mezerei		4,0
	Spir.		
	Adipis	aa	90,0
	Cerae albae		10,0

Rp.	Camphorae		
	Ol. Cajeputi	aa	5,0
	Glycerini		90,0

Rp.	Ol. Rosmarini		4,0
	Camph.		10,0
	Tinct. Formicar.		15,0
	Tinct. Canthar.		5,0
	Spir.		90,0
	Tinct. Croci		10,0

7.4.4 Rheumatismus

Nahe verwandt der arthritischen ist die rheumatische Diathese. In beiden Fällen können Infektionserreger eine Rolle spielen. Weit öfters liegen Stoffwechselstörungen zugrunde. Unterdrückte Hautatmung, mangelhafte Menstruation, schlechte Magenverdauung können neben ungünstigen äußeren Faktoren rheumatische Zustände auslösen.

Die Rheumatismen sind am häufigsten in den Muskeln, Faszien, Gelenkkapseln, Sehnenscheiden, in den serösen Häuten und Nerven lokalisiert. Man spricht aber auch von einer rheumatischen Iritis, Pleuritis, von rheumatischen Erkrankungen des Herzens und sogar des Darmes.

Man stellt sich darunter am besten vor, daß reizende Stoffwechselprodukte, die sonst durch die Haut, die Menstruation, durch Niere oder Darm ausgeschieden werden, sich auf innere Organe schlagen und dort aseptische Entzündungen hervorrufen.

Therapeutisch stehen ausleerende Methoden zur Verfügung, z.B. **Schwitzen, Cantharidenpflaster, Pustulantien**. Als spezifische Antirheumatica gelten **Liquor Ammonii acetici** (kaffeelöffelweise), **Tinct. Guajaci, Tinct. Aconiti** (s. oben).
Die typischen pflanzlichen Antirheumatika sind die Schwitzmittel, **Flor. Tiliae** (Lindenblüten), **Flor. Sambuci** (Holunderblüten) und ganz besonders **Stipites Dulcamarae** (Bittersüßstengel) einzeln oder in Mischung als Dekokt.

Von oft verblüffender Wirkung und am meisten verläßlich sind die Hautableitungsmethoden, bezüglich welcher auf das betreffende Kapitel verwiesen sei (s. S. 228ff.).

7.4.5 Exsudative und katarrhalische Diathese

Es gibt Individuen, welche an einer **übergroßen Empfindlichkeit der Schleimhäute** leiden und zeitlebens mit Katarrhen der Augen, der oberen Luftwege, der Lunge, des Magen- Darmkanales, der Blase und der Geschlechtsorgane (z.B. Fluor) zu kämpfen haben. Es handelt sich oft um lymphatische, asthenisch-atonische Konstitutionen einer exsudativen Diathese, die sich in der Kindheit als Skrofulose, später als chronische Mittelohrentzündungen, Vereiterung der Kiefer- und Stirnbeinhöhlen, Heuasthma, Asthma bronchiale äußern kann. Auch die Rhinitis vasomotoria, die Neigung zu häufigen Anginen, die Disposition zu Lungenspitzenkatarrh und Lungenschwindsucht gehört in diesen Bereich.

Man braucht eine solche Veranlagung nicht als unabänderlich und schicksalsmäßig hinzunehmen, sondern kann sehr viel Wirksames dagegen unternehmen.

Bei Kindern mit exsudativer Diathese erreicht man durch **Abhärtung** aber auch durch **Roborantia**, wie z.B. Chinapräparate und Eichelkaffee, weit mehr als durch Lebertran, Kalzium und Vitamine.

Entscheidend für die Bekämpfung der exsudativen oder katarrhalischen Diathese auch im späteren Lebensalter ist die viel zu wenig erkannte **Wechselbeziehung zwischen der äußeren (Haut) und der inneren (Schleimhäute) Körperoberfläche**. Der Naturheilkunde bzw. biologischen Medizin sind diese Zusammenhänge durchaus geläufig. **Anregung der Perspiratio insensibilis** durch Hydrotherapie, Dampfbäder, Sonnenbestrahlung, Sport, entlastet die Schleimhäute außerordentlich.

Ich sehe immer wieder Fälle von hartnäckigem Fluor, der fachärztlich monate- und jahrelang mit lokalen Mitteln ohne Dauererfolg behandelt wird und wo trockene, rauhe, ungepflegte Haut besteht, bei Personen, die kalte Füße haben, auch im Sommer schwer zum Schwitzen zu bringen sind u.dgl.

Schwitzmittel, individuelle Aufsuchung und Behandlung aller entfernten Ursachen, insbesondere einer **gestörten Magenverdauung**, sind wichtig. Ich kenne eine ganze Reihe von Personen, welche so lange mit chronischem Schnupfen und Rachenkatarrh zu kämpfen hatten, bis ihre Atonia ventriculi behoben war. Für die älteren Autoren galt es als erwiesen, daß Magendyspepsie auch ständigen Lungenkatarrh verursachen und damit die Grundlage zur Schwindsucht abgeben kann. Ich möchte dieser Ansicht mit Nachdruck beipflichten.

7.4.6 Blutkrankheiten

Empfehlenswert sind die **Alterantia** (umstimmenden Mittel), die **Antidyskratika** und die **Roborantia plastica** (stärkende, gewebsaufbauende Mittel). Die Resultate werden verbessert, wenn man nicht bloß das Blutbild berücksichtigt, sondern auch nach dem in diesem Buche angegebenen Grundsätzen für Regelung der Magenverdauung, der Hautatmung der Menstruation usw. sorgt. Oft wird Eisen schlecht vertragen. Man kann aber manchmal dasselbe erreichen durch reichliche Fleischnahrung, besonders schwarzes Fleisch, durch Alkohol, besonders gute schwere Südweine, wie Malagawein, Sherry u. dgl., und gut gewürzte Kost. Man nannte das früher **„erhitzende Diät“**, welche als sehr rasch blutbildend bekannt war. Der schwache Magen der Chlorotischen und Anämischen reagiert meist besonders günstig auf diese „erwärmende“ Kost, während die lange Zeit zu Mastzwecken übliche Milch besonders schlecht vertragen wird. Entgiftendes, stoffwechselverbesserndes Vorgehen, wie **Darmableitung**, **Schwitzprozeduren**, vorsichtige kleine Aderlässe, unterstützen oft den Erfolg.

Besonders in die Augen fallend ist dies oft bei den **hämorrhagischen Blutkrankheiten**, z. B. beim Morbus maculosus Werlhofii, Purpura hämorrhagica, Peliosis rheumatica. Zweierlei ist in der Behandlung wichtig:
1. die genügende Behandlung der entfernten Ursachen, wie z.B. Amenorrhöe als Ursache von Organ- oder Hautblutungen, und
2. die Benutzung der klassischen Blutstillungsmittel.

Bekanntlich erzeugt die Hypomenorrhöe, aber auch das Klimakterium, ferner die Vollblütigkeit und Hypertonie oft Blutungen aus der Nase, der Lunge, dem Mastdarm, dem Uterus, den Harnwegen, dem Magen oder Blutungen in die Organe hinein, z.B. ins Gehirn, ins Auge und unter die Haut.

Macht man nun einen **Aderlaß**, etwa von einem viertel Liter Blut oder darüber, je nach dem Kräftezustand und der Blutfülle, so hören häufig die parenchymatösen Blutungen mit einem Schlage auf. Dasselbe kann man oft bei der Blutfleckenkrankheit erzielen. Ich habe einige solche Fälle beobachtet.

Die **klassischen Blutstillungsmittel** sind in erster Linie **Chinapräparate**, also intern adstringierend wirkende Mittel und **Mineralsäuren**, insbesondere die Schwefelsäure, welche die Konsistenz, Viskosität, Gerinnungsfähigkeit und Plastizität des Blutes erfahrungsgemäß erhöhen. Ferner **Rad. Tormentillae** als Dekokt und **Rad. Ipecac.** 0,1-1,0 als Pulver.

Als unterstützende Mittel gehören hierher alle **Gewürze**, so wie die sonstigen **aromatischen** und **harzigen** Mittel, auch die **Amara tonica stomachica**.

Zu den wichtigsten Mitteln der **Anämiebehandlung** gehören die **Chinapräparate**, insbesondere auch Chinawein und Chinaeisenwein, aber auch Chinadekokt und Chinatinktur. Noch wohlschmeckender, von gleicher Wirkung ist **Condurangowein** (3mal täglich ½ Weinglas). Sehr gut wirkt auch Tinct. aromatica 3mal täglich 20-30 Tropfen vor den Mahlzeiten, Pulvis aromaticus oder

Pilulae aromaticae

Rp.	Croci		
	Extr. Aloes		
	Myrrhae		
	Extr. Gentianae		
	Extr. Liquirit.		
	Extr. Aurantior.	aa	3,0
	M. f. pil. á 0,3		
	S. 3mal 3-5 Pillen täglich.		

Vinum aromaticum

Rp.	Tinct. aromat.		
	Tinct. Cinnam.		
	Tinct. Aloes compos.	aa	10,0
	Vini Hispan. ad 200,0		
	S. Kaffeelöffelweise.		

Auch alle anderen Roborantia, Tonica und Adstringentia, z.B. Alaun, dienen diesem Zweck.

Zu den Erkrankungen des Blutes kann man auch die verschiedenen Formen der **Vollblütigkeit** rechnen, von der einfachen Vermehrung der Blutmenge, wie wir sie bei Hypomenorrhöe, Schwangerschaft und Klimakterium sehen, bis zur Plethora vera. Bei letzterer macht man heute schon ausgiebige **Aderlässe**, bei den ersteren Formen noch lange nicht genügend. Zur sonstigen Verminderung der Konzentration und Menge des Blutes dient die **Entziehungsdiät**. Noch nicht genügend ausgenutzt sind diesbezüglich die **Resolventia**, wie z.B. **Jod**, Schilddrüsentabletten, die **salinischen Abführmittel**, **Alkalien**, und die pflanzlichen Resolventia, wie **Radix Taraxaci, Rad. Graminis** und ganz besonders **Herba Gratiolae**. Letzteres ist direkt als blutzersetzendes Mittel bekannt. Man kann es, vorsichtigerweise in Dekokt vermischt, mit den anderen pflanzlichen Resolventien zu gleichen Teilen geben. Bei übertriebener Anwendung kann geradezu haemorrhagische Diathese und Anämie dadurch entstehen.

7.4.7 Diabetes mellitus

Durch die Diät und Insulinbehandlung hat der Diabetes mellitus viel von seinem Schrekken verloren. Trotzdem behalten solche Individuen eine erhöhte Disposition zu Entzündungen und Infektionen, zu schlechter Wundheilung, zu Hautausschlägen, insbesondere zu Pruritus.

In ein und derselben Familie alternieren Diabetes mellitus, Fettsucht, Gicht und Karzinom sehr häufig, wodurch der Charakter der Stoffwechselstörung und Dyskrasie noch mehr hervortritt. Diabetikerfamilien haben, ebenso wie Krebsfamilien, auffallend oft dunkle, besonders schwarze Haare.

Eine antidyskratische Behandlung des Diabetes mellitus beschränkt sich also nicht auf die oben angegebenen Maßnahmen, sondern sorgt vor allem für **vermehrte Transpiration**. In der alten Literatur wird öfter Heilung durch **intensive Dampf- und Schwitzbäder** angeführt. Auch intensive **Ableitung auf den Darm**, wie bei den traditionellen Karlsbader Kuren der Diabetiker, hat sich als empirisch richtig erwiesen. Bei Neigung zu Entzündungen, Hautausschlägen (z.B. Furunkulose) und Hautjukken wirkt ein ausgiebiger **Aderlaß** oft schlagartig entlastend. **Umstimmung des vegetativen Nervensystems** durch Elektrisieren der Wirbelsäule, Hochfrequenz, Belladonna, Zinkoxyd und sogar **Brechmittel** soll gleichfalls manche Fälle von Diabetes ausgeheilt haben. Auch **systematische Muskelpflege** ist der Untätigkeit mit zunehmendem Fettansatz vorzuziehen.

Da Insulin und Diät wohl einen erträglichen Zustand, aber kaum jemals effektive Heilung herbeiführen, wären alle die angegebenen Umstimmungsmittel weiterhin zu erproben. Gewisse Pflanzenmittel setzen den Blutzucker herab und erhöhen die Kohlenhydrattoleranz, wie z.B. folgendes Rezept:

Diabetikertee

Rp.	Hb. Anserinae		30,0
	Rad. Caryophyllatae		20,0
	Fol. Rubi fruticosi		
	Fol. Myrtilli	aa	10,0
	S. 5mal täglich ½ Schale.		

Negativ-Monographie der Kommission für Fol. Myrtilli. Bei längerem Gebrauch treten im Tierversuch als Vergiftungserscheinungen Kachexie, Anämie, Ikterus und Erregungszustände auf.

Außerdem sind Balsamica und die Mittel der Homöopathie eines Versuches wert.

7.4.8 Arteriosklerose

Man faßte früher die Arteriosklerose mit allen ihren Begleiterscheinungen, wie Gefäßkrämpfe, Schwindel, Apoplexie, Schrumpfniere, Herzmuskelentartung usw., als Manifestationen gichtischer Ablagerungen an den Gefäßen auf. Das was man früher als „gichtische Materie" ansah, entspricht unserer heutigen Vorstellung von der schädlichen Wirkung der Harnsäure. Es gelingt auch tatsächlich bei den erwähnten Begleiterscheinungen der Arteriosklerose sehr oft, durch Einwirkung auf das Blut selbst, also durch **Blutentziehungen, Ableitung auf den Darm, Entziehungsdiät**, ferner durch blutverdünnende Mittel (**Resolventia**) und blutreinigende Mittel (**Antidyskratika**) auffallende Besserungen herbeizuführen, wo man mit Herz- und Gefäßmitteln allein keine befriedigenden Erfolge erzielen konnte.

Im einzelnen sind die **salinischen Abführmittel**, die **Alkalien** und **Weinsteinpräparate** hier besonders wirksam. Bei schon als nicht mehr besserungsfähig angesehenen Fällen von Schlaganfall, selbst bei Schrumpfniere, Hypertonie und Dauerschwindel kann man damit oft Unglaubliches erreichen.

7.4.9 Biliäre Dyskrasie

Fehlerhafte Sekretion der Leber bzw. Galle galt in allen medizinischen Systemen bis vor hundert Jahren für eine der grundlegendsten Krankheitsursachen. Blut, Schleim, Galle (manchmal unterschied man gelbe und schwarze Galle) kehren immer wieder. „**Gallige Schärfe**", wenn sie zu anderen Krankheiten hinzutritt, erschwert den Verlauf. Man spricht z.B. von einer biliösen Pneumonie und sprach früher von Gallenfieber. Man hatte beobachtet, daß Ärger und Aufregungen am Beginn einer Erkrankung biliäre Komplikationen machen, so als ob etwa übermäßig sezernierte Galle in den Magen oder in das Blut überginge. Man verordnete in solchen Fällen Brechmittel und nachher galletreibende bzw. galleausleerende Mittel.

Die funktionellen Störungen der Leber, wie sie sich subjektiv und empirisch im Krankheitsverlauf äußern, sind durch Leberfunktionsprüfungen nicht immer faßbar. So sah ich bei Frauen oft Kopfschmerzen, eingenommenen Kopf und Depressionszustände, wo man organisch nichts finden konnte. Biliärer Habitus und frühere Leberstörungen in der Anamnese (Ikterus, Gallenblasenentzündung, Gallensteine), ferner cholerisches Temperament gaben gewisse Fingerzeige. Ich verordnete die gleich zu schildernden Lebermittel, insbesondere Rhabarber und Aloe, und die auf die übliche Weise lange Zeit vergeblich behandelten Beschwerden verschwanden meist in ein bis zwei Wochen.

Bei Leber- und Gallenstörungen kommen hauptsächlich folgende Mittel in Betracht: Vor allem die **salinischen Abführmittel** in Form des Karlsbader Salzes. Ferner die **Alkalien**, z.B. Natrium carbon. und Natrium bicarbon., grammweise in Lösung. Die klassischen Lebermittel sind Rhabarber, Aloe, Rad. Taraxaci, Fol. Sennae und Hb. Chelidonii.

Man verschreibt **Pulv. Rhei** grammweise mehrmals täglich allein oder mit anderen ähnlichen Mitteln in Pulver- oder Pillenform. Es ist u.a. das wirksamste Mittel gegen Ikterus. Das stärkste cholagoge Mittel ist **Aloe** 0,05-0,1 drei- bis viermal täglich, oder Extr. Aloes. **Extr. Chelidonii** 0,5-1,5 mehrmals täglich in Pillenform. **Rad. Taraxaci** oder Extr. Taraxaci in der gleichen Dosierung.

Alle übrigen sonst als Cholagoga angegebenen Mittel, wie **Ol. Menth. pip., Rad. Curcumae, Fol.Boldo, Gallensäuren** u.dgl., reichen nicht an die cholagoge Kraft der obigen Mittel heran.

Eine Reihe von anderen Abführmitteln und Resolventien, wie **Jalapa, Gummi Ammoniacum, Sapo, Resin. Scammonii, Gummi Galbanum, Tamarinden, Kalium tartaricum** ferner aromatische Bittermittel, wie **Hb. Millefolii** und **Herba Absinthii**, können unterstützend bei der Behandlung von Leberfunktionsstörungen wirken.

Rezeptbeispiele:

Rp.	Aloes		
	Rhei		
	Sapon.	aa	6,0
	Spir. sapon. q.s.f.pil. 100		
	S. 5-8 Pillen täglich.		

Rp.	Extr. Chelidonii		10,0
	Gummi Ammoniaci		15,0
	Sapon. med.		5,0
	M.f.pil. 200		
	S. 2-3mal 2-4 Pillen täglich.		

Rp.	Rad. Rhei pulv.		
	Extr. Tarax.		
	Extr. Chelidonii		
	Sapon. med.		
	Gummi Ammoniaci	aa	5,0
	Aloes		1,5
	M.f.pil. à 0,2 consp. Lycopod.		

7.4.10 Karzinom

Daß das Karzinom in einem Großteil der Fälle nicht bloß eine lokale, sondern eine allgemeine Erkrankung ist, gilt heute schon wieder als selbstverständlich. Wie allgemein bekannt ist, wechseln oft in der gleichen Familie das Karzinom mit Diabetes mellitus, Fettsucht, Gicht und anderen Stoffwechselstörungen ab, wodurch der Charakter der Dyskrasie noch mehr in die Augen fällt. Auch gewisse für die Blutmischung charakteristische Stigmen, schwarze oder rote Haare, Hypertrichosis, biliärer Typus, finden sich in Krebsfamilien besonders häufig. Fettsucht, Vollblütigkeit, Überernährung, Blutschärfe und durchgemachte Gallenleiden, insbesondere Gallenblasenoperationen (Cholesterinämie) verstärken das Bild.

Die therapeutischen Bestrebungen der letzten Jahre laufen ja auch auf Entziehungsdiät (Vegetarismus, Rohkost, Fastenkuren) und Darmableitung hinaus, und das gewiß mit Recht. Es liegen aber noch eine Menge solcher stoffwechselverbessernder Methoden brach, z.B. die Blutentziehung.

Man kann oft Fälle von **beginnender Verhärtung der weiblichen Brustdrüse** sehen, die man für chronische Mastitis halten muß, sei es im Anschluß an Anomalien der Stillzeit, an Traumen, besonders auch an Menstruationsstörungen, wie z.B. Hypomenorrhöe oder künstliches Klimakterium. Wendet man bei solchen Fällen Aderlaß und Blutegel an, allenfalls auch Canthéridenpflaster und Pustulantien, intern Glaubersalz und Coniumpräparate, so bilden sich solche Verhärtungen häufig zurück.

Unterläßt man das, so entsteht aus der chronischen Mastitis ein Fibrom und aus diesem ein Karzinom. Obwohl diese Möglichkeit von vielen Seiten bestritten wird, habe ich eine ganze Anzahl von solchen Fällen jahrelang beobachten können. Ähnlich verhält es sich mit den Rezidiven nach radikal operiertem Mammakarzinom.

Auch das **Karzinom des Magens**, der **Leber** und des **Uterus** ist einer solchen Betrachtungsweise zugänglich. Bei näherem Zusehen wird man oft vernachlässigte oder falsch behandelte Magendyspepsien, Stauungszustände im kleinen Becken, unterdrückte Menstruation oder gestopfte Hämorrhoidalblutungen als Ursache finden. Oft auch Vollblütigkeit und Überernährung.

Leberkrebs entsteht außerdem meist bei biliärem Habitus. Der Krebs der Gallenblase besonders oft bei Gallensteinträgern. Es ist durchaus plausibel, daß rechtzeitige antiphlogistische und ausleerende Behandlung den Übergang in Karzinom allenfalls hätte verhindern können. Bei inoperablem Neoplasma oder Rezidiven kann man oft durch eine derartige antidyskratische individualisierende Allgemeinbehandlung den Zustand lange Zeit stationär erhalten, besonders bei den mehr gutartigen Formen, etwa des Brustkrebses bei sehr alten Frauen.

Ich kenne Fälle, welche auch ohne Operation vier bis fünf Jahre und länger mit einem offenen Mammakarzinom ohne besondere Progredienz sich leidlich wohl befunden haben. Verallgemeinern läßt sich das natürlich nicht. Aber man hat oft den Eindruck, daß, solange Abfluß aus der Wunde besteht, das Allgemeinbefinden relativ gut ist. Schließt oder verschorft man die Wunde, so besteht erhöhte Neigung zu Metastasen.

Aus dieser Erfahrung heraus hat die alte Medizin in der Nähe von inoperablen Tumoren Fontanellen oder Haarseile angelegt und damit oft bemerkenswerte palliative Erfolge erzielt.

7.4.11 Innersekretorische Störungen

So wie man Struma und *Basedow* vom allgemeinen Stoffwechsel her angehen kann, ist dies auch bei anderen innersekretorischen Störungen der Fall. Dies gilt auch von der Chlorose und ganz besonders von der Hypomenorrhöe und vom Diabetes mellitus.

Am Beispiel der Akromegalie möchte ich zeigen, wie selbst eine scheinbar genau präzisierbare Lokalerkrankung erst recht vom Gesamtorganismus her erfaßt und behandelt werden kann.

Ich habe in meiner Privatklientel fünf solche Fälle in Behandlung gehabt. Stets war die Röntgenbestrahlung der Hypophyse vorgenommen worden, welche wohl viele Beschwerden und vor allem das Fortschreiten des Leidens beseitigen bzw. verhindern konnte. Aber eine ganze Anzahl anderer Symptome blieben dadurch unbeeinflußt und schienen überhaupt gegenüber der üblichen klinischen Behandlung refraktär.

Ich empfahl Entfettung, öftere Aderlässe, später Blutegel hinter die Ohren sowie ständige Ableitung auf den Darm und auf die Haut. Letzteres durch Dampfbäder. Nach meinen Erfahrungen ist danach weitgehende Besserung der Symptome eingetreten.

7.4.12 Hautkrankheiten, Lues, kachektische Zustände

Unter diesem Gesichtspunkt kann man sehr viele Hautkrankheiten und die Syphilis betrachten. Die Lehre von der inneren Sekretion und von der Allergie bei den Hautkrankheiten führt ja mitten in die Dyskrasielehre hinein. Die therapeutischen Folgerungen lauten auch hier: Aufsuchung und Behandlung aller übrigen somatischen Ursachen wie mangelhafte Menstruation, Insuffizienz des Magens, der Leber, des Darmes und der Hautatmung, Vollblütigkeit, uratische Diathese usw.

Selbst manche Arten der Kachexie nach Tuberkulose, Karies, langwierigen Eiterungen, die mit Amyloidose, Ödemen, Hautblutungen und dergleichen einhergehen, brauchen nicht fatalistisch hingenommen zu werden, sondern reagieren oft überraschend auf Chinapräparate und später auf milde, stoffwechselverbessernde Mittel, dem jeweiligen Kräftezustand angepaßt.

Beispiele für Rezepte antidyskratischer Arzneien bei Hautkrankheiten:

Innerlich:

Rp.	Succ. Fumariae		
	Extr. Sennae	aa	30,0
	S. Eßlöffelweise.		

Rp.	Extr. Mezerei	0,2
	Spir.	5,0
	Syrupi	995,0
	S. Eßlöffelweise.	

Rp. Rad. Bardanae
Rad. Saponar.
Lign. Guajaci
Rad. Liquirit.
Stipit. Dulcamarae
S. 2-4 Schalen Tee täglich.

Äußerlich:

Rp.	Tinct. Benzoes	0,5
	Aq. Rosarum	1,0
	Spirit.	8,5
	Glycerini ad	30,0

Hautanregungsmittel:

Rp.	Ol. Olivarum	45,0
	Ol. Caryophyll.	2,0
	Ol. Citri gutt. XV	

Gegen Acne rosacea:

Rp.	Aq. dest	750,0
	Lact. Sulf.	5,0
	Camph. trit.	10,0
	S. Abends damit befeuchten, früh abwaschen.	

Gegen Komedonen:

Rp.	Acid. acet. dil. (30%)	2,0
	Glycerin	3,0
	Boli albi	4,0
	S. Abends auflegen.	

Gegen Herpes:

Rp.	Bals. Peruv.		5,0
	Acid. benzoes		2,5
	Ungu. cerei		25,0

Gegen Ekzeme:

Rp.	Flor. Rosarum		
	Hb. Verbenae		
	Fol. Rubi fructic.		
	Cort. Quercus	aa	10,0
	Rad. Bardanae		
	Fol. Juglandis		
	Hb. Rumicis acet.		
	Hb. Galii aparinis	aa	25,0

S. 60 Gramm in 2 Liter Wasser kochen, damit 3mal täglich die kranke Stelle baden

Rp.	Acid. tannici	10,0
	Acid. salicyl.	0,2
	Glycerini	4,0
	Aq. dest. ferv. ad	200,0

S. 5% Tanninlösung gegen Ekzem. Vorher mit Seife und Wasser abwaschen.

Rp.	Acid. lact.	2,0
	Acid. salicyl.	0,2
	Glycerini	4,0
	Aq. dest. ferv. ad	200,0

S. 1% Milchsäurelösung gegen Ekzem.

Wir sehen also, daß das **antidyskratische Verfahren** fast die ganze Heilkunde umfaßt und in alle klinischen Spezialfächer hineinreicht. Es bildet gewissermaßen den **komplementären Gegensatz zur heutigen internen klinischen Therapie**, welch letztere mehr auf Substitution bedacht ist, während die antidyskratische Methode das Überflüssige und Schädliche zu beseitigen trachtet. Die **Vereinigung beider Richtungen gibt die besten Resultate**.

8 Technik der Konstitutionstherapie bei Entzündungen

8.1 Berücksichtigung der entfernten oder allgemeinen Ursachen

Soviel auch seit Jahrhunderten über das Wesen der Entzündung und ihre Behandlung geschrieben wurde, immer wechselten die Anschauungen darüber nach dem jeweiligen Stande der Forschung, und nur zu gewissen Zeiten wahrte man sich einen genügend allgemeinen Überblick. Unsere heutigen Anschauungen über die Entzündung stehen immer noch zu sehr unter dem überwiegenden Einfluß der Bakteriologie und Immunitätslehre. Die entfernteren Ursachen in ihren mannigfachen Variationen kommen heute viel zu wenig zur Geltung, wodurch auch die Behandlungserfolge stark beeinträchtigt werden.

Auf einige hierbei wichtige Momente sei hier hingewiesen. Es kommt also nicht bloß auf die äußere erregende Ursache (Infektion, Verletzung, chemische Schädigung usw.) an, sondern auch auf die Konstitution des Trägers. So ist es z.B. nicht gleichgültig, ob Fieber, Entzündung oder Infektion bei blutarmen, normalen oder **vollblütigen** Personen vor sich gehen. Bei Vollblütigen wird die Reaktion im allgemeinen heftiger sein und kann zur **Diathesis inflammatoria** ausarten. Man soll daher bei solchen Personen von vornherein schon vorbeugend antiphlogistisch, vor allem mit Blutentziehung vorgehen.

Wichtig ist auch die Reaktion des Herzens und des **Gefäßsystems**. Vasomotoriker zeigen stärkere Intensität der Erscheinungen und reagieren gut auf Sedativa. Bei Personen mit **konzentriertem Blut** und **erhöhter Viskosität** desselben zeigen sich ebenfalls stärkere Entzündungsreaktionen. Auch das muß man nicht fatalistisch hinnehmen, sondern kann durch Resolventia (blutverdünnende Mittel) vorbeugen.

Blonde Menschen mit heller Haut und hellen Augen, ebenso **Rothaarige** haben eine auch für Entzündungen empfindlichere Haut und ebenso Schleimhäute als die Dunkelpigmentierten.

Sehr oft kommen Entzündungen, die man bloß lokal behandeln zu müssen glaubt, durch **Fernwirkung anderer Organe** zustande, und können erst dann mit Aussicht auf Dauererfolg behandelt werden, wenn diese indirekte Behandlung neben der lokalen einhergeht.

Die häufigsten entfernten oder allgemeinen Ursachen dieser Art sind:

1. Die Beschaffenheit des Blutes selbst, wie oben erwähnt.
2. Bei **ungenügender Menstruation** können infolge chronischer Retention von Stoffwechselprodukten eine Diathesis inflammatoria oder lokale Entzündungen an besonders anfälligen Organen entstehen (Augenleiden, Hautentzündungen, Gelenkkrankheiten, Gallenentzündungen usw.).
3. Bei **ungenügender Hautatmung** kommt es zu einer chronischen Retentionstoxikose, was ungleich häufiger der Fall ist, als man heute annimmt. Daraus entstehen besonders rheumatische Entzündungen. Diese erfordern Wiederherstellung der Hautatmung durch Schwitzen, Dampfbäder und an der erkrankten Stelle Hautableitungsmethoden. Sämtliche Organe können davon betroffen sein.
4. **Gastrointestinale Ursachen** der Entzündung, Störungen des Magens und der Verdauung überhaupt unterhalten und verschlimmern Fieber und Entzündung. Ableitung auf den Darm, Regelung der Magenverdauung, unter Umständen Brechmittel sind die therapeutischen Folgerungen daraus.
5. Unterscheidet man die Entzündungen nach ihrem **Charakter** und ihrem **Träger**, so kann man die Lokalbehandlung durch spezifische Heilmittel nach Art von Kunstgriffen unterstützen und damit auch in schweren oder scheinbar refraktären Fällen den Erfolg erzielen.

Die medizinischen Systeme aller Zeiten haben die „gallige Schärfe“, wie sie meist bei Menschen mit **biliärem** Typus vorkommt, als erschwerendes Moment für alle Fieber und Entzündungen angesehen und deshalb resolvierende, galleausleerende Mittel bei der sogenannten biliären Entzündung mit gutem Erfolg verordnet.

Bei **exsudativer** Entzündung wird man resolvierende und resorbierende Mittel geben, z.B. bei Meningitis, Peritonitis, Diphtherie, auch bei chronischer Exsudation in die serösen Häute, wie bei Hydrocephalus bzw. Meningitis serosa, Polyserositis, chronischer Tendovaginitis usw.

Bei **rheumatischen** und **katarrhalischen** Entzündungen wird man weniger oder gar keine Blutentziehungen machen, sondern möglichst viel auf die Haut ableiten durch Schwitzmittel, Vesikantien, Pustulantien.

Die **atonische** Entzündung erfordert zeitweise Kälteanwendung und Roborantia wie Arnika und Chinapräparate.

Die **nervös-erethische** Form verlangt mehr lokale als allgemeine Blutentziehungen und die antiphlogistischen Sedativa, besonders Hyoscyamus und Aqua Laurocerasi.

Bei der **putriden** in Gangrän übergehenden Entzündung darf man gar keine Blutentziehungen machen, sondern muß Mineralsäuren, China, Arnika und andere Roborantia verwenden.

Bei **lymphatisch-skrofulöser** Entzündung sind die Antilymphatika und Antiskrofulosa angezeigt.

Bei **luetischer** Entzündung selbstverständlich spezifische Behandlung, aber daneben ist die allgemein antiphlogistische Behandlung, z.B. Blutentziehungen, Darmableitung, nicht zu übersehen.

Besonders sinnfällig tritt der Wert solcher Verhaltungsmaßregeln in Erscheinung bei den verschiedenen Formen der **Diathesis inflammatoria**. Eine solche findet sich bekanntlich bei Diabetes, weniger bekannt ist das für den Zustand des natürlichen und künstlichen Klimakteriums, der Schwangerschaft, der Menstruation und der Hypomenorrhöe.

Es gibt dann noch eine Diathesis inflammatoria bei Vollblütigkeit, ferner bei uratischer Diathese bzw. Harnsäurevermehrung im Blute und bei Überladung des Blutes mit reizenden Stoffwechselprodukten überhaupt. Man nannte es früher entzündungserregende Schärfen. Durch solche „Schärfen“, welche sich durch Juckreiz, scharfen Harn, Hautausschläge und dgl. manifestieren, können aseptische Entzündungen an den verschiedensten Organen, z.B. am Auge oder an der Haut, an der Brustdrüse, auch an der Lunge und Pleura auftreten.

Denkt man an solche unspezifischen entzündungserregenden Stoffwechselprodukte und beseitigt sie durch allgemein ausleerende, antidyskratische Methoden, so hat man oft raschen Erfolg.

Ob es sich nun um eine akute oder chronische, infektiöse oder nichtinfektiöse Entzündung handelt, immer soll man neben dem allfälligen Erreger oder dem unmittelbar auslösenden Agens (z.B. Verletzung) auch nach entfernten, indirekten, die Entzündung fördernden Ursachen suchen und sie durch Allgemeinbehandlung zu beseitigen trachten. Dadurch wird allein oft schon der Weg für das Selbstheilungsbestreben des Organismus frei gemacht, und auch das nunmehr zu schildernde eigentliche antiphlogistische Verfahren wird dadurch wirksamer.

8.2 Technik der antiphlogistischen Allgemeinbehandlung

Die antiphlogistische Allgemeinbehandlung besteht in folgendem:

8.2.1 Ruhigstellung

Ruhigstellung des erkrankten Organs, nötigenfalls (z.B. bei Fieber) des ganzen Körpers. Man wird einen phlegmonösen Unterarm, ein akut entzündetes Gelenk natürlich ruhigstellen. Aber bei chronischen Entzündungen ist das schon nicht mehr so selbstverständlich. Bei Gelenkleiden z.B. führt es zu Versteifungen und Inaktivitätsatrophie der Muskulatur.

Auch die schematische Ruhigstellung einer entzündeten Gallenblase durch Narkotica ist auf die Dauer gar nicht gut. Hier ist Anregung des Gallenflusses und Behebung der Entzündung durch ausleerende Mittel viel besser. Ähnliche Beispiele (für und wider) finden sich sehr häufig.

8.2.2 Kälteanwendung

Kalte Umschläge bei akuten Entzündungen sind, offenbar durch Instinkthandlungen gefunden, seit jeher eine Selbstverständlichkeit. Auch die hippokratische Medizin hat ungleich öfters Heißes durch Kaltes geheilt als durch die ihr heute viel zu sehr in die Schuhe geschobene Hyperämie. Auch die Behandlung mit Eisbeutel ist mehr zurückgedrängt worden, als von Vorteil war.

Man muß eben unterscheiden und dort, wo man noch auf Rückgang der Entzündung und Zerteilung rechnen kann, es mit Kältebehandlung versuchen. Dort aber, wo die Abszeßbildung unvermeidlich scheint, mit Wärme bzw. Hyperämie die Reifung befördern. Dazwischen gibt es Grenzfälle, wo man mit beiden Methoden zum Ziele kommen kann.

Als äußere Mittel gegen Entzündungen seien neben den schon erwähnten Formen der Kälteanwendung noch genannt: Umschläge mit essigsaurer Tonerde, Kampferpräparate, Mentholspiritus und Mentholsalben, Salmiakpräparate und Zinksalbe.

8.2.3 Diät

Man spricht ausdrücklich von einer antiphlogistischen Diät und meint damit eine **fleischlose, laktovegetabilische Kost**, arm an Kochsalz und anderen Gewürzen, ferner **Rohkost**, Entziehungs- und schließlich Hungerdiät. Ernährungsreformer wie *Lahmann, Bircher-Benner, Gerson, Schroth, Möller, v. Noorden* haben mehr oder minder bewußt neben der umstimmenden stoffwechselverbessernden auch die antiphlogistische Wirkung ihrer Diätverordnungen ausgenutzt.

Im Gegensatz zu der „erhitzenden“ Ernährung mit Fleisch, Alkohol und Gewürzen steht also eine reizlose vegetarische Diät, allenfalls unter Zugabe von Milch. Besonders kühlend wirken Obstnahrung, wegen der darin enthaltenen Fruchtsäuren, und saure Milch, ebenfalls wegen der antiphlogistischen Wirkung des Säuregehaltes.

8.2.4 Ableitung auf den Darm

Das **Purgieren** gehörte seit jeher zu den wichtigsten Erfordernissen einer antiphlogistischen Behandlung. Es ist nicht immer gleichgültig, auf welche Weise die Darmentleerung bewerkstelligt wird. **Kühlende Abführmittel** wie Glaubersalz und Weinsteinpräparate sind im allgemeinen den erhitzenden dabei vorzuziehen.

Man kann immer wieder beobachten, wie oft nach genügender Darmentleerung die Temperatur bei fieberhaften Zuständen absinkt. Es wirkt auch dabei die Abziehung von Körpersäften bzw. Blut vom Entzündungsherd. Auch Klysmen und das Darmbad wirken so.

8.2.5 Brechmittel

Für das Purgieren nach oben gilt ähnliches wie für die Entleerung nach unten. Ganz speziell indiziert ist das Brechmittel bei bestimmten Arten von Entzündungen und Fieber, wie z.B. Mumps, Angina, Erysipel usw. (s. S. 205ff.).

8.2.6 Blutentziehung

Blutentziehungen waren seit den ältesten Zeiten eine Grundsäule zur Bekämpfung der Entzündungen und des Fiebers. Das Verständnis dafür war in der *Virchow*schen Ära vollständig abhanden gekommen. Das ging so weit, daß *Virchow* zu *Dyes*, einem der eifrigsten Verfechter des Aderlasses, der allerdings jahrzehntelang vereinzelt dastand, sagen konnte: *„Regen Sie sich nur nicht auf, wir werden auch ohne Ihren Aderlaß fertig werden.“* Heute kann man einen solchen Ausspruch mit Recht als ein Sakrileg an der ärztlichen Kunst und Wissenschaft bezeichnen.

Wann Aderlaß, wann Blutegel und wann Schröpfköpfe vorzuziehen sind, ist in den betreffenden Abschnitten nachzulesen. Als Beispiele für die eklatante, ja lebensrettende Wirkung der Blutentziehungen bei Entzündungen sei hier nur angeführt:

Aderlaß bei Pneumonie, Peritonitis, Meningitis, Gallenblasenentzündung.

Blutegel bei Endo- und Perikarditis, Pleuritis, Gallenblasenentzündung, Adnexentzündung, Venenentzündung.

8.2.7 Das Schwitzen

Sozusagen als Volks- und Hausmittel wird das Schwitzen seit jeher bei fieberhaften Erkältungen angewendet. Bei gewissen Infektionskrankheiten wie z. B. bei der Pest kam alles darauf an, den Patienten möglichst rasch zum Schwitzen zu bringen, um ihm das Leben zu retten. Auch bei Pneumonien und anderen fieberhaften Zuständen wartete man auf den die Genesung ankündigenden kritischen Schweißausbruch oder suchte ihn herbeizuführen.

Auch hier ist es nicht gleichgültig, mit welcher Methode das Schwitzen erzielt wird, weil auch die Qualität des ausgeschiedenen Schweißes wichtig ist. Man soll sich also nicht allein darauf versteifen, bloß mit Wasseranwendungen, Packungen, Dämpfen das Schwitzen erzielen zu wollen, wie manche Richtungen der Naturheilkunde es tun, sondern auch, wenn angezeigt, geeignete Medikamente anwenden.

Beispiele für Schwitzmittel:

Rp.	Liq. Ammonii acet.		50,0
	Camph. 0,5		
	Spir. q.s. ad solut.; adde		
	Syrupi		200.0
	S. Stündlich 1 Eßlöffel.		

Rp.	Liq. Ammonii acet.		15,0
	Aq. Cinnam.		
	Aq. Menthae pip.		
	Syrupi	aa	50,0
	S. Stündlich 1 Eßlöffel.		

Rp.	Liq. Ammonii acet.	20,0
	Infus. flor. Sambuci	150,0
	Succi sambuci inspiss.	20,0
	S. Stündlich 1 Eßlöffel.	

8.2.8 Ableitung auf die Haut

Bei akuten Entzündungen kommen in erster Linie die **Vesikantien** in Betracht, so z.B. bei Pneumonie, Pleuritis und Gallenblasenentzündung. Aber auch gelegentlich bei Entzündungen der Ohren, der Augen, des Peritoneums usw. Bei chronischen Entzündungen wird man ebenfalls zu Vesikantien, aber auch zu **Pustulantien** und **Fontanellen** greifen. Besonders die chronischen Entzündungen der Nerven und der Gelenke kommen dafür in Betracht.

8.2.9 Arzneibehandlung

8.2.9.1 Säuren

Organische und anorganische Säuren werden von der Arzneimittellehre als **Temperantia** oder **kühlende Mittel** bezeichnet.

Neben den erwähnten im Obst enthaltenen Fruchtsäuren und der sauren Milch (auch Molken) werden diätetische Fruchtsäfte zu diesem Zweck verordnet. Insbesondere Zitronensaft in Form von Limonaden oder noch stärker wirksam in Verbindung mit Kal. carbon. als sog. *River*scher Trank.

Die Kohlensäure in Form der kohlensäurehaltigen Getränke wirkt erfrischend, kühlend und dadurch günstig bei fieberhaften Zuständen. Außerdem regt sie die Geschmacksorgane und damit die Magentätigkeit wohltuend an.

Auch die kristallisierte Zitronensäure, ebenso wie die Weinsteinsäure, können als Brausepulver oder in Lösungen zu antiphlogistischen Medikamenten verwendet werden. Noch häufiger kommen die Salze der genannten Säuren zur Verwendung.

Von anorganischen Säuren ist die mildeste die Phosphorsäure. Man verschreibt:

Rp.	Acid. phosphor. dil.	30,0
	S. 3mal täglich 5-15 Tropfen in Himbeerwasser.	

Andere Beispiele:

Rp.	Aq. flor. Sambuci	320,0
	Syr. Althaeae	80,0
	Acid. sulfur. dil.	10,0
	S. Stündlich 1-2 Eßlöffel.	

Rp.	Decoct. Hordei	1000,0
	Acid. sulfur. dil.	10,0
	Syr. Rubi Id.	80,0
	S. 2stündlich 1 Schale.	

Die Wirkung der Säuren auf Fieber und Entzündungen dachte man sich nicht nur als kühlend, sondern auch als beruhigend für Herz und Gefäße. Einige Rezepte als Beispiele:

Pulv. refrigerans

Rp.	Sacchari	120,0
	Acid. citric.	10,0
	Ol. Citri. gutt. I.	
	S. 1 Kaffeelöffel auf 1 Glas Wasser.	

Limonade phosphorique

Rp.	Acid. phosphor.(25 %)	5,0
	Aq. font.	100,0
	Syrupi	15,0
	S. ½stündlich 1 Eßlöffel.	

8.2.9.2 Kühlende Salze

Das stärkste antiphlogistische und temperaturherabsetzende Mittel unter den kühlenden Salzen ist der Kalisalpeter (**Kalium nitricum**). Etwas schwächer wirkt **Natrium nitricum**, wie überhaupt die Kalisalze wegen ihrer sedativen Wirkung auf Herz und Gefäße, vielleicht auch auf andere Teile und Funktionen des Organismus (Nerven-Muskelapparat, Zellstoffwechsel usw.), die intensivere antiphlogistische Wirkung besitzen.

Vorsicht Nitrate (evtl. Methämoglobin-Bildung)

Man verschreibt Kalium nitricum 5,0-15,0 in 24 Stunden. Da das Mittel vom Magen für sich genommen schlecht vertragen wird, gibt man es in Mischungen, z.B.:

Pulvis refrigerans vel temperans (Fieberlimonade)

Rp.	Kali nitr.		10,0
	Cremor. Tartari		30,0
	Sacchari		60,0
	S. 1-2mal täglich 1 Kaffeelöffel auf 1 Glas Wasser.		

Potus antiphlogisticus

Rp.	Kali nitr.		
	Aq. Laurocer.	aa	10,0
	Syrup. Rub. Id.		30,0
	Aq. font. ad		1000,0
	S. 2stündlich 1 Schale.		

Grundsätzlich interessant ist, daß der seit dem frühesten Altertum als eines der wirksamsten Fiebermittel geschätzte Salpeter (er wurde daher auch unter die sieben wichtigsten Arkana der Alchimisten gerechnet) von der modernen Pharmakologie deshalb aufgegeben wurde, weil er nach Versuchen am gesunden Menschen und Tier nutzlos sein sollte. Trotzdem wirkt er bei Fieberkranken temperaturherabsetzend.

Man gibt die Salpeterpräparate mit besonderem Nutzen bei Lungenentzündung, Wochenbettfieber, bei Diathesis inflammatoria und überall dort, wo man gleichzeitig Erregungszustände des Herzens und der Gefäße dämpfen will.

Leichter zu nehmen und zugleich wertvoll wegen der Ableitung auf den Darm sind: das Glaubersalz (Natrium sulfuricum), das Kalium sulfuricum und Magnesium sulfuricum.

Am stärksten antiphlogistisch von diesen wirkt das **Kalium sulfuricum**, wegen seiner vielseitigen Heilwirkungen früher auch Polychrestsalz oder Arcanum duplicatum genannt. Solche Namen haben immer eine tiefere Bedeutung, deren Sinn wir heute meist übersehen. Man gibt das Kalium sulfuricum in Mengen von 5,0-20,0 pro Tag. Es wird vom Magen, ähnlich wie der Kalisalpeter, besser in Mischungen als in reiner Substanz vertragen.

Zum Beispiel:

Rp.	Kali sulfur.	10,0
	Kali tartar.	20,0
	S. mehrmals täglich Messerspitze bis ½ Kaffeelöffel in Zuckerwasser.	

Pulv. antiphlogisticus (*Hufeland*)

Rp.	Kali sulf.		
	Kali nitr.	aa	5,0
	Kali bitart.		20,0
	S. 2-3stündlich 1 Teelöffel mit Wasser.		

Rp.	Kali sulfur.	20,0
	Syrup. Rubi. Id.	30,0
	Aq. font. ad	300,0
	S. stündlich 1 Eßlöffel bei fieberhaften Zuständen.	

Das **Glaubersalz** wird in den üblichen Mengen von 10-20 Gramm am besten morgens nüchtern, in ¼-½ Liter Wasser gelöst, verabreicht. Es bewirkt so am besten gleichzeitig die Ableitung auf den Darm. Zur Geschmacksverbesserung kann man Brausepulver und Eleosaccharum citri in beliebigen Mengen nach Art des englischen Fruchtsalzes hinzufügen.

In ähnlicher Dosierung wird das **Bittersalz** (Magnesium sulfuricum) verwendet. Man kann statt dessen auch eine entsprechende Menge von **Mineralwässern** geben, welche Glaubersalz und Bittersalz enthalten. Die gewöhnlich vorhandene Beimengung noch anderer Salze oder die Hinzufügung von Kohlensäure verbessern den Geschmack dieser Mittel.

8.2.9.3 Die eigentlichen Antipyretika

Die heutige Pharmakologie und Klinik hat die Mehrzahl der vorangegangenen und nachfolgenden Arzneimittelgruppen bei der Bekämpfung des Fiebers und der Entzündungen ziemlich ausgeschaltet oder doch außerordentlich zurückgedrängt, obwohl sie nicht nur durch die alte Erfahrung bewährt sind, sondern auch durch ihre ausleerende Wirkung die entzündlichen Krankheitsprozesse günstig beeinflussen.

Sie hat sich in charakteristisch spezialistischer Weise auf Mittel beschränkt, welche womöglich am Temperaturzentrum direkt angreifen und allenfalls noch auf die Gefäße und die Schweißabsonderung wirken. Hier sind zu nennen die Salizyl- und die Anilinpräparate.

Die **Salizylsäure** und **ihre Salze** kommen in unzähligen Varianten nicht nur in der Weidenrinde (Cortex Salicis), sondern auch in zahlreichen anderen, früher als Fieber- und Schwitzmittel benutzten Pflanzen vor. Die synthetisch hergestellte Salizylsäure und ihre Salze werden in Mengen von 0,5 bis mehrere Gramm täglich verwendet. Die reine Salizylsäure gilt in großen Dosen bekanntlich beim akuten Gelenkrheumatismus nahezu als Spezifikum. Doch haben sich dagegen schon viele Stimmen erhoben und das häufige Vorkommen von Herzfehlern nach Gelenkrheuma darauf zurückgeführt.

Tatsächlich muß man sagen, daß die alte Medizin bei akutem Gelenkrheuma durch Blutentziehung sowie Haut- und Darmableitung gute Resultate, nämlich Abkürzung der Krankheitsdauer und Vermeidung von Komplikationen erhielt, die man in der Ära der Salizylbehandlung ganz vergessen hatte. Es wäre naheliegend, die Kombination beider Verfahren zu versuchen.

Häufiger als die reine Salizylsäure wird **Aspirin** ebenfalls grammweise verordnet, und zwar der besseren Verträglichkeit halber mit alkalischen Mineralwässern, besonders wenn sie längere Zeit hindurch genommen werden.

Von **Anilinpräparaten** seien Phenazon und Salipyrin genannt. Diese Präparate wirken bekanntlich gleichzeitig auch schmerzstillend und sind daher regelmäßige Bestandteile der sogenannten Mischpulver gegen Kopfschmerzen, Neuralgien u. dgl. Man gibt sie aber auch bei chronisch fieberhaften Zuständen. Ihre Anwendung ist den meisten heutigen Ärzten so geläufig, daß sich nähere Ausführungen erübrigen.

8.2.9.4 Chinapräparate

Cortex Chinae 1,0-10,0 als Pulver oder Dekokt bzw. Infus, mehrmals täglich, wird heute nur mehr selten gegeben. Es übertrifft aber die Wirkung des Chinins in mancher Hinsicht, weil es gleichzeitig auch als Roborans und Stomachicum dienen kann. Bei fieberhaften Zuständen schwächlicher Personen hat es daher auf lange Sicht hin seine Vorteile. Leichter zu nehmen ist **Extractum Chinae** 0,5-2,0 mehrmals täglich.

Am häufigsten wird das **Chininum sulfuricum** zu 0,1-1,0 pro dosi, 3,0 pro die, gegeben. Man gibt es bekanntlich gegen Malaria und andere Arten von periodischem Fieber, sowie auch bei fieberhaften Infektionskrankheiten überhaupt und entzündlichen Lokalprozessen, wegen seiner auffallenden antiseptischen und antiphlogistischen Eigenschaften.

Analog der Salizylsäure hat auch die Chinarinde zahlreiche ähnliche Entsprechungen in anderen Pflanzenmitteln, welche von der alten Medizin, exotischen Medizin, Volksmedizin und Naturheilkunde meist in Form von Dekokten verwendet werden. Hierzu gehört eine Reihe von Bittermitteln und Schwitzmitteln.

Die wichtigsten davon sind: **Hb. Trifolii fibrini** (Fieberklee), Rinde und Blüten des schwarzen Holunders (**Cortex et flores Sambuci**). Ferner **Rad. Vincetoxi** und **Rad. Imperatoriae**, Rinde und Blätter des Weidenbaumes.

Ferner: **Flores Tiliae, Rad. Angelica** und **Lignum Santali** (Sandelholz) als Pulver, Dekokt und als Oleum Santali, 2-4 Tropfen mehrmals täglich.

Rezeptbeispiele:

Rp.	Cort. Chinae		25,0
	Acid. hydrochlor.dil.		5,0
	coque c.aq.font.q.s. ad col.		200,0
	Syr. Cinnamomi		25,0
	S. 3stündlich 1 Eßlöffel.		

Rp.	Tinct. Chinae		
	Tinct. Aloes comp.	aa	40,0
	Syr. cort. Aurant.		20,0
	S. Teelöffelweise.		

Rp.	Tinct. Aloes		
	Tinct. Angelicae		
	Tinct. Zingiberis	aa	30,0
	Spir. camph.		
	Tinct. Croci	aa	5,0
	Chinini sulf.		2,0
	S. 4-6 Teelöffel täglich.		

Rp.	Hb. Trifol. fibrini		40,0
	Hb. Absinthii		20,0
	Cort. Salicis		
	Rad. Liquir.	aa	15,0
	Fruct. Anisi stell.		10,0
	S. 3 Eßlöffel auf ½ Liter kochenden Wassers.		

8.2.9.5 Antipyretische Alkaloide und Glykoside

Hierher gehören das **Akonitin, Veratrin, Atropin** (Belladonnapräparate überhaupt), **Scilla** (Meerzwiebel) und **Adonis, Hyoscyamus, Aqua Laurocerasi**, der Schierling (**Conium**) und, was ganz vergessen wurde, aber nach *Hufeland* nebst Chinarinde das wichtigste Fiebermittel war, das **Opium**.

Zum Verständnis solcher Effekte gehört eine ganz andere medizinische Grundanschauung, als wir sie heute haben. Wir wissen aus neueren Experimenten, daß Blockierung der sensiblen Nerven, etwa durch Lokalanästhesie, lokale Entzündungsprozesse günstig beeinflussen kann.

Darüber hinaus hat die ältere ärztliche Erfahrung festgestellt, daß Sedativa durch Herabsetzung der Erregbarkeit der Nerven und des Gefäßsystems ebenfalls Entzündungen zum Rückgang bringen, besonders, nachdem vorher Blutentziehungen und Ableitung auf den Darm angewendet worden waren. Dabei unterschied man erhitzende Narkotika, wie eben das Opium, und nicht erhitzende, wie Hyoscyamus, Aq. Laurocerasi und Digitalis. Trotzdem war das Opium bei Entzündungen, wo Krampf oder Erregung des Nervensystems, der Gefäße und der Eingeweidemuskulatur mitspielte, oft das Wirksamste und geradezu Lebensrettende.

Die Sedativa wenden sich also an die heute etwas weniger beachteten Komponenten der Entzündung, nämlich an die nervöse und vasomotorische. Wir kennen heute nur mehr die schmerzstillende und stopfende Wirkung des Opiums und halten seine Verwendung etwa bei Peritonitis für einen Kunstfehler. Gewiß darf man keine dringliche Indikation zu einer Operation damit übersehen oder verschleiern. Aber bei manchen Fällen von Ileus kann der Spasmus des Darmes damit beseitigt werden. Bei allen Entzündungen der Unterleibsorgane überhaupt gibt es Stadien, wo das Opium von großem Vorteil ist, aber, wie erwähnt, immer erst nach vorangegangenen Ausleerungsmethoden.

Auch das **Doversche Pulver** (Pulv. Ipecacuanhae opiatus), d.h. eine Mischung von Ipecacuanha und Opium, zu gleichen Teilen mit Zucker (8 Teile) versetzt, in Dosen zu 0,1-0,5 mehrmals täglich, wurde daher mit Vorteil bei entzündlichen Reizzuständen, z.B. Pleuritis, gegeben.

Aber auch in gewissen Stadien des Typhus, der Malaria, der Dysenterie und Cholera sowie der Angina wurden Opiumpräparate nicht nur zur Beruhigung und Schmerzstillung, sondern zur Behebung des Entzündungsreizes und der davon ausgehenden schädlichen Fernwirkungen gegeben. Außerdem wirkt Opium bei richtiger Vorbereitung auch schweißtreibend und ist imstande, heilsame Krisen bei fieberhaften Erkrankungen in Form von Schweißausbruch und Hautausschlägen herbeizuführen.

Die alte Medizin verwendete und die Homöopathie verwendet heute noch die oben erwähnten Narkotika als Mittel gegen Fieber und Entzündung. Als wirksam erweisen sich tatsächlich folgende Verschreibungen: **Extr. Aconiti** 0,005-0,01; 1-3mal täglich in Form von Pulvern oder Pillen oder Aconitin. nitric. 0,0002 bis 0,0005 mehrmals täglich (s. S. 118).

Das Mittel bewährt sich als besonders wertvoll bei schmerzhaften Entzündungen, wie z.B. Neuritis, Polyneuritis, Gelenkrheumatismus. Es kupiert und mildert aber auch Infektionskrankheiten, wie z.B. Grippe.

Veratrin 0,001-0,005! pro dosi 0,02! pro die (s. S. 204). Es liegen Berichte über auffallend günstige Wirkung beim akuten Gelenkrheumatismus und bei der Pneumonie vor. Mit Rücksicht auf die variable Zusammensetzung des käuflichen Veratrins und die unangenehmen Nebenwirkungen bei höherer Dosierung (Erbrechen, Durchfall, Kollaps) ist Vorsicht in der Anwendung geboten.

Gegen Entzündung mit gleichzeitigen Erregungs-, Krampf- und Schmerzzuständen kann man also ähnlich wie die alte Medizin und Homöopathie auch die Präparate von Belladonna und Hyoscyamus geben.

Extr. Belladonnae 0,01-0,05 intern oder als Suppositorium, mehrmals täglich, einige Tage lang. Oder **Atropini sulfur.** 0,001-0,005 intern oder als Injektion.

Milder in der Wirkung, d.h. mit weniger unangenehmen Nebenerscheinungen verbunden ist **Extr. Hyoscyami** 0,02-0,05-0,1 p. dos. mehrmals täglich, am besten in Suppositorien.

Digitalis ist besonders indiziert bei Entzündungen des Herzens, der Gefäße und der Nieren. Es kommt dabei nicht bloß ihre vasomotorische, sondern auch die weniger bekannte sedative und auf diesem Wege antiphlogistische Wirkung zur Geltung.

Gegen akute, aber auch chronische Entzündungen bestimmter Art, z.B. Augenentzündungen, chronische Mastitis, chronische Gelenkentzündung, ist wegen seiner resolvierenden und sedativen, kühlenden Eigenschaften das **Conium** (Schierling) angezeigt. Man verschreibt Extr. Conii 0,03-0,15 2-4mal täglich am besten in Pillen. Extern in 10prozentigen Salben oder Pflastern (s. S. 118).

8.2.9.6 Alkalien

Auf den ersten Blick erscheint es paradox, daß nicht nur die oben erwähnten Säuren und Abführsalze, sondern auch Alkalien im allgemeinen antiphlogistisch wirken können. Man sieht daraus wieder, daß sich die Dinge nicht immer auf einfachste Formeln bringen lassen. Alkalien können antiphlogistisch wirken, weil sie alle zerteilend, resolvierend sind und manchmal auch die Sekretionen und Exkretionen anregen, z.B. Schweiß und Urin.

Das **Natrium carbonicum** und **bicarbonicum**, ebenso das **Kali carbonicum** und **bicarbonicum** können besonders bei chronischen Entzündungen zu diesem Zwecke längere Zeit mehrmals täglich ½-1 Kaffeelöffel in Wasser gelöst mit entsprechenden Zusätzen gegeben werden. Ebenso Ammoniak in Form der alkalisch wirkenden Verbindungen des Salmiak und des **Liquor Ammonii acetici**. Letzteres ½-1 Kaffeelöffel mehrmals täglich, besonders wertvoll bei fieberhaften Erkrankungen der Atmungsorgane. Aber auch bei chronischen Entzündungen wegen seiner schweißtreibenden und resolvierenden Wirkung. Ähnlich **Liquor Kali acetici** teelöffelweise. **Ammonium carbon.** 0,2-0,5 mehrmals täglich. **Salmiak** (Ammon. chlorat.) 0,2-1,0 p. dosi mehrmals täglich. **Magnesia usta** 1,0-5,0 p. dosi, besonders bei Kindern. **Kali chloratum**, auch Sal febrifugum Sylvii genannt, 1,0-3,0 mehrmals täglich.

9 Technik des Aderlasses

9.1 Geschichtliches über den Aderlaß

Die Stellung des Aderlasses als Heilmittel in den verschiedenen medizinischen Systemen des Altertums, des Mittelalters und der Neuzeit zeigt uns deutlich, wie notwendig die in der Einleitung dieses Buches aufgestellte Forderung ist, daß die jeweiligen medizinischen Kenntnisse immer wieder mit den Erfahrungen der gesamten Vergangenheit verglichen werden müssen. Mögen auch die theoretischen Grundlagen dieser alten Systeme längst überwunden sein, so enthalten diese doch eine solche Fülle von bewährten empirischen Ratschlägen, daß deren Unkenntnis eine weitgehende Verarmung unserer therapeutischen Hilfsmittel mit sich bringt.

Wir werden im folgenden einer ganzen Reihe von Krankheitszuständen begegnen, bei welchen in früherer Zeit der Aderlaß ein selbstverständliches und oft erprobtes Heilmittel war und wo wir heute meinen, es gäbe überhaupt keine Hilfe, z.B. Schwindel, Ohrensausen und *Menière*sche Krankheit.

Um nur zwei wichtige Punkte herauszuheben, wissen wir heute noch lange nicht, ob es tatsächlich gleichgültig ist, an welcher Stelle des Körpers der Aderlaß vorgenommen wird, und noch weniger, ob und in welchem Stadium der Krankheit bei akuten Leiden die Blutentziehung vorgenommen wird. Sie kann in dem einen Fall lebensrettend, im anderen Fall verschlimmernd oder tödlich wirken. Aus dieser Ungewißheit heraus den Aderlaß überhaupt fallen zu lassen, wie man es in der zweiten Hälfte des vorigen Jahrhunderts getan hat, ist wohl bequem und sieht korrekt aus, bedeutet aber einen Abstieg von einem höheren auf ein tieferes Niveau des ärztlichen Könnens. Unzählige Menschenleben sind auch der Unterlassung des sonst indizierten Aderlasses unnötigerweise zum Opfer gefallen.

9.1.1 Indische Medizin

Die indische Medizin, wie sie uns in dem Werke des *Sushruta* vorliegt, hat schon ganz genaue vielfältige Indikationen und Kontraindikationen des Aderlasses. Auch werden die Krankheiten aufgezählt, welche durch Blutentziehung geheilt werden können.

Die heutigen Ohrenärzte sagen z.B., daß sie gegen das Ohrensausen machtlos sind. Die indische Medizin erklärt dieses Leiden durch übermäßiges Eindringen von Luft ins Gehörorgan, sucht diese durch Brechmittel und Blutentziehungen herauszubefördern und heilt damit oft den Kranken tatsächlich, wie man auch heute noch nachweisen kann. Und solcher Beispiele gibt es hunderte.

Immer wieder stößt man auf den gleichen Denkprozeß: Überlieferung und Erfahrungen bringen eine Fülle von wertvollen Heilkenntnissen. Übertriebene Bestrebungen, diese zeitgemäß theoretisch zu erklären und in exakte Regeln zu fassen, verschütten dann häufig das empirisch-praktisch-therapeutische Handeln.

Man hat allen Grund anzunehmen, daß auch bei allen anderen alten Völkern und Naturvölkern die Blutentziehungen zu den allerfrühesten therapeutischen Eingriffen gehören, auch wenn oft an Stelle des Aderlasses Schröpfköpfe, Skarifikationen oder Blutegel traten.

Genau so wie heute finden sich in der ältesten Literatur Beobachtungen, daß etwa ein Mann nach einer stark blutenden Verletzung im Kriege früher vorhandene Kopfschmerzen, Gicht oder Leberbeschwerden verloren hat. Aus solchen Beobachtungen lernte man. Aber gerade diese unerschöpfliche Methode gilt heute als zu primitiv (vgl. Menses, Hämorrhoiden) und unwissenschaftlich, obwohl sie der Natur am nächsten steht. Sie ist eben in den Schriften der Alten ausführlich niedergelegt, und darum muß das Studium dieser über Jahrtausende sich erstreckenden Kasuistik wenigstens in ihrem Niederschlag wieder verlangt werden.

9.1.2 Hippokrates

Auch *Hippokrates* muß schon auf eine uralte Tradition zurückgeblickt haben, so vielseitig, tiefgreifend und selbstverständlich sind die von ihm vorgebrachten Indikationen zum Aderlaß. Diese Anweisungen sind allerdings vollständig ungeordnet über seine ganzen Schriften verstreut, und man muß sich erst selbst die leitenden Grundsätze daraus abstrahieren.

Der wichtigste davon ist, daß **Plethora**, d.h. Überfüllung mit Blut und anderen Körpersäften, **eine der häufigsten Ursachen von Erkrankungen** ist, und daß daher Vorbeugung und Heilung in Ausleerung, besonders auch Entleerung des Blutes besteht. Schon daraus allein ergibt sich der große Aktionsradius des Aderlasses.

Vor allem erzeugt die Plethora nach *Hippokrates* **Entzündungen** und Schmerzen. Die Blutentziehungen wurden daher als eines der wichtigsten antiphlogistischen Mittel besonders bei akuten Entzündungen angewendet.

Hippokrates und seine Schule gab bei **Schmerzen** keine Betäubungsmittel, sondern trachtete sie samt ihrer Ursache durch Ausleerung, also auch Blutentziehung, zu beseitigen, z.B. bei Kopfschmerzen, Leberleiden, Halsschmerzen u. dgl.

Allgemeine Grundsätze in der Anwendung des Aderlasses wie die folgenden sind uns heute ganz abhanden gekommen: „*In akuten Krankheiten lasse man Blut, wenn die Krankheit sich heftig anläßt und wenn die Kranken im blühenden Alter und kräftig sind.*"

Demgemäß wendete *Hippokrates* den Aderlaß bei **Lungen- und Rippenfellentzündung**, aber auch bei zahlreichen anderen fieberhaften Erkrankungen an. Auch bei **Entzündungen der Augen, der Nieren** war der Aderlaß als selbstverständliches und weiteren Komplikationen vorbeugendes Mittel absolut indiziert. Man kannte auch die allgemein krampfstillende Wirkung der Venaesectio und wandte sie auch bei **Kontusionen** an, um nachfolgende reaktive Entzündung und Vereiterung zu verhindern. Einige Zitate aus *Hippokrates* sollen das beleuchten.

Auf die heute noch aktuelle Frage, wie man die Menge des zu entziehenden Blutes in exakte Regeln fassen könne, antwortet *Hippokrates*: „*Das Maß aber, auf welches man sich berufen könnte, ist nichts anderes, sei es ein Gewicht oder eine Zahl zu entdecken, als das Gefühl des Körpers.*" D.h., daß das subjektive Empfinden des Patienten (Kraftgefühl, Hitze, Ohnmacht usw.) oder der ärztliche Takt das Maß bestimmen müsse. Das gleiche Prinzip gilt für zahlreiche andere ärztliche Maßnahmen, wo man heute immer wieder vergeblich reine Technik und Mathematik an Stelle von Kunst und Einfühlung setzen will.

Wiederholt heißt es: „***Harnstrenge** und **Urinbeschwerden** überhaupt hebt Weingenuß und Aderlaß.*" - „*Bei **Augenleiden** gebe man unvermischten Wein zu trinken, wasche den Patienten mit viel warmem Wasser ab und lasse dann zur Ader.*" Weiter wird der Aderlaß empfohlen bei **Rückenschmerzen**, **Hüftschmerzen**, bei **stumpfen Verletzungen**, bei **Schmerzen der Brustorgane** (widrigenfalls es zu Empyem kommen kann). „*Gegen **Hinterkopfschmerzen** hilft die Durchschneidung der in der Stirn aufsteigenden Vene.*" Durch übermäßige Anfüllung der Adern der Eingeweide entstehen **Tumoren** und **Fieber**. Daher wird der Aderlaß als Vorbeugungsmittel empfohlen.

Der **Schlagfluß** droht besonders zwischen dem 40. und 60. Lebensjahr und wurde, wenn sich Vorboten desselben (Schwindel, Ohrensausen, Kopfdruck) zeigten, mit Aderlaß und anderen ausleerenden Mitteln behandelt. Nasenbluten beseitigte oft Kopfschmerz, Fieber, Augen- und Ohrenleiden und wurde daher künstlich hervorgerufen oder durch Blutentziehung an Kopf, Hals und Extremitäten ersetzt.

Eine ganz andere Perspektive der Krankheitsbetrachtung und der Heilversuche gibt der Satz: „*Der Wurzelstock der Venen ist die Leber, der Wurzelstock der Arterien das Herz.*" - „*Wenn die Schmerzen in der Gegend der falschen Rippen und in den Schenkeln auftreten, so hebt Aderlaß und eine Purgation nach unten das Leiden.*" - „*Wenn sich bei fieberfreien Patienten plötzlich Schmerzen im Hypochondrium einstellen und der Leib aufschwillt, so führt Aderlaß und Leibesfluß die Lysis herbei.*"

An zahlreichen Stellen werden **Hämorrhoidalblutungen als Heil- und Vorbeugungsmittel** gegen alle möglichen Erkrankungen des Kopfes, der Brustorgane und des Bauches er wähnt. *„**Schwindel** nach rasch vorübergehendem Hämorrhoidalfluß deutet auf Lähmung. Aderlaß behebt sie.“* - *„**Schmerzen in der Lunge**, welche weder durch Auswurf noch durch Aderlaß und Diät zu beheben sind, führen zur Vereiterung.“*

Aderlaß wird ferner empfohlen bei **Zahnfleischerkrankungen, Halsentzündungen, Nierenstein**, bei **Frostbeulen**, bei **Kropf**, bei **Erkrankungen des Hodens**. Es wird ein Fall von **Bauchkoliken** geschildert (wahrscheinlich Ileus), der durch Purgation nach oben und unten nicht behoben werden konnte, wohl aber als man ihn abwechselnd an beiden Händen bis zur Blutleere zur Ader ließ. Ein heroisches Verfahren, welches aber anscheinend doch ähnlich wie die Lumbalanästhesie zum Kollaps der aufgetriebenen Därme und damit zur rettenden Darmausleerung führen kann, wie in der alten Literatur immer wieder berichtet wird.

An einer anderen Stelle heißt es: *„Aufgetriebensein des Bauches hebt Aderlaß.“ Diejenigen, welche plötzlich ohne Fieber die Sprache verlieren, lasse man zur Ader. „**Angina** und **Augenentzündung** hebt Aderlaß.“* Bei **Konvulsionen** wird Aderlaß an den Fingern empfohlen.

Diese Proben mögen genügen, um zu zeigen, wieviel an ärztlichem Fundamentalwissen wir heute vergessen und verloren und wieviel wir allein schon durch das Studium der alten Erfahrungen zuzulernen haben.

9.1.3 Galen

Einen geradezu überwältigenden Eindruck macht es, wenn man die Rolle des Aderlasses in dem zwanzigbändigen Gesamtwerk *Galens* betrachtet. Neben mehreren auf dieses Thema bezüglichen Streitschriften führt das einschlägige Hauptwerk geradezu den Titel: *„Über Heilung von Krankheiten durch Aderlaß“*. Aber auch in den übrigen Büchern *Galens* wird fortwährend darauf Bezug genommen. Das Sachverzeichnis über diesen Gegenstand allein beträgt mehrere Druckseiten.

Überraschend wirkt immer wieder die selbstverständliche, apodiktische, auf langbegründete Erfahrung hinweisende Art, mit der die Heilwirkungen des Aderlasses von *Galen* besprochen werden, z.B.:

Der Aderlaß ist ein Prophylaktikum bei verschiedenen Krankheiten (XI, 271). - Aufzählung derselben (XVIII A, 79). - Aufzählung derjenigen Krankheiten, bei welchen der Aderlaß indiziert ist (XV, 768). - Der Aderlaß ist die entschiedenste (gründlichste) Ausleerung der Säfte (XVII B, 481; XVI, 105). - Der Aderlaß ist das **prompteste Heilmittel gegen Entzündung** (XI, 156). - Er überragt alle anderen Methoden bei der Behandlung der Entzündung (XI, 178).

Ähnliche Stellen wiederholen sich zu Dutzenden. *Galen* spricht dort ausführlich von den Indikationen und Kontraindikationen, besonders auch bei akuten Krankheiten. Der Aderlaß soll nur nach vorheriger Purgation vollzogen werden. Wer denkt heute noch an solche Feinheiten? Er muß immer in Übereinstimmung mit dem Kräftezustand und mit der Stärke der Krankheit stehen. Das Frühjahr wird dazu bevorzugt. Entgegen mancher heutigen Ansicht hält *Galen* den Aderlaß auch nach dem 70. Lebensjahr für notwendig, wenn der Puls es erfordert. Sehr ausführlich werden die Quantität des zu entnehmenden Blutes und die Lokalisation des Aderlasses besprochen. Ebenso die Symptome, welche zum Aderlaß auffordern. Es sei besser, zuerst einen kleineren Probeaderlaß zu machen und später die Blutentziehung zu wiederholen.

„Dickes“ Blut ist gleichfalls eine Indikation zum Aderlaß. Wo **Furcht vor einer schweren Krankheit** besteht, ist der Aderlaß auch angezeigt (XI, 278). - Aufzählung der Krankheiten, bei welchen der Aderlaß am Bein vorzunehmen ist (XI, 303). - Aderlaß am Arm hält die Menstruation zurück (XI, 303). - Aderlaß in der Ellenbeuge pflegt die Menstruation zurückzuhalten (XI, 283). - Wann der Aderlaß in der Kniekehle vorzunehmen ist (XIX, 523). - Der Aderlaß ist nur mäßig oder gar nicht anzuwenden, wo eine genügende Ausleerung durch die Haut geschieht (Schweißausbruch) (X, 658). - Aderlaß heilt **Angina** (XV, 786). - Sein Nutzen bei schweren **Kopfkontusionen** (XII, 523). - Bei **Konvulsionen** nach zu starkem Nasenbluten, bei **Dysurie** und Strangurie (XVIII, A 154). - Aderlaß an der Vena sublingualis heilt Phlegmone des Schlundes (**phlegmonöse Angina**) (XV, 789). - Er ist ein Hauptmittel bei **kontinuierlichen Fiebern** (X, 624).

Ferner bei **Hämoptoe, unterdrückten Hämorrhoidalblutungen**, bei **Leberentzündung**, bei **Überfluß an** ***humor melancholicus***, bei **Ischias** und **Schmerzen im Hüftgelenk**, bei **Hirnentzündungen** (Phrenitis), **Milzentzündung**, bei unterdrückter Menstruation. - Der Aderlaß behebt auch **Augenschmerzen** und **Augenentzündungen** (X, 171, 820; XIV 341). - Wiederholt wird der Aderlaß empfohlen bei beginnenden und fortgeschrittenen **Phlegmonen**, bei **Wunden** und **Kontusionen**.

Besonders charakteristisch ist seine Anwendung bei Krankheiten, welche aus Überfüllung entstehen (XIV, 731). Damit ist nicht nur die Überfüllung mit Blut (Plethora) gemeint, sondern der Überfluß an Körpersäften und Körpermaterial überhaupt.

Weitere Indikationen sind: **Pneumonie, Pleuritis**, letztere nur unter ganz bestimmten Vorbedingungen, **Schmerzen in der Lendengegend** und an den **Hoden**, besonders auch bei **Nierenstein**. - Wann der Aderlaß in der Kniekehle für **Nierenleiden** nützlich ist (XVII, A 839).

Heute vergessen, aber doch als richtig wieder zu bestätigen, ist folgender Satz: „*Wenn das Blut infolge seines Überflusses zu kalt ist, ist der Aderlaß das größte Heilmittel*“ (XV 893), d.h. bei dem oft zu beobachtenden Kältegefühl mancher Plethorischer mit Zyanose und Stauungserscheinungen trifft das zu.

Aderlaß behebt übermäßigen Blutfluß (XVI, 153), ist nützlich bei **Bluthusten** und **Blutstauungen**. - Er wird empfohlen bei Unterdrückung der Schweißabsonderung mit Fieber (X, 565). - Aderlaß an der Kniekehle oder am Knöchel erzeugt **Derivation aus dem Uterus** (XVI, 156). - Er ist nützlich bei Stimmlosigkeit (Heiserkeit) ohne Fieber. - Über das Verhalten nach dem Aderlaß (XV, 908). - Schließlich werden einige Fälle aufgezählt, bei welchen durch Unterlassung des Aderlasses der Tod eintrat (XI, 190).

9.1.4 Nachgalenische Zeit

In der nachgalenischen Zeit blieben die Aderlaßindikationen ungefähr die gleichen wie früher. Die heutige medizinische Geschichtsschreibung ist gewöhnlich geneigt, die nun folgende Periode der arabischen Medizin etwas geringschätzig zu behandeln, indem sie sagt, es handle sich dort nur um scholastische spitzfindige Variationen oder blindes Nachbeten der hippokratischen und galenischen Lehren. Das mag zum Teil vielleicht richtig sein. Andererseits darf man aber nicht übersehen, daß auch in den Schriften eines *Rhazes, Avicenna, Abulkasim* und *Mesue* eine ungeheure Fülle praktischen Wissens und scharfsinniger, zum Teil logisch wohlgeordneter Beobachtungen niedergelegt sind. Jeder, der diese Werke vom praktisch-therapeutischen Standpunkt aus liest, muß zu einem weit zustimmenderen Urteil gelangen, als der reine Historiker und Theoretiker. Eine Schule, welche die Harnuntersuchung, die Chemie, Pharmakologie und besonders die Lehre von der Kauterisation auf eine solche Höhe zu bringen wußte, wie wir letztere auch heute noch lange nicht erreicht haben, wird wohl auch in der Frage der Blutentziehungen nicht lauter Unsinn produziert haben.

Die Araber bemühten sich vor allem sehr sorgfältig, die Indikationen und die Technik des Aderlasses herauszuarbeiten.

Einige Beispiele:

Sechs Gründe gibt es, aus welchem der Aderlaß nützlich ist:

1. Zur **Ausleerung** des Blutes oder der Säfte, welche sowohl hinsichtlich der Quantität als der Qualität schädlich sind.
2. Zur **Zerteilung** oder **Ablenkung** des Blutes, wenn irgendwo ein Eiterherd zu entstehen droht, und zwar an der entgegengesetzten Körperseite.
3. Zur **attrahierenden Wirkung**, wie z.B. Aderlaß an der Vena saphena zur Hervorrufung der Menstruation.
4. Zur **Umstimmung** der Säfte, z.B. bei zu großer Körperhitze.
5. Zur **Vorbeugung** gewisser Krankheiten, zu welchen das betreffende Individuum besonders disponiert ist, z.B. Schlaganfall, Asthma, Gicht usw.

6. Zur **Erleichterung**, damit die Natur mit der zurückbleibenden Körpermaterie leichter fertig werde.

Ausführlich werden die Kontraindikationen besprochen. Von den Krankheitszuständen, bei welchen der Aderlaß empfohlen wurde, seien hier als Beispiel folgende genannt: Kontusionen und Verstauchungen, damit nicht Entzündung und Vereiterung hinzutrete. Desgleichen schwere Verletzungen oder heftige Entzündungen der Augen, um Vereiterung zu vermeiden. Beides Ratschläge, welche man heute in ihrer Tragweite gar nicht zu schätzen weiß.

Immer wieder kehrt der Satz: *„Bei akuten und gefährlichen Krankheiten kann der Aderlaß zu jeder Stunde gemacht werden.“* Gerade dort versäumen wir ihn heute und geben uns über die Folgen dieser Unterlassung in den seltensten Fällen Rechenschaft.

„Bei Pleuresien (Lungen- und Rippenfellentzündung) ist der Aderlaß besser als Arzneimittel, denn beim Aderlaß ist in vorliegender Krankheit ein Irrtum nicht möglich.“

Aderlässe an den Arterien und Venen der Schläfe heilen Hemikranie, auch Augenleiden. Wenn die angeschnittenen Venen noch mit dem Glüheisen oder mit einem chemischen Ätzmittel an der betreffenden Stelle verödet werden, so soll das vor Rezidiven der betreffenden Erkrankung schützen.

Es ist kaum anzunehmen, daß Ärzte von der Größe eines *Rhazes* (860-923) grobe Fehler in der Anwendung des Aderlasses gemacht hätten. Nur Unkenntnis der betreffenden Werke kann zu solchen Ansichten verleiten. Die Araber waren uns vielmehr auf diesem Gebiete in mancher Hinsicht weit überlegen, unbeschadet gewisser dogmatischer Einzelheiten und späterer astrologischer und mystischer Verbrämungen durch die Mönchsmedizin.

Zu den gedankenlos übernommenen Schlagworten gehört es auch, daß (wie in der Literatur der letzten hundert Jahre) die mit der Mönchsmedizin aufgekommenen **Vorbeugungs- und Gewohnheitsaderlässe** in Bausch und Bogen verurteilt werden. Jährlich mußte den Mönchen mehrere Male die Ader geschlagen werden, *„um die Lebenskräfte herabzuspannen, Vollblütigkeit zu hemmen, hypochondrische Wallungen zu stillen, angebrannte Köpfe abzukühlen und den Stachel des Fleisches zu zähmen.“* Mag auch diese Einrichtung mißbräuchlich übertrieben worden sein, so ist der heutige Fehler, den prophylaktischen Aderlaß gegen Alterserkrankungen des Herzens und der Gefäße ganz zu unterlassen, ungleich größer. Im Volke, insbesondere auf dem Lande, haben sich daher mit Recht die Blutentziehungen, Aderlaß, Blutegel, Schröpfköpfe gegen das Votum der Schule bis auf den heutigen Tag zähe erhalten.

9.1.5 Neuzeit

Bei *Sydenham* (1624-1689) als echtem Hippokratiker finden wir das Purgieren und Aderlassen auf jeder zweiten Seite seiner Schriften empfohlen. Fast jede Kur wird damit begonnen, und er muß damit staunenerregende Erfolge gehabt haben, sonst hätte er als einfacher Praktiker ohne akademische Würde nicht einen solchen Weltruf und den Beinamen der „englische *Hippokrates*“ erlangt. Purgieren und Aderlassen gehören bei ihm zu den Hauptgrundlagen der hippokratisch-galenischen Heilkunst, welche er betrieb, ohne sich auf subtile wissenschaftliche Grübeleien und Erklärungen einzulassen. Er sagte u.a.: *„Das stärkste Abkühlungsmittel ist eine Purgierung nach vorangegangenem Aderlaß“* (I, 368). An anderer Stelle sagt er: *„Durch Aderlaß wird Krampfhusten (der Erwachsenen) besser geheilt, als durch irgendein Brustmittel.“* (I, 121)

Auch die drei großen Systematiker *Hoffmann, Stahl* und *Boerhaave* am Übergang des 17. ins 18. Jahrhundert zählten den Aderlaß zu den unentbehrlichen Grundlagen der Heilkunst, natürlich unter genauer Berücksichtigung der Krankheiten und des Kräftezustandes. Die ältere Wiener Schule *van Swieten, de Haen* und *Stoll* traten im Sinne ihres Lehrers *Boerhaave* mit ihrer ganzen Autorität für die Ausübung des Aderlasses ein.

In der zweiten Hälfte des 18. Jahrhunderts teilte *Brown* in seinem System die Krankheiten in sthenische und asthenische ein. Die **sthenischen Krankheiten** wurden mit Blutentziehungen behandelt.

Hufeland wußte altes und neues Wissen, Theorie und Praxis mit einer fast goetheschen Abgeklärtheit zu vereinigen. Mustergültig für alle Zeiten ist, was er in seinem **Encheiridion medicum** (Vermächtnis einer fünfzigjährigen Erfahrung) in der ersten Hälfte des 19. Jahrhunderts über den **Aderlaß** lehrt. Er rechnet ihn neben dem **Opium** und dem **Brechmittel** zu den **drei Kardinalmitteln oder Heroen der Heilkunst** und widmet ihm daselbst eine Abhandlung von 10 Seiten. Außerdem kommt er im Speziellen Teil seines Buches fast auf jeder Seite vor.

Hufeland sagt von den drei Kardinalmitteln der Heilkunst, daß von ihrem richtigen Gebrauch das Glück und der Ruf des Arztes vorzüglich abhängt. „*Sie greifen unmittelbar ins Leben selbst ein und sind die drei entscheidendsten und schnellwirkendsten Mittel, sie können das Leben und auch den Tod geben. - Sie sind ganz einzig jedes für sich und durch nichts zu ersetzen. - Wer diese drei recht anzuwenden versteht, der ist der Meister. Aber häufiger sind die Virtuosen auf einem von ihnen. Mancher versteht das eine und weiß die anderen nicht richtig anzuwenden und umgekehrt.*“

Lebensschwächung (d.h. Herabsetzung krankhaft gesteigerter Lebensäußerungen), **Erschlaffung** und **Entleerung, Krampflösung** und **Ableitung** sind die Hauptindikationen des Aderlasses. Er nennt ihn ein **großes Verhütungsmittel vieler Krankheiten**.

„*Wir haben den Aderlaß in einer Menge von Fällen vergessen, wo ihn unsere Vorfahren regelmäßig und mit dem größten Nutzen, auf Erfahrung gegründet, anwendeten - gewiß zum Nachteil der Menschheit.*“

Weiter sagt er, daß unter der Herrschaft eines falschen Systems die Zahl der Herzkrankheiten auffallend zugenommen habe, weil „*nebst der unruhigen herzangreifenden Zeit*“ der unterlassene Aderlaß schuld sei. Unwillkürlich denkt man an die heutige Parallele mit ihrer Zunahme der Angina pectoris, der politischen und wirtschaftlichen Unruhe und gleichfalls der aus theoretischer Voreingenommenheit vergessenen Ableitungsverfahren.

Als weitere allgemeine Hauptindikationen führt er die **Schwangerschaft**, die **Wechseljahre**, die **apoplektische Anlage** an. Ja sogar bei der phthisischen Anlage gibt es nach ihm gewisse Stadien, wo die Blutentziehung heilsam ist und Hämoptoe verhüten und beseitigen kann. **Hirnerschütterung, Blutungen** aus verschiedenen Organen, Rückgratverkrümmungen (mit Zirkulationsstörungen an Herz und Lunge) sind weitere solche Hauptindikationen. Diese sind in ihrer logischen Gliederung, Übersicht und Vollkommenheit von der heutigen Klinik noch lange nicht erreicht, geschweige denn übertroffen.

Am Aderlaß als Schulbeispiel läßt sich zeigen, warum wir hauptsächlich bei Hufeland wieder anknüpfen müssen, wenn wir die abgebrochene hippokratisch-galenische Tradition wieder aufnehmen und zeitgemäß weiterführen wollen. Denn **alles was nach *Hufeland* kam, bedeutet** diesbezüglich **einen gewaltigen Abstieg**. Kein einziger der folgenden Autoren (die letzte Auflage von *Hufelands* Werk erschien 1842) verkörperte mehr in solcher Reinheit und Vollkommenheit die feinste Blüte der Humoralpathologie und des klassischen Wissens überhaupt.

Die heranstürmende Naturwissenschaft versuchte das ganze Wissen zu rationalisieren, zu technisieren und spezialisieren. Dadurch wurden auch Begründung und Indikation für den Aderlaß immer mehr und mehr eingeengt, schließlich einseitig, nihilistisch, und verschwanden dann für Jahrzehnte ganz von der Bildfläche.

Der Kampf um den Aderlaß spielte sich in der ersten Hälfte des 19. Jahrhunderts in allen Ländern ab. *Louis* (Recherches sur les effets de la saignée. Paris 1835) und andere Ärzte wiesen an Hand der Statistik nach, daß der Aderlaß geradezu schädlich wirke. Im Gegensatz dazu kennzeichnet die hohe Wertschätzung des Aderlasses an manchen Orten die Erzählung von einer Gerichtsverhandlung, wo ein Wundarzt angeklagt und auf Antrag des Experten Geh. Med.-Rat *Carus* wegen Mordes verfolgt werden sollte, weil er es unterlassen hatte, einer an Pneumonie erkrankten und dann gestorbenen Frau einen Aderlaß zu machen.

Der Aderlaß geriet trotzdem nun immer mehr in Mißkredit. Der Tiefpunkt des therapeutischen Nihilismus wurde mit der jüngeren Wiener Schule in der zweiten Hälfte des 19. Jahrhunderts erreicht, wo *Skoda* sagte: „Wir können eine Krankheit diagnostizieren, beschreiben und begreifen, aber wir sollen nicht wähnen, sie durch irgendwelche Mittel heilen zu können.“

Im großen und ganzen kann man sagen, daß der Aderlaß in der Zeit von 1860-1910 fast vollkommen aus der klinischen Therapie verschwunden war. Das Vorherrschen der pathologischen Anatomie, die Verdrängung der Humoralpathologie durch die Solidar- und Zellularpathologie, später der übertriebene Physiologismus und Ätiologismus, die Verachtung der Medizingeschichte, das alles trug dazu bei. Von *Nothnagel* hörte ich selbst den Ausspruch in seiner Vorlesung: *„Das Blut ist ein kostbarer Saft, davon kann man nie genug haben, geschweige denn zu viel.“*

9.1.6 Wiedererweckung des Aderlasses im Rahmen der Konstitutionstherapie

Ich selbst darf mir bei aller Bescheidenheit einen nennenswerten Anteil an der Wiedererweckung des Aderlasses beimessen. 1913 und 1914 konnte ich als Assistent der Univ.-Frauenklinik in Halle a. d. S. gelegentlich vieler Hunderter von Aderlässen zur Vornahme der *Abderhalden*schen Serumferment- und Schwangerschaftsreaktion ganz auffällige, mir aus meiner Vorbildung unbekannte Folgeerscheinungen des Aderlasses bei Frauen beobachten. Kopfschmerzen, Hautausschläge, Entzündungen, Herzklopfen, Parästhesien und andere Gefäßbeschwerden, krampfartige Zustände usw. verschwanden. Ich durchforschte zur Erklärung dieser Tatsachen die alte Literatur, fand dort alle diese Dinge längst bestätigt und ebenso die große Zahl anderer ausleerender, umstimmender und ableitender Verfahren. So kam ich zur Überzeugung, daß humoralpathologische Anschauungen und Methoden als dringende Ergänzung unserer heutigen Klinik wieder eingeführt werden müßten.

Auf Grund der Lektüre meiner Schriften haben seither Tausende von Ärzten in allen Ländern die Blutentziehungen nebst anderen konstitutionstherapeutischen Methoden wieder aufgenommen und berichten andauernd über verblüffende, vorher nicht beobachtete Erfolge. Unter dem Einfluß meiner Arbeitsrichtung sind auch die beiden ausgezeichneten Monographien *Ch. Scharfbillig*: Der Aderlaß, 1933, und *H. Bottenberg*: Die Blutegelbehandlung, 1935 erschienen.

9.1.7 Klinische Forschung und Aderlaß

Scheinbar sehr exakte und wissenschaftliche Erklärungen kann man, wenn man will, heute mühelos für sämtliche historischen Aderlaßindikationen geben. Ob damit aber das Wesen dieser Erscheinungen wirklich geklärt wird, ist durchaus fraglich, während die empirische Heilwirkung unabhängig von zeitgebundenen, wechselnden Erklärungen immer gleich bleibt.

Es soll damit nicht gesagt werden, daß man solche Erklärungsversuche nicht machen soll, aber sie dürfen nicht zu einer ungebührlichen Einschränkung der empirisch bewährten Indikationen führen. Wie naheliegend diese Gefahr der zu großen Einschränkung ist, möge aus der Arbeit von *G. Holler* hervorgehen.

So schreibt *Holler* (Wiener klin. W. 1935, Nr. 15): *„Immer wieder stoßen wir auch unter Ärzten auf Bemühungen, dem Aderlaß jene geheimnisvollen Kräfte zuzubilligen, die ihm im Mittelalter angedichtet wurden. Trotzdem wir durch die Ergebnisse des Tierexperimentes wie durch genaue klinische Beobachtungen über die Stoffwechselvorgänge nach einem Aderlaß heute weitgehend orientiert sind. Diese mystischen Vorstellungen zu bannen und den Indikationsbereich des Aderlasses zu umgrenzen, ist der Zweck meiner Ausführungen.“*

Aus diesen Worten geht deutlich hervor, daß Tierexperiment und Stoffwechselforschung in der Hauptsache bestimmend für die Indikationsstellung sein sollen. Obwohl diese gewiß nicht unterschätzt werden dürfen, läßt sich aber zeigen, daß die im Laufe der Jahrhunderte gewonnenen empirischen Indikationen mindestens ebenso wichtig sind und an Zahl weitaus überwiegen.

Holler sagt mit Recht, daß dort, wo sich bei **Insuffizienz des linken Ventrikels** das Blut in den Venen staut, wo starke **Zyanose** mächtige Füllung der Venen am Hals, **Stauungstumor**

von Leber und Milz, überdehnter linker Ventrikel oder gar die Erscheinungen des **Lungenödems** die **Blutüberfüllung im venösen Gefäßsystem** anzeigen, der Aderlaß seine besten Erfolge zeitigt. Eine gleich gute Wirkung sei aus demselben Grunde bei **Lungenemphysem** und auch bei **Pneumonie** dann vorhanden, wenn starke Zyanose besteht. *Holler* sagt weiter, daß rein hämodynamisch eine derartige Wirkung des Aderlasses nur bei **gesteigertem venösen Blutdruck** zustande kommt. Auch ein dilatiertes Herz, besonders ein überdehnter linker Vorhof, verkleinert sich nach dem Aderlaß.

Ferner gibt *Holler* an, daß die Beschwerden der **arteriellen Hypertonie**, besonders bei Insuffizienz des linken Ventrikels mit Blutstauung in den Lungen, mit Kopfdruck, Kopfschmerzen, Benommenheit und Schwindel nach Aderlaß sich bessern. Ebenso die Symptome der beginnenden **Niereninsuffienz**, **Gefäßkrisen** (durch Abnahme der Blutviskosität). Demnach sollten das **Hauptindikationsgebiet** für den Aderlaß **Stauungszustände** sein, wie sie sich bei Lungenemphysem, Herzklappenerkrankungen, speziell bei Mitralfehlern, bei Herzmuskelerkrankungen, bei Kyphoskoliose und ausgedehnten Pleuraverwachsungen zu ereignen pflegen. Die **Pneumonie** mit Hypoxämie, klinisch gekennzeichnet durch starke Zyanose, gehört ebenfalls in das Indikationsgebiet des Aderlasses.

Mit Recht erwähnt *Holler* als weitere Indikation die Fähigkeit des Aderlasses, den Organismus zu **entgiften**, und zwar sowohl von Giften, welche sich in ihm endogen durch krankhafte Zustände und ungenügende Ausscheidung durch die Nieren angesammelt haben (also Stoffwechselschlacken), wie auch von Giften, welche von außen zugeführt wurden. Hier werden besonders die **Urämie**, die **Eklampsie**, **Nierenerkrankungen** überhaupt angeführt. Von Vergiftungen besonders Kohlenoxydgas.

Holler erwähnt auch die therapeutisch günstige Wirkung des Aderlasses bei **zerebraler Gasembolie** nach Pneumothorax. Die empirische Medizin hatte einen noch viel weiteren Horizont, sie machte den Aderlaß bei jeder Art von Luftembolie und bei Thrombo-Embolien überhaupt, auch solchen des Herzens und der Lunge. Auch dort, wo Luft aus der Lunge in andere Körperteile eingedrungen war, z.B. bei Hautemphysem. Endlich führt *Holler* als Indikationen noch die **Polyzythämie** und **Apoplexie** an. Dann heißt es:

„Damit glaube ich, die Möglichkeiten, die einen Aderlaß indizieren, ziemlich erschöpft zu haben. Bei kritisch wissenschaftlicher Überlegung kenne ich keine anderen strikten Indikationen zur Anwendung des Aderlasses.“

Dieser Standpunkt kennzeichnet eigentlich zur Genüge die große **Kluft**, welche **zwischen der Klinik und dem überlieferten Erfahrungswissen** besteht.

9.1.8 Kritik vom Standpunkte der Konstitutionstherapie

Es fehlen in der Aufzählung *Holler*s die wichtigen Indikationen des Aderlasses bei der zu seltenen und zu spärlichen Menstruation, bei vielen Zuständen der normalen und pathologischen Schwangerschaft, auch ohne Eklampsie und Nierenschädigung. Im natürlichen und künstlichen Klimakterium auch ohne Herz- und Nierenerkrankung einfach aus innersekretorischer oder stoffwechselmäßiger Ursache heraus.

Auch bei anderen innersekretorischen Störungen, wie Thyreotoxikose, *Basedow*, Chlorose, Akromegalie usw. sind Aderlässe sehr nützlich. Bei Psychosen, z. B. manischen oder depressiven Zuständen, sind Aderlässe ebenfalls oft von entscheidender Wirkung.

Bei Commotio cerebri und anderen schweren Kontusionen des Körpers können Aderlässe und Blutentziehungen überhaupt oft schwere Komplikationen und damit den tödlichen Ausgang verhindern.

Es fehlt in *Hollers* Aufzählung ferner die mächtige krampfstillende und antiphlogistische Wirkung des Aderlasses. Die Entzündung fast sämtlicher inneren Organe, insbesondere auch Gallenblasenentzündungen, können bald durch Aderlaß, bald durch Blutegel entscheidend gebessert werden. Auch Meningitis, Peritonitis, Entzündung der Adnexe, der Niere, der Blase, der Venen und Knochen gehören hierher.

Sozusagen anhangsweise spricht *Holler* noch ganz vorübergehend davon, daß dem Aderlaß auch eine antiphlogistische und antiinfektiöse Wirkungskomponente zuerkannt wird. Er erklärt sich diese durch Änderung des Mineralgehaltes und des Säurebasengleichgewichtes, der physikalisch-chemischen Struktur, der Plasmaeiweißkolloide überhaupt. Es scheint ein wenig willkürlich, gerade diese wenigen uns zufällig zugänglichen und meßbaren Eigenschaften des Blutes herauszugreifen.

Demzufolge sagt *Holler* auch, daß die antiphlogistische Wirkung sich zwar bei der Behandlung der Hautkrankheiten bewährt hat, daß ihr aber in der internen Medizin keine so große Bedeutung zukommt. Um antiphlogistisch zu wirken, stünden uns weniger eingreifende und handlichere Methoden zur Verfügung.

Ich kann dazu nur aus langjähriger Erfahrung sagen, daß ohne Blutentziehungen viele Entzündungen innerer Organe schwer heilbar oder lebensgefährlich bleiben und oft nur die Wahl zu eingreifenden Operationen übrig lassen, die eben nach Anwendung des gesamten antiphlogistischen Verfahrens vermieden werden können, wobei die Blutentziehungen oft die entscheidende Rolle spielen.

Ob die heute durch chemische und physikalische Untersuchungen gegebenen Erklärungen endgültige und die komplizierten Lebenserscheinungen wirklich erschöpfende sind, muß natürlich dahingestellt bleiben. Die therapeutische Tatsache der Aderlaßwirkung bei den in Betracht kommenden Krankheitszuständen ist heute genau dieselbe wie vor hundert und vor tausend Jahren, und man muß daraus immer wieder die Forderung ableiten, daß vor allem die Kenntnis der empirischen Tatsachen notwendig ist. Beide Methoden, die Erlernung der Erfahrungstatsachen und die fortgesetzte wissenschaftliche Erforschung derselben, müssen gelehrt werden. Immer wieder kann man beobachten, daß die mehr empirisch eingestellten Praktiker weitere Indikationsstellungen und bessere Erfolge haben.

9.2 Technik des Aderlasses

Von dem Aderlaßschnepper ist man ganz abgekommen. Das ist nicht nur schmerzhafter als mit geeigneten Hohlnadeln, sondern erzeugt auch Narben, welche bei später wiederholten Blutentziehungen hinderlich werden können. Man verwendet daher am besten 3-4 mm dicke **Aderlaßkanülen**, gut geschliffen und ohne jeden Ansatz.

Man muß sich trotzdem wundern zu hören, wie oft der Aderlaß mißlingt, angeblich, weil die betreffenden Patienten zu enge Venen haben. In Wirklichkeit aber, weil ungeeignete, zu dünne oder schlecht geschliffene Nadeln verwendet werden und auch sonst die Technik der Blutentnahme nicht beherrscht wird.

Man umwickelt den Oberarm locker mit zwei bis drei Touren einer Mullbinde, um die Haut nicht zu kneifen, staut dann mit einem fingerdicken **Gummischlauch**, indem man einen einfachen Knoten damit macht. Das ist besser als alle anderen komplizierten Methoden und Apparate, einschließlich der elastischen und unelastischen Schnallen, Kompressorien, *Esmarch*binden usw. Man kann nämlich durch festeres Zuziehen oder Lockern des Gummischlauches die Stauung schneller und sicherer regulieren als sonst. Der Radialispuls muß fühlbar bleiben.

Man läßt den Arm des liegenden Patienten herabhängen und etwa zwanzigmal die Faust auf und zu machen. Heiße Handbäder oder hautreizende Mittel wie in früherer Zeit sind dabei nicht notwendig. Wenn der Schlauch in gerade richtiger Stärke zugezogen ist, treten die Venen der Ellbogenbeuge dann mehr oder minder deutlich hervor. Bei fettleibigen Personen kann man sie oft nur unter der Haut als elastische Stränge tasten, ohne sie zu sehen. Dann wird die Haut desinfiziert.

Unmittelbar vor dem Einstich soll der Patient den Arm im Ellenbogengelenk ganz steif halten, bei besonderer Empfindlichkeit auch während des Einstichs dreimal kräftig husten. Die Venen treten besser hervor, und der Patient wird so abgelenkt, daß Schmerzlosigkeit erzielt wird.

Man entnimmt **gewöhnlich 250 ccm Blut**, bei sehr vollblütigen Personen oder besonders erhöhtem Blutdruck auch mehr, z. B. 300 oder 350 ccm. Sehr selten 500 ccm und mehr. Wieviel man im einzelnen Falle wegnehmen soll, beurteilt man am besten nach dem jeweiligen Verhalten des Patienten. Bleibt der Puls voll und kräftig, das Gesicht gut gerötet, der Kräftezustand gut, so kann man die Blutentnahme fortsetzen. Klagt der Patient dagegen über Ohnnmachtsanwandlungen, tritt Blässe, auffallende Verlangsamung oder Beschleunigung des Pulses ein oder schlechte Füllung desselben, dann soll man die Blutentziehung unterbrechen und nötigenfalls Analeptika geben.

Wichtige Anhaltspunkte dafür, wie lange und wieviel Blut man entziehen soll, sind neben der Spannung bzw. Füllung des Pulses auch die Füllung der Hautgefäße. Solange die Gesichtsfarbe lebhaft rot ist, Cutis marmorata in Armen und Beinen besteht oder gar stark gefüllte Krampfadern vorhanden sind, kann man ruhig reichlicher Blut entziehen. Ebenso bei hohem Blutdruck, wenn das Herz nicht labil ist oder während der Blutentziehung nicht unregelmäßiger arbeitet.

Auch das Körpergewicht spielt eine gewisse Rolle. Im allgemeinen wird man aber am besten tun, solange man die betreffenden Patienten nicht kennt, als Normalmaß 200-250 ccm anzunehmen. Manchmal muß man darüber hinausgehen, um einen Erfolg zu erzielen, in selteneren Fällen unter dieser Grenze bleiben, um Zwischenfälle zu vermeiden.

Vor **Beendigung der Blutabnahme** soll man den Gummischlauch öffnen und das restliche gestaute Blut noch ein wenig aus der Nadel ausfließen lassen. Auf diese Weise kommt es weniger leicht zu Hämatomen und Parästhesien im Arm.

Manchmal fließt das Blut aus der Nadel schlecht aus, anscheinend durch Gerinnselbildung oder aus anderen Gründen. Dann genügt es oft, die Nadel herauszuziehen, und das Blut strömt frei aus der Hautöffnung in genügender Menge.

Zur endgültigen **Blutstillung** nach abgenommenem Schlauch drückt man einen Tupfer auf die Einstichöffnung und erhebt den Arm. Das geschieht so lange, bis die Blutung vollkommen steht. Erst dann soll man einen Verband anlegen. Tut man das nicht, so können Nachblutungen erfolgen. Wenn die Blutung steht, genügt aber dann ein kaum haselnußgroßes Stück Watte oder Gaze, mit einem Heftpflasterstreifen befestigt. Der Verband kann am nächsten Tage abgenommen werden.

Die alte Medizin schrieb vor, daß ein Patient **nach dem Aderlaß zu Bett gehen und warm zugedeckt den Schweiß abwarten** soll. Heute geschieht dies gewöhnlich nicht, verdient aber nachgeprüft zu werden.

Frauen vertragen Blutentziehungen im allgemeinen weit besser, d.h. öfter und in größerer Quantität, auch mit weniger momentanen Nebenwirkungen als die Männer. Das ist erklärlich durch die erhöhte Reproduktionsfähigkeit des weiblichen Organismus und durch die habituellen Blutverluste während der Menstruation, im Wochenbett usw.

Häufig wird auch gefragt, wie oft bzw. **in welchen Zwischenräumen** man den Aderlaß wiederholen kann.

Bei **akuten Fällen** ist das am schwersten zu bestimmen. Nach den Erfahrungen der alten Ärzte schwanken diese Angaben in den weitesten Grenzen. Oft rettete man ein bedrohtes Leben durch einmaligen oder am gleichen Tage wiederholten Aderlaß bis zur extremen Blutleere und bis zur Ohnmacht. Auch durch Aderlaß an beiden Armen zugleich, wie z.B. bei Apoplexie, bei Hirnerschütterung, bei Ileus. Hätte man das nicht gemacht, so wären diese Fälle wahrscheinlich verloren gewesen. Uns sind solche heroische Eingriffe vollkommen fremd geworden.

Bei **chronischen Krankheiten**, z.B. hohem Blutdruck, Schwindel, Nierenleiden, wird man im Durchschnitt zunächst ein- bis zweimal, bis zu viermal im Jahre 250-300 ccm Blut entziehen. Doch sind auch hier keine strengen Grenzen nach oben gesetzt. Manche Patienten fühlen selbst, wann die Zeit zum Aderlaß gekommen ist.

Man weiß heute durch die Untersuchungen von *Eppinger* und *Barcroft*, daß die verschiedenen Abschnitte des Kreislaufes eine gewisse Selbständigkeit besitzen. Dadurch gewinnen die Angaben der früheren Medizin über die **verschiedenen Stellen**, an denen der Aderlaß vorgenommen werden soll, von neuem Bedeutung.

Es ist nicht gleichgültig, ob man einen Aderlaß am Arm oder am Bein macht. Z.B. heißt es in der alten Medizin, daß ein Aderlaß am Bein Menstrualblutungen verstärkt, Blutentziehung am Arm sie abschwächt. Wenn solche Beobachtungen Jahrhunderte lang gemacht worden sind, ist man verpflichtet, sie nachzuprüfen und sie nicht einfach zu übergehen.

Auch qualitative Verschiedenheiten des Blutes kommen dabei möglicherweise in Frage. Bei starker Füllung von Krampfadern an den Beinen und begleitenden Schmerzen, Krämpfen, Gefühl von Schwere wurde früher empfohlen, das, wie man glaubte, mit schädlichen Stoffwechselprodukten überladene Blut durch Anstechen dieser Venen direkt zu entleeren usw.

Technisch allerdings ist der Aderlaß in der **Ellbogenbeuge** weitaus am leichtesten und bequemsten. An der unteren Extremität läßt er sich mit der Kanüle nur schwer durchführen. Man muß zum Messer greifen und eröffnet bei Krampfadern einen **Varixknoten**, sonst aber am besten die Venen in der **Gegend des Fußknöchels** nach vorgehender Stauung unterhalb des Kniegelenkes. Vor Eröffnung der Venen in der Kniekehle, die früher viel gemacht wurde, scheut man heute doch eher zurück nach den heiklen Erfahrungen, welche man mit Verletzungen in der Gegend des Kniegelenkes gemacht hat. Will man also Blutentziehungen **an den unteren Extremitäten** machen, dort, wo keine Krampfadern sind, so **greife man lieber zu Blutegeln** oder blutigen Schröpfköpfen.

Es wäre allerdings eines Studiums wert, die verschiedenen Lokalisierungen des Aderlasses an den Venen des Kopfes, des Halses, der Finger usw. nachzuprüfen, wie sie mit besonderem Nachdruck bei schweren Hirn- und Geisteskrankheiten, bei Kropf und dgl. empfohlen worden sind, z.B. Aderlaß an den Venen der Zunge scheint doch eine besondere Bewandtnis zu haben. Man darf, wie ich glaube, diese empirisch gefundenen Wirkungen nicht einfach mit Berufung auf den nach vermeintlichen physikalischen Gesetzen ablaufenden Strömungsmechanismus abtun, sondern muß daran denken, daß hier vielleicht auch noch nervöse und reflektorische Momente mitspielen, ähnlich wie bei der Akupunktur und Ignipunktur, deren Gesetze uns Europäern noch ein Buch mit sieben Siegeln sind, deren verblüffende Heilwirkungen aber doch nicht mehr gut bezweifelt werden können.

Bei richtiger Technik sind **Schwierigkeiten** äußerst selten. Komplett mißlungen ist mir im Laufe von zwanzig Jahren der Aderlaß nur ein einziges Mal. Es handelte sich um eine auffallend fettleibige. nervöse Patientin mit blasser Haut und engen Venen, welche nach kurzem Versuch die Geduld verlor. Wenn man aber richtig vorbereitet und nicht zu dünne Nadeln nimmt, muß der Eingriff fast ausnahmslos leicht und ohne nennenswerte Schmerzen gelingen.

Es kann vorkommen, daß das Blut nicht fließt, trotzdem die Nadel richtig in die Vene eingeführt worden ist. Man muß sich überzeugen, ob die Stauung nicht zu schwach oder zu stark und der Radialispuls fühlbar ist. Bei vasomotorisch erregbaren Personen tritt manchmal trotz fühlbaren Radialispulses ein Gefäßkrampf in dem abgeschnürten Teile der Extremität ein. Wenn man dann den Schlauch etwas lockert, wird der Arm hyperämisch, und das Blut fängt zu fließen an.

Wenn es richtig funktioniert, soll das Blut in kräftigem Strahl wie eine Arterie spritzen. Ist dies nicht der Fall, dann wird dies meist durch Drehen der Nadel um ihre eigene Achse oder leichtes Vor- und Zurückschieben erreicht. Bei beginnender **Ohnmacht** hört das Blut ebenfalls zu fließen auf. Man vermeidet diese am besten, wenn man den Patienten liegend zur Ader läßt und, wenn er empfindlich ist, also kein Blut sehen kann, gar nicht hinschauen läßt. Manche Menschen werden bekanntlich beim bloßen Anblick des fließenden Blutes ohnmächtig. Ein kleiner Kunstgriff dabei ist es auch, das Meßglas so schräg zu halten, daß man das Ausfließen des Blutes nicht hört. Man vermeide also das Rieseln oder Plätschern des Blutes, indem man den Blutstrahl nicht in die Mitte des Glases, sondern auf die Wand auffallen läßt.

9.3 Der Aderlaß im Rahmen der Konstitutionstherapie

9.3.1 Konstitutionsformen und Aderlaßindikationen

Zu den allgemeinen Indikationen des Aderlasses gehört die Rücksichtnahme auf Dimension, Komplexion, Tonus, Lebensalter, Geschlecht bzw. Geschlechtsphase und vorherrschendes Organsystem.

Im allgemeinen kann man sagen, daß **robuste, breitgebaute Personen** den Aderlaß besser vertragen, auch in größeren Quantitäten, als schwächliche Personen, besonders weil mit der robusten Konstitution meist auch Blutfülle nicht nur hinsichtlich des Volumens, sondern auch der Konzentration und Viskosität des Blutes vorhanden ist.

Erhöhte Konzentration des Blutes findet sich im allgemeinen auch öfter bei **dunkelpigmentierten** als bei hellen Komplexionen. Man sprach früher von galliger Schärfe bei biliärem Typus, welcher eine größere Disposition zu Reizerscheinungen, Entzündungen und Konkrementbildungen und Neoplasmen herbeiführen sollte. Durchschnittlich sind auch die dunklen Komplexionen die kräftigeren, die hellen die empfindlicheren.

Bezüglich des **Tonus** ist es klar, daß der Astheniker und Hypotoniker den Aderlaß schlechter verträgt als der Hypertoniker, bei welchem die tonusherabsetzende, krampflösende, sedative Eigenschaft des Aderlasses sich günstig auswirkt. In beiden Fällen muß man dabei aber nicht nur an die mechanische, sondern auch an die chemische Komponente der Tonussteigerung einerseits und des Aderlasses andererseits denken.

Von der Eignung der verschiedenen Lebensalter für den Aderlaß ist zu sagen, daß er **in der Kinderheilkunde** heute überhaupt nicht mehr verwendet wird. Hier kommen mehr die **Blutegel** in Betracht.

Durch die humorale Auffassung und Heranziehung der entsprechenden Hilfsmittel bekommen die Alterskrankheiten ein weit weniger pessimistisches Ansehen. Bei Personen **im höheren Lebensalter** hat der Aderlaß anscheinend bei richtiger Anwendung eine **verjüngende Wirkung**. Entspannung, Stoffwechselreinigung, wohltuendes Schlafbedürfnis mit nachfolgender Rekonvaleszentenfrische und Belebung der Gesichtszüge wird oft beschrieben. Die berufsmäßigen Blutspender sollen sich angeblich einer besonderen Gesundheit erfreuen. Auch die französischen Ärzte berichten, daß es vielleicht kein Zufall sei, daß Ludwig XIV. trotz seines aufreibenden Lebenswandels ein so hohes Alter erreichte, indem nämlich sein Leibarzt ihn besonders oft zur Ader ließ.

Alte Leute auf dem Lande verlangen mit einer gewissen Regelmäßigkeit ihren Aderlaß, besonders im Herbst oder Frühjahr, den klassischen Jahreszeiten für die Blutentziehung. Sobald sich Schwindelgefühl, Schwere in den Gliedern, Eingeschlafensein, Unsicherheit im Gehen oder Stehen einstellt, halten sie den Moment der Blutentziehung für gegeben. Sie fühlen sich darauf wieder frischer und sicherer. Ich kann das alles aus eigener Erfahrung bei meinen Patienten nur bestätigen.

Etwa im fünften Lebensjahrzehnt beginnt meist eine „Eindickung" des Blutes mit erhöhter Gerinnbarkeit, oft Vollblütigkeit. Diese Blutveränderungen tragen zur Entstehung z.B. von Gefäßkrämpfen, intermittierendem Hinken, hohem Blutdruck, Thrombophlebitis, Embolien, Angina pectoris und Apoplexie bei.

In Bezug auf das vorherrschende Organsystem kann man von einer **plethorischen**, auch von einer **venösen Konstitution** sprechen, welche beide auf Blutentziehungen gut ansprechen. Auch die Diathesis inflammatoria ist ohne Blutentziehungen schwer zu bekämpfen. Dagegen werden von Lymphatikern Blutentziehungen weit weniger gut vertragen.

Ähnlich vertragen Sanguiniker und Melancholiker die Blutentziehung weit besser als Menschen mit phlegmatischem Temperament. Vor allem die „Schwerblütigkeit" bei Melancholischen ist eine wichtige Indikation für den Aderlaß.

Über die besonderen Indikationen, welche das **weibliche Geschlecht** infolge seiner oft krankhaft erhöhten Reproduktionsfähigkeit für Körpersäfte und Gewebe darbietet, haben wir schon wiederholt gesprochen. Insbesondere bei den verschiedenen Geschlechtsphasen wie

Schwangerschaft, Klimakterium, und bei Menstruationsstörungen zeigt sich das am deutlichsten. Frauen vertragen Blutentziehungen überhaupt weit besser als die Männer.

9.3.2 Allgemeine Indikationen des Aderlasses

1. Erzielung lokaler und allgemeiner Blutverminderung (**deplethorische, dekongestionierende Wirkung**) tritt in ihre Rechte bei den verschiedenen Arten lokaler und allgemeiner Blutüberfüllung und Stauung. Durch die Blutentziehung wird die verlangsamte Strömungsgeschwindigkeit wieder erhöht, das spezifische Gewicht, die Konzentration und Viskosität des Blutes werden herabgesetzt.

2. Die **antiphlogistische Wirkung** wird bei akuten, aber auch bei manchen chronischen, bei nichtinfektiösen, aber auch infektiösen Entzündungen gebraucht. Ganz besonders notwendig ist sie bei rezidivierenden Entzündungen, denen man ohne Blutentziehungen fast machtlos gegenübersteht, wie z.B. beim rezidivierenden Erysipel und anderen entzündlichen Hautkrankheiten, z.B. Herpes. Geradezu **konstitutionsumstimmend** wirkt der Aderlaß **bei Diathesis inflammatoria**. Der Aderlaß ist somit eine unentbehrliche Grundlage der antiphlogistischen Methodik überhaupt.

3. Die **entgiftende, stoffwechselverbessernde, blutreinigende Wirkung** kommt in Betracht bei exogenen Vergiftungen (eingeatmete oder verschluckte Gifte), bei Autointoxikationen (entstanden durch Störungen der inneren Sekretion, des Stoffwechsels und der Blutbereitung), ferner bei Zuständen wie Schwangerschaft, Klimakterium, Amenorrhöe, *Basedow*, Diabetes mellitus usw.

4. **Die resorbierende, auflösende, zerteilende (resolvierende) Wirkung** indiziert den Aderlaß bei Blutextravasaten zu deren Aufsaugung, aber ähnlich wie die antiphlogistische Komponente auch prophylaktisch zur Verhütung von weitergreifenden Entzündungen, Vereiterungen, Degenerationen und sonstigen Zerstörungen. Beispiele dafür sind die Apoplexie sowie die stumpfen Traumen auf Kopf (Commotio cerebri), Brust und Bauch.

5. Die **sedative, krampf- und schmerzstillende Wirkung** kommt durch Herabstimmung des Tonus der Gewebe und des Turgors derselben (infolge quantitativer und qualitativer Reduktion des Blutes und der übrigen Körpersäfte) zustande. Beispiele sind: Die Gefäßkrämpfe, insbesondere bei Hypertonie und Hypertension, Erregungszustände des Herzens, Ileus, inkarzerierte Hernie, die verschiedenartigsten Schmerzen, als „Krampf der sensiblen Nerven" betrachtet.

Die eben geschilderten allgemeinen Wirkungen des Aderlasses, nämlich die blutvermindernde, blutverdünnende, antiphlogistische, entgiftende, resorbierende, derivierende, krampfstillende und schmerzstillende Wirkung, kommen in der Praxis kaum je isoliert zur Geltung, sondern sind im Einzelfall meist kombiniert. Kongestionen und Entzündungen gehören zu den häufigsten und wichtigsten Heilungsobjekten überhaupt. Wo Entzündung ist, da ist meist auch lokale oder allgemeine Blutüberfüllung. Es sind reizende, entzündungserregende Stoffwechselprodukte vorhanden, die ihrerseits wieder Schmerzen und Gefäßkrämpfe veranlassen können.

Es soll nun versucht werden, die enormen, durch die alte ärztliche Erfahrung bewährten, heute größtenteils brachliegenden speziellen Aderlaßindikationen nach einzelnen Organen und Krankheitsgruppen darzustellen.

9.3.3 Blutkrankheiten

a) Die verschiedenen Formen der **Vollblütigkeit** (Plethora vera, Plethora hypertonica, Vermehrung der Gesamtblutmenge, Bluteindickung). Nebst den bekannten meßbaren Kriterien sind zur Beurteilung klinische und subjektive Symptome wichtig, wie Hitzegefühl, Wallungen, Kongestionen, Stauungszustände, sichtbare Hyperämie, Parästhesien.

Klimakterium, Schwangerschaft und Amenorrhöe, das höhere Lebensalter mit den Zuständen der Hypertonie und der Arteriosklerose bieten solche Gelegenheiten, wo innersekretorische, Herz- und Gefäßleiden in störende, bisher therapeutisch zu wenig beachtete quantitative und qualitative Veränderungen der Blutbeschaffenheit übergehen bzw. solche mit sich bringen.

b) **Anämien**. Bisher wurde nur die entgiftende Wirkung öfterer kleiner Aderlässe auf die Chlorose erprobt.

c) **Purpura**. Gute Wirkungen habe ich bei den verschiedenen Formen von Blutungen in Haut und Schleimhäute gesehen. Der Aderlaß behebt solche Blutungen oft rasch.

9.3.4 Herzkrankheiten

Es war charakteristisch für die abgelaufene solidarpathologische Ära, daß man Krankheiten des Herzens und der Gefäße nicht, wie jahrzehntelang auf humoralpathologische Weise bewährt, durch Beeinflussung des Gefäßinhaltes, also des Blutes behandelte, sondern hauptsächlich auf Kontraktion und Dilatation des Herzens und der Gefäßwand sein Augenmerk richtete. Digitalis zur besseren Kontraktion des Herzens und als Gegenstück dazu die gefäßerweiternden Mittel beherrschen die Klinik. Es seien zunächst die wichtigsten sozusagen absoluten oder strikten Indikationen, nachher die relativen Indikationen angeführt.

a) Bei **Asthma cardiale** erfordern Herzinsuffizienz und Lungenstauung große Aderlässe, evtl. von 500-700, ja 1000 ccm. Sicherer geht man allerdings mit häufigeren kleineren Blutentziehungen

b) Bei **Herzfehlern** werden **Lungenstauung und Dilatation des Herzens** oft prompt durch Aderlaß behoben. Ebenso die Stauungszustände in der Leber und anderen Organen. Erst nach Blutentziehung werden die vorher oft erfolglosen Herzmittel, besonders Digitalis, wieder wirksam. Dazu kommt, daß bei Vitien oft nicht nur Zyanose und Stauung, sondern wirkliche **Plethora** besteht, die Abhilfe durch Blutentziehung verlangt.

c) Bei **Embolien des Herzens und seiner großen Gefäße** (auch Luftembolien) ist an Stelle der nicht immer durchführbaren und stets riskanten *Trendelenburg*schen Operation nach den Erfahrungen der älteren Medizin mit einiger Aussicht auf Erfolg der Aderlaß zu versuchen.

d) Bei akuter und chronischer **Dilatation des Herzens** ist die Verkleinerung des Herzvolumens nach Blutentziehung festgestellt. Hierher gehört auch die Wirkung der Blutentziehung bei Aneurysmen. Auch krankhaften **Hypertrophien** des Herzens kann man in Verbindung mit geeigneten Herzmitteln und Diät durch Blutentziehung wirksam entgegentreten.

e) Bei **Kropfherz** und *Basedow* ist die Wirkung entgiftend und sedativ. Schon ein vorsichtig dosierter Probeaderlaß zeigt oft schlagartig günstigen Erfolg, wie überhaupt Herzklopfen und verstärkte Herzaktion durch Aderlaß oft behoben werden.

f) Ein Versuch empfiehlt sich bei manchen Fällen von Herzneurose und schwer beeinflußbaren **Arrhythmien** (insbesondere infolge Hypertonie).

g) Bei **Endokarditis** und **Perikarditis** (wobei der Aderlaß früher ein Hauptmittel war) empfehlen sich **eher Blutegel**. **Jedoch als Prophylaktikum** gegen Entzündungen des Herzens, des Herzbeutels und ihrer Folgen (Herzklappenfehler) nach Gelenkrheumatismus, Scharlach, allenfalls auch anderen Infektionskrankheiten (Grippe, Typhus), ist der Aderlaß unersetzlich.

Eine der wichtigsten **Kontraindikationen** des Aderlasses bei Herzleiden ist die **Angina pectoris** mit oder ohne hohen Blutdruck. Es ist noch immer viel zu wenig bekannt, daß man solche Patienten durch **Blutegel günstig** beeinflussen, durch einen Aderlaß aber unter Umständen binnen wenigen Tagen töten kann.

9.3.5 Gefäßkrankheiten

a) Beim **Bluthochdruck** in seinen verschiedenen Formen (Hypertonie und Hypertension) kommt neben der morphologischen Auffassung (Brüchigkeit, Verkalkung, Abnutzung der Gefäße) die toxische und funktionelle Anschauung wieder mehr zur Geltung. - Wenn auch der Aderlaß allein den Blutdruck nicht dauernd herabsetzen kann, beseitigt er doch mit Erfolg oft drohende Gefahr (Herz- oder Hirnschlag, Urämie usw.).

b) Bei **Parästhesien und Gefäßkrämpfen** hat man bisher hauptsächlich Beruhigungsmittel und gefäßerweiternde Medikamente gegeben. Die entgiftende und sedative Wirkung des Aderlasses zeigt sich aber gerade hier besonders deutlich. Das **intermittierende Hinken**, die **Angina abdominalis**, auch die tabischen Krisen reagieren auf Aderlaß günstig.

c) **Venöse Stase**. Neben den kardial bedingten Stauungen in der Lunge, der Leber, der Milz, dem Pfortaderkreislauf kommen hier besonders die **Blutstauungen in den varikösen Venen** der Beine und der Beckenorgane in Frage. Auch **Erfrierungen** und die ***Raynaud*sche Erkrankung** bessern sich oft auf Aderlaß.

d) **Thrombophlebitis**. Besonders die nicht seltene aseptische Thrombophlebitis in der **Schwangerschaft** reagiert nach meinen eigenen Erfahrungen auf Aderlaß rasch und günstig, weil sie nicht bloß durch lokale Gefäßerkrankung, sondern durch krankhafte Beschaffenheit des Gesamtblutes zustande kommt, welche auch andere Allgemeinsymptome macht. Ansonsten sind gegen Thrombophlebitis besonders **Blutegel** zu empfehlen.

e) **Gefäßzerreißungen in Form von Hämorrhagien** nach außen oder in die Organe hinein. Die wichtigsten Hämorrhagien sind:
Apoplexie,
Nierenblutungen (hämorrhagische Nephritis, Nierenstein),
Lungenblutungen (durch Stauung, akute oder chronische Entzündung),
Blutungen ins Auge,
Nasenbluten,
Hautblutungen,
Uterusblutungen (ohne Neoplasma),
Magen-Darmblutungen mit Ausschluß der Neoplasmen,
Hämorrhoidalblutungen,
Blasenblutungen (ohne Neoplasma),
manche Fälle von **hämorrhagischer Diathese** auf toxischer Grundlage,

und bei allen kommt der Aderlaß als therapeutische Maßnahme in Betracht, vor allem wenn sie mit Vollblütigkeit und Überernährung verbunden sind.

9.3.6 Krankheiten der Atmungsorgane

1. Von Krankheiten der oberen Luftwege kommen in Betracht: **Nasenbluten, Angina, Laryngitis** und **Glottisoedem**; bei allen diesen Zuständen und Laryngitis kann der Aderlaß versucht werden, bei Glottisoedem ist er oft unmittelbar lebensrettend.

2. Krankheiten der Lungen und des Rippenfells:

a) Die **Pneumonie** ist das klassische Beispiel für die schwankende Stellung des Aderlasses in den verschiedenen Heilsystemen. Unter gewissen Bedingungen ist der Aderlaß der einzig rettende Ausweg. Falsch angewendet, kann er dabei auch schaden.

b) Bei **Lungenoedem** ist der Aderlaß ziemlich allgemein anerkannt.

c) Bei **Asthma bronchiale** wirkt der Aderlaß krampfstillend und dekongestionierend.

d) Bei **Emphysem** ist der Aderlaß in Kombination mit anderen ableitenden Methoden oft imstande, objektive und subjektive Besserung zu erzielen.

e) Bei **Hämoptoe** infolge von Lungenstauung ist die Blutentziehung ebenso einleuchtend wie wirksam. Das gilt mit der nötigen Vorsicht (öftere kleine Aderlässe oder **Blutegel**) auch bei tuberkulöser Hämoptoe.

f) Bei **Pleuritis** ist der Aderlaß nur bei sehr plethorischen Individuen am Platze, sonst sind hier **Blutegel** und Vesikantien **passender**.

9.3.7 Krankheiten der Harnorgane

1. **Nierenkrankheiten**.

a) **Akute hämorrhagische Nephritis** bei Entzündung, Plethora und Urämiegefahr.

b) **Schrumpfniere** und **chronische Nephritis** überhaupt.

c) Bereits ausgebrochene **Urämie**.

d) **Eklampsie**. Auch zur Vorbeugung verdient der Aderlaß bei Vollblütigkeit und Anzeichen von Toxikosen in der zweiten Hälfte der Schwangerschaft angewandt zu werden

e) **Nierensteinkoliken**, besonders bei blutigem Harn.

f) **Prophylaktisch** gegen Nephritis nach Scharlach, Angina, Grippe, Erysipel usw., besonders dann, wenn die Patienten vollblütig sind und über Schmerzen und Schweregefühl in der Nierengegend klagen.

2. Bei **Blasenblutungen** (natürlich stets unter gleichzeitiger Berücksichtigung organischer Ursachen wie Steinbildung, Neoplasma usw.), **hämorrhagischer Zystitis** und **Prostatahypertrophie** ist Aderlaß stets in Betracht zu ziehen.

9.3.8 Aderlaß in der Gynäkologie und Geburtshilfe

1. **Klimakterium:** Wegen kongestiver, entzündlicher, krampfartiger und den Stoffwechsel betreffender Störungen. Im Klimakterium hat sich der Aderlaß noch lange nicht allgemein durchgesetzt. Ein Großteil namentlich der älteren Gynäkologen glaubt aus theoretischen Erwägungen heraus mit Hormonen und Beruhigungsmitteln allein auszukommen. Die Folgen davon zeigen sich aber an Störungen der verschiedensten Organe.

2. **Eklampsie**.(s. oben).

3. **Schwangerschaftstoxikosen** und Schwangerschaftsbeschwerden überhaupt (Varizen, Schwangerschaftsexantheme, Schwangerschaftsnephritis, habitueller Abortus, Herz- und Lungenleiden, Osteomalacie usw.).

4. **Zu seltene und zu spärliche Menstruation** (aus ähnlichen Gründen wie beim Klimakterium). Die Hormontherapie ist für das vielseitige Krankheitsbild der akuten oder chronischen menstruellen Retentionstoxikose ungenügend. Hier hat die Konstitutionstherapie ihre schönsten Erfolge bei sonst anscheinend schwer heilbaren Zuständen aufzuweisen (Hautkrankheiten, Psychosen usw.).

5. **Dysmenorrhöe** (krampfstillende, dekongestionierende und entgiftende, umstimmende Wirkung).

6. **Uterusblutungen ovarieller Natur**, besonders bei allgemeiner Vollblütigkeit und Hyperämie. Die Metrorrhagie dient hier oft als Ventil für auszuscheidende Stoffwechselprodukte. Der Aderlaß am Arm wirkt dabei derivierend und entlastend. Natürlich müssen auch alle übrigen Rücksichten auf Lokalbefund und Allgemeinzustand eingehalten werden (Menstruatio praecox, Pubertätsblutungen, klimakterische Blutungen besonders bei Hypertonie usw.).

7. **Fluor**. Bei allgemeiner Vollblütigkeit, Beckenhyperämie und Überladung des Blutes mit reizenden Stoffwechselprodukten, immer in Verbindung mit anderen entlastenden Methoden.

8. **Sterilität**. In Verbindung mit Entfettungskur und Ableitung auf den Darm bei Fettsucht und Vollblütigkeit mit Sterilität. Auch die Tierheilkunde macht von dieser Indikation seit alters her Gebrauch.

9. **Entzündungen des Uterus und der Adnexe**. Besonders zwecks Einschmelzung hartnäckiger großer parametraner Infiltrate hat sich der Aderlaß sehr bewährt. **Bei den übrigen Arten der Entzündung am Genitale, zum Beispiel Adnextumoren, sind Blutegel zweckmäßiger**. Bei Puerperalfieber (Perimetritis, Metritis, Endometritis) und Sepsis sind die Blutentziehungen in neuerer Zeit zu wenig erprobt. Für sie spricht die günstige Wirkung starker blutiger Lochialabgänge.

10. **Krankheiten der Mamma**.

a) Bei **akuter Mastitis** im Wochenbett befördert der Aderlaß die Zerteilung und verhütet Vereiterung. Die übliche Behandlung mit Umschlägen und Stauung allein führt nicht immer zum Ziel.

b) Bei **chronischer Mastitis** scheinen Aderlaß und andere derivierende Mittel imstande zu sein, den Übergang von chronischer Mastitis in Karzinom zu verhüten. Der Aderlaß wirkt hierbei jedenfalls zerteilend und antiphlogistisch.

c) **Sonstige Erkrankungen der Brustdrüse**, bei denen der Aderlaß versucht werden kann, sind Brustwarzenkrampf, blutende Mamma, chronischer Milchfluß, Stauungszustände der Mamma überhaupt.

9.3.9 Hautkrankheiten

Es kommen hier alle hyperämischen, entzündlichen und exsudativen, durch Stoffwechselüberladung entstandenen Zustände in Betracht. Als wichtigste dermatologische Indikationen für den Aderlaß (natürlich immer unter sorgfältiger Berücksichtigung der Nebenumstände) seien angeführt:

1. **Hyperämien, Erfrierungen, Verbrennungen**.
2. **Akne** rosacea, Akne vulgaris, Furunkulose, Karbunkel (besonders auch bei Diabetikern und Uratikern).
3. **Ekzem, Neurodermitis**. Besonders die generalisierten Ekzeme mit Hitzegefühl.
4. **Urtikaria, Quinckesche Oedeme. Serumexanthem**.
5. **Herpes** zoster, labialis und progenitalis.
6. **Erysipel**, besonders auch die rezidivierende Form.
7. **Pruritus** universalis und localis, auch Prurigo (antiphlogistische und stoffwechselentlastende Wirkung).
8. **Psoriasis** (bei der stark entzündlichen Form als Hilfsmittel).
9. Die sonst schwer beeinflußbaren Dermatosen, wie Lichen ruber planus und acuminatus, Dermatitis herpetiformis, Erythema nodosum, Pemphigus, Urtikaria pigmentosa, bei welchen der Aderlaß als antiphlogistisches und resorbierendes Mittel stets versucht werden soll.
10. Bei vollblütigen Individuen ist der Aderlaß auch im Verlaufe von entzündlichen Komplikationen der Lues und der Gonorrhöe unter Umständen dienlich.

9.3.10 Nervenkrankheiten, Neurosen

1. **Apoplexie und ihre Vorboten** (Schwindel, Kopfdruck, Ohrensausen) sind das klassische Objekt für den Aderlaß. Trotzdem wird vielfach noch gewartet, bis die Apoplexie schon eingetreten ist. Die Vorboten werden zu wenig beachtet und verstanden.
2. **Hitzschlag, Sonnenstich**.
3. **Kopfschmerz, Kopfdruck** und **Migräne**, insbesondere wenn auf Hyperämie, Hypertonie, Gefäßkrampf, gesteigertem Druck der Ventrikelflüssigkeit beruhend.
4. **Schwindel** mit Ohrensausen, eingenommenem Kopf, Müdigkeit und Schlafsucht.
5. **Kongestionen zum Kopf**, besonders im Klimakterium, bei Hypomenorrhöe, oft mit Gefäßspasmen abwechselnd verbunden.
6. Bei **Epilepsie** wirkt der Aderlaß krampfstillend und entgiftend im Sinne der Auffassung, daß die Krampfdisposition durch Stoffwechselprodukte verstärkt wird.
7. Bei Chorea und **anderen krampfartigen Zuständen**, wie Hysterie, Tetanie, Herz-, und Magenkrampf, vasomotorische Krämpfe usw.
8. Bei allen **neuralgischen** und **neuritischen Zuständen**, besonders auch bei **Polyneuritis**, kommt wegen der entgiftenden, antiphlogistischen und sedativen Wirkung Aderlaß in Betracht.
9. **Entzündung des Gehirns und Rückenmarks** und ihrer Häute, prophylaktisch gegen Lähmungen nach diesen Zuständen.
10. **Psychosen**. Immer mit Rücksicht auf den Allgemeinzustand kann bei
a) **Manie** und Erregungszuständen überhaupt,
b) bei **Amentia** und
c) **Schizophrenie** die stoffwechselanregende, entgiftende und sedative Wirkung des Aderlasses eingesetzt werden.
d) Bei **Depressionszuständen** und **Melancholien**, besonders bei Hypomenorrhöe und im Klimakterium, namentlich wenn plethorische Erscheinungen (blau-rote Verfärbung der Haut) manifest sind, ist die Wirkung des Aderlasses oft schlagartig, „schwerblütige, dickblütige" Körper werden entlastet.
11. Bei **Neurosen**, insbesondere mit Angst, Schlaflosigkeit, Unruhe, Reizbarkeit, ist der sedative und stoffwechselentlastende Aderlaß ebenfalls oft von Vorteil.

9.3.11 Krankheiten des Verdauungstraktes

Der Aderlaß ist angezeigt:

1. **bei Stauunggastritis, Pyloruskrampf, Hyperemesis gravidarum, Magen- und Duodenalgeschwür, Magen-** und **Duodenalblutungen** im Anfangsstadium;
2. bei **Gallenblasenentzündung, Hepatitis, Stauungsleber, Gallenkoliken**, manchen Formen der **Leberzirrhose**;
3. bei **Splenitis**, akuten und chronischen **Milztumoren**;
4. bei **Entzündung des Pankreas**, vielleicht auch bei nekrotisierender Entzündung desselben;

5. bei **Hyperämien, Entzündungen und Spasmen am Dünndarm, Dickdarm und Appendix**; ferner

6. bei Störungen im Pfortaderkreislauf, wie z.B. **Plethora abdominalis, Angina abdominalis, Hämorrhoidalkongestionen** und **Blutungen**. Auch bei der akuten und chronischen **Proktitis** unterstützt der Aderlaß die lokalen Maßnahmen.

9.3.12 Infektionskrankheiten

Die jahrhundertelangen Erfahrungen von der kupierenden, mildernden und Komplikationen sowie Nachkrankheiten und Metastasen verhütenden, oft lebensrettenden Wirkung des Aderlasses bei Infektionskrankheiten liegen fast vollkommen brach und müssen wieder neu erprobt werden. Die antiphlogistische Wirkung des Aderlasses legt solche Gedankengänge nahe. Auch über die Beziehung zwischen Immunitätsvorgängen und Aderlaß ist viel zu wenig bekannt.

1. **Grippe** hinterläßt oft Nachkrankheiten in Form von Kopfschmerz, Enzephalitis, Herz- und Nierenbeschwerden. Gegen diese entzündlichen Reste ist prophylaktisch und kurativ, wenn die Symptome darauf hinweisen, der Aderlaß wirksam.

2. **Akuter Gelenkrheumatismus**. Richtige Auswahl der Fälle vorausgesetzt, Milderung und Abkürzung des Krankheitsverlaufes, Verhütung von Herzkomplikationen (Vitien) durch Aderlaß.

3. **Erysipel** und

4. **Typhus**, wenn starke kongestive Erscheinungen zum Gehirn oder Darmblutungen auftreten.

Mehr umstrittene bzw. klinisch erst zu erprobende Indikationen:

5. Meningitis cerobrospinalis,

6. verschiedene Formen von Sepsis, ferner:

7. unter ganz bestimmten von der älteren Medizin wiederholt festgesetzten Bedingungen Malaria, Flecktyphus, Blattern, Pest, Scharlach, d.h. wenn allgemeine Vollblütigkeit, stark in die Augen springende entzündliche Diathese oder bedrohliche Kongestionen zu lebenswichtigen Organen dafür sprechen.

9.3.13 Stoffwechselstörungen und Autointoxikationen

Die wichtigsten hierher gehörigen Indikationen bilden:

1. **Uratische Diathese**, chronische Arthritis, Rheumatismus (Muskel, Sehnen) und Neuritis infolge Stoffwechselüberlastung,

2. **Akute Gicht** (bei Plethora),

3. **Diabetes mellitus** (gegen entzündliche Komplikationen),

4. **Fettsucht** (wenn mit Vollblütigkeit verbunden),

5. **Autointoxikationen**, wie juckende, endogen entstandene Hautkrankheiten, allergische Erkrankungen, Beschwerden der Schwangerschaft, Klimakteriums und Hypomenorrhöe, viele nervöse und vasomotorische Reizerscheinungen, Röntgenkater und Verbrennungen.

9.3.14 Innersekretorische Störungen

1. Von den **Störungen der weiblichen Keimdrüsen** im Bereiche der Schwangerschaft, des Klimakteriums, der Hypo- und Hypermenorrhoe führen die drei ersteren oft zu Plethora, Dyskrasie und Diathesis inflammatoria und bilden daher Anzeigen für Aderlaß.

2. Im Gegensatz dazu kommt der Aderlaß bei Störungen der männlichen Keimdrüsen ungleich seltener in Betracht.

3. Bei **Struma** und *Basedow* ist der Aderlaß auch durch lokale Blutentziehung ersetzbar.

4. Bei **Akromegalie** können die Gedunsenheit und die Parästhesien in den Extremitäten und im Gesicht, auch die Kopfbeschwerden (Kopfschmerz, Kopfdruck, Sehstörungen) durch Aderlaß und andere resolvierende Mittel günstig beeinflußt werden.

9.3.15 Augenkrankheiten

1. Bei **Glaukom** kommt es auf die antiphlogistische, derivierende, entlastende Wirkung des Aderlasses an,

2. **Blutungen ins Auge** (in allen Schichten des Bulbus),

3. **akute Entzündungen** (Iritis, Keratitis, sympathische Ophthalmie),

4. **chronische Entzündungen** (Iritis rheumatica, Chorioiditis, Retinitis, Neuritis optica),

5. **Neuralgien und Akkomodationskrampf** bilden weitere Indikationen.

6. Bei **Katarakt** und verschiedenen sonst schwer beeinflußbaren Formen der **Amaurose** (Amaurose nach Bleivergiftung, Netzhautabhebung usw.) kann der Aderlaß wegen seiner resorbierenden Wirkung versucht werden.

9.3.16 Ohrenkrankheiten

1. Bei ***Menière*scher Krankheit** und **Schwindel** überhaupt,

2. bei **Schwerhörigkeit** (auch Otosklerose), Ohrensausen und anderen subjektiven Ohrgeräuschen, insbesondere Pulsieren im Ohr, ist der Aderlaß wegen seiner dekongestionierenden, stoffwechselentlastenden, resorbierenden Wirkungen heranzuziehen.

3. Er kommt auch bei **akuten Entzündungen**, wie Otitis media, in Betracht.

4. Bei zerebralen Komplikationen (Meningitis, Sinus- und Jugularisthrombose, Hirnabszeß) muß die allgemeine, oft besser lokale Blutentziehung, besonders in ihrer prophylaktischen Anwendung, im Einklang mit der modernen operativen Technik und den sich daraus ergebenden Indikationen erst wieder neu studiert werden.

9.3.17 Der Aderlaß in der Chirurgie

1. Bei **Commotio cerebri** mit und ohne Schädelbasisbruch wirkt der Aderlaß oft lebensrettend durch Eindämmung der reaktiven Entzündung. Auch die oft nachfolgende Meningitis serosa kann durch Aderlaß wirksam bekämpft werden.

2. Bei **Kontusionen** der Brust und des Bauches, ohne daß dabei Indikationen zum chirurgischen Eingreifen (andauernde Blutungen, Darmperforation) übersehen werden dürfen, hindert oder mildert der Aderlaß die nachfolgende traumatische Entzündung (Pleuritis, Pneumonie, Peritonitis).

3. Bei **Phlebitis, Thrombose, Embolie** (auch Luftembolie); bei vollblütigen, fettleibigen Personen mit entzündlicher Diathese auch prophylaktisch im Anschluß an Operationen.

4. **Ileus**. Wenn keine unüberwindlichen mechanischen Hindernisse, wie z.B. Volvolus, bestehen, wirkt der Aderlaß bei Ileus ähnlich wie Lumbalanästhesie dekongestionierend auf die hyperämischen Darmschlingen und ermöglicht oft die Passage des Darminhaltes. Die dem Ileus entsprechende *Passio iliaca* der alten Autoren bildete eine wichtige und oft wirksame Indikation zum Aderlaß.

5. Der Aderlaß ist unter Umständen imstande, bei **Peritonitis** die Darmparese zu beheben und antiphlogistisch zu wirken.

6. Im Frühstadium erleichtert der Aderlaß die Reposition der **inkarzerierten Hernie** infolge Dekongestionierung und Kollaps der Darmschlingen.

7. Wegen der antiphlogistischen Wirkung bei allen **akuten Entzündungen** (Lymphangitis, Phlegmone, Furunkulose, Karbunkel, Osteomyelitis, Sepsis) bei gleichzeitiger entsprechender Lokalbehandlung und unter genauer Abwägung aller sonstigen Nebenumstände auch Aderlaß.

8. Bei **Neoplasmen** prophylaktisch bei bestehender Disposition (Vollblütigkeit usw.), gegen Rezidive und palliativ bei inoperablen Neoplasmen analog den anderen Entziehungskuren.

9.3.18 Exogene Vergiftungen

1. Bei Kohlenoxydgas-, Leuchtgas-, Kampfgas-, Lachgas-, Schwefelwasserstoff-, Arsenwasserstoff-, Blausäure-, Nitrobenzolvergiftungen;

2. bei eingenommenen Giften (Kali chloricum, Karbol, Phenyl, Hydroxylamin) wirkt der Aderlaß entgiftend;

3. bei Bleivergiftung wirkt er nicht nur entgiftend, sondern krampfstillend.

9.3.19 Kontraindikationen und Einwände

Bei hochgradiger allgemeiner **Körperschwäche** und **Blutarmut** wird man selbstverständlich keinen Aderlaß machen. Bei Chlorose und manchen Formen schwerer Anämie allerdings können kleine Probeaderlässe von 50-100 ccm als Stimulans für die blutbildenden Organe, vielleicht auch gegen die Autointoxikation, gemacht werden.

Oft hört man, daß **hohes Alter** eine Kontraindikation gegen den Aderlaß sei. Das ist nicht richtig. Wenn kein Marasmus besteht, sondern einigermaßen guter Kräftezustand und wie so oft hoher Blutdruck, dann erleichtert der Aderlaß sogar die verschiedenen Altersbeschwerden und wirkt oft geradezu verjüngend.

Zu **niedriger Blutdruck** ist schon eher eine Gegenanzeige, zumindest mahnt er zur Vorsicht. Es muß aber dem weitverbreiteten Vorurteil entgegengetreten werden, als ob nur dann der Aderlaß angezeigt wäre, wenn der Blutdruck erhöht ist. Man trifft ungemein häufig Fälle von Vollblütigkeit bei normalem Blutdruck, wo Kongestionen, Hitzegefühl, Kopfschmerzen, Schwindel, Parästhesien dringend auf die Notwendigkeit eines Aderlasses hinweisen.

Die Frage, ob der Aderlaß nicht zu einer schädlichen **Gewöhnung** führen könne, wurde dahin beantwortet, daß bei richtiger sonstiger Lebensweise und Behandlung der Aderlaß immer entbehrlicher werden soll. Unter diesen Voraussetzungen schadet er nicht nur nicht, sondern führt zur Genesung. Daß aber häufige Aderlässe, auch jahrelang fortgeführt, durchaus nicht immer schädlich sein müssen, sieht man an den berufsmäßigen Blutspendern. *Hufeland* zählt in seiner Makrobiotik den vernünftig angestellten Aderlaß sogar zu den Verlängerungsmitteln des Lebens.

Auch die landläufige Anschauung, daß der Aderlaß unter allen Umständen **schwächend** wirke, trifft nicht zu. Bei Vollblütigen wirkt er sogar erleichternd, befreiend, behebt die Müdigkeit und Schlaflosigkeit. Bei Melancholie und Depressionszuständen ist es oft so, als ob eine Last vom Körper genommen würde.

Blasse Haut und blasse Schleimhäute werden oft als Kontraindikation angeführt. Auch das ist nicht immer stichhaltig, denn es können gleichzeitig die inneren Organe mit Blut überfüllt sein; es kann, wie z.B. bei Schrumpfniere, dabei hoher Blutdruck bestehen mit Gefahr der Gefäßzerreißung im Innern.

Hochgradige **Nervosität**, wohl zu unterscheiden von Reizbarkeit infolge Plethora und Hypertonie, kann eine Kontraindikation sein. Ebenso Neigung zu Ohnmacht.

Blonde Individuen mit hellen Augen und zarter Haut vertragen Aderlässe im allgemeinen schlechter als robuste, dunkelhaarige und vollblütige Individuen.

Während einer **Menstruation** soll man womöglich keinen Aderlaß machen.

Auch Neigung zu **Durchfall** als eine Art Schwächezustand spricht eher gegen den Aderlaß. Solche Personen kollabieren leichter, auch schon bei geringer Blutentziehung.

Die Angst vor Aderlaß in der **Schwangerschaft** ist unbegründet. Im Gegenteil schützt dieser sogar meist vor Schwangerschaftstoxikosen, insbesondere auch vor Eklampsie, wenn er am Anfang und am Ende der Schwangerschaft prophylaktisch durchgeführt wurde.

Auch der alte Satz von *Nothnagel*: „*Niemand kann genug Blut haben, geschweige denn zuviel*" hat sich als irrtümlich erwiesen. Es gehen weit mehr Menschen an Blutfülle als an Anämie zugrunde.

Wie kommt es trotzdem, daß man dem Aderlaß auch in früherer Zeit schon ebensoviel Schlechtes wie Gutes nachsagte? Zu allen Zeiten hat es Ärzte gegeben, welche ihn als eines der größten Heilmittel und andere wieder, die ihn als eine mörderische Waffe hinstellten. Er ist eben ein zweischneidiges Schwert, dessen richtigen Gebrauch man eben durch sorgfältige

Unterweisung und langes Studium erlernen muß. An beidem fehlt es heute großenteils, weil unsere Lehrer selbst keine Erfahrung darin haben.

Riskant sind immer die **großen Aderlässe** (500-700 ccm und darüber). Das kann man bei einer Eklampsie wagen, nicht aber bei einem geschädigten Herzen. Hier ist es weit sicherer, öfters wiederholte kleinere Aderlässe von 250-300 ccm zu machen. Man kann unter Umständen nach einem Aderlaß von 250-300 ccm bei geschädigtem Herzen einen Kollaps erleben, z.B. bei Myokarditis oder Myodegeneratio.

Letal kann ein solcher selbst mäßiger Aderlaß bei **Angina pectoris** und Aortitis wirken. Hingegen ist es zu wenig bekannt, daß **Blutegel** bei diesem Leiden **stets ungefährlich** und sogar heilsam sind. Oft recht schwer zu entscheiden ist es, bei welchen Fällen von **Arrhythmie**, Reizleitungsstörungen und dgl. Aderlässe nützlich oder schädlich sind. Oft gelingt es einzig und allein durch Blutentziehungen, die Arrhythmie zu beseitigen. In anderen Fällen kann ein Aderlaß wieder schädlich wirken. Hier müßte genauestes, vorurteilsloses Studium einsetzen.

Noch verantwortungsvoller ist die Frage, ob und wann man bei **akuten Infektionskrankheiten** zur Ader lassen soll. Die Ärzte der früheren Zeit haben den Aderlaß als das beste Vorbeugungsmittel bei Epidemien betrachtet, trotzdem sie den ansteckenden Charakter dieser Krankheiten kannten und an Miasmen dachten. Aber der Boden für diese sei bei hitzigen, vollblütigen Naturen viel günstiger. Sicher ist viel Wahres an diesen Gedankengängen.

Selbst bei der viel umstrittenen Pneumonie ist es schwierig zu sagen, in welchem Stadium, wie oft und wieviel Blut entzogen werden soll. Hierzu gehört sehr viel Spezialerfahrung, sehr viel Kunst und Beobachtungsgabe. Mit technischen Regeln läßt sich das allein nicht bewältigen.

Alles in allem kann man sagen, daß die Dinge gar nicht so einfach und schematisch zu bewerten sind und daß heute die Lehre von den Indikationen und Kontraindikationen des Aderlasses erst wieder am Anfang einer neuen Entwicklung steht, infolge Unkenntnis der umfangreichen empirischen Tatsachen.

9.4 Beispiele

Ich habe 1913 und 1914 sehr zahlreiche Aderlässe an der Universitätsfrauenklinik in Halle a. S. gemacht. Dann im Kriege bei Verwundeten und Internkranken. Besonders aber konnte ich mich in meiner Privatpraxis von Ende 1918 bis heute immer mehr von den außerordentlichen Wirkungen der Blutentziehungen überzeugen und habe in diesen Jahren viele Tausende von Aderlässen gemacht.

In diesem Abschnitt sollen nur einige wenige plastische Fälle besprochen werden, und ich verweise im übrigen auf die zahlreichen sonstigen Krankengeschichten dieses Buches, in welchen ja der Aderlaß in den verschiedensten Zusammenhängen häufig wiederkehrt.

9.4.1 Gefäßkrankheiten

Bei Herz- und Gefäßkrankheiten ist es wesentlich, nicht bloß wie bisher die Gefäßwand, sondern auch den Inhalt des Herzens und der Gefäße, also das Blut, zu behandeln. Sehr deutlich sieht man den Effekt davon bei den sonst oft schwer beeinflußbaren Gefäßkrämpfen.

Ein Beispiel:

Frau R. R., 52 Jahre, früher 96, jetzt 88 kg., seit zwei Jahren Menopause, klagt über Gefäßkrämpfe in beiden Beinen vom Oberschenkel bis in die Zehenspitzen. Die Schmerzen waren oft so groß, daß sie sich im Bett nicht umdrehen konnte. Druck im Hinterkopf, Blutdruck 150, Patientin wurde bisher erfolglos behandelt. Ich erhob anamnestisch, daß Patientin auch rheumatische Schmerzen im ganzen Körper gehabt hatte, so daß man an eine Stoffwechselstörung denken mußte, welche auch als Ursache der Gefäßkrämpfe angesprochen werden kann. In dem gleichen Sinne sind auch früher vorhanden gewesene Gallensteinkoliken zu deuten.

Auf einen einzigen Aderlaß von 300 ccm hörten die Gefäßkrämpfe sofort auf und kehrten nicht mehr wieder. Außerdem wurde selbstverständlich eine Entfettungskur mit Ableitung auf den Darm und Hydrotherapie verordnet.

Zweierlei kann man aus solch einem Fall entnehmen. Erstens, daß die übliche symptomatische Behandlung nutzlos ist. Zweitens, daß einzig und allein der Aderlaß geholfen hat.

Frau L. S., 54 Jahre, seit 1 ½ Jahren Menopause. Patientin klagt über das Gefühl vom Eingeschlafensein des rechten Oberschenkels, welches seit Beginn der Menopause von Zeit zu Zeit wiederkehrt und so lange anhält, bis ein Aderlaß von 300 ccm gemacht wird. Dann verschwinden diese Parästhesien prompt und kehren erst nach einigen Monaten wieder.

Frau E. W., 43 Jahre, sehr vollblütig, hat seit jeher Kongestionen und lebhaft gerötetes Gesicht. Sie klagt über Parästhesien in Händen und Füßen mit schmerzhaften Gefäßkrämpfen (Akroparästhesie). Die Gliedmaßen waren abwechselnd kalt und heiß. Die Fingerspitzen oft ganz weiß. Kopfschmerz, Schwellung um die Augen, im Harn nichts nachweisbar, beim Bücken wird das Gesicht blaurot, und Patientin bekommt Schwindel. Menses regelmäßig, aber zu spärlich. Die bisherige Behandlung mit Gefäß- und Nervenmitteln, bzw. Beruhigungsmitteln war erfolglos.

Auf einen einzigen Aderlaß sofortiges Aufhören der Parästhesien. Zur Nachbehandlung wurde morgens ein Seidlitzpulver, abends Sennainfus, Hydrotherapie und fleischarme Diät mit gutem Erfolg angeordnet.

Solche Parästhesien nehmen oft ganz eigenartige Formen an. Auf die Empfindung von Kältegefühl bei Vollblütigkeit konnte ich schon wiederholt hinweisen. Auf Aderlaß schwindet dann das Kältegefühl durch Besserung der Zirkulation, so paradox das scheint.

Frau J. S. 47 Jahre. Menses schon im letzten Jahre seltener, Fettsucht, früher 100, jetzt 85 kg, starke Blutüberfüllung des ganzen Körpers. Trotzdem hat Patientin das Gefühl, „wie wenn der ganze Oberkörper ein Eisblock wäre". Patientin hatte auch Schwindel, eingenommenen Kopf, war hochgradig nervös und ganz verzweifelt. Man hatte ihr durch die üblichen Mittel (Ovarialpräparate, Baldrian, Gefäßmittel) nicht helfen können.

Ein ausgiebiger Aderlaß von 350 ccm beseitigte das eigenartige Kältegefühl, der Schwindel verschwand, ebenso wie das Gefühl vom eingenommenen Kopf. Patientin fühlte sich außerordentlich erleichtert. Auf Aloepillen, Sennainfus, Brausepulver und Entfettungskur fühlte sich Patientin dauernd wohl. Die Müdigkeit, die Schwellung der Lippen verschwand. Die Menses waren in den nächsten Monaten wieder regelmäßig und ausgiebig.

9.4.2 Arrhythmien des Herzens

Arrhythmien bessern sich oft auf Aderlaß. Man kann annehmen, daß toxische Substanzen dabei ausgeschieden werden, aber auch, daß das überdehnte Herz entlastet wird. Wichtig ist immer die Feststellung, ob allgemeine Vollblütigkeit besteht. Macht man unter dieser Voraussetzung den Aderlaß, dann gelingt es oft, Herz- und Atembeschwerden zu beseitigen, die auf die üblichen Mittel nicht behoben werden konnten.

Ein Beispiel:

Frau A. R., 50 Jahre, beginnende Menopause. Patientin klagt seit mehreren Jahen über hochgradige Herzbeschwerden und Atemnot, sie kann nur schwer Treppen steigen oder längere Strecken gehen. Sie war bisher nur mit Herz- und Asthmamitteln behandelt worden. Eine Allgemeinbehandlung war nicht gemacht worden.

Die Untersuchung ergab Fettsucht, 94 kg, Blutdruck 200, deutliche Arrhythmie, Verbreiterung des Herzens, Bronchitis und Emphysem. Hochgradige allgemeine Blutüberfüllung, Arme und Beine blaurot, starke Varizen, drohendes Unterschenkelgeschwür beiderseits.

Auf einen einzigen Aderlaß von 600 ccm hörten die asthmatischen Beschwerden auf, so daß Patientin keine Asthmamittel mehr benötigte. Auch die Arhythmie des Herzens verschwand. Gleichzeitig Entfettungskur mit Ableitung auf den Darm, worauf sich Patientin schon nach zwei Wochen so erleichtert fühlte, daß sie anstandslos weite Strecken gehen und ihre häusliche und berufliche Arbeit verrichten konnte.

Das auffallendste war das prompte Verschwinden der Arrhythmie nach kaum einer Woche, wie ich es auch in zahlreichen anderen Fällen beobachten konnte. Es ist aber in keinem Lehrbuch beschrieben, daß man unregelmäßige Herzaktion, insbesondere Arrhythmie, aber auch übermäßig verstärkte und beschleunigte Tätigkeit des Herzens und der Gefäße durch geeignete Blutentziehungen heilen kann.

9.4.3 Herz- und Gefäßleiden im künstlichen und vorzeitigen Klimakterium

Namentlich bei den außerordentlich vielgestaltigen Herz- und Gefäßzuständen des künstlichen Klimakteriums lassen die üblichen Mittel oft im Stich, und man steht ratlos da.

Frau E. E., 45 Jahre, mit 39 Jahren supravaginale Amputation wegen Myomblutungen, seither schwere nervöse und vasomotrische Zustände, Blutdruck 130, Ohrensausen, ständig Kopfschmerz, Gefühl von Absterben der Arme und Beine, schmerzhafte Gefäßkrämpfe, Herzklopfen, Patientin glaubt, „daß das Herz Purzelbäume macht" und jeden Augenblick stillstehen kann. Die bisherige Behandlung mit Gefäß- und Beruhigungsmitteln, Behandlung in Nervensanatorien erfolglos. Eine Hypophysenbestrahlung ist Patientin sehr schlecht bekommen. Die Migräne wurde darauf noch stärker. Man dachte sogar von neurologischer Seite an einen Herd im Gehirn, was sich aber nicht bestätigte.

Patientin kommt regelmäßig alle drei Monate zum Aderlaß, worauf die Zustände wieder erträglich werden. Immer nach Ablauf dieser Frist spürt die Kranke ein Zunehmen der Beschwerden und verlangt dann selbst ihren Aderlaß von 250-300 ccm.

Frau F. H., 49 Jahre, Blutdruck 210, sehr vollblütig, klagt über eingenommenen Kopf und schwindelartiges Gefühl. Nach einem Aderlaß von 350 ccm war sie fast ein ganzes Jahr beschwerdefrei. Jetzt klagt sie über Taubheitsgefühl im rechten Arm und Bein. Auf neuerlichen Aderlaß verschwand diese Empfindung augenblicklich.

Frau M. Sch., 60 Jahre, 90 kg schwer, starke Varizen, Blutdruck 190. Patientin klagt über Angstgefühl, hat seit Jahren Atembeschwerden, abends fangen alle Pulse im Körper zu schlagen an. Pulsus bigeminus. Die bisherigen Herz- und Gefäßmittel erfolglos. Auf einen Aderlaß von 300 ccm hört das Gefäßklopfen prompt auf, ebenso das Angstgefühl und die Atemnot. Anschließend Entfettungskur bis auf 82 kg, wobei der Blutdruck auf 170 RR herunterging und dauerndes Wohlbefinden eintrat.

Frau R. St., seit drei Jahren Menopause, starke Wallungen, Schweißausbrüche, stark gerötetes Gesicht, Schlaflosigkeit, Kopfdruck, Angst vor Schlaganfall, dabei der Blutdruck nur 140; sie empfindet die Füße wie Bleiklötze. Die bisherige Behandlung mit Ovarialpräparaten, Baldrian, Diuretin usw. erfolglos. Auf Aderlaß und Entfettung in drei Wochen vollkommen beschwerdefrei.

Frau M. H., 44 Jahre, Menopause seit dem 39. Lebensjahr, sehr vollblütig, Kongestionen, „furchtbare" Kopfschmerzen. Ein Arzt sagte ihr: „Seien Sie froh, daß Sie die Menstruation los sind." Natürlich mit Unrecht. Patientin klagt auch über Herzstechen, bei Nacht über starke Herzkrämpfe. Früher akuter, jetzt chronischer Gelenkrheumatismus mit krachenden Gelenken. Mäßige Fettsucht, 78 kg. Patientin war bisher immer gegen Blutarmut behandelt worden, und da man am Herzen nichts „Organisches" finden konnte, wurden diese Beschwerden als nervös erklärt. Damit besserte sich aber der Zustand nicht.

Es wurde jeden Monat ein Aderlaß von 250 ccm gemacht, außerdem eine leichte Entfettungskur mit Ableitung auf den Darm vorgenommen, Hydrotherapie und Dampfbäder verordnet. Binnen drei Monaten waren die Beschwerden vollkommen verschwunden.

Frau A. K., 41 Jahre, hochgradige Vollblütigkeit, der Grund dafür dürfte in dem fast vollständigen Ausbleiben der Menstruation seit dem 37. Lebensjahr liegen. Patientin hat die Menstruation seither nur einmal im Jahr. Blaurote Arme und Beine, starke Hypertrichosis, Patientin klagt vor allem über Herzklopfen mit Übelkeit und Ohnmacht, auch über „Herzzittern". Der Zustand wurde auch als paroxysmale Tachykardie angesprochen, weil die Pulsfrequenz oft über 120-160 stieg. Patientin hat eine ganze Reihe berühmter Herzspezialisten konsultiert, welche aber alle am Herzen nichts „Organisches" gefunden haben. Die hochgradige Vollblütigkeit als Ursache wurde nicht berücksichtigt. Sie wird ja auch heute als Ursache für Herzstörungen noch kaum allgemein anerkannt, zumal wenn es sich, wie meistens, nicht um sog. Plethora vera (Hyperglobulie), sondern um einfache Vermehrung der Blutmenge handelt. Patientin war zweimal in Franzensbad zur Kur, von einer gynäkologischen Autorität wurden 20 Ovarialinjektionen verordnet. Körpergewicht 85 kg.

Auf einen Aderlaß von 300 ccm ließen das Herzklopfen und die Pulsbeschleunigung bedeutend nach. Die Blutentziehung wurde anfangs alle zwei Monate, später vierteljährlich, wiederholt; immerhin hielt die Besserung lange Zeit an. Dazu trug auch Entfettungskur und Hydrotherapie bei. Der Fall galt unter den Internisten als eine Art Unikum, aber an eine Blutentziehung war von dieser Seite nicht gedacht worden.

Frau R. St., 38 Jahre, kompensierte Mitralinsuffizienz nach Gelenkrheumatismus in der Jugend. Patientin hatte vor einigen Monaten wieder einen Gelenkrheumatismus nach Angina durchgemacht und klagt seither über Druckgefühl und Stechen in der Herzgegend, Kopfdruck und Schwindelanfälle. Die Menses haben sich um sieben Wochen verspätet bzw. sind ausgeblieben, blaurote Verfärbung der Arme und Beine. Die bisherige Behandlung mit Herzmitteln beseitigte die Beschwerden nicht.

Aderlaß von 250 ccm bewirkte unmittelbar bedeutende Besserung. Die ausgebliebenen Menses traten, was man oft beobachten kann, tags nach dem Aderlaß ein und dauerten acht Tage. Die Kopf- und Herzbeschwerden ließen sofort nach. Ableitung auf den Darm durch Brausepulver und Sennainfus sowie Behandlung der Magendyspepsie (Plätschermagen) führten dauerndes Wohlbefinden herbei.

9.4.4 Depressionszustände und Psychosen

Sehr eindrucksvoll ist die Wirkung des Aderlasses oft bei Depressionszuständen und Psychosen. Man wird selbstverständlich immer trachten, auch alle anderen somatischen Störungen, wie Dyspepsie, Obstipation, mangelhafte Menses, ungenügende Hautatmung usw., zu beheben. Wenn aber allgemeine Vollblütigkeit, kenntlich durch allgemeine Hyperämie der Haut, besteht, allenfalls auch erhöhter Blutdruck, dann weist dies auf die Notwendigkeit eines Aderlasses hin, welcher dann oft ganz erstaunlich rasch hilft.

Die Patienten sagen dann gewöhnlich, es sei, „wie wenn eine Last von ihnen genommen wäre". In meinem Psychosenbuch sind eine ganze Anzahl derartiger Fälle ausführlich beschrieben. Auch solche, welche viele Monate lang in Nervenheilanstalten mit Beruhigungsmitteln behandelt worden waren und schon als unheilbar galten. Erst die Blutentziehung brachte die entscheidende Wendung.

Frau M. T. 48 Jahre seit zwei Jahren Menopause mit zunehmenden Depressionszuständen, Energielosigkeit und Lebensüberdruß, zugleich Kopfdruck und Augenflimmern, Blutdruck 170 RR. Patientin war mit Hormonpräparaten, Opium, Brom und Psychotherapie behandelt worden, es ging ihr nicht besser. Die Untersuchung ergab allgemeine Vollblütigkeit, Blutdruck 170 RR, sehr trockene Haut; Patientin gab an, daß sie auch im Sommer nicht schwitzen könne. Außerdem bestand Plätschermagen und Obstipation.

Aderlaß von 300 ccm hat „wie ein Wunder" gewirkt. Die Melancholie und besonders die unerträgliche Energielosigkeit sind rasch geschwunden. Daneben wurden Regelung der Verdauung, Hydrotherapie und Dampfbäder mit gutem Erfolg durchgeführt.

Frau A. J. 49 Jahre, hochgradige klimakterische Beschwerden, außerdem aber Melancholie mit Eifersuchtswahn, ständiger Kopfdruck. Es wurden die verschiedensten Nervenärzte konsultiert und bisher nur Beruhigungsmittel verordnet. Patientin zeigte hochgradige Vollblütigkeit, Cutis marmorata am ganzen Körper und ein fast blaurot verfärbtes Gesicht. Der Hausarzt hatte sich gescheut, einen Aderlaß zu machen, aus Furcht vor Schwächung der Patientin.

Ich konnte ihn vom Gegenteil überzeugen, entnahm 500 ccm Blut und verordnete Hydrotherapie, Ableitung auf den Darm und einmal wöchentlich Brechmittel. Die Besserung trat augenblicklich ein, und Patientin brauchte keine Schlaf- und Beruhigungsmittel mehr zu nehmen.

9.4.5 Schwindelanfälle

Sehr folgenschwer ist es, daß bei den so häufigen Schwindelanfällen im höheren Lebensalter die Internisten und Ohrenärzte meist nichts Organisches finden können und dann die Patienten entweder für gesund oder nur nervös erklären, oder mit den üblichen Medikamenten auszukommen glauben. In der Mehrzahl dieser Fälle ist eine Blutentziehung unbedingt geboten, wenn nicht Schlaganfall, Blutungen ins Auge und dgl. eintreten sollen.

Manchmal zeigt die Natur selber an, daß eine Blutentleerung notwendig ist, z.B. durch Nasenbluten, aber das genügt nicht und wird von den Ärzten auch oft nicht genügend verstanden.

Ich habe eine ganze Reihe von Fällen erlebt, wo Personen im höheren Lebensalter über Schwindelanfälle und eingenommenen Kopf klagten. Auch wenn der Blutdruck dabei nicht erhöht ist, besteht Gefahr des Schlaganfalles in solchen Fällen. Bei keiner dieser Patientinnen war aber von den behandelnden Ärzten eine Blutentziehung gemacht worden, immer gab man nur Herz- und Gefäßmittel. Erst auf Blutentziehungen, Darmableitung und Hydrotherapie konnte die Gefahr abgelenkt und das Wohlbefinden wiederhergestellt werden.
Ein Beispiel:

Frau I. F., 54 Jahre, mit 51 Jahren Menopause, seit Jahren Wallungen, schlaflos, Parästhesien, sie hatte auch Herzklopfen „bis zum Hals hinauf". Ihr vielbeschäftigter Hausarzt, der als klinisch gut ausgebildet gilt, aber ein therapeutischer Nihilist ist, sagte ihr, dagegen könne man nichts machen. Blutdruck 150.

Ich machte einen Aderlaß von 250 ccm, verordnete Seidlitzpulver, Sennainfus und Hydrotherapie; der Aderlaß wurde zweimal im Jahr wiederholt, und Patientin hatte lange Zeit Ruhe.

Vier Jahre später kam Patientin mit einem starken Bluterguß am linken Auge, die ganze Sklera war blutrot verfärbt, außerdem klagte sie über starken Schwindel, Unbehagen, Angstgefühl, eingenommenen Kopf, sie fürchtet, daß sie jeden Augenblick der Schlag treffen könnte. Etwas Fettsucht, rote Haare. Infantile Crines. Patientin kann auch im Sommer nicht schwitzen. Patientin hatte vor einigen Tagen Nasenbluten und spürt auch jetzt noch einen Druck über der Nasenwurzel. Außerdem hat sie Gefäßkrämpfe, so daß sie zeitweise ganz blaß wird.

Hier war das Nasenbluten wohl ein Hinweis auf Kongestion im Kopf, aber die Spontanblutung war nicht genügend, um die Beschwerden zu beheben, denn die Blutung ins Auge war nach dem Nasenbluten aufgetreten.

Aderlaß von 300 ccm, Entfettungskur und Ableitung auf den Darm. Pilokarpin 0,02 als Schwitzmittel, zweimal wöchentlich abends in Lindenblütentee. Sofort nach dem Aderlaß trat Erleichterung im Kopf ein, Schwindel und Angstzustände hörten auf. In den nächsten Monaten vollkommenes Wohlbefinden.

10 Technik der Blutegelanwendung

10.1 Geschichtliches über Blutegelanwendung

Während der Aderlaß und von lokalen Blutentziehungen das Schröpfen schon in der allerältesten Medizin der Primitiven vorkommt, scheinen die Blutegel jüngeren Datums zu sein und waren zumindest nicht so gleichmäßig überall verbreitet. In der altägyptischen Medizin, aber auch bei *Hippokrates* werden sie nicht erwähnt.

In dem Buche des indischen Arztes *Sushruta* beginnt das Kapitel über Blutegelanwendung folgendermaßen: *„Bei Königen, reichen Leuten, Kindern, Furchtsamen, Abgemagerten, Frauen und zarten Menschen ist als mildeste Art der Blutentziehung der Blutegel angezeigt.“* Auch sonst finden sich in dem genannten Werke der Sanskritmedizin ausführliche Angaben über Indikationen, Kontraindikationen und Technik der Blutegel, welche bereits auf eine alte Tradition schließen lassen. Es wird dort u.a. genau angegeben, welche Arten von Blutegeln giftig und welche ungiftig sind. Auch wird gesagt, daß man die Blutegel nicht aus mißfarbigen und übelriechenden Gewässern entnehmen soll.

Bottenberg erwähnt *Nikander* von Colophon (200 bis 130 v. Chr.) als ersten, der in der griechischen Medizin systematisch Blutegel angewendet hat.

Galen (129-199 n. Chr.) beschreibt die Technik und Lokalisation der Blutegelanwendung. Ferner sagt er, daß sie an Stelle der Schröpfköpfe verwendet werden können. Ableitung der Säfte oder Beseitigung schon ausgebildeter Säftestockungen wurde damit bezweckt. In seiner Schrift über Blutegel, Revulsion, Schröpfköpfe, Inzision und Skarifikation (XI. Bd.) empfiehlt Galen, den Blutegeln den Schwanz abzuschneiden, um eine größere Menge Blut auf diese Weise ausleeren zu können. Sie hören nämlich dann nicht eher zu saugen auf, als bis man sie mit Salz, Asche oder dgl. bestreut. Zur Blutstillung empfiehlt er Essigumschläge, gebrannte Galläpfel oder in Pech getauchte Schwämme.

Auch *Aretaios* aus Kappadocien und *Antyllos* schreiben über die Blutegel, besonders aber *Oreibasios* (4. Jahrh. n.Chr.), welcher genau Technik und Indikationen der Blutegelbehandlung schildert.

In der arabischen Medizin, z.B. bei *Avicenna* (980-1037), erscheinen die Blutegel schon als regelmäßiger Bestandteil der Behandlungstechnik. Die Erwähnung der giftigen Abarten erinnert an den ausführlichen einschlägigen Abschnitt in der indischen Medizin, wie sie sich bei *Sushruta* finden. *Avicenna* verwendet Blutegel hauptsächlich zur Behebung von lokalen Entzündungen. Ganz besonders bemerkenswert aber ist ihre Applikation an den Hämorrhoidalvenen *„zur* ***Behebung einer ganzen Anzahl interner Erkrankungen****“*. Es erinnert das an die zahlreichen Stellen im *Hippokrates*, wo Hämorrhoidalblutungen als heilsam oder vorbeugend bei Schlaganfall, Herz- und Lungenleiden, insbesondere Asthma, aber auch bei Entzündungen und Geschwüren der Leber, des Magens und des Darmes, bezeichnet werden.

Im 17. und 18. Jahrhundert werden die Blutegel häufig erwähnt und verwendet. *Blancard* empfiehlt in seinem Lehrbuch der Chirurgie die Blutegel überall dort, wo man mit Aderlaß oder Schröpfkopf nicht herankommen kann, z.B. an Augenlidern, Nase, Mund, Lippen, Zahnfleisch, Fingern, Zehen, Brustwarzen und Geschlechtsorganen. *Chr. Fr. Richter* (1712) hebt die Applikation am Mastdarm und an den Beinen hervor. *Friedrich Hoffmann* in Halle (1721) rät zum Ansetzen von Blutegeln an den Mastdarm, wenn dort Schmerzen ohne Blutabgang sich zeigen.

Sehr beherzigenswert ist, was *Platner* („Gründliche Einleitung in die Chirurgie“, 1748) über die Blutegel sagt: Bei Entzündung der inneren Häute (es sind offenbar die Hirnhäute gemeint) soll man wegen der großen Gefahr die kräftigsten Mittel anwenden. Vor allem an der Vena jugularis und auch an anderen Stellen reichlich zur Ader lassen. Ferner Blutegel an die Schläfe anlegen, am Rücken schröpfen und für Stuhlgang sorgen.

Lauter Dinge, die heute bei den verschiedenen Arten der **Meningitis** durchaus nicht mehr als selbstverständlich gelten. Ferner werden Blutegel empfohlen bei allerlei Geschwüren und bei Augenentzündungen, besonders wenn der Patient vollblütig ist. Blutegel an den Mastdarm werden zur Verhütung drohender innerer Krankheiten angelegt.

Der englische Kriegschirurg *Pringle* (1754) bestätigt gleichfalls, daß bei Meningitis frühzeitiges starkes und wiederholtes Aderlassen und Anlegen von 6-7 Blutegeln an die Schläfen (ähnlich wie ein reichliches Nasenbluten) nützlich ist. Er legt ferner bei **akuten Gelenkentzündungen** 3 oder 4 Blutegel an den Ort der Schwellung und läßt das Blut so lange fließen, bis es von selbst aufhört. Bei **fieberhaften Krankheiten** mit Kongestionen und Schmerzen im Kopf sind gleichfalls Blutegel an die Schläfen anzulegen.

Heister sagt in seiner Chirurgie 1770, daß man die Blutegel bei verschiedenen **Augen- und Kopfleiden**, welche von Vollblütigkeit herrühren, an die Schläfen und hinter die Ohren ansetzen soll, ebenso an die Adern des Mastdarmes. Bei heftigem Nasenbluten, Bluthusten oder Bluterbrechen können Blutegel, an den Mastdarm angesetzt, durch Revulsion die Blutergüsse zum Aufhören bringen, besonders wenn diese Zufälle nach **„Verstopfung der goldenen Ader"** entstanden sind.

Es ist überhaupt gar nicht auszudenken, wie viele interne Krankheiten durch Ableitung auf die Mastdarmvenen verhindert und geheilt werden können, z.B. Magen- und Zwölffingerdarmgeschwüre, Erkrankungen der Leber, der Milz, des Pankreas und der Niere. Dem klinischen Versuch öffnet sich hier ein weites Feld.

Weiter erwähnt *Bottenberg* die Schriften von *Schmucker* (dem Generalchirurgen der preußischen Armee, 1776). Daselbst werden Blutegel bei hartnäckigen **Augenentzündungen** empfohlen, und zwar 6-8 Blutegel an beiden Augenlidern.

Bei **Kopfschmerzen**, ferner bei gichtischen Beschwerden an Ohren, Hals oder anderen schmerzhaften Stellen werden ebenfalls Blutegel angesetzt, oft 10-12 Stück. Bei „inflammatorischer Bräune", also wahrscheinlich Diphtherie, wird das unterdrückte Schlucken wieder hergestellt, wenn 16-20 Blutegel an die Kehle angesetzt werden. Diese Zahl kann natürlich nur für Erwachsene gelten, bei Kindern wird man je nach dem Lebensalter und Kräftezustand höchstens 2-6 Blutegel verwenden. Außerdem empfahl *Schmucker* die Blutegel bei **Pleuritis, Bluthusten, Amenorrhöe, Harnverhaltung, verstopften Hämorrhoiden** u. a.

Clesius (1811) zitiert eine Reihe von Autoren, welche noch verschiedene andere Blutegelindikationen angeben. Bei **Keuchhusten** z.B. werden sie hinter den Ohren angesetzt (*Stoerck*). Bei **Schlaganfall**, zur Vorbeugung von **Geistesstörungen**, besonders dann, wenn Menstruation oder Hämorrhoidalblutungen ausgeblieben bzw. unterdrückt worden waren, ferner bei **Lumbago, Manie** infolge Amenorrhöe wurde durch Ansetzung von 6 Blutegeln an die äußeren Geschlechtsteile behoben (*Zacutus Lusitanus*).

Ebenso wie die Aderlaßtherapie ist auch die Blutegelanwendung bis zum Vampyrismus ausgeartet durch die Lehre von *Broussais* (1772-1838), obwohl der Grundgedanke, nämlich die Behandlung der Entzündungen durch Blutentziehungen, sicher richtig ist.

Ganz ausführlich und systematisch auf Grund großer praktischer Erfahrung finden wir die Blutegel bei *Hufeland* (1762-1836) und seiner Schule angewendet.

Die Blutegel sind bei ihm ein bewährtes Hauptmittel gegen **alle akuten Entzündungen**. Sie bringen dieselben so rasch wie wenig andere Dinge zum Rückgang, verhüten Vereiterung und Zerstörung. Er verwendet sie demnach bei Entzündungen der Augen, der Ohren, des Gehirns, bei Diphtherie, bei Entzündungen des Herzens, der Lunge und der Pleura. Ferner bei Entzündungen der Leber, der Gallenblase, der Milz, des Magens, des Darmes, der Nieren, der Geschlechtsorgane, der Venen und der Gelenke, selbst bei Peritonitis und Ileus.

Aber auch bei **chronischen Entzündungen**, z.B. bei tuberkulöser Coxitis. Einen breiten Raum in seinem System nimmt ebenfalls die Verwendung der **Blutegel am Mastdarm** ein, zur Verhütung und Heilung von **Apoplexie, Asthma, Herzkrampf und verschiedenen Abdominalleiden**.

Vor einer solchen Fülle von Erkenntnis und Erfahrungen können wir nur in Bewunderung und Bescheidenheit uns bemühen, sie zu erfassen und mit unseren heutigen Kenntnissen in Einklang zu bringen bzw. letztere darnach umzustellen. Ein enormes Arbeitsgebiet, an welches die heutige Klinik noch kaum gedacht hat. Denn sie verwendet Blutegel derzeit höchstens bei Phlebitis und Augenentzündungen.

Mit Beginn der *Virchow*schen Ära hörte man immer weniger und seltener von den Blutegeln, und am Beginn des 20. Jahrhunderts wurden sie offiziell überhaupt nicht mehr verwendet, zumindest in den deutschsprachigen Ländern. In Rußland, Polen, Rumänien, Frankreich und im Orient wurden sie immerhin von den Praktikern doch öfter appliziert. Auch die nicht graduierten Heilpersonen, die Bader und Feldschere, bedienten sich ihrer oft. Ebenso die Volksmedizin. In manchen Gegenden, z.B. in Kärnten, setzen sich die Frauen bei **klimakterischen Beschwerden** Blutegel an. Die bäuerliche Bevölkerung mancher Länder hielt zäh an der Aderlaß- und Blutegelanwendung fest, namentlich bei der Pneumonie und bei **Alterskrankheiten**.

Ich selbst konnte mich, angeregt durch jahrelanges historisches Studium und durch zahlreiche eigene Erfahrungen, ebenfalls von dem enormen Nutzen der Blutegel bei zahlreichen Krankheitszuständen überzeugen, wo dieses Heilmittel oft durch nichts anderes zu ersetzen ist.

In zahlreichen Vorträgen und Abhandlungen bemühte ich mich daher, den großen Nutzen der Blutegelanwendung bei den verschiedensten Erkrankungen darzutun, besonders bei **entzündlichen Zuständen des weiblichen Genitales**. Auch von meinen Mitarbeitern sind eine ganze Reihe von ausgezeichneten Erfolgen der Blutegelanwendung mitgeteilt worden.

Durch die zunehmende Ausbreitung der Konstitutionstherapie unter den praktischen Ärzten Deutschlands, Österreichs und der übrigen deutschsprachigen Länder, griff die Anwendung der Blutegel auf die verschiedensten Krankheitszustände immer mehr um sich. Eine große Anzahl von Briefen besitze ich aus allen Ländern, wo seitens der Kollegen dem großen Erstaunen und der Befriedigung Ausdruck gegeben wird, welche sie bei der überraschenden Wirkung der Blutegel erlebt haben.

So schreibt Dr. *Kapelner* (Kurarzt in Meran und Marienbad), daß er seit drei Jahren die alten, ihm aus der Volksmedizin und Landpraxis seiner Heimat bekannten Heilmethoden, welche er aber bei seiner klinischen Ausbildung in verschiedenen Ländern nicht angetroffen hatte, wieder mit mehr Aufmerksamkeit verfolgte und selbst verwendete. Er sagt u.a.: *„Ich habe als junger Mediziner in den kleinen Krankenhäusern der kleinen polnischen Ortschaften so viel von diesen (ableitenden) Maßnahmen gesehen und so viel außerordentliche Erfolge damals beinahe als selbstverständlich miterlebt, daß ich unwillkürlich später als Arzt auf den Kliniken Wiens und Berlins an diese Maßnahmen denken mußte, innerlich immer wieder dadurch verblüfft, daß diese Wirkungen weder in Berlin noch in Wien an den Kliniken überhaupt bekannt waren, und ich habe vielfach miterlebt, daß Erkrankungen, die ich gerade als junger Mediziner durch die Behandlung mit diesen einfachen Maßnahmen beinahe regelmäßig glänzend beeinflußt sah, auf den Kliniken allen modernen therapeutischen Errungenschaften vielfach trotzten. In der eigenen Praxis habe ich dann später selbst zu diesen alten Maßnahmen gegriffen.“*

Dr. Kapelner berichtet u.a. über erfolgreiche Blutegelbehandlung bei **Gallensteinkoliken, Mittelohrentzündung, Phlebitis** und beginnender **Phlegmone** am Unterschenkel.

Bottenberg hat dann in sehr verdienstvoller Weise, indem er das Naturheilverfahren mit unserer konstitutionstherapeutischen Richtung kombinierte, zahlreiche eigene Versuche unternommen, günstige Erfahrungen damit gemacht und das große darüber vorliegende Material gesammelt. Es ist in seiner Monographie *„Die Blutegelbehandlung“* (1935), in vorzüglicher Darstellung enthalten.

Er berichtet über ausgezeichnete Erfolge bei akuter und chronischer, auch rezidivierender **Thrombophlebitis**. Ferner bei varikösem **Unterschenkelgeschwür** und bei **Hämorrhoidalbeschwerden**. Die beginnende **Vereiterung**

von geschwollenen Lymphdrüsen konnte durch Blutegel rückgängig gemacht werden, ebenso **Mandelabszesse**, akute **Mittelohrentzündungen** und **Angina**. Er bringt auch Krankengeschichten des Wörishofner Arztes *Dr. Flamm*, welcher die *Kneipp*sche Methode mit Blutegeln kombinierte. *Flamm* heilte so **septische Angina** mit **Mundbodenphlegmone**, akute infektiöse **Meningitis**, ferner Meningismus bei Abdominaltyphus usw.

Bottenberg hat auch große **Furunkel** und **Nackenkarbunkel** mit Blutegeln zur raschen Ausheilung gebracht, ferner rheumatische **Iritis**, exsudative **Perikarditis** und **Pleuritis** sowie kruppöse **Pneumonie**.

Ferner mehrere Fälle von akuter **Gallenblasenentzündung**. Auch die Einklemmung eines Gallensteines ging zurück. Weitere solche Fälle sind akute **Appendizitis**, akute **Parametritis** und **Pelveoperitonitis**, **akuter Gelenkrheumatismus** und **Arthritis deformans**. Von den biologischen Ärzten *Dr. Bachem* und *Dr. Dinand* (beide in Frankfurt) bringt er auch Berichte über Heilung verschiedener Arthritiden, auch solche gonorrhoischer Natur.

Günstige Erfolge erzielte er auch bei klimakterischer **Hypertonie, Kopfschmerzen, Schwindelanfällen, Ohrensausen**. Auch einen von *Dr. Heisler* (Königsfeld, bad. Schwarzwald) behandelten Fall, betreffend eine arteriosklerotische **Hypertonie**, beschreibt er.

Ferner Kongestionszustände nach **Gehirnerschütterung, Apoplexie, Herzinsuffizienz, Stauungslunge, Stauungsleber**, idiopathisches **Glaukom**, ***Menière*sche Erkrankung, *Basedow*, Migräne, Netzhautablösung**.

Er bringt auch einen von *Dr. Naundorff* (Radiumbad Oberschlema) erfolgreich behandelten Fall von **Epilepsie** bei Amenorrhöe mit Berufung auf meine einschlägigen Lehrbücher. Weiterhin Besserung bei **multipler Sklerose**, klimakterischer **Depression**, bei **schizophrenem Irresein** und bei **Katatonie**. Schließlich bei **Angina pectoris** im Anschluß an tertiäre Lues.

Die Krankenberichte sind so ausführlich und eindrucksvoll, daß man sich der Überzeugung von der Notwendigkeit und dem Nutzen der Blutegeltherapie nicht länger verschließen kann.

10.2 Technik der Blutegelanwendung

Die Blutegel werden vom Apotheker in weithalsigen, mit frischem Wasser gefüllten Fläschchen geliefert. Kurz vor der Anwendung soll man das Wasser aus dem Fläschchen ausleeren und frisches Leitungswasser nachfüllen. Dadurch werden die Blutegel lebendiger und besonders dann, wenn sie nicht recht anbeißen wollen, hilft die öftere Wiederholung dieser Prozedur. Die betreffende Stelle, wo die Blutegel angesetzt werden sollen, wird mit Wasser und Seife gereinigt. Am besten tut das der Patient selbst vor Beginn der Behandlung zu Hause, oder man läßt ihn womöglich ein Bad nehmen. Sehr ängstlich braucht man bei der Desinfektion in diesem Falle überhaupt nicht zu sein, wenn nicht gerade dringender Verdacht auf Gasbrand oder Tetanusbazillen vorliegt. Ich habe im Laufe von zwanzig Jahren **noch nie eine Infektion nach Blutegelanwendung** gesehen, auch dort nicht, wo von anderer Seite unter primitiven Verhältnissen gar keine Desinfektion vorgenommen worden war. Es scheint, daß die Blutentziehung als solche antiphlogistisch wirkt.

Desinfektion der betreffenden Hautstelle mit Benzin, Alkohol, Äther, Kölner Wasser oder stark riechenden Seifen **soll vermieden werden**, weil die Blutegel sonst nicht anbeißen. Um das Anbeißen der Blutegel zu erleichtern, kann man die **Haut** bis zur deutlichen Rötung **reiben**, nötigenfalls sie auch mit einem Messer oder einer Nadel ritzen, so daß Bluttropfen kommen, doch ist das nur in den seltensten Fällen nötig.

Man setzt das offene Ende des Fläschchens mit den Blutegeln an die betreffende Hautstelle an, nachdem man das Wasser ausgeschüttet hat. Meist kriechen die Blutegel von selbst heraus und saugen sich mit beiden Enden fest. Gelingt das nicht, so muß man die Blutegel vorsichtig aus dem Fläschchen herausnehmen und an die betreffende Hautstelle ansetzen, meist beißen die Tiere nach einigem Herumsuchen schließlich an. Wollen die Tiere das aber unter keinen Umständen, dann sind sie ungeeignet, und eine neue Lieferung aus der Apotheke tut dann meist ihre Schuldigkeit. Man kann die Blutegel auch, jeden einzelnen in ein Likörglas, an der gewünschten Stelle aufsetzen.

Wenn die Blutegel angebissen haben, so läßt man sie so lange saugen, bis sie voll sind und **von selbst abfallen**. Sie vergrößern dabei ihr Volumen etwa um das Vier- bis Fünffache. Das geschieht etwa im Verlaufe von ½-1 Stunde. Ein Blutegel saugt sich mit etwa 5-8 Gramm Blut voll. Rechnet man aber noch diejenige Blutmenge hinzu, welche nachträglich abfließt, und das ist mindestens ebenso wichtig, so kommt man etwa pro Blutegel auf die dreifache Menge. Doch ist das ganz individuell verschieden, ja nach der Körperstelle, dem Blutreichtum usw. Will man aus irgendeinem Grunde die Egel früher zum Abfallen bringen, so braucht man sie nur mit **Salz** oder Alaun zu bestreuen.

Im allgemeinen ist **von der Wiederverwendung** gebrauchter Blutegel **abzuraten**. Man soll sie lieber wegwerfen, um jede Möglichkeit einer Krankheitsübertragung auszuschließen.

Sehr wichtig für den Heileffekt ist die nach Abfallen der Blutegel weiter bestehende **Nachblutung** aus den dreieckigen Blutegelwunden. Je nach der Schwere des Leidens, der Zahl der Blutegel und der Blutfülle bzw. je nach dem Kräftezustand kann man die Blutegelwunden 4-12 Stunden und auch darüber hinaus nachbluten lassen. Am besten ist es, die Blutegel morgens anzusetzen und den Patienten im Laufe des Tages, spätestens aber am Abend daraufhin zu kontrollieren. Setzt man die Blutegel abends an, so kann es bei schwächlichen Personen vorkommen, daß man in der Nacht von Kollapszuständen überrascht und alarmiert wird. Im Anfang meiner Praxis ist mir dies mangels einer geeigneten Anleitung einmal vorgekommen.

Man bedeckt die blutenden Stellen mit reiner Watte und wechselt diese jedesmal, wenn sie durchgeblutet ist. Will man die Blutung endgültig stillen, so legt man **Eisenchloridwatte** darauf. Diese, obwohl von den Chirurgen die längste Zeit verpönt, stillt die Blutung viel besser als Stryphnongaze, weil sie sich besser in die Wundöffnung hineinlegt, verfilzt und verkrustet.

Auch Alaunpulver kann man dazu aufstreuen. Manchmal steht aber die Blutung auch dann nicht, und da bleibt nichts anderes übrig, als einen spitzen **Lapisstift** mehrere Millimeter tief ins Zentrum der dreieckigen Blutegelwunde für 1-2 Minuten hineinzudrücken. Dann steht jede Blutung, selbst wenn eine Vene getroffen ist.

Die Blutegelwunden, besonders wenn sie mit Lapis nachbehandelt wurden, hinterlassen braune kleinfleckige **Narben**, welche erst nach Monaten verblassen, was in kosmetischer Hinsicht beachtet werden muß. Bei Erkrankungen der weiblichen Adnexe zum Beispiel empfiehlt es sich, die Blutegel innerhalb der Haargrenze oder wenigstens nahe daran anzusetzen, um Entstellungen möglichst zu vermeiden.

Bei Personen mit empfindlicher Haut (blonde, rothaarige, Lymphatiker, Allergiker) bildet sich manchmal eine entzündliche **Rötung** und Schwellung um die Blutegelwunde herum, begleitet von unerträglichem **Jucken**. Solche Personen fürchten dann gewöhnlich eine Wiederholung der Prozedur, obwohl eigentlich allergische Erscheinungen bisher nicht beschrieben worden sind.

Die **Zahl der Blutegel** schwankt von 1-20 Stück, wieder je nach der Schwere des Leidens, der Lokalisation und dem Kräftezustand. Man wird z.B. bei den Hirnblutungen neugeborener Kinder mit der Anlegung von 1-2 Blutegeln am Hinterkopf auskommen und sehr schöne Resultate erzielen. Auch bei Augen- und Ohrenerkrankungen genügen meist je 1-3 Blutegel jederseits hinter den Ohren, im Nacken oder an der Schläfe.

Dasselbe gilt für ihre Anwendung bei Angina oder Halsentzündung.

Bei Struma oder *Basedow* gibt man je nach der Größe des Kropfes 4-10 Blutegel, allenfalls zweimal im Monat wiederholt. Bei Herzleiden ebenfalls 4-8 Blutegel in der Herzgegend, dasselbe bei Lungenkrankheiten.

Bei Gallenblasenentzündungen, sonstigen Leber- oder Milzaffektionen 5-10 Blutegel. Ebenso viele bei rektaler Anwendung und bei Adnexerkrankungen. Bei Phlebitis kann man in schweren Fällen 5-20 Stück auf einmal anwenden, doch empfiehlt es sich, lieber eine kleinere Anzahl öfters anzuwenden.

10.3 Die Blutegelanwendung im Rahmen der Konstitutionstherapie

10.3.1 Allgemeine Indikationen

1. Die **deplethorische und dekongestionierende Wirkung**, lokal und bei intensiverer Anwendung auch auf den Gesamtorganismus, kommt zur Auswirkung bei Stauungszuständen verschiedenster Art, bei Blutandrang zum Kopf, zum Herzen, zur Lunge, zu den Unterleibsorganen, am Halse, an der Wirbelsäule und der Extremitäten. Bei den verschiedenen Formen der Plethora kann sie auch den Aderlaß vertreten.

2. Wegen der **antiphlogistischen Wirkung** wird es kaum eine Form der akuten Entzündung geben, bei welcher man nicht mit Nutzen Blutegel an Ort und Stelle ansetzen kann. Ja, sie sind dabei oft wirksamer und stets weniger riskant (z.B. bei Pneumonie) als der meist weit vom Orte der Entzündung entfernt vorgenommene Aderlaß. Auch bei chronischen Entzündungen sind sie oft nützlich.

3. Durch die **resolvierende, zerteilende Wirkung** werden nicht nur Kongestionen und Entzündungen, sondern auch ihre Folgezustände wie Exsudate, Blutergüsse rascher aufgesaugt. Auch gutartige Neubildungen und Hypertrophien, z.B. Struma, ferner die vergrösserte Leber und Milz, Herzhypertrophien und Herzdilatation gehen oft nach Blutegelanwendung zurück.

4. Die **krampf- und schmerzstillende** Wirkung hängt mit der dekongestionierenden, zerteilenden und antiphlogistischen Wirkung zusammen. Sie findet Anwendung bei Kopfschmerz, Augen- und Ohrenschmerz, Schmerzen der Lunge, des Herzens, der Venen, der weiblichen Adnexe, bei Gallen- und Nierenkoliken usw.

5. Die **attrahierende Wirkung** zur Beförderung der Menstruation und des besseren Hämorrhoidalflusses, seit alters her in bewährter Anwendung, ist von der heutigen Klinik so gut wie ganz vergessen.

Bei Plethora abdominalis, Hämorrhoidalbeschwerden, bei Kongestionen zum Kopf, bei Asthma bronchiale, Angina pectoris (Brustkrämpfen überhaupt), bei Stauung und Entzündung in der Leber und Gallenblase habe ich wiederholt durch Anlegen von **Blutegeln an den Mastdarm** auffallende Besserungen und Heilungen gesehen, selbst dort, wo Blutentziehungen an anderen Körperstellen (sei es der Aderlaß am Arm oder Blutegel am erkrankten Organ) nicht geholfen hatten. Es muß also doch um die uralte Erkenntnis der Ausleerung durch die Hämorrhoidalvenen, die „goldene Ader", ein von uns noch ungelöstes Rätsel bestehen. Das sollte eine Aufforderung sein, gerade in schwierigen Fällen an diesen Ausweg zu denken.

6. Sonstige Allgemeinwirkungen auf den Organismus, wie die **entgiftende, blutreinigende, stoffwechselverbessernde Wirkung**, treten natürlich nur bei Entziehung eines größeren Blutquantums entsprechend der analogen Wirkung des Aderlasses ein. Manche Autoren sprechen auch von einer **immunisierenden Wirkung** der Blutegelanwendung, welche sich an die antiphlogistische Wirkung anreihen dürfte.

7. Die Blutegelanwendung kann den Aderlaß überall dort vertreten, wo die Blutentnahme aus der Vene technisch schwer oder gar nicht durchführbar ist, z.B. bei Kindern, sehr fetten Personen oder wo sie Einwirkung auf ein bestimmtes Kreislaufgebiet gewünscht wird (*Bottenberg*). Blutegel können ferner auch überall dort verwendet werden, wo blutiges oder unblutiges Schröpfen angezeigt ist. Nach Ansicht der älteren Ärzte saugen aber die Blutegel das Blut aus viel größerer Tiefe als die Schröpfköpfe.

Ganz ähnlich wie beim Aderlaß überschneiden sich die oben angeführten allgemeinen Indikationen bei der Anwendung im Einzelfall. Man könnte auch darüber einen dicken Band schreiben und bei virtuoser Anwendung, so wie viele alte Wundärzte es taten, einen sehr großen Teil aller Krankheitszustände günstig damit beeinflussen. Eine möglichst vielseitige, aber kurzgefaßte Übersicht soll das darstellen.

10.3.2 Krankheiten im Bereiche des Kopfes

1. **Kopfschmerz** und Migräne, Kopfneuralgie.

2. **Schwindel**, eingenommener Kopf, Kopfdruck, Ohrensausen.

3. **Apoplexie**, Hitzschlag, Sonnenstich, Kongestionen.

4. akute und chronische **Meningitis**, Meningitis serosa, Hirndruck.

5. **Gehirnerschütterung**, Schädelbasisbruch.

6. **Epilepsie**.

7. **Psychosen**.

10.3.3 Ohrenkrankheiten

Schwindel, Ohrensausen, Schwerhörigkeit, *Menière*sche Krankheit, Otosklerose, akute **Mittelohrentzündung**, Verhütung von Sinusthrombose und zerebralen Komplikationen.

10.3.4 Augenkrankheiten

Alle akuten und chronischen **Entzündungen** der verschiedenen Schichten des Auges. Ferner **Glaukom**, als resorbierendes Mittel auch bei Katarakt, ferner als Ableitungsmittel bei allen Blutungen ins Auge und sonstigen schwer beeinflußbaren Zuständen (Netzhautabhebung).

Bei den häufigen Augenleiden der Klimakterischen (Iritis, Glaukom, Netzhautabhebung, Chorioiditis) wurden auch öfters Blutegel mit Vorteil von meinen Mitarbeitern angewendet, und zwar hinter den Ohren und an der Schläfe.

10.3.5 Halskrankheiten

1. **Angina** und Diphtherie.
2. Struma, *Basedow*.
3. Bei hartnäckiger akuter und chronischer Laryngitis, bei Glottisoedem usw.

10.3.6 Herzkrankheiten

1. **Angina pectoris** (Blutegel wirken hier schmerz- und krampfstillend, während der Aderlaß tödlich sein kann).
2. **Endokarditis, Myokarditis** und **Perikarditis**.
3. Akute und chronische Dilatation sowie Hypertrophie des Herzens.
4. Herzfehler, besonders im Stadium der Dekompensation.
5. Überall dort, wo auch der Aderlaß angezeigt ist.

Bei Endokarditis lenta hörte ich immer nur von vorübergehenden Erfolgen mit Blutegelbehandlung in der Herzgegend. Über schöne Erfolge berichten *Bottenberg* und andere bei Perikarditis. Ich selbst habe deutlichen Nachlaß der Beschwerden bei Angina pectoris, luetischer Aortitis, bei Herzfehlern, Herzverbreiterung und Arrhythmie gesehen, während Aderlaß bei Angina pectoris und Aortitis rasch letal wirken kann.

10.3.7 Lungen- und Rippenfellkrankheiten

1. **Pneumonie**. Bei der Pneumonie heißt es, daß der Aderlaß oft ein zweischneidiges Schwert ist. Mit Blutegeln kann man niemals schaden, nur nützen.
2. **Asthma bronchiale**. Bei Asthma bronchiale sah ich oft mit gutem Erfolg 8-10 Blutegel über der Lunge beiderseits am Rücken anwenden. Man bewirkt dabei gleichzeitig Blutentziehung und Ableitung auf die Haut bzw. Derivation. Am besten natürlich immer in Kombination mit den sonstigen umstimmenden Mitteln.
3. **Pleuritis**. Bei Pleuritis kann man ebenfalls Blutegel verwenden, man kommt aber oft mit Cantharidenpflaster allein aus.
4. **Lungentuberkulose**. An der Stelle des Schmerzes, zur Verhütung von Lungenblutungen und zur Eindämmung der lokalen Entzündung und Vereiterung bzw. Kavernenbildung.
5. **Emphysem, chronische Bronchitis** und sonstige mit Hyperämie bzw. Stauung einhergehenden Lungenleiden.

10.3.8 Krankheiten der Bauchorgane

1. Bei **Gallenblasenentzündung, Gallenkoliken** (sehr prompte Wirkung!), **Leberentzündung, Leberstauung**, Zirrhose. Ich kann über eine größere Anzahl von Fällen mit akuter und chronischer Gallenblasenentzündung berichten, wie man sie im Wochenbett, im Klimakterium und bei Hypomenorrhöe öfters sieht. Meist war schon die übliche interne Behandlung mit Umschlägen, Thermophor, Belladonna und dgl. vorangegangen, gelegentlich sogar eine Operation schon in Aussicht genommen. Es half nebst Ableitung auf den Darm immer entweder der Aderlaß oder das Anlegen von 4-10 Blutegeln, je nach dem Kräftezustand, in die Gegend der Gallenblase. Auch Gallensteinkoliken konnten bei gleichzeitiger Ableitung auf den Darm damit wirksam bekämpft und die Operation fast ausnahmslos vermieden werden.

2. **Milztumor**, Splenitis (man sieht oft unmittelbar nach Blutentziehung Rückgang des Tumors).

3. **Pankreatitis** und Pankreasnekrose.

4. **Magenschmerzen, Magenkrampf, Ulcus** ventriculi und duodeni, besonders in den Anfangsstadien, auch zur Ableitung einer beginnenden Blutung. Bekanntlich hebt Magenblutung die Ulcusbeschwerden auf. Willkürlich und viel ungefährlicher läßt sich das durch Blutegel oder Aderlaß erzielen. Antiphlogistische, derivierende und krampfstillende Wirkung.

Mehrere meiner Mitarbeiter berichteten über raschen Rückgang von Schmerzen und Blutungen bei Ulcus ventriculi und Ulcus duodeni nach Anlegung von 5-8 Blutegeln über der schmerzhaften Stelle an den Bauchdecken.

5. **Appendizitis**, dort, wo eine Operation aus äußeren Gründen nicht in Frage kommt.

6. Typhus und Dysenterie in geeigneten Fällen zur Verhütung von Darmblutungen und Nekrosen.

7. Sonstige **Entzündungen des Dünn- und Dickdarmes**, auch des Rektums.

8. Anlegung an den **Hämorrhoidalvenen**, was erfahrungsgemäß (trotz der getrennten anatomischen Bahnen) zur Entlastung des Pfortaderkreislaufs führt und gelegentlich Apoplexie, aber auch Asthma, Angina pectoris und dgl. zu verhüten oder zu bessern bzw. zu heilen imstande ist.

9. **Peritonitis**.

10.3.9 Krankheiten der Harn- und Geschlechtsorgane

1. **Nierenleiden**. Überall dort, wo auch Aderlaß gemacht werden könnte, besonders dann, wenn er technisch nicht möglich ist, z.B. bei Kindern, bei akuter, hämorrhagischer und bei chronischer Nephritis, bei Nierenkoliken, zur Verhütung drohender Nierenabszesse, auch solcher der Nierenumgebung.

2. Verschiedene Formen heftiger **Zystitis** (ulzeröse, hämorrhagische Form), besonders wenn Stauung bzw. Kongestion in den Beckenorganen vorliegt. Selbstverständlich dürfen Neoplasmen oder Fremdkörper nicht übersehen werden.

3. **Prostatahypertrophie** und **Hodenentzündung**. Mehrere meiner Mitarbeiter konnten bei Prostatahypertrophien, welche schon zur Operation bestimmt waren, durch Anlegen von 6-8 Blutegeln am Damm und entsprechende resolvierende Darmableitung die gestörte Harnentleerung wieder herstellen und die Operation umgehen.

4. **Entzündung des Uterus, der Adnexe, der Parametrien**. Namentlich bei entzündlichen Adnextumoren, oft von schlagartiger, verblüffender Wirkung, kürzt die Blutegelbehandlung den Krankheitsverlauf um ein Vielfaches ab und erspart oft eingreifende Operationen. Im Beginne kann es die sekundäre Sterilität verhindern.

5. Bei **zu seltener und zu spärlicher Menstruation**, an der Vulva oder an der Innenseite der Oberschenkel. In der Gynäkologie gilt die Behandlung einer Amenorrhöe, welche länger als ein halbes oder ein ganzes Jahr dauert, als sehr schwierig, wir finden aber bei Psychosen, insbesondere aber bei Schizophrenie, auch Amenorrhöen von 2-4jähriger Dauer. Wir behandeln immer auch die einzelnen Symptome daher auch die Amenorrhöe, und hatten oft dabei mit Blutegeln am äußeren Genitale prompten Erfolg.

Es ist dabei am besten, die Blutegel an die äußeren Schamlippen anzusetzen. Schwächer wirken sie am Ober- oder Unterschenkel, in der Leistengegend und am Kreuzbein. Allenfalls auch am Damm und Mastdarm in emmenagogem Sinne.

Bei Psychosen bewährt es sich auch oft, die Blutegel an den Schläfen, hinter den Ohren, am Nacken und am Mastdarm anzusetzen. Letzteres besonders bei Melancholie.

10.3.10 Gelenk-, Muskel- und Nervenentzündungen

1. Akute und chronische **Gelenkentzündung**, auch Fungus,
2. **Lumbago, Ischias, Muskelrheuma, Neuritis, Tendovaginitis**. In mehreren Fällen von Ischias und Lumbago, wo die Hautableitungsverfahren nicht den gewünschten Erfolg hatten, gelang es, mit Blutegeln das Leiden rasch zu beheben. Immer war in derartigen Fällen die untere Körperhälfte stark mit Blut überfüllt, Cutis marmorata, Varizen usw. Auch Hitzegefühl in der betreffenden Extremität deutet auf Indikation für Blutegel hin.

10.3.11 Anwendung in der Chirurgie

1. **Phlebitis** und **Thrombose**.
2. Hirnerschütterung, Schädelbasisbruch sowie bei **Kontusionen** überhaupt zur Verhütung der reaktiven Entzündung.
3. Bei **Entzündungen der Bauchorgane**, manchmal lebensrettend bei inoperablen Fällen von Peritonitis oder Ileus.

10.3.12 Anwendung in der Kinderheilkunde

Ich konnte zeigen, daß man bei Neugeborenen nach schweren Geburten durch Anlegen von zwei Blutegeln am Hinterkopf die Folgen des in neuerer Zeit soviel beachteten **Geburtstrauma** bedeutend mildern kann mit oft lebensrettender Wirkung.

Durch langdauernde Geburten oder Kompression durch Zangendruck entstehen Blutaustritte in die Hirnsubstanz und zwischen die Hirnhäute mir nachfolgender reaktiver Hyperämie und mehr oder minder schweren Folgeerscheinungen, wie Störungen der Atmung, Zyanose, Konvulsionen, Zuckungen.

Bei einem solchen schon verloren geglaubten Fall, wo der zugezogene Kinderarzt Prof. *Leiner* als letztes Auskunftsmittel eine intralumbale Injektion von Magnesiumsulfat empfohlen hatte, setzte er auf meinen Vorschlag hin zwei Blutegel an, worauf die Zuckungen noch am gleichen Tage aufhörten und der Zustand in rasche Genesung überging.

Eines Versuches wert ist auch das Anlegen von 2-4 Blutegeln am Thorax nach langer fortgesetzter künstlicher Atmung, wenn das Neugeborene schon schreit, weil sich durch die damit verbundene Kontusion oft nachträglich eine Pneumonie entwickelt.

Im späteren Kindesalter sind Blutegel angezeigt bei **schwerer Angina**, bei **Diphtherie**, bei **Kongestionen zum Kopf** mit und ohne Konvulsionen. Ältere Autoren. z.B. *Stoerck*, empfehlen Blutegel bei **Keuchhusten**.

Weitere Indikationen sind: **Hirnhautentzündungen**, Hydrozephalus, akute und chronische **Augenentzündungen**. *Hecht* und *Zischinsky* haben gezeigt, daß man so manche Radikaloperation vermeiden kann.

10.4 Beispiele für Blutegelanwendung

Im Jahre 1919 behandelte ich folgenden Fall von **Thrombophlebitis** in der Schwangerschaft.

28jährige Erstschwangere, Gravidität im achten Monat, sehr fetteibig und vollblütig, entzündete und schmerzhafte fingerdicke Krampfadern, beiderseits vom Knöchel bis in die Leistengegend hinaufreichend, subfebrile Temperaturen. Patientin lag schon seit sechs Wochen zu Bett. Auf Anordnung des Hausarztes waren Umschläge mit essigsaurer Tonerde und Hochlagerung vorgenommen worden, jedoch mit wenig Besserung.

Die Patientin war eigentlich darauf schon gefaßt, daß sie bis zum Ende der Schwangerschaft im Bett bleiben müsse. Um nicht zu starken Blutandrang nach unten und damit die Gefahr einer Frühgeburt zu verursachen, ging ich sehr vorsichtig zu Werke und ließ alle drei Tage vier Blutegel auf je einen Ober- und Unterschenkel setzen und ordentlich nachbluten.

Die entzündlichen Erscheinungen sowie das Oedem der Beine gingen rasch zurück, nach Abschluß der Blutegelbehandlung wurden zweimal täglich leichte Einreibungen mit Linim. ammoniatum volatile an den Beinen gemacht. Nach zwei Wochen konnte Patientin das Bett verlassen, Schwangerschaft und Geburt gingen anstandslos zu Ende.

In zwei anderen Fällen habe ich gerade bei solchen aseptischen Thrombophlebitiden in der Schwangerschaft auch mit Aderlaß Ähnliches erreicht. Sehr drastisch verlief auch folgender Fall von chronischer Phlebitis:

Eine 47jährige sehr fleißige und energische Geschäftsinhaberin trug sich mit dem Gedanken, ihr Geschäft zu verkaufen, weil sie wegen fortwährend rezidivierender Venenentzündung an beiden Unterschenkeln nicht mehr stehen konnte. Sie lag bereits vier Monate fast ununterbrochen zu Bett und hatte im wesentlichen auch nur Umschläge und Hochlagerung verordnet bekommen. Wegen gleichzeitiger klimakterischer Beschwerden wurde ich zugezogen. Ich verordnete, da Patientin außerdem sehr fettleibig war (87 kg Gewicht) eine Entfettungskur mit Ableitung auf den Darm und einen Aderlaß, worauf Besserung eintrat.

Aber erst die Applikation von sechs Blutegeln auf jeden Unterschenkel brachte rapiden Umschwung, und die Patientin war in drei Wochen vollkommen hergestellt.

Bei solchen Fällen hat man oft den Eindruck, als ob eine zu große Viskosität des Blutes, vielleicht auch eine gewisse entzündliche Schärfe desselben (man nannte das früher „dickes" und „scharfes" Blut), die Thrombosen hervorrufe, und daß blutverdünnende, ausleerende Methoden diesen Zustand beheben. Man tut immer noch am besten, nach der erwähnten empirischen Anschauung vorzugehen, mag sie auch noch so naiv und unwissenschaftlich klingen. Aber sie hat den Erfolg für sich.

Bottenberg und andere Autoren machten die Beobachtung, daß Krampfaderbeschwerden, auch das Gefühl von bleierner Schwere in den Beinen durch lokale Blutentziehung (also Blutegel oder Anstechen der Knoten) sicherer beseitigt werden als durch Aderlaß am Arm. Ich kann das auch aus meiner Erfahrung durchaus bestätigen.

Mit Recht berichten *Hauptstein* (Univ.-Frauenklinik in Freiburg) und *Bottenberg*, daß die postoperativen Thrombosen der Beine nicht immer so prompt auf Blutegel zurückgehen, wie die übrigen Fälle. Auch das kann ich bestätigen, obwohl ich glücklicherweise solche postoperative Thrombosen nur recht selten bei meinen Fällen gesehen habe, indem ich häufig den prophylaktischen Aderlaß gleich unmittelbar nach der Operation machte und außerdem glaube, daß bei der von mir bevorzugten konservativen Myomoperation die Emboliegefahr geringer ist als bei der totalen Uterusexstirpation, bei welcher man mit den großen Gefäßen in unmittelbare Berührung kommt.

In einem Falle hatte ich allerdings den Eindruck, als ob im Anschluß an die intensive Blutegelbehandlung einer postoperativen Oberschenkelthrombose ein Lungeninfarkt aufgetreten wäre. In allen übrigen Fällen aber war der wohltätige Einfluß der Blutegel auch bei postoperativer Thrombose ganz offenkundig.

Ganz versagt haben die Blutegel leider bei einem Falle von Thrombophlebitis migrans, welche am Arm begann und trotz interner und Blutegelbehandlung sowie rechtzeitiger chirurgischer Intervention mit tödlicher Gangrän eines Beines endete. Aber das sind die seltenen Ausnahmen. Man soll solche auch nicht verschweigen, um ein wirklich wahrheitsgemäßes Bild zu bekommen.

Sehr eindrucksvoll ist die Wirkung der Blutegel bei den akuten und chronischen **Entzündungen des weiblichen Genitales**. Ich behandelte 1922 folgenden Fall:

Eine 34jährige Patientin hatte im Anschluß an eine Sectio caesarea (infantiles Becken) eine Empfindlichkeit der linken Adnexe zurückbehalten. Sie erkrankte infolgedessen nach Erkältungen oder körperlichen Anstrengungen öfters an linksseitiger Adnexentzündung. Einmal lag sie mit einem solchen hühnereigroßen Adnextumor sechs Wochen zu Bett und war nur auf die übliche Weise mit Umschlägen, Ichthyol, Thermophor behandelt worden.

Zu einem neuerlichen solchen Anfall mit Fieber zwischen 38 und 39 und apfelgroßem Adnextumor wurde ich zugezogen. Ich ließ sechs Blutegel in die Unterbauchgegend links ansetzen und einen halben Tag nachbluten. Zu meinem eigenen größten Erstaunen sank das Fieber am nächsten Tag auf 37,4, und binnen drei Tagen war der Adnextumor auf die Hälfte verkleinert, nach einer Woche kaum mehr zu tasten.

Auf Grund dieser Erfahrung wendete ich die Blutegel bei akuten, aber auch bei chronischen Adnexentzündungen von da ab regelmäßig an, wenn Umschläge, Ichthyol und dgl. nicht rasch zum Ziele führten.

Das Verfahren wurde dann auf Grund meiner zitierten Arbeit von verschiedenen Frauenkliniken, z.B. in München und Frankfurt, nachgeprüft und die Erfolge bestätigt. Es ist ja auch mehr als selbstverständlich, denn die Blutegel wirken fast bei jeder Entzündung. Gerade in der heutigen Zeit, wo man auf Ersparung, Abkürzung der Krankheitsdauer, Vermeidung von Operationen und Komplikationen hinarbeiten sollte, ist es eigentlich unverantwortlich, ein expeditives Verfahren wie die Blutegel aus Bequemlichkeit und Voreingenommenheit auszuschalten.

Auch bei akuter und chronischer Metritis und Parametritis, bei Hypertrophien und Stauungszuständen am Uterus kann das Blutegelverfahren Gutes leisten. Natürlich immer am besten in Kombination mit anderen antiphlogistischen und resolvierenden Mitteln externer und interner Natur.

Eine 32jährige Frau bekam im Anschluß an eine gonorrhoische Infektion eine bretthafte Infiltration beider Parametrien, welche bis über das kleine Becken hinaufreichte und rechts auch von außen gut zu tasten war. Bekanntlich dauern solche Fälle oft viele Monate lang. Auch bei der betreffenden Patientin war von klinischer Seite bereits alles mögliche versucht worden. Umschläge, Ichthyol, Thermophor, Heißluft, Diathermie und Reizkörpertherapie.

Sie wurde schließlich aus der klinischen Behandlung entlassen, lebte zu Hause und galt in der ganzen Gegend als schwerkrank und sozusagen unheilbarem Siechtum verfallen. Sie konnte nur mühsam und in gekrümmter Haltung gehen und ihren Beruf als Pianistin nicht ausüben. Die Temperaturen waren subfebril.

Nachdem die Erkrankung schon sieben Monate gedauert hatte, wurde ich zugezogen. Der Uterus war wie eingemauert, die Parametrien wie oben geschildert. Wenn in einem Organismus so besonders hartnäckige Entzündungen und Komplikationen auftreten, soll man immer nach sonstigen Gründen dafür suchen. Ich fand als Erklärung eine seit mehreren Jahren zu spärliche Menstruation von nur 1½tägiger Dauer. Ferner Blutüberfüllung des ganzen Körpers mit blauroter Verfärbung der Arme und Beine, besonders der Hände, fast nach Art einer *Raynaud*schen Erkrankung.

Ich machte einen ausgiebigen Aderlaß von 300 ccm, worauf allein schon bedeutender Rückgang der Schmerzen und Erweichung des Infiltrates eintrat. Anlegung von zehn Blutegeln am Unterbauch, später andere Resolventia wie Tee von Rad. Graminis und Weinsteinpräparate brachten das Infiltrat in fünf Wochen vollständig zum Verschwinden. Patientin ist seither gänzlich fieber- und schmerzfrei und kann zum Erstaunen der ganzen Umgebung wieder ihrer Arbeit nachgehen.

Fast gar nicht angewendet werden die Blutegel seitens der Klinik bei **Lungeninfarkt**. Ich erlebte folgenden Fall:

Im Anschluß an eine vaginale Uterusexstirpation wegen Karzinom trat kurz vor der Entlassung aus dem Krankenhause ein rechtsseitiger Lungeninfarkt auf (Temperatursteigerung, Schmerzen, gehemmte Atmung, blutiger Auswurf). Die sehr erfahrenen Ärzte des dortigen Krankenhauses sprachen ihr Bedauern aus, daß die Patientin, welche sich schon auf das Nachhausegehen gefreut hatte, nun noch 4-6 Wochen in der Anstalt bleiben müsse.

Ich setzte an der betreffenden Stelle sechs Blutegel an. Patientin war schon am nächsten Tage beschwerdefrei, der blutige Auswurf verringerte sich rasch, und nach einer Woche konnte Patientin beschwerdefrei nach Hause entlassen werden. Zur Nachbehandlung und rascheren Resorption bekam Patientin noch ein Cantharidenpflaster 5 × 5 cm auf die betreffende Stelle gelegt.

Bei **Struma** und *Basedow* schreibt die alte Medizin lokale Blutentziehungen vor. Sehr wirksam erwies sich das in folgendem Fall:

Frau M. St., eine 46jährige, große, robuste Frau aus einem Gebirgsort in den Alpen. Die schon seit der Pubertät bestehende Struma hatte sich mit dem Nachlassen der Menstruation in den letzten Jahren mächtig vergrößert, Halsumfang 45 cm. Sie fühlte sich parenchymatös an mit einzelnen haselnußgroßen härteren Knoten und war ziemlich gleichmäßig über die ganze untere Halspartie verteilt.

Da Patientin sehr vollblütig war, machte ich einen Aderlaß von 300 ccm, und setzte zwei Wochen später acht Blutegel im Bereiche der Struma an. Dadurch allein schon deutliches Zurückgehen des Halsumfanges um 3 cm. Die Blutegelbehandlung wurde alle vier Wochen wiederholt, außerdem bekam Patientin eine Salbe mit 10% Extr. Conii zum Einreiben am Hals und intern Glaubersalz.

In vier Monaten war der Halsumfang auf 38 cm zurückgegangen, so daß man nur bei näherem Zusehen von den Resten des Kropfes noch etwas bemerken konnte. Auch das sonstige Befinden der Patientin war zufriedenstellend.

Bei **Schwindel**, Ohrensausen, auch *Menière*scher Krankheit und Schwerhörigkeit bewirken Blutegel, wenn auch nicht immer, so doch auffallend oft Besserung und Heilung. Namentlich der Schwindel infolge Kopfkongestion bei Klimakterischen mit und ohne Hypertonie spricht darauf günstig an. Das ist um so wichtiger, als ja die Internisten und Ohrenärzte immer wieder erklären, daß man gegen diese Zustände machtlos sei. Auch wenn der Schwindel als Vorbote der drohenden Apoplexie aufgefaßt wird, kann man durch Blutegel am besten vorbeugen, mit und ohne gleichzeitigen Aderlaß. Stets soll man dabei auch Darmableitung anordnen.

Ein Beispiel:

48jährige Patientin, Menopause seit ¾ Jahren, im Anschluß daran zunehmende Schwindelanfälle, beim Liegen im Bett sind diese nicht vorhanden, jedoch bei jedem Versuch, sich aufzurichten oder umzudrehen. Patientin war deshalb schon in den letzten Wochen berufsunfähig und zum Teil sogar bettlägerig. Der Hausarzt hatte einen Otologen zugezogen.

Dieser konnte am Ohr, wie meist in solchen Fällen, nichts Organisches finden, und so blieb die Patientin ohne Hilfe. Auch die Ärzte waren ratlos. An ein Ableitungsverfahren dachte zu dieser Zeit (1925) noch niemand. Ich ließ hinter jedes Ohr drei Blutegel setzen und einen halben Tag nachbluten, verordnete intern Seidlitzpulver und als eine Art Spezifikum für die nächsten acht Tage Aether aceticus, dreimal täglich fünf Tropfen auf Zucker. Der Schwindel war schon am nächsten Tage weg und kehrte nicht wieder, da Patientin auch ein entsprechendes ableitendes Regime für die Folgezeit einhielt.

Nicht vermissen möchte ich die Blutegel bei der Behandlung hartnäckiger **Amenorrhöen**. In meiner Praxis sehe ich häufig Fälle von besonders schweren innersekretorischen Störungen, welche schon durch viele Hände gegangen und gewissermaßen als *ultimum refugium* von den behandelnden Ärzten namentlich des Auslandes auf Grund der Lektüre meiner innersekretorischen und konstitutionstherapeutischen Schriften an mich gewiesen werden. Es sind das meist Fälle, welche schon alle erdenklichen Hormonpräparate in größter Quantität und Dauer erhalten haben. Ebenso Moorbäder, Bestrahlungen und dgl.

Ein Beispiel:

Frl. M. G., 22 Jahre, aus Krakau. Erste Menses mit 14 Jahren, meist unregelmäßig, 6-8wöchentlich, seit 1 ½ Jahren ganz ausgeblieben, dabei abwechselnd Angst-, Depressions- und Erregungszustände leichteren Grades (eine Schwester der Patientin starb an Hypophysentumor). Sie hatte Moorbäder, Menformoninjektionen, Progynon, Hypophysenpräparate, alles ohne Erfolg, bekommen. Ebenso Diathermie. Die Untersuchung ergab mäßige Fettsucht, 71 kg bei 163 cm Körpergröße, ziemliche Hypertrichosis, auch im Gesicht, trockene Haut, Patientin schwitzt nur schwer, starke Akne am Rücken und im Gesicht.

Ich verordnete eine Entfettungskur mit Ableitung auf den Darm und Senffußbäder. Auch täglich Anlegung einer Schröpfglocke an der Innenseite der Oberschenkel. Außerdem dreimal täglich *Ruff*sche Pillen und Moorsitzbäder. Patientin nahm in zwei Monaten 10 kg ab. Es stellte sich wohl ein drängendes Gefühl nach unten ein, ebenso Kreuzschmerzen, aber die Menstruation war noch nicht eingetreten.

Am 23. Januar 1935 ließ ich acht Blutegel an die äußeren Labien ansetzen. Schon am nächsten Tage trat eine starke Menstruation von sechstägiger Dauer ein, welche fortan, also bis jetzt über 1 Jahr lang, ziemlich regelmäßig alle vier Wochen wiedergekehrt sind. Auch das Allgemeinbefinden war vollkommen zufriedenstellend.

10.5 Kontraindikationen

Die allgemeine Körperbeschaffenheit wird stets zu beachten sein. Mit Recht warnt *Bottenberg* davor, Blutegel bei Blutern anzusetzen und mahnt zur Vorsicht bei gleichzeitiger Anwendung von Quecksilberpräparaten.

Auch bei Gangrän der Diabetiker und überall dort, wo schlechte Wundheilungsbedingungen vorliegen, wird man mit der Anwendung von Blutegeln zurückhaltend sein.

11 Technik des Schröpfens

11.1 Geschichtliches über das Schröpfen

Sehen wir uns in der Medizingeschichte um, so ist das blutige und unblutige Schröpfen noch älter als Aderlaß und Blutegel und wird bis vor hundert Jahren in eben solchem Umfang und mit ebenso zahlreichen Indikationen ausgeführt.

Daß das Schröpfen so früh in der Medizin aller Primitiven und alten Kulturvölker auftritt, erklärt sich vielleicht daraus, daß es der ursprünglichen Instinkthandlung des Saugens (bei Wunden, Schlangenbissen, Schmerzen, Entzündungen usw.) nachgebildet ist. In den ältesten Abbildungen medizinischer Instrumente gehören Schröpfköpfe zu den häufigsten Objekten der Darstellung. Kein medizinisches System der früheren Zeit glaubt ohne sie auskommen zu können, heute dagegen erklärt man (genau so war es mit Aderlaß und Blutegel um die Jahrhundertwende) das Schröpfen für veraltet, lächerlich und überflüssig.

Untersuchen wir einmal zunächst an Hand der Geschichte und dann auf Grund neuerer Erfahrungen, ob dieses Urteil berechtigt ist.

Die Anwendung der Schröpfköpfe findet sich in der Medizin aller primitiven Naturvölker (Neger, Indianer, Malaien usw.) und ebenso bei den ältesten Kulturvölkern, z.B. in der ägyptischen Medizin. Die indische Medizin scheint Blutegel zu bevorzugen und vergleicht diese mit einem stechenden Schröpfkopf, doch werden mit Lampen erwärmte Schröpfköpfe auch ausdrücklich erwähnt.

11.1.1 Hippokrates

Wenn man heute so viel von Hippokratismus spricht, so lohnt es sich, die zahlreichen und offenbar auch wirksamen Anwendungsweisen der Schröpfköpfe bei *Hippokrates* zur Kenntnis zu nehmen. Manche mögen sagen: „Wozu brauchen wir diese längst veralteten und überholten Dinge bei unserer heutigen so vervollkommneten Technik." Ihnen ist zu erwidern, daß z.B. hartnäckige **Ischias** den modernsten Diathermiebehandlungen nicht weicht, wohl aber durch blutiges Schröpfen in wenigen Stunden mit ziemlicher Sicherheit beseitigt werden kann, so schnell wie durch nichts anderes. Das schreibt ausdrücklich noch *Tissot*, und man kann sich auch jederzeit noch heute davon überzeugen.

In seiner Schrift über die alte Medizin spricht *Hippokrates* von Schröpfköpfen, welche zu dem Zwecke breit und dann in eine Spitze auslaufend hergestellt werden, *„um aus dem Fleische etwas herauszuziehen und an sich zu reißen"*.

Verschieden gestaltete Schröpfköpfe gehörten zu den wichtigsten Inventarstücken der ärztlichen Konsultationsstuben, wie Hippokrates in der Schrift „Der Arzt" (Kap. 7) andeutet. In der ursprünglichsten Form diente als Schröpfkopf ein Horn, durch dessen obere Öffnung die Luft ausgesogen wird, worauf der Finger oder Wachs die Öffnung verschließt.

Die Schröpfköpfe dienten dazu, **lokal Krankheitsstoffe herauszuziehen** oder Krankheitsstoffe (*Hippokrates* nennt sie „Flüsse") von entfernten erkrankten Organen **abzuleiten**. Für die dazu notwendige Skarifikation empfiehlt *Hippokrates „am Rande umgebogene, nicht zu schmale Messer, weil hie und da klebrige, zähe Flüssigkeiten herauskommen und dann die Gefahr besteht, daß sie in den Schnittwunden, falls dieselben eng sind, stehenbleiben"*.

In den Aphorismen V heißt es: *„Wenn man bei einer Frau die Menses zurückhalten will, lege man einen möglichst großen Schröpfkopf an den Brüsten an."* Die Wirkung braucht man sich nicht bloß auf die bekannte reflektorische Weise vorzustellen, sondern kann auch an eine tatsächliche Ableitung des Blutstromes nach oben denken. Es gibt genug Fälle von **Metrorrhagien** bei jüngeren Frauen, die auf Medikamente und Hormone nicht genügend reagieren, und wo man keinen anderen Ausweg als Radikaloperation sieht. In solchen Fällen wäre ein Versuch mit diesem harmlosen Mittel sicher gerechtfertigt. Umgekehrt ist die Anlegung eines Schröpfkopfes an der unteren Körperhälfte, besonders an den *Head*schen Zonen des Genitales, eines der wirksamsten äußeren **Emmenagoga** bzw. Attrahentia.

In der Schrift „Die Krisen“ (Kap. 59) steht: *„Wenn einer sehr heftige* ***Kopfschmerzen*** *hat, so lege man, welcher der oberen Teile auch erkrankt sein mag, einen Schröpfkopf auf.“* Ferner wendet *Hippokrates* Schröpfköpfe mit Skarifikation an bei fieberhafter **Angina**, und zwar am ersten Halswirbel und neben den Ohren. Bei Besprechung der **Lungenentzündung** heißt es: *„Wenn sich der Schmerz unter die Schulterblätter verzieht, so setze man einen Schröpfkopf auf und öffne die Adern an den Händen.“*

In der Schrift „Die inneren Krankheiten“ (Kap. 21) heißt es: *„Wenn es einem angezeigt erscheint, aus der Lendengegend Blut abzuzapfen, so lege man einen Schröpfkopf auf und öffne die dicksten Adern im Scrotum. Wenn ein derart Erkrankter auf diese Weise behandelt wird, so wird er möglichst rasch wieder gesund.“* Ischias und **Lumbago** sowie die oft recht schwer beeinflußbaren Kreuzschmerzen verschiedener Art gehören hierher.

Im Kap. 41 dieses Buches wird eine Art **akuter Gelenkrheumatismus** geschildert. *Hippokrates* empfiehlt warme Umschläge, Einreibung mit Olivenöl, Abführmittel und alle sechs Tage Nieswurz als Brechmittel. *„Wenn sich irgendwo an den Gelenken eine Geschwulst zeigt, so lege man einen Schröpfkopf auf und entziehe Blut, indem man mit einer dreieckigen Nadel in die Knie einsticht.“* Der Heilungsverlauf wird dadurch bedeutend abgekürzt und Gelenkversteifung weit eher vermieden als ohne diese Behandlung.

Im Kap. 51 des genannten Buches wird das **Hüftweh** (Ischias und Coxitis) beschrieben. Auch hier werden als interne Behandlung verschiedene Abführmittel, Brechmittel und Blutreinigungsmittel verordnet. Ferner Dampfbad, Kauterisation mit dem Glüheisen, Schröpfkopf und Aderlaß in der Kniekehle.

Gegen **Ohrenschmerzen** und Ohrenentzündung (Kap. 12) empfahl *Hippokrates* Eingießung von erwärmten und in Bittermandelöl gelösten Arzneimitteln und Anlegen eines Schröpfkopfes am Hinterkopf. Ferner wird geschröpft bei Entzündungen und Geschwülsten an den unteren Extremitäten (mit Skarifikation).

Sehr häufigen Gebrauch macht *Hippokrates* vom Schröpfen bei den **Frauenkrankheiten**, und zwar hauptsächlich bei Entzündungen und Menstruationsstörungen. Wiederholt heißt es in den Büchern über die Frauenkrankheiten, man solle einen Schröpfkopf am Kreuz, an den Lenden und am Unterbauch in der Gebärmuttergegend aufsetzen und möglichst viel Blut entziehen. Bei manchen durch die heutigen Mittel schwer beeinflußbaren Zuständen, wie Kreuzschmerzen, Amenorrhöe, Metrorrhagie, Dysmenorrhöe usw., wo auch die Hormonbehandlung in kaum 20%, der Fälle hilft, sind solche Verfahren gerechtfertigt.

11.1.2 Galen

Etwas systematischere und genauere Angaben über das Schröpfverfahren finden wir bei *Galen*, besonders in seiner Schrift über „Die Blutentziehungen als Heilverfahren“.

Galen empfiehlt Schröpfköpfe als eines der wichtigsten Mittel zur Revulsion, d.h. **Ablenkung der Säfte von der erkrankten Stelle**. Vor ihrer Anwendung muß der Körper purgiert werden. Solange Plethora besteht, wendet er sie nicht an. Unter Purgieren ist hier hauptsächlich Abführen und Aderlassen gemeint. Der Schröpfkopf kann Krankheitsstoffe ausleeren, den **Schmerz vertreiben**, die **Entzündung beseitigen**, **Auftreibungen zerteilen**, den Appetit wiederherstellen, den schwachen Magen kräftigen, von Geistesstörung befreien, Blutflüsse verhindern, krankhafte Menstruationsprodukte herausbefördern und so die Menstruationsbeschwerden erleichtern.

Galen skarifiziert entzündete, skirrhöse, gespannte oder schmerzhafte Körperteile. Bei **Kopfleiden** wird auch an den Beinen geschröpft, eine Stelle, an welcher nach seiner Meinung am wenigsten durch Schwächung der darunterliegenden Organe geschadet werden kann.

Indikationen und Technik sowie Lokalisation und Wirkungsweise der Schröpfköpfe werden von *Galen* ausführlich beschrieben. Er empfiehlt sie gegen heftige **Ohrenschmerzen**, am Nacken angesetzt gegen **Kopfschmerzen**, gegen **Nasenbluten**. In letzterem Falle kann der Schröpfkopf an der Brust, in der Leber- oder Milzgegend, im Oberbauch überhaupt angesetzt werden.

Trockene Schröpfköpfe wurden gegen Blähsucht verwendet. Geschröpft wurde ferner bei **Leber- und Milzentzündung**. In der Leistengegend und Schamgegend als **Emmenagogum,** ebenso am Oberschenkel. Ferner am Rücken gegen **Lethargie**.

An der Mamma angesetzt, stillt er **Metrorrhagien**. Dieser Vorschlag kehrt an mehreren Stellen wieder. Schröpfen im Nacken ist nützlich bei langwierigen **Augenkrankheiten**. Weitere Indikationen sind **Phlegmone, Lungenentzündung, Nierenstein**. Bei Phlegmonen werden Einschnitte gemacht und dann Schröpfköpfe aufgesetzt, ebenso beim Biß giftiger Tiere (Schlangenbiß usw.).

11.1.3 Augenio

Auch die arabische Medizin machte vom Schröpfen ausgiebigen Gebrauch, auch in prophylaktischer Hinsicht, besonders gegen Erkrankungen des höheren Lebensalters. Als neue Indikationen kamen später hinzu: Asthma, Herzbeschwerden, Polyurie, Hämorrhoiden, Pruritus des Genitales, Blasenleiden, Geistesstörungen, Schwindel, Podraga.

Ausführliche Tabellen über die verschiedenen Stellen am Körper und ihren Nutzen bei einzelnen Krankheiten finden sich wiederholt, so z.B. bei *Orazio Augenio* in seinem Werk „De ratione curandi per sanguinis missionem" (1575).

Zu seiner Zeit waren die Schröpfköpfe meist aus Glas, es gab aber auch solche aus Holz, aus Horn, aus ausgehöhlten Kürbissen, aus irgendeinem Metall, aus Ton oder im Notfall ein irdenes Küchengeschirr. Er beschreibt die verschiedene Gestalt und Größe der in Verwendung stehenden Schröpfer, ihre Technik, das trockene und blutige Schröpfen, die von der oberflächlichen Skarifizierung zu unterscheidende tiefe Skarifikation durch einige Einschnitte mit dem Skalpell.

Ein Kapitel widmet er der Besprechung der Galenischen Schröpfmethode und geht auch auf manche seiner Vorgänger kurz ein. Bezüglich der optimalen Tages- und Jahreszeit beruft sich *Augenio* auf *Avicenna*. Nach *Avicenna* soll zu Anfang des Monates, bei leerem Magen, um die zweite und drite Stunde, im Falle es aber dringend dieses Mittels bedarf, zu jeder Zeit geschröpft werden. Es gibt Fälle, wo man vor dem Schröpfen den Patienten abführen lassen soll, und solche, wo dies nicht nötig erscheint.

Ziel des Schröpfens sei:

1. Entleerung,
2. Revulsion,
3. Schmerzlinderung,
4. Alteration,
5. Attraktion von Säften zur Körperoberfläche,
6. Beseitigung einer Lageanomalie,
7. Überleitung einer Schwellung von einem „edlen" Organ auf ein nicht edles,
8. Überleitung einer Schwellung vom Inneren des Körpers gegen die Oberfläche.

Wir bringen nun seine Schröpftabelle, die nach den Ansatzstellen für die Schröpfköpfe geordnet ist:

*„**Vorne am Kopf** anzusetzen bei Hirnentzündung und komatöse Zustände heilen sie nach Galen, nach Avicenna betäuben sie Gefühl und Verstand.*

***Unten am Hals** angesetzt, nutzen sie bei Schmerzen am Oberarm, der Kehle, ferner bei Erkrankungen im Thorax, nach Avicenna kann das Schröpfen an dieser Stelle vikariierend eintreten für den Aderlaß an der Vena basilica; bringt die Cardia zum Erschlaffen und verursacht nach der Meinung Avicennas ‚Herzzittern'.*

***In der Mitte am Hals** angesetzt, nützlich bei Schweregefühl an den Augenbrauen, bei Schweregefühl und Schwellungen der Augenlider, bei Scabies der Augen, bei unangenehmem Mundgeruch, an Stelle eines Aderlasses.*

***Ganz oben am Hals** angesetzt, nützlich bei Herzzittern, bei Erkrankungen der Zähne, des Zahnfleisches, der Augen, der Nase, statt eines Aderlasses aus der V. cephalica, nach Avicenna kann sich ein Zittern des Kopfes auf die*

Applikation einstellen. Bei Erkrankungen im Brustkorb, verursacht durch krankhaften Blutfluß, dann resultiert nach Avicenna ein schwacher Magen und Herzzittern.

***Über dem Hinterhaupt** bei Schwindel, bei Wahnsinn, bei Augenkrankheiten; bei Pusteln; Schädigungen betreffen meist das Gehirn, durch Verlust des Gedächtnisses.*

***Am Kinn** angesetzt bei Gesichts-, Zahn- und Kehlkopferkrankungen.*

***Unter dem Rippenbogen** angewandt, schränken sie die Blutung, sowohl von der Gebärmutter als auch von der Nase her ein.*

***Auf der Nierengegend** bei Tumoren und Schwellungen, Pusteln, bei Gicht, bei Hämorrhoiden.*

***An den Hüften** bei Abszessen und Wunden daselbst.*

***An der Kniekehle** nützen sie bei Erkrankungen der Gebärmutter, bei Retention der Menstruation, bei Erkrankung der erwähnten Körperteile und benachbarten Organe, welche durch „Erhitzung" verursacht worden sind.*

***An den Unterschenkeln** können sie nach Galen statt eines Aderlasses daselbst gebraucht werden; sie reinigen das Blut, endlich entleeren sie krankhafte Stoffe vom Uterus her.*

***An den Gesäßbacken** wirken sie dadurch, daß sie den krankhaften Erscheinungen der kopfwärts gelegenen Körperteile einen Ausweg schaffen und das Krankhafte entleeren.*"

Wir finden also hier eine tabellarische Zusammenfassung der Indikationen und der Gefahrenmomente. So meinte *Avicenna*, daß ein Schröpfen vorne am Kopf, offenbar bei übertriebener Anwendung, den Sinnesorganen und dem Intellekt, das Schröpfen im unteren Drittel des Halses dem Herzen schaden könnte. All diese Hinweise dürften sich wohl auf Einzelbeobachtungen bei übertriebener Anwendung beziehen. Ebenso sind die Stellen angeführt, welche bei Kontraindikation eines solchen den Aderlaß vertreten können. Bekanntlich wurde ehedem der Aderlaß nicht nur an der Cubitalvene ausgeführt, und man wußte aus Erfahrung, daß die Wirkungsweise des Aderlasses sehr davon abhing, wo er gemacht wurde. Neu ist uns bisher die Anwendung (u.a.) beim **Tic**, bei **Neuralgie**, bei **Schwindel**, gegen das **Ergrauen** der Haare, bei **Gicht** und **Hämorrhoiden**. Dagegen fehlt z.B. bei *Augenio* die bei den meisten anderen Autoren zu findende Indikation bei Darmstörungen, wie Meteorismus, Darmkolik usw.

11.1.4 Von Paré bis Hufeland

Auch die heutige Medizin kann daraus noch sehr viel lernen. Einer der genialsten Ärzte des 16. Jahrhunderts, *Ambroise Paré*, widmet dem Schröpfverfahren das 68. Kapitel im 15. Buche seiner chirurgischen Schriften. Er bringt zahlreiche Abbildungen von Schröpfköpfen und erläutert ihre Technik und ihren Gebrauch. Sie wirken durch „***Vakuation, Derivation und Revulsion***". Man kann sie an jede beliebige Stelle setzen, z.B. über den Harnleiterverlauf, um dem Stein den Weg zur Blase zu ebnen; man kann sie über dem Nabel setzen, wenn **Meteorismus** und **Darmkoliken** bestehen, wenn die Regeln zu stark sind oder bei anderen Blutungen, bei **Pestbeulen** oder **Milzbrand**, sogar dann, wenn ein Descensus uteri beseitigt werden soll. Bei allerlei **Leberaffektionen** kann man ebenfalls Schröpfköpfe verwenden, und zwar soll man dieselben „an die rechte Flanke" setzen. Im übrigen gleicht seine Indikationsstellung der seiner Vorgänger.

Einzelne Autoren des 17. und 18. Jahrhunderts berichten über auffallende Heilwirkung des Schröpfens bei atrophischen Zuständen am Arm nach Lähmungen und Entzündungen. Auch Krankheitsbilder, welche an die ***Dupuytren*sche Kontraktur** der Handfläche erinnern, werden in diesem Zusammenhang als günstig beeinflußt beschrieben. Das ist um so bemerkenswerter, als man ja mit den heutigen Mitteln gegen dieses Leiden machtlos ist. Es wurde also das Schröpfen von *Paracelsus* und seinen Nachfolgern, ferner von den großen Systematikern *Sydenham, Baglivi, Boerhaave, Hoffmann, Stahl, van Swieten* u.a. ausgiebig verwendet.

Aber schon *Hufeland* konnte in seinem „*System der praktischen Heilkunde*" darüber klagen, daß das Schröpfen „*ein wirksames, jetzt zu sehr vernachlässigtes, hautreinigendes Mittel*" sei.

Die Wirkung erklärt er teils durch den kräftigen Hautreiz, teils durch die Entfernung stockender und schadhafter Säfte. Es paßt besonders bei vollsaftigen oder zu Hämorrhoidalkongestionen geneigten Personen. Er ließ nach Verhältnis der Kräfte und Ausdehnung des Übels 4, 8 und mehr Schröpfköpfe setzen und, wenn nötig, dies nach 14 Tagen auch öfters wiederholen.

Aber nicht bloß als ein gutes Mittel bei **Hautaffektionen**, sondern auch in allen übrigen Fällen, wo die „antisthenische" oder „schwächende" Methode am Platze ist, kann man sich nach *Hufeland* des Schröpfens bedienen. Das Schröpfen wirkt vor allem lokal; *Hufeland* rechnet es unter die „lokalen Aderlässe", zu welchen dann noch die Applikation von Blutegeln und die bloße Skarifikation mit dem Skalpell gehören.

Hufeland sagt: *„Der topische Aderlaß schwächt ungleich weniger als der allgemeine"* (d.i. der Aderlaß im landläufigen Sinne), *„selbst wenn ein beträchtlicher Blutverlust dadurch bewirkt wird."* Das Schröpfen kann auch dazu verwendet werden, *„um die Blutung eines Teiles, welche unterdrückt war, zu restitutieren oder zu imitieren"*. Die Schröpfköpfe *„vermindern die Menge der Säfte und so auch die Ausdehnung der Gefäße, den dadurch erregten mechanischen Druck und die Spannung der Faser selbst"*.

Die allgemeinen Indikationen für das Schröpfverfahren wären nach Hufeland folgende:

I. Bei **örtlichen Entzündungen und Kongestionen**. Besteht aber daneben allgemein entzündliche Diathese, dann soll ein Aderlaß vorangehen.
II. Bei den Graden der **örtlichen Sthenie und Blutanhäufung**, wo ein allgemeiner Aderlaß zu schwächend sein würde. So ist der topische Aderlaß im **zweiten Stadium der Entzündung** das Hauptmittel.
III. Auch bei **allgemeiner Sthenie und Plethora** in geringem Grade, wo der allgemeine Aderlaß zu schwächend sein würde.
IV. Bei **allgemein entzündlicher Diathese**, sofern ein allgemeiner Aderlaß schädlich sein würde. Aber ein höherer Grad von Asthenie verbiete auch sie, sowie alle Ausleerungen.

So appliziert *Hufeland* Schröpfköpfe bei „sthenischer" **Enzephalitis** im Nacken, ferner bei sthenischen **Ophthalmien**, als sthenisch durch die Heftigkeit der Lokalaffektion gekennzeichnet. Bei **Mittelohrentzündung**, bei der sthenischen Form der **Pneumonie**, wobei meistens allgemeine entzündliche Diathese besteht, hat zweckmäßig ein nach den Kräften des Patienten genau abzustufender Aderlaß voranzugehen. So wird die Pneumonie sowohl nach den Gesichtspunkten der allgemeinen als auch der lokalen Entzündung behandelt. Dasselbe gilt für die **Pleuritis** und **Perikarditis**. Ferner soll örtliche Blutentziehung von Nutzen sein bei der sthenischen Form der **Angina** (Blutegel, Schröpfköpfe, Skarifikationen) bei **Glossitis**, *„besonders durch topische Aderlässe am Halse und Vesikatorien"*. Bei sthenischer Angina mit Gefahr der Erstickung *„mache man einen Aderlaß am Arm oder, wenn dieser nicht hilft, ist die Anlegung von 6-10 Blutegeln am Halse hilfreich"*. Bei **Gastritis** kommt ein Schröpfkopf an die Magengegend in Frage. Desgleichen bei chronischer und akuter **Leberentzündung**, auch **Gallenblasenentzündung**, wo der Schröpfkopf über die Leber gesetzt wird. Bei **Nephritis**, *„im Anfange solange die Entzündung sthenisch ist"*, desgleichen bei **Zystitis** und **Metritis**. Ferner bei **Muskel-**, insbesondere **Lendenmuskelentzündung**, sind Schröpfköpfe angezeigt. Das Schröpfverfahren kann ferner bei vielen **Hautaffektionen** Anwendung finden, bei Bissen von Giftschlangen, Insekten usw.

Ich erwähne noch, daß ungefähr um dieselbe Zeit in Frankreich *Tissot* u.a. das Schröpfen als das wirksamste Mittel zur Bekämpfung der Ischias empfehlen.

Bekanntlich ist im Orient sowie in den östlichen und südlichen Ländern (Rußland, Polen, Rumänien, Italien, Spanien und Frankreich) das Schröpfen teils bei den Ärzten, besonders aber in der Volksmedizin noch sehr stark im Gebrauch und wird bei vielen Krankheitszuständen als notwendig und nützlich erachtet.

11.2 Technik des unblutigen und blutigen Schröpfens

Zum unblutigen oder trockenen Schröpfen verwendete man in früherer Zeit halbgurkenförmige Schröpfköpfe aus Metall, daher der lateinische Ausdruck *cucurbitulae.* Noch früher hat man Hörner von Tieren, deren spitzes oberes Ende abgeschnitten war und während der Luftverdünnung mit Wachs verschlossen wurde, zum Saugen mit dem Mund benutzt. Im Orient trifft man dieses primitive Verfahren namentlich bei den arabischen Volksheilkundigen auch heute noch massenhaft an.

Der von den Ärzten, Wundärzten und Barbieren der letzten Jahrhunderte verwendete Schröpfkopf ist aus **Glas**, hat aber noch immer nahezu dieselbe Form wie der metallene Schröpfkopf des Altertums und der prähistorischen Zeit. Er wird an den Kliniken aber so selten verwendet, daß die wenigsten Ärzte praktisch damit umgehen können, und wenn sie es versuchen, entweder dem Patienten Brandwunden zufügen oder überhaupt die Schröpfköpfe nicht ordentlich zum Festhaften und zum Saugen bringen.

Richtig gelernt habe ich die **Technik des unblutigen Schröpfens** eigentlich erst von einem alten ungarischen Wundarzt. Der Vorgang ist folgender: Die nötige Anzahl Schröpfgläser (bis zu zehn Stück und darüber) werden in einem Gefäß mit warmem Wasser vorgewärmt und angefeuchtet. Das hat den Zweck, daß nicht so leicht Hautverbrennungen entstehen können. Dann wird in jedem einzelnen Schröpfkopf ein luftverdünnter Raum dadurch erzeugt, daß man entweder mit einem angezündeten Wachsstock, einer Spirituslampenflamme oder einem brennenden, spiritusgetränkten Wattestäbchen rasch in die Höhlung des Schröpfkopfes hineinfährt. Das erfordert eine gewisse Übung und Erfahrung. Erwärmt man das Innere des Schröpfkopfes zu viel, so verbrennt man die Haut, erwärmt man zu wenig, so saugt und haftet der Schröpfkopf nicht.

Man hat deshalb verschiedene Modifikationen erfunden. So z.B. spült man das Innere des Schröpfkopfes mit Brennspiritus aus, zündet den an den Wänden befindlichen Rest an und setzt dann auf. Andere machen es so, daß sie ein Stück Watte am geschlossenen Ende des Schröpfkopfes ankleben, ein paar Tropfen Spiritus aufträufeln, anzünden und aufsetzen.

Man hat auch später Gläser und Geschirre von beliebiger Form und Größe angewendet, auch die Erwärmung bzw. Verdünnung der darin enthaltenen Luft wurde auf die verschiedenste Weise vorgenommen. Bei richtiger Technik muß das Erwärmen und Aufsetzen mit großer Schnelligkeit geschehen, die Schröpfköpfe müssen gleichsam auf die Haut hingeworfen und dabei etwas aufgedrückt werden.

So steht es auch in den ältereren Lehrbüchern der Chirurgie. Der zitierte Wundarzt, welchem ich zusah, setzte auf diese Weise zwölf Schröpfköpfe in kaum einer Minute auf.

Statt dessen könnte man auch die **Bierschen Saugglocken** mit Gummiballon verwenden. Aber die Wirkung ist doch viel schwächer.

All diesen Verlegenheiten und Schwierigkeiten enthoben ist man durch eine **Glasglocke, die mit einer kleinen Luftpumpe verbunden ist**. Ohne weitere Vorbereitungen kann man mit ein paar Kolbenzügen an der Pumpe ein handflächengroßes Stück Haut ansaugen und hyperämisch machen.

Die Haut kann dabei so stark hineingezogen werden, daß sie den ganzen Hohlraum des gläsernen Schröpfkopfes ausfüllt. Macht man die Kolbenzüge sehr rasch hintereinander und ruckartig, so kann man nicht nur hochgradige lokale Hyperämie bis zu dunkelblauroter Verfärbung erzielen, sondern sogar kleine Hautblutungen hervorrufen, so daß blaue Flecken zurückbleiben. Man hat dann eine Art Eigenblutbehandlung vor sich, wie sie in primitiver Weise bei den Chinesen durch das sog. Hautschnellen (Aufheben und rasches Wiederzurückschnellenlassen einer Hautfalte) geübt wird.

Namentlich am Rücken ist das Schröpfen mit diesem Apparat von einer imponierenden Einfachheit und Wirksamkeit.

Damit die Schröpfköpfe gegen die Haut zu noch besser abgedichtet sind, kann man die Ränder der Glasglocke etwas mit Vaseline einfetten, es ist aber nicht unbedingt notwendig.

Man läßt die Schröpfglocke 10-15 Minuten, nötigenfalls auch länger, liegen; wenn die Luft früher entweicht, kann man durch einige Kolbenzüge nachhelfen. Will man den Schröpfkopf abnehmen, solange er noch festhaftet, so führt man den Zeigefinger zwischen Haut und dem Rand der Schröpfglocke ein.

Die **Technik des blutigen Schröpfens** ist noch weniger bekannt als die des unblutigen Schröpfens. Man muß mit dem Schröpfglas die Haut kräftig hyperämisch machen, dann skarifiziert man das hyperämische Feld mit einem gut geschliffenen Schröpfschnepper, welcher mit 10 bis 20 schneidenden Klingen armiert ist. Hierauf wird das ganze Feld noch einmal mit dem Schnepper bearbeitet, aber in senkrechter Richtung darauf, so daß die Hautschnitte sich kreuzen, es fließt dann das Blut besser ab. Wenn das geschehen ist, wird nochmals der gläserne Schröpfkopf oder die Schröpfglocke aufgesetzt.

Für das blutige Schröpfen gibt es mit einer gleichartigen Luftpumpe konstruierte Saugglocken mit größerem Rauminhalt. Mit ihnen kann man bequem in wenigen Minuten ¼ Liter Blut unter Kontrolle einer dort angebrachten Meßskala entziehen. Man muß nur darauf achten bzw. den Patienten so lagern, daß die Luftpumpe den höchsten Punkt des Systems einnimmt, so daß das Blut nicht in die Luftpumpe eindringen kann.

Die Vor- und Nachbehandlung ist denkbar einfach. Man reinigt die Haut vorher mit Seife und Wasser oder Benzin. Nachher pflegt die Blutung meist von selbst bald aufzuhören, und man legt einen trockenen Verband an.

11.3 Das Schröpfen im Rahmen der Konstitutionstherapie

Aus der vorangehenden historischen Übersicht und den Erfahrungen der neueren Zeit läßt sich der Wirkungsbereich des Schröpfverfahrens sehr gut erkennen und abgrenzen. Die Hauptwirkungen sind **Derivation** und **Ausleerung**: Überall dort, wo Hyperämie und Anhäufung von zu vielem Körpermaterial sowie von Entzündung und Schmerz erregenden Krankheitsstoffen vorhanden sind, kommt die ableitende und ausleerende Wirkung des Schröpfens in Frage.

Beim unblutigen Schröpfen tritt die rein derivierende Wirkung nach der Peripherie als **Entlastung innerer Organe** mehr in Erscheinung. Aber auch die **Reizkörperwirkung nach der Art der Eigenblutbehandlung** kann mitspielen.

Am wenigsten beachtet ist in neuester Zeit die funktionsanregende Wirkung des Schröpfens auf das Hautorgan, dessen exkretorische Tätigkeit sehr oft zu wünschen übrig läßt, z.B. bei rheumatischen Zuständen und Hautkrankheiten.

Viel eingreifender und wirksamer ist das blutige Schröpfen, welches viel mehr entlastend auf den Kreislauf und den Stoffwechsel ist. In der Volksmedizin vieler Länder wird das blutige Schröpfen als selbstverständliches Vorbeugungsmittel gegen Schlaganfall und als Heilmittel gegen hartnäckige Rheumatismen und Herzkrankheiten auch heute noch viel gebraucht.

Wann man blutig oder wann man unblutig schröpfen soll, entscheidet die Erfahrung. Es sei nun eine Übersicht über die Indikationen nach verschiedenen Körpergegenden und Krankheiten gegeben:

1. Bei **Kopfschmerzen, Migräne, Geistesstörungen, Epilepsie,** bei drohendem und erfolgtem **Schlaganfall**, bei **Hirnhautentzündungen** hat sich das Anlegen von blutigen und unblutigen Schröpfköpfen am Hinterhaupt, am Nacken und am Rücken bewährt.
2. Blutentziehungen werden dabei jetzt allmählich immer mehr und mehr in Form von Aderlässen und Blutegeln angewendet, und zwar bei **Glaukom,** seltener bei **Iritis**. Die ältere Augenheilkunde hat ausgiebigen Gebrauch von blutigen Schröpfköpfen bei allen Entzündungen, auch bei Katarakt, Erkrankungen des Augenhintergrundes und der Sehnerven gemacht.
3. Gerade bei den durch die heutige Methodik schwer heilbaren Ohrenkrankheiten, wie **Schwerhörigkeit, Schwindel, Ohrensausen** und sogenannter **Otosklerose**, ist ein Versuch

mit Schröpfen hinter den Ohren und im Nakken, verbunden mit internen resolvierenden Mitteln, oft von überraschendem Erfolg begleitet.

4. Manche akute und chronische Zustände eignen sich dafür, so z.B. akute und chronische **Laryngitis, Angina, Drüsenschwellungen**, rheumatischer **Torticollis**, auch Struma. Bei letzterer können auch Blutegel mit Erfolg verwendet werden. Die Schröpfköpfe können dabei entweder nahe am Ort der Erkrankung oder am Nacken, zwischen den Schulterblättern oder weiter abwärts am Rücken angewendet werden.

5. Geradezu eine Domäne für das Schröpfverfahren, und zwar das blutige sowohl als das unblutige, ist das **Asthma bronchiale**. Man schröpft je nach dem Kräftezustand und der Blutfülle mehr oder minder ausgiebig über dem ganzen Rücken, zumal es sich sehr häufig um plethorische Personen handelt. Ebenso bei Emphysem. Auch bei **Pneumonie** und **Pleuritis** sind beide Arten des Schröpfens angezeigt. Besonders wertvoll ist das Verfahren auch bei **Angina pectoris** und **Perikarditis**. Bei ersterer werden die Schröpfköpfe in der Nähe des Herzens und am Rücken angesetzt.

6. Bei **Gallen-** und **Nierensteinkoliken**, **Magen-** und **Darmspasmen** wirken die Schröpfköpfe durch Ableitung des Blutes nach außen zu deplethorisch und krampfstillend, die blutigen Schröpfköpfe auch antiphlogistisch. Man setzt sie entweder nahe dem Ort der Erkrankung auf, also in der Gegend der Gallenblase, des Magens, der Niere, der weiblichen Adnexe, und kann außerdem noch am Rücken einige applizieren. Selbstverständlich darf man darüber nicht einen dringlichen chirurgischen Eingriff verschleiern oder versäumen. Aber viele akute oder chronisch-entzündliche Prozesse lassen sich bei nötiger Kritik und Erfahrung damit günstig beeinflussen. Besonders bei unklaren Beschwerden kann man durch Schröpfverfahren oft dauernde Abhilfe der Beschwerden erreichen.

7. Ein Hauptgebiet des blutigen und unblutigen Schröpfverfahrens sind die **arthritischen** und **neuralgischen Zustände**, wie sie sich besonders im Klimakterium oder höheren Lebensalter häufen. Das Schröpfen ist daher seit alter Zeit ein besonderes Hilfsmittel gegen die Erkrankungen und Beschwerden des höheren Lebensalters gewesen. Die alte und exotische Medizin, auch die Volks- und Laienmedizin legten dabei den größten Wert auf die Ableitung nach außen bzw. auf die Haut.

Die Humoralpathologie stellt sich vor, daß Stoffwechselschlacken von innen her oder unterdrückte Hautatmung die rheumatischen Beschwerden verursachen. Ganz ähnlich wie durch Vesikantien und Pustulantien lassen sich diese Ablagerungen nun durch blutiges Schröpfen nach außen befördern. Am häufigsten in Betracht kommen **Lumbago, Kreuzschmerzen** verschiedener Art, sofern nicht schwere organische Veränderungen, wie etwa Knochentuberkulose, vorliegen. Ferner **Muskel-** und **Gelenkrheumatismus** der Schultergegend, auch Torticollis rheumaticus, Zustände, die mit den üblichen Mitteln nur langsam weichen, durch das Schröpfen aber oft schlagartig verschwinden.

Selbst die mit Versteifung einhergehende **chronische Arthritis der Wirbelgelenke** kann durch eine derartige Hautableitung bis zur wiedererlangten Arbeitsfähigkeit dieser Kranken gebessert werden. Auch die sog. **Arthritis deformans der Hüft- und Kniegelenke** gibt in Verbindung mit den übrigen äußeren und inneren antirheumatischen Mitteln oft überraschend gute Resultate. Die Prognose braucht nicht immer so pessimistisch gestellt zu werden, wie die pathologisch-anatomische Bezeichnung es erscheinen läßt.

8. Bei allen **Zirkulationsstörungen an den Extremitäten** ist ein Versuch zumindest mit dem harmlosen unblutigen Schröpfverfahren gerechtfertigt, z.B. bei Gefäßkrämpfen, Parästhesien an Armen und Beinen, drohender Gangrän, Taubheitsgefühl usw.

9. Bei **Erkrankungen der weiblichen Brustdrüse**, wie z.B. chronischer Mastitis, gegen welche die heutige Therapie ziemlich machtlos ist. Man kann durch blutiges Schröpfen nebst internen resolvierenden Mitteln Erweichung und Verkleinerung erzielen.

10. Uralt ist das Anlegen der Schröpfköpfe auf die Brustdrüse zur **Stillung heftiger Menstruationsblutungen**. Offenbar durch Reflexwirkung auf den Uterus. Bei Metrorrhagien funktioneller Natur ist vielleicht ein solcher Versuch auch heute noch gerechtfertigt.

Sehr dankbar ist die Anwendung der unblutigen Schröpfköpfe bei **Amenorrhöe**, bzw. bei zu seltener oder zu spärlicher Menstruation. Schon *Hippokrates* empfahl trockene Schröpfköpfe an die Innenseite der Oberschenkel zu setzen. Ähnlich wirken Blutegel und Vesikantien an dieser Stelle.

Es gelang mir wiederholt, dadurch die hartnäckigsten Amenorrhöen zu heilen, wo die modernsten Organpräparate vorher monatelang ohne Erfolg angewendet worden waren. Allerdings soll man diese Maßnahme durch gleichzeitige innere Verabreichung der hyperämisierenden Emmenagoga wie Aloe, Senna usw. unterstützen. Oft genug aber waren auch diese letzteren Mittel erfolglos, und erst die Mitheranziehung der äußeren emmenagogen Verfahren brachte den lange erwarteten Erfolg.

Man setzt am besten die Schröpfglocke an die Innenseite der Oberschenkel für ¼ bis ½ Stunde auf jeder Seite an. Manche Kranke reagieren darauf noch besser, wenn der Schröpfkopf in der Leistengegend oder am Kreuzbein angesetzt wird.

Die damit erzielten Resultate bei Amenorrhöe zeigen wieder, daß die hormonale Betrachtung das Problem noch nicht erschöpft und daß noch eine ganze Reihe von anderen Möglichkeiten besteht.

Meine eigenen Resultate mit diesem Verfahren decken sich im großen und ganzen mit den im Vorangehenden aufgestellten Indikationen. In früheren Jahren kannte ich das blutige und unblutige Schröpfen mehr anamnestisch aus den Erzählungen meiner Patientinnen aus der Provinz und aus dem Auslande. In Frankreich, in Polen, Rußland und in den baltischen Ländern, auch im Orient, hat man häufig bei Pleuritis, beginnender Pneumonie, bei Dysmenorrhöe und rheumatischen Beschwerden trokkene Schröpfköpfe gesetzt. In Frankreich insbesondere war fast in jeder Familie eine Person, die damit gut umgehen konnte und es als Hausmittel benutzte. Das blutige Schröpfen sah ich bei Alterserkrankungen und ebenfalls bei Rheumatismen, drohendem Schlaganfall, Asthma und Herzbeschwerden, insbesondere Angina pectoris, mit Erfolg anwenden.

Ich selbst habe mich erst in den letzten Jahren mehr damit befaßt. Am häufigsten verwende ich das unblutige Schröpfen an der Innenseite der Oberschenkel, in der Leistengegend und am Kreuzbein bei Amenorrhöe und Dysmenorrhöe mit gutem Erfolg. Blutiges und unblutiges Schröpfen bewährte sich mir auch bei den Parästhesien und Rheumatismen der klimakterischen Frauen, insbesondere am Rükken und an den Oberschenkeln. Gelegentlich auch bei Asthma und verschiedenen Herzbeschwerden. Auch bei Kopfschmerzen und Migräne, am Rücken angesetzt, als Ableitungsmittel. In ähnlicher Absicht auch bei Psychosen.

Oft hat man die Wahl, ob man Blutegel, Vesikantien, Pustulantien oder Schröpfverfahren anwenden soll. Jeder dieser Wege kann zum Ziele führen, wenn auch der ärztliche Takt bald für das eine, bald für das andere Verfahren entscheidet.

12 Technik des Purgierens

12.1 Geschichtliches über das Purgieren

Die praktische Medizin aller Zeiten hat das „Purgieren nach unten und oben“, also das Abführen und das Erbrechen, zu den fundamentalsten Heilmethoden gerechnet. Angefangen von der indischen Medizin (*Charaka* und *Sushruta*), welche von fünf Hauptheilverfahren spricht, nämlich Abführen, Erbrechen, Schwitzen, Blutentziehung und Kauterisation, bis zum Ende der humoralpathologischen Ära vor hundert Jahren.

Hippokrates zum Beispiel, welcher viel gelobt, von den wenigsten aber gelesen und noch weniger verstanden und befolgt wird, sagt an zahlreichen Stellen, daß man bei Schmerzen oder Entzündungen im Kopf, in der Brust oder im Bauch, nach vollzogenem Aderlaß den Körper so lange purgieren soll, bis Schmerzen und Entzündung vergangen sind. Ja noch mehr: „*Wenn einer nach einer Krankheit keinen Appetit hat, so braucht er eine Purgation.*“

Alltäglich wird gegen die hippokratischen Grundsätze der spontanen (körperlich-) kritischen Ausleerungen gefehlt. So sah ich Fälle von Durchfall und fieberhaften Krankheiten, besonders auch septische Durchfälle, wo jedesmal danach die Temperatur herabging und die Schüttelfröste ausblieben. Die behandelnden Internisten aber verordneten gegen diese Durchfälle stopfende Mittel.

Auf meinen bescheidenen Vorhalt hin, ob diese Durchfälle nicht als kritische Ausleerungen zu begrüßen seien, stimmte man dieser Auffassung wohl zu, meinte aber, daß man sie nur in gewissen engen Grenzen erhalten dürfe. Im Grunde aber waren diese Ausscheidungen doch eingeschränkt worden. Dasselbe gilt für die als septisch angesehenen Schweißausbrüche, welche gleichfalls sich manchmal als sehr wohltätig und heilsam erwiesen.

Wie weit der Begriff des Purgierens in der heutigen Zeit seinem wahren Inhalt nach zum allergrößten Teil verlorengegangen und man kann sagen entartet ist, zeigt ein Blick in die zahlreichen Abhandlungen von *Galen* über diesen Gegenstand.

Galen weist auf die alten, besonders von *Hippokrates* schon beschriebenen Beobachtungen hin, welche dartun, daß die Purgation durch den Darm der Natur abgelauscht ist, und zwar in zweierlei Hinsicht. Erstens enden viele fieberhafte Erkrankungen mit kritischem Durchfall, zweitens heilen verschiedene, sonst schwer heilbare Leiden, wie Podagra, Epilepsie und Geistesstörungen, wenn eine mit Durchfall einhergehende Krankheit, z.B. Dysenterie, hinzutritt. Die Ärzte haben dann diese Vorgänge künstlich nachgeahmt und oft Erfolg damit gehabt. An diesen empirischen Tatsachen ist nicht zu rütteln.

Später kamen aber theoretische Streitigkeiten hinzu. Man wollte die verschiedene Wirkung der einzelnen Abführmittel bei verschiedenen Krankheiten und Konstitutionsformen erklären und zog dazu die Viersäftelehre heran. Manche von den Abführmitteln sollten hauptsächlich gelbe, manche schwarze Galle, andere wieder Schleim oder Wasser durch den Darm herausbefördern. Das Blut wurde aus den Venen entleert.

Indem nun verschiedene spätere Autoren auch schon zur Zeit des *Galen* die Meinung bekämpften, daß tatsächlich die vier Kardinalsäfte ausgeleert werden könnten, verschütteten sie damit auch gleichzeitig die wertvollen, selbst dieser falschen Erklärung zugrunde liegenden Erfahrungstatsachen.

Wir sind auch heute diesbezüglich noch nicht weitergekommen, im Gegenteil. Heute verordnet die Klinik Abführmittel in der Regel nur vorübergehend zur Behebung einer Obstipation, und alle übrigen Anwendungsweisen, etwa bei Hautkrankheiten oder Stoffwechselstörungen, geschehen mehr zufallsweise, vereinzelt und unsystematisch, so z.B. werden **Entfettungskuren** in der Regel nur mit Diät und Schilddrüsentabletten behandelt. In früherer Zeit betrachtete man die Fettleibigkeit als übermäßige Anfüllung des Körpers mit Material und heilte sie hauptsächlich durch Entleerung. Letztere wird systematisch heute nur noch in den Kurorten oder von selbständig denkenden Praktikern durchgeführt.

Auch bei **Geistesstörungen** werden Purganten nur in der Minderzahl der Fälle gegeben, während es früher die allererste Regel war. Heute wendet man hauptsächlich Betäubungsmittel an.

Kehren wir wieder zu *Galen* zurück. Er fordert seine Gegner auf, die Tausende von **Ikterischen** und **Wassersüchtigen**, welche ungeheilt in der Stadt herumliegen, zu ihm zu bringen und macht sich anheischig, sie in wenigen Tagen wiederherzustellen.

Solcher Beispiele bringt *Galen* eine ganze Menge. Er heilte durch Purgation **Epilepsie**, schwere **Hautkrankheiten**, selbst beginnendes **Mammakarzinom**. Ferner **Elephantiasis, Kopfschmerz, Melancholie** und andere **Geistesstörungen, Schwindelanfälle, Ischias** sowie über den ganzen Körper zerstreute Schmerzen. Er führt auch einen Fall von **Unterleibskolik** an, welcher drei Monate lang ärztlich behandelt und verschlimmert worden war, und den er bloß durch Purgationen geheilt hat. Es wird sich wohl um Gallen- oder Nierensteine gehandelt haben.

Ferner berichtet er, daß er eine vornehme Römerin von heftigen **Uterusblutungen** durch Purgation allein geheilt habe, ebenso andere Leiden des Uterus. Auch **Erysipel** heilte er durch ein Medikament, welches galleausleerend wirkte, eine Ansicht, welche noch *Hufeland* vertrat. Zum Schlusse sagt er, daß solche Tatsachen nur von denjenigen bestritten werden können, die niemals die Kunst des Purgierens gelernt haben. Dieser Vorwurf gilt nahezu in vollem Umfang auch für die heutige Zeit. Erst unter den obigen Voraussetzungen bekäme der alte Satz „*Wer gut purgiert, kuriert gut*“ wieder einen Sinn. Solange diese umfangreichen Kenntnisse nicht wieder erweckt sind, muß man von einer Ohnmacht der internen Medizin sprechen.

Weiter führt *Galen* an, daß er **Podagra** und beginnende **Arthritis, Apoplexie, Asthma**, die verschiedensten **Herzbeschwerden** durch Purgationen geheilt habe.

Bei akuten Krankheiten soll die Purgation womöglich nur einmal und gleich zu Beginn stattfinden. Da könne sie entscheidend nützen, später aber öfters schaden. Weiter heißt es, daß die Purgation nicht bloß (so wie wir heute oft glauben) ein symptomatisches Heilmittel ist, sondern das ganze Leiden heilt. Die Purgation hilft gegen **unregelmäßige und schmerzhafte Menstruation**, gegen Schmerzen und **Entzündungen am Auge**, sie heilt die **Plethora** und muß auch bei **Schwangeren** unter gewissen Umständen angewendet werden. Bei gewissen **Geschwüren** und **Wunden** ist sie von Vorteil. Auch die **Kontraindikationen** werden besprochen. Als Purgiermittel werden besonders hervorgehoben **Scammonium, Aloe, Veratrum, Helleborus, Koloquinten, Agaricus**.

Diese Lehre hielt sich im wesentlichen durch das ganze Altertum und Mittelalter bis ins beginnende 19. Jahrhundert hinein. Bei *Sydenham* z.B. sind Purgation und Aderlaß die Grundelemente, um welche herum sich jede andere Krankenbehandlung gruppiert, und er muß staunenswerte Erfolge damit gehabt haben. Noch *Tissot* in Frankreich zu Ende des 18. Jahrhunderts rechnet neben Mäßigkeit Aderlaß und Purgation zu den wichtigsten Vorbeugungsmitteln gegen schwere Erkrankungen. Er sagt: „*Die Kennzeichen, welche zu erkennen geben, daß man einer Abführung bedürfe, sind: übler Geschmack im Munde, besonders bitterer Geschmack am Morgen, belegte Zunge, Blähungen, unangenehmes Aufstoßen, Mangel an Eßlust, Brechreiz, Erbrechen, Schwere in der Magengegend.*“

Soweit ist uns das allenfalls auch heute noch geläufig, nicht aber die folgenden Indikationen: Schwere in den Lenden und Knien, Mangel an Kräften, zuweilen von Unruhe, Verdrießlichkeit, Reizbarkeit und Traurigkeit begleitet, Kopfschmerzen, Schwindel, Schlafsucht, besonders nach der Mahlzeit, Koliken, Durchfall abwechselnd mit Verstopfung und unregelmäßiger, zuweilen aussetzender Puls, der schwächer ist als gewöhnlich.

Wenn eine dringende Krankheit es fordert, so führe man zu jeder Zeit und Stunde ab. Ansonsten soll man den Kranken vor Einnehmen eines Brech- oder Abführmittels wenigstens 24

Stunden dadurch vorbereiten, daß er nur wenig Nahrungsmittel zu sich nimmt und einige Gläser laues Wasser oder Kräutertee trinkt. Selbstverständlich werden genau auch alle Kontraindikationen angegeben und vor mißbräuchlicher Übertreibung gewarnt.

Mit Beginn der lokalpathologischen Ära und dem Verschwinden humoralpathologischer Anschauungen trat ein vollkommener Verfall dieser ärztlichen Grundkenntnisse ein, in welchem wir heute noch tief darinstecken. Es wird notwendig sein, daß die ganze Lehre von den Purgantien der heutigen Diagnostik und Technik entsprechend wieder vollkommen neu aufgebaut wird, jedoch nicht auf Grund von Tierexperimenten, sondern unter Zugrundelegung und erneuter Nachprüfung der jahrhundertealten Erfahrungen am gesunden und kranken Menschen.

Man dachte bei der abführenden Heilmethode an eine Beförderung der natürlichen Sekretionen und Exkretionen, an **Reinigung** (*Katharsis*) des Blutes, der Säfte und des ganzen Körpers, an Ablenkung (**Derivation**) des Blutstromes von Kopf und Brust nach unten, an dynamische und materielle **Schwächung** des Körpers, wo ein Übermaß an Kräften oder Körpermaterial Entzündungen, Krämpfe und andere Krankheitszustände unterhielt. Schließlich an **Ausleerung** (evacuatio) kontagiöser oder sonstiger Krankheitsstoffe durch den Darmkanal, ähnlich wie wir es heute noch bei Vergiftungen machen.

Eine der wichtigsten Indikationen der Darmausleerung waren auch die **Erkrankungen der Leber** und der **Gallenblase**, wobei sozusagen keinen Augenblick lang die Vermehrung der Darmausleerung vergessen werden durfte. Heute denkt man allenfalls an Anregung der Gallensekretion in lokalistisch-spezialistischer Weise. Der vermehrten Darmausleerung aber wird durch reizlose Kost und Betäubungsmittel oft geradezu entgegengearbeitet.

12.2 Technik der Anwendung von Abführmitteln

Abführmittel werden von den meisten heutigen Ärzten nur bei Obstipation gegeben, aber auch da meldet sich gleich die Skepsis und will, was ja für den Normalfall berechtigt ist, die Stuhlentleerung durch bloße Diätanordnung erzielen. Gibt man dennoch Abführmittel, so zieht man nach neuerer Auffassung **mechanische Quellmittel** (z.B. Agarpräparate) oder **Gleitmittel** (z.B. Paraffinöl) vor. Beide Kategorien haben aber ihre viel zu wenig beachteten Nachteile und sind auf die Dauer unnatürlich. Die Quellmittel werden schon vom Magen aus schlecht vertragen und machen Völlegefühl. Die Gleitmittel verschmieren den Darmkanal, wirken ungünstig auf die Geschmacksorgane sowie auf den Verdauungschemismus und erhöhen wie alle öligen Mittel die Atonie des Magens. Die einfache, scheinbar exakte physikalisch-chemische Vorstellung reicht also hier, wie so oft in der Medizin, nicht aus, denn die Wechselwirkungen im Organismus sind viel komplizierter, und die Empirie behält meist zum Schluß doch immer wieder recht.

Trotzdem ich seit vielen Jahren schon darauf aufmerksam gemacht habe, wird es immer wieder übersehen, daß die meisten Fälle von Obstipation, und zwar besonders der spastischen Obstipation, schon im Magen, und zwar durch Atonie desselben, beginnen. Viele Diätverordnungen und Medikamente gegen Obstipation laufen dieser Atonie geradezu zuwider und verhindern so den angestrebten Zweck. Die von manchen Schulen gegen Obstipation empfohlene **grobe Schlackenkost** z.B. wird vom insuffizienten, übersäuerten atonischen Magen oft recht schlecht vertragen, zumindest am Anfang der Behandlung.

Man kann natürlich auch sonst die **Diät** so einrichten, daß sie **laxierend** wirkt, z.B. durch Bevorzugung von Obst, Gemüse, saurer Milch usw. Aber auch das kann in zahlreichen Fällen die von der klassischen Medizin aller Zeiten für notwendig erachtete Purgierwirkung auf den Gesamtorganismus nicht ersetzen. Die heutige Naturheilkunde irrt darin, wenn sie glaubt, damit allein das Auslangen zu finden. Bei Gesunden und Leichtkranken mag das genügen, bei schweren Fällen reicht es häufig nicht aus.

Eine zweite Gruppe von Abführmitteln betrifft **synthetische Präparate** (z.B. Phenolphthalein). Sie sind leicht zu nehmen, erzeugen auf angenehme, schmerzlose Art Stuhlentleerung, aber die eigentlich purgierende Wirkung auf den Gesamtorganismus fehlt ihnen.

Handelt es sich also um einfache Obstipation, so wird man selbstverständlich trachten, durch geeignete Diät und Lebensweise, besonders unter Rücksichtnahme auf den Zustand des Magens, eine normale Verdauung zu erzielen.

Bei der so häufig notwendigen, meist aber, wie gesagt, unterlassenen Ableitung auf den Darm handelt es sich doch um etwas anderes. Hier kommen die zahlreichen **Nebenwirkungen der Abführmittel** zur Geltung.

Man unterscheidet **kühlende** Abführmittel, wie z.B. die salinischen Mittel (Glaubersalz, Bittersalz) die Weinsteinpräparate, Manna, Tamarinden und Rizinusöl, und **erhitzende** Abführmittel, wie Senna, Aloe und andere harzige Drogen. Die kühlenden Abführmittel wirken **dekongestionierend** und **antiphlogistisch,** sowohl auf die Bauchorgane als auf den Gesamtorganismus. Die erhitzenden Laxantia bewirken Kongestion besonders im Darm, wirken aber auch **reizend** und erwärmend auf den Gesamtstoffwechsel.

Sonstige Nebenwirkungen der Abführmittel sind die **resolvierende** und **resorbierende,** die **antidyskratische**, die schon erwähnte „**schwächende**", die **deplethorische** und die **sedative** Wirkung.

Schließlich kommt dem Purgieren oft die Wirkung eines **Gegenreizes** (antagonistische Wirkung), besonders bei Erkrankungen entfernter Körperteile (Psychosen, Herz- und Lungenleiden), zu. Auch die **Ableitung** schädlicher Stoffe von der Haut als äußerer, zum Darm nach der inneren Oberfläche läßt sich systematisch betreiben.

Alle diese feinen Differenzierungen in der Auswahl der Abführmittel, die darin durchaus nicht gleichwertig sind, hat man vergessen. In früherer Zeit glaubte man sogar, durch verschiedene Laxantia verschiedene Stoffe oder Körpersäfte aus dem Körper entfernen zu können, z.B. Schleim, Galle, Wasser. Sicher ist daran etwas Wahres, und auch heute noch ist es gar **nicht gleichgültig, mit welchen Abführmitteln** man versucht, etwa eine Harnsäureablagerung, Gicht, Gallen- oder Nierensteine, Rheumatismus oder Ekzem zu bekämpfen.

12.2.1 Sennapräparate

Weitaus am häufigsten von allen Abführmitteln verwende ich das Sennadekokt in folgender Form:

Rp.	Fol. Sennae		
	Rad. Liquir.		
	Fruct. Foenic.	aa	30,0
	S. abends 1 Schale Tee.		

Man nimmt dazu ungefähr 1 Kaffeelöffel von dem Kraut auf ¼ Liter Wasser, läßt es einmal aufkochen und 5 Minuten ziehen. Dann wird abgeseiht. Zucker soll man nicht hineingeben, weil er die Wirkung beeinträchtigt. Es schmeckt an sich süß genug und ist nach Aussage zahlreicher Patienten recht angenehm zu nehmen.

Es erzeugt am nächsten Morgen 1-3 Stuhlgänge, meist schmerzlos. Wenn bei empfindlichen Personen Bauchschmerzen auftreten, so kann man entweder die Dosis verringern oder Fol. Sennae sine resina benutzen, wodurch aber manche Wirkungen, z.B. die emmenagoge Komponente, verlorengehen.

Man kommt in zahlreichen Fällen mit diesem einzigen Abführmittel vollkommen aus, und es kann im Bedarfsfalle, ebenso wie die ähnlichen Mittel St. Germain-Tee oder Chambard-Tee, Maikurtee und dgl., wochen- und monatelang genommen werden.

Natürlich wird man trachten, bei gewöhnlicher Obstipation zugleich mit der Besserung der ganzen Verdauungstätigkeit auch das Laxans wieder abzubauen, indem man immer dünnere Abkochungen gibt, so daß es schließlich ohne Störung ganz weggelassen werden kann.

Dieser Sennatee ist ein gutes Hilfsmittel bei der **Entfettungskur**, ferner verwende ich es so gut wie in jedem Fall von **Amenorrhöe**, nicht nur wegen der emmenagogen Wirkung, sondern auch weil es stoffwechselentlastend ist, also die im Körper angehäuften menstruellen

Retentionsprodukte herausbefördert. Eine Wirkung, die man durch Hormonpräparate nicht erzielen kann.

Natürlich kann man auch andere Sennapräparate, wie Pulv. Liquir. compos. und dgl., verwenden. Aber das genannte Dekokt wird immer noch am liebsten genommen und hat vor Medikamenten in Pillen- und Tablettenform die milde, dem Organismus besser angepaßte Wirkung voraus, indem es sich der Kategorie der Nahrungsmittel am ehesten nähert.

Statt Fol. Sennae kann man auch **Cort. Frangulae** im Dekokt verwenden.

Gilt jedoch als „kühlend".

Oder:

Rp.	Cort. Frangulae		75,0
	Fruct. Carvi		
	Cort. Aurant.	aa	12,5
	S. 1-2 Schalen Tee täglich.		

Weitere Rezepte mit Senna („erhitzend"):

Rp.	Fol. Sennae pulv.		
	Rad. Liquirit. pulv.		
	Fol. Althaeae pulv.		
	S. 1 Kaffeelöffel abends.		

Rp.	Pulv. fol sennae		10,0
	Extr. Tarax. q.s.f.pil. 40		
	S. 5-10 Pillen täglich.		

Rp.	Fol. Sennae sine res.		160,0
	Flor. Sambuci		100,0
	Semin. Foeniculi		
	Semin. Anisi	aa	40,0
	Cremor Tart.		30,0
	S. Tee.		

Rp.	Mannae		
	Tamarind.		
	Magn. sulf.	aa	40,0
	coque c.aq. 480 ad 320, adde		
	Fol. Sennae		10,0
	Colat. adde		
	Extr. Hyosc.		0,6
	Syr. Rubi Id.		40,0
	S. 2stündlich 2 Eßlöffel.		

Rp.	Fruct. Anisi		
	Fruct. Coriandri	aa	5,0
	Fol. Sennae		
	Fol. recent. Petroselini		
	Natr. sulf.	aa	15,0
	Fruct. Citri in orbiculos conc. I		
	Aq. frigid.		1000,0
	Macera per horas 24, filtra.		
	S. Mehrmals täglich 1 Schale voll.		

Rp.	Fruct. Anisi stell.		
	Fol. Menthae pip.		
	Fol. Menthae crisp.		
	Fol. Sennae sine res.	aa	15.0
	S. 1-2 Schalen Tee täglich.		

12.2.2 Das Glaubersalz (Natr. sulfur.)

Es heißt nicht umsonst Sal mirabile Glauberi und ist mir bei Entfettungs- und Stoffwechselkuren nahezu unentbehrlich. Man verschreibt:

Rp.	Natr. sulf. siccum		10,0
	tal dos X.		
	S. 1 Pulver in ¼ Liter lauwarmem Wasser gelöst früh nüchtern austrinken.		

Das Glaubersalz ist bekanntlich der Hauptbestandteil der abführenden Mineralwässer, also des Karlsbader und Marienbader Salzes. Aber in reinem Zustand ist seine Wirkung auf die Darmentleerung und den Stoffwechsel doch intensiver. Es erzeugt wenige Stunden nach der Einnahme 2-4 wässerige, schmerzlose Entleerungen und ist ein Musterbeispiel für ein **kühlendes, antiphlogistisches, schwächendes, stoffwechselverbesserndes** Abführmittel.

Viele Patienten beklagen sich über seinen bitteren und schwefeligen Geschmack, manche bekommen davon sogar Brechreiz. In solchen Fällen kann man den Patienten raten, sich vorher den Mund mit einem scharfen Mundwasser auszuspülen oder eine Zitronenscheibe zu zerkauen. Oder aber man kann geschmacksverbessernde Zusätze wie Zitronensäure, Weinsäure, Brausepulver, parfümierten Zucker (z. B. Eleosacharum Citri) oder Sacharin hinzufügen.

Nach ähnlichen Grundsätzen sind das englische Fruchtsalz und verwandte Präparate zusammengesetzt. Durch alle diese Zusätze wird aber die Wirkung des Glaubersalzes merklich abgeschwächt, und man muß daher die Dosis dabei oft vergrößern. Dasselbe gilt für das natürliche oder künstliche Karlsbader oder Marienbader Salz.

In den baltischen Ländern und in Finnland, wie überhaupt im ehemaligen Rußland, erfreut sich bei den ältesten Ärzten mit Recht das nach einem Petersburger Internisten benannte *Botkinsche Pulver* großer Beliebtheit:

Rp.	Acid. tart.		10,0
	Natr. bicarb.		20,0
	Natr. sulfur.		70,0

S. 1 gehäufter Eßlöffel auf ¼ Liter Wasser morgens nüchtern.

Die Wirkung ist angenehm, aber nicht so intensiv wie beim reinen Glaubersalz. Dafür kann man es in doppelter Dosis oder 2-3mal täglich geben.

Bei allen Zuständen, wo eine antiphlogistische, **auflösende** Wirkung erwünscht wird, ist das Glaubersalz sehr gut zu brauchen, z.B. bei der immer noch, aber mit Unrecht bezweifelten Auflösung von **Gallen-** oder **Nierensteinen**, aber auch bei allen möglichen entzündlichen Prozessen, z.B. **Gallenblasenentzündung**.

12.2.3 Kalium sulfuricum

Man verordnet es in ähnlicher Dosis wie das Glaubersalz, obwohl es noch viel intensiver abführend wirkt. Das Kaliumion wirkt noch mehr **sedativ auf Herz, Gefäße und Temperatur**. Es ist also noch ein stärkeres Antiphlogisticum, darin dem Kali-Salpeter verwandt. Wegen seiner vielseitigen Wirkungen wurde es von der alten Medizin Polychrestsalz genannt. Es wird dafür vom Magen schlechter vertragen, und man muß es daher bei empfindlichen Personen mit bitteren Extrakten und anderen Stomachicis kombinieren. Seine resolvierende Wirkung wird speziell beim **Abstillen** der Frauen bzw. dort, wo rasches Aufhören der Milchsekretion gewünscht wird, z.B. bei abgestorbenem Kind, verwendet. Man verschreibt:

Rp.	Kali sulfur. sicci		20,0
	Syr. rubi Id.		60,0
	Aqu. fontis	ad	300,0

S. zweistündlich 2 Eßlöffel, so daß mehrere Stuhlgänge täglich erfolgen.

12.2.4 Weinsteinpräparate

Sie wirken wie alle organischen Säuren **temperaturherabsetzend, antiphlogistisch, sedativ und resolvierend**. Die Abführwirkung ist milde.

Am gebräuchlichsten ist das **Seidlitzpulver**, eine Brausemischung, bestehend aus Natr. bicarb., Acid. tart. und Kalium natriotartar. (Seignettesalz). Dem letzteren kommt hauptsächlich die abführende und antiphlogistische Wirkung zu. Da die Brausemischungen in der Praxis fast ganz außer Gebrauch gekommen sind, ist es nötig zu erwähnen, daß die Brausepulver vom Apotheker in zwei Teilen verabfolgt werden. Die eine Hälfte in einem weißen, die andere in einem blauen Pulverpapier. Man löst einen Teil zuerst in einem halbvollen Glas Wasser auf, schüttet dann die andere Hälfte dazu und läßt während des Aufbrausens trinken. Das Seidlitzpulver speziell wird in ¼ Liter Wasser gelöst. Man gibt es am besten morgens nüchtern, abwechselnd mit Glaubersalz bei empfindlichen Patienten. Seine Wirkung ist viel schwächer. Dafür ist es weit angenehmer zu nehmen. Es eignet sich besonders bei den plethorischen Beschwerden (Kongestionen und dgl.) der Wechseljahre, und man hat die Brausepulver früher, eben weil sie die Kongestionen vom Kopf abgelenkt haben, auch „niederschlagende" Pulver genannt.

Die kleineren gewöhnlichen Brausepulver enthalten kein Seignettesalz und wirken daher nicht abführend, sondern nur kühlend. Die weinsauren Salze, wie Kalium tartaricum und Cremor tartari (Weinsteinrahm), können auch als antiphlogistische und antidyskratische Abführmittel gebraucht werden, und zwar kaffeelöffel- bis eßlöffelweise in Zuckerlösungen als Limonade oder in Pulverform gemischt mit anderen abführenden oder antiphlogistischen Mitteln, wie Rhabarber, Salpeter und dgl.

12.2.5 Aloepräparate

Sie wirken noch stärker **erhitzend** und speziell **in den Beckenorganen kongestionierend** als die Sennapräparate durch ihr harziges Prinzip und werden deshalb auch als Emmenagoga und zur Hervorrufung unterdrückter Hämorrhoidalblutungen benutzt. Infolge ihres Bitterstoffes wirken sie gleichzeitig magenstärkend und appetitanregend, was man nicht von allen Abführmitteln behaupten kann. Die praktischste und wirksamste Anwendungsform sind Pillen mit Extr. Aloes 0,05-0,5 pro Dosis. Man verschreibt am besten folgendermaßen:

Rp.	Extr. Aloes	5,0
	Rad. et. extr. Rhei qu. s. f. pil. Nr. 50	
	S. 3mal täglich 1-2 Pillen.	

In derselben Menge kann man auch die offizinellen Pilulae aloeticae verordnen.

Weniger sicher abführend, offenbar infolge des Alkoholgehaltes, wirkt die Aloetinktur, von der man 20-30 Tropfen geben muß. Sehr mild und angenehm auch bei dyspeptischem Magen wirken die auch als Emmenagogum sehr bewährten *Ruff*schen Pillen, eine Mischung von Aloe, Myrrha und Crocus.

Rp. Aloes pulverat. 60,0; Myrrhae 30,0; Croci 10,0; M.f.pulvis. S. gut verschlossen aufzubewahren.

Man verschreibt:

Rp.	Massae pil. Ruffi
	qu. s. f. pil. Nr. 50 à 0,3
	S. 3mal täglich 1-2 Pillen.

Weitere Rezeptbeispiele mit Aloe:

Rp.	Aloes		
	Myrrhae	aa	15,0
	Rhei		10,0
	Pulv. aromat.		5,0
	Extr. Aloes q.s.f.pil. à 0,2		
	obd. argento		
	S. 2-5 Pillen vormittags.		

Rp.	Aloes	15,0
	Succi Liquirit. depur.	30,0
	Aq. dest.	250,0
	Spir.	100,0
	einige Tage diger.; filtr.	
	S. 1-2mal täglich 2 Teelöffel.	

Rp.	Aloes purif.		
	Sapon. med.	aa	15,0
	Aq.q.s.f.pil. 100		
	S. 3-5 Pillen abends.		

Rp.	Extr. Aloes		
	Chinini sulf.	aa	1,5
	M.f.pil. 25		
	S. 2-4 Pillen täglich.		

12.2.6 Weitere Abführmitel

Unter besonderen Umständen kann man natürlich noch eine ganze Reihe anderer wertvoller Purgiermittel verordnen, und zwar:

Rizinusöl 1-2 Eßlöffel pro Dosis. Am besten mit schwarzem Kaffee, Himbeersaft, Kognak und dgl. Man wird es aber wohl kaum längere Zeit geben, sondern nur in akuten Fällen von Verdauungsstörung, wie dies in Italien allgemein üblich ist, sozusagen als Hausmittel. Bei uns wird es wegen seines öligen Geschmackes nicht gerne genommen und bekommt dem Magen wie die meisten fettigen Stoffe nicht gut.

Die noch am meisten zu rechtfertigende Indikation ist die bei postoperativer Stuhlverhaltung, weil es ein **reizmilderndes** Mittel ist, während z.B. salinische Abführmittel bei Ileus oder Peritonitis nicht gegeben werden dürfen. Man kann es in solchen Fällen auch als Klysma geben, in der Praxis zieht man aber Sennaklysmen trotzdem vor.

Beispiele für Rezepte mit Rizinusöl:

Rp.	Ol. Ricini	40,0
	Gummi arab.	12,0
	Syrup.	20,0
	Tinct. Vanill.	2,5
	Aq.dest. ad	200,0
	S. Früh und abends die Hälfte.	

Rp.	Ol. Ricini		75,0
	Mucil. Gummi ar.		40,0
	Aq. Aur. flor.		25,0
	Aq. Cinnam.		60,0
	S. Stündlich 2 Eßlöffel.		

Als sonstige milde Abführmittel, denen wie auch Rizinusöl eine kühlende Wirkung zugeschrieben wird, sind **Süßholz, Manna** und **Tamarinden** bekannt. Letztere hat man früher viel mehr, und zwar in Verbindung mit Weinsteinpräparaten und salinischen Abführmitteln, zum chronischen Gebrauch als milde, auflösende Medikamente besonders gegen allerlei Störungen im Gebiete des Pfortaderkreislaufes verwendet.

Rezeptbeispiele:

Rp.	Rad. Althaeae		80,0
	Coque c. aqua q.s. per ½ h.		
	ad col. 750,0 adde		
	Mannae		80,0
	Kal. sulf.		15,0
	S. 2stündlich 1 Schale.		

Rp.	Tamarindorum		
	Mannae	aa	20,0
	Natr. sulf.		40,0
	Coque c. aq. font. 480		
	ad 320; colat. adde		
	Syr. Rubi Id.		40,0
	S. 2stündlich 2 Eßlöffel bis zum Abführen.		

Rhabarber: Er wirkt **milde** abführend und zugleich **magenstärkend** und **galletreibend**, purgiert bei Ikterischen oft, wo Aloe und Drastica versagen. Er ist also besonders bei Leber- und Gallenleiden indiziert, und zwar in Form des Pulv. Rhei, kaffeelöffelweise. Man kann es auch mit Pulv. Liquir. compos. zu gleichen Teilen gemischt geben. Die Tinct. Rhei aquosa und vinosa wirken nur sehr wenig abführend. Man gibt sie eßlöffelweise mehrmals täglich, mehr als magenstärkendes und den Gallenfluß beförderndes Mittel.

Rezeptbeispiele:

Rp.	Extr. Rhei		
	Extr. Aloes		
	Extr. Gentianae	aa	2,0
	Pulv. Rhei q.s.f.pil. 50; consp. Cinnam.		
	S. Früh und abends 1 Pille.		

Rp.	Extr. Rhei		30,0
	Magnes. ust.		
	Eleosacch. Foenic.	aa	15,0
	S. 3mal täglich 1 Kaffeelöffel.		

Dort, wo man wegen Beckenhyperämie Senna vermeiden will, kann man Dekokte von **Cortex Frangulae** oder **Cortex Cascarae** oder **Rad. Sambuci Ebuli** verwenden. Man soll diese Mittel kennen, weil sie in der Volksmedizin und Naturheilkunde häufig verwendet werden.

Beispiele für Rezepte mit Cascararinde:

Rp.	Cort. Cascarae sagr.		
	Rad. Rhei	aa	25,0
	Rad. Gentianae		
	Rad. Zedoariae		
	Croci	aa	2,5
	Spirit. dil.		500,0
	digere, filtra		
	S. Likörglasweise		

Rp.	Extr. Cascarae fluid.		200,0
	Tinct. Aurant.		50,0
	Spirit		25,0
	Aq. Cinnam.		75,0
	Syrupi		150,0
	S. Likörglasweise.		

Dann gibt es noch eine ganze Reihe **sehr drastisch wirkender Abführmittel mit starken Nebenwirkungen** auf die verschiedensten Organe und den Stoffwechsel.

So z.B. **Hb. Gratiolae** (Gottesgnadenkraut), welches so stark abführend wirkt, daß man es nur in anderen Teegemischen und nicht für sich allein verordnen soll. Es macht bei stärkerer Konzentration heftiges Bauchgrimmen, was bei Tobsüchtigen und stupurösen Geisteskranken eine seit Jahrhunderten bekannte und erwünschte Nebeneigenschaft ist. Außerdem macht es starke Beckenhyperämie und ist **eines der kräftigsten Emmenagoga**, auch als Klysma (Dekokt von 15,0-30,0 auf 500,0) sehr wirksam. Seine resolvierende Wirkung ist so stark, daß es bei längerem Gebrauch nicht nur Darmblutungen, sondern auch Blutzersetzung bis zur hämorrhagischen Diathese und perniziösen Anämie hervorrufen kann. Eigene Beobachtung. Bei entsprechender Vorsicht kann man gerade in hartnäckigen Fällen damit Ausserordentliches leisten. Die Dosis ist ungefähr ein Drittel des sonst üblichen, ein Kaffeelöffel betragenden Teegemisches.

Gleichfalls heftiges Darmgrimmen sowie starke Absonderung von Galle und Schleim erzeugt **Fruct. Colocynth. ppt.** 0,3 pro dosi. Man gibt es 1-3mal wöchentlich, ähnlich wie Gratiola, hauptsächlich als Gegenreiz bei Geisteskrankheiten.

Die enthaltenen Cucurbitacine, die auch in die Muttermilch übertreten können, üben eine sehr starke Reizwirkung aus. Folgen können blutige Durchfälle, Nierenschädigungen und hämorrhagische Cystitis sein. Es werden zytotoxische und antimitotische Effekte beschrieben. Von Kommission E negativ beurteilt.

Rad. Jalapae 1,5-3,0 oder Resina Jalapae 0,1-0,5 in ganz ähnlicher Verwendung wie das vorige, besonders auch als Hydragogum, entweder für sich oder mit Weinsteinpräparaten gemischt.

Kontraindiziert bei Darmentzündungen. - Rad. Jalapae wird auf EG-Ebene von einer der Kommission E entsprechenden Organisation zu den Drogen gerechnet, die ohne erkannten Nutzen seien, aber ein ernsthaftes Risiko darstellen sollen. Eine Revision dieser Beurteilung wird ausgeschlossen. Das Risiko von Convolvulus scammonia wird lediglich damit begründet, daß es sich um ein drastisches Laxativum mit schleimhautreizender Wirkung handelt. Der Konstitutionsmedizin kommt es aber gerade auf diese Wirkung an. Hier widersprechen sich die unterschiedlichen Therapiesysteme.

Das Jalapaharz ist Bestandteil zahlreicher Blutreinigungsmixturen nach Art des Paglianosyrup und ähnlicher Geheimmittel.

Zu Paglianosyrup: Unterschiedliche Zusammensetzung, z.B. neben Jalapa Tamarindenmus, Kreuzdornbeeren, Süßwein

Hierher gehört auch eines der wichtigsten und vielseitigsten Purgiermittel der ganzen alten Medizin, nämlich **Resina Scammonii** 0,1-0,5 in Form von Pillen, Pulvern oder Mixturen (Purgierwinde, Purgierharz). Die Droge war ein Bestandteil des sog. Extractum panchymagogum, einer kunstvoll bereiteten Mischung, welche eine Anregung aller Sekretionen und Exkretionen mit Ausscheidung überflüssiger und schädlicher Stoffe nach jahrhundertelanger Erfahrung herbeiführen sollte.

Siehe Anmerkung zu Jalapa. Beurteilung von Ipomoea=Exogonium purga ist identisch.

Der große *Sydenham* bezeichnete ein Infus von **Rad. Bryoniae** 5,0 auf 160,0 Milch als sein in zahlreichen Fällen bewährtes Medicamentum domesticum. Wollte man Rad. Bryoniae als Dekokt oder als Pulver (0,3-0,5) an sich geben, so würde es heftiges Erbrechen und Darmkoliken hervorrufen. In der genannten Form wirkt es aber bedeutend milder als Purgans.

Enthält wie Colocynthis zytotoxische Cucurbitacine. Es werden blutige Diarrhöe, Nierenschäden, Abort, Erregungszustände und Krämpfe beschrieben. Wegen der Risiken gilt die Zaunrübe als obsolet. Von der Kommission E liegt eine Negativ-Monographie vor.

Der Tätigkeit des Arztes ist hier ein weiter Spielraum im Individualisieren und Kombinieren geboten. Neben der medizinischen Wissenschaft kommt hier erst recht die ärztliche Kunst zur Geltung, und vieles, was erfahrene Ärzte als „glückliche Kuren" bezeichnen, ist das Endresultat sorgfältig ausgewählter Aufeinanderfolge verschiedener umstimmender und stoffwechselverbessernder, ausleerender Mittel.

Der Vollständigkeit halber sei noch die abführende Wirkung des Agaricus (Boletus laricis) (0,005-0,3 !) bzw. des Agaricins (0,005-0,001-0,1 !), der Gummi Gutti (0,02-0,5 ! in Pillen), des Linum cartharticum als Dekokt und des Extr. Hellebori nigri oder virid. (0,03-0,1) erwähnt.

Zu Agaricin: Über 0,2 bereits lähmend. Tod durch Atemstillstand!

12.3 Technik der Anwendung von Klistieren

Die Darmausleerung nach unten bedient sich seit alters her auch der Klistiere, und es ist gar nicht gleichgültig, ob, wann und wie diese vorgenommen werden. Besonders dann, wenn Abführmittel von oben nicht vertragen werden, wie z.B. bei Ileus mit Erbrechen, aber auch bei Magen- und Gallenleiden können sie oft entscheidend und lebensrettend wirken.

Die ältere Medizin hat z.B. bei Ileus Klysmen von Rizinusöl oder Sesamöl alle sechs Stunden vorgeschrieben. Man macht heute statt dessen mehr oder minder hohe Darmspülungen mit Wasser, Kochsalzlösung, Kamillentee und gibt zu Beginn kleine Einläufe von 50-100 Gramm Glyzerin mittels Spritze oder Klistierballon.

Praktisch hat sich mir am meisten das **Senna-Klistier** bewährt. Man kocht ungefähr 2 Eßlöffel Fol. Sennae auf 1 Liter Wasser und macht damit einen Einlauf, der ¼ bis ½ Stunde lang zurückgehalten werden soll. Die Wirkung ist meist, wenn der Einlauf nicht zu früh gemacht wird, also am 2. bis 4. Tag nach schweren Laparotomien, ausgezeichnet. Winde gehen ab, meist alsbald auch Stuhl, Brechreiz und Aufstoßen hören auf.

In früherer Zeit verwendete man auch neben der stuhlbefördernden Wirkung der Klistiere noch verschiedene andere Nebenwirkungen, z.B. **erweichende, auflösende, resorbierende, krampfstillende, roborierende Wirkungen** nicht nur auf den Darmkanal selbst, sondern auch auf die entfernteren Organe und den Gesamtorganismus.

Der letzte große Vertreter dieser Richtung war vor mehr als hundert Jahren *Kämpf* mit seinen resolvierenden Viszeral-Klistieren. Er verwendete dazu Dekokte von pflanzlichen Resolventien, wie Rad. Taraxaci, Rad. Graminis usw. Es gelang ihm damit, die verschiedensten Abdominalzustände, also Störungen der Leber, der Milz, der Nieren, aber auch Kopf-, Brustleiden und Hautkrankheiten gründlich zu beeinflussen.

Heute ist an dessen Stelle das **Darmbad** (Enterocleaner) getreten. Auch hier werden über günstige Wirkungen bei Nieren- und Gallensteinen, Stoffwechselstörungen und Hautkrankheiten berichtet. Speziell Abgang von Nierensand und Nierensteinen. Es verdient sicher bei schweren Krankheitszuständen angewendet zu werden. Man kann es aber durch entsprechend gewählte Abführmittel und Klysmen sehr weitgehend ersetzen.

Auch die historische Medizin verwendet Klysmen mit den verschiedenartigsten Zusätzen in ausgedehnter Weise. So wurden zu ausleerenden Klysmen Kombinationen von Sennesblättern mit Glaubersalz und Leinöl oder Seifenklistiere mit Kamillentee, ferner mit Zusätzen von Kochsalz, Weinsteinsalz und Salpeter verwendet.

Bei nervösen Zuständen kann man **krampfstillende Klistiere** aus Dekokten von Baldrian, Kamillen, Arnika, Schafgarbe, Holunderblüten, Malven, Mohnköpfen machen. Man setzte in schwereren Fällen auch Opium und Extr. Hyosciami, auch Asa foetida in der Menge von 2,5 bei.

Auch **Nährklistiere** von Fleischbrühe, Stärke, Eidotter, Milch, Zucker und Hafergrütze waren schon lange in Verwendung. Zu **roborierenden Klistieren** werden Abkochungen bitterer Mittel, wie China-, Eichen- und Weidenrinde, Schafgarbe, Tausendgüldenkraut, Krauseminze, Pfefferminze, Kardobenediktenkraut und überhaupt alle tonisierenden und aromatischen Substanzen angewendet.

Klistiere von **Tabakabkochungen** sind oftmals imstande, einen bestehenden Ileus zu lösen, offenbar wie im Experiment durch Lähmung der Sympathicusganglien, doch ist dabei Vorsicht wegen Kollapsgefahr notwendig. Klistiere und Tropfklistiere von starkem **Bohnenkaffee** mit Zucker bewähren sich gleichfalls, besonders nach Bauchoperationen, solange diese Mittel noch nicht von oben behalten werden.

Bei komatösen Zuständen sind Klistiere aus **Essig** zur Hälfte mit Wasser verdünnt oft sehr wirksam. Bekannt ist die Anwendung von **Knoblauchklistieren** mit Milch gegen Würmer bei Kindern. Bleibeklistiere aus **kaltem Wasser** sind oft sehr wirksam gegen Blutungen aus Mastdarm und weiblichem Genitale.

12.4 Das Purgieren im Rahmen der Konstitutionstherapie - Indikationen und Beispiele

12.4.1 Dyspepsie und Obstipation

Bei den alltäglichen Krankheiten des Magens und Darmes, also den verschiedenen Formen der Dyspepsie und Obstipation, kommt man nicht immer mit Diät und den üblichen Magenmitteln (Säuren, Alkalien, Fermente) allein aus, sondern namentlich am Beginn der Behandlung ist - ganz im Sinne der alten Medizin - eine Reinigung des Darmkanals nach unten, des Magens nach oben oder unten notwendig.

Bei Patienten, welche wochen-, monate- und jahrelang an Magenbeschwerden wie Druck, Völlegefühl, Sodbrennen, Magenkrämpfe, Magenschmerzen und Verdacht auf Magen- und Zwölffingerdarmgeschwür gelitten haben, kommt man viel schneller zum Ziel, wenn man neben der von uns angegebenen Diät für die ersten Tage der Behandlung abends noch Sennatee verordnet. Dort wo er nicht vertragen wird, kann er durch ein Sennaklysma ersetzt werden.

Ein Beispiel dafür:

36jährige Frau, welche seit ihrer vor zwei Jahren erfolgten Entbindung an hartnäckiger Obstipation und Plätschermagen mit Druckgefühl im Epigastrium, Müdigkeit, Schlafsucht und Magenkrämpfen leidet. Die bisherige Behandlung mit Schonungsdiät (Milch, Schleimsuppen, Püreekost), Alkalien und Belladonna führte nicht zum Ziel. Gegen die Obstipation nahm sie Paraffinöl.

Ich verordnete tonisierende Diät (s. S. 60ff.), Condurangowein, dreimal täglich einen Eßlöffel vor dem Essen und abends Sennatee. Außerdem Hydrotherapie. Schon nach vier Tagen fühlte sich Patientin vollkommen wohl, Magenbeschwerden und Mattigkeit waren behoben. Ungefähr eine Woche später trat nach dem aus schwarzem Kaffee bestehenden Frühstück regelmäßiger Stuhlgang ein, so daß das Abführmittel weggelassen werden konnte.

12.4.2 Krankheiten der Leber und Gallenblase

Bei Krankheiten der Leber und Gallenblase, insbesondere auch **Gallensteinen** und **Gallenblasenentzündung** kann das Prinzip der lange fortgesetzten Ausleerung nach unten und oben die Situation oft verblüffend schnell zum Günstigen wenden, wo nach dem üblichen Verfahren sonst nur langwieriges Krankenlager oder gefährliche Operationen zur Wahl standen. Auch bei Ikterus und Hepatitis sind geeignete Abführmittel unentbehrlich.

Wenn man sich vergegenwärtigt, daß **Gallensteine** durch Stagnation und Eindickung der Galle entstehen, so ist es an sich schon naheliegend, für rascheren Gallenfluß und Darmableitung zu sorgen. Viele tatsächlich wirksame alte Mittel, Volksmittel und Geheimmittel gegen Gallensteine beruhen darauf. Ich selbst konnte außerordentlich zahlreiche Fälle von Gallensteinkoliken dauernd beschwerdefrei machen, wo die übliche Behandlung nicht zum Ziele geführt hatte und deshalb schon eine Operation in Aussicht genommen worden war. Besonders häufig hatte ich dazu bei klimakterischen Frauen Gelegenheit. Da es sich gleichzeitig oft um Magendyspepsie, Obstipation und Fettsucht handelte, verordnete ich Ableitung auf den Darm, und dabei verschwanden meist auch die Gallenkoliken. Zumal, wenn auch **Aderlaß, Blutegel und Vesikantien** zu Hilfe genommen wurden. Mögen nun die Gallensteine dabei tatsächlich aufgelöst worden sein oder nicht, so waren doch die Patienten dauernd beschwerdefrei und der Notwendigkeit einer riskanten Operation enthoben, was schließlich die Hauptsache war.

Ein Beispiel:

Frau E. H., 37 Jahre, hat vier Geburten durchgemacht, einmal Zwillinge. Die Menstruation wurde seither immer spärlicher und die Patientin fettleibiger, bis zu 94 kg Körpergewicht. Seit dem vor sechs Jahren stattgehabten letzten Wochenbett litt Patientin an häufigen Gallensteinkoliken, besonders vor jeder Menstruation. Karlsbader Kuren und Behandlung durch namhafte Fachärzte für interne Medizin konnten die immer häufiger werdenden Anfälle nicht beseitigen, so daß an eine Operation geschritten werden sollte. Bei der hochgradigen Fettsucht der Patientin wäre aber diese mit Komplikationen verbunden gewesen.

Ich riet daher zur Entfettungskur mit Ableitung auf den Darm, machte ferner, da die Patientin sehr vollblütig war, einen Aderlaß von 350 ccm, und die Koliken kehrten jahrelang nicht wieder.

Man hielt dieses Ergebnis nach dem jahrelangen qualvollen Leiden für eine Wunderkur, und es ging doch mit ganz einfachen Dingen zu. Glaubersalz, Sennatee und Aderlaß, drei Hauptmittel, mit welchen ich mir seinerzeit einen gewissen Ruf in der Privatpraxis erworben hatte, waren das Wesentliche.

Daß die ausleerenden Verfahren selbst bei hochgradiger akuter und chronischer **Gallenblasenentzündung** außerordentlich leistungsfähig sind, zeigen folgende Fälle.

Frau E. B., 45 Jahre, erkrankte an fieberhafter Gallenblasenentzündung. Die Patientin machte sich aus eigenem Antrieb ein Klysma und nahm Kurellapulver als Abführmittel.

Kurellapulver besteht aus Fruct. Foeniculi pulv., Sulfur depuratum, Fol. Sennae pulv., Rad. Liquiritiae, Saccharum album

Infolge ungenügender Darmentleerung bekam die Patientin einen juckenden Ausschlag im Gesicht, Herpesbläschen an der Lippe und verschwollene Augenlider.

Auf meinen Rat nahm die Patientin morgens Glaubersalz, abends Sennatee, bekam einen Aderlaß und war in kaum einer Woche vollkommen beschwerdefrei.

Noch drastischer ist folgender Fall:

Ich wurde zu einer Patientin Frau M. H. gerufen, welche ich vor Jahren entbunden hatte. Sie litt seit einer Woche an schwerer Gallenblasenentzündung mit Fieber über 39, Erbrechen und Meteorismus. Der behandelnde Internist und ein Chirurg waren für sofortige Operation.

Ich verordnete ein Senna-Klysma, worauf das Erbrechen sofort aufhörte. Am nächsten Tag morgens Glaubersalz, Aderlaß von 250 ccm und ein Cantharidenpflaster auf die Gallenblase. Das Fieber sank rapid, und in drei Tagen war Patientin beschwerdefrei.

Ungefähr ein Jahr später wiederholte sich dieselbe Sache. Abermals auf Senna-Klysma sofortiges Aufhören des Erbrechens. In fünf Tagen fieberfrei. Zur Nachbehandlung wieder Cantharidenpflaster, Rhabarber-Tinktur und Brausepulver.

12.4.3 Appendizitis

Unbeschadet der großen Leistungsfähigkeit der Radikaloperation kann man immer wieder versuchen, die chronische und selbst akute Appendizitis, welche bei richtiger Überwachung und Behandlung lange nicht so gefährlich ist, wie man früher glaubte, zum Rückgang zu bringen.

Im akuten Stadium der Wurmfortsatzentzündung kann man, wenn eine Operation aus äusseren Gründen nicht möglich ist, durch vorsichtige Einläufe, später Rizinusöl, und nach Abklingen der akuten Erscheinungen durch andere milde resolvierende und antiphlogistische Laxantia, solange noch kein Abszeß oder Durchbruch erfolgt ist, die Krankheit ausheilen.

Bei chronischen Fällen, wo Kotsteine vermutet werden, braucht man weniger ängstlich zu sein, kann die Abführkur mit der Verordnung von zweimal täglich 1 Eßlöffel Rizinusöl beginnen und sie mit Glaubersalz, Sennatee oder anderen milden Abführmitteln tage- und wochenlang bis zum Aufhören der Beschwerden fortsetzen. Bei akuten Fällen wird man trachten, binnen 24 oder höchstens 48 Stunden Entfieberung und Schmerzfreiheit durch vorsichtige Sennaklysmen, später Rizinus, zu erreichen. Wenn durch Sennaklysma Stuhl erzeugt worden ist, hört gewöhnlich der Brechreiz auf, und man kann dann einen Eßlöffel Rizinus verabreichen, einen halben Tag später dieselbe Dosis. Ist der Patient nicht fieberfrei, so hat man immer noch Zeit, die Operation durchzuführen.

Ein Beispiel:

24jährige Frau mit Plätschermagen und chronischer Obstipation, seit Jahren ständige Schmerzen im Unterbauch rechts, welche zeitweilig kolikartigen Charakter annehmen. Manchmal subfebrile Temperaturen. Diagnose: chronische Appendizitis, das Röntgenbild läßt auf einen Kotstein schließen. Da Patientin in ihrer Verwandtschaft einen Fall von Embolie nach Appendektomie erlebt hat, will sie sich um keinen Preis zu einer Operation entschließen.

Tonisierende Magendiät, wodurch allein schon die Obstipation und die Druckempfindlichkeit der Kolongegend (bei Dyspepsie häufiges Symptom) behoben wurde. Erst nachher wurden drei Wochen lang systematisch milde Abführmittel gegeben, und zwar abwechselnd täglich zwei Eßlöffel Rizinus, Sennatee und Glaubersalz. Nach Ablauf von drei Wochen keinerlei Druckempfindlichkeit, keine Schmerzen und Koliken mehr. Patientin blieb unter geeigneter Magendiät und Hydrotherapie dauernd gesund.

Ein Fall von akuter Appendizitis:

31jährige Frau welche im Anschluß an ihre vor fünf Jahren erfolgte Entbindung an Obstipation und Plätschermagen litt. Allmählich stellten sich Schmerzen in der Gegend des Zoekums ein, welche als Kolitis erklärt wurden. Plötzlich eines Tages Anfall von akuter Appendizitis mit 39 Fieber, Erbrechen und Stuhlverhaltung. Da Patientin ein schweres Vitium hatte (während der Geburt wäre sie beinahe an Lungenoedem zugrunde gegangen, wenn nicht ein Aderlaß gemacht worden wäre), wurde der Versuch gemacht, die Operation zu umgehen.

Das Fieber war nachts aufgetreten, am Morgen wurde ein vorsichtiges Klysma von 300 ccm Sennainfus gemacht. Es gingen sogleich Winde ab, eine halbe Stunde später auch breiiger Stuhl, worauf das Erbrechen aufhörte.

Patientin bekam außer Tee mit Zitrone und Zucker keinerlei Nahrung. Nach erfolgtem Stuhlgang fiel die Temperatur auf 37,8 herunter. Zwei Stunden nach dem Klysma wurde ein Eßlöffel Rizinus gegeben. Da nachmittags 4 Uhr noch kein weiterer Stuhlgang erfolgt war, ein zweiter Eßlöffel Rizinus. Die Wirkung trat im Laufe der Nacht in Form von reichlich breiig-flüssigem Stuhlgang ein. Die Temperatur überstieg 38 Grad nicht mehr, die Schmerzen ließen nach, und im Laufe des zweiten Tages sank die Temperatur unter 37,5. Die gleiche Behandlung mit Rizinusöl und einem Klysma täglich wurde fortgesetzt, nach drei Tagen war Patientin fieber- und schmerzfrei. Erst jetzt wurde langsam zu breiiger Nahrung übergegangen und nach zehn Tagen konnte Patientin als vollkommen geheilt betrachtet werden. Daß daneben Dunstumschläge gemacht wurden, sei nur nebenbei erwähnt.

Ich kenne eine ganze Anzahl von Fällen, welche von meinen Mitarbeitern auf die gleiche Weise mit Erfolg behandelt worden sind. Es möge daraus nicht gefolgert werden, daß ich ein Gegner der Operation sei, doch gibt es Fälle, wo aus allen möglichen subjektiven und objektiven Gründen die Vermeidung der Operation wünschenswert sein kann.

12.4.4 Hämorrhoiden

Bei Hämorrhoidalbeschwerden spielen nicht nur die Lokalbehandlung und Diät, sondern auch kühlende, dekongestionierende Abführmittel eine wichtige Rolle. Als Spezifika können Schwefel, Weinsteinpräparate und Herba Millefolii als Dekokt genannt werden. Das bloße Wegschneiden, Wegätzen oder die Verödung der Varizen ohne Regelung der Verdauung ist unzweckmäßig. Das gleiche gilt für Fissura ani, Analekzem, Pruritus ani, Periproktitis usw. Die richtige Wahl der geeigneten Mittel kann hier in wenigen Tagen die qualvollsten, unter der üblichen Behandlung jahrelang vorhanden gewesenen Beschwerden beseitigen.

57jährige Frau, welche mich wegen heftiger allgemeiner Wechselbeschwerden aufsuchte. Gleichzeitig litt sie an zwei bohnengroßen, öfters blutenden und entzündeten Hämorrhoidalknoten sowie einem heftigen Pruritus ani mit chronischer Hautverdickung und schmerzhaften Rhagaden. Interne und dermatologische Behandlung, auch im Krankenhaus, war erfolglos. Der Zustand war äußerst qualvoll, besonders bei Nacht, so daß Patientin viele Schlafmittel nehmen mußte. Die Behandlung war sonst vorwiegend lokal gewesen und bestand in Analzäpfchen und Salben.

Ich verordnete der etwas fettleibigen und vollblütigen Patientin morgens Glaubersalz abwechselnd mit Seidlitzpulver, und abends einen Tee von Hb. Millefolii, lokal über Nacht Bleiwasserumschläge, bei Tag einen Salbenverband mit Unguent. Linariae. Schon nach wenigen Tagen trat auffallende Besserung ein, nach Ablauf einer Woche machte ich einen Aderlaß von 250 ccm und nach zwei Wochen war Patientin vollkommen beschwerdefrei. Die Knoten hatten sich zurückgebildet, die Rhagaden und das Ekzem waren geheilt.

Auch an zahlreichen anderen Fällen mit Hämorrhoidalbeschwerden konnte ich immer wieder beobachten, daß selbt dort, wo nicht ausgesprochene Obstipation bestand, die Stoffwechselreinigung durch geeignete Abführmittel, unter Umständen unterstützt durch Aderlaß, prompten Rückgang der Beschwerden erzielte.

12.4.5 Kopfschmerzen und Migräne

Bei allen Krankheiten im Bereiche des Kopfes muß man an Darmableitung denken. Interessant ist die Beobachtung der alten Ärzte, daß Kopfschmerz in der Stirngegend auf die Notwendigkeit von Magen- und Darmausleerung, Kopfschmerz in der Scheitel- und Hinterhauptgegend auf Blutentziehung hinweist. Migräne, Wallungen, Schwindel, Kongestionen, akute und chronische Meningitis, Neuralgien kommen für diese Behandlungsmethode in Frage.

Vor allem Magenleiden und Stoffwechselstörungen sind oft die Ursache von Kopfschmerzen und Migräne. In vielen Fällen kann die Ableitung auf den Darm Hilfe bringen, wo die üblichen Analgetika erfolglos waren. Nicht jedes Abführmittel tut aber dabei gleiche Wirkung, wie folgender Fall zeigt.

43jährige Frau mit Dyspepsie, Obstipation, etwas Fettsucht (84 kg bei 169 cm Körpergröße), Menses etwas zu spärlich. Patientin leidet seit fünf Jahren an immer zunehmenden migräneartigen Kopfschmerzen, besonders vor der Menstruation. Alle üblichen schmerzstillenden Mittel, Bestrahlungen und dgl. erfolglos.

Ich machte bei der etwas vollblütigen Patientin einen Aderlaß von 250 ccm, durch Entfettungskur um 8 kg mit Ableitung auf den Darm wurde eine bedeutende Besserung, aber keine vollständige Beseitigung der Kopfschmerzen erzielt.

Auch einmal wöchentlich Brechmittel besserte den Zustand nicht. Patientin erhielt hierauf Paglianosyrup (s. oben) täglich ½-1 Kaffeelöffel morgens nüchtern, acht Tage lang. Es entleerte sich unter ziemlichem Bauchgrimmen mehrmals täglich reichlich gallig-schleimiger Stuhl, und nach Ablauf dieser Zeit waren die Kopfschmerzen dauernd geschwunden.

12.4.6 Apoplexie

Bei Apoplexie kann ebenfalls die Ableitung auf den Darm durch frühzeitig angewendete Klysmen und später lange Zeit hindurch gereichte resolvierende Abführmittel die mittelbaren und unmittelbaren Folgen des Anfalles beträchtlich mildern. Auch monatelang nach erfolgtem Anfall habe ich oft Apoplektiker gesehen, wo intensive Anwendung von Laxantien nebst Arnika (intern und extern) ganz erstaunliche Besserung hervorrufen konnte.

Die frühere Medizin schrieb sowohl bei frischen, als auch bei veralteten Fällen möglichst ausgiebige Darmableitung vor und erzielte damit frühzeitige Rückbildung des Blutergusses, der Lähmungen, ebenso wie durch Blutentziehungen. Es ist wohl anzunehmen, daß auch der Umfang der Zerstörungen bei frühzeitigem Eingreifen bedeutend verringert werden kann.

Ein Beispiel:

64jährige fettleibige Patientin mit frischer Apoplexie. Der Blutdruck war gegen 200 RR gewesen. Tiefes Koma und rechtsseitige Hemiplegie. Einer meiner Schüler machte einen Aderlaß von 30O ccm, hierauf ausgiebiges Sennaklysma. Am nächsten Tage konnte Patientin bereits schlucken und bekam Paglianosyrup, einen Kaffeelöffel voll. Am dritten Tage nach reichlichen Stuhlgängen Wiedererlangung des Bewußtseins, die beträchtliche Aphasie ging unter weiterer ableitender Behandlung innerhalb der nächsten drei Wochen rasch zurück, trotzdem vorher von anderer Seite eine schlechte Prognose auch quoad vitam gestellt worden war. Patientin erholte sich vollkommen und ist auch heute nach fünf Jahren bis auf eine leicht zurückgebliebene Parese des rechten Beines rüstig und bei gutem Befinden.

Daß auch bei veralteten Fällen durch Darmableitung noch vieles gebessert werden kann, zeigt folgender Fall.

61jährige Frau, vor fünf Monaten rechtsseitige Hemiplegie, nach welcher schwieriges Sprechen, ziemliche Ungeschicklichkeit der rechten Hand und Nachziehen des rechten Beines zurückgeblieben war. Ansonsten bestand Reizbarkeit, leichte Ermüdbarkeit, Vergeßlichkeit und Arbeitsunfähigkeit. Patientin konnte nur mit größter Mühe länger sprechen und gehen. Blutdruck nur mäßig erhöht (145).

Auf meine Angaben hin wurde ein Aderlaß von 250 ccm gemacht, ferner Abführtee, und zwar Seidlitzpulver, abwechselnd mit Sennatee, außerdem gegen die Lähmungserscheinungen intern Arnikatinktur, dreimal täglich zwanzig Tropfen in Himbeerwasser. Dazu Hydrotherapie und Bewegungsübungen. Der Zustand besserte sich erstaunlich rasch von Woche zu Woche. Binnen vier Wochen konnte Patientin schon lange Strecken gehen, auch die Hand wurde viel brauchbarer, das Sprechen deutlich und geordnet, und auch die sonstigen psychischen Störungen bildeten sich im Laufe der nächsten drei Monate so zurück, daß Patientin ihrer Beschäftigung wieder nachgehen konnte, was vorher für nicht mehr möglich gehalten worden war.

12.4.7 Depressionszustände und Melancholien

Man hat generationenlang vergessen, daß Behebung der Untätigkeit der Bauchorgane sowohl durch Ausleerung als auch durch Gegenreiz oft schlagartig die Neurosen oder Psychosen bessern können. Früher dachte man bei Depressionszuständen an Leberstörungen, besonders an Überschuß an „schwarzer" Galle, und glaubte diese nach unten zu ausleeren zu können. Die häufig heilsame Wirkung von Abführmitteln oder spontan bzw. interkurrent auftretenden Durchfällen, z.B. Dysenterie, steht fest. Auch dort, wo die Depression auf Mageninsuffizienz zurückzuführen ist, wirken Darmausleerungen meist vorteilhaft.

Ein Beispiel:

Frau R. B., 56 Jahre, mit 40 Jahren Uterusexstirpation wegen Myom, welches in der Familie öfters vorkam. Seither Depressionszustände von zunehmender Häufigkeit und Dauer. Im letzten Jahr schon permanent. Alle üblichen Beruhigungsmittel erfolglos. Patientin gibt an, daß in der Familie zahlreiche Fälle von Psychosen vorgekommen sind. Die Mutter hatte eine richtige Altersmelancholie, deren Schwester leidet noch jetzt an schweren Depressionen, ein Bruder der Mutter an Depressionen nach Schlaganfall. Wiederholt war bei Familienmitgliedern Anstaltsbehandlung nötig.

Trotz der schweren hereditären Belastung unternahm ich die Behandlung. Patientin ist klein, 66 kg, ziemlicher Fettbauch, hartnäckige Obstipation. Ich verordnete Gewichtsabnahme von 6 kg mit Ableitung auf den Darm, was programmgemäß durchgeführt wurde. Nach zwei Wochen mäßige Besserung. Daraufhin Tart. stib. 0,1 in ¼ Liter Wasser als Brechmittel, wodurch vollständige Heilung herbeigeführt wurde. Patientin ist seit 1 ½ Jahren beschwerdefrei.

Durch die übliche psychiatrische Behandlung wäre Patientin, ebenso wie ihre Familienmitglieder, unheilbar geblieben. Es bleibt dem praktischen Arzte ein breiter Spielraum bei der Erprobung der verschiedenen Abführmittel gelegentlich der Behandlung solcher Depressionen und Melancholien. Am schwersten zu heilen ist die Melancholie, aber gerade da versichern die alten Autoren, durch Auswahl der richtigen Laxantia den Erfolg in verhältnismäßig kurzer Zeit zu erzielen.

12.4.8 Schizophrenie

Bei der Schizophrenie gelingt es außerordentlich oft, durch wochenlang fortgesetzte drastische Abführmittel, namentlich bei frischen Fällen, einen Umschwung im Gesamtbefinden herbeizuführen und damit die Heilung anzubahnen. Zwischendurch sind Brechmittel, Hydrotherapie und Aderlässe nötig.
Ein Beispiel:

Frl. E. P., 28 Jahre, seit 1 ½ Jahren in Anstaltsbehandlung wegen Schizophrenie. Katatonie abwechselnd mit Erregungszuständen, Halluzinationen, oft Nahrungsverweigerung, derzeit große motorische Unruhe. Der Fall galt als aussichtslos, und es wurde deshalb außerhalb der Anstalt der Versuch mit Konstitutionstherapie gemacht. Patientin hoch aufgeschossen, abgemagert, blasse, kühle Haut, ausgedehnter Plätschermagen, Obstipation, seit ¾ Jahren Amenorrhöe.

Die Behandlung wurde begonnen mit Paglianosyrup (s. oben), ein Kaffeelöffel täglich, worauf unter heftigen Bauchschmerzen starke Durchfälle eintraten, Patientin wurde darauf auffallend ruhig, trotzdem alle früheren Betäubungsmittel weggelassen worden waren. Nach drei Tagen besserte sich die Nahrungsaufnahme, es wurde Hydrotherapie vorgenommen, nach einer Woche begann Patientin zu arbeiten, schon nach drei Wochen war Patientin vollkommen geordnet, sozial, nur gab sie auf Befragen an, noch hie und da Stimmen zu hören. Nach weiteren sechs Wochen konnte Patientin als symptomfrei entlassen werden.

Es war ganz augenfällig, daß die starke Ableitung auf den Darm, welche später in milderer Form mit Sennainfus fortgesetzt wurde, den Umschwung herbeigeführt hatte. Dazu kam einmal wöchentlich Brechmittel. Später Aloepillen. Die Menses sind nach zwei Monaten nach Beginn der Behandlung eingetreten und regelmäßig geblieben. Patientin ist seit zwei Jahren dauernd gesund.

12.4.9 Herzkrankheiten

Hier kommt gleichfalls die entlastende Wirkung der Darmableitung zur Geltung. Entfettung, Verminderung der Plethora, Herabsetzung des Blutdruckes, antiphlogistische Wirkung, Beseitigung der Plethora abdominalis, Ausfuhr von Gasen, Verminderung des Zwerchfellhochstandes, Ausleerung von Autointoxikationsprodukten spielen dabei eine Rolle.

Gewichtsabnahme und Ableitung auf den Darm wirken sich u.a. bei Herzfehlerkranken oft sehr vorteilhaft aus. Von noch viel größerer Bedeutung ist das bei der durch bloße Herzbehandlung so schwierig zu behandelnden Angina pectoris, wobei die richtige Behandlung einer gestörten Magenverdauung sehr wesentlich ist. In manchen Fällen ist mehr oder minder starke Ableitung auf den Darm von offensichtlicher Wirkung.
Ein Beispiel:

Frau E. K., 48 Jahre, im letzten Jahr anfallsartige Herzbeschwerden mit Schmerzen im Brustbein und oft Gefühl von Herzstillstand, Angstzustände, fühlt sich müde, wie wenn sie 80 Jahre alt wäre, Blutdruck 160, Kopfschmerz, Schwindel. Glaubt, daß sie jeden Moment der Herzschlag treffen werde. Fachärztliche Diagnose Angina pectoris. Die übliche Behandlung befriedigte nicht.

Fettsucht, Magendyspepsie, Obstipation und Meteorismus waren nicht genügend beachtet worden. Entfettungskur und Ableitung auf den Darm, morgens Glaubersalz, abends Sennatee brachten schon innerhalb der ersten Woche bedeutenden Nachlaß, nach zwei Wochen vollständiges Aufhören der Anfälle. Patientin konnte wieder Treppen steigen und alle häuslichen Arbeiten verrichten.

12.4.10 Hautkrankheiten

Mit Aderlaß und Glaubersalz allein kann man schon eine ganze Menge von Dermatosen, wie Ekzem, Urtikaria, Herpes, Akne, Furunkulose, lokale Oedeme u. dgl., rasch beseitigen, wo die übliche spezialistische Behandlung nicht weiter kann. Natürlich lassen sich diese Mittel noch viel feiner differenzieren und mit spezifisch dermatotropen Mitteln, wie Species lignorum purificantes, Hb. Violae tricoloris u.dgl. kombinieren.
Ein Beispiel für Hautkrankheiten:

Frau M. J. 52 Jahre, seit drei Jahren Menopause, allgemeines Hautjucken mit knötchenförmigem Ausschlag, fachärztliche Diagnose Prurigo, mäßige Fettsucht, 75 kg, Dyspepsie, Obstipation. Die bisherige Lokalbehandlung, Diätkuren, Kalziuminjektionen, antiallergische Maßnahmen erfolglos. Gewichtsabnahme von 5 kg mit Ableitung auf den Darm und Aderlaß brachte in vier Wochen vollständige Heilung.

Frau E. G., 42 Jahre, Menses nur zweitägig, spärlich, 85 kg, Obstipation, vollblütig, Herzklopfen, Kopfschmerz, Rheuma im ganzen Körper. Seit zwei Jahren neurodermitisches Ekzem am Hals und an den Beinen, Diät und Lokalbehandlung erfolglos. - Entfettungskur nebst Glaubersalz, Sennatee, Seidlitzpulver, später Dekokt von Radix Graminis und Cortex Frangulae aa, zwei Schalen täglich, nebst einmaligem Aderlaß bewirkten vollständige Ausheilung in fünf Wochen.

Sehr drastisch ist folgender Fall:

Die Frau eines ausländischen Arztes leidet seit zehn Jahren an ausgebreitetem chronischem Ekzem des ganzen Körpers. Sie hatte zahlreiche namhafte Dermatologen in Mitteleuropa konsultiert. - Eine Autorität hatte dem Gatten der Patientin gesagt: „Nehmen Sie Ihre Frau ruhig nach Hause, Ekzem ist unheilbar. Tun Sie gar nichts, es heilt entweder von selbst, oder überhaupt nicht, schade um alle Bemühungen." - Auf Grund der Lektüre meines Lehrbuches der Konstitutionstherapie wendet sich der betreffende Kollege an mich. - Schon die Vornahme eines Aderlasses und die Verwendung von Glaubersalz, abwechselnd mit Seidlitzpulver und Species lignorum purificantes (von letzterem drei Schalen täglich) brachte in zwei Wochen eine so weitgehende Besserung des Ekzems mit sich, wie sie seit Jahren an der Patientin nicht beobachtet worden war.

In ähnlicher Weise heilten Fälle von Akne rosacea, Akne vulgaris, Urticaria pigmentosa, gewöhnliche Urticaria, Herpes zoster usw.

Frau I. S., 47 Jahre, früher 100, dann 86 kg, Menses seit fünf Monaten ausgeblieben, sehr nervös, Schwindelanfälle. Entfettungskur mit Ableitung auf den Darm, wodurch Patientin 9 kg in zwei Monaten abgenommen hat. Gleichzeitig ist damit ein seit vielen Jahren bestehendes Ekzem am Stamme verschwunden. Patientin „fühlt sich um zwanzig Jahre jünger", kann zum erstenmal seit Jahren lange Spaziergänge machen.

Frau C. I., 34 Jahre, ausgedehnter hartnäckiger Herpes zoster der linken Körperhälfte, Fettsucht, 75 kg, Vollblütigkeit, Varizen, Jucken in Armen und Beinen. - Entfettungskur, Aderlaß mit Ableitung auf den Darm. Schon im Laufe der ersten Woche ging der Ausschlag rapid zurück, die Schmerzen hörten auf, nach zwei Wochen vollständige Abheilung, lokal war 1% Sublimatspiritus angewendet worden.

12.4.11 Sonstige Krankheiten

Lungen- und Rippenfellkrankheiten. Wie bei jeder Entzündung sind auch bei Pleuritis und Pneumonie Ableitung auf den Darm, richtig angewendet, von Vorteil. Besonders auch zur Resorption von Exsudaten. Auch bei Asthma sind neben Brechmitteln, Nierenmitteln und Hautableitung geeignete Abführmittel oft nützlich.

Nierenkrankheiten. Bei chronischer Nephritis tritt bekanntlich neben der Haut- auch die Darmausscheidung vikariierend ein, und es läßt sich das durch geeignete Laxantia auf lange Sicht hinaus unterstützen. Auch *Bright*, der Entdecker der nach ihm benannten Schrumpfniere, hat bei seinen Kranken reichlich von diesen Mitteln Gebrauch gemacht, und zwar mehr von milden pflanzlichen Laxantien unter Vermeidung der Salze. Für Urämie und Eklampsie gilt Ähnliches. Bei Nierensteinen erzielt man durch geeignete Trinkkuren und Darmableitung gewiß nicht immer, aber doch öfters als man gewöhnlich glaubt, Auflösung der Steine zu Sand. Noch *Hufeland* versichert das aufs bestimmteste.

Stoffwechselstörungen. Bei Fettsucht verbessert und sichert die gleichzeitige Darmableitung die Wirkung der Diät außerordentlich. Bei Gicht und ihren Abarten kann man durch die obengenannten resolvierenden Abführmittel mit Zusatz von Kali carbon. Überraschendes leisten. Auch beim Diabetes mellitus wird an die Wegschaffung der Autointoxikationsprodukte durch den Darm viel zu wenig gedacht. Ein Specificum dafür ist Linum carthaticum als Dekokt, 3 Schalen täglich. Harn- und Blutzucker gehen dabei beträchtlich herunter.

Augenkrankheiten. Alle Entzündungen und Ablagerungen in den Augen können durch die antiphlogistische und resolvierende Darmableitung günstig beeinflußt werden. Eigene Beobachtungen habe ich bei Iritis, Glaukom, Katarakt, Chorioiditis, Retinitis und Ulcus corneae gemacht. Besonders wenn man auch Blutentziehungen und Hautableitung noch zu Hilfe nimmt, lassen sich die Resultate der spezialistischen Behandlung bedeutend verbessern.

Was die **Ohrenkrankheiten** betrifft, so reagieren nicht nur akute Entzündungen, sondern auch Ohrensausen, Schwindel und Schwerhörigkeit oft günstig auf Darmableitung.

Krankheiten der Beckenorgane. Kongestivzustände im kleinen Becken können Hämorrhoiden, bei Männern Prostatahypertrophie herbeiführen. Letztere kann bei rechtzeitiger Darmableitung wenigstens in ihren störenden Symptomen im Beginne des Leidens stets beseitigt werden. Ich kenne eine ganze Reihe von Fällen, welche schon zur Operation bestimmt waren, und durch Glaubersalz, Aderlaß, Blutegel wieder vollkommen beschwerdefrei geworden sind.

Auch am weiblichen Genitale entstehen durch Beckenhyperämie metritische Vergrößerung des Uterus, Fluor, verstärkte Blutungen. Bloße Lokalbehandlung führt entweder zu Mißerfolg oder zu unnötig radikalen Operationen. Beseitigung der Beckenhyperämie durch geeignete ausleerende und zirkulationsverbessernde Methoden behebt das Leiden.

Kinderkrankheiten. Klistiere, Abführmittel und Brechmittel richtig angewendet können in der Kinderheilkunde viele schwere Krankheiten im Entstehen unterdrücken, verhüten und später mildern. Angefangen vom Ikterus neonatorum bis zu den Infektions- und Hautkrankheiten und Konvulsionen.

Natürlich muß man dort entsprechend milde Mittel anwenden, wie Rhabarbersyrup, Pulvis Magnesiae cum Rheo (*Hufeland*sches Kinderpulver). Das antiphlogistische Kali tartar. in 5prozentiger Lösung als Mixtur kaffeelöffelweise. Ich habe damit beginnende Mittelohrentzündungen kupieren gesehen.

Bei **Infektionskrankheiten** haben die früheren Ärzte von ausleerender, antiphlogistischer Behandlung viel Gutes gesehen. Natürlich darf man dies nicht unterschiedslos tun, sondern muß nach ganz bestimmten Grundsätzen vorgehen. Bei fieberhaften Zuständen, wo Darmkanal, Leber und Galle beteiligt sind, sind geeignete Ausleerungen notwendig und kürzen den Krankheitsverlauf außerordentlich ab, ebenso wie die Blutentziehungen imstande sind, bisher als schicksalsmäßig hingenommene Komplikationen zu vermeiden.

13 Technik des Brechverfahrens

13.1 Geschichtliches über das Brechverfahren

Die ägyptische, indische, griechische und römische Medizin, sowie die aller Naturvölker, ferner die humoralpathologischen Ärzte des Mittelalters und der Neuzeit bis zum Beginn des 19. Jahrhunderts zählten das Brechverfahren zu den als unentbehrlich erachteten ausleerenden Heilmethoden. Mag diesen Anschauungen auch die heute überwundene Vorstellung von der Säftemischung aus Blut, Schleim, Galle u. dgl. zugrunde liegen, so bleibt der empirische Kern von der oft unersetzlichen, sogar lebensrettenden Wirkung des Brechmittels doch zu Recht bestehen.

An Hand zahlreicher Einzelerfahrungen und Nachprüfungen bin ich zu der Überzeugung gekommen, daß wir alle unsere Anschauungen über dieses Gebiet einer grundlegenden Revision unterziehen müssen, denn das Brechmittel gehört unter die Gruppe derjenigen Heilverfahren, welche wie wenig andere imstande sind, die therapeutische Ohnmacht der internen Medizin und den viel zu weitgehenden Radikalismus der operativen Fächer zu überwinden. Natürlich muß eine kritische Anwendung vor Mißbräuchen und Gefahren schützen.

Sehr aufschlußreich ist der hippokratische Lehrsatz: „*Schmerzen über dem Zwerchfell zeigen an, daß es einer Purgation nach oben (Erbrechen) bedarf, Schmerzen unterhalb dagegen, daß es einer solchen nach unten bedarf.*“ (Aphor. IV,18) Er besagt nicht mehr und nicht weniger, als daß bei allen Erkrankungen des Kopfes, des Halses und der Brustorgane das Brechmittel gelegentlich indiziert sein kann. Darauf weiß man sich auf Grund der heutigen klinischen Ausbildung noch kaum einen Reim zu machen. Versuchen wir, der Sache auf den Grund zu gehen.

Krankheitssymptome kommen oft **Heilbestrebungen des Organismus** gleich, z.B. Fieber, Schweißausbruch, Durchfälle, Nasenbluten, kritische Ausschläge, Hämorrhoidalblutungen. Das gilt bis zu einem gewissen Grade auch vom Erbrechen. Wenn z.B. im Anschluß an Bauchoperationen Stuhlverhaltung, Meteorismus und Erbrechen auftritt, und man entleert den Magen, in diesem Falle am schonendsten durch einen Magenschlauch, dann hört meist das Erbrechen auf. Der Patient erholt sich, und die Darmtätigkeit kommt alsbald wieder in Gang, besonders wenn man gleichzeitig auch nach unten durch vorsichtige Klysmen nachhilft. Wir haben hier den typischen Fall einer Purgation nach oben und nach unten vor uns.

Aber nicht immer liegen die Verhältnisse so einfach. Die Erfahrung hat gelehrt, daß z.B. **Migräne** nicht bloß mit Erbrechen einhergeht, sondern oft auch durch Brechmittel geheilt werden kann. Die kräftig nach oben ausleerende und umstimmende Wirkung des Brechaktes ist tatsächlich imstande, auch **Halsentzündungen, Diphtherie, Asthma, Bronchitis** und **Lungenoedem** günstig zu beeinflussen.

Wer solche Kunstgriffe beherrscht, der kann tatsächlich mit schlagartigem Erfolg Wunderkuren verrichten, wie man es *Hippokrates* und *Paracelsus* nachsagte. Wer diese Verfahren nicht kennt oder mit Skepsis darüber hinweggeht, der wird eben weit öfter eine schlechte Prognose stellen oder ein Leiden für chronisch bzw. für schwer heilbar oder unheilbar erklären oder zu einer eingreifenden, mitunter lebensgefährlichen Operation raten müssen.

Spätere Autoren haben nicht wie *Hippokrates* das Zwerchfell, sondern den Nabel als Grenze angegeben. „*Drängt die Materie nach oben*“ (Aufstoßen, Brechreiz, also auch bei Gallenleiden und Duodenalleiden), „*so soll die Purgation nach oben stattfinden, drängt sie nach unten, dann durch Klysmen oder Abführmittel.*“ Solche Gedanken erscheinen ebenso kühn wie veraltet und bestehen doch zu Recht.

Der Wirkungsbereich des Brechmittels geht aber, wie die ärztlichen Klassiker gezeigt haben und sich tagtäglich wieder bestätigen läßt, viel weiter, denn man kann Psychosen, Hautkrankheiten (z.B. Urtikaria) und sogar manchmal Lumbago durch ein einziges Brechmittel, durch Erschütterung und Umstimmung des Organismus mehr oder minder rasch der Genesung zuführen.

Hufeland sagt in seiner schönen Abhandlung über die drei Kardinalmittel der Heilkunst, nämlich Aderlaß, Opium und Brechmittel, daß man durch virtuose Handhabung dieser Verfahren Unglaubliches leisten kann. „*Aber die Künstler, welche alle drei Instrumente beherrschen, seien selten, häufiger die Virtuosen auf einem Instrument.*"

13.1.1 Ägyptische und indische Medizin

Wir lesen bei den alten Ägyptern, daß sie schon in gesunden Tagen, um sich vor Krankheit zu schützen, zu gewissen Zeiten fasten, abführen und erbrechen mußten. Die religiösen Vorschriften vieler Völker sind ja bekanntlich von solchen hygienischen Maßnahmen abgeleitet.

Auch in der indischen Medizin gehört das Erbrechen zu den fünf Fundamentalheilmethoden (Abführen, Erbrechen, Blutentziehungen, Schwitzen und Kauterisation der Haut).

Eine große Zahl von Medikamenten, welche auf milde, gefahrlose und schonende Art Brechen erregen, wird dort angeführt, und zwar meist pflanzliche Mittel. Als bestes werden die Früchte der Vangueria spinosa genannt. Aber noch eine ganze Menge anderer Drogen, von denen manche trotz oder wegen der Brechwirkung geradezu als Lebenselixier gepriesen werden. Man verwendete das Brechmittel bei Katarrhen der Brustorgane, bei Fieber, bei schleimigen und lymphatischen Erkrankungen, Appetitlosigkeit, Ikterus und mit Vorsicht sogar bei der Schwindsucht (Lungentuberkulose). Ferner bei Verhärtung der Mesenterialdrüsen, bei Ascites und zur Reinigung des Kopfes bei Erkrankungen desselben.

In dem Werke des indischen Arztes *Sushruta* wird das Brechverfahren ausführlich besprochen, und zwar in einem Kapitel, welches über die Heilung von Krankheiten durch Purgation mit Erbrechen und Abführen handelt. Die Indikationen, die Kontraindikationen und die Technik sind dort mit solcher Präzision und Reichhaltigkeit besprochen, wie kaum in einem anderen medizinischen System des Altertums, was auf eine besonders alte und hochstehende Tradition schließen läßt.

Es heißt dort u.a.: Grundsätzlich werden Erbrechen und Abführen zur Ausscheidung der Körpersäfte verwendet. Als Vorbedingungen werden verlangt: Verminderte Körpersäfte müssen vermehrt, aufgeregte besänftigt, scharfe entfernt, im Gleichgewicht befindliche bewahrt werden. Dies ist das Fundament. Die Vorbereitung des Kranken geschieht durch Salben des Körpers, Schwitzen und Mobilisierung der Körpersäfte mittels flüssiger Nahrung.

Erst am Tage nach dieser Vorbereitung, und zwar am Vormittag, soll das Brechmittel gereicht werden, und zwar unter Berücksichtigung der individuellen Reizbarkeit des Magens.

Zarte, Magere, Kinder, Greise oder Furchtsame sollen auf milde Weise mit Milch, Sauermilch, Buttermilch oder gegorenem Reiswasser sich bis zum Halse volltrinken und dann durch mechanische Reizung des Schlundes durch die Finger oder gewisse Pflanzenstengel in genau vorgeschriebener sitzender Stellung, unterstützt von den Händen des Arztes, erbrechen.

Die Folgen des unrichtigen oder unmäßigen Erbrechens werden geschildert. Bei gut gelungenem Brechakt entsteht Wohlbehagen in der Gegend des nunmehr gereinigten Herzens, Halses und Kopfes. Hierauf habe wiederum Salbung, ein leichtes Purgativum und ein Beruhigungsmittel nachzufolgen.

„*Der Mensch, welcher regelmäßig erbricht, wird niemals von Katarrh, Verschleimung, Heiserkeit, Schlafsucht, Mattigkeit, Mundgeruch, Vergiftungserscheinungen, Schleimfluß, Diarrhoe und Säfteverderbnis befallen.*"

Indikationen des Brechmittels: Ein Brechmittel ist zu reichen denen, welche leiden an: Vergiftung, **Schwindsucht** (Tabes), Fehler der Milchsekretion, ungleichmäßiger und träger Verdauung, **Delirium, Epilepsie**, Elephantiasis, schmerzlosen Schwellungen, Bubonen, **Fettsucht**, Harnkrankheiten, Fieber, Ekel vor Speisen, unreifen Abszessen, Dysenterie, Herzleiden, **Geistesstörungen**, Verschleimung des Mundes, Singultus, Atemnot, Katarrh, **Hu-**

sten, Stinknase, **Entzündung des Halses**, der Lippen und **des Mundes, Ausfluß aus den Ohren,** an Krankheiten der Zunge, des Zäpfchens, des harten und weichen Gaumens, an Vollblütigkeit und **Gallenstörungen**. Ferner an Krankheiten, die aus dem Phlegma entstehen.

Kontraindikationen: Nicht erbrechen lassen soll der Arzt: Blinde, solche mit Verhärtung der Mesenterialdrüsen und Geschwülsten des Bauches, Leiden der Milz, Wurmkranke, Ermattete, Korpulente (steht im Widerspruch zur oben erwähnten Fettsucht), Verwundete, Abgemagerte, Ausgetrocknete, sehr Alte, allgemein **Wassersüchtige**, Kehlkopfleidende, Gelehrte (studiis addictos), Schwererbrechende, solche mit Entzündung des Magens und starkem Durst, **Schwangere**, solche mit Meteorismus usw. Nach kontraindiziertem Erbrechen verfallen die Menschen in schwer heilbare oder unheilbare Krankheiten.

Wir finden unter obigen Indikationen eine ganze Reihe solcher, welche auch in der Medizin des Mittelalters und der Neuzeit wiederkehren. Fast nirgends aber sind sie mit solcher Vollständigkeit, Präzision und aphoristischer Kürze angeführt.

13.1.2 Hippokrates

Sehr aufschlußreich sind auch die Schriften des *Hippokrates*. Er nennt drei Anfangsgründe, aus welchen sich die Krankheiten entwikkeln, und zwar gewaltsame äußere Eingriffe, ungünstige klimatische Verhältnisse und - „*wenn der Mensch nicht entleert ist*". Dies entspricht der humoralpathologischen Anschauung, daß viele Krankheiten, besonders auch Entzündungen und Neubildungen, durch ein Zuviel an Nahrungsstoffen und Körpermaterial überhaupt entstehen. Demzufolge könne man auch durch geeignete ausleerende Methoden Krankheiten verhüten und heilen. Auch das wird durch die Erfahrung bestätigt.

Das Purgieren nach oben und unten ist also **nicht eine bloße Entleerung des Magens** und Darmkanales, **sondern** wird als Verfahren zur **Entziehung von überflüssigen oder schädlichen Körpersäften** gedacht, also ähnlich wie der Aderlaß als Verminderung bzw. Wegnahme von Körpermasse und Lebenskraft zu heilsamen Zwecken.

Das Erbrechen wurde deshalb **auch bei Gesunden aus hygienischen Gründen** vorgenommen, besonders bei solchen, die nicht genug Gelegenheit zu Bewegung und körperlichen Übungen hatten. Dabei wurde empfohlen, die Purgation nach oben im Sommer und die nach unten im Winter vorzunehmen, um den Körper zu reinigen.

Von interessanten Indikationen des Erbrechens bei *Hippokrates* seien folgende angeführt:

Appetitlosigkeit, Magenkrampf, Schwarzwerden vor den Augen und bitterer Geschmack im Munde zeigen an, daß eine Purgation nach oben not tut (Aphor. IV).

„*Wenn an **Brustfellentzündung** Erkrankte nicht innerhalb 14 Tagen nach oben purgiert werden, so bilden sich Empyeme aus.*" „*Wenn **Empyeme** innerhalb von 40 Tagen purgiert werden, tritt Heilung ein, sonst aber Schwindsucht.*"

Selbst **Schwindsüchtige** werden von *Hippokrates* nach oben purgiert, natürlich mit größter Vorsicht. Das hatte den doppelten Zweck, die meist darniederliegende Magentätigkeit aufzurütteln und die Ausleerung schleimiger Massen aus der Lunge nebst Hebung ihres torpiden Zustandes zu bewerkstelligen. Interessant ist die Anweisung, daß die Purgation nicht eher beendet ist, als bis der Kranke Durst bekommt.

Geistesstörungen wurden durch Diät, Dampfbad und Erbrechen insbesondere mit Nieswurz behandelt.

Gegen **Fettsucht** und Vollblütigkeit wurden Leibesübungen, Schwitzbäder, tagelang nur Wassertrinken und Erbrechen empfohlen. „*Man erbreche auch, und zwar zunächst alle zwei Tage, später in längeren Zwischenräumen, damit der Körper durch das Ansetzen reinen Fleisches konsistent werde.*" (Die Diät III.)

Wie eine Kunde aus noch unentdeckten Ländern mutet es an, daß **unregelmäßige Menses** und solche von schlechter Farbe einer Purgation nach oben oder unten bedürfen. Noch *Hufeland* führte solche Zustände oft auf Leberstörungen zurück und verordnete Entsprechendes, während man heute in naiver Weise glaubt, alles durch Hormone allein kurieren zu können.

Schließlich der Satz: „*Was man abführen muß, soll man da, wohin es sich wendet, abführen, durch die dazu geeigneten Stellen.*" Diese Beispiele mögen genügen, um zu zeigen, was wir noch alles nachzuholen haben.

13.1.3 Galen und die nachgalenische Zeit

Auch bei *Galen*, welcher die ausleerenden Verfahren sehr bevorzugte, nimmt das Brechverfahren einen breiten Raum ein. Indikationen, Kontraindikationen und Methodik werden ausführlich erörtert. Sein Nutzen sei nach den Erfahrungen des *Hippokrates* und seiner Nachfolger außer Zweifel. Neugeborene und Kinder erbrechen leicht. Frauen leichter als Männer. Eine Menge pflanzlicher Mittel, wie die Zwiebel der Narzissen, gewisse Melonenarten, aber auch mineralische Drogen werden beschrieben und empfohlen. Selbst das Blutbrechen wird nicht immer als gefährliches Symptom, sondern mitunter auch als heilsame Krise betrachtet, die man entsprechend sichern und unterstützen oder mildern kann, z.B. durch Ablenkung des Blutes vom Magen, denn immer geht solchen Erscheinungen Hyperämie oder entzündliche Reizung voraus.

Erbrechen und Abführen „*purgiert den ganzen Körper*". „*Das Erbrechen bringt viele Vorteile mit sich. Es reinigt Milz und Leber, leert den Schleim aus, erleichtert den eingenommenen Kopf und macht den Habitus des ganzen Körpers beweglicher.*"

Die nachgalenische byzantinische, ferner die arabische und sonstige mittelalterliche Medizin, schließlich die Medizin der Neuzeit bis zum beginnenden 19. Jahrhundert hielten sich im wesentlichen an die von *Hippokrates* und *Galen* aufgestellten Indikationen des Brechverfahrens. Bei zahlreichen Erkrankungen des Kopfes, des Halses, der Brustorgane, des Magens, der Leber und der Milz wurden Brechmittel als notwendige und wirksame Heilmethode angewendet.

Bei **Entzündungen und Geschwülsten der Leber und Milz** insbesondere wurden nebst allen anderen ausleerenden Verfahren die Brechmittel empfohlen, um auf jede Weise der Krankheit die Wege nach außen zu bahnen.

Es berührt uns heute merkwürdig zu hören, daß man **Asthma** und **Herzbeklemmungen** immer wieder mit Brechmitteln heilen konnte, Zustände, gegen welche man derzeit oft machtlos ist. Auch **Epilepsie** und **andere krampfartige Zustände**, ebenso wie **Geistesstörungen** wurden allgemein erfolgreich mit Brechmitteln behandelt, ebenso hartnäckige Hautkrankheiten.

Es ist sehr eindrucksvoll, bei *Alexander Trallianus* (6. Jahrh. n. Chr.) zu lesen, welche Vorschläge er zur Heilung der chronischen **Melancholie** macht: „*Hier muß sich die Kunst mit der Wissenschaft vereinen. Man möge überlegen, ob man mit einem Aderlaß oder mit Abführmitteln oder mit beiden zugleich beginnen soll.*" Als Abführmittel rät er das Thymseidenkraut (Cuscuta Epithymum) mit Molken. Wenn dies nicht genügend wirkt, solle man das bittere heilige Mittel (Hiera pikra) des *Galen* (ein zusammengesetztes Abführmittel, welches u.a. Aloe, Agaricus und Koloquinthen enthält) reichen, weil es verschiedene Säfte abführt.

Sollten aber die Wahnvorstellungen auch daraufhin nicht weichen, so soll man den armenischen Stein (wahrscheinlich Cuprum carbonicum) verordnen, der als Brechmittel noch zuverlässiger und wirksamer ist als die von seinen Vorgängern verwendete weiße Nieswurz.

Man sieht daraus wieder, mit welcher Selbstverständlichkeit das Brechmittel zum Heilplan bei zahlreichen Krankheiten gehörte, und es muß wohl sehr wirksam gewesen sein, sonst hätte es sich nicht so lange halten können. Auch war die Wahl des Brechmittels ebenso wie des jeweiligen Abführmittels nicht gleichgültig. Art und Menge der Anwendung ist dort ausführlich beschrieben.

Bei *Avicenna* heißt es: „*Kräftiges Erbrechen ist für Kinder heilsam.*" Auch der alte hippokratische Lehrsatz „*Erbrechen wird durch Erbrechen geheilt*" findet sich dort wieder. Mit anderen Worten heißt das, daß Erbrechen eine Ausleerung nach oben erfordert. Ein Abschnitt daselbst trägt die Überschrift: „*Bei welchen*

Krankheiten muß man Erbrechen hervorrufen?" Es gibt kein heutiges Lehrbuch, welches solche wichtigen Ratschläge aufweist.

13.1.4 Sydenham

Sydenham verbreitet sich in betonter Verfolgung hippokratischer Grundsätze sehr ausführlich über Technik und Indikationen des Brechverfahrens. Nach ihm ist **Neigung zum Erbrechen eine absolute Indikation** zur Verabreichung des Brechmittels. Die Unterlassung desselben sei oft mit Gefahr für den Kranken mit Nachteil für den Ruf des Arztes verbunden.

Am entschiedensten von allen Autoren setzt sich *Sydenham* für die Anwendung des Brechmittels nebst Abführmitteln bei der **Bauchwassersucht** ein. Er empfiehlt dazu als geeignetstes Medikament den Crocus Metallorum (Stibium sulfuratum fuscum) 0,05-0,2-1,0! pro dosi. In viel Flüssigkeit, und zwar in Molken aufgeschwemmt, zu trinken. Doch soll dieses Mittel nur Erwachsenen gereicht werden, für Kinder ist es zu stark. Es soll weniger bei leichten als bei ganz schweren Fällen von Wassersucht wirksam sein. Abwechselnd damit wird als Abführmittel mit speziell wassertreibender Kraft Syrupus Spinae Cervi (Syr. Rhammi cathartici) empfohlen.

Weiter wird das Brechmittel angeordnet **im Beginne von Infektionskrankheiten**, wo gastrische Symptome bestehen, so bei Dysenterie, Masern, Blattern, Wechselfieber usw. Ferner bei **Podagra und Hysterie**. Wo gleichzeitig ein Aderlaß notwendig ist, soll immer ersterer dem Erbrechen vorausgehen.

Die ausführliche Darstellung der einzelnen Indikationen mit beigefügten Krankengeschichten von *Sydenham* ist ungemein lehrreich und zeigt, welche Unsumme wertvoller Beobachtungen und Erfahrungen vollständig unter die Schwelle unseres heutigen Bewußtseins getaucht sind. Es würde sich reichlich lohnen, diese Schätze wieder zu heben.

Anschaulich schildert *Sydenham* die üblen Folgen des am Anfang von Infektionskrankheiten unterlassenen Brechmittels, obgleich Brechneigung bestanden hatte. Er spricht geradezu von einer „Tragödie", welche sich abspielt, wenn dieser Kunstfehler begangen wird. Wird das Brechmittel dagegen richtig angewendet, so kann man gleich im Beginn mit Durchfall verbundene Infektionskrankheiten unterdrücken.
Sein Lieblingsrezept für Brechmittel lautet:

Rp.	Infusi croci metall.		30,0
	Oxymel. Scillae		
	Syr. Scabiosae comp.	aa	20,0

Er läßt dieses Mittel am Nachmittag zwei Stunden nach einem leichten Mittagessen nehmen. Damit aber das Erbrechen sicherer und leichter erfolge, läßt er 6-8 Pfund (3-4 Liter) Molken bereithalten, da diese Medikamente gefährlich sind, wenn sie nicht gehörig verdünnt werden. So oft der Kranke erbrochen oder Stuhl entleert hat, soll er sofort von obigem Trunke nehmen.

Bei der Wassersucht gibt *Sydenham* an, daß 30 Gramm (eine Unze) des Syrupus de Spina Cervi, auf nüchternem Magen gegeben, eine „*kaum glaubliche Gewalt hat, um das Wasser durch den Stuhl auszutreiben*". Dies Verfahren wird täglich oder jeden zweiten Tag wiederholt, und man kann beobachten, wie der wassersüchtige Unterleib von Tag zu Tag kleiner wird.

Allerdings fügt er hinzu, daß dieses Mittel zwar sehr oft, aber nicht in jedem Falle diese Wirkung hat. Wo es versagt, da empfiehlt er das **Elaterium** und das erwähnte Brechmittel. Zur Nachbehandlung werden verschiedene Roborantia und Herzstärkungsmittel gereicht.

Ein weiteres, Erbrechen und Stuhl mit Austreibung von Ascitesflüssigkeit erzeugendes Mittel ist die **innere Rinde des Holunders**, ein Mittel, das auch von *Paracelsus* sehr gerühmt wird. Man nimmt 3 Handvoll davon, kocht sie in einer Mischung von 1 Liter Milch und Wasser zu gleichen Teilen bis auf die Hälfte ein. Die eine Hälfte davon wird morgens, die andere abends so lange genommen, bis der Kranke gesund ist.

Ich erinnere an die von *Sydenham* gerühmten erstaunlichen Wirkungen von **Bryonia**, welche er zu seinem Haus- und Lieblingsmittel gewählt hat wegen seiner vielseitigen Verwendbarkeit und Wirksamkeit.

13.1.5 Hufeland

Es kam dann die Periode des sog. Gastrizismus im 18. Jahrhundert, wobei die Anwendung des Brechmittels arg übertrieben wurde und viele Opfer an Menschenleben kostete. Darauf folgte eine Reaktion, welche auch wieder zu weit ging, und die Anwendung des Brechmittels nur auf gewisse Magenleiden allein einschränken oder ganz verbannen wollte.

Hören wir, was *Hufeland* vor etwa hundert Jahren schon darüber zu klagen hat. Er sagt: *„Muß man nicht das Schicksal der Kunst bedauern, die sich durch Einseitigkeit, Reformiersucht und Sektiererei, besonders aber durch Verachtung der Erfahrung, eines ihrer schätzbarsten Mittel beraubt sah ... und daß man, indem man die Ansichten höher zu steigern glaubte, in die größte Beschränktheit geführt wurde.“* *Hufeland* sagt weiter: *„Die Wahrheit siegte endlich. Man fing mit ihr auch wieder an zum Gebrauch der Brechmittel, sowie des Aderlasses zurückzukehren. Aber man verfiel nun in eine andere Einseitigkeit, es bloß dynamisch, ohne alle Rücksicht auf seine materielle ausleerende Wirkung, also es bloß als nervenumstimmendes Mittel zu betrachten ...*

Die Medizin sieht sich jetzt in der sonderbaren Lage, einerseits das Brechmittel in Übermaß angewendet, andererseits es als unnützes und gefährliches Mittel verworfen zu sehen. Erst kürzlich hat ein geachteter Autor gesagt, das Brechmittel muß man nie geben, außer bei Vergiftungen. O heilige Natur, erhalte uns doch auf dem wahren, von dir vorgezeichneten Wege in unserer Kunst und bewahre uns vor den Irrlehren und Irrwegen der Schule.“

Um wieviel mehr Grund hätte heute *Hufeland*, solche Klagen zu führen, wo der Mehrzahl der Ärzte alle diese Dinge nicht einmal dem Namen nach, geschweige denn ihrer Wirkung nach bekannt sind.

Vom frühesten Altertum bis zum Beginn des 19. Jahrhunderts war also das Brechverfahren eines der wichtigsten Hilfsmittel der ärztlichen Kunst, indem die Ärzte seit jeher darin ein von der Natur selbst angezeigtes Heilverfahren nachahmten und ihm stets die größte Aufmerksamkeit schenkten.

13.2 Technik des Brechverfahrens

Neben den Schäden der übertriebenen Anwendung und der unrichtigen Indikationsstellung ist an dem Verschwinden des Brechmittels aus der heutigen Heilkunde auch viel der Umstand schuld, daß man die richtige Methodik des Brechverfahrens vergessen hat. Es kommt sehr viel auf die Qualität, Zubereitung und Dosierung des Brechmittels sowie auf die vorbereitenden Maßnahmen an. Ebenso auf die feinere Indikationsstellung. An der Nichteinhaltung dieser Vorbedingungen liegt es, daß man so oft hört, das Brechmittel habe entweder gar nicht oder zu heftig gewirkt.

Kinder und Säuglinge erbrechen in der Regel sehr leicht. Auch Frauen mit hellen Augen und empfindlichen Schleimhäuten erbrechen oft schon bei geringen Magenstörungen oder sehr niedrigen Brechmitteldosen. Im Gegensatz dazu erbrechen Geisteskranke im allgemeinen sehr schwer.

Es gibt **mechanische und chemische Mittel**, um Erbrechen hervorzurufen. Je nach der Erregbarkeit der betreffenden Person genügt manchmal schon das Einführen eines Fingers in den Rachen, bei manchen schon die Berührung der hinteren Rachenwand oder des weichen Gaumens mit einem Gegenstand. Das Kitzeln des Schlundes mit Pflanzenstengeln schreibt schon die indische Medizin vor, und die Römer benutzten bekanntlich Pfauenfedern mit ziemlich sicherem Effekt. Man hat nur den praktischen Gebrauch dieser Dinge so ziemlich vergessen.

Andere einfache Mittel sind: reichliches Trinken von lauwarmem Wasser, Lösungen von Zucker und Salz gemischt, ferner von Zucker oder Honig in Essig gelöst, der sog. Sauerhonig (Oxymel) der alten Medizin. Auch Meerzwiebelessig (Acetum Scillae) und Meerzwiebel-Sauerhonig (Oxymel Scillae) sind milde Brechmittel, welche man kaffeelöffel- bis eßlöffelweise für sich oder in größeren Flüssigkeitsmengen gelöst gibt.

Die alte Medizin und Volksmedizin ebenso wie die exotische Heilkunde kennen eine große Reihe von Pflanzenmitteln, welche in Pulverform oder als Extrakte oder Dekokte auf milde

Weise Brechwirkung hervorrufen. Wie man auf rasche und sichere Art gründliches Erbrechen hervorrufen kann, wird im folgenden geschildert.

Die **Vorbereitung zum Brechakt** und die Rücksichtnahme auf die Begleitumstände sind sehr wichtig, wenn man haben will, daß das Erbrechen gründlich, aber dabei doch mit möglichst wenig Beschwerden und unangenehmen Nachwirkungen. Das Erbrechen wird sehr erleichtert, wenn man mehrere Eßlöffel Salmiaklösung in Form offizineller Mixtura solvens verabreicht, und zwar 1-2 Stunden vorher, wenn es sich nicht um dringliche Fälle handelt. Besteht schon Neigung zum Erbrechen und dabei Obstipation, so wird der Brechakt erleichtert durch Kalium tartaricum 1 Eßlöffel auf ¼ Liter Wasser, 1 Stunde vor dem Brechmittel. Bei Vollblütigkeit oder hohem Blutdruck muß vor dem Brechmittel ein Aderlaß gemacht werden, um Blutaustritte an den inneren Organen zu verhüten.

Das Brechmittel wird am besten morgens auf nüchternen Magen gegeben. Bei sehr empfindlichem Magen nach dem ersten Frühstück. Meist ist der Magen ohnehin nicht leer, da ja eine der häufigsten Indikationen des Brechmittels die Atonie des Magens ist.

Ein Hauptgrundsatz ist, **starke Brechmittel**, außer wenn besondere Gründe vorliegen (wie z.B. bei Geisteskranken oder unmittelbarer Lebensgefahr), nicht auf einmal zu geben, sondern **in geteilter Dosis**, denn die Reaktion des Magens ist nicht nur bei verschiedenen Personen verschieden, sondern wechselt auch beim Einzelindividuum nach seiner jeweiligen Verfassung, dem Tonus, dem Füllungszustand des Magens usw.

Man gibt also alle Viertelstunde etwa den vierten Teil der Gesamtdosis und setzt das so lange fort, bis das Erbrechen beginnt. Dann wartet man eine halbe Stunde, und wenn inzwischen nicht dreimaliges Erbrechen erfolgt ist, so gibt man noch die Hälfte der bisherigen Dosis nach.

Dadurch hat man den Vorteil, daß die Wirkung kontrolliert wird, nie zu stark oder zu schwach werden kann, und daß die ersten Gaben schleimlösend und mobilisierend, somit als geeignete Vorbereitung für den Brechakt wirken.

Auf einmal muß man das Brechmittel **bei Geisteskranken** geben, sofern man nicht eine Apomorphininjektion vorzieht, deren Wirkung aber nicht mit dem Brechmittel per os identisch ist. Ferner **bei Durchfällen**, damit die Entleerung sicher nach oben und nicht nach unten erfolgt, und endlich bei Vergiftungen, falls man nicht den Magenschlauch vorzieht.

Erst wenn das Erbrechen beginnt, kann man nach jedesmaligem Erbrechen eine Tasse Kamillentee nachtrinken lassen, wodurch der Brechakt erleichtert und gefördert wird. Wenn das Erbrechen sehr schwer erfolgt, wird warmes Wasser mit etwas zerlassener Butter empfohlen.

Wenn die Wirkung des Erbrechens vollständig sein soll, muß es **wenigstens dreimal** erfolgen, so daß zum Schluß gallige Flüssigkeit kommt. Erst dieses Symptom beweist die vollständige Entleerung des Magens.

Auch die **Nachbehandlung** ist von Wichtigkeit. **Es muß Stuhlentleerung erfolgen**, und wenn dies nicht schon durch das Brechmittel bewirkt wird, ein mildes Abführmittel gegeben werden, z.B. Kalium tartaricum, stündlich 1 Eßlöffel in Zuckerwasser bis zur Wirkung.

Besteht mehrere Stunden lang nach erfolgtem Erbrechen noch weiterhin Übelkeit und Brechreiz, so gibt man Kamillentee oder Pfefferminztee oder Amara stomachica; auch Sodawasser stillt das Erbrechen. Ein besonderes Spezifikum dagegen ist das alte Rezept der **Potio Riverii:**

Rp.	Kali carbon.	10,0
	Succi Citri qu.s.f. saturatio	
	Aq. Meliss.	120,0
	Syrup. Flor. Aurant	40,0
	S. Jede halbe Stunde 1 Eßlöffel.	

Dabei sind aromatische Umschläge auf die Magengegend von Nutzen (z.B. Species aromaticae in Wasser oder Wein gekocht und als Umschlag aufgelegt).

Das mildeste Brechmittel ist **Oxymel Scillae**. Man gibt es gewöhnlich bei Säuglingen und kleinen Kindern, kaffeelöffelweise, jede Viertelstunde mit etwas Kamillentee. Das

Mittel hat die wichtige Nebenwirkung, daß es schleimlösend ist und das Erbrechen sehr erleichtert. Es wird daher auch mit Vorteil anderen Brechmitteln zugesetzt.

Meerzwiebeln weisen einen wechselnden Gehalt an Herzglykosiden auf. Todesfälle infolge Herzstillstand sind bekannt, bei Kindern schon nach Gabe von 1 ½ Teelöffeln des Sirups, entsprechend 0,1 g Meerzwiebel. Daher Vorsicht!

An nächster Stelle steht, was die praktische Verwendbarkeit anbelangt, die **Rad. Ipecacuanhae**. Sie heißt bekanntlich deshalb auch Brechwurzel, zugleich aber Ruhrwurzel, weil sie bei Dysenterie und anderen mit Durchfall einhergehenden Erkrankungen in mehrfacher Hinsicht heilsam ist. Sie wirkt stopfend, krampfstillend und außerdem durch den Motus antiperistalticus des Brechaktes gegen den Durchfall.

Ihre Wirkung ist wesentlich milder als die des Brechweinsteines.

Die einmalige Gesamtdosis ist 0,5 bis 1,5, jedoch am besten in geteilten Gaben, jede viertel oder halbe Stunde zu 0,04 so lange, bis dreimaliges Erbrechen eintritt. Man kann das Mittel entweder in Pulverform mit Zucker gemengt oder als Schüttelmixtur, bei Kindern kaffeelöffel-, bei Erwachsenen eßlöffelweise, viertelstündlich geben.

Wesentlich intensiver, nicht nur hinsichtlich des Brechaktes selbst, sondern auch in Bezug auf die Fernwirkungen und Nachwirkungen (Durchfall, Übelkeit, resolvierende Wirkung usw.) wirkt der **Brechweinstein** (Tart. stib.) oder antimonweinsaures Kalium.

Mengen von 0,01-0,03 bewirken bei Erwachsenen bloß Übelkeit, bei Kindern schon Erbrechen. Die übliche Dosis beträgt 0,05-0,1 (selten bis 0,2).

Vorsicht! Bei Resorption der toxischen Substanz sind bereits bei der angegebenen Dosierung tödliche Folgen möglich. Gewöhnlich treten ernsthafte Komplikationen aber erst bei einer Gabe von 0,3 g bei Kindern bzw. 1,2 g bei Erwachsenen auf. Da das ziemlich prompte Erbrechen rasch für die Beseitigung des Präparates sorgt, wurde nur selten über Vergiftungen berichtet. Aus jüngerer Zeit liegen kaum Beobachtungen vor. Die Anwendung des Brechweinsteins gilt als obsolet.

Auch hier geht man am besten so vor, daß man das Mittel in einer größeren Flüssigkeitsmenge auflöst, also in etwa 80-150 Gramm, und die Dosis nicht auf einmal, sondern viertelstundenweise so lange gibt, bis genügendes Erbrechen eintritt. Man erreicht damit, daß von dem immerhin stark angreifenden Mittel nicht mehr eingenommen werden muß, als unbedingt nötig ist.

Am bequemsten ist die Anwendung des **Apomorphins** als subkutane Injektion in der Dosis von 0,05-0,02. Die durchschnittliche Normaldosis ist 0,01. Das Erbrechen erfolgt unter Übelkeit, Schweißausbruch und ohnmachtsähnlichen Zuständen gewöhnlich 5-10 Minuten nach der Injektion. Auch Stuhlabgang ist damit namentlich bei stärkeren Dosen oft verbunden. Es ist eines der wirksamsten und nahezu unentbehrlichsten Mittel bei der Behandlung von Psychosen. Bei frischen Fällen vermag oft eine einzige Injektion katatonische oder Erregungszustände zu durchbrechen. Bei chronischen Fällen ist die Anwendung, 1-3mal wöchentlich durchgeführt, von Nutzen. Die Patienten werden darauf müde und schlafen ohne Betäubungsmittel ein. Manche Anstalten haben Angst vor diesen Mitteln, weil schon Todesfälle vorgekommen sein sollen. Ich habe in vieljähriger Beobachtung noch nie einen gefahrdrohenden Zustand, geschweige denn einen Todesfall danach gesehen, besonders dann, wenn man mit kleineren Dosen die Toleranz zuerst bestimmt.

Es gibt Fälle von Psychosen, die auf Apomorphin oder Brechweinstein gar nicht mit Besserung reagieren, wohl aber auf die gleich zu besprechenden **Nieswurzarten**.

Trotzdem die Antike, wie wir oben gesehen haben, über zahlreiche pflanzliche und mineralische Brechmittel verfügte, spielten doch die Helleborusarten und verwandte Mittel die Hauptrolle in der Behandlung der Geisteskrankheiten, so daß man von einem Helleborismus der alten Ärzte sprechen konnte. Diese Drogen purgierten gründlich nach oben und unten. Auch da kommt es sehr auf die richtige Auswahl sowie auf die Art der Zubereitung und Verabreichung an. Man gab die Nieswurz meist gepulvert in Wein, bald bei vollem, bald bei leerem Magen, bald mit gewissen anderen Speisen und Getränken vermengt, das alles scheint nicht gleichgültig für den Effekt zu sein.

Die praktisch wichtigsten Verordnungsweisen sind Rad. Hellebori nigri pulv. 0,1-0,3! Die Wirkung dieser Drogen ist höchst ungleichmäßig. Sicherer ist **Extr. Hellebori nigri** 0,03-0,1! Stärker wirkt Rad. Hellebori viridis und **Extr. Hellebori viridis** in der gleichen Dosierung wie das vorige. Beide Mittel wirken auch schweißtreibend und emmenagog.

Beide lösen nicht mit ausreichender Sicherheit Erbrechen aus.Daher kommen die unerwünschten Wirkungen zum Tragen. Helleborus niger: Entzündungen, Durchfall, Gefäßkrämpfe, Herzrhythmusstörungen, zentrale Atemlähmung. Helleborus viridis: starke Schleimhautreizung mit Blasenbildung und Blutungen. Unruhe, Krämpfe, Lähmungen, tödlicher Atemstillstand durch Schädigung des Atemzentrums.

Viel verläßlicher und gleichmäßiger wirkt nach meinen Erfahrungen **Rad. Veratri** 0,1-0,3! Man gibt das Mittel einmal täglich am besten im Laufe des Vormittages. Es erzeugt Übelkeit, Erbrechen, Abführen, Schweißausbruch und wirkt stark emmenagog.

Bei weiblichen Geisteskranken, besonders solchen mit Amenorrhöe, konnte ich sehr häufig stetige Besserung und schließlich Heilung beobachten. Man gibt das Mittel ein- bis zweimal wöchentlich einmal am Tage. Bei sehr hartnäckigen Fällen mit schwer erregbarem Magen-Darmkanal kann man es auch täglich geben, besonders bei fettleibigen Kranken, weil dadurch die Nahrungsaufnahme herabgesetzt wird. Bei schwächlichen, unterernährten Patienten wird man dementsprechend das Mittel seltener und mit größerer Vorsicht geben. Die schweißtreibende, dermatotrope Nebenwirkung der Nieswurzarten vermag die häufigen Hautausschläge und den typischen schlechten Teint vieler Geisteskranker günstig zu beeinflussen. Auch kann man diese Mittel daher bei hartnäckigen Hautkrankheiten mit Erfolg verwenden.

Die therapeutische Breite der Germerwurzel ist gering, bereits 1-2g wirken tödlich. Erfolgt nicht prompt Erbrechen, so muß dieses auf anderem Wege ausgelöst werden, um Vergiftung zu vermeiden. Deren Symptome u.a.: Durchfall, der blutig werden kann, Schwindel, Kopfschmerz, Muskelzuckungen, Krämpfe, Tod durch Herzversagen oder Atemlähmung.

Aus der älteren Medizin stammend, sind noch drei pflanzliche Mittel zu nennen, nämlich Rad. Asari (Haselwurz), Rad. Vincetoxi (Schwalbenwurz) und Cortex Sambuci viridis (die innere grüne Rinde des Holunders).

Rad. Asari gibt man 0,5-1,0-2,5 in Pulvern oder in Infus. Es purgiert nach oben und unten, macht also Erbrechen und Abführen. Es wirkt außerdem harn- und schweißtreibend sowie emmenagog, regt also die Exkretionen überhaupt an und wurde daher mit Erfolg bei allerhand dyskrasischen Zuständen, wie Wassersucht, Gicht, hartnäckigen Hautausschlägen u. dgl. angewendet. Es ist verhältnismäßig wenig giftig, jedenfalls viel weniger als Veratrum und die Helleborusarten und dabei doch von vielseitiger Wirksamkeit. Man kann es wochenlang fortgeben. Auf die Nasenschleimhaut gebracht, bewirkt es starkes Niesen.

Die Anwendung ist nicht unbedenklich. Bei Resorption, die allerdings durch das Erbrechen verhindert sein sollte, kann es zu Nierenschäden, Uterusblutungen und Abort kommen, im Extremfall zu Koma und Tod durch Atemlähmung. Im Tierversuch erwies sich die Haselwurz als hepatokanzerogen.

Rad. Vincetoxici wird meist nur in Dekokt (5,0-10,0 auf 250,0) verordnet und bewirkt ebenfalls Erbrechen, Abführen, Schweißausbruch und Diurese, gehört also zu den nach allen Richtungen hin „purgierenden" Arzneimitteln. *Paracelsus* rühmt es daher auch als wirksam gegen die Pest und andere Infektionskrankheiten, wobei neben Erbrechen und Abführen besonders der heftige Schweißausbruch kritisch und lebensrettend wirken soll.

Bei Überdosierung sind zentrale Erregung und Krämpfe möglich, dann auch zentrale Lähmungen, vor allem Atemlähmungen.

Cortex Sambuci viridis wird in Dekokt 20,0-50,0 auf 1 Liter Wasser (auf die Hälfte dann einzukochen) gegeben. Es purgiert nach oben und unten und wirkt schweißtreibend. Es wird ganz besonders von *Paracelsus* und *Sydenham* wegen seiner vielseitigen Heilwirkung gerühmt.

Man sieht auch aus diesem Kapitel der Arzneimittellehre, daß es nicht gleichgültig ist, welches der zur Verfügung stehenden Brechmittel, Abführmittel oder dergleichen man im einzelnen Falle verwendet. Die Nebenwirkungen sind zur Heilung von Krankheiten oft ebenso wichtig wie die Hauptwirkungen. Auch verhalten sich die einzelnen Konstitutionsformen verschieden. Robuste Personen reagieren anders als schwächliche, vollblütige anders als blutarme, solche mit empfindlichen Schleimhäuten wieder anders, auch Geschlecht, Lebensalter und Pigmentgehalt usw. bedingen Unterschiede in der Reaktionsweise.

13.3 Das Brechverfahren im Rahmen der Konstitutionstherapie

Jahrelange Nachprüfungen von mir selbst und meinen Mitarbeitern haben ergeben, daß ganz analog zu vielen anderen humoralpathologischen Methoden auch das Brechmittel wohl begründet und oft durch nichts anderes ersetzlich ist.

Stellenweise, z.B. bei Vergiftungen, mag es mit Recht durch das schonendere Verfahren der Magenspülung ersetzt werden. Was aber über die rein lokalen mechanischen Wirkungen hinausgeht, bleibt größtenteils dem Brechmittel selbst vorbehalten. Der Brechakt als Heilmittel willkürlich hervorgerufen, ist der Natur abgelauscht. Viel zahlreicher als man gewöhnlich glaubt, sind die Gelegenheiten, wo der Organismus durch Übelkeit, Brechreiz, Aufstossen, Völlegefühl im Oberbauch, bitteren Geschmack im Mund, belegte Zunge, eingenommenen Kopf u. dgl. andeutet, daß im Magen und Duodenum einschließlich der Gallenwege etwas nicht in Ordnung ist. Zu langes Verweilen der Speisen im Magen, Sekretionsstörungen, abnormer Verdauungschemismus, Zurückfließen von Galle in den Magen usw. sind die Ursachen. Man nannte das früher „gastrische“ Symptome. Aber nicht immer ist der Organismus imstande, sich auf dem kürzesten Wege durch Erbrechen von dieser Übelkeit zu befreien. Sie kann als solche tage- und wochenlang anhalten oder schwere, im folgenden zu schildernde Fernwirkungen auf andere Organe sowie Auslösung und Verschlimmerung von Krankheiten bedingen. Erfahrung und Beobachtung der Jahrhunderte aber hat gelehrt, daß unter ganz bestimmten, den früheren Systemen wohlbekannten Umständen dabei das richtig angewendete Brechmittel der beste Weg zur Behebung des Leidens ist. Dieses feinere Hinhorchen auch auf die subjektiven Symptome des Körpers und die daraus sich ergebenden therapeutischen Schlußfolgerungen müssen von uns weitgehend mechanisierten Ärzten sozusagen wieder neu entdeckt und erworben werden.

13.3.1 Allgemeine Indikationen des Brechverfahrens

1. **Lokale, mechanische, ausleerende Wirkung**. Durch den Brechakt wird nicht nur der Inhalt des Magens ausgeleert, sondern auch der des Duodenums, der Gallengänge, der Gallenblase und sogar der Leber. Letzteres nicht nur durch den Druck der Bauchpresse, sondern auch durch gleichzeitige Kontraktion der Eingeweidemuskulatur. Das alles ist in dieser Vollkommenheit weder durch den Magenschlauch noch durch ein Abführmittel zu erreichen.

2. **Reizwirkung auf den Plexus solaris**. Der Brechakt bewirkt auf dem Wege der lokalen Reizwirkung auf das Eingeweidenervensystem (Plexus solaris) eine **Umstimmung des Tonus** der Nerven des Magens, der Leber und der benachbarten Organe bzw. des ganzen Bauchnervensystems, welche sich in einer Wiederherstellung des Magentonus, Regelung abnormer Sekretionsverhältnisse des Magens auf Grund verbesserter Innervation äußert. Es wird dadurch oft der Normalzustand hergestellt, was durch Diät oder Behandlung mit Säuren bzw. Alkalien allein nicht möglich war.

3. **Allgemeine exzitierende Wirkung auf die Lebensnerven, Herz und Lunge.** Der Brechakt appelliert an den Selbsterhaltungstrieb (Ekel, Ohnmacht, Übelkeit wie zum Sterben) und ist dadurch allein schon ein starkes Stimulans für das vegetative Nervensystem. Erfahrungsgemäß wirkt das Brechmittel auch anregend auf die Tätigkeit des Herzens, der

Gefäße und der Lunge bei Erstickungszuständen, Lungenoedem, Asphyxie der Neugeborenen, Lungenembolie, Angina pectoris, wobei oft auch die krampflösende und rein mechanische Wirkung (Expektoration) mitspielt. Auch auf das Gehirn kann sich die exzitierende Tätigkeit bei manchen soporösen Zuständen und unter ganz bestimmten Bedingungen auch beim Schlaganfall, bei Lähmungen auch auf das periphere Nervensystem erstrecken. Auch das Pankreas, die Milz und ihre Gefäße werden entlastet.

4. **Anregung aller Sekretionen und Exkretionen**. Man kann beobachten, daß beim Brechakt Schweißausbruch, vermehrte Expektoration, Speichelfluß, oft auch vermehrter Harn und Stuhlgang eintreten.

5. Die **antagonistisch-derivierende Wirkung** äußert sich durch krampfstillenden, entzündungswidrigen Einfluß auf entfernte Organe, insbesondere wieder bei Erkrankungen des Kopfes, des Herzens und der Lunge. Der im Abdomen gesetzte Gegenreiz galt als eines der wichtigsten krampfstillenden Mittel überhaupt, heute glaubt man Krämpfe durch Narkotika beseitigen zu können, doch ist es klar, daß es sich hierbei oft nur um Vertuschung und nicht kausale Therapie handeln kann, während das Brechmittel solche Zustände oft dauernd behebt. Diese antagonistische Wirkung erstreckt sich auch auf die Haut und das periphere Nervensystem. Es klingt für uns heute ganz fremdartig, daß man auf diese Weise die verschiedensten krampfartigen Zustände, wie Asthma, Bronchialmuskelkrampf, Epilepsie, Keuchhusten, Gefäßspasmen, Krampf der Koronararterien usw., beheben kann.

6. Die **resorbierende Wirkung auf Körperflüssigkeiten**, bei längerer Einwirkung auch auf Körpergewebe und Ablagerungen, erklärt sich nicht nur durch die kürzer oder länger dauernde Steigerung aller Sekretionen und Exkretionen, sondern auch durch die erwähnte Umstimmung und Stimulierung des Nervensystems und der Zirkulation, man kann auch sagen, des ganzen Stoffwechsels. Eine besondere Wirkung entfaltet das Brechmittel auf das lymphatische System, namentlich bei öfterer Wiederholung. Die Resorption von Transsudaten, Exsudaten, Gelenkablagerungen, nach älteren Mitteilungen auch sogar von Oedemen und Aszites, wurde beobachtet. Auch bei der Behandlung der Fettsucht sowie bei der Zerteilung von Hypertrophien und gutartigen Neoplasmen, Strumen, Milz- und Lebertumoren, Myomen, chronischer Metritis, Prostatahypertrophie, Lymphomen usw. kann das Brechmittel wertvolle Mithilfe leisten, dort wo eine Operation nicht in Frage kommt. Man kann es allerdings oft auch durch planmäßige Anwendung der Resolventia dabei ersetzen, doch hat man oft den Eindruck, daß die umstimmende Wirkung des Brechmittels als revolutionärer Akt die spontane Resorption seitens des Organismus selbst, also das Selbstheilungsbestreben erst einleitet und ins Rollen bringt. Alle diese Wirkungen sind nur verständlich, wenn man die vielfachen reflektorischen und funktionellen Verbindungen des Magens mit dem Gesamtorganismus in Betracht zieht.

Aus den allgemeinen Grundsätzen ergibt sich eine ganze Reihe erprobter spezieller Anwendungen auf die Erkrankung fast aller Organe und Organsysteme. Gewiß kann man in der Medizin oft auf verschiedenem Wege zum Ziele kommen, und verschiedene Ärzte bevorzugen verschiedene Methoden. Aber der sicherste, kürzeste und schonendste Weg ist immer der beste. Es stellt sich heraus, daß das Brechmittel trotz seiner den Körper momentan stark angreifenden Wirkung tatsächlich oft das schonendste ist, indem es langes Krankenlager, Lebensgefahr oder eingreifende Operation zu verhindern imstande ist.

13.3.2 Krankheiten im Bereiche des Kopfes

1. **Kopfschmerzen**. Besonders Schmerzen im Vorderhaupt weisen oft auf ursächliche Beteiligung des Magens und Nutzen des Brechmittels hin.

2. **Migräne**. Das mit der Migräne oft verbundene spontane Erbrechen ist gleichfalls ein Hinweis auf das Brechmittel. Man braucht dabei nicht bloß an den Magen zu denken, son-

dern auch an die erwähnte umstimmende, krampflösende und resorbierende Wirkung der Emetika. Die Erfahrung bestätigt diese Annahme.

3. Bei **Apoplexie** ist das Brechmittel nach vollzogenem Aderlaß angezeigt, besonders wenn der Anfall durch Überladung des Magens nach dem Essen erfolgt ist, aber auch im späteren Stadium als letzter Versuch im Koma oder in der Rekonvaleszenz zur rascheren Behebung der Lähmung.

4. Bei **Parotitis** bewirkt es raschen Rückgang der Schwellung in wenigen Tagen und verhindert Komplikationen.

5. Ganz vergessen ist die oft lebensrettende Wirkung bei **Erysipel** des Gesichtes und Kopfes, die ja als lebensgefährlich gelten. Die Erfahrungsmedizin gibt an, daß Erysipel überhaupt durch nichts so rasch zum Rückgang gebracht werde als durch Brechmittel, weil man sich ihr Entstehen vom Magendarmkanal und von der Leber her erklärte. Die kontagiöse Form ist damit natürlich nicht gemeint. Für das chronische rezidivierende Erysipel konnte ich das selbst bestätigen.

6. Schließlich kann man auch bei **Neuralgien des Kopfes**, selbst auch bei Trigeminusneuralgie, einen Versuch mit der umstimmenden, resorbierenden, krampflösenden Wirkung des Brechmittels machen (der Schmerz als Krampf der sensiblen Nerven betrachtet).

13.3.3 Krankheiten des Mundes und des Halses

1. **Stomatitis aphtosa**. Es galt den früheren Ärzten als selbstverständlich, ein Großteil der Erkrankungen des Mundes auf Magenstörungen zurückzuführen und umgekehrt. So galten die verschiedenen Erscheinungsformen der belegten Zunge als untrügliches Zeichen einer gestörten Verdauung.

Ebenso einleuchtend ist es auch, daß schlechtes Gebiß die Magenverdauung schädigt, ebenso wie umgekehrt schlechte Verdauung der Zahnkaries Vorschub leistet.

Darüber hinaus hat die ärztliche Erfahrung auch die Schleimhauterkrankungen des Mundes mit Recht oft von Magenstörungen abhängig gemacht, besonders die Stomatitis aphtosa. Wendet man neben den lokalen adstringierenden und desinfizierenden Mitteln auch noch ein Brechmittel an, so erfolgt die Heilung um vieles rascher. Auch bei hartnäckigen Fällen von Soor beschleunigt, wenn der Allgemeinzustand es erlaubt, das Brechmittel die Heilung bei Kindern und Erwachsenen.

2. **Angina und Diphtherie**. Die klassische Medizin erklärte das Brechmittel neben den Blutentziehungen als eine der raschesten und wirksamsten Heilmethoden bei den verschiedenen Arten der Halsentzündung, besonders aber bei der sogenannten gastrischen Angina, bei welcher man akute und chronische Magenstörungen als Ursache annahm. Tatsache ist, das Brechmittel hilft auch heute noch. Die Erklärung dafür ergibt sich nicht nur aus der Wegschaffung verdorbenen Mageninhaltes, sondern auch aus der resorbierenden und umstimmenden Wirkung des Brechmittels. Wir denken heute mehr an die Bakterien und nicht an die Anhäufung schädlichen oder überflüssigen Körpermaterials, welches man früher als eine der Hauptursachen der Entzündung auf Grund berechtigter Erfahrungen aufgefaßt hatte. Die Wahrheit liegt in der Mitte. Für die Diphtherie gilt Ähnliches, unbeschadet der gleichzeitigen Anwendung des Heilserums. Wenn man es gleich zu Anfang gibt, und Kinder erbrechen ja sehr leicht und ohne nachfolgende Schwächung, so kann man die Krankheit kupieren oder bedeutend mildern und Komplikationen verhüten, sei es durch Wegschaffung eines Teiles der Krankheitserreger, sei es durch Umstimmung. Auch im späteren Stadium, wo schon Kehlkopf- und Trachealbeläge vorhanden sind, befördert das Brechmittel Loslösung und Ausstoßung derselben. Atemnot und drohende Erstickungsgefahr können dadurch beseitigt werden.

3. Bei **Struma** können öfters wiederholte Brechmittel, etwa einmal wöchentlich, besonders mit dem resolvierenden Brechweinstein versetzt, die Resorption sehr begünstigen.

13.3.4 Lungenkrankheiten

Es ist sicher kein Zufall, daß die kräftigsten Expektorantia, z.B. Ipecacuanha und Brechweinstein, in stärkerer Dosis auch die wirksamsten Brechmittel sind, und daß beim Brechakt erhöhte Sekretion in den Schleimhäuten der Atmungsorgane stattfindet. Das Erbrechen wirkt also reinigend und umstimmend auf die Lunge.

1. **Asthma bronchiale**. Wie immer die verschiedenen Theorien lauten mögen, Allergie, Störungen der Zirkulation und Innervation usw., so erweisen sich die heute verwendeten gefäßverengenden Mittel zur Behandlung des Asthma bronchiale als unzulänglich. Sie helfen vorübergehend im Anfall, können aber das Leiden selbst nicht beseitigen. Wohl aber ist das möglich durch gewisse Spezifika (z.B. Arnika, Radix Helenii) sowie langfristig auflösende und ableitende Mittel.

Zu Arnika, Radix Helenii: Von Kommission E negativ beurteilt. Der nicht ausreichend belegten Wirksamkeit steht ein hohes Allergierisiko gegenüber.

Rasche Umstimmung und oft schlagartige Heilung bringt das Brechmittel in 1-2mal wöchentlicher Anwendung, besonders bei jüngeren Personen, wo die sekundären Veränderungen (Emphysem, Herzmuskelstörungen) noch nicht so ausgeprägt sind.

So konnte ich die 16jährige Tochter eines Kollegen in Riga, welche jahrelang vergeblich von dortigen Autoritäten behandelt worden war, durch eine einzige Konsultation mit Verordnung der genannten Mittel in kurzer Zeit dauernd beschwerdefrei machen. Auch sonst kenne ich eine ganze Reihe von Patienten auch vorgerückten Alters, bei welchen durch die genannten Medikamente und das Brechmittel die Anfälle ganz ausblieben oder doch ungleich seltener und milder wurden.

2. Bei **chronischer Bronchitis** Wirkung und Begründung ähnlich wie bei Asthma. Oft wird die Bronchitis durch chronische Verdauungsstörung unterhalten, was sich auch durch entsprechende Symptome äußert. Nur bringt man diese meist nicht in ursächlichen Zusammenhang mit dem Lungenleiden. Fälle, die monate- und jahrelang vergeblich mit antikatarrhalischen Mitteln behandelt worden waren, sprechen gut auf Brechmittel an, besonders wenn sog. gastrische Ursachen vorliegen.

3. Was die **Lungentuberkulose** betrifft, so ist das Brechmittel bei heftiger Entzündung und Hämoptoe natürlich kontraindiziert. Aber bei den zahlreichen Fällen, wo gleichzeitig Verdauungsstörungen bzw. Atonie des Magens vorliegen, wodurch wieder der katarrhalische Zustand der Lungen unterhalten wird, bringt das richtig angewendete Brechmittel ebenfalls oft schlagartig eine Wendung zum Besseren, wie der sonst so vorsichtige *Hufeland* aus vielfacher und langjähriger Erfahrung bestätigt. Aber nicht nur bei schleimigem, sondern auch bei eitrigem, schwer vonstatten gehendem Auswurf kann das Brechmittel die Beängstigung und das Fieber unter Umständen rasch beheben, sowie die Eiterausleerung in anderen Organen.

4. In Vergessenheit geraten ist die oft lebensrettende Wirkung des Brechmittels bei **Lungenödem** nach vorangegangenem Aderlaß. Expektoration und Exzitation sind die Erklärung dafür.

5. Bei Epidemien von **Keuchhusten** kann das Brechmittel geradezu prophylaktisch wirken, wie ich mich selbst schon öfters überzeugt habe. Bei bereits erfolgter Infektion kupiert es oft den Verlauf, so daß die Krankheit nach wenigen Tagen abklingt und durchaus nicht die vorschriftsmäßigen Stadien durchmachen muß. Auch im Verlauf der Krankheit gegeben mildert es die Erscheinungen bedeutend - durch seine allgemein krampfstillende, umstimmende und expektorierende Eigenschaft.

6. Bei **Pleuritis** denkt heute niemand mehr an die Verabreichung eines Brechmittels. Die trotz weit geringerer diagnostischer Hilfsmittel doch viel feiner individualisierenden Ärzte der vorvirchowschen Ära unterschieden verschiedene Arten von Pleuritis nicht bloß nach dem anatomischen Lokalbefund, sondern nach der tieferen Ursache, welche man in Störungen der Hautatmung, der Menstruation und insbesondere der Verdauung fand. Außerdem argumentierte man: Entzündung ist Anhäufung von schädlichen Stoffen, also Ausleerung, und zwar hier nach oben (Erbrechen) und durch die Haut (Vesikantien) bzw. das Blut durch Blutentziehungen (Aderlaß, Blutegel).

7. **Pneumonie**. Die frühere Unterscheidung in Unterarten mit allgemeiner Vollblütigkeit, entzündlicher Diathese, Magendarmstörungen oder unterdrückter Hautatmung (Rheumatismus) als Ursache ist wieder verlorengegangen.

Die eine Zeitlang absolute Verwerfung des Aderlasses bei der Pneumonie ist auch hauptsächlich dadurch zu erklären, daß man Mißerfolge hatte durch wahllose Anwendung, ohne die angedeuteten Unterscheidungen zu machen.

Bei den sog. „gastrischen“ Lungenentzündungen, die sich durch entsprechende Symptome (Auftreibung der Magengegend, belegte Zunge, Aufstoßen, bitterer Geschmack, Völlegefühl) verraten, wirkt ein Brechmittel am Anfang, aber auch in vorgeschrittenen, gefahrdrohenden Stadien oft erlösend und lebensrettend. Richtig indizierte, vor- oder nachher angewendete Blutentziehungen und Vesikantien unterstützen die Heilung.

8. Bei **Lungenembolie**, diesem auch den früheren Ärzten wohl bekannten Zustand (man nannte ihn Lungenschlag), verwendete man Aderlaß und Brechmittel als lebensrettende Maßnahmen mit Erfolg.

13.3.5 Herzkrankheiten

Hier kommt vor allem die **Angina pectoris** in Betracht, bei der die klassische Medizin des 18. Jahrhunderts durch Ausleerung, Derivation und andere indirekte Maßnahmen die krampferregenden Stoffe wegzuschaffen und den Krampf selbst nicht bloß vorübergehend, sondern auch dauernd zu beheben suchte. Wieder muß ich auf *Hufeland* verweisen, der auf das bestimmteste versichert, auch schwere solche Fälle häufig durch obige Maßnahmen geheilt zu haben, wobei die Beschreibung der Symptome so deutlich ist, daß an der richtigen Diagnose nicht gezweifelt werden kann.

Hufeland nennt den Zustand Asthma spasmodicum, convulsivum oder auch syncopticum und sagt, *„daß das Brechmittel dabei unter allen ihm bekannten Hilfsmitteln das größte, ja oft das einzige Rettungsmittel des Lebens sei, insbesondere bei derjenigen Art, welche periodisch als ein förmlicher Paroxysmus eintritt und den Kranken in augenblickliche Lebensgefahr versetzt. Hier hat die Erfahrung gelehrt, daß selbst nach vergeblichem Gebrauch von Moschus und Opium noch das Brechmittel vollkommene Lösung des Krampfes und Wiederherstellung bewirkt hat.“*

13.3.6 Magenkrankheiten

1. Es war schon wiederholt die Rede davon, daß die üblichen Behandlungsmethoden der gutartigen Magenstörungen mit Säuren, Alkalien und Schonungsdiät nicht ausreichen. Der sogenannte **gastrische Zustand**, „die Turgeszenz“ der Hypochondrien bleibt bestehen. Nicht Säureüberschuß oder Säuremangel ist das Wesentliche dabei, sondern die Untätigkeit des Magens mit Schlaffheit, Erweiterung, Völlegefühl, Magenplätschern, zu langem Verweilen der Speisen im Magen usw. Magenspülung und Brechmittel sind imstande, nicht nur vorübergehend die Beschwerden zu beheben, sondern auch dauernd normalen Tonus und normale Sekretionsverhältnisse wiederherzustellen, sei es durch Umstimmung des Nervensystems, sei es durch Wegschaffung von uns bisher unbeobachteten chemischen Schädlichkeiten.

2. So manche schwer zu bekämpfende **Atonie**, Vorstufen des Ulcus duodeni und ventriculi, Hyperazidität und Anazidität, werden dann und dauernd geheilt werden. Auch bei **krampfartigen Schmerzen** (Magenkrampf, Pylorospasmus) ist es nicht zweckmässig, von vornherein Narkotika zu geben, sondern man muß trachten, die meist chemischen Ursachen des Magenkrampfes zu beseitigen und die Innervation umzustimmen. Also die dynamischen und materiellen Wirkungen des Brechmittels auszunutzen, nebst der tonisierenden Behandlung.

3. **Chronische Gastritis** kann oft durch Brechmittel geheilt werden.

Kontraindiziert ist das Brechmittel bei **entzündlichen Erkrankungen des Magens**, bei **Blutungen**, bei **Ulcus ventriculi** und **duodeni**, selbstverständlich auch bei **Karzinom**.

13.3.7 Gallenleiden

Dringend notwendig wären Untersuchungen darüber, inwieweit das Brechmittel auch für die Entleerung von Gallensand bzw. Gallensteinen und zur Entleerung der gestauten Gallenblase benutzt werden kann. Warum erbrechen die Kranken bei diesen Zuständen? Ist es wirklich nur Reflexwirkung oder liegt dem auch hier, wie so oft, ein Heilbestreben der Natur zugrunde, zugleich ein Fingerzeig für den Arzt, dem Organismus auf ähnlichen Wegen zu Hilfe zu kommen?

Man könnte sich sehr gut vorstellen, daß nach Behebung der entzündlichen Erscheinungen mittels Blutentziehungen oder Vesikantien vorsichtig gegebene Brechmittel die durch Resolventia zum Zerfall gebrachten Gallensteine, zumindest aber die gestaute Galle zur Ausleerung bringen.

13.3.8 Infektionskrankheiten

1. Ein großer Teil derselben entsteht durch Aufnahme der Infektionserreger im Magen-Darmkanal oder im Rachen, und die ersten Symptome äußern sich auch oft genug in den geschilderten gastrischen Symptomen. Belegte Zunge, Appetitlosigkeit, Übelkeit, Völlegefühl usw. Wiederum kann man diese Erscheinungen mehr registrierend als bloßes Begleitsymptom auffassen oder schärfer hinhorchend dort den ersten Herd der Krankheit vermuten, dessen Entleerung den Fortschritt des Leidens verhüten oder den Verlauf mildern kann. Unzählige derartige Beobachtungen liegen in der gesamten älteren Medizin vor.

Bei **fast allen fieberhaften Erkrankungen** hat die humoralpathologische Medizin das Brechmittel am Beginne gegeben, als eines der wichtigsten Mittel zur Beseitigung des Fiebers überhaupt betrachtet. Besonders dort, **wo die gastrischen Symptome hervortraten** oder man sonstigen Grund hatte, gastrische Ursachen anzunehmen. Dort wurde das Brechmittel neben den Abführmitteln als wichtigste und absolute Indikation betrachtet.

Hufeland sagt: „*Wer bei einem Kranken, der im Anfang eines Fiebers Übligkeit oder wirkliches Erbrechen, gelb oder braun belegte Zunge, üblen Geschmack hat, das Brechmittel unterläßt, der versündigt sich schwer an der Natur, und der arme Kranke muß diesen Fehler schwer büßen. So wichtig ist es, den Augenblick zu benutzen, wo die Natur eine Ausleerung verlangt und dazu bereit ist ... Ja, ein in solchen Fällen unterlassenes Brechmittel ist oft gar nicht wieder gutzumachen, so wie das rechtzeitig angewandte Brechmittel oft die ganze Krankheit in der Entstehung ersticken kann, ebenso gewiß kann die Unterlassung desselben die Krankheit langwierig, schwer, ja zuweilen unheilbar machen ...*“ Auch *Sydenham* und *Boerhaave* vertreten diesen Standpunkt immer wieder eindringlich in ihren Schriften.

Dieser von *Hufeland* beklagten Unterlassung machen sich heute fast alle Ärzte auf der ganzen Welt schuldig. Die Stimme der Natur, der Brechreiz und das Völlegefühl (*vomitus vomitu curatur*) wird nicht gehört und nicht verstanden.

Es ist klar, daß der Körper rascher und besser von schädlichen Stoffen durch das Brechmittel entlastet wird, als wenn diese erst die Passage durch den ganzen Darmkanal durchmachen müssen. Außerdem erzeugen die Abführmittel nie diese Umstimmung in der Innervation und Sekretion des Magens und der Leber.

Von ausgesprochenen Infektionskrankheiten nennt die ältere Medizin nebst der schon erwähnten Diphtherie und dem Keuchhusten, die Masern, die Blattern, den Typhus, den Flecktyphus (exanthematischer Typhus), die Malaria, die Dysenterie und die Cholera.

2. Die älteren Ärzte berichten, daß man bei **Ruhr** durch Verabreichung eines Brechmittels am Anfang die Krankheit außerordentlich mildern und abkürzen kann. Versäumte man dagegen das Brechmittel am Anfang, so war die Behandlung ungleich schwerer und langwieriger. Man kann sich vorstellen, daß die sich im Magen aufhaltenden Infektionserreger herausbefördert werden, aber auch, daß die entzündliche Reizung der unteren Darmabschnitte und der Durchfall durch Ableitung nach oben und Umstimmung gehemmt werden. Als Brechmittel wählte man dabei nicht den Brechweinstein, sondern die Ipecacuanha, Ruhrwurzel genannt, weil sie zugleich stopfend und krampfstillend wirkt.

3. Ganz analoge Vorstellungen gelten für die **Cholera**. Ein gleich am Beginn gereichtes Brechmittel soll die Krankheit kupieren, auch sollen sich im Verlauf der Krankheit Momente ergeben, wo das Erbrechen aufgehört hat, aber trotzdem ein Brechmittel zur Beseitigung der dyspeptischen Reste notwendig ist.

4. Der **Typhus** erfordert öfters Blutentziehungen und andere Maßnahmen. Noch weniger bekannt ist es, daß am Beginn der Krankheit, wenn die ersten dyspeptischen Erscheinungen sich zeigen, ein Brechmittel die Krankheit in der Entstehung vernichten oder doch mildern kann. Im weiteren Verlauf allerdings, wenn schon das Hautexanthem eingetreten ist, darf man es nicht mehr anwenden.

13.3.9 Hautkrankheiten

Bekanntlich entstehen viele Hautkrankheiten durch Verdauungsstörungen, insbesondere hartnäckige chronische Magenleiden, von den akuten intoxikationsähnlichen Verdauungsstörungen ganz abgesehen. Aber auch andere Arten der Störungen des Stoffwechsels und des lymphatischen Apparates sowie der Hautatmung können Hautkrankheiten erzeugen und durch die alle Sekretionen anregende umstimmende Wirkung des Brechmittels günstig beeinflußt werden. Die Hauttätigkeit wird durch Emetica oft nicht bloß momentan, sondern namentlich bei wiederholter Verabreichung auch dauernd verbessert.

Besonders bei **Urtikaria** konnte ich das beobachten. Sehr interessant sind die Berichte der älteren Literatur über die Tatsache, daß nicht nur das **Erysipel** des Gesichtes und Kopfes, sondern bei Rotlauf überhaupt das Brechmittel das wichtigste, rascheste und sicherste Heilmittel darstellt. Damit ist natürlich nicht die Wundrose gemeint, sondern das gewöhnliche Hauterysipel. Nicht so sehr auf die Infektion komme es dabei an, als auf die Disposition, welche durch Magen- und Leberstörungen geschaffen wird. Eine uns vollkommen fremd gewordene Gedankenverbindung, deren Richtigkeit ich wiederholt bestätigt gesehen habe. Noch mehr trifft das für das periodisch rezidivierende Erysipel zu.

13.3.10 Rheumatismen

Bei hartnäckigem chronischen Gelenkrheumatismus, Polyneuritis und chronischer Ischias bilden von Zeit zu Zeit gereichte Brechmittel eine wirksame Unterstützung bei der resorbierenden und stoffwechselumstimmenden Behandlung. Lumbago kann sogar unter Umständen durch einmaliges Erbrechen geheilt werden.

13.3.11 Kinderkrankheiten

Alltäglich kann man beobachten, wie leicht und oft, sozusagen physiologisch Säuglinge erbrechen. Auch bei den Kindern geht das ungleich leichter vor sich als bei den Erwachsenen. Auch beginnen viele Kinderkrankheiten, wie z.B. Masern oder Keuchhusten, mit Erbrechen. Man hat daraus den Schluß gezogen, daß das Brechmittel eines der angemessensten und, wie sich gezeigt hat, auch wirksamsten Mittel in der Kinderpraxis ist.

Die verschiedensten fieberhaften Erkrankungen, wie Halsentzündungen, Bronchitis, Keuchhusten, Lungenentzündung, Diphtherie, Erbrechen, Durchfälle, krampfartige Zustände, können bei Kindern durch Brechmittel noch mehr als bei Erwachsenen gleich zu Beginn unterdrückt oder sehr gemildert werden. Es galt die Regel, daß, wenn ein Kind, und besonders ein Kind in den ersten Lebensjahren, von Fieber befallen wird, appetitlos ist, eine unreine Zunge hat, Aufstoßen, Brechreiz oder gar Erbrechen zeigt, so solle man nie versäumen, ein Brechmittel zu geben. Erst recht, wenn Husten oder Atembeschwerden dabei sind. Der Nutzen davon ist außerordentlich, die Heilung wird dadurch oft allein schon bewerkstelligt, und es ist nicht schwer, das im Anfang Versäumte später nachzuholen. Sei es durch Brechmittel oder andere Mittel. Nur **bei Hirnkongestion** ist das Brechmittel **kontraindiziert**.

13.3.12 Nervenkrankheiten

Nimmt man die exzitierende und umstimmende Wirkung des Brechmittels auf das vegetative Nervensystem, ferner seine antagonistische Wirkung bei **Erkrankungen des Gehirns**, beachtet man noch die Erregung aller Sekretionen und Exkretionen, die krampflösende und resorbierende Wirkung außerdem, so erscheint die Verwendbarkeit dieses Heilverfahrens bei verschiedenen Nervenkrankheiten durchaus plausibel. Erwähnt sei der günstige Einfluß desselben bei Hemiplegie im späteren Stadium, bei Lähmungen überhaupt. Insbesondere sind Versuche bei Hysterie, Chorea und Epilepsie mit einer gewissen Vorsicht von Erfolg begleitet.

Von den ältesten Zeiten bis vor hundert Jahren wurde das Brechmittel bei **Psychosen** als das allerwirksamste Mittel überhaupt angesehen. Man erklärt sich diesen Effekt durch antagonistische Wirkung vom Abdomen auf das Gehirn und durch Stimulierung des vegetativen Nervensystems. Durch zahlreiche eigene Erfahrungen kann ich das vollauf bestätigen.

13.4 Beispiele

Es würde zu weit führen, hier Beispiele für alle die zahlreichen angegebenen Indikationen des Brechmittels anzuführen. Nur einige der wichtigsten und auffallendsten seien hier besprochen.

Frau A. W., 39 Jahre, angeblich seit der Kindheit **Migräne**, Menses nur zweitägig, spärlich, Dyspepsie, Obstipation, trockene Haut. Alle möglichen Analgetika, Bestrahlungen und Diätformen (salzlose Diät, Zuckerdiät) ohne Erfolg.

Regelung der Magenverdauung, Ableitung auf den Darm, Hydrotherapie, Dampfbad, Aderlaß brachten Besserung. Zum Schluß wurde noch ein Brechmittel angewendet. Von da ab kehrte die sonst jede Woche mindestens einmal auftretende Migräne nur mehr höchst selten, alle paar Monate wieder.

Bei Psychosen, insbesondere auch bei **Schizophrenie**, ist die Wirkung des Brechmittels so eklatant wie sonst bei wenig anderen Zuständen. Oft genügt ein einziges Brechmittel, um Erregungszustände sofort und auf lange Dauer hin zu unterdrücken.

Frl. L. G., 19 Jahre, hereditär belastet, brünetter Typus. Seit ¾ Jahren depressive Zustände mit Lebensüberdruß und Selbstmordabsichten, dabei zerfahren, hört öfters Stimmen, religiöse und politische Wahnideen. In einer psychiatrischen Anstalt wurde die Diagnose beginnende Schizophrenie gestellt. Menses regelmäßig, aber zu spärlich, etwas fettleibig.

Patientin bekam Entfettungskur mit Ableitung auf den Darm und Hydrotherapie. Der Zustand besserte sich nach Ablauf einer Woche etwas. Nach Verabreichung von Radix Veratri 0,3 heftiges Erbrechen und Abführen. Am nächsten Tag totaler Umschwung. Völlig veränderter Gesichtsausdruck, Patientin ist krankheitseinsichtig, hat den Wunsch, wieder zu arbeiten, ist freundlich und heiter, macht einen vollständig normalen Eindruck.

Die Behandlung wird noch weitere drei Wochen in milderer Form fortgesetzt, Brechmittel 1-2mal wöchentlich, und zwar abwechselnd Apomorphin 0,01 und Tart. stib. 0,1 in ¼ Liter Wasser. Nach vier Wochen wird Patientin als geordnet und arbeitsfähig nach Haus entlassen.

Frl. H. J., 17 Jahre, Arzttochter, leidet seit Beginn der Pubertät, also seit drei Jahren, an hartnäckigem **Asthma bronchiale**. Es wurden zahlreiche klinische Autoritäten deswegen befragt, man verordnete ihr antiallergische Maßnahmen, ferner Asthmolysin, Ephedrin, Sympatol usw. Alles nur von vorübergehendem Erfolg.

Ich sah die Patientin nur ein einzigesmal auf einer Reise im Ausland, verordnete ihr ein Dekokt von Flor. Arnicae, Rad. Heleni und Fruct. Anisi aa 30,0, zwei bis drei Schalen täglich, außerdem ein- bis zweimal wöchentlich Brechmittel. Nach einigen Wochen schrieb mir der Vater der Patientin, daß das Asthma rasch nachgelassen habe und bald dauernd verschwunden sei.

Auch im Kindesalter kann man bei Asthma mit dem Brechmittel außerordentlich viel ausrichten, um so mehr, als die Kinder ja besonders mühelos erbrechen. Das Kind einer meiner Patientinnen hatte folgende Krankengeschichte:

R. H., 5 Jahre, seit zwei Jahren Asthmaanfälle, mit 1 ½ Jahren besonders schwerer Keuchhusten, dann zehn Monate Ekzem, Lungenentzündung, Leistendrüsenvereiterung, später beiderseits operierte Mittelohrentzündung, Pseudokrupp, Stimmritzenkrampf, Spätrachitis. Die namhaftesten Kinderärzte Wiens bezeichneten diesen Zustand als exsudative Diathese, gegen welche man nichts machen könne.

Auf Wunsch der schon ganz verzweifelten Mutter übernahm ich gemeinsam mit dem Hausarzt die Behandlung und verordnete Eichelkaffee, das oben erwähnte Dekokt von Arnika, Helenium und Anis. Außerdem Confectio Calami (d.h. verzuckerte Kalmuswurzel), fünf bis sechs Stück in der Größe eines Bonbons täglich. Ferner Bäder mit Hb. Sabinae, schließlich einmal wöchentlich ein Brechmittel. Die exsudative Diathese ging rasch zurück, die Asthmaanfälle verloren sich in wenigen Wochen gänzlich, das Kind entwickelte sich in jeder Beziehung ausgezeichnet.

Dieser Fall beweist außerdem, wieviel eine wirkliche konstitutionsumstimmende Behandlung leisten kann und wie wenig eine solche verbreitet ist.

23jährige Patientin, welche an häufig rezidivierender, fieberhafter **Halsentzündung** leidet. Es wurden verschiedene Pinselungen, auch die *Röder*sche Saugbehandlung der Tonsillen vorgenommen, alles ohne Erfolg, so daß schon die Tonsillektomie beschlossen war. Wegen eines Fluors suchte mich Patientin auf und erzählte dabei von den obigen Beschwerden. Die Untersuchung ergab eine stark belegte Zunge, üblen Geruch aus dem Munde; Klagen über Dyspepsie und Obstipation; ausgedehnter Plätschermagen.

Ich verordnete die tonisierende Magendiät, adstringierende Bittermittel in Form von Tinct. Chinae comp., dreimal täglich 20 Tropfen in 1 Löffel Sodawasser. In der ersten Woche jeden Abend Ableitung auf den Darm mit Sennadekokt. Zur Bekämpfung der Halsentzündung, die hier offenbar gastrischen Ursprungs war, aber außerdem ein Brechmittel. Lokal wurde Gurgeln empfohlen, abwechselnd mit Alaunlösung und Salmiaklösung.

Die Verdauung und der Kräftezustand besserten sich zusehends, und die Halsentzündung kehrte nicht mehr wieder.

Trotzdem aus der alten Literatur hervorgeht, daß das Brechmittel eines der stärksten Resorbentien ist, hat man es seit dem Verschwinden der Humoralpathologie überhaupt nicht mehr zur Behandlung **rheumatischer Krankheiten** verwendet. Besonders akute Rheumatismen wie Lumbago können oft durch ein einziges Brechmittel behoben werden, aber auch chronische Fälle wie Ischias, Neuritis, chronischer Gelenkrheumatismus reagieren darauf oft ausgezeichnet. Man wird natürlich zuerst die üblichen Mittel versuchen. Wo aber gleichzeitig gastrische Symptome bestehen oder die anderen Mittel erfolglos waren, ist ein Versuch mit dem Brechmittel durchaus lohnend.

Ein Beispiel:

46jährige Frau, Menses in den letzten zwei Jahren schon seltener, wandernde rheumatische Schmerzen im ganzen Körper, Dyspepsie, Obstipation. Seit drei Wochen Lumbago, welche trotz Thermophor, Heißluft, Quarzlampenbestrahlung, Mirioninjektionen, Schwitzpulver und dgl. nicht besser wurde und die Patientin am Verlassen des Zimmers hinderten.

Ich hatte die Wahl, das *Baunscheidt*-Verfahren, Blutegel oder Schröpfköpfe anzuwenden, entschied mich aber in diesem Falle mit Rücksicht auf die belegte Zunge und die schlechte Magenverdauung für ein Brechmittel. Der Erfolg war ein unmittelbarer. Am nächsten Tage war Patientin schmerzfrei und vollkommen beweglich.

Ähnliches habe ich in einigen Fällen von hartnäckiger chronischer Ischias erreicht, wo selbst das *Baunscheidt*-Verfahren nicht zum Ziele führte.

Das Brechmittel wirkt nicht nur stark umstimmend auf das lymphatische System, sondern bewirkt auch oft Umstimmung des Hautorgans. Beim Brechakt tritt ja bekanntlich Schweißausbruch ein, als Nachwirkung gesteigerte Hautzirkulation. Am deutlichsten zeigt sich der Effekt des Brechmittels bei Urtikaria und rezidivierendem Erysipel. Aber auch bei Ekzem, Psoriasis, Pruritus, Prurigo usw. kann es entscheidend die Heilung befördern.

Schlagartig kann man den Effekt des Brechmittels bei **Urtikaria** beobachten:

Frau E. H., 41 Jahre, Menses nur 1 Tag, seit 1 ½ Jahren fast fortwährend Nesselausschlag, Jucken am ganzen Körper, hochgradiger Dermographismus, Fettsucht, 80 kg, Rheuma im ganzen Körper, krachende Gelenke. Diätkuren, antiallergische Maßnahmen und fachärztliche Lokalbehandlung erfolglos. Patientin empfand den ganzen Körper wie glühend, hatte auch Wallungen und stellenweise Ekzeme. Urtikarielles Ekzem.

Entfettungskur, Aderlaß auf den Darm, einmal wöchentlich Brechmittel. In 1 ½ Wochen war die Urtikaria dauernd geschwunden. Auch das Ekzem heilte in kurzer Zeit ab.

14 Technik des diuretischen Verfahrens

14.1 Vorbemerkungen

Zu den ausleerenden Heilmethoden ist auch die Steigerung der Nierensekretion zu rechnen. Merkwürdigerweise hört man darüber in der alten Medizin nicht so viel und ausdrücklich, als etwa von der Ableitung auf den Darm, dem eigentlichen „Purgieren“ mittels Laxantien und Brechmittel.

Aber man sprach von kritischer Harnentleerung mit reichem Sediment, ebenso wie von kritischem Schweiß. Man wußte, daß die Wassersucht durch Versagen der Nierenfunktion entstehen und durch harntreibende Mittel beseitigt werden kann. *Hippokrates* spricht auch von „Harnstrenge“, also Schwierigkeiten bei der Urinentleerung, und behebt sie durch warme Bäder, reichliches Weintrinken und Aderlaß.

Man kann heute noch alltäglich Fälle von Herzinsuffizienz mit und ohne Oedeme, Hydrothorax, Aszites und dgl. sehen, wo die Mehrzahl der Internisten ihr Hauptaugenmerk auf die „Entwässerung“ durch Diurese richtet. Es gibt erfahrungsgemäß eine ganze Reihe von Nierenstörungen, die man morphologisch und chemisch noch nicht fassen kann, welche Störungen im Gesamtorganismus, wie Kopfschmerzen, Gefäßkrämpfe, Benommenheit, Hautkrankheiten usw., hervorrufen und welche auf ganz bestimmte, durchaus nicht alle Diuretica wieder verschwinden.

Erst kürzlich klagte mir meine Hausgehilfin, daß ihr auf dem Lande lebender Vater sterbenskrank sei, an Herzschwäche und hochgradiger Wassersucht leide. Er war in guter ärztlicher Behandlung, aber die angewendeten Mittel halfen nichts, das Wasser ging nicht weg. Er hatte Digitalis, Diuretin, Euphyllin und Novuritinjektionen bekommen. Man glaubte, daß es zu Ende gehe. Ich riet ihr, als man mich verzweifelt um Rat fragte, Extractum Scillae 0,2! als Pulver dreimal täglich zehn Tage lang nehmen zu lassen. Nach Ablauf dieser Zeit hörte ich, daß es dem Kranken unerwartet gut gehe, daß die Gefahr vorüber sei und der Patient wieder förmlich neu auflebe.

Solche Fälle beweisen, daß man diese Dinge nicht rein mechanistisch auffassen darf, sondern auch auf diesem Gebiet das vorliegende empirische Wissen überblicken und beherrschen muß.

In akuten Krankheiten soll man also in hippokratischem Sinne gegebenenfalls die kritische Harnausscheidung der Natur nachmachen, ebenso wie man ihr die kritische Stuhl- oder Schweißentleerung abgelauscht hat.

14.2 Technik der Anwendung von diuretischen Mitteln

Schon die Diät spielt eine große Rolle bei der Regulierung der Diurese. Überall dort, wo Mageninsuffizienz besteht, ist die eigentliche **Nierendiät**, also vorwiegend laktovegetabilische Diät, **schädlich**. Dort, wo es sich um Durchspülung des Körpers oder der Nieren handelt, wird auch eine gewürzte Diät, welche Durst erzeugt, manchmal besser am Platze sein.

Der verstorbene Kinderarzt Prof. *Leiner* erzählte mir von einem Fall von schwerster Scharlachnephritis bei einem achtjährigen Jungen mit hochgradiger Anurie und bedrohlichen Erscheinungen. Das Kind war aufgegeben. Da verlangte der Junge eines Tages bei der Krankenvisite sozusagen als letzten Wunsch einen Teller Rindssuppe und ein Paar Würstel mit Meerrettich.

Zum Entsetzen seiner Assistenten willfahrte *Leiner* dem Wunsch des Kranken. Er vertrug diese Speisen nicht nur sehr gut, sondern es setzte alsbald eine mächtige Harnflut ein, und der Palient war gerettet.

Es ist auch gar nicht so selbstverständlich, **Bohnenkaffee** oder **Wein** zu verbieten, denn Kaffee wirkt sehr stark harntreibend, und ebenso moussierender Weißwein, wie man von *Hippokrates* angefangen bis vor hundert Jahren wußte. Rheinwein und Moselweine wurden als Diuretica sehr geschätzt, ebenso **Bier**, auch die leichten österreichischen Weine sind dazu sehr geeignet, wenn sie der Magen verträgt. Neben Kaffee ist auch **Tee** als besonders starkes Diuretikum zu erwähnen.

Die harntreibende Fähigkeit des **Spargels**, überhaupt von **Obst**, Rettichen, Radieschen, Meerrettich, Erdbeeren, Himbeeren, Zwiebeln, Lauch, Petersilie, Sellerie, Knoblauch, Senf verdient mehr ausgenutzt zu werden. Ähnlich wirken Krebse, Hummern, Kaviar und dgl.

Wir finden hier den Übergang zu den **Diureticis tierischer Herkunft**. In dieser Gruppe sind zu nennen:

Tinct. Cantharidum dreimal täglich 5-15 ! Tropfen in einem Löffel Wasser, immer je 8 Tage nehmen, 8 Tage Pause. Noch stärker wirkt Pulv. Cantharid. 0,01-0,05 ! drei- bis viermal täglich.

Angesichts der gefährlichen Nebenwirkungen und der hervorragenden modernen Diuretica, über die *Aschner* noch nicht verfügte, erscheinen diese Mittel heute unter dieser Indikation als entbehrlich.

Letzteres Präparat jedoch mit größter Vorsicht wegen der Gefahr der Kumulationswirkung. Es ist aber eines der stärksten Diuretika überhaupt und hilft oft bei den verzweifeltsten Fällen von Anurie. Ähnlich wirken Millepedes (Tausendfüßler) 0,5-1,0 in Pillen oder Pulvern mehrmals täglich, oder Blatta orientalis (Küchenschabe) 0,5-1,0 in Pulvern oder Pillen drei- bis viermal täglich.

Letztere wurde auch im Dekokt 5,0-10,0 zu 150,0 dreimal täglich 1 Eßlöffel gegeben, wirkt stark diuretisch und schweißtreibend, ohne dabei die Niere so stark zu reizen wie die Canthariden. Auch Tinct. Blattae orientalis dreimal täglich 20 Tropfen.

Als Ersatz für Cantharidentinktur kann auch die minder gefährliche Tinct. Coccionellae (Cochenilletinktur) in der Dosis dreimal täglich 5-15 Tropfen gegeben werden. Man hat sie bisher nur als Mittel zum Färben von Arzneien verwendet und vergessen, daß Produkte von Insekten und Würmern meist harntreibend wirken, z.B. auch Regenwürmer, gepulverte Blutegel, Maikäfer u.a.

Von **pflanzlichen Diureticis** sind außer den schon erwähnten Nahrungs- und Genußmitteln folgende zu nennen. Vor allem die Präparate der **Meerzwiebel**: Bulbus Scillae 0,1-0,3 dreimal täglich in Pillen, Dekokt oder Infus. - Extr. Scillae 0,05-0,2! p. dos. ad 1,0 p. die in Pulvern, Pillen oder Mixturen. - Acetum Scillae, 2,0-5,0 p. dos. mehrmals täglich in Mixturen, auch als Klysma. - Oxymel Scillae 2,0-10,0 p. dos. - Tinct. Scillae 0,5-1,5 p. dos. mehrmals täglich und die modernen, fabriksmäßig hergestellten Präparate davon, welche auch als intravenöse Injektion und als Suppositorium gegeben werden können. Zu bemerken ist, daß Scilla in größeren Dosen als Brechmittel wirkt, und ebenso wie **Digitalis** daher mit entsprechenden Korrigentien und Rücksichtnahme auf den Magen gegeben werden muß.

Schwächere pflanzliche Diuretika, welche meist in Form von Dekokten oder Infusen einzeln oder in Mischungen gegeben werden, sind folgende: **Rad. Levistici, Rad. Ononidis, Rad. Petroselini, Fol. Betulae, Fruct. Juniperi, Hb. Virgaureae, Rad. Graminis, Rad. Iridis, Flor. Genistae, Rad. Sambuci Ebuli, Hb. Saxifragae, Semen Lycopodii, Rad. Convallariae, Fruct. Cubebarum, Hb. Equiseti, Fol. Rutae.**

Ruta wird von der Kommission E negativ beurteilt. Die enthaltenen Furanocumarine wirken phototoxisch und mutagen. Außerdem sind an Nebenwirkungen melancholische Verstimmung, Schlafstörungen, Schwindel und Krampfzustände bekannt.

Schließlich alle Bestandteile von Nadelhölzern, wie die Zweige von Tanne, Fichte, Wacholder u. dgl. im Dekokt als Volksmittel.

Stark diuretisch wirken auch die aus den Nadelhölzern gewonnenen ätherischen Öle, wie **Ol. Juniperi fruct**. mehrmals täglich 2-5 Tropfen, ebenso **Ol. Therebinthinae** und ähnliche Mittel.

Von **chemischen Diureticis** sind die wichtigsten Liquor Kalii acetici und Liquor Ammonii acetici, teelöffelweise in harntreibendem Tee. Die Salze der Zitronensäure messerspitzenweise mehrmals täglich. Spiritus aetheris nitrosi 5-10 Tropfen mehrmals täglich in Mixturen. Alle kohlensäurehaltigen Getränke und Brausepulver. Schließlich alle Resolventia, besonders auch die salinischen Abführmittel.

Bei gestörter Nierensekretion kommen die Trinkkuren in den verschiedenen Kurorten in Frage, außerdem **aromatisch-balsamische Einreibungen** der Nierengegend und der unteren Körperhälfte überhaupt, z.B. mit einer Mischung von Ol. Juniperi und Tinct. Arnicae aa 50,0. Resorptionwirkung und reflektorische Wirkung von der Haut auf die Niere bringen hier oft den Effekt.

Rezeptbeispiele für das diuretische Verfahren:

Rp.	Rad. Apii graveol.		
	Rad. Asparagi		
	Rad. Foeniculi		
	Rad. Petroselini		
	Rad. Rusci aculeati	aa	20,0

Rp.	Hb. Thymi		
	Hb. Polygoni		
	Stramentum Avenae		
	Hb. Plantag.		
	Fruct. Cynosbati		
	Hb. Caps.burs.past.	aa	20,0

Rp.	Semin. Lycopod.	20,0
	Syr. Althaeae	40,0
	Aq. dest.	140,0
	S. Stündlich 1 Eßlöffel.	

Rp.	Rad. Levistici
	Rad. Ononidis
	Fruct. Juniperi
	Rad. Liquiritiae
	S. 3 Schalen Tee täglich.

Rp.	Fruct. Juniperi contus.	20,0
	Hb. Violae tricolor.	50,0
	Rad. Levistici conc.	30,0
	S. 3 Schalen Tee täglich.	

Gegen Nierenschmerzen:

Rp.	Hb. Polygoni		
	Hb. Agrimoniae		
	Hb. Veronicae	aa	30,0
	S. 3 Schalen täglich		

Gegen Nierenentzündung:

Rp.	Hb. Polygoni		30,0
	Hb. Absinthii		
	Fol. Salviae		
	Hb. Centaurii	aa	10,0
	Flor. Sambuci		20,0
	Fruct. Cynosbati		30,0
	S. Tee, stündlich 1 Eßlöffel.		

Gegen Blasenentzündung:

Rp.	Fruct. Lauri contus.		
	Hb. Lamii		
	Rad. Calami	aa	15,0
	Fruct. Juniperi cont.		
	Semin. Lini		
	Hb. Rosmarini		
	Rad. Liquiritiae		
	Rib. nigr.		
	Rad. Petroselini	aa	30,0
	Croci		10,0
	S. Tee.		

Gegen Nierensteine:

Rp.	Hb. Serpylli		
	Hb. Hyperici	aa	40,0
	S. Tee.		

Rp.	Hb. Genistae		
	Hb. Polygoni		
	Fruct. Cynosbati	aa	20,0
	Hb. Equiseti		30,0
	S. 2 Schalen Tee täglich.		

14.3 Das diuretische Verfahren im Rahmen der Konstitutionstherapie

Die Indikationen für das diuretische Verfahren lassen sich nicht in so großem Umfang und so präzis wiedergeben, wie etwa die Indikationen für Abführen, Erbrechen und Blutentziehungen. Wir wollen trotzdem versuchen, sie aufzustellen.

1. Bei **Nierenkrankheiten**, insbesondere solchen, welche mit qualitativ oder quantitativ unzureichenden Harnausscheidungen einhergehen, also besonders alle Formen der chroni-

schen Entzündung und ihre Folgen, ist das diuretische Verfahren angezeigt, ebenso bei Nierensteinen, wobei zugleich Auflösung und Wegschwemmung der Konkremente beabsichtigt ist, ferner bei Pyelitis zwecks Durchspülung und Desinfektion.

2. Bei **Insuffizienz des Herzens** verschiedenster Art besonders dann, wenn Oedeme im Körper vorhanden sind, soll man sich nicht immer auf die Diurese allein verlassen, sondern durch Entfettung, Blutentziehungen, Darmableitung und Hydrotherapie die Niere entlasten.

Die von Aschner angegebenen Rezepte enthalten vor allem Digitalis und Scilla. Die Wiedergabe erübrigt sich. Hier sollten besser standardisierte Präparate verwendet werden.

3. Von **Lungenkrankheiten** kommt neben pleuritischem Exsudat und Hydrothorax besonders das Asthma bronchiale für das diuretische Verfahren in Betracht.

Übrigens hat die Humoralpathologie auch alle anderen Arten von Asthma mit Beförderung aller Sekretionen, besonders der Nierensekretion, behandelt, und zwar teils zur Ableitung des Reizes und Umschaltung der Zirkulation von der Lunge nach der Niere, teils zur wirklichen Entwässerung. Scilla und Digitalis wurden dabei besonders bevorzugt.

4. Von **Krankheiten im Bereiche des Kopfes** eignen sich für das diuretische Verfahren besonders der Hydrocephalus und die chronische Meningitis serosa, unterstützt durch gleichzeitige Ableitung auf die Haut. Auch Kopfschmerz und Migräne bessern sich oft beim Gebrauch von Diureticis, allerdings unter Berücksichtigung eines etwaigen Magenleidens, einer Menstruationsstörung u.dgl.

5. Ganz besonders wirksam ist das diuretische Verfahren bei manchen **Krankheiten der Haut**, z.B. bei Oedemen und Urtikaria. Das Studium der innigen Wechselbeziehungen zwischen Haut und Niere läßt einen noch viel weiteren Ausbau zu. Man hat quantitativ genau festgestellt, daß mit der Steigerung der Perspiratio insensibilis die Nierenausscheidung an Menge nachläßt und umgekehrt. Aber in qualitativer Hinsicht sind die gegenseitigen Einwirkungen noch lange nicht genug bekannt. Anregung der Hautfunktion, zum Beispiel durch Hydrotherapie, ist auch für die Nierenfunktion günstig, schon unter normalen Umständen. In pathologischen Fällen werden durch Bäder, feuchtwarme Packungen und Dampfbad schädliche Stoffwechselprodukte entfernt und offenbar so durch Entlastung die Niere wieder funktionsfähig gemacht.

Auch da gibt es eine Anzahl von diuretischen Mitteln, welche eine besonders günstige Rückwirkung auf die Haut haben, z.B. Hb. Violae tricoloris, Rad. Graminis und Flor. Stoechados. Die exotische Medizin kennt noch eine große Menge ähnlich wirkender Drogen.

6. Bei **Stoffwechselstörungen** endlich spielt die Entgiftung durch die Niere ebenfalls oft eine Rolle. Von der Entwässerung bei Fettsucht war schon die Rede. Die Wichtigkeit einer geregelten Diurese beim Diabetes ist allgemein geläufig.

Weniger bekannt ist die Anwendung des diuretischen Heilverfahrens bei der akuten und besonders bei der viel häufigeren **chronischen Arthritis** sowie bei den verschiedenen **Rheumatismen**. Ein Teil dieser Zustände wird von der alten Medizin in seinem Zustandekommen durch ungenügende Hautatmung und Retention von Stoffwechselprodukten erklärt.

Mittel, welche gleichzeitig Diurese und Hautatmung anregen, ferner resolvierend auf dem Wege des Lymphsystems wirken, kommen dabei in Frage, z.B. Liquor Ammonii acetici und Liquor Kali aceti mehrmals täglich ½-1 Kaffeelöffel in Flüssigkeit verdünnt. Ferner eine ganze Reihe pflanzlicher resolvierender Diuretika, welche sich zugleich als Antiarthritika bewährt haben, z.B. Rad. Ononidis, Rad. Petroselini, Rad. Sarsaparillae und Rad. Graminis.

Zu Rad. Sarsaparillae: Wegen möglicher Magenreizung und Nierenschäden (bei nicht ausreichend belegter Wirksamkeit) vom Kommission E negativ beurteilt.

15 Technik des emmenagogen Verfahrens

15.1 Das Vorgehen beim emmenagogen Verfahren

Hat man eine Patientin vor sich, welche an zu seltener oder zu spärlicher Menstruation leidet, oder bei welcher die Menstruation im jüngeren Alter mehrere Monate und selbst jahrelang ausgeblieben ist, so hat man zweierlei anzustreben.

1. Die möglichste Wiederherstellung einer Menstruation von normalem Rhythmus und normaler Stärke bzw. das Wiedererscheinen der auf lange Zeiträume ganz ausgebliebenen Menstruation.
2. Die Beseitigung der dadurch im Organismus entstandenen Folgeerscheinungen.

Beide Ziele werden am ehesten erreicht durch eine Kombination von individualisierender Allgemeinbehandlung bzw. Konstitutionstherapie und durch die eigentliche emmenagoge Behandlung.

15.1.1 Allgemeinbehandlung

1. **Entfettung** bei der so häufig dabei vorkommenden Adipositas. Dadurch werden gleichzeitig die schädlichen Stoffwechselprodukte entfernt, und oft tritt danach allein schon die Menstruation wieder normal auf. Jedenfalls ist es unzulänglich, solche Fälle nur mit Hormonen allein zu behandeln und die Fettsucht mehr oder minder zu vernachlässigen.
2. **Roborierende Methode** bei Blutarmen und Unterernährten, und zwar bei wirklicher Anämie oder Chlorose Eisen, daneben aber auch eine blutbildende Diät mit Fleisch, Alkohol und Gewürzen, bei Magerkeit und Asthenie tonisierende Magenbehandlung.
3. **Aderlaß** bei Vollblütigen und deutlich Stoffwechselgestörten. Die auf den Gesamtstoffwechsel am meisten einwirkende Art der Blutentziehung ist der Aderlaß. Er hilft wesentlich mit, akute und chronische menstruelle Retentionstoxikosen zu beseitigen. Man sieht danach Verschwinden dadurch bedingter Hautausschläge, Kopfschmerzen, Gefäßstörungen, Herzbeschwerden usw.
4. Aufsuchung und **Beseitigung** aller sonstigen **Exkretions- und Stoffwechselstörungen**. Man wird also bei trockener Haut Dampfbäder verordnen, die gestörte Leberfunktion regulieren, Obstipation oder Durchfall beseitigen u.dgl.

Oft wird man durch diese Allgemeinmaßnahmen allein schon eine Regelung der Menstruation erzielen. Man kann sich ganz gut vorstellen, daß die Ovarialfunktion und menstruelle Exkretion durch obige Allgemeinstörungen gehemmt und mit ihrer Beseitigung wiederhergestellt wird. In der vorspezialistischen Medizin war es eine Selbstverständlichkeit, daß bei Menstruationsstörungen verschiedener Art der Körper „purgiert" werden müsse, worunter nicht bloß Abführen und Erbrechen, sondern eine Reinigung des Gesamtstoffwechsels auf alle mögliche Weise verstanden wurde.

Man zweifelte auch nicht daran, daß den Frauen während der Menstruation Schonung und Ruhe auferlegt werden müsse, um diesen Vorgang nicht zu stören. Für diese Zeit wurde ein besonderes Verhalten verordnet, bestehend in Vermeidung körperlicher Anstrengung und Erkältung oder Erhitzung. Im Gegensatz dazu hat die heutige Ignorierung dieser rhythmischen Blutausscheidung viele gesundheitliche Schäden im Gefolge.

15.1.2 Lokale Maßnahmen

1. Anwendung **äußerer Emmenagoga**. Wir nennen zunächst die allgemein üblichen Formen der **Wärmeanwendung**, wie heiße Sitzbäder, Moorbäder, Fußbäder, mit und ohne hautreizende Zusätze wie Senfmehl u. dgl. Wenn das Senffußbad wirksam sein soll, muß das Wasser bis über die Waden hinaufreichen. Man gibt 2 Eßlöffel Senfmehl hinein. Auch die Diathermie gehört hierher. Manchmal sieht man auch von galvanischer oder faradischer Lokalbehandlung Erfolge.

2. Sehr wirksam ist das blutige und unblutige **Schröpfen** an der Innenseite der Oberschenkel in der Leisten- und Unterbauchgegend, auch am Kreuzbein. Da die Schröpfbehandlung unter Umständen bei hartnäckiger Amenorrhöe sich über viele Wochen und Monate hinziehen kann, kann man eine Saugglokke zum unblutigen Schröpfen dem Patienten selbst mit nach Hause geben. Zum blutigen Schröpfen wird man sich in solchen Fällen weniger leicht entschließen, da die Blutegelbehandlung einfacher ist.

3. **Blutegel**. Man setzt je nach dem Kräftezustand 6-10 Blutegel an die großen Schamlippen an. Sie fallen nach längstens einer Stunde ab, und man läßt je nach dem Kräftezustand einen halben oder ganzen Tag nachbluten, jedoch stets unter Kontrolle, um etwaigen Kollaps zu verhüten. Die Blutegelbehandlung der Amenorrhöe ist eine der **allerwirksamsten Methoden**. Es gelang mir damit wiederholt, die hartnäckigsten Amenorrhöen in durchschnittlich 4-6 Wochen zu beheben.

Ein sehr eklatanter Fall betraf ein 24jähriges Mädchen mit starker Hypertrichosis, bei welchem die Amenorrhöe schon zwei Jahre gedauert und der intensivsten Hormonbehandlung seitens anerkannter Autoritäten getrotzt hatte. Blutegel und intern Aloe brachten die Menses in Gang, die nun schon fast ein Jahr lang ganz regelmäßig verläuft.

4. **Aderlaß und Skarifikationen** an den unteren Extremitäten sollen nach Angabe der ganzen alten Literatur die Menses hervorrufen. Eigene Erfahrungen darüber besitze ich nur wenige, da ich meist mit Blutegeln zum Ziele gekommen bin.

5. Sehr unterstützend wirken auch **Cantharidenpflaster** in der Größe 5×5 cm beiderseits an der Innenseite der Oberschenkel, entweder jede Woche einmal oder als Dauerpflaster aufgelegt.

6. Ferner ***Baunscheidt*-Verfahren** in der Leistengegend, an der Innenseite der Oberschenkel und am Kreuzbein.

Damit konnte ich eine seit drei Jahren bestehende Röntgen-Amenorrhöe bei einem jungen Mädchen in kurzer Zeit heilen, nachdem alle Hormonbehandlungen erfolglos geblieben waren.

Man kann auch eine Crotonölmischung 1-4 mit Olivenöl oder Terpentinöl mittels einer Bürste in die Schamhaare einreiben, und zwar täglich etwa 5 Minuten lang, bis eine Follikulitis entsteht, was etwa am zweiten oder dritten Tage erfolgt. Man läßt diese dann abheilen, und wenn die Menstruation noch nicht eingetreten ist, wiederholt man dasselbe immer wieder nach 8-10 Tagen.

Crotonöl wird wegen der enthaltenen tumorpromovierenden Phorbolester nicht mehr verwendet.

15.1.3 Anwendung innerer emmenagoger Mittel

Die inneren Emmenagoga dienen dazu, das Genitale hyperämisch zu machen und dadurch die Ovarialfunktion und Menstruation anzuregen.

1. **Sennapräparate**, am einfachsten in Form des Sennadekoktes in folgender Mischung:

Rp.	Fol. Sennae		
	Rad. Liquir.		
	Fruct. Foenic.	aa	30,0
	S. abends 1 Schale Tee.		

Man kann diese Dosis auch 2-3mal täglich geben und sie viele Wochen und Monate lang fortnehmen lassen, weil sie gleichzeitig auch stoffwechselentlastend wirkt.

Bei langdauernder Anwendung anthrachinonhaltiger Mittel wie Senna, Aloe, Rhabarber, Faulbaum kommt es zur Zerstörung der Dendriten des Plexus myentericus. Die Gabe sollte also zeitlich befristet bleiben.

2. **Aloepräparate**, z.B. Pil. aloeticae Nr. 100, 3mal täglich 1-2 Pillen, oder Pil. aloeticae ferratae in derselben Dosis, besonders bei Blutarmen. Oder Tinct. Aloes 30,0, 3mal täglich 20-50 Tropfen. Oder eine Mischung von Aloe, Crocus und Myrrha in Form der *Ruff*schen Pillen. Man verschreibt

Rp. Massae pil. Ruffii qu. s. f. pil. Nr. 100 á 0,3
S. 3mal täglich 1-2 Pillen.

3. **Hb. Gratiolae** (Gottesgnadenkraut) als Beimischung zu obigem Sennatee. Ein sehr starkes Emmenagogum, welches bei übermäßiger Anwendung auch sonst Neigung zu Hämorrhagien erzielen kann.

4. Die **Sabinapräparate** gelten seit dem Altertum bis vor hundert Jahren als zu den stärksten emmenagogen Mitteln gehörig. Man verschreibt entweder Herba Sabinae, ähnlich wie Hb. Gratiolae als Beimischung zum Sennatee, oder wegen seines schlechten, an ungereinigtes Terpentin erinnernden Geruches und Geschmackes mit aromatischen Mitteln zusammen.

Aufgrund der starken Vergiftungsgefahr ist die innere Anwendung von Sabina obsolet.

5. **Yohimbin** entweder in Form von Injektionen zu 0,01-0,02 oder per os in Pulverform 0,01-0,03. Durch derartige Injektionen habe ich schon öfters gute Resultate gesehen, nicht nur bei Hypomenorrhöen jüngerer Frauen, sondern auch bei vorzeitigem Klimakterium oder bei Frauen, welche den Eintritt der Menopause möglichst lang hinausschieben wollten.

Es liegt eine Negativ-Monographie der Kommission E vor. Die Wirksamkeit ist unzureichend belegt. Da u.U. Erregungszustände, Tremor, Angst, Blutdruckerhöhung, Tachykardien und Leberschäden zu erwarten sind, besteht ein nicht abschätzbares Nutzen-Risiko-Verhältnis.

6. Die **Canthariden** wurden seit den ältesten Zeiten z.B. schon bei *Hippokrates*, nicht nur als Aphrodiasika, sondern auch als Emmenagoga gegeben, natürlich stets mit Vorsicht und unter Vermeidung einer etwaigen Nierenreizung. Der hyperämisierende Effekt leuchtet ohne weiteres ein, und daraus erklärt sich auch die emmenagoge Wirkung.

Man verordnet Pulv. Cantharid. 0,01-0,03! 1-3 Pulver täglich, besonders bei gleichzeitiger Sterilität und Frigidität, doch am besten immer nur 1-3 Tage lang, dann eine Woche Pause wegen der Gefahr der Kumulationswirkung.

Ungefährlicher, aber auch weniger intensiv wirksam ist die Tinct. Cantharid., von welcher man dreimal täglich 5-10 Tropfen in einen Löffel Wasser verordnen kann.

Man fängt mit dreimal 5 Tropfen täglich an und steigert täglich um je einen Tropfen. Sollten sich Brennen beim Urinieren oder gar Mahnungen in der Niere einstellen, so hört man sofort auf und bleibt fortan unterhalb dieser Dosis. Schon bei den leichtesten Harnbeschwerden sollte man auf Eiweiß im Urin untersuchen. Viele Patienten vertragen aber 10-15 Tropfen ganz gut. Auch dann soll man das Mittel immer 8 Tage nehmen lassen, dann 8 Tage Pause usw., bis der gewünschte Erfolg eintritt.

Wegen der schwerwiegenden Nebenwirkungen sollte auf innerliche Anwendung ganz verzichtet werden.

7. Man kann und soll natürlich, schon um sich gegen den Vorwurf der Unterlassung zu decken, auch die üblichen **Hormonpräparate** verwenden.

15.2 Das emmenagoge Verfahren im Rahmen der Konstitutionstherapie

Seit urdenklichen Zeiten, von der Bibel angefangen über die ägyptische, indische, griechische, mittelalterliche, arabische und neuzeitliche Medizin bis vor hundert Jahren, galt es als unerschütterlicher Grundsatz, daß die Menstruation ein für den weiblichen Organismus beim Menschen ebenso charakteristischer wie zur Gesundheit notwendiger Ausscheidungs- und Reinigungsvorgang ist. Man trachtete demzufolge, alle Störungen dieses eindrucksvollen Naturvorganges, sowohl nach der Seite des Zuviel als des Zuwenig, mit allen Mitteln zu regeln und eine normale Menstruation solange als irgend möglich zu erhalten.

Erst mit dem Einbruch der chirurgischen, radiotherapeutischen und innersekretorischen Ära in der Frauenheilkunde erklärte man auf einmal, die innere Sekretion der Ovarien sei die Hauptsache, ja das allein Wesentliche, während die menstruelle Blutausscheidung ein belangloses Nebenprodukt der Eireifung und uterinen Schleimhautwandlung sei, dessen Ausschaltung bzw. Zerstörung oder dessen spontanes Ausbleiben (Amenorrhöe) im Grunde ganz gleichgültig sei. Die Tiere hätten ja auch keine Menstruation, und der Körper hätte genug andere Möglichkeiten, um allfällige, im Blut kreisende Abfallstoffe auszuscheiden (Frustrane Nidationsvorbereitung).

Das ist ein ebenso oberflächlicher wie verhängnisvoller Trugschluß. Ebenso wird der zu seltenen und zu spärlichen Menstruation aus ähnlichen Gründen fast gar keine Bedeutung beigemessen. Die ganze humoralpathologische

Medizin hat diesem Punkt die größte Aufmerksamkeit geschenkt. Durch die oben erwähnte mehr technisch-lokalistische Einstellung ist der Blick für die Zusammenhänge der Menstruationsstörungen mit dem Gesamtorganismus im weitesten Ausmaß verlorengegangen und demzufolge auch die zahlreichen Heilungsmöglichkeiten lokaler und allgemeiner Natur, welche gerade dort am auffallendsten wirksam sind, wo die rein spezialistische Behandlung versagt.

Wie ich an mehreren tausend viele Jahre lang beobachteten Hypomenorrhoischen feststellen konnte, lassen sich zwei Erscheinungsreihen beobachten.

1. Die Hypomenorrhoischen zeigen meist **Anomalien des Habitus**, und zwar: Fettsucht, Vollblütigkeit, Blutarmut, Infantilismus oder Hypertrichosis. Manchmal sind diese Merkmale auch miteinander kombiniert, z.B. Fettsucht, Vollblütigkeit und Hypertrichosis, oder Infantilismus und Anämie. Oder Infantilismus und Hypertrichosis usw. Diese Stigmen können jeweils sowohl Ursache als auch Folge der Hypomenorrhöe sein.
2. Die **Folgen der Hypomenorrhöe** lassen sich wieder in drei Hauptgruppen einteilen, und zwar in Neigung zu Hyperämien, Entzündungen und Stoffwechselstörungen (Fettsucht, Rheuma, Hautkrankheiten usw.).

Diese wieder können sich **an sämtlichen Organen des Körpers manifestieren**, also Augen- und Ohrenleiden, Kopfschmerz, Migräne, chronische Nasenleiden, Strumen, Basedow, Hautkrankheiten, Herz- und Gefäßbeschwerden, Lungenleiden, Gallenstörungen, Nervenleiden und Psychosen auslösen.

Immer wieder trifft man Fälle, wo sowohl die Gynäkologen als die betreffenden Vertreter anderer Spezialfächer erklärt haben, ein Zusammenhang etwa einer Akne rosacea, eines Ekzems oder eines Gefäßkrampfes mit der Hypomenorrhöe bestehe nicht. Andererseits konnten sie aber den Zustand nicht heilen. Emmenagoge und stoffwechselverbessernde Behandlung führte aber fast immer zum Erfolg, und solche Beispiele lassen sich auf fast allen Gebieten der Medizin erbringen. Man sollte meinen, daß solche Tatsachen genügen, um die Wichtigkeit einer normalen Menstrualblutung anzuerkennen.

Der **Symptomenkomplex**, welchen die Frauen mit zu seltener und zu spärlicher Menstruation so häufig aufweisen, ist ungemein **vielgestaltig**, und man könnte ihn am ehesten mit dem klimakterischen Zustand vergleichen. Besonders Wallungen, Kongestionen, Herzbeschwerden, Rheumatismen, Fettsucht, Vollblütigkeit, entzündliche Disposition, Kopfschmerz, Migräne, Gallenleiden, Hautkrankheiten, Depressionen, Augen- und Ohrenkrankheiten, einzeln oder untereinander kombiniert, sind auffallend oft anzutreffen. Gewiß kenne ich auch Fälle mit Fettsucht, Vollblütigkeit und starker Menstruation, weil eben diese Zustände auch durch andere Ursachen hervorgerufen werden können. Daß ungenügende Menstruation oft schlagartig Blutungen, Hautausschläge oder Stoffwechselstörungen hervorrufen kann, ist so oft schon bewiesen worden, daß daran wohl nicht mehr zu zweifeln ist. Außerdem spricht schon die **Analogie mit** dem natürlichen und künstlichen **Klimakterium** dafür. Die ganze alte Literatur bis vor 100 Jahren hat ähnliche Feststellungen gemacht und es geradezu als Axiom aufgestellt, daß die Frauen infolge ungenügender Menstruation krank werden und daher einer Purgation, d.h. einer Reinigung des ganzen Körpers bedürfen.

Letzten Endes entscheidend für die Zweckmäßigkeit der Annahme einer menstruellen Retentionstoxikose ist die häufige, ja fast regelmäßige Besserung oder Heilung dieser Zustände durch ausleerende, stoffwechselentlastende Verfahren. Selbst wenn die Annahme theoretisch unrichtig wäre, müßte man doch therapeutisch diesen bewährten Weg weiterverfolgen.

15.3. Beispiele

Die nun folgenden Beispiele sollen den therapeutischen Wert dieser Methode vor Augen führen.

15.3.1 Hartnäckige Amenorrhöe

Ein Fall von hartnäckiger Amenorrhöe, bei welchem die intensivste, von zuständiger Seite durchgeführte Hormontherapie erfolglos war und wo die Konstitutionstherapie in relativ kurzer Zeit Regelung der Menstruation herbeigeführt hat.

Frau K. S., 23 Jahre, erste Menses erst mit 19 Jahren!, seither tritt die Menstruation nur in Intervallen von einem halben bis einem Jahr auf. Letzte Menstruation vor einem Jahr, jedoch nur wenige Tropfen. Patientin war über drei Jahre lang in Behandlung eines namhaften Klinikers, welcher ein Gegner der empirischen Konstitutionstherapie ist und nur exakte, rationelle Therapie, insbesondere auch Hormontherapie betreibt. Sie gab an, ca. 980 Injektionen (!) bekommen zu haben, jedoch ohne Erfolg. Außer der Amenorrhöe klagte sie über Kongestionen, häufige Kopfschmerzen und Völlegefühl im ganzen Korper.

Patientin trat am 15.9.1931 in meine Behandlung. Sie war klein und dabei 93 kg schwer. Hatte also mindestens 30 kg Übergewicht. Außerdem war sie rothaarig, was auch immer auf eine gewisse Labilität des endokrinen und lymphatischen Systems schließen läßt. Ich begann mit ihr eine **Entfettungskur**, wie sie auf Seite 98ff. beschrieben ist, also mit Entziehungsdiät, Glaubersalz, Sennadekokt und täglich Schilddrüsentabletten 0,6. Ovarialhormone oder Hypophysenpräparate bekam sie von mir überhaupt nicht. Am 21. 10. 1931, also nach etwa fünf Wochen, wog sie nur mehr 86 kg, hatte also 7 kg abgenommen. Sie fühlte sich im ganzen leichter, hatte aber immer noch viel Kopfschmerz, und die Menstruation war noch nicht eingetreten, trotzdem sie von der dritten Woche an auch noch dreimal täglich 2 *Ruff*sche Pillen und täglich heiße Fußbäder mit Senfmehl genommen hatte.

Ich ließ ihr deshalb zehn **Blutegel** an die äußeren Labien ansetzen, und nach einer weiteren Woche trat eine reichliche Menstruation ein, welche vier Tage dauerte.

Die Entfettungskur wurde fortgesetzt, so daß die Patientin Anfang Dezember 1931 nur mehr 78 kg wog. Die nächste Menstruation war ziemlich regelmäßig und spontan (d.h. ohne Blutegel) mit nur viertägiger Verspätung eingetreten.

Patientin wurde angewiesen, dieses Regime fortzusetzen, und ich verordnete ihr jeden Monat einige Tage vor der Menstruation ein Dekokt von Hb. Gratiolae, Rad. Taraxaci und Rad. Graminis aa, 2-3 Schalen täglich zu trinken, wegen der resolvierenden und emmenagogen Wirkung dieses Mittels. Sie bekam dann die Menstruation tatsächlich noch einige Monate lang regelmäßig. Später hörte ich dann nichts mehr von ihr.

15.3.2 Augenkrankheiten bei Hypomenorrhöe

Auf dem Gebiete der Augenleiden wurden im Zusammenhang mit Hypomenorrhöe auch zahlreiche Fälle von Iritis, Skleritis, Herpes corneae, Chorioiditis, Flimmerskotomen, Keratitis ekzematosa, Iridozyklitis, Uveitis und noch einige weitere Fälle von Neuritis retrobulbaris beobachtet.

Ein Beispiel:

Frau A. F., 23 Jahre, hat eine Geburt vor fünfzehn Monaten durchgemacht mit Schwangerschaftsniere, Oedemen der Beine und Phlebitis. Sie wog vor der Schwangerschaft 60, jetzt wiegt sie 89 kg. Seither treten die Menses, welche früher regelmäßig waren, in 5-8wöchentlichen Intervallen auf, sind ganz spärlich, so daß sie nie eine Binde braucht. Die Patientin macht einen sehr vollblütigen Eindruck, hat Cutis marmorata am ganzen Körper, lebhaft gerötetes Gesicht, blaurote Verfärbung der Extremitäten auf weite Strecken hin. Sie bekommt leicht blaue Flecken am ganzen Körper, offenbar wegen der strotzenden Füllung der Kapillaren. Wenn man sie am Arm fest angreift, sieht man entsprechend den Fingerabdrücken oft blaue Flecke, so daß sie ohne solchen Anlaß oft wie verprügelt aussieht. Es ist ihr immer heiß, auch bei Temperaturen, wo ihr Mann über Kälte klagt. Oft Kopfschmerz, starke Akne im Gesicht und am Rücken. Sie steht wegen linksseitiger Neuritis retrobulbaris in augenärztlicher Behandlung. Es wurden deswegen alle einschlägigen Untersuchungen gemacht. Die Befunde waren alle negativ, und so konnte man keine Ursache angeben. Das schlechte Sehen war erst vor zwei Wochen eingetreten, hängt also mit der vor mehr als einem Jahr stattgehabten Schwangerschafts-Nierenerkrankung nicht zusammen. Trotzdem konnte der Augenarzt und der Internist keine Ursache für die Sehnervenerkrankung finden.

Nach unserer Auffassung, die jedoch von den Augenärzten nicht geteilt wird, ist die Amenorrhöe allein imstande, Entzündung der verschiedensten Organe hervorzurufen.

Am 18. 5. 1929 kam die Patientin in meine Behandlung. Ich begann mit ihr eine **Entfettungskur** und machte sofort einen ausgiebigen **Aderlaß** von 450 ccm.

Schon eine Woche später, also am 25. 5., als Patientin das nächste Mal in meine Sprechstunde kam, berichtete sie, daß sie selbst überrascht sei, wie gut sie sieht, sie kann schon wieder ins Licht schauen. Kurz, das Auge sei viel besser. Sie hatte vor meiner Behandlung zuerst gar nichts gesehen, dann nach einigen Tagen einen Schein, und jetzt sieht sie von Tag zu Tag alles viel klarer.

1. 6. Das Sehen ist noch besser geworden. Sie versichert, daß sie vorher ganz blind auf diesem Auge war. Trotzdem konnte der Augenarzt bei neuerlicher Untersuchung auch einen bedeutenden Rückgang der lokalen Erscheinungen feststellen. Diese für ihn überraschende Besserung machte ihn nachträglich in seiner ursprünglichen Diagnose schwankend, so daß er die Alternative zwischen venöser Stauung oder retrobulbärer Entzündung offen ließ. (Man erlebt aber auch

auf anderen Gebieten bei den überraschenden Erfolgen der Konstitutionstherapie oft solche nachträgliche Änderungen von Diagnosen, welche ursprünglich eine ungünstige Prognose beinhalten.) Bei unserer Patientin waren nach zwei Wochen auch die blauen Flecken am Körper und die Akne verschwunden.

Am 11. 11. bekam Patientin heftiges Nasenbluten auf der linken Seite unter „fürchterlichen" Wallungen. Dieses Nasenbluten gerade auf der erkrankten Seite dürfte wohl kein Zufall sein, sondern eine Selbsthilfe der Natur, eine kritische Ausleerung im hippokratischen Sinne, wie sie wohl oft vorkommt, aber nicht beachtet oder falsch gedeutet wird. Ich fügte noch einen **Aderlaß** von 300 ccm hinzu.

Am 19.11. konnte der Augenarzt feststellen, daß das Auge ganz geheilt war. Auch das Allgemeinbefinden war seither klaglos. Die Menstruation war einmal nach 4 ¼ Wochen aufgetreten, das zweitemal nach 29 Tagen und dauerte drei Tage. Da die Patientin die Entfettungskur nur unvollkommen durchführte (ohne Schilddrüsentabletten), hatte sie im ganzen nur ca. 6 kg abgenommen.

Da der gute Zustand anhielt, kam Patientin nicht weiter in Behandlung, doch teilte sie mit, daß sie sich nach den Menstruationen immer besonders erleichtert fühlte. Das war auch jedesmal nach dem Aderlaß der Fall gewesen.

Dieses Beispiel zeigt wieder, wie notwendig das Ineinandergreifen von spezialistischer Behandlung und Konstitutionstherapie ist.

15.3.3 Ohrenkrankheiten bei Hypomenorrhöe

Ganz Analoges sehen wie auf dem Gebiete der Ohrenheilkunde.
Einige Beispiele:

Frau S. W., 39 Jahre, Menses in den letzten Jahren bedeutend spärlicher als früher. Seither immer Kopfschmerz und **Schwindel**. Patientin befindet sich wie in einem Taumel, hat von 69 auf 76 kg zugenommen. Der Schwindel, welcher die Patientin am Ausgehen hindert, quält sie sehr. Die Untersuchung durch namhafte Ohrenärzte ergab, daß am Ohr organisch nichts Krankhaftes nachweisbar sei. Sie erklärten das Leiden für nervös und vasomotorisch. Patientin klagte außerdem über ständige Müdigkeit.

Die Untersuchung ergab neben Fettsucht und Hypomenorrhöe auch noch einen Plätschermagen. Es wurden Hydrotherapie, **Entfettungskur** und **Amara stomachica** gegeben. Letztere in folgender Form: Tinct. Aurantior, Tinct. amara, Tinct. Nucis vomicae aa 10,0. S. dreimal täglich 20 Tropfen in etwas Sodawasser vor dem Essen. Patientin nahm in zwei Monaten 8 kg ab. Vier Wochen nach Beginn der Behandlung wurde ein **Aderlaß** von 250 ccm gemacht. Einige Tage vor und während der Menstruation nahm Patientin zur Verstärkung der Menses dreimal täglich zwei *Ruff*sche Pillen (s. S. 185). Schon in der ersten Behandlungswoche nahm der Schwindel ab und war nach dem Aderlaß vollständig verschwunden. Nach acht Wochen war Patientin vollkommen beschwerdefrei.

Frau L. R., 37 Jahre, Menses nur eintägig, spärlich, vorzeitiges Ergrauen, auch Vitiligo der Crines, in den letzten Jahren stellte sich **Schwerhörigkeit** auf beiden Ohren ein, besonders bei Aufregungen, ebenso häufiges **Ohrensausen**, zeitweise wird das Hörvermögen wieder besser. Der behandelnde Ohrenarzt konnte am Ohr nichts Krankhaftes feststellen und bezeichnete die Störung als nervös.

Bei konstitutionstherapeutischer Betrachtung fällt auf, daß sich bei der Patientin im Zusammenhang mit der zu geringen Menstruation, also Ovarialschwäche, auch Zeichen vorzeitigen Alterns eingestellt haben. Sie hat auch Xanthelasma an den Augenlidern. Eine solche Stoffwechselstörung kann nicht nur vorübergehende vasomotorische und nervöse Störungen am Ohr hervorrufen, sondern auch dauernde, zu Schwerhörigkeit führende Ablagerungen, etwa von harnsauren Kalksalzen oder dgl. auslösen. Die Erfahrung lehrt, daß man in diesem Stadium durch stoffwechselverbessernde, ausleerende Methoden die Schwerhörigkeit häufig bessern oder heilen kann.

Der Patientin wurden monatlich je drei **Blutegel** hinter beide Ohren beiderseits verordnet, ferner dreimal täglich zwei *Ruff*sche Pillen vor und während der Menstruation, nebst heissen **Senffußbädern**. Außerdem täglich morgens ein Seidlitzpulver, abends Sennadekokt, sechs Wochen lang. Daraufhin wurden die Anfälle von Schwerhörigkeit immer seltener und schwächer, und auch das Hörvermögen im ganzen besserte sich sichtlich.

Schwindel bei Hypomenorrhöe konnte ich bei meinen Patienten sehr häufig feststellen, ebenso subjektive Ohrengeräusche. Der Schwindel war auch öfters mit Kopfschmerz und besonders mit Migräne vergesellschaftet.

15.3.4 Migräne bei Hypomenorrhöe

Frau E. K., 36 Jahre, Menses früher fünftägig, jetzt nur zweitägig, Gewichtszunahme auf 80 kg, Obstipation. Dunkelbraune Haare, brünetter Teint. Patientin hat eine schwere Gallenblasenentzündung von siebenwöchiger Dauer durchgemacht, Depressionszustände, seit zwei Jahren häufige Migräne, im Durchschnitt zweimal wöchentlich, besonders stark aber vor der Menstruation. Salzlose und zuckerfreie Diät, Rohkost, Kurzwellenbestrahlung, Diathermie und die verschiedensten Kopfwehpulver ohne Erfolg.

Die Hypomenorrhöe, die Gallenblasenentzündung und die Fettsucht wiesen auf eine Stoffwechselstörung hin. Es wurde daher eine **Entfettungskur** vorgenommen, so daß Patientin in zwei Monaten nur mehr 68 kg wog, also um 12 kg abgenommen hatte. Die Menses wurden wieder stärker, dauerten drei Tage, gleichzeitig bekam Patientin jeden Morgen ein *Lahmann*sches Bürstenbad mit Fichtennadelextrakt, beginnend mit 28 Grad, dann unter fortwährendem Frottieren Abkühlung des Wassers auf 24 und 20 Grad. Ferner zweimal wöchentlich Moorsitzbäder. Vierzehn Tage nach Beginn der Behandlung wurde zur rascheren Entfernung der Stoffwechselschlacken bzw. der Gefäßkrampfgifte ein **Aderlaß** von 250 ccm gemacht.

Die Migräneanfälle wurden immer seltener und schwächer, und nach ungefähr zwei Monaten waren die Depressionszustände und die Migräne vollständig geheilt.

Bei zahlreichen anderen Fällen von Kopfschmerz und Migräne hypomenorrhoischer Frauen konnte man neben der Fettsucht als weitere begünstigende Ursachen noch rheumatische Beschwerden, Vollblütigkeit, Gallenleiden und Magenstörungen beobachten. Die Berücksichtigung aller dieser Faktoren brachte meist den Erfolg auch in Fällen, welche gegenüber der üblichen Behandlung als refraktär galten.

15.3.5 Hautkrankheiten bei Hypomenorrhöe

Frau M. S., 32 J., seit 11 Jahren verheiratet, steril, Menses vor der Ehe regelmäßig, dann sechswöchentlich, jetzt seit 1 ½ Jahren vollständige Amenorrhöe, angeblich nach Erkältung entstanden. Seither zunehmende Gesichtsrötung bis zur Bildung einer ausgesprochenen **Acne rosacea**. Letztere wurde dermatologisch mit Schälpasten behandelt, jedoch ohne Dauererfolg. Gegen diese sowie auch gegen die Amenorrhöe bekam Patientin Ovarialpräparate in Form von Injektionen und Tabletten. Die Amenorrhöe änderte sich aber nicht.

Die konstitutionstherapeutische Untersuchung ergab hochgradige Fettsucht, über 100 kg, vor der Ehe wog sie nur 58 kg, am ganzen Körper hochgradige Hyperämie der Haut mit blauroter Verfärbung der Arme und der Beine, intensive Acne rosacea auf der Nase und an den Wangen. Auch das Gesicht ist bläulichrot. Außerdem klagte sie über Wallungen, Herzklopfen, Parästhesien in Armen und Beinen, auch zeitweilige Anschwellung der letzteren.

Am 13. 3. 1933 nahm ich die Patientin in Behandlung, es wurde ihr eine **Entfettungskur** verordnet. Schon am 1. 4. hatte sie 9 kg abgenommen, und am 21. 3., also eine Woche nach Beginn der Entfettungskur, waren die eineinhalb Jahre ausgebliebenen Menses eingetreten, dauerten fünf Tage und waren sehr ausgiebig. Das ist um so bemerkenswerter, als außer dem Sennatee kein anderes Emmenagogum verwendet worden war, vor allem auch keine Hormonpräparate mehr. Am 1. 4. wurde auch ein **Aderlaß** von 300 ccm zur Bekämpfung der Vollblütigkeit und der Acne rosacea vorgenommen,

Die nächste Menstruation trat pünktlich am 21. 4. ein, abermals ohne Anwendung von Hormonen, wenn man von den Schilddrüsentabletten absieht. Am 2. 5., also einige Tage nach der zweiten Menstruation, fühlte sich Patientin im ganzen bedeutend leichter, die Wallungen hatten aufgehört, sie wog nur mehr 83 kg. Gegen die Acne rosacea wurde jetzt die *Lassar*sche Naphthol-Schwefelpaste angewendet. In drei Wochen war die Acne rosacea abgeheilt und kehrte während des nächsten Jahres, solange ich die Patientin zu beobachten Gelegenheit hatte, nicht mehr wieder.

Es wurden noch weitere Aderlässe von 300-500 ccm am 2. 5., 16. 6. und 18. 12 gemacht. Patientin nahm bis auf 78 kg an Gewicht ab, hatte also 22 kg durch die Kur verloren. Auch die allgemeine Hyperämie verschwand durch die lange fortgesetzte Ableitung auf den Darm im Verein mit den Blutentziehungen und der Diäteinschränkung. Ende Juni war das Endgewicht von 78 kg erreicht. Die Diät war nicht mehr ganz so streng, doch wurde lange Zeit noch Glaubersalz abwechselnd mit Seidlitzpulver am Morgen und tagsüber ein Dekokt von Radix Graminis und Rad. Taraxaci aa 2-3 Schalen täglich genommen, um einen Wiederanstieg des Gewichtes zu verhüten. Die Menses kamen fortan regelmäßig und von normaler Stärke.

Eine der häufigsten Begleiterscheinungen der Hypomenorrhöe ist die **Akne vulgaris** in oft recht entstellendem Ausmaß bei Frauen im 2. und 3. Lebensdezennium. Auch hier kommt man nur zum Ziel, wenn neben der Lokalbehandlung Aderlässe und sonstige Stoffwechselentlastung mit emmenagoger Behandlung einhergeht.

Die verschiedensten Hautkrankheiten, wie **Ekzem, Herpes** und besonders **Urtikaria** können durch Hypomenorrhöe ausgelöst werden.

Ein Beispiel:

Frau M. H., 41 Jahre. Seit fünf Jahren dauern die Menses nicht mehr drei Tage, so wie früher, sondern nur mehr einen Tag. Die Patientin führt diese Störung auf die durchgemachten drei artifiziellen Abortus zurück. Die Menses sind so spärlich, eigentlich nur in Spuren, so daß es oft nur wie Kaffeesatz aussieht. Sie hatte Hormone bekommen, ohne besonderen Effekt. Seit einem lahr besteht „furchtbares" **Jucken am ganzen Körper**, nach dem Kratzen entsteht ein Nesselausschlag. Daneben klagt Patientin über **rheumatische Schmerzen** im ganzen Körper, und zwar besonders im Nakken, in der Wirbelsäule und im Steißbein (Coccygodynie). Sie hat auch oft Anfälle von Lumbago und verspürt ein schmerzhaftes Krachen in den Extremitätengelenken. Das alles weist auf eine gemeinsame Stoffwechselstörung hin. Die bisherige Behandlung hatte nur einzelne symptomatische Mittel gegeben.

Patientin wog 78 kg bei einer Körpergröße von 163 cm, also ein Übergewicht von 15 kg. Es wurde eine **Entfettungskur** angeordnet. Die Patientin nahm bis auf 66 kg binnen zwei Monaten ab. Nach der ersten Behandlungswoche wurde ein **Aderlaß** von 300 ccm vorgenommen. In der dritten Woche bekam Patientin außerdem noch Tart. stib. 0,05 in ½ Liter Wasser gelöst, tagsüber schluckweise auszutrinken, zweimal wöchentlich.

Nach fünf Wochen war das Jucken und der Dermographismus vollkommen verschwunden. Auch die Gelenkschmerzen waren besser. Die Patientin bekam im Laufe des nächsten Jahres noch weitere drei Aderlässe von 250-300 ccm, wurde angewiesen, einmal wöchentlich ins **Dampfbad** zu gehen und nach Abschluß der Entfettungskur durch häufigen Gebrauch salinischer Abführmittel das Gewicht auf gleicher Höhe zu erhalten.

Ein Jahr nach Beginn der Behandlung hatte sie wieder über „furchtbare“ Wallungen mit Schlaflosigkeit geklagt, der ganze Körper wurde „wie glühend“ empfunden. Neuerlicher Aderlaß und Seidlitzpulver beseitigten die Beschwerden. Zu erwähnen ist noch, daß auch die Menses wieder stärker und von normalerer Beschaffenheit geworden sind.

Ansonsten wurden im Zusammenhang mit Hypomenorrhöe **Pruritus genitalium** auch bei jüngeren Frauen stets im Zusammenhang mit sonstiger Stoffwechselstörung, ferner **Ekzem** und **Neurodermitis**, öfters auch **Psoriasis** beobachtet. Besonders schwere Formen von entzündlicher Psoriasis mit ganz groben Plaques besserten sich auf Emmenagoga, Entfettungskur und Aderlaß.
Ein Beispiel:

Frl. I. K., 25 Jahre. Seit der Pubertät, also seit dem 16. Lebensjahr, **Psoriasis** am Rumpf und an den Streckseiten der Extremitäten, ebenso im Gesicht und an der behaarten Kopfhaut. Alle erdenklichen Behandlungsmethoden waren bereits angewendet worden. Die Menses waren seit jeher nur zweitägig und viel zu spärlich.

Es handelte sich um Psoriasis punctata, die schubweise auftrat. Der Rumpf, die oberen zwei Drittel des Rückens und seit fünf Jahren auch das Gesicht sind befallen. Bisweilen Übergreifen auf die Extremitäten. Der letzte Anfall dauerte schon fast ein Jahr. Nur nach Sonnenbestrahlung am Meeresstrand traten mitunter mehrmonatliche Remissionen ein. Der Fall ist deshalb besonders genau beobachtet worden, weil es sich um die Gattin eines Arztes handelte.

Patientin bekam *Ruff*sche Pillen, und zwar dreimal täglich ein Stück. Drei Tage vor und während der Menses dreimal zwei Stück täglich. Acht Tage nach Beginn der Behandlung bekam Patientin auch ein Dekokt von Hb. Violae tricoloris, Rad. Sarsaparillae, Fol. Sennae, Rad. Liquir. und Fruct. Foenic. aa 30 (drei Schalen täglich) zu trinken. Schon vierzehn Tage nach Beginn der Behandlung berichtet der Gatte der Patientin, daß es „so gut wie noch nie“ ginge. Schon wenige Tage nach Beginn der Behandlung nahm die Rötung an einzelnen Stellen ab. „Jetzt sind sie meist schon ganz weiß, nicht schuppend, nicht über die Haut erhaben.“ Auch nach Aussage der Patientin ist der sehr heftig aufgetretene Anfall „in einer bisher noch nicht erlebten Weise“ kupiert worden. Im Gesicht sind gar keine Stellen mehr zu sehen, lediglich in den unteren Rumpfpartien und vereinzelt an den Extremitäten sind noch schuppende Punkte zu sehen. Die Besserung hielt, soweit ich in Erfahrung bringen konnte, zwei Jahre an. Über den weiteren Verlauf ist mir nichts bekannt, da die Patientin im Ausland lebt, doch verfüge ich über eine ganze Anzahl ähnlich verlaufender Fälle.

Interessant ist auch folgender Fall von **Herpes progenitalis**:

Frau I. R., 31 Jahre, Menses früher dreitägig, seit ½ Jahr nur ein- bis eineinhalbtägig. Seither häufig wiederkehrender Herpes progenitalis, auch außerhalb des Menstruationstermines. Kopfschmerz, Obstipation, Hypertrichosis. Patientin war mit Ovarialpräparaten, Kalzium, Diät, Bestrahlungen und dermatologischen Lokalmitteln behandelt worden. Immer kehrte der sehr lästige Ausschlag wieder.

Patientin bekam einen **Aderlaß** von 250 ccm zu antiphlogistischem und stoffwechselentlastendem Zweck. Ferner abends **Sennatee**, morgens abwechselnd **Glaubersalz** oder Seidlitzpulver, zur Zeit des Menstruationstermins dreimal täglich zwei *Ruff*sche Pillen, außerdem Dampfbad.

Schon in der ersten Behandlungswoche trockneten die Effloreszenzen ein und kehrten während der nunmehr dreijährigen Beobachtungsdauer nicht mehr wieder. Auch die Menses erreichten wieder, unterstützt durch öftere Moorsitzbäder, ihre frühere normale Stärke.

15.3.6 Herzbeschwerden und Hypomenorrhöe

Frau J. K., 31 Jahre. Menses früher dreitägig, seit vier Monaten nur mehr eintägig. Seit dieser Zeit ist die Patientin noch mehr nervös, hat Angstzustände, die Menses sind fast gar nicht mehr blutig, sondern mehr schleimig, empfindlicher

Magen mit Aufstoßen und Magendrücken, sehr starker Kopfschmerz, häufiges Herzklopfen. Vor der Menstruation ist es so stark, daß sie glaubt, „die letzte Stunde wäre gekommen". Patientin hat bisher Hormone eingenommen, sie bekam darauf nur noch mehr Wallungen.

Patientin erhielt zwei **Aderlässe** in Abständen von je vier Wochen, außerdem morgens **Glaubersalz**, abends **Sennadekokt**, während der Menstruation *Ruff*sche Pillen, ferner Bürstenbäder. Nach Verlauf von zwei Monaten waren alle Erscheinungen geschwunden, die Menses wieder stärker. Insbesondere die Herzbeschwerden haben vollkommen aufgehört.

Man sieht auch aus diesem Falle wieder den Zusammenhang zwischen Hypomenorrhöe und Herzbeschwerden, die Nutzlosigkeit der bloßen Hormontherapie und die Erfolge der ableitenden Behandlung.

Frau A. Sch., 39 Jahre. Sechs Geburten. Menses früher sechstägig, seit einem vor zwei Jahren erfolgten artefiziellen Abortus nurmehr zweitägig und spärlich. Seit damals rheumatische Schmerzen im ganzen Körper und „Herzstechen". Hat von 64 auf 71 kg zugenommen. Ziemlich vollblütig. Hormonpräparate und Thermalbäder erfolglos.

Patientin machte eine **Entfettungskur** durch, nahm in vier Wochen 6 kg ab, in der zweiten Behandlungswoche ein **Aderlaß** von 250 ccm, drei Tage vor und während der Menstruation dreimal täglich folgende emmenagoge Pulver: Rp. Ol. Sabinae gutt. III. Eleosacch. Cinnam., 0,5 tal dos. XX. Schon in der dritten Behandlungswoche waren die Herzbeschwerden geschwunden, und nach vier Wochen klagte die Patientin auch nicht mehr über die rheumatischen Beschwerden. Die Menses dauerten wieder vier Tage.

15.3.7 Neurosen und Psychosen bei Hypo- bzw. Amenorrhöe

Von besonderer Bedeutung ist die Hypo- bzw. Amenorrhöe bei den Neurosen und Psychosen.

Frau M. Sch., 32 Jahre. Menses früher regelmäßig, seit der zweiten Entbindung vor fünf Jahren nurmehr 5-12 wöchentlich. Patientin hat seither 12 kg zugenommen. Kopfschmerz, depressive Neurose, Obstipation. Sie war bisher mit Hormonpräparaten ohne Erfolg behandelt worden.

Entfettungskur, Aderlaß, als Emmenagogum *Ruff*sche Pillen, dreimal 2 Stück täglich. Schon nach vier Wochen regelmäßige Menses, die fortan auch regelmäßig bleiben. Kopfschmerz und Depression geschwunden.

Ein Glanzfall ist folgender:

Frl. C. G. 19 Jahre. Patientin kommt am 16. 9. 1935 in meine Beobachtung, die Menses sind sieben Wochen über die Zeit ausgeblieben, und Patientin leidet an Verfolgungsideen, im Anschluß an einen durchgemachten Schreck, ebenfalls vor sieben Wochen. Die Kranke war über eine Woche lang auf der Universitäts-Nervenklinik zur Beobachtung, und es wurde die Diagnose Schizophrenie gestellt. Auch ein anderer namhafter Facharzt stellte die Diagnose Schizophrenie mit manischem Einschlag, verordnete Hormone und Narkotika. Der Zustand besserte sich aber nicht, sondern verschlechterte sich sogar. Die Verfolgungsideen nahmen zu. Sie glaubt, die Zeitungen schreiben über sie, alle Leute schauen ihr nach, man spuckt vor ihr aus, alles kommt ihr ganz anders vor. Sie streitet mit ihrer Umgebung, dann ist sie niedergeschlagen und weint viel, spricht verwirrt. Glaubt gravid zu sein, trotzdem sie Virgo ist. Seitens der Klinik wurde Insulinschockbehandlung in Aussicht genommen oder längere Internierung in der Landesirrenanstalt.

Am 16. 9. 1935 übernahm ich die Behandlung. Starke Akne im Gesicht, sehr trockene Haut, eher unterernährt. Soll in den letzten Monaten 6 kg abgenommen haben. Obstipation. Patientin hat bisher Kakao und Malzkaffee mit viel Milch genommen. Das alles ebenso wie die Narkotika und Hormonpräparate wurden abgestellt. Statt dessen abends Sennadekokt, dreimal täglich zwei *Ruff*sche Pillen, tonisierende Magendiät und Hydrotherapie.

24. 9. also etwa eine Woche später Besserung des Nervenzustandes. Schläft gut ohne Schlafmittel, streitet nicht mehr so mit der Umgebung. Die Menses noch nicht eingetreten. Es wird ein doppelthandflächengroßes *Baunscheidt*sches Exanthem am Kreuzbein gemacht und Rad. Veratri 0,1 dreimal täglich verordnet. Schon fünf Tage später traten nach neunwöchiger Pause die Menses wieder ein.

11. 10. Patientin, welche zu Hause bei ihren Eltern behandelt wird, beginnt schon etwas zu arbeiten, spricht immer noch manchmal Unsinn und glaubt sich verfolgt und beobachtet. Es wird ihr deshalb zweimal wöchentlich ein Brechmittel verordnet.

Am 19. 10. erscheint Patientin wieder in der Sprechstunde, bedeutend gebessert. Sie sieht jetzt ihre Fehler ein, trotzt nicht mehr mit den Eltern und arbeitet den ganzen Tag.

2.11. Besserung anhaltend und fortschreitend. Der Teint ist unter gleichzeitiger Anwendung einer 10%igen Boraxsalbe bedeutend besser geworden. Die nächste Menstruation ist ganz von selbst eingetreten. Patientin hat etwas zugenommen, sieht viel frischer aus, hat guten Appetit. Sie besorgt selbständig Einkäufe und besucht auch die Kunden ihres Vaters. Kein Mensch glaubt mehr, daß sie krank war. Nur hier und da Reste von geringen Verfolgungsideen und Minderwertigkeitsgefühlen.

Das Brechmittel wird zweimal wöchentlich noch weiter wiederholt. 19.11.1935, also zwei Monate nach Beginn der Behandlung kann Patientin als vollkommen geheilt erklärt werden. Auch diesmal wieder sind die Menses regelmäßig und reichlich eingetreten. Der Gesichtsausdruck ist wieder ganz normal, Patientin hat vollständige Krankheitseinsicht, ist heiter, besucht Unterhaltungen und arbeitet unermüdlich den ganzen Tag.

Dieser Fall zeigt wieder den engen Zusammenhang zwischen Menstruationsstörungen und Psychosen und den Erfolg der emmenagogen und ableitenden Behandlung, insbesondere auch des Brechmittels bei Psychosen.

16 Technik der Ableitung auf die Haut

16.1 Einleitung

Auch das große Gebiet der Hautableitung, auf welchem ganze medizinische Systeme der älteren und exotischen Medizin aufgebaut waren, liegt heute fast vollkommen brach. Viele wertvolle Heilwirkungen, die oft durch kein anderes Verfahren ersetzbar sind, gehen so verloren. Verständlich ist auch diese Methodik nur unter humoralpathologischen Gesichtspunkten.

Die Hautableitungsmethoden sind ein Teil der ausleerenden Verfahren, deren fundamentale Wichtigkeit für die humorale Umstimmung von alters her feststeht. Am prägnantesten wird dies durch den Satz des *Paracelsus* ausgedrückt: *„Wo die Natur einen Schmerz erzeugt, dort will sie schädliche Stoffe anhäufen und ausleeren, und wo sie dies nicht selbst fertigbringt (etwa durch kritische Ausscheidungen), dort mache ein Loch in die Haut und lasse die schädlichen Stoffe heraus.“*

Unter diesen schädlichen Stoffen hat man sich zu verschiedenen Zeiten Verschiedenes vorgestellt. Ursprünglich waren es böse Geister und Dämonen. In der chinesischen Medizin dachte man an gasförmige, leicht flüchtige Krankheitsstoffe und erfand die Akupunktur. Unter diesen Gesichtspunkten sind auch die frühzeitigen Trepanationen bei Epilepsie und Geisteskrankheiten zu verstehen, von welchen noch *Paracelsus* als ultimum refugium spricht.

Doch nicht nur auf die Ausleitung seröser, lymphatischer und eitriger Flüssigkeit durch die Haut kam es an, sondern auch auf die Erzeugung von Hyperämie, künstlichem Fieber, Derivation von erkrankten Organen nach der Peripherie. Nicht zu übersehen sind dabei die nervös-reflektorischen Beziehungen, wie sie die chinesische Akupunktur in besonders komplizierter Weise manifestiert.

Nicht zuletzt wird durch die Hautableitungsmethodik die Steigerung der so wichtigen Perspiratio insensibilis bezweckt, wenn die üblichen schweißtreibenden Methoden allein nicht ausreichen.

Die Haut ist unser wichtigstes Ausscheidungsorgan. Seit dem 17. Jahrhundert wissen wir, daß durch die unsichtbare Hautatmung allein schon 500-700 Gramm gasförmige Abfallstoffe (Wasserdampf, Kohlensäure, flüchtige Fettsäuren usw.) täglich ausgeschieden werden. Hinzu kommt die Ausscheidung von sichtbarem Schweiß (Wasser, Säuren, Salze) und die Talgdrüsensekretion. Ältere Ärzte erklärten: „Wer seine innere Oberfläche (Darm und Lungen) sowie seine äußere Oberfläche (die Haut) stets in aktivem, gut funktionierendem Zustand erhält, hat beste Aussichten, immer gesund zu bleiben und lange zu leben.“ *Hufeland* charakterisierte die Hautfunktion als unzertrennlich mit Leben und Zirkulation. Etwa zwei Drittel aller verdorbenen Stoffe würden durch sie aus dem Organismus entfernt. Aus dem Zustand der Hautabsonderung könne man daher den Zustand der Lebenskraft bestimmen. Schweißausbrüche rechnet er zu den wichtigsten Heilungsmechanismen der Natur. Weit verbreitet war die Überzeugung, daß die Unterdrückung von Fuß- und Achselschweiß schädlich sei. Roborantia, kühle Waschungen, Ableitung auf den Darm und andere Methoden dürften bei lästiger Schweißabsonderung mehr zu empfehlen sein. *Sydenhams* Ausspruch: *„Wer an den Füßen schwitzt, bekommt kein Podagra.“* ist nur ein Beispiel für die vergessenen Wechselbeziehungen. Aufällig ist, daß Rheumatiker und Arthritiker oft berichten, sie könnten nur schwer schwitzen, selbst an heissen Sommertagen, wo die meisten anderen Menschen von Schweiß triefen.

Für die Steigerung des Schwitzens und der unsichtbaren Hautatmung (**diaphoretisches Verfahren**) lassen sich folgende **Indikationen** angeben:

1. Mangelhafte Hautausscheidung und Hautzirkulation, gekennzeichnet durch rauhe, trockene, kalte Haut, sowie Hautkrankheiten, die mit Reizzuständen in Form von Jucken, Ausschlägen, Entzündungen und Eiterungen einhergehen, ohne daß eine Infektion von aussen vorliegt. Die Rolle allergischer Vorgänge wird dabei heute etwas überschätzt. Es ist mir

oft gelungen, beispielsweise bei Neurodermitis durch Schwitzkastenbehandlung in Verbindung mit Diät und anderen ausleitenden Verfahren rasche Heilung in vorher jahrelang erfolglos behandelten Fällen zu erzielen.

2. Erkältungskrankheiten und akute fieberhafte Erkrankungen verschiedener Art, wie z.B. Angina tonsillaris, Laryngitis, Bronchitis, Pleuritis, Pneumonie, akuter Gelenkrheumatismus, akute Exantheme (Masern).

3. Hartnäckige chronische Erkrankungen wie z.B. Rheumatismus, Arthritiden, Sehnenscheidenentzündung, Lumbago, Ischias, Neuritiden und Neuralgien, Gicht und Diabetes sowie andere Stoffwechselstörungen, die man als Dyskrasien auffassen kann. Ferner chronische Vergiftungen.

4. Als krampfstillendes Mittel zur Beruhigung des Nerven- und Zirkulationssystems, z.B. zur Herabsetzung erhöhten Blutdruckes oder als Beruhigungsmittel bei aufgeregten Geisteskranken, besonders bei Angstzuständen.

Technik des diaphoretischen Verfahrens:

1. Lokale Anwendung von feuchten und warmen Wickeln, Breiumschlägen sowie Heißluftbehandlungen. In der alten Medizin wurde auch die Einreibung mit schweißtreibenden Salben bzw. hautreizenden Substanzen (z.B. Senf) empfohlen.

2. Allgemeine Anregung der Hautausscheidung durch Frottieren des Körpers, körperliche Übungen in freier Luft, Heißluft- und Dampfbäder, Sauna, häufiges Baden. Gut bewährt haben sich Vollbäder mit Beimischung von kolloidalem Schwefel (250 g zu einem Bad). Der Patient bleibt 10-15 Minuten in dem Schwefelbad, spült sich mit lauwarmem Wasser ab und geht dann zu Bett, wo er kräftig nachschwitzt.

3. Medikamentöse Schwitzmittel. Bevor man interne Mittel anwendet, soll man immer nach den tieferen Ursachen einer ungenügenden Hauttätigkeit suchen und diese nach Möglichkeit korrigieren. Häufig sind z.B. Magenatonie, Verdauungsschwäche, Plethora, hoher Blutdruck, unpassende Ernährung und Kleidung oder mangelhafte Hautpflege schuld. Die bekanntesten Schwitzmittel sind Flores Tiliae (Lindenblütentee), Flores Sambuci (Holundertee), Flores Chamomillae (Kamillentee), Herba Cardui benedicti (Kardendistel). Weniger bekannt sind Flores Arnicae. Da sie den Magen angreifen, ist ein Zusatz von reizmildernden Mitteln wie Kamille, Fenchel oder Anis erforderlich. Schon in der älteren Medizin sind als stark schweißtreibend bekannt Radix Sarsaparillae, Radix Sassafras, Radix Senegae und Lignum Guajaci.

Zu Radix Sarsaparillae: Negativmonographie der Kommission E Magenreizung, Nierenschäden.

Eine Kombination solcher Wurzeln und Hölzer wurde früher unter dem Namen Species lignorum purificantes in den Apotheken geführt. Andere pflanzliche Mittel sind Hb. Violae tricoloris, Stipites Dulcamarae, Rad. Pimpinellae, Rd. Ipecacuanhae, Flor. Spireae Ulmariae, getrocknete Himbeeren, schwarze Johannisbeeren usw. Viel als Schwitzmittel verwendet wurde früher der Kampfer als Pulver 0,1-0,5; mehrmals täglich mit Zucker als Korrigens. Die stärksten Sudorifera sind Folia Jaborandi und Pilokarpin.

Zu Pilokarpin: nicht in Schwangerschaft, da Uteruskontraktionen ausgelöst werden.

Man kann damit eine etwa zwei Stunden lang andauernde heftige Schweißabsonderung hervorrufen, wobei im Durchschnitt 200-500 g Schweiß ausgeschieden werden. Daneben werden auch alle übrigen Sekretionen und Exkretionen gesteigert, insbesondere der Speichelfluß, wodurch ein günstiger Einfluß auf das Gehirn und seine Häute, die Ohren, das Auge, besonders auch auf die Nase und ihre Nebenhöhlen ausgeübt werden kann. Man kann die Jaborandiblätter entweder als Infus oder Dekokt (3,0-5,0 auf 100,0-150,0 Wasser) geben. Wegen des schlechten Geschmacks ist es empfehlenswerter, Pilokarpin per os oder als subkutane Injektion 0,01-0,02 zu geben.

Mehr als nur eine Steigerung der normalen Hautausscheidung wird mit den Hautreizmitteln angestrebt. In seinem Lehrbuch der Arzneimittellehre (1905) sagt Prof. *Tappeiner*: *„Außer auf die Haut selbst, auf deren Ernährung und Funktion sucht man mit den Hautreizmitteln auf entfernte Organe einzuwirken. Die Annahme eines Einflusses auf innere Organe ist insoweit berechtigt, als die Haut durch das Gefäßsystem und zahlreiche sensible Nerven- und Reflexbahnen mit denselben in*

Verbindung steht. Nach alter Anschauung können durch diese Mittel schlechte Säfte und stockendes Blut aus inneren Organen abgeleitet werden. Ohne Zweifel können dadurch Entzündungszustände innerer Organe, bei wiederholter Anwendung wohl auch Ernährungsstörungen, chronische Vergiftungen und konstitutionelle Krankheiten beeinflußt werden."

16.2 Technik der Anwendung von hautrötenden Mitteln

Mit dem Vorherrschen der Zellularpathologie ist auch die systematische Kenntnis und Anwendung der mildesten Form von Derivantien, nämlich der hautrötenden Mittel, verlorengegangen.

Das einzige, was heute noch ab und zu angewendet wird, sind Senfpapiere und Senfpflaster, seltener Capsicumpflaster.

Der **Senf** hat verschiedene Anwendungsformen als Senfpapier, Senfpflaster, Senfumschlag und Senfbad. Dazu wird der gepulverte Senfsamen (Senfmehl) verwendet. Viel intensiver wirkt das daraus bereitete Senföl (Oleum Sinapis), 3-6 Tropfen auf Leinwand geträufelt. Sobald heftiges Brennen entsteht, muß man den Umschlag wegnehmen.

Am einfachsten in der Anwendung ist das **Senfpapier**. Solche Blätter in der Größe einer Postkarte taucht man kurz in lauwarmes Wasser ein und legt sie an den betreffenden Stellen auf, zum Beispiel in der Herzgegend oder an den Waden. An letzterer Stelle muß man sie mit Binden oder Tüchern befestigen, damit sie gut anliegen. Man läßt die Senfpapiere gewöhnlich ¼-½ Stunde lang liegen, je nach der Empfindlichkeit der Haut und des Patienten selbst. Der Patient empfindet nach einer Weile ein schmerzhaftes Brennen in der Haut und soll trachten, es eben ca. ½ Stunde auszuhalten. Läßt man das Senfpapier länger liegen, so können Blasen, bei noch längerer Applikationsdauer auch Hautnekrosen entstehen. Bei kurzer Anwendung vergeht die intensive Hautrötung nach wenigen Stunden oder Tagen; bei längerer Anwendung bleiben eine Zeitlang Pigmentflecke zurück.

Konsequent angewendet kann man damit pleuritische Schmerzen, Rheumatismen, auch allerlei Herzbeschwerden günstig beeinflussen. An der unteren Körperhälfte aufgelegt, wirkt es auch emmenagog und ableitend vom Kopf.

Als Emmenagogum brauchbar sind auch **Senffußbäder**, welche möglichst hoch über die Wade hinaufreichen sollen. Man gibt dazu 1-2 Eßlöffel in heißes Wasser. Die Naturheilkunde bzw. biologische Medizin legt seit langem großen Wert darauf, durch **Senfwickel** das Blut vom Kopf und von den Brustorganen nach unten abzuleiten. Sehr häufig findet man nämlich, daß gerade Patienten mit Kopfkongestionen, Meningitis und Erkrankungen der Brustorgane an kalten Füßen leiden. Gelingt es, die Füße zuerst vorübergehend, dann dauernd warm zu machen, so wirkt sich das auch auf die Leiden der oberen Körperhälfte günstig aus.

Statt des Senfmehles kann man auch Ameisensäure, Holzasche, Laugen und anorganische Säuren zu hautreizenden Fußbädern verwenden.

Verwandt damit sind Umschläge von **Meerrettich, Knoblauch, Zwiebel** und **Löffelkraut** (Cochlearia). Ferner gehören in diese Reihe die üblichen Gewürze wie **Capsicum** (Linimentum und Emplastrum Capsici), **Pfeffer, Ingwer**.

Ferner einheimische harzige Stoffe, wie **Summitates Sabinae** als Pulver und das ätherische Öl von **Thuja** und **Taxus, Terpentinöl, Wacholderöl, Birkenteer**. Ferner die **Hahnenfußarten**, wie der gelbe Hahnenfuß und die **Küchenschelle.**

Wirksam sind nur die frischen Pflanzen.

Von ausländischen Harzen seien genannt Euphorbium, Kolophonium, Resina Elemi, Galbanum, Gummi Ammoniacum, Olibanum (Weihrauch), Chrysarobin.

Zu Euphorbium: nur in der Veterinärmedizin gebraucht.
Zu Chrysarobin: Bei Chrysarobin ist größte Vorsicht geboten. Es wird leicht von der Haut resorbiert und verursacht Nierenreizungen, Albuminurie und Magen-Darm-Entzündungen.

Ferner Säuren wie Ameisensäure, Pyrogallussäure und Laugen.

Weiter **ätherische Öle**, wie Lavendelöl, Rosmarinöl, wie überhaupt die aromatischen Kräuter, auch in Form der ganzen Pflanze. Sie können besonders **zu hautreizenden Bädern** verwendet werden.

Schließlich kann man auch das **Cantharidenpflaster**, wenn man es nur 2-4 Stunden liegen läßt, als hautreizendes Mittel verwenden. Die Stelle wird dann mit Olivenöl gereinigt, da sonst nachträglich Blasen entstehen können. Als hautrötendes Mittel kann man auch die Canthuridentinktur verwenden. Recht bequem ist auch die Anwendung des Collodium Cantharidatum, welches unter diesem Namen verschrieben und mit einem Pinsel in der gewünschten Größe aufgetragen wird.

Innerlich wirken Canthariden höchst giftig, ab 5mg schwerste Nierenschäden, ab 25 mg tödlich, äußerlich aber vergleichsweise harmlos. Die Hautentzündung geht zwar mit einer dramatisch aussehenden Blasenbildung einher, bleibt aber ganz oberflächlich, im Gegensatz etwa zu den tiefreichenden Entzündungen, die durch Senf ausgelöst werden können.

Sehr gute Wirkung erzielt man oft, selbst bei hartnäckiger Ischias und Lumbago, durch Auflegen von Rohpetroleum auf den erkrankten Körperteil.

16.3 Geschichtliches über Vesikation

Auf die Heilung von Krankheiten durch Blasenbildung ist man analog zu vielen anderen Heilverfahren wahrscheinlich durch Zufall gekommen. Ein Mensch mit Gelenkschmerzen, Gicht, Neuralgie, Herz- oder Lungenleiden hat sich eine Verbrennung mit Blasenbildung etwa durch heißes Wasser, glühendes Metall oder scharfe Pflanzenmittel zugezogen, und der vorher hartnäckige schmerzhafte oder entzündliche Krankheitszustand ging schlagartig zurück.

Ich selbst hörte wiederholt von Fällen, wo schwerste kavernöse Lungentuberkulose durch zufällige ausgedehnte Hautverbrennungen mit Blasenbildungen, ferner durch Erkrankung an Blattern oder Flecktyphus ausgeheilt sind. Namentlich in der Kriegszeit ereigneten sich solche Dinge öfters. Von einem Werksarzt, der in einem Hochofenbetrieb mit Eisengießerei tätig war, hörte ich, daß ältere Arbeiter durch zufällige schwere Hautverbrennungen vorher hartnäckige Gelenkleiden und Rheumatismen verloren.

Auf solchen Erkenntnissen baute sich ein weitverzweigtes, durch jahrtausendelange Erfahrung und wissenschaftliche Systematik begründetes Heilverfahren auf.

16.3.1 Indische, griechische und arabische Medizin

In der Sanskritmedizin der alten Inder, wie wir sie in den Werken des *Charaka* und *Sushruta* vor uns liegen haben, gehören schon die Hautableitungsmethoden zu den fünf Fundamenten der Heilkunst. Der berühmte Ausspruch des *Hippokrates*: *„Was Medikamente nicht heilen, heilt das Eisen, was das Eisen nicht heilt, heilt das Feuer, was das Feuer nicht heilt, ist unheilbar“* geht eigentlich auf die viel ältere indische Medizin zurück. Dort bezieht es sich nicht auf die Anwendung innerer Medikamente, sondern alles betrifft die äussere Applikation. Unter Medikamenten sind dort hautrötende und blasenziehende Mittel gemeint. Diese Medikamente wurden aus der Asche verschiedener Pflanzen in Form einer ätzenden Lauge bereitet. Es existieren kunstvolle Vorschriften über Herstellung und Anwendung dieser Mittel. Cantharidenpflaster scheinen die Inder noch nicht gekannt zu haben.

Hippokrates, *Galen* und die anderen älteren griechischen und römischen Autoren kennen wohl die Ätzwirkung der Canthariden, verwenden sie aber hauptsächlich mit Vorsicht als harntreibendes Mittel intern. In der berühmten Rezeptensammlung des *Scribonius Largus* findet man keine Erwähnung des Cantharidenpflasters. Ein Buprestis genanntes Insekt, anscheinend eine Rinderstechfliege oder ein die Rinder belästigender Käfer, wurde ganz analog wie Canthariden als Ätzmittel zur Ableitung auf die Haut verwendet, besonders von *Galen* und seinen Zeitgenossen.

Das „Schneiden“ und „Brennen“, letzteres heute fast ganz abhanden gekommen, machte neben der medikamentösen internen Behandlung einen Hauptteil der alten Medizin aus. Auch das Schneiden ist dabei nicht so sehr im heutigen chirurgischen Sinne als im Sinne der Skarifikation und Hautableitung gedacht gewesen.

Als blasenziehende Mittel verwendete man Pflanzenteile, wie z.B. vom Hahnenfuß, manche Klematisarten, Wolfsmilch (Euphorbium), Giftsumach, Seidelbast, Anacardium (Cardol). Auch die früher erwähnten hautrötenden Mittel, wie Senf, Pfeffer, Meerrettich, können bei intensiver Anwendung Blasen erzeugen.

Das reguläre Mittel zur Vesikation waren aber in der Folgezeit die Canthariden in Form von Pflastern. Wir begegnen ihnen zum erstenmal ausdrücklich bei *Alexander Trallianus* (6. Jahrh. n. Chr.), welcher sie gegen Podagra empfiehlt. Doch soll auch schon *Aretaeus* sie vor ihm verwendet haben. Noch etwas später verordnet *Paulus von Aegina* Brennmittel gegen **innere Vereiterungen**, die später dann von den Arabern in der vielfältigsten Weise ausgebaut worden sind.

Die Araber und vor ihnen schon *Oribasius* in Byzanz verwendeten die Cantharidenpflaster auch zur Behebung von **soporösen Zuständen** und zur Herbeiführung einer Hautkrise bzw. besseren Hautdurchblutung, ähnlich wie die Senfpflaster.

16.3.2 Vom Mittelalter bis zu Tissot

Bei den chirurgischen Schriftstellern des Mittelalters finden sich regelmäßig ausführliche Abhandlungen über die **Kauterien**, so bei *Henri de Mondeville* im 13. Jahrhundert. Er verwendet Cantharidenpflaster, wenn er *„etwas aus der Haut herausziehen"* will.

Der als Anatom bekannte *Fallopio* unterscheidet blasenziehende Mittel aus dem Tierreich, Pflanzenreich und Mineralreich, u.a. auch Anemonen, die bei *Paracelsus* erwähnte Flammula jovis (wahrscheinlich eine Klematisart), ferner Lauch, die innere Rinde des Holunders usw. In seinem Traktat: „De cauteriis" behandelt er ausführlich Indikationen und Lokalisationen des Verfahrens. In seiner sonst ausgezeichneten Geschichte der Chirurgie sagt *Gurlt* (1898) bezeichnenderweise: *„Auf die Stellen des Körpers und die überaus zahlreichen Erkrankungen, wegen welcher Kauterien als Ableitungsmittel in Anwendung gebracht wurden, gehen wir nicht näher ein, da dieselben heutigen Tages ohne alles Interesse sind."*

Paracelsus wendete blasenziehende Mittel sehr häufig und manchmal in überaus drastischer Form an, besonders bei schwerer Gicht, bei Epilepsie und Geistesstörungen, so daß die Haut in großen Fetzen abblätterte, z.B. an den Händen und Fingern. Er scheint aber mit seinen heroischen Kuren gerade in verzweifelten Fällen oft Erfolg gehabt zu haben.

Der Flame *Fyens*, welcher im 16. Jahrhundert in Antwerpen geboren war, aber auch besonders in Italien ausgedehnte Studien betrieben hatte, schrieb fünf Bücher über die Kauterien (1598). Außer den bereits genannten Mitteln zur Blasenbildung, insbesondere Canthariden, wird der Extrakt der indischen Elefantenlaus (Fruct. Anacardii) erwähnt. Die Haut soll rasiert, mit Lauge gewaschen und vorher durch Reiben gerötet werden. Die Anwendung der Vesikatorien geschah meist in der Größe einer Münze, aber auch in sehr großem Umfang. Ausführlich werden von Kopf bis zu Fuß sehr zahlreiche Störungen am menschlichen Körper angegeben, an welchen die Alten aus bestimmten Veranlassungen die Kauterisation auszuführen pflegten. Auch hier sagt *Gurlt*: *„Es lohnt sich nicht, davon auch nur Andeutungen zu machen, weil es heute ohne jeden Belang ist."*

Sydenham im 17. Jahrhundert verwendet Cantharidenpflaster u.a. im Nacken bei **Apoplexie** und an der Brust *„bei schlecht behandeltem* ***Husten****"*, ferner als Exzitans bei fieberhaften Erkrankungen, die mit Koma einhergehen. Er warnt vor seiner Anwendung bei Wassersüchtigen, weil dadurch leicht Gangrän entstehen kann.

Baglivi, ebenfalls einer der größten Ärzte der damaligen Epoche, schrieb eine Abhandlung *„über den Nutzen und Mißbrauch der Vesikantien"* (1754). *Baglivi* wendete die Vesikantien u.a. an den Waden an, als Ableitungsmittel aber auch als Exzitans bei **Pleuritis** und **Pneumonie**, oft als Rettungsmittel in höchster Lebensgefahr. Vorher mußte aber Purgation und Aderlaß gemacht werden. Er sagt, daß die Vesikantien eine große Gewalt haben, aufzulösen und zu zerteilen. Bei **Augenleiden, Husten, soporösen Zuständen**, bei **fixen Schmerzen**, die sonst nicht weichen wollen, bei Epilepsie, sonstigen Konvulsionen, allerlei **Herz-** und **Lungenbeschwerden** und einigen **Hautkrankheiten** hat er es mit Erfolg verwendet.

Tissot, der im 18. Jahrhundert in Frankreich eine ähnliche Rolle spielte wie *Hufeland* in Deutschland, empfiehlt gleichfalls Cantharidenpflaster aufs angelegentlichste, und zwar bei allen Arten von **Brustentzündungen, Seitenstechen, Halskrankheiten, Schnupfen, rheumatischen Zahnschmerzen**, bei **Apoplexie**, beim **Gliederreißen, Rheumatismus**, akuter und chronischer **Gicht**, beim **Erysipel**. Ferner bei **Masern** und **Blattern**, wenn das Exanthem nicht recht herauskommen wollte. Bei bösartiger **Ruhr** werden große Blasenpflaster auf den Bauch gelegt und dadurch die Heftigkeit der Darmentzündung gemildert. *Tissot* beschreibt die wiederholte Beobachtung, daß Ausschläge oder Wasserblasen, welche bei Ruhr auf der Haut ausbrachen, nützlich waren. Demzufolge wendete man später Skarifikationen, Schröpfköpfe, Glüheisen an. „*Heutigentags gebraucht man mit großem Erfolg die Blasenpflaster, und es ist gewiß, daß in verschiedenen Fällen danach die Ausleerungen sich vermindern, die Beängstigungen aufhören und die Kräfte zunehmen, weshalb ich auch niemals Bedenken trage, sie anlegen zu lassen.*"

Bei **Ischias** verwendet *Tissot* 7-8 blutige Schröpfköpfe und sagt: „*Ich habe nur allein durch dieses einzige Mittel in wenigen Stunden Hüftweh geheilt, welches viele Jahre lang anderen Arzneien widerstanden hatte. Das Blasenpflaster oder auch andere Pflaster, die an diesem Teil eine Eiterung hervorbringen, tragen auch oft zu der Genesung bei, doch sind sie nicht so wirksam als die Schröpfköpfe.*

Verbindet man aber beide, nämlich die Schröpfköpfe und die Blasenpflaster, miteinander, so wird man auch in den hartnäckigsten Fällen von Hüftweh fast niemals den Endzweck der vorgesetzten Heilung verfehlen."

16.3.3 Hufeland

Auch *Hufeland* zählt die Vesikantien unter die wirksamsten Heilmittel überhaupt, ohne welche er überhaupt nicht Arzt sein möchte. Er verwendet sie zur künstlichen Ausleerung des Serums, zugleich als Reizmittel, und bezweckt damit folgendes:

1. Um eine **örtliche Anhäufung seröser oder lymphatischer Säfte auszuleeren**, daher ihre Anwendung bei lokalen Exsudaten und Transsudaten, bei **Hydrocephalus, Meningitis, Pleuritis, Gelenkergüssen** usw. Auch bei chronischen **Hautkrankheiten** käme diese Wirkungsart in Frage, ebenso bei **Oedem der Beine** nach Thrombose. Auch bei der sog. **Phlegmasia alba dolens** der Wöchnerinnen.
2. Um eine **örtliche Schwächung** zu bewirken; Blasenzug schwächt weniger als Blutausleerung.

Hufeland macht dabei auf einen sehr wesentlichen und doch gewöhnlich vernachlässigten Unterschied zwischen Hautrötungsmittel (Rubefaciens) und Vesikans aufmerksam. Das **Hautrötungsmittel exzitiert** und ist daher ein wesentlicher Bestandteil der exzitierenden Methode. Das **Vesikans schwächt**. Dasselbe hautreizende Mittel wird, wenn es bloß bis zur Entzündung liegenbleibt, exzitieren, sobald es aber Blasen zieht, eine örtliche und unter Umständen auch allgemeine Schwächung hervorbringen, wodurch Reizzustände der Nerven und Entzündungen vermindert werden können.

Die Vesikantien eröffnen folgende weitere Möglichkeiten:

1. **Behebung örtlicher innerer Entzündungen**, wenn diese nicht so hochgradig sind, daß ein allgemeiner Aderlaß nötig ist. Ersterer muß daher oft vorangehen. Die richtige Kombination von Blutentziehung und Vesikans ergibt die besten Resultate. (Ich konnte das besonders bei Gallenblasenentzündung, Pleuritis, Pneumonie und Lungeninfarkt bestätigen.)

   Bei dieser Art der Anwendung muß das Vesikans so nahe als möglich dem leidenden Ort und in großer Ausdehnung (5 × 5 bis 10 × 10 cm und darüber) angewendet werden und jedesmal bis zur reichlichen serösen Ausleerung, also starkem Blasenzug, liegenbleiben.
2. Auch bei **asthenischen Lokalaffektionen**, es mögen nun Krämpfe oder Entzündungen sein, sind sie als Reizmittel sehr heilsam, doch muß dabei der Blasenzug manchmal vermieden und das Pflaster nach erreichter

Hautrötung abgenommen werden. In dieser Hinsicht wirken sie krampfstillend und dienen auch zur Wiederherstellung der unterdrückten Perspiratio insensibilis.

3. Um eine **antagonistische Reizung** zu erzielen, z.B. um zurückgetriebene Hautausschläge oder Gicht wieder an die Oberfläche zu ziehen. So auch um eine innere krankhafte Tätigkeit auf die Oberfläche zu leiten bzw. diese durch Ableitung auf die Haut aufzuheben, besonders dann, wenn das innere Leiden die Folge einer unterdrückten Sekretion oder Exkretion war. Am häufigsten kommt das bei Rheumatismus nach unterdrückter Hautatmung in Frage. Aber auch krankhaft vermehrte Exkretion, wie Durchfall, Diabetes und Speichelfluß, suchte man durch Erregung einer künstlichen Hautsekretion abzuleiten und zu vermindern. Bei skrofulösen und gichtischen Augenentzündungen gelang es durch langanhaltende Vesikatorien, die Entzündung von den edlen Organen abzulenken. Auch bei fieberhaften Infektionskrankheiten suchte man die ausbleibende Hautkrise damit herbeizuführen.

Im einzelnen findet man in dem zwanzigbändigen *Hufeland*schen Archiv für Arzneikunde eine Menge von Abhandlungen, welche die Vesikantien als glänzendes Mittel bei den verschiedensten Zuständen loben.

Vesikantien im Nacken, hinter den Ohren und an den Schläfen verwendete man mit Erfolg bei **Hydrocephalus, Meningitis, Kopfschmerzen, Augen- und Ohrenleiden**. Im Gesicht bei **Trigeminus-Neuralgien**. Am Hals bei **Diphtherie** und **Kehlkopfleiden**. Am Thorax bei **Pneumonie** und **Pleuritis**, auch bei **Asthma** und **Angina pectoris**. Am Bauch in großer Ausdehnung bei **Peritonitis**, oft als letztes Rettungsmittel nach erfolgtem Aderlaß. Bei **Pruritus ani et genitalium** in der Nähe der erkrankten Stelle, um die „Schärfe" abzuleiten. Ferner bei **Rheumatismus der Gelenke**, bei **Neuritis, Lumbago und Ischias**. Am Magen aufgelegt bei **Magenkrampf, Magengeschwür** und Brechreiz. Bei der beginnenden **Coxitis** der Kinder versprach er sich in der Mehrzahl aller Fälle Heilung, wenn vorher Blutegel angelegt worden waren und intern antiskrofulöse Mittel gegeben wurden. Auch bei **Erkrankungen der Wirbelsäule und des Rückenmarks** wendete man sie mit Vorteil an, und es ist interessant, daß auch *Pott* die nach ihm benannte Erkrankung so behandelte, daß er im Beginn zunächst Vesikantien auflegte.

16.3.4 Französische Medizin im 19. Jahrhundert

Die Leiden, bei welchen Canthariden als Derivantien benutzt wurden, sind sehr zahlreich. Namentlich die französische Medizin noch im 19.Jahrhundert (*Revilloud* und *Valleix*) empfahl sie bei entzündlichen Affektionen akuter und chronischer Natur an den serösen Häuten (**Pleuritis, Perikarditis, Meningitis, Peritonitis**). Man rühmt diesem Mittel nach, daß es im akuten Stadium dieser Krankheiten die Schmerzen lindere, das Fieber herabsetze und selbst die Exsudation beschränke, im chronischen Stadium, daß es neben Beseitigung der Schmerzen auch die Aufsaugung des Exsudates befördere. Daneben hat die französische und englische Medizin besonders bei **rheumatischen Zuständen** akuter und chronischer Art die Vesikantien mit günstigem Erfolg verwendet.

Weitere analoge Anwendungen sind bei **Pneumonie**, zumal im kindlichen Lebensalter, wo man Blutentziehungen möglichst meidet, bei **Spondylitis, Phlegmone, Phlebitis, Phlegmasia alba dolens, Augenentzündungen, Asthma, Lungen- und Kehlkopftuberkulose**. Weitere erprobte Indikationen sind **Neuralgien, Magenneurosen, hartnäckiges Erbrechen, Lähmungen** motorischer und sensibler Nerven, **Chorea, Keuchhusten, Psychosen**.

Kontraindiziert waren die Blasenpflaster **bei kachektischen** Personen, wo die Wundflächen leicht schlechte Beschaffenheit annehmen und in Nekrosen oder langwierige Geschwüre übergehen.

16.3.5 Volksmedizin und exotische Medizin

Die Volksmedizin und exotische Medizin aller Zeiten und Länder gebrauchte und gebraucht heute noch Vesikantien bei vielfachen Gelegenheiten. Es werden dabei statt des Cantharidenpflasters an manchen Orten die gelben Blumenblätter des scharfen Hahnenfußes (Ranunculus acer) verwendet. Es sollen angeblich aber auch bösartige Geschwüre gelegentlich danach entstanden sein. Ein weiteres solches blasenziehendes Mittel, welches auch von den Ärzten viel verwendet wurde, ist die Seidelbastrinde. Auch sie hatte in der Medizin des 17. und 18. Jahrhunderts ihre bestimmten Indikationen. Nach *Hovorka-Kronfeld* verwenden die Kalmücken zerstoßene Küchenschelle (Pulsatilla), die ja auch in der Ätzwirkung mit dem Hahnenfuß verwandt ist. In Westafrika verwenden die Eingeborenen verschiedene Wolfsmilcharten (Euphorbium), in Indien den Giftsumach und zahlreiche andere scharfstoffige Pflanzen.

16.4 Technik der Anwendung von Cantharidenpflastern

Von allen blasenziehenden Mitteln ist das Cantharidenpflaster das handlichste, bequemste, sicherste und wirksamste. Es wird von den Apotheken in zwei Formen geliefert, und zwar als harziges Stangenpflaster (Emplastrum Cantharidum) und als fertig auf Wachstuch aufgezogenes Klebepflaster (Collemplastrum Cantharidum). Letzteres ist zwar bequemer und bereits gebrauchsfertig in der Anwendung, aber es wird nicht überall in guter Qualität erzeugt und verfehlt daher oft seinen Zweck. Das Stangenpflaster ist fast immer wirksam. Man kann es durch Erwärmen weich machen und auf Leinwand gestrichen auflegen.

Man verwendet das Cantharidenpflaster meist **unmittelbar am Ort der Erkrankung oder in der Nähe** davon, seltener am entgegengesetzten Ende des Körpers, ähnlich wie Senfpapier, um eine Ableitung des Blutes vom erkrankten Organ zu bewirken, z.B. Anlegung an den Waden bei Kopf- und Brusterkrankungen.

Die **Größe** des anzuwendenden Pflasters richtet sich nach Art und Umfang des Leidens und hängt mit der gleich zu besprechenden Lokalisation zusammen. Die durchschnittliche Normalgröße eines solchen Pflasters ist 5 × 5 cm. Pflaster dieser Größe legt man z.B. auf bei Pleuritis, Gallenblasenentzündung, Lungeninfarkt, bei chronischer Kniegelenksentzündung, bei Phlebitis, Kehlkopftuberkulose, Diphtherie.

Bei Augen- und Ohrenleiden wendet man hinter dem Ohr Pflaster von der Größe einer halben Briefmarke an. Bei lebensgefährlichen Zuständen, wie Peritonitis oder Meningitis, als oft hilfreiches letztes Auskunftsmittel kann man Pflaster von 10 × 10 cm und darüber anwenden.

Bei Ischias gibt man 3 cm breite Streifen entlang des ganzen Verlaufes des Nerven. Zur Anlegung von Fontanellen kann man runde Pflaster in der Größe einer kleinen Münze verwenden.

Die Stelle, auf welche das Blasenpflaster zu liegen kommt, muß, wenn sie behaart ist, **vorher rasiert** und bei Personen mit unempfindlicher Haut mittels eines wollenen Tuches **rot frottiert** oder mit etwas Essig abgewaschen werden, wodurch die Wirkung des Pflasters erhöht wird. Das gleiche kann man auch tun, wenn das Pflaster schon alt und abgelegen oder von Haus aus nicht kräftig genug bereitet ist.

Die Cantharidenpflaster bleiben im allgemeinen **24 Stunden** liegen. Blonde oder rothaarige Menschen, auch solche mit hellen Augen, insbesondere Frauen und Kinder, haben eine **empfindlichere Haut**, so daß es unter Umständen genügt, das Pflaster **6-12 Stunden** liegen zu lassen. Je stärker bei längerer Applikation aber die seröse Exsudation ist, desto ausgiebiger ist auch die Heilwirkung.

Normalerweise nimmt man das Cantharidenpflaster, welches zur Sicherheit mit Leukoplast befestigt werden soll, nach 24 Stunden ab, die **Blase platzt** dabei entweder von selbst, **oder man sticht sie** mit einer gereinigten Nadel **auf**, streicht das Serum mit Watte aus, und die **Epidermisblase bleibt** darauf **liegen.** Man kann dann mit Zinksalbe **verbinden**.

Will man eine rasche Verheilung der Blasen erzielen, so verbindet man die Wunde am besten mit der kühlenden Wachssalbe (Ceratum Cetacei). Will man aber die Exsudation noch einige Tage oder wochenlang fortsetzen, so zieht man unter der Epidermisblase einen Wollfaden durch, welcher zugleich als Reiz und Drainage wirkt. Oder man macht das sogenannte Emplastr. Canthar. perpetuum auf folgende Weise:

Die Epidermisblase wird mit Watte weggewischt oder mit der Schere abgetragen, und auf die wunde Haut wird ein neues Canthariden-pflaster von derselben Größe gelegt. Dieses wird dann alle drei Tage gewechselt. Man läßt erst dann zuheilen, wenn das zu behandelnde Organ frei von Beschwerden ist.

Es gibt noch eine andere Form von dauernd im Zuge erhaltenen Blasenpflastern (**Emplastrum vesicatorium perpetuum**). Es wird täglich abgenommen, rein abgewischt und dann wieder aufgelegt. Es behält seine Wirksamkeit 10-12 Tage. Nach dieser Zeit soll man ein frisches Stück Pflaster verwenden, wenn die Stelle noch länger offen bleiben soll. Es wird besonders bei chronischen Augen-, Ohren- und Kopfleiden angelegt, und zwar hinter den Ohren, an den Schläfen, im Nacken, auf dem Arm usw. Das Rezept ist folgendes:

Rp.	Pulv. Canthar.	40,0
	Resin. Euphorbii	20,0
	Mastix	120,0
	Therebinth venet.	120,0

Diese Masse wird bei gelindem Feuer geschmolzen und als Pflaster verwendet.

Um eine **nachhaltigere Wirkung** zu erzielen, kann man die Stelle eine Zeitlang **eitern lassen** und verbindet sie nach Entfernung der Epidermisblase mit Styraxsalbe (Styrax 20,0, Ceratum Cetacei 40,0). Geht die Eiterung zu langsam vor sich, so kann man etwas Canthari-denpulver aufstreuen oder mit Unguentum irritans (sive epispasticum) verbinden. Das Rezept der letzten lautet:

Rp.	Oleum Cantharid.	60,0
	Cera alba	40,0
	M. f. unguentum.	

Eine bewährte Reizsalbe ist auch folgende: Pulv. Sabinae 20,0 Unguentum simplex 40,0. Der Verband wird ein- bis zweimal täglich gewechselt.

Einer der Gründe, weshalb die moderne Klinik das Cantharidenpflaster aufgegeben hat, war auch die Furcht vor Nierenentzündung. *Nothnagel* hat einen solchen Fall beschrieben. Es handelte sich aber dort um einen Ausnahmsfall von Idiosynkrasie.

Ich selbst habe in den letzten fünfzehn Jahren noch keinen solchen Fall erlebt. Es kommt auch sehr auf die Verläßlichkeit der Fabrikate an, nämlich richtige Verteilung, Dosierung und Bindung durch die harzigen Klebemittel.

Die reizende Eigenschaft des Spanischen Fliegenpflasters bewirkt auch eine gesteigerte Funktion des Hautorgans im ganzen, wodurch Blutandrang, vermehrte seröse Exsudation, leichte Schmerzen und eine leichte Entzündung an der Applikationsstelle erzeugt werden.

Bei empfindlichen Personen bewirkt es auch eine allgemeine Erregung, ähnlich wie im leichten Fieber, und vermehrte Harnabsonderung. Es wurde deshalb auch bei soporösen Zuständen als Excitans verwendet.

16.5 Die Anwendung von Cantharidenpflaster im Rahmen der Konstitutionstherapie

16.5.1 Allgemeine Indikationen

1. Derivierende Wirkung.
2. Antiphlogistische Wirkung.
3. Schmerzstillende und krampflösende Wirkung (z.B. bei Magenkrampf oder Gallenkoliken).
4. Zerteilende - auflösende Wirkung.
5. Attrahierende Wirkung, z.B. als Emmenagogum in der Umgebung des äußeren Genitales.
6. Steigerung der Perspiratio insensibilis, indem der Blutstrom nach der Haut gelenkt wird und durch Reizung der Hautnerven.
7. Exzitierende Wirkung des Hautreizes auf das Nervensystem bei komatösen Zuständen, Geisteskrankheiten u. dgl.

16.5.2 Nervenkrankheiten und Psychosen

1. Bei akuter und chronischer **Meningitis** rasierten die älteren Autoren den Kopf und legten große Cantharidenpflaster teils auf die Schädelwölbung, teils in den Nacken und an die Schläfen an. Es ist durchaus denkbar, daß ebenso wie eine Pleuritis, auch eine Entzün-

dung des Gehirnes und seiner Häute auf eine derartige Ableitung günstig reagiert. Dasselbe gilt auch für die Häute des Rückenmarks und für die **Myelitis**.

Es ist immer eines Versuches wert, bei Rükkenmarksleiden, z.B. bei akuter und chronischer Myelitis, sogar bei der **multiplen Sklerose** neben Blutegeln auch Cantharidenpflaster anzuwenden. Man erlebt dabei manchmal angenehme Überraschungen.

Ein älterer praktischer Arzt erzählte mir von einem derartigen Fall eines an Myelitis erkrankten Kellners, welcher auf der chirurgischen Abteilung des Prof. *Weinlechner* in Wien monatelang mit Parese beider Beine gelegen war. Auf den Rat eines ausländischen Arztes versuchte man ein großes Cantharidenpflaster in der Gegend der unteren Brustwirbel längere Zeit fortgesetzt. Der Mann wurde zum Erstaunen aller wieder gehfähig und konnte seinen Beruf nochmals ausüben.

2. Bei **Apoplexie** wäre neben Aderlaß und Blutegel künftighin wieder ein großes Vesikans 5 × 5 bis 10 × 10 cm am Nacken aufzulegen. Man kann es aber auch an den Oberarmen oder an den Waden anlegen und soll dabei schweißtreibende Mittel geben bzw. den Schweiß sehr lange unterhalten, z.B. mit Hb. Cardobenedicti (nach *Tissot*). So gelingt es, die Folgen der Apoplexie häufiger und besser zum Rückgang zu bringen als durch rein exspektatives Verhalten.

3. Bei **Psychosen**, und zwar bei Katatonie, Stupor und Melancholie als stimulierender Gesamtreiz, aber auch zur Anregung der dabei oft mangelhaften Hautatmung.

4. Bei **Epilepsie**. Es wirkt dabei krampfstillend durch Ableitung des Reizes vom Gehirn an die Oberfläche. (Nach *Baglivi*, *Paracelsus* u.a.)

5. Bei **Kopfschmerz, Migräne, Kopfneuralgie, Trigeminusneuralgie, rheumatischem Zahnschmerz** nebst Anwendung anderer kausaler und ausleerender Mittel können Blasenpflaster hinter den Ohren, am Nacken und an den Schläfen, bei schweren Fällen am rasierten Schädeldach angewendet werden. Bei **Trigeminusneuralgie** im Gesicht direkt an den schmerzhaften Stellen. Bei wiederholter intensiver Anwendung kann man tatsächlich oft Heilung erzielen und Operationen ersparen. In mehreren Fällen von Trigeminusneuralgie half die Kombination von *Baunscheidt*schem Verfahren und Cantharidenpflaster, welches zuerst unterhalb des Ohres am Hals, aber auch direkt im Gesicht angewendet wurde. Die Patientinnen nahmen die vorübergehende Belästigung durch Blasenbildung gern in Kauf, da die Schmerzen oft über Nacht verschwanden. Sie kamen zwar manchmal an einer anderen Stelle des Gesichtes wieder, aber durch tage- und wochenlange fortgesetzte Hautableitung wurde doch in mehreren Fällen Heilung erzielt. Intern wurde gleichzeitig mit stoffwechselentlastenden Mitteln behandelt.

16.5.3 Krankheiten von Ohren und Augen

1. **Mittelohrentzündung**, gleichzeitig oder hintereinander mit Blutegeln kombiniert. Es wurde oft rasche Ausheilung beobachtet.

2. **Schwindel, *Menière*sche Krankheit**, ebenfalls zugleich mit Blutentziehungen.

3. **Schwerhörigkeit**, subjektive **Ohrgeräusche**, besonders wenn diese durch gichtisch-rheumatische Ablagerungen entstanden sind. Auch bei veralteten und hartnäckigen Fällen geben die Patienten an, daß sich die Zustände, sogar das Hörvermögen, gelegentlich bessern.

4. Antiphlogistisch, ableitend und zerteilend, ähnlich wie Blutegel, bei allen akuten und chronischen Erkrankungen des Auges, besonders **Iritis, Glaukom, Netzhautabhebung, Chorioiditis**. Das Pflaster wird an den Schläfen hinter den Ohren, aber in großem Format sehr wirksam auch am Nacken angelegt. Es soll sogar unter Umständen beginnenden grauen Star aufzulösen imstande sein.

16.5.4 Krankheiten von Hals, Lunge und Brustfell

1. **Bei Angina, Diphtherie** und **Laryngitis**, auch Laryngitis tuberculosa. Wiederholt konnte ich mich von dem Nutzen des Cantharidenpflasters bei chronischer Laryngitis, zweimal auch bei Kehlkopftuberkulose überzeugen.

2. Bei **Pleuritis** und **Lungeninfarkt** wirkt das Cantharidenpflaster oft zauberhaft. Ohne daß man Morphium geben muß, verschwinden danach oft in wenigen Stunden Schmerzen und Atembehinderung, und das Leiden als solches bildet sich rasch zurück. Exsudatbildung kann meist bei frühzeitiger Anwendung ganz verhindert werden. Bestehende Exsudate saugen sich auch ohne Punktion auf.

3. Bei **Pneumonie** antiphlogistische und zerteilende Wirkung, beginnende Pneumonie kann damit kupiert werden.

4. Bei **Asthma bronchiale** wirkt häufige Anwendung in großen Flächen krampfstillend und lenkt die Blutüberfüllung von der Lunge an die Peripherie ab. Wochenlanges Tragen solcher Pflaster kann manchmal die Anfälle ganz unterdrücken.

5. Bei **Lungentuberkulose** gegen lokale Entzündungen und stechende Schmerzen, ähnlich wie Blutegel, sehr wirksam. - Zufallsbefunde von Hautverbrennungen, Blattern, Flecktyphus ergaben oft überraschende Heilungen selbst schwerer Fälle mit Kavernen, Bluthusten u.dgl. Man sollte auf dieses wertvolle Hilfsmittel nicht verzichten. Patientinnen, welche monatelang spezialistisch behandelt worden waren und denen man vorübergehendes Aufgeben der Berufsarbeit, Heilstättenbehandlung und Pneumothorax angeraten hatte, waren überrascht, wie schnell mitunter die subjektiven und objektiven Beschwerden zurückgingen. Natürlich muß das Ganze unter genauer fachärztlicher Überwachung geschehen. Aber die Wiedereinführung der nach außen ableitenden Methoden ist oft imstande, den langwierigen und kostspieligen Heilungsverlauf bei der Lungentuberkulose bedeutend abzukürzen.

16.5.5 Herzkrankheiten

1. Bei **Angina pectoris**. Hautreize in der Herzgegend lösen den Krampf der Koronararterien, analog wie bei anderen Organen. Empirisch wurden Vesikantien und Fontanellen in der Herzgegend, auch am Oberarm, von den Ärzten des 17. und 18. Jahrhunderts allgemein mit Erfolg angewendet (z.B. von *Tissot*, *Laennec, Corvisart*, besonders auch von *Hufeland*).

2. Bei **Perikarditis**,

3. **Aortenschmerzen** und anderen Herzschmerzen und

4. **Endokarditis**; selbst bei Endokarditis lenta (wobei *Bier* mit Glüheisen Erfolg hatte) zeigt sich vorübergehende Erleichterung.

16.5.6 Krankheiten der Bauchorgane

1. Bei **Gallenblasenentzündung** (auch Gallenkoliken), und zwar in akuten und chronischen Fällen, am besten nach vorangegangener Blutentziehung (Aderlaß oder Blutegel) und gleichzeitiger Verordnung von Abführmitteln.

2. Bei **Magen- und Duodenalbeschwerden** (krampfartige Schmerzen, Geschwüre).

3. Bei **Peritonitis**, wo eine Operation nicht in Frage kommt.

Über einen bereits inoperablen Fall von allgemeiner Peritonitis, welcher durch ein großes Cantharidenpflaster gerettet wurde, berichtete der Chirurg *A. Riese* (Wien). Auch bei chronischer tuberkulöser Peritonitis ist daran zu denken.

16.5.7 Rheumatische und sonstige Krankheiten

Bei **Coxitis**, chronischer **Arthritis** der Kniegelenke, der Schultern, der Handgelenke, des Ellbogens. Besonders bei **Lumbago** und **Ischias** in Verbindung mit blutigem Schröpfen.

Bei beginnender **tuberkulöser Gelenkentzündung**, besonders auch bei Kindern, bei Fungus des Kniegelenkes, bei Karies bzw. Gibbus der Wirbelsäule. Zahlreiche eigene Erfahrungen und solche meiner Mitarbeiter liegen vor.

Des Versuches wert sind Vesikantien immer auch bei **Erkrankungen der Wirbelsäule**. In einigen Fällen von beginnender Spondylitis, über welche *Dr. Kanduth* (Graz) berichtete, trugen die Cantharidenpflaster viel zur raschen Heilung bei. Bei der *Bechterew*schen Arthritis deformans konnte ich gleichfalls durch Cantharidenpflaster in Kombination mit *Baunscheidt*-Verfahren und Fontanellen oft recht weitgehende Besserungen erzielen. Man legt in diesen Fällen nacheinander, am Orte der größten Schmerzhaftigkeit oder Bewegungseinschränkung beginnend, je ein Cantharidenpflaster 5 × 5 cm entlang der Wirbelsäule in Abständen von 4-8 Tagen.

Bei **Thrombophlebitis**, wenn nach Blutegeln und zerteilenden Einreibungen (Linim. ammoniat. volat.) die Erscheinungen nicht rasch genug zurückgehen.

Bei **Entzündungen am weiblichen Genitale** zur Verstärkung der vorausgegangenen Blutegelwirkung.

16.5.8 Kontraindikationen

Kontraindiziert ist die Anwendung des Blasenpflasters bei solchen Zuständen, wo die Ernährung der Haut so geschädigt ist, daß daraus Nekrosen entstehen können, so z.B. bei Wassersucht oder Gangrän.

16.6 Beispiele für die Anwendung von Cantharidenpflastern

Am häufigsten hatte ich Gelegenheit, das Cantharidenpflaster bei den Rheumatismen und Gelenkleiden der klimakterischen Frauen zu verwenden. Dort bedeutet es oft eine wahre Erlösung für die Kranken, welche vorher als chronisch, unheilbar mit Schmerzen und Bewegungseinschränkung sich hingeschleppt haben. Es ist erstaunlich, daß man ein so einfaches und selbstverständliches Mittel so vollkommen vergessen konnte.

47jährige Frau, beginnendes Klimakterium, leidet seit 1 ½ Jahren an einem hartnäckigen **Rheumatismus** des linken Schultergelenkes. Patientin hatte verschiedene Ärzte, auch Chirurgen und Orthopäden, konsultiert. Man riet der Patientin, sich die Tonsillen entfernen zu lassen, suchte nach allen möglichen anderen Infektionsherden im Körper, verordnete verschiedene Hormonpräparate. Patientin suchte auch mehrere Kurorte auf, bekam Diathermie, Heißluft, Massage, eine Menge schmerzstillender und harnsäurelösender Medikamente. Es half nichts.

Da Patientin auch über allgemeine klimakterische Beschwerden klagte, kam sie in meine Beobachtung. Ich legte an der schmerzhaftesten Stelle ein Cantharidenpflaster 5 × 5 cm für 24 Stunden auf, dann wurde das Pflaster abgenommen, die Blase aufgestochen, das Serum entleert, die Wunde mit einfachem Leukoplast bedeckt. Die Stelle trocknete nach fünf Tagen ein. Patientin hatte nur sehr wenig Schmerzen, und die Beweglichkeit war sichtlich gebessert. Dasselbe wurde nun daneben wiederholt und durch ein- bis zweimal wöchentliches Auflegen von Pflastern so allmählich damit die ganze Gegend tapeziert. Auch auf der primären Stelle wurde das Pflaster noch ein zweites Mal aufgelegt.

Nach vier Wochen konnte die Patientin den Arm vollkommen frei gebrauchen, u.a. sich selbst frisieren, was sie seit 1 ½ Jahren nicht mehr imstande gewesen war.

52jährige Frau mit *Heberden*schen Knoten an den Fingern seit zwei Jahren auch unförmige **Schwellungen beider Kniegelenke** mit Krachen, Schmerzen und Bewegungseinschränkung. Auch hier wurde nach allen möglichen Ursachen gesucht, und man hatte die verschiedensten Diagnosen gestellt. Innere und äußere Mittel brachten keinen entscheidenden Erfolg. Patientin kann nur auf ihren Stock gestützt kurze Strecken unter Schmerzen gehen, während sie früher, also bis vor zwei Jahren, Touristik betrieben hatte.

Da Patientin 79 kg bei mittlerer Körpergröße wog, verordnete ich eine Entfettungskur und ließ ein- bis zweimal jede Woche je ein Cantharidenpflaster im Bereiche beider Kniegelenke auflegen. Schon am Beginn der Behandlung spürte die Kranke raschen Nachlaß der Schmerzen, auch die Schwellung ging in einer für alle Beobachter erstaunlichen Weise zurück, trotzdem man vorher von unheilbarer Arthritis deformans gesprochen hatte. Aber auch wenn es sich nur um Veränderungen der Gelenkkapseln handeln sollte, waren die dafür aufgewendeten Maßnahmen unzulänglich gewesen. Das Cantharidenpflaster aber half sehr rasch.

Schon nach sechs Wochen konnte die Patientin anstandslos kleinere Spaziergänge machen, nach vier Monaten war sie vollkommen beschwerdefrei und unternimmt wieder die gewohnten Bergwanderungen.

Vielleicht noch mehr in die Augen fallend ist der Effekt dieser Behandlung bei den **chronischen Entzündungen des Hüftgelenkes**, seien diese nun traumatischer, tuberkulöser, rheumatischer oder degenerativer Natur (Arthritis deformans). Ich habe eine große Anzahl solcher Fälle behandelt, wo seitens der Orthopäden Gipsverbände, Stützapparate, Bestrahlungen, Injektionen u. dgl. angewendet worden waren und die Patienten mit Krücken oder Stöcken gehen mußten.

Auflegen von Cantharidenpflaster 5 × 5 cm in der Gegend des großen Trochanters brachte schon nach 24 Stunden Erleichterung der Schmerzen und erhöhten Bewegungsumfang.

Ich habe dann immer entweder die Epidermis mit Watte weggewischt und ein neues Cantharidenpflaster für je drei Tage auf die wunde Stelle gelegt; nach dieser Zeit wurde es wieder für drei Tage erneuert usw. Oder die Stelle wurde nach Art einer Fontanelle verschorft und mehrere Wochen bis monatelang unter Heftpflasterverband am Zuheilen verhindert. Auf diese Weise gelangen die größten „Wunderkuren".

In meiner Studentenvorlesung konnte ich öfters eine 27jährige Patientin vorstellen, die wegen zu seltener Menses und Fettsucht unser Ambulatorium aufsuchte. Sie kam auf Stock und Krücken gestützt, weil sie eine **tuberkulöse Hüftgelenkentzündung** durchgemacht hatte und nach Gipsverband ein fast unbewegliches, schmerzhaftes Gelenk zurückbehalten hat. Durch wiederholtes, wochenlang fortgesetztes Auflegen von Cantharidenpflaster war die Patientin sehr bald in der Lage, gut ohne Stock und ohne Krücken schmerzfrei auch lange Strecken zu gehen.

Einen ganz ähnlichen Fall habe ich bei einer Lehrerin aus dem Burgenland gesehen, welche in Gefahr war, ihre Stellung zu verlieren und durch diese Behandlung in kurzer Zeit wieder vollkommen leistungsfähig geworden war.

Frau A. W., 62 Jahre alt, seit dem 54. Jahre Menopause. Leidet seit sechs Jahren an linksseitiger **Coxitis**. Patientin stand in chirurgischer und orthopädischer Behandlung. Laut Röntgenbild soll der Knochen stark geschädigt sein, es wurde die Diagnose Arthritis deformans gestellt. Angeblich soll aber die Erkrankung mit einer Gelenkeiterung begonnen haben. Die Kranke hatte die verschiedensten Behandlungsverfahren durchgemacht. Sie war auch ohne nennenswerten Erfolg in naturheilärztlicher Behandlung gestanden, hatte Schwefelbäder in Schallerbach, Fastenkuren und Heublumenpackungen durchgemacht und galt schließlich als refraktärer, sozusagen unheilbarer Fall.

Die Patientin konnte nur mühsam und unter Schmerzen kurze Strecken gehen und benutzte dazu einen Stock und die Hilfe einer zweiten Person. Aus der Anamnese ist erwähnenswert, daß sie sieben Jahre vorher eine Gallenblasenoperation durchgemacht hatte, welche an sich gut heilte. Aber wie ich an anderer Stelle schon öfters auseinandersetzen konnte, sind solche Gallenblasenoperationen bzw. das Grundleiden für das sonstige Allgemeinbefinden nicht gleichgültig. Wenn die arthritische, entzündliche und Cholesterin-Diathese nicht beseitigt wird (woran nach vollzogener Operation gewöhnlich gar nicht mehr gedacht wird), stellen sich oft Erkrankungen an den verschiedensten Organen ein, wie Glaukom, Schwerhörigkeit, chronischer Gelenkrheumatismus, Fettsucht und auffallend häufig Mammakarzinom.

Auch unsere Patientin nahm an Gewicht bis zu 93 kg zu und bekam ein Jahr nach der Operation das Hüftgelenksleiden. Ich verordnete eine Entfettungskur, so daß Patientin um 15 kg abnahm, und legte am großen Trochanter ein Cantharidenpflaster auf, welches dann zu einer Fontanelle umgewandelt wurde. Schon nach einer Woche bedeutende Besserung, nach zwei Wochen konnte Patientin ohne Stock gehen. Ihre Ausdauer besserte sich von Monat zu Monat, und fünf Monate später schrieb Patientin von ihrem Sommerurlaub, daß sie weite Spaziergänge mache und am Sonntag in die eine Stunde entfernte Kirche ohne jeden Schmerz gehen konnte, während sie im Vorjahr einen Wagen benutzen mußte. Dies fiel der ganzen Umgebung in der kleinen Ortschaft auf.

Seither sind 2 ½ Jahre vergangen, und der Patientin geht es andauernd gut. Gelegentliche Muskelspannungen in den Waden und Oberschenkeln zu Beginn der Behandlung und auch späterhin wurden durch zerteilende Einreibungen und interne resolvierende Behandlung jedesmal bald beseitigt.

Ein ähnliches Resultat erzielte ich bei der 42jährigen Gattin eines Hochschullehrers. Trotzdem sie mehrmals geboren hatte, war sie als ehemalige Tänzerin auf Körperpflege und Gymnastik sehr bedacht. Seit 2 ½ Jahren aber konnte sie das nicht mehr wegen immer mehr zunehmender Schmerzen im rechten Hüftgelenk. Es wurde eine **chronische Arthritis** festgestellt mit Tendenz zu zunehmender Verschlimmerung, worüber die Patientin sehr unglücklich war. Alle erdenklichen Badekuren (Gastein, Pistyan, Baden bei Wien, auch Seebäder), Rohkostkur, Fastenkur, Lehmauflagen und dgl. halfen nicht. Ebensowenig Röntgen, Diathermie usw.

Anlegung eines Cantharidenpflasters am großen Trochanter und Erneuerung alle drei Tage brachten sofort nennenswerte Erleichterung. In fünf Wochen konnte Patientin ihre täglichen gymnastischen und akrobatischen Übungen wieder aufnehmen, turnte mir selbst bei späteren Besuchen die „Brücke" vor und dgl. Die Wunde wurde drei Monate offengehalten, worauf Patientin dauernd beschwerdefrei blieb.

Die Frau eines anderen Universitätsprofessors bekam in den Wechseljahren eine **Arthritis deformans des Hüftgelenkes**. Auch sie war Gymnastik und Wanderungen gewohnt, hatte vergebens die verschiedensten offiziellen und inoffiziellen Kuren, auch Diätkuren, durchgemacht. Behandlung mit Cantharidenpflaster und nachfolgender Verschorfung mit Salpetersäure wirkte verblüffend. Unmittelbar nachher konnte Patientin schon die Kniebeuge machen, nach drei Wochen war sie vollkommen aktionsfähig.

Sehr häufig kam ich auch in die Lage, das Cantharidenpflaster bei akuter und chronischer Gallenblasenentzündung sowie bei Gallensteinkoliken anzuwenden.
Ein Beispiel:

Frau P. G., 52 Jahre, Lebensmittelhändlerin, leidet seit zwanzig Jahren im Anschluß an eine Fischvergiftung an rezidivierender, **chronischer Gallenblasenentzündung**. Die Menses immer zu spärlich, ein- bis dreitägig, Obstipation, empfindlicher Magen, Fettsucht, 83 kg, etwas vollblütig, Cutis marmorata, derzeitig erbricht Patientin alles, subfebrile Temperaturen. Auch ohne Nahrungsaufnahme Tage und Nächte lang Erbrechen und Brechreiz. Patientin hat wiederholt Karlsbader Kuren und Ölkuren durchgemacht, Rheuma in Armen und Beinen, Kopfschmerz, Menses seit zwei Monaten ganz ausgeblieben. Blutdruck 150. Die Kranke konnte schon in der ganzen letzten Woche nicht stehen und war in den letzten Tagen bettlägerig.

Ich machte sofort einen Aderlaß von 250 ccm, legte ein Cantharidenpflaster 5 × 5 cm auf die Gallenblase und verordnete ein Sennaklysma, worauf das Erbrechen und die Koliken rasch aufhörten. Im Anschluß daran Entfettungskur mit Ableitung auf den Darm. Patientin kam auf ein Gewicht von 72 kg, ist jetzt seit vier Jahren gesund geblieben.

16.7 Technik der Anwendung von Pustulantien

In die Gruppe der sogenannten Zugmittel oder Epispastica gehören nicht nur die hautrötenden Mittel (Rubefacientia) und die blasenziehenden Mittel (Vesicantia), sondern es gibt auch eine ganze Reihe von Stoffen, welche nicht so sehr Erythem oder Blasenbildung hervorrufen, als vielmehr eine Entzündung der Hautdrüsen (Schweiß-, Talgdrüsen und Haarbälge) und daraus resultierende **Bildung von Bläschen oder Pusteln**, welche in behaarten Gegenden auch als Follikulitis angesprochen werden können.

Rein empirisch läßt sich feststellen, daß die Wirkung der Pustulantien sich in mancher Hinsicht von der der einfach hautrötenden oder blasenziehenden Mittel unterscheidet. Sie nimmt gewissermaßen eine Art Mittelstellung zwischen beiden ein. Ihr derivierender, schmerzstillender und zerteilender Effekt ist weit intensiver als der der Rubefacientia. Ihre Anwendung andererseits ist weniger schmerzhaft und dabei in der Wirkung nachhaltiger als die der Vesikantien. Denn es kommt dabei nicht zur Wundmachung bzw. Epidermisabhebung auf so großen Flächen wie beim Vesikans, andererseits aber zu einer wirklichen Eiterbildung, die wieder bei letzterem gewöhnlich fehlt. Es sind also nicht nur quantitative, sondern auch qualitative Unterschiede in der Wirkung vorhanden, was wieder auf die Indikationsstellung einen nicht zu übersehenden Einfluß hat.

Um gleich ein wichtiges Beispiel aus der alltäglichen Praxis herauszugreifen, kann man sagen, daß **Ischias** und **Neuritis** durch Pustulantien mit größter Wahrscheinlichkeit rasch behoben werden, während die Wirkung der Vesikantien bzw. des Cantharidenpflasters bei weitem nicht so zuverlässig ist.

All das gilt in erhöhtem Maße auch für das im Anschluß daran zu besprechende *Baunscheidt*-Verfahren. Bei beiden Verfahren muß man wohl annehmen, daß die verteilten Partialreize auf Gefäß- und Nervenendigungen den Unterschied gegenüber der flächenhaften Vesikation ausmachen. Man kann sich die Differenzen zwischen beiden Verfahren vielleicht entfernt analog vorstellen, wie den Unterschied zwischen der Wirkung eines Bades und einer Dusche auf die Haut.

Es gibt nun eine ganze Klasse von solchen spezifischen Pustulantien, obwohl man sagen muß, daß alle kaustischen Mittel, besonders aber die hautrötenden und blasenziehenden Mittel, bei bestimmten Applikationsweisen oder bestimmter Hautbeschaffenheit unter Umständen auch Pusteln erzeugen können. So kann man namentlich beim Cantharidenpflaster oft sehen, daß sich zuerst kleine Pusteln bilden, die dann zu großen Blasen zusammenfließen.

Verwandt damit sind auch die sogenannten **Pruriginantia**, das sind Stoffe wie Veratrin oder Delphinin, welche in alkoholischer Lösung oder in Salben auf die Haut eingerieben keine Entzündung, wohl aber ein lebhaftes Gefühl von Wärme, Prickeln und Brennen erzeugen. Bei wiederholter Applikation von Veratrin, etwa in 10% Konzentration, kommt übrigens mitunter auch Hautausschlag vor. Bei Resorption toxische Wirkungen.

In ähnlicher Weise bewirken gewisse Pflanzenhaare, z.B. die Borstenhaare von Dolichos pruriens und von Siliqua hirsuta (Juckbohne), in die Haut eingerieben rein mechanisch heftiges Jucken, anschließend daran einen künstlichen Hautausschlag.

Physiologische Untersuchungen haben ergeben, daß bei all diesen Zuständen die Reizung der peripheren Nervenenden beim Zustandekommen des Bläschenausschlages sehr wesentlich mitspielt und dementsprechend auch therapeutische Einwirkungen erwarten läßt.

Die wichtigsten **chemisch wirkenden Pustulantien** sind folgende: **Cantharidenpulver** in Form des Unguentum epispasticum (ein Teil Cantharidenpulver mit 8 Teilen Salbengrundlage), allenfalls unter Beimischung von Euphorbiumharz. In dieser Mischung als Unguentum acre bekannt (Blistersalbe).

Resina Euphorbii, ein stark reizendes Harz. Es teilt diese Eigenschaften mit verschiedenen anderen Wolfsmilcharten, welche bei den einheimischen milder, bei den exotischen weit stärker ausgeprägt sind. Mit der Nasenschleimhaut in Kontakt gebracht, erregt es äusserst heftiges Niesen. In alkoholischer Lösung erzeugt es namentlich an zarteren Hautstellen Dermatitis, an behaarten Stellen Pusteln. Zu solchen Zwecken wird es als Bestandteil hautreizender Einreibungen und Salben benutzt, z.B. in Form des Emplastrum Picis irritans. Zur Familie der Euphorbiaceen gehört auch der tropische **Manzanillabaum**, dessen bloße Ausdünstungen allein schon Dermatitis erzeugen. Die Berührung mit den frischen Blättern ruft Pusteln und Blasen hervor.

Ein weiteres Harz von ähnlich hautreizender Wirkung ist **Resina Thapsiae Garganicae**. Die alkoholische Lösung des Harzes auf die Haut eingerieben erzeugt einen Bläschenausschlag. Noch stärker wirkt der Extrakt von der Wurzelrinde der nahe verwandten **Thapsia Silphium**.

Als Ersatzmittel der Cantharidenpräparate wurde im 19. Jahrhundert (wegen der hier fehlenden Gefahr der Nierenreizung) der Extrakt aus den sogenannten Elefantenläusen **Anacardia** (Mahagoninüssen), das sogenannte Cardol, empfohlen. Man unterscheidet die ostindischen Elefantenläuse (Anacardia occidentalia), deren Extrakt Cardolum pruriens, und die westindischen, deren Produkt Cardolum vesicans genannt wird. Die Schärfe beider Drogen ist so bedeutend, daß die Zubereitung derselben allein schon zum Auftreten von Ekzem am ganzen Körper führen kann.

Aber ganz ähnlich wie beim **Lorbeeröl** läßt sich die Wirkung auf die Stelle der Anwendung nicht mit Sicherheit beschränken. Es können ausgedehnte wandernde Ekzeme mit Dermatitis und Bildung von sanguinolenten und eiternden impetiginösen Blasen von sehr hartnäckiger Beschaffenheit und langer Dauer entstehen. Ich habe es selbst am eigenen Leibe erlebt. Als ich mir vor zwei Jahren eine winzige Menge von Cardol auf ein Heftpflaster von Briefmarkengröße zu Versuchszwecken am Oberschenkel aufklebte, bekam ich eine schwere Dermatits am ganzen Bein und am Rücken mit eitrigen Blasen, die mehr als drei Monate lang nicht wegzubringen waren.

Der nur in frischem Zustande pustelerregende **Giftsumach** soll chemisch mit dem Cardol verwandt sein.

Zu Giftsumach: Obsolet. Enthält eines der stärksten Kontaktallergene. Der Milchsaft ruft heftigste Hautentzündungen hervor, die noch nach Jahren rezidivieren können.

Auch das in der Dermatologie benutzte **Chrysarobin** (s. S. 230) hat ähnliche hautreizende Wirkungen, jedoch in viel geringerem Grade. Ebenso die **Seidelbastrinde.**

Zu Seidelbastrinde: sehr giftig!

Der Hauptrepräsentant der pustelerregenden Mittel aber ist das **Crotonöl.**

Zu Crotonöl: obsolet wegen kokarzinogener Wirkung.

Schon eine Spur davon genügt an empfindlichen Hautstellen, um heftige Pustelbildung und Dermatitis auszulösen. Ich habe selbst viele Fälle von Rheumatismen, Arthritiden, Neuritiden, schmerzhafte Zustände des Herzens, ferner Augen- und Ohrenleiden damit rasch heilen gesehen. Die Resultate decken sich so ziemlich mit denen des *Baunscheidt*-Verfahrens, weshalb bezüglich der Einzelheiten auf letzteres verwiesen werden soll.

In den letzten Jahren macht auch die Behandlung mit **Bienengift** wieder mehr von sich reden. Sie entspringt der Beobachtung aus der Volksmedizin, daß Mücken- oder Bienenstiche Rheumatismen heilen. Man hat demzufolge versucht, das Bienengift in Salbenform einzureiben oder subkutan zu injizieren. Die Erfolge dieser künstlichen Einverleibung des Bienengiftes lassen aber sehr zu wünschen übrig. Es wird nämlich dabei der große Fehlschluß begangen, daß man glaubt, es genüge, das Bienengift überhaupt in den Körper hineinzubringen. Ungleich wichtiger aber ist es, Hautexantheme, zumindest Quaddeln, noch besser aber Pusteln, damit hervorzurufen. Auf die seröse oder eitrige Ausscheidung nach außen kommt es an, und gerade das geschieht nicht. Ein Beweis, wie ganz verschiedenartig auch in dieser Hinsicht die klinische Auffassung von der empirischen, praktisch bewährten abweicht.

16.8 Technik des *Baunscheidt*-Verfahrens

Das *Baunscheidt*-Verfahren ist eine Kombination zwischen einer Art Akupunktur mit nachfolgender Einreibung eines Pustulans und ist der Wirkung des Bienen- oder Mückenstiches nachgeahmt. Das Verfahren wurde ungefähr um das Jahr 1840 von einem Laien, dem Mechaniker *Baunscheidt* in Endenich bei Bonn angegeben, und ich kann es aus langjähriger eigener Erfahrung sowie nach Aussage zahlreicher der Homöopathie und der biologischen Medizin nahestehender Ärzte als ein ganz ausgezeichnetes Heilmittel in sonst schwer beeinflußbaren Fällen wärmstens empfehlen.

Baunscheidt selbst schildert die Entdeckung seiner Methode in durchaus plausibler Weise folgendermaßen. Er litt an rheumatischen Beschwerden in der Hand, saß unbeschäftigt in seinem Zimmer und hatte die Hand auf den Tisch hingelegt. Da kamen einige Mücken, ließen sich auf der kranken Hand nieder, und mit den Mückenstichen war der Schmerz fast wie weggeflogen. Etwas Ähnliches ist ja von der Wirkung der Bienenstiche den Bauern bekannt.

Im Verlaufe meiner Studien über die Wiederaufnahme alter und inoffizieller Heilmethoden hörte ich auch vor mehr als fünfzehn Jahren vom *Baunscheidt*ismus. Von der klinischen Medizin wurde dieses Verfahren bisher *„als ein Verlegenheitsmittel in der Hand vielgeschäftiger Kurpfuscher“* betrachtet. Bringt man es aber in Zusammenhang mit der jahrtausendealten Geschichte der ausleerenden und derivierenden Methoden, so erhält man ein ganz anderes Bild davon. Es kommt Sinn und Zweck hinein.

Es ist allerdings notwendig, daß die Methode von allem dilettantischen und unkritischen Beiwerk gesäubert wird und daß die Indikationen von den Ärzten selbst und nicht wie bisher großenteils bloß von Naturheilern an einem großen Krankenmaterial erprobt und die Resultate mitgeteilt werden.

In der von der Firma *Baunscheidt* herausgegebenen Schrift *„Der Baunscheidtismus“*, 18. Auflage 1923, werden über 400 Krankengeschichten zum Teil mit vorher gestellter klinischer Diagnose angeführt, wo nach erfolgloser spezialistischer Behandlung die *Baunscheidt*sche Methode Heilung gebracht hat. Es ist vieles in den sonstigen Ausführungen dieses Buches recht naiv und von einer primitiven Ärztefeindlichkeit durchsetzt, aber an den oft von Universitätskliniken und namhaften Ärzten gestellten Diagnosen sowie an den Heilungen möchte ich auf Grund eigener Erfahrungen und Analogie mit ähnlichen Heilverfahren durchaus nicht zweifeln.

Man kann das Verfahren **am leidenden Orte** (derivierende Wirkung) **oder an entfernten Körperstellen** (revulsive Wirkung) anwenden. Diese letztere Wirkung erklärt sich durch Gegenreiz und Abziehung des Blutstromes sowie von Entzündungs- und sonstigen Krankheitsprodukten von bedrohten edlen Organen (Gehirn, Auge, Herz, Lunge) oder von solchen Orten, wo die Erkrankung sich besonders hartnäckig festgesetzt hat.

Mit Vorliebe werden gewisse Stellen am menschlichen Körper zu solchen revulsiven Wirkungen (ähnlich wie beim Schröpfen und bei der Ignipunktur) benutzt.

1. So z.B. die Gegend **hinter den Ohren** bei allen Erkrankungen des Schädelinhaltes sowie der Augen, der Ohren, der Kiefer und der Zähne.
2. Das **Genick** ebenfalls bei Erkrankungen des Kopfes und des Halses.
3. Der ganze **Rücken**, insbesondere die Gegend zwischen den Schulterblättern und entlang der ganzen Wirbelsäule und die Kreuzbeingegend.
4. Das **Abdomen** bei Erkrankungen der Bauchorgane und des Kopfes bzw. des Nervensystems.
5. Die **Wadengegend**, und zwar besonders in solchen Fällen, wo das Blut vom Kopfe abgezogen werden soll, z.B. bei Meningitis, Apoplexie, Angina pectoris, Asthma.

Gerade in solchen Krankheitsfällen kann man häufig bemerken, daß die Patienten über kalte Füße klagen, während gleichzeitig Kongestionen nach Kopf und Brustgegend bestehen.

Es stellt die Anwendung auf den Rücken und an den Waden eine Art Allgemeinbehandlung dar, welche bei überaus zahlreichen Krankheiten wiederum, ähnlich dem Schröpfen, einen Ausweg zeigt, wo auch die sorgfältigste Lokalbehandlung oft nicht weiterführt.

Die Anwendung des *Baunscheidt*-Verfahrens am ganzen Körper, wie sie von den extremen Anhängern dieser Richtung empfohlen wird, ist ein heroisches, nicht ungefährliches Mittel. Es imitiert den Ausbruch eines akuten Exanthems und kann natürlich gewaltige Umstimmungswirkungen bei schweren Krankheitsprozessen herbeiführen. Die weitverbreitete laienhafte Auffassung, daß das *Baunscheidt*sche Exanthem nur dort aufgeht, wo Krankheitsstoffe vorhanden sind, und um so stärker, je mehr solche Stoffe da sind, ist unrichtig. Bei Vollblütigkeit, bei entzündlicher Diathese und empfindlicher Haut tritt das Exanthem besonders leicht und intensiv auf.

Das ***Baunscheidt*sche Instrument** besteht aus einer mit etwa 20 feinen Nadeln besetzten Platte, welche mittels einer Spiralfeder aus einem Gehäuse schnepperartig in die betreffenden Hautstellen eingeschnellt werden kann. Der Handgriff des *Baunscheidt*schen Apparates wird zum Schnellen je nach der gewünschten Intensität der Einwirkung 2 bis 5 cm herausgezogen. Ein stärkeres Anziehen würde die Spiralfeder ruinieren.

An sonstigen Verhaltungsmaßregeln möge noch erwähnt werden, daß man den Erfolg durch vorheriges Abwaschen der Haut mit warmem Wasser und Reiben mit einer Bürste bis zum Rotwerden verstärken kann.

Nur auf gesunder, unveränderter Haut anwenden, nicht über Naevi, Sommersprossen u.ä. Man muß außerdem mit allergischen Reaktionen rechnen.

Die Anwendung soll mit mäßiger Kraft geschehen, **so daß keine Hautblutungen entstehen**. Die Haut rötet sich bloß in kreisförmigen Flecken in einem Durchmesser von etwa 2 cm. Man kann die Haut auch ohne Stichelung durch starkes Bürsten oder vorsichtiges Abreiben mit feinem Sandpapier vorbereiten.

Dann wird mit einem Pinsel, Wattestäbchen oder einer gut desinfizierten feinen Bürste das ***Baunscheidt*-Öl** leicht eingerieben. Das Öl soll so lange eingerieben werden, bis die Haut wieder einigermaßen trocken ist und die Flüssigkeit sich nicht mehr in die Wäsche einsaugen kann.

Will man mit größtmöglicher Sicherheit einen intensiven Ausschlag erhalten, so ist es am besten, die betreffenden Stellen mit nicht entfetteter Watte für ein bis zwei Tage zu **bedekken** oder grobe baumwollene Wäsche (Jägerwäsche) unmittelbar darauf anziehen zu lassen. Die Watte kann man entweder mit Heftpflaster oder Binden befestigen, was bei großen Flächen recht umständlich ist, oder man läßt die Wattestücke mit einigen Heftstichen an die Innenseite der Wäschestücke annähen. Ist die Hautreaktion zu stark, so läßt man den genannten Verband für einige Tage weg.

Während des **Juckens**, welches am zweiten oder dritten Tage nach der Anwendung eintritt, schadet Reiben oder Kratzen nicht, sondern befördert im Gegenteil noch die beabsichtigte Hautreaktion. Es wird sogar angegeben, daß man die kleinen Pusteln durch Reiben mit einem Wattestäbchen öffnen soll.

In den drei ersten Tagen nach der Anwendung sollen sich die Patienten vor Erkältung, Zugluft und Durchnässung hüten, um die Hautreaktion nicht zu stören. Gleichzeitig verabreichte Abführmittel oder Blutentziehung schwächen gleichfalls den Erfolg etwas ab. Ebenso der Genuß von Säuren, welcher gleichfalls antiphlogistisch wirkt. Diese für die Allgemeinbehandlung oft unentbehrlichen Mittel kann man am besten nach Ablauf der akuten Hautreaktion anwenden.

Nach ein bis zwei Tagen kommen dichtstehende rote **Pusteln** nach Art eines Scharlachausschlages heraus, die dann in den nächsten Tagen eitrig werden, hirsekorngroß sind und bei sehr empfindlicher Haut, bei sehr blutreichen Personen oder intensiver Anwendung auch zu größeren Bläschen konfluieren können. Man soll auf diese Stellen weder Salben noch Puder oder dgl. geben, sondern diese Pusteln **von selbst eintrocknen lassen**. Das geschieht in der Regel nach einer Woche unter leichter Schuppenbildung. Das Verfahren hinterläßt in dieser Form keine Narben, manchmal aber leicht braune Pigmentierungen, die aber nach einigen Wochen verschwinden. An sichtbaren Körperstellen sollte man deshalb vorsichtig sein bzw. den Patienten über diese Eventualität aufklären.

Nach je zehn Tagen kann das Verfahren, wenn die Beschwerden noch nicht behoben sind, beliebig oft wiederholt werden. Oft genug genügt aber eine einzige Applikation, um auch sehr schmerzhafte und hartnäckige Leiden zu beseitigen.

Bei hartnäckigen Krankheitsfällen muß die Anwendung in zehntägigen Zwischenräumen so lange fortgesetzt werden, bis sich der Erfolg einstellt. In den schwierigsten Fällen bis zu vier und sechs Monaten; oft kommt man aber schon, wie ich aus eigener Erfahrung bestätigen kann, mit ein bis zwei Anwendungen aus. Das sind die dankbarsten Fälle, welche dann als Wunderkuren imponieren.

Die **periodische Anwendung** in zehntägigen Intervallen hat verschiedene Vorteile vor anderen ähnlichen Heilverfahren voraus. Es wird gewissermaßen ein System in die Behandlung hineingebracht. Der Patient weiß, daß er pünktlich erscheinen und einige Geduld und Konsequenz aufbringen muß. In der Zwischenzeit hat man Gelegenheit, auch die sonst nötige Allgemeinbehandlung durchzuführen.

16.9 Das *Baunscheidt*-Verfahren im Rahmen der Konstitutionstherapie

Die nachfolgende Übersicht soll auf die zahlreichen Möglichkeiten hinweisen, wo das *Baunscheidt*-Verfahren, mit oder ohne Zuhilfenahme anderer klinischer Methoden, selbstverständlich unter strengster Kritik und Indikationsstellung, mit Aussicht auf Erfolg angewendet werden kann.

1. Bei Krankheiten des Gehirns und seiner Häute (akute und chronische **Meningitis, Hydrocephalus**) ist an der antiphlogistischen Wirkung des Verfahrens bei akuten Fällen und an der resorbierenden, sozusagen dauernd nach außen drainierenden Wirkung bei chronischen Fällen nicht zu zweifeln.

Ein Kunstgriff bei der akuten Meningitis oder Enzephalitis ist, die meist kalten Füße durch künstliche Exantheme an den Waden so zu reizen, daß sie warm werden und dauernd warm bleiben, wodurch Kongestion und Entzündung im Gehirn in sehr wirksamer Weise vermindert werden. Die Naturheilkunde verwendet ja in ähnlicher Absicht heiße Packungen und Senfwickel um die Beine und hat damit oft Erfolg.

2. Bei **Kopfschmerzen** und **Migräne** geschieht die Anwendung zunächst hinter den Ohren, im Nacken, nötigenfalls auch im Rükken und an den Waden. Bei der Hartnäckigkeit dieser Zustände bietet das *Baunscheidt*-Verfahren recht oft willkommene Hilfe, wie ich selbst bestätigen kann.

3. Bei **Apoplexie**, nach gehöriger Anwendung von Aderlaß, Blutegeln, Abführmitteln und späterer Hauttranspiration kann der Rückgang der Lähmung sehr beschleunigt und unterstützt werden durch Anwendung hinter dem Ohr auf der Seite des Herdes, gelegentlich im Nacken, hauptsächlich aber im Rücken und später an den gelähmten Extremitäten. Bei Wiederholung in zehntägigen Abständen kann man Besserung der Beweglichkeit, Abnahme der Gefühllosigkeit auch dort noch erzielen, wo die üblichen Mittel (Faradisation usw.) im Stiche lassen.

4. **Epilepsie**. Man kann durch ausleerende und umstimmende Verfahren häufig Heilung bei Epilepsie erzielen, wo die übliche sedative Behandlung nicht befriedigt hat. Das *Baunscheidt*-Verfahren bietet da großen Spielraum, hauptsächlich bei abwechselnder Anwendung im Nacken, am Rücken, an den Waden sowie in der Magen- und Herzgegend. Ähnliches gilt für Chorea.

5. **Psychosen**. Die periodische Anwendung intensiver Hautreizmittel bewährt sich besonders bei katatonischen, manchmal auch bei melancholischen und paranoischen Zuständen. Die Applikation geschieht nach ähnlichen Grundsätzen wie bei Epilepsie. Daneben selbstverständlich Ableitung auf den Darm, Brechmittel usw.

6. Bei **Trigeminusneuralgie** soll die Anwendung nicht nur im Bereiche der schmerzhaften Nervenverzweigungen geschehen, sondern auch hinter den Ohren, im Nacken und auf dem Rücken. Ich habe mehrere Fälle dadurch dauernd von ihren Schmerzen befreit, wo Diathermie, medikamentöse Behandlung u.dgl. erfolglos waren. Selbstverständlich muß immer auch hier die Behandlung der entfernten Ursachen (Vollblütigkeit, Dyskrasie, Menstruations- und Verdauungsstörungen usw.) damit verbunden sein.

7. Von **Ohrenkrankheiten** insbesondere akute und chronische Mittelohrentzündungen, Schwerhörigkeit, Ohrensausen, Schwindel, *Menière*sche Krankheit. Die Anwendung geschieht hier hinter dem Ohr, bei hartnäckigen Fällen auch im Nacken und im Rücken, besonders zwischen den Schulterblättern und gelegentlich an den Waden.

Durch konsequente periodische Anwendung erreicht man auch bei chronischen Fällen, wo die übliche klinische Behandlung im Stiche läßt, oft noch bemerkenswerte Erfolge. Die Patienten geben an, daß die subjektiven Beschwerden nachlassen, das oft vorhandene Druckgefühl im Ohr schwindet und gleichzeitig vermehrte Absonderung von Cerumen als Zeichen der Besserung des Gehörs.

Selbstverständlich darf auch hier die Indikation zu einer dringlichen Operation nicht übersehen werden. Aber gerade in chronischen Fällen leistet das Verfahren gelegentlich Besonderes.

8. Von **Augenkrankheiten** gehören hierher akute und chronische Entzündungen, auch solche rheumatischer und skrofulöser Natur. Die derivierende und resorbierende sowie antiphlogistische Wirkung äußert sich ferner bei Konjunktivitis, Skleritis, Iritis, Retinitis, Chorioiditis, selbst bei Sehnervenentzündung sowie Katarakt und Glaukom, dort, wo Operationen nicht in Frage kommen. Anwendung hinter den Ohren und im Nacken.

9. Bei akuter und chronischer **Laryngitis**, auch bei Kehlkopftuberkulose: Anwendung in der Umgebung des Kehlkopfes, im Nacken und am Rücken, als Unterstützung der sonstigen Behandlung.

10. Von **Herzkrankheiten** kommen besonders die krampfartigen und schmerzhaften Zustände in Betracht. Mit gutem Erfolg verwendet man bei Angina pectoris Hautreizmittel in der Gegend des Herzens. Das *Baunscheidt*-Verfahren ist dabei in der Gegend des linken Schulterblattes, am Rücken und allenfalls an den Waden anzuwenden.

11. Von **Lungenkrankheiten**, vor allem Pleuritis, Asthma bronchiale und Lungentuberkulose. Bei letzterer besonders an den schmerzhaften Stellen und überhaupt wo sich Entzündungs- oder Zerfallsherde lokalisieren lassen. Es wirkt auch gegen Hämoptoe. Bei Asthma bronchiale besonders am Rücken und an den Waden. Hier fällt besonders die krampfstillende Wirkung der Hautableitung ins Gewicht.

12. Was **Wadenkrampf und intermittierendes Hinken** betrifft, so kenne ich zwei Patienten, wo schon nach erfolgloser vielmonatiger medikamentöser und physikalischer Behandlung die Operation nach *Leriche* beschlossen war. Ausgiebige *Baunscheidt*ierung der Waden von der Kniekehle bis zum Knöchel brachte die Anfälle dauernd zum Schwinden, gleichzeitig wurde eine stoffwechselverbessernde Behandlung mit Ableitung auf den Darm, mit Aderlaß usw. eingeleitet. Beide Kranke konnten wieder stundenlang gehen, was vorher unmöglich gewesen war.

13. Die **arthritisch-rheumatisch-neuralgischen Zustände** sind die eigentliche Hauptdomäne aller Hautableitungsverfahren und so auch des *Baunscheidt*ismus. Das *Baunscheidt*-Verfahren wird im ganzen schmerzhaften Bereich entweder auf einmal oder partienweise angewendet.

Ischias, Lumbago, Neuritis der Arme, chronische Erkrankung der Handgelenke, der Finger-, der Schulter-, der Knie- und Sprunggelenke sowie des Hüftgelenkes, welche allen übrigen Verfahren getrotzt haben, können durch *Baunscheidt*ieren oft mit einemmal, sicherer aber durch wiederholte Anwendung, beschwerdefrei gemacht werden. Natürlich noch besser unter Zuhilfenahme der geeigneten internen resolvierenden und antiphlogistischen Wirkung.

Am imponierendsten ist die Wirkung des Verfahrens bei der *Bechterew*schen progressiven Versteifung der Wirbelsäule, einem Leiden, gegen welches alle üblichen Verfahren machtlos sind.

Eine spezielle sehr qualvolle Lokalisation des Rheumatismus ist die Erkrankung der Kiefergelenke mit Mundklemme. Hier gibt es tatsächlich nichts, was rascher die Klemme löst als *Baunscheidt*ierung über der erkrankten Partie.

14. Das *Baunscheidt*-Verfahren hat auch eine erweichende Wirkung auf die **Kontrakturen** der Sehnen und Gelenkkapseln, so daß direkte Applikation Lockerung der narbigen Verkürzungen zur Folge hat und die Beweglichkeit oft wider Erwarten wiederhergestellt wird.

In den Schriften der alten Wundärzte spielt neben der Behandlung der Lähmungen die der Kontrakturen eine große Rolle, besonders auch bei *Paracelsus*. Heute versucht man, diese Kontrakturen eigentlich nur mehr mit physikalischer Behandlung oder Operation zu beheben und hat die starke Wirkung der Derivantien mit Unrecht vergessen. Die Anhänger des *Baunscheidt*ismus behaupten sogar, daß die Tenotomie dadurch oft überflüssig wird.

Sehr eindrucksvoll ist auch die Behandlung der Sehnenscheidenentzündung, wie ich sie mehrmals mit Erfolg bei Klavier- und Violinspielern gesehen habe. Nach monatelanger vergeblicher physikalischer Behandlung genügten 1-2 *Baunscheidt*sche Anwendungen, um das Leiden dauernd zu beheben. Das erscheint unglaubhaft, solange man es nicht selbst gesehen hat.

15. **Magenstörungen** (Atonie, Säurebeschwerden, Blähungen), besonders Schmerzen, Krämpfe, auch solche im Duodenum, reagieren auf Hautableitung oft sehr rasch und gut. Der Ausschlag wird in der schmerzhaften Gegend und am Rücken erzeugt.

16. **Gallensteinkoliken und Gallenblasenentzündung** werden ganz ähnlich wie durch Cantharidenpflaster günstig beeinflußt. Es sollen nicht nur die Krampfanfälle durch das Pustelverfahren gemildert und kupiert, sondern auch der Zerfall und Abgang der Steine begünstigt werden. Der durch das Pustelverfahren erhöhte lokale Stoffwechsel läßt solche Annahmen nicht als ganz unmöglich erscheinen.

17. Bei **zu seltener und zu spärlicher Menstruation** bzw. Amenorrhöe geschieht die Anwendung in der Gegend der Schamhaare, in der Leistengegend, an der Innenseite der Oberschenkel und am Kreuzbein. Nebst vielen anderen habe ich auf diese Weise eine drei Jahre lang dauernde Amenorrhöe nach Röntgenbestrahlung bei einem jungen Mädchen geheilt.

18. **Dysmenorrhöe** wird wie alle Arten von Krämpfen durch *Baunscheidt*ierung günstig beeinflußt.

16.10 Beispiele für die Anwendung des *Baunscheidt*-Verfahrens

Einer meiner ersten Fälle war folgender:

Ein 17jähriges Mädchen aus Konstantinopel hatte drei Jahre vorher an den heftigsten Pubertätsblutungen gelitten. Sie wurde dann mit Röntgen bestrahlt, die **Menses blieben vollständig weg**. Patientin wurde fettleibig und vollblütig und litt unter Erbrechen, Erregungszuständen und krampfartigen Schmerzen im Bauch. Sie hatte alle möglichen Hormonpräparate, Moorbäder usw. ohne Erfolg genommen.

Sie kam 1922 nach Wien zur Behandlung, und ich machte ihr einen *Baunscheidt*schen Pustelausschlag über dem ganzen Kreuzbein. Tags darauf war ein scharlachrotes Exanthem vorhanden. Die Familie lief von Angst und Mißtrauen befallen zu einem sehr namhaften Fachkollegen. Dieser staunte sehr über das Vorgefallene und sagte: „Lassen Sie sich doch nicht zum Versuchskaninchen mißbrauchen.“ Zwei Tage später trat die Menstruation ein, die Familie kam reuig wieder zu mir zurück und erzählte mir das Ganze. Es wurde eine Entfettungskur angeschlossen, und die Menses blieben fortan regelmäßig.

Seither verwendete ich bei zu seltener und zu spärlicher Menstruation das *Baunscheidt*-Verfahren abwechselnd mit Schröpfköpfen, Blutegeln, Cantharidenpflastern oder einfachem Einreiben von Crotonöl in die Schamhaare bei besonders hartnäckigen Fällen. Die Applikation kann am Kreuzbein, in der Leistengegend, an der Innenseite der Oberschenkel, aber auch als sog. Attrahens an den Waden geschehen.

Eine zweite Hauptdomäne des *Baunscheidt*-Verfahrens, wo es fast alle anderen Mittel übertrifft, sind die arthritisch-rheumatisch-neuralgischen Zustände. Sehr charakteristisch ist die Wirkung beim Rheumatismus des Schultergelenkes selbst oder der Muskeln und Faszien dieser Region. Ganz analog wie die mit Cantharidenpflastern behandelten Fälle verhielten sich eine ganze Reihe Fälle von Omarthritis nach *Baunscheidt*-Verfahren. Ja, die Heilung ging meist noch viel rascher vor sich. Auch für das Handgelenk und Ellbogengelenk, für die kleinen Finger- und Zehengelenke bewährte es sich.

Im letzten Jahr begegnete mir folgender Fall:

Frau C. O., 54 Jahre, seit fünf Jahren Menopause. Patientin leidet seit zwei Jahren an heftigen **rheumatischen Schmerzen** im ganzen Körper; auch in früheren Jahren hatte sie schon öfters fieberhaften Muskel- und Gelenkrheumatismus. Patientin hatte fast schwarze Haare und eine dunkelbrünette Haut, schon im Alter von 20 Jahren Gallen- und Nierensteine. Also ein biliär-arthritischer Habitus. Die Kranke selbst kam von der chirurgischen Abteilung eines Krankenhauses, ausgerüstet mit einer Gipsschiene, welche das rechte Ellbogen- und Handgelenk fixierte, da beide geschwollen und bei Bewegungen sehr schmerzhaft waren. Auch die Knie, Schultern, Hüft- und Sprunggelenke waren geschwollen und schmerzhaft. Man hatte der Patientin vorausgesagt, daß das Leiden progredient sei und daß sie wahrscheinlich in absehbarer Zeit im Rollwagen werde fahren müssen.

Ich machte ein *Baunscheidt*sches Exanthem über dem rechten Hand- und Ellbogengelenk, und schon nach drei Tagen konnte Patientin beide Gelenke schmerzfrei bewegen, die Gipsschiene wurde nicht mehr angelegt. Innerlich bekam sie Kalomel, einen diuretischen Tee, später Tart. stib. 0,05, zweimal wöchentlich in je einem halben Liter Wasser aufgelöst tagsüber. Später Extr. Aconiti, Sennainfus und zur Stärkung der Verdauung Condurangowein mit Chinainfus abwechselnd.

Der Zustand besserte sich in bezug auf die übrigen Gelenke allmählich, eine Zeitlang klagte Patientin auch über Steifigkeit in der Halswirbelsäule, auch dieses wurde mit *Baunscheidt* rasch beboben. An den übrigen Gelenken, insbesondere Knien, Cantharidenpflaster, abwechselnd mit Pustelausschlag. Nach drei Monaten war Patientin wieder imstande, Klavier zu spielen, was sie seit Jahren nicht mehr gekonnt hatte. Auch die häusliche Arbeit machte sie wieder zum größten Teile selbst. Patientin wurde in der Gesellschaft der Ärzte in Wien am 8. 11. 1935 von mir vorgestellt.

Der obige Fall zeigt, wie entscheidend dieses einfache Verfahren, an welchem die Klinik konsequent und wie absichtlich vorübergeht, die Arbeitsfähigkeit und Lebensweise eines Menschen beeinflussen kann. In geringerem Ausmaß, aber doch auch drastisch genug, zeigt dies folgende Krankengeschichte:

Die 49jährige Frau eines sehr angesehenen Zeitungsredakteurs suchte mich wegen klimakterischer Beschwerden auf und klagte dabei, daß sie seit ungefähr einem Jahr keine größeren Ausflüge mehr unternehmen und den für ihre Gesundheit immer so förderlich gewesenen Tennissport nicht mehr ausüben könne. Sie hatte nämlich seither andauernd starke Schmerzen von einer chronischen **Gelenkentzündung** der großen Zehe. Die im Mittelpunkt der Gesellschaft stehende Dame hatte die besten Fachärzte Wiens aufgesucht, alle möglichen Bestrahlungs-, Bade-, Injektions- und Diätkuren durchgemacht. Es waren die verschiedensten Diagnosen gestellt und in der üblichen, man kann ruhig sagen übertriebenen Weise nach Infektionsherden gesucht worden, alles ohne Erfolg.

Eine einzige Applikation des *Baunscheidt*-Verfahrens auf der Dorsalseite der großen Zehe bis über den Mittelfußknochen hinauf beseitigte in wenigen Tagen die Schmerzen dauernd, und die Patientin konnte Sport und Ausflüge wieder wie früher ausüben. Eine leichte Entfettungs- und Stoffwechselkur wurde angeschlossen, und die Patientin ist bis jetzt seit drei Jahren beschwerdefrei.

Verblüffend ist es manchmal, wie z.B. bei Lumbago der Schmerz oft sofort nach der Stichelung und Einreibung wesentlich nachläßt, so daß die Patienten sich freier bewegen können als vorher.

Ein Beispiel:

Frau E. B., 45 Jahre alt, kam vom Landaufenthalt zurück, weil sie seit drei Wochen an **Lumbago** litt, die ihr das Gehen unmöglich machte und so den ganzen Aufenthalt verleidete. Sie wollte daher ihren Urlaub vorzeitig abbrechen. Die Patientin kam in schiefer Haltung in meine Sprechstunde. Unmittelbar nach der *Baunscheidt*ierung fühlte sie sich leichter, konnte sich schon etwas bücken und fast geradestehen. Nach 24 Stunden war sie vollkommen schmerzfrei und konnte nach vier Tagen wieder auf ihren Landaufenhalt zurückfahren.

Dasselbe erlebte ich oft bei Ischias. Doch gibt es einzelne Ausnahmen, wo man **mit Blutegeln**, Schröpfköpfen oder Cantharidenpflastern noch eine Zeitlang **nachhelfen** muß. Bei vollblütigen und stoffwechselgestörten Personen soll man die entsprechende Allgemeinbehandlung vorkehren.

Sehr schmerzhaft und langwierig sind oft die Neuritiden an der oberen Extremität. Gewöhnlich dauern sie sechs Wochen, sie können sich aber auch ebenso viele Monate hinziehen, wie folgender Fall zeigt.

Frau F. H., 48 Jahre, seit einem Jahr Menopause, seit sechs Monaten **Ulnarisneuritis** am linken Arm. Man hatte nach Eiterungen in den Zähnen gesucht, einige Granulome entfernt, auch die Tonsillen abgesaugt. Patientin bekam Schlammpackungen, Diathermie, zahlreiche Medikamente und Injektionen. Das Leiden besserte sich nicht, so daß Patientin in eine Art Depressionszustand verfiel.

Mit einer einzigen *Baunscheidt*-Applikation waren die Schmerzen verschwunden und kehren nicht mehr wieder.

Auch bei anderen Fällen von Neuritis am Arm habe ich mit dem *Baunscheidt*-Verfahren noch nie einen Versager gesehen.

Verblüffend war auch die Wirkung des *Baunscheidt*ismus bei einer Klavierspielerin und einer Violinspielerin, welche seit Monaten wegen **Sehnenscheidenentzündung** am Unterarm ihren Beruf nicht ausüben konnten und beide in 1-2 Wochen hergestellt waren.

Fast unfehlbare Resultate gibt auch die Behandlung der **Steißbeinschmerzen** (Coccygodynie). Gleichgültig, ob diese rheumatisch-gichtischer Natur oder traumatisch durch Sturz entstanden sind. Auch diese Patienten hatten meist schon Moorbäder, Bestrahlungen, Injektionen u.dgl. durchgemacht, und gelegentlich war sogar die Resektion des Steißbeines in Aussicht genommen. Einmalige Hervorrufung eines Pustelekzems genügte ausnahmslos, um die Schmerzen in wenigen Tagen zu beseitigen.

Ein Beispiel:

Frau E. Sch., 47 Jahre, klein, fettleibig, 75 kg, Menses schon seltener, starkes Herzklopfen, Wallungen, Ameisenlaufen, krachende Kniegelenke, seit zwei Monaten auch Steißbeinschmerzen, die allen üblichen Behandlungsmethoden trotzen. Blutdruck 150. Eine *Baunscheidt*-Applikation. Nach Abheilung des Exanthems, also nach etwa einer Woche, keine Steißbeinschmerzen mehr. Entfettungskur mit Ableitung auf den Darm, Aderlaß und antiarthritische Medikamente werden verordnet.

Ein sehr beweisender Fall von **Schulterrheuma**:

Frau B. St., 56 Jahre, mit 52 Jahren Menopause, vor zwei Jahre Gallensteinoperation. Es sei auch hier wieder auf die Beobachtung verwiesen, daß durch die Gallensteinoperation allein das Grundleiden nicht geheilt wird und daß sich bei diesen Kranken fast immer an anderen Körperstellen Schädigungen ausbilden. Diese Patientin war von biliärem Habitus mit schwarzem Haar und brünetter Haut leichte Hypertrichosis. Blutdruck 190 RR, hat von 68 auf 80 kg im letzten Jahr zugenommen. Seit ¾ Jahr bestehen Schmerzen im linken Schultergelenk und seiner Umgebung, welche bis in die Fingerspitzen ausstrahlten. Man sprach von chronischer Gelenkentzündung, aber gleichzeitig auch von Neuritis des Nervus radialis und medianus.

Interessant ist, daß die Patientin ein Jahr früher rheumatische Beschwerden in den Kniegelenken hatte, welche durch kampferhaltige Einreibungen nach innen vertrieben wurden und sich dann im Schultergelenk festgesetzt hatten. Wieder ein Fingerzeig, um wieviel besser die ausleerenden Verfahren bei solchen Zuständen sind als die bloß zerteilenden, wie etwa Wärme, Bestrahlung usw. Die Patientin selbst sagte außerdem, daß nach ihrer Empfindung seit dem Aufhören der Menses sich die Krankheitsstoffe auf alle möglichen Organe schlagen. Es ist klar, daß gegen derartige Wechselbeschwerden die üblichen Ovarialpräparate und Gefäßmittel nichts ausrichten.

Trotz intensiver chirurgischer und orthopädischer, medikamentöser und physikalischer Behandlung konnte Patientin den Arm seit vielen Monaten nicht gebrauchen und trug ihn in der Schlinge. Besonders lästig war ihr auch, daß sie sich nicht mehr selber frisieren konnte.

Es wurde ein *Baunscheidt*-Exanthem über das ganze Schultergelenk und den Oberarm bis handbreit unterhalb des Ellbogens gemacht und eine Entfettungskur verordnet. Eine Woche später konnte Patientin den Arm schon ziemlich weit nach rückwärts bewegen. Es wurde dann auch der ganze Unterarm bis zum Handgelenk *baunscheidt*iert. Nach weiteren acht Tagen konnte die Patientin sich schon selbst frisieren. Nach drei Wochen ging es ihr schon so gut, daß sie nicht mehr in die Behandlung zu kommen brauchte, sie hatte inzwischen auch 4 ½ kg abgenommen.

Vor mehreren Jahren suchte mich einmal eine bekannte Tänzerin auf, welche an zu spärlicher Menstruation litt und zugleich in Sorge war, daß sie ihren Beruf aufgeben müsse, weil sich eine zunehmende **Versteifung der Wirbelsäule**, besonders in der Halsgegend, einstellte. Man sieht ja bekanntlich chronisches Gelenkrheuma in der verschiedensten Form von Hypomenorrhöe, nur wird dieser Zusammenhang weder von den Gynäkologen noch von den Chirurgen und Orthopäden ernst genommen. Man konnte auch dieser Patientin keine rechten Hoffnungen machen und ihr auch nicht helfen.

Etappenweise *Baunscheidt*ierung der Wirbelsäule in ungefähr Handbreite sowie Ableitung auf den Darm und Emmenagoga stellten die Patientin in wenigen Wochen vollkommen her, und sie ist auch heute noch eine der leistungsfähigsten Künstlerinnen Wiens auf diesem Gebiet.

Ein ähnlicher Fall:

Frau O. G., 53 Jahre, seit ungefähr einem Jahr Menopause, seither zunehmende **rheumatische Beschwerden** im ganzen Körper, besonders in den Fingern und in der Halswirbelsäule. Patientin kann den Kopf nur mehr sehr wenig drehen, auch nicht gut nach rückwärts beugen, was ihr besonders beim Trinken lästig wird. Bezeichnenderweise hatte sie in früheren Jahren auch viel mit der Galle zu tun gehabt und war wiederholt in Karlsbad. Eine einzige *Baunscheidt*ierung von der Haargrenze bis zum ersten Brustwirbel stellte vollkommene Schmerz- und Bewegungsfreiheit binnen vier Tagen her.

Frau A. T., 51 Jahre. Vor sechs Jahren hatte Patientin **Rheumatismus im linken Schultergelenk**, der mit Schlammpackungen lange Zeit vergeblich behandelt worden war. Auf eine einzige *Baunscheidt*ierung sofortige Ausheilung.

Jetzt kam Patientin wieder mit **schmerzhaften Zuständen in beiden Kniegelenken**, so daß sie nicht längere Strecken gehen und auch die gewohnten Bergtouren nicht mehr machen konnte. Auf Verordnung ihres Hausarztes nahm sie zehn Schlammpackungen, dann wurden Mirioninjektionen, Diathermie und Röntgenbestrahlungen versucht. Als die gewünschte Besserung ausblieb, erinnerte sie sich an den raschen Erfolg mit dem *Baunscheidt*-Verfahren und suchte mich wieder auf.

Es wurde handbreit oberhalb und unterhalb des linken Kniegelenkes ein Exanthem gemacht. Am Kniegelenk selbst soll man wegen der Gefahr eines Gelenkergusses gerade bei diesem Gelenk lieber davon absehen. Am rechten Kniegelenk wurden zweimal wöchentlich Cantharidenpflaster aufgelegt. Schon nach einer Woche bedeutend besseres Gehvermögen, nach drei Wochen konnte Patientin wieder ihre Sonntagsausflüge in die Berge unternehmen.

Sehr beängstigend sind auch Bewegungshemmung und Schmerzen im Kiefergelenk, die bei chronischem, polyartikulärem Gelenkrheumatismus gelegentlich vorkommen. Nichts kann den Zustand so schnell beheben, als je ein Cantharidenpflaster oder noch besser und weniger entstellend ein *Baunscheidt*-Exanthem über dem betreffenden Gelenk.

Ein Beispiel für **Kiefergelenkschmerzen**:

Frau R. R., 52 Jahre, seit zwei Jahren Menopause, Gelenkschmerzen im ganzen Körper, zuletzt auch im Kiefergelenk, Fettsucht, 96 kg. Patientin hatte Rheumakutin-Impfungen, Colchicin und Phenacetin ohne Erfolg bekommen. An eine Entfettung war nicht gedacht worden.

Ich verordnete Entfettungskur um 10 kg, Aderlaß, *Baunscheidt* beiderseits über dem Kiefergelenk. Rapide Besserung.

Auszugsweise will ich noch folgende von mir noch nicht durchwegs erprobte, aber in dem *Baunscheidt*schen System angegebene Indikationen anführen.

1. **Hautkrankheiten**, besonders Ekzeme. Dieser Indikation liegt die Anschauung zugrunde, daß die Hautkrankheiten durch ungenügende Ausscheidung krankhafter Stoffwechselprodukte bzw. ungenügende Hautatmung entstehen. Pustelerzeugung, besonders am Rücken, und zwar mehr an den gesunden Stellen der Haut, bewirkt erhöhte Hautfunktion mit vermehrter Ausscheidung und soll imstande sein, selbst die hartnäckigsten und ausgedehntesten Ekzeme zum Verschwinden zu bringen. Bei Akne im Gesicht wird angegeben, das Verfahren am Rücken und auf der Bauchfläche anzuwenden, bei hartnäckigen Fällen durch leises *Baunscheidt*isieren der betreffenden Stelle selbst das Leiden zu beseitigen. Gerstenkörner am Lidrand sollen durch Anwendung hinter dem Ohr rasch verschwinden.

2. **Karzinom**. Von der einschmelzenden Wirkung der Pustulantien und Derivantien überhaupt auf bewegliche Knoten in der Mamma habe ich mich schon wiederholt überzeugen können. Aber selbst weiter vorgeschrittene Stadien, wo die Knoten schon schwer beweglich oder unbeweglich und sogar exulceriert sind, sollen eine gewisse Rückbildungstendenz bei Pustulantien zeigen. Dort wo Operation oder Bestrahlung nicht in Betracht kommen, ist ein Versuch damit gerechtfertigt.

3. **Strumen** sollen durch Anwendung an Ort und Stelle sowie am Rücken einer weitgehenden Rückbildung fähig sein. Neben Karzinom und Struma sollen sich auch alle anderen Arten von chronischen Verhärtungen dazu eignen.

4. **Gallen- und Nierensteine**.

5. **Schrumpfniere und Hydrops** (Wassersucht). In früherer Zeit hat man bei Versagen der Nierenfunktion oft mit Erfolg bei den intensivsten Hautableitungsmethoden Zuflucht gesucht, besonders bei der Ignipunktur und Akupunktur. Die *Baunscheidt*-Methode schreibt vor, bei Wassersucht die Applikation reichlich am ganzen Rücken, in der Kreuzgegend und besonders in der Nierengegend vorzunehmen und will dadurch oft radikale Heilung gesehen haben.

6. Ähnliches gilt für **Diabetes**.

7. An sonstigen derartigen Möglichkeiten seien noch genannt: **Schreibkrampf** (Anwendung an den Armen und am Rücken), **Schlaflosigkeit** (Anwendung am Rücken und zwischen den Schultern). Es soll auffallend oft gute Resultate ergeben.

8. **Hypochondrie** beim männlichen und **Hysterie** beim weiblichen Geschlecht. Die Anwendung soll alle zehn Tage auf dem ganzen Rücken sowie in großem Umfang in der Bauch- und Magengegend stattfinden.

9. **Grippe** soll rasch und komplikationslos bei Anwendung auf den ganzen Rücken und Bauch verschwinden. Auch bei **anderen Infektionskrankheiten** ist die rasche und gründliche Herbeiführung der Hautkrise wesentlich für einen glücklichen Ausgang z.B. bei der Beulenpest, ferner bei Masern, Scharlach, Blattern und Flecktyphus.

10. Ebenso **Husten** verschiedener Art, besonders auch der Keuchhusten bei Kindern. Die Meinung, daß Keuchhusten unbedingt viele Wochen lang dauern müsse, sei dadurch widerlegbar.

11. **Katarrhe** der Nase und ihrer Nebenhöhlen sollen durch Anwendung hinter jedem Ohr und im Nacken rasch gebessert werden.

12. Alle Arten von **Darmkoliken** und Bauchkoliken überhaupt.

13. Einschlafen der Glieder (**Parästhesien**) durch Anwendung an Ort und Stelle aber auch im Rücken.

14. Von **Augenkrankheiten** wird besonders die oft unerwartete Heilbarkeit der Amaurose bzw. des schwarzen Stars durch das *Baunscheidt*-Verfahren hervorgehoben.

16.11 Technik der Anwendung von Fontanellen

Man versteht unter Fontanellen (**Eiterquellen**) eine künstlich verursachte und in Eiterung unterhaltene Wunde. Sie dient als reizendes, ableitendes Mittel, durch welches sogar seröse Exsudate entleert und manchmal sogar gutartige Geschwülste, z.B. Milztumoren, Kröpfe, zur Einschmelzung gebracht werden.

Die Anwendung der **künstlichen Geschwüre** und ähnlicher Verfahren gründet sich auf die alte Erfahrungstatsache, daß bei Leiden innerer Organe durch eine künstlich erregte Erkrankung der Haut (vermehrten Blutzufluß, Entzündung und Eiterung) das innere Leiden gemildert, zum Stillstand gebracht oder auch gänzlich beseitigt werden kann.

Dieser Vorgang und die oft überraschend günstige Wirkung können noch nicht restlos geklärt werden. Jedenfalls befördern diese künstlichen Geschwüre in hohem Grade die Resorptionsfähigkeit. Ihr Hauptanwendungsgebiet sind chronische Leiden, besonders Entzündungen und Eiterungen, Flüssigkeitsansammlungen in Höhlen, Nervenkrankheiten, insbesondere Lähmungen, Schmerzen und ganz besonders Gelenkleiden.

16.11.1 Geschichtliches

Die Fontanellen wurden in den älteren medizinischen Schriften meist gemeinsam mit der Kauterisation besprochen und wurden ebenso wie diese schon im frühesten Altertum angewendet. Nach *Herodot* haben sich die Völker Libyens, nach *Hippokrates* die Skythen, überhaupt barbarische Völker derselben bedient, ehe an eine medizinische Wissenschaft zu denken war. Auch in der Medizin der Indianer spielen sie eine große Rolle. Frühzeitig wurden sie benutzt, um hartnäckige, veraltete Schmerzen zu vertreiben und schädliche Stoffe auszuleeren, nach Art eines künstlichen *„emissarium oder evacuatorium“*. Zu einer feindifferenzierten Kunst wurde diese Methode aber erst von der indischen und arabischen Medizin ausgebildet, vergleichbar der Akupunktur der Chinesen.

Die Bezeichnung Fontanelle findet sich allerdings erst bei den Chirurgen des 16. und 17. Jahrhunderts. Das Fontanell (*fontanella, fonticulus*) war, wie *Fyens* (Antwerpen) am Anfang des 16. Jahrhunderts in seinen fünf Büchern über die Kauterien beschreibt, allen alten Autoren bekannt und wurde von ihnen zur Ableitung oder Revulsion sehr viel benutzt, ohne daß man sich dieses Ausdruckes bediente. Vielmehr wurde es allgemein bei der Kauterisation besprochen.

Unter den älteren Indikationen ist besonders interessant seine Verwendung am Kopf speziell über der Kranznaht bei Epilepsie, Geistesstörungen, Hydrocephalus (hier als eine Art Dauerdrainage), ferner bei chronischer Meningitis.

Es wird als ***Remedium evacuans, alterans, revellens und derivans*** bezeichnet. Als Fremdkörper werden die verschiedensten Holzarten, Wurzeln, auch Glas und Bernstein angewendet. Eine primitive Art, aber doch sehr wegen seiner guten Wirkung geschätzt, ist die in Persien benutzte Applikation des glühend gemachten Knopfes eines Ladestockes am Oberarm.

16.11.2 Anlegung der Fontanellen

Man wählt zur Bildung einer Fontanelle immer Stellen, wo genügend Weichteile als Unterlage sind. Die typischen Stellen dafür sind am **Oberarm** unterhalb des Ansatzes des Musculus deltoideus, am **Oberschenkel** hinter dem großen Trochanter, am **Unterschenkel** an der Innenseite handbreit unterhalb des Kniegelenkes. Ferner in den Interkostalräumen. Grössere Gefäße, Sehnen und Nervenäste sollen vermieden werden.

Die Fontanellen können auf vierfache Art gemacht werden:

1. **mit dem Messer**: Man kann in Lokalanästhesie eine Hautfalte aufheben und quer durchschneiden. In die Wunde werden harte Fremdkörper, z.B. Erbsen oder Kügelchen von Cantharidenpflaster eingelegt

2. **durch Ätzmittel**: Man legt auf die betreffende Stelle ein gefenstertes Heftpflaster auf, in die Öffnung wird das Ätzmittel, z.B. Ätzkali, gelegt und mit Heftpflaster bedeckt. Nach 2-3 Stunden wird alles abgenommen. Der Schorf ist meist etwas größer als das Fenster im Pflaster war. Die Wunde wird täglich mit der sog. Digestivsalbe (Unguentum therebintinae) verbunden, solange, bis der Schorf abfällt. In die resultierende, granulierende Wunde werden dann die Fremdkörper eingelegt.

3. **durch Cantharidenpflaster**: Weitaus am bequemsten und schonendsten ist die Anlegung der Fontanellen mittelst Cantharidenpflaster in Verbindung mit Ätzmitteln. Man legt ein Cantharidenpflaster in der Größe einer kleinen Münze auf, wischt die Epidermisblase nach 24 Stunden weg und verschorft die wunde Stelle mit konzentrierter Salpetersäure oder einem reiskorngroßen Stück Kupfervitriol. Allenfalls kann man vorher einen Wattebausch mit 10% Kokainlösung auflegen, um die Prozedur weniger schmerzhaft zu gestalten. Auch hier fällt nach ungefähr einer Woche der Schorf ab, worauf man die reizenden Fremdkörper einlegt.

4. **durch das Glüheisen**: Es ist die früher gebräuchlichste und rascheste Methode. Mit einem runden, weißglühend gemachten Brenneisen wird ein entsprechender Schorf erzeugt. Dieser wird mit Wachssalbe bis zum Abfallen verbunden, und dann werden wieder Fremdkörper eingelegt. Ist die Eiterabsonderung nicht genügend stark, so kann man die Erbsen mit Cantharidenpulver oder Sabinapulver bestreuen oder sie in Digestivsalbe eintauchen. Will man die Fontanelle zuheilen lassen, so verbindet man am besten mit Wachssalbe. Es genügt auch ein trockener Verband mit Gaze und Heftpflaster.

16.11.3 Anwendung der Fontanellen im Rahmen der Konstitutionstherapie

Man wendet sie als reizendes, ableitendes Mittel besonders bei hartnäckigen, chronischen Krankheiten an, wo man eine langdauernde, intensive Wirkung haben will, z.B. bei schweren chronischen **Augenleiden**, besonders dort, wo eine Operation nicht in Frage kommt bzw. vermieden werden soll, und wo medikamentöse Heilverfahren erfolglos gewesen sind, z.B. schwarzer Star, aber auch beginnende Fälle von grauem oder grünem Star. Ferner bei hartnäckigen **Kopfschmerzen, Neuralgien**, bei **Schwerhörigkeit, Ohrensausen**.

In den Interkostalräumen zur Resorption von rezidivierenden Exsudaten und bei **Lungenleiden** überhaupt (wo die Punktion nicht ausreichend war). Fontanellen am Oberarm, und zwar am Deltoideusansatz, kommen in Betracht bei **chronischen Herzleiden**, z.B. Angina pectoris.

In meinem Menstruationsbuch beschrieb ich folgenden Fall:

Eine ca. 24jährige Frau litt seit Jahren an **Lungentuberkulose**, welche nun auch auf den **Kehlkopf** übergriff. Schwellung beider Stimmbänder mit tuberkulöser Infiltration, vollständige Heiserkeit. Patientin stand in Behandlung eines Kehlkopfspezialisten, welcher Einpinselungen und Einblasungen machte. Da die Kranke zugleich auch an Hypomenorrhöe litt, kam sie in meine Behandlung. Ich schlug ihr eine Fontanelle am Oberarm vor, und nach wenigen Wochen fing die Patientin mit normaler Stimme zu sprechen an, zum größten Erstaunen des Laryngologen und der ganzen Umgebung.

Ähnliches gelang in einem zweiten derartigen Fall sowie in einem Fall von kompletter Heiserkeit wegen chronischer Laryngitis unspezifischer Natur. In den beiden letzteren Fällen wurden auch Cantharidenpflaster am Kehlkopf außen aufgelegt.

Künstliche Geschwüre an der unteren Extremität hat man nicht nur zur Behandlung der dortigen Gelenke, sondern auch zur Ausleitung von schädlichen Stoffen bei Leiden des Kopfes, der Brust und des Bauches gemacht, z.B. bei inoperablen Neoplasmen, Milz- und Lebertumoren.

Sehr interessant ist die Verwendung zur Einschmelzung von **Hypertrophien** und gutartigen **Tumoren**, z.B. Leber- und Milztumoren, sogar Strumen. Auch bei inoperablen malignen Neoplasmen, wo Röntgentherapie nicht ausreicht, kann ein Versuch damit gemacht werden. Ich selbst habe die vollkommene Einschmelzung eines faustgroßen, steinharten Lymphosarkomes der Achselhöhle gesehen.

Bald nach dem Kriege suchte mich in meiner Sprechstunde eine klimakterische Frau auf, an welcher ich unterhalb des Kniegelenkes ein ebensolches Geschwür erblickte. Sie war eine Frau aus dem Volke und erzählte mit einer gewissen Schadenfreude, daß sie seit Jahren ein halbsteifes geschwollenes und schmerzhaftes Kniegelenk gehabt hätte, welches sie am Gehen schwer behindert hatte. Sie war in verschiedenen Spitälern, und niemand konnte ihr helfen. Da hörte sie von einem berühmten Kurpfuscher in der Umgebung Wiens. Dieser legte ihr eine Fontanelle an, welche noch damals, nach drei Monaten, offen war, und nach kurzer Zeit war das Knie schmerzfrei und gehfähig.

Ich ging der Sache nach, fand diese Methodik in der älteren Medizin als selbstverständlich und unentbehrlich angegeben und gebrauchte sie fortan mit überraschendem Erfolg, und zwar dort, wo man mit einfachem Cantharidenpflaster oder *Baunscheidt*-Verfahren nicht auskommt, am häufigsten bei **Gelenkleiden**.

Frau P. P., 42 Jahre, seit vier Jahren Menopause, untermittelgroß, 89 kg, starke Varizen, Blutdruck 180. Patientin leidet seit ihrer Menopause an zunehmenden **rheumatischen Schmerzen** am ganzen Körper. Besonders das rechte Kniegelenk ist unförmig geschwollen, bei Bewegungen sehr schmerzhaft und kann nur in stark eingeschränktem Umfang gebeugt und gestreckt werden.

Ich verordnete eine Entfettungskur, so daß Patientin im Laufe von drei Monaten 14 kg abnahm, ebenso einen Aderlaß und Ableitung auf den Darm. An der Innenseite des rechten Unterschenkels, handbreit unterhalb des Kniegelenkes, legte ich eine erbsengroße Fontanelle an. Zunächst wurde für 24 Stunden ein Cantharidenpflaster aufgelegt, dann die Epidermisblase weggewischt und ein reiskorngroßes Stück Kupfervitriol auf die wunde Stelle mit dem Heftpflaster befestigt. Der Schorf fiel nach acht Tagen heraus, und es wurde dann eine mit Cantharidenpulver bestreute harte Erbse eingelegt. Dieses Loch wurde drei Monate lang offen gehalten. Der Umfang des Knies nahm bedeutend ab, Patientin wurde bald schmerzfrei, konnte tiefe Kniebeuge machen, sich niederknien und schwerste häusliche Arbeit ausführen. (Demonstriert in der Ges. d. Ärzte in Wien am 8.11.1935)

Ein wahrer Glanzfall ist folgender:

Frl. L. H., 37 Jahre, Beamtin, kam wegen zu spärlicher Menses von nur zweitägiger Dauer zu mir. Die Menses sind so schwach wie ein Nasenbluten. Patientin leidet seit zwei Jahren an Spondylitis ankylopoetica (*Bechterew*) und stand durch ihre Krankenkasse bei einem Orthopäden in Behandlung. Sie trug ein orthopädisches Mieder mit eisernen Stützen unter den Achseln und einem panzerartigen Ledergerüst bis zu den Oberschenkeln. Man sagte ihr, daß das Leiden unaufhaltsam zunehmen und sie schließlich ganz gelähmt sein werde, das Mieder müsse sie wohl lebenslänglich tragen. Sie hatte drei Jahre nacheinander Thermalbäder in Gastein und dann Schwefelbäder in Baden bei Wien durchgemacht, ferner Röntgen, Diathermie, Mirion, Heißluft, Massage, Schlammpackungen.

In diesem Zustand kam Patientin Ende Oktober 1932 zu mir. Der schmerzhafteste Punkt war in der Gegend des letzten Brustwirbels. Die Osteophytenbildung war röntgenologisch nachgewiesen.

Ich machte zunächst über der schmerzhaftesten Gegend zwischen Brust- und Lendenwirbelsäule ein *Baunscheidt*-Exanthem, doppelt handbreit nach der Länge und Breite. Sofort als die Patientin von dem Untersuchungstisch aufstand, konnte sie sich seitwärts und vorwärts beugen, was ihr vorher unmöglich gewesen war.

Etappenweise wurde die ganze Wirbelsäule durch*baunscheidt*iert, und der Zustand besserte sich sehr rasch. Da in der Gegend des letzten Brustwirbels die Schmerzen doch nicht ganz weggingen, sondern nach vierzehn Tagen wiederkehrten, legte ich an dieser Stelle eine Fontanelle an, welche ein ganzes Jahr lang offengehalten blieb. Schon drei Wochen nach Beginn der Behandlung konnte die Patientin vier Stunden lang spazierengehen, ohne Schmerzen. Der Gang war ausgesprochen elastisch, das Mieder hat sie schon nach acht Tagen ganz abgelegt und trug es seither nicht mehr wieder.

Patientin war abgemagert, und ich stellte einen bisher nicht beachteten ausgedehnten Plätschermagen fest. Es ist gar nicht ausgeschlossen, daß auch die gestörte Verdauung zu der chronischen Gelenkentzündung beigetragen hat. Auf tonisierende Diät und Amara tonica stomachica nahm Patientin an Gewicht zu und sah blühend aus. Zwei Monate nach Beginn der Behandlung berichtet Patientin, daß sie über die Stiege förmlich hinauf- und hinunterstürmt, sie betreibt auch wieder Gymnastik, so daß alle Leute sich wundern, nachdem sie früher zeitweise auf einen Stock gestützt gehen mußte.

Mit der Zeit betrieb Patientin Akrobatik, und ich konnte sie wiederholt in meiner Studentenvorlesung demonstrieren, als sie die „Brücke“ machte. Im Winter ging sie Eislaufen, im Sommer machte sie wieder vielstündige Bergtouren und schrieb im Herbst 1934 als Beweis eine Ansichtskarte von einer Hochtour, wo sie mit einem schwerbepackten Rucksack acht Stunden ohne Schmerzen gegangen war. (Demonstriert in der Wiener Ges. d. Ärzte am 8. 11. 1935.)

16.12 Technik der Anwendung von Haarseilen

Ganz ähnlich, aber noch viel intensiver als die Fontanelle wirkt das Haarseil (*Setaceum*). Es wird heute noch in der Tierheilkunde mit großem Erfolg bei Gelenkleiden und Lähmungen verwendet und überall dort, wo man auch Fontanellen anwenden kann.

Die Geschichte des Haarseiles (*Setaceum, seto, setamen, ticio, laqueus, illaqueatio, sedaginum, sectorium*) reicht nach *Gurlt* (*Geschichte der Chirurgie*) nicht bis ins Altertum, wenigstens nicht seine Anwendung beim Menschen. In der Tierheilkunde scheint es ebenso wie heute schon damals benutzt worden zu sein.

Erst die Chirurgen des Mittelalters schreiben darüber besondere Kapitel und verwenden es bei Schmerzen des Magens, der Milz, des Nabels, der Nieren, der Wirbel, der Hoden und bei Hämorrhoiden. Es konkurriert ebenso wie das Fontanell mit den übrigen Kauterisationsmethoden, besonders auch bei Asthma. Gegen Augenleiden wurde ein Haarseil hinter den Ohren empfohlen, ebenso auch im Nacken, und an den Schultern, und am Halse. Die Anlegung des künstlichen Wundkanals geschah entweder mit spitzen Instrumenten auf kaltem Wege oder mittels Glüheisen.

Im 16. und 17. Jahrhundert wurde das Setaceum hauptsächlich am Nabel, am Hinterhaupt und am Skrotum angelegt und leistete eine kräftige Ableitung nach außen, gewissermaßen eine Art indirekter Dauerdrainage von den erkrankten inneren Organen nach außen. Sie muß sehr wirksam gewesen sein und verdient daher in sonst unheilbaren oder inoperablen Fällen z.B. bei Leberzirrhose, Schrumpfniere, Milztumoren, Aszites, inoperablen Karzinomen, Hypertonie mit Gefahr des Schlaganfalles, Lungentuberkulose usw. kritische Nachprüfung.

Gegen Wassersucht wurde es am Nabel angewendet. Man benutzte dazu Schnüre aus Seide, Baumwolle oder Rohseide, im Orient auch goldene oder silberne Ketten.

Die Volksmedizin verschiedener Länder verwendet es auch heute noch mit großem Erfolg bei Lungentuberkulose, und es wurde von den Ärzten des 16. und 18. Jahrhunderts allgemein dabei empfohlen. Eine darauf bezügliche Schilderung findet sich in W. *Hauffs* Roman *„Der Mann im Mond“*, wo ein Lungenkranker ein an der Brust befestigtes Haarseil trägt.

Nach vorheriger Lokalanästhesie wird eine Hautfalte aufgehoben und am besten mit einer dreikantigen Tapeziernadel oder der zu Sektionen verwendeten Leichennadel, die einen breiten Durchmesser von ungefähr 3-4 mm hat, durchstochen. Mittels des dicken Öhres kann dann ein Bändchen aus geflochtener Seide, Leinwand oder Silberdraht durchgezogen werden. Die beiden Enden werden miteinander verknüpft, und der wochenlang liegende Fremdkörper erregt eine starke Eitersekretion. Früher hat man dazu Bändchen aus geflochtenem Haar verwendet, daher der Name Haarseil. Zur Verstärkung der Eiterung schiebt man das Haarseil täglich einmal etwas hin und her. Man kann auch Cantharidenpulver, Sabinapulver oder Digestivsalbe (Ungu. Therebinth.) darauf geben und so eine ganz beträchtliche künstliche Eiterabsonderung erzielen, die dann unter Umständen sehr starke zerteilende und resorbierende Wirkung auf die kranken Organe ausübt. Es ist das eine Art Reizkörpertherapie und wirksame Dauerdrainage, welche durch andere Verfahren nicht vollkommen ersetzt werden kann, besonders in hartnäckigen Fällen.

16.13 Über Kauterisation

Die Geschichte der Kauterisation reicht bis in das graueste Altertum zurück und ist bei allen Völkern desselben im Gebrauch gewesen. Es gibt eine große Literatur über die Feuerchirurgie bei alten Völkern. Sehr alt ist auch schon die Unterscheidung in das **Cauterium actuale (Glüheisen)** und **Cauterium potentiale (chemische Ätzmittel)**. Die Mehrzahl der Chirurgen und älteren Ärzte überhaupt geben dem Glüheisen den Vorzug und bezeichnen es als zu den großen Mitteln der Chirurgie gehörig. Es sei auch deshalb besser, nützlicher und sicherer, weil seine Einwirkung nach Umfang und Tiefe besser abzumessen sei.

16.13.1 Griechische Medizin

Hippokrates hat das Feuer als das wirksamste Heilmittel bezeichnet und das, was durch dasselbe nicht geheilt werde, für unheilbar erklärt. Auch zu seiner Zeit wurde das Glüheisen wie bei anderen Völkern als Ableitungsmittel bei den verschiedensten innerlichen und äusserlichen Krankheiten benutzt.

Als besonders beachtenswert auch für die heutige Zeit sei die Stelle angeführt, wo er sagt, daß die von einem chronischen Hüftgelenkleiden (Coxitis) Befallenen, wenn bei ihnen eine Verrenkung eintritt, ein atrophisches Glied bekommen und lahm werden, wenn sie nicht kauterisiert werden. Auch die späteren griechischen und römischen Autoren folgen ihm darin und empfehlen auch bei **Ischias** und **Coxalgie** die Anwendung des Glüheisens und der Moxen (mittels glühend gemachter Wurzeln) sowohl auf das Hüftgelenk als auf andere besonders schmerzhafte Stellen der Extremität. Hauptsächlich an drei Stellen, und zwar über dem Hüftgelenk, an der Außenseite über dem Knie und am äußeren Knöchel.

Sehr beachtenswert ist auch, daß *Hippokrates* bei schwerer **Lungenschwindsucht**, wenn gar nichts anderes mehr half, durch das Glüheisen die Heilung herbeiführte. Dieses Wissen erhielt sich bis vor hundert Jahren und wird heute in seiner Tragweite gar nicht erkannt. Er verwendete ferner das Glüheisen bei **Empyem** des Brustkorbes und des Unterleibes. Sehr zu denken gibt der Satz: „*Es wurden schon manche, welche dem Exitus nahe waren, kauterisiert und das Wasser bei ihnen entleert*". Es scheint sich dabei um **Wassersucht** gehandelt zu haben, bei welcher die Kauterisation nicht bloß den Aszites entleerte, sondern auch eine umstimmende Heilwirkung gehabt haben dürfte.

Galen verwendete das Glüheisen ebenfalls regelmäßig, unter anderem gegen den Biß giftiger Tiere, gegen **bösartige Geschwüre**, gegen **Hämorrhagien**, gegen **Eiterung** aus den Ohren nach Fraktur, bei habitueller Schulterluxation, offenbar zur Schrumpfung der Gelenkskapsel.

16.13.2 Indische Medizin

Die Kauterisation der Haut zählte in der indischen Medizin zu den 5 Fundamentalheilmethoden. Man unterschied, so wie auch später bei den Arabern, im Mittelalter und bis ins 19. Jahrhundert hinein, zwischen Cauterium actuale, d.h. Glüheisen oder andere heißgemachte Gegenstände, und Cauterium potentiale, das sind chemische Ätzmittel.

Ein eigenes Kapitel handelt von der Anwendung und Bereitung der **kaustischen Lauge**. Sie wird gewonnen durch Kochen einer ganzen Reihe von veraschten Pflanzenteilen, besonders Wurzeln und Hölzern, nach ganz bestimmten, genauen Vorschlägen. Eine solche Lauge kann äußerlich, aber auch innerlich als Heilmittel gebraucht werden. Äußerlich bei den verschiedensten Hautkrankheiten, anscheinend auch bei Psoriasis, bei Analfisteln, bei Augenleiden, bei Phlegmonen, Insektenstichen und Hämorrhoiden, bei verschiedenen Krankheiten des

Mundes, z.B. bei Zahnfäulnis, Krankheiten der Zunge, des Zäpfchens, bei Angina, selbst beim Stottern. Auch Kontraindikationen werden angegeben.

Die indische Medizin gibt schon sehr genaue Vorschriften über die Kauterisation. Es werden dort vier Grade der Einwirkung unterschieden, nämlich Excoriation, Blasenbildung, vollständige Anätzung der Haut, Zerstörung derselben.

In dem betreffenden Kapitel heißt es, daß das **Feuer** stärker ist als die kaustische Lauge, weil die mit dem Feuer behandelten Krankheiten nicht wiederkehren und weil das Feuer solche Krankheiten heilt, welche durch das Messer und durch die Ätzlauge nicht geheilt werden können (vgl. *Hippokrates*).

Zum **Cauterium actuale** werden verschiedene pflanzliche und tierische erhitzte Mittel, wie z.B. Pfefferkörner, Ziegenkot, Zähne von der Kuh, gewisse Pflanzenteile und verschiedene Arten von Eisen, ferner heißes Wasser, heißer Zucker und ölige Substanzen verwendet. Die letzte Gruppe besonders gegen Erkrankungen der Gefäße, der Sehnen, der Gelenke und der Knochen.

Es werden Vorschriften gegeben, zu welchen Jahreszeiten die Kauterisation vorgenommen werden muß und bei welchen Krankheiten der Patient nüchtern oder nach Einnahme von breiigen, schleimigen Speisen zur Kauterisation kommen soll.

Es wird unterschieden zwischen der Kauterisation der Haut und der des Fleisches. Ausführlich ist von der **Lokalisation** der künstlichen Brandwunden die Rede. Bei Krankheiten des Kopfes und der Augen soll der Arzt in der Gegend der Augenbrauen an Stirn und Schläfen brennen. Bei Krankheiten der Augenlider und des Bulbus soll der Lidrand und die Innenfläche der Lider kauterisiert werden. Bei heftigen Erkrankungen der Haut, der Muskeln, der Gefäße, der Sehnen, der Gelenke und Knochen, bei Hämorrhoiden, bei indolenten Tumoren, bei Mastdarmfisteln, Elephantiasis, Geschwülsten der Eingeweide und bei heftigen Blutergüssen soll der Arzt die Kauterisation anwenden.

Die Form der Brandwunde kann kreisförmig sein wie bei der Moxa, sie kann durch Auftropfen heißer Flüssigkeiten geschehen, ferner strichförmig oder als tiefer Einstich.

Alle diese Anwendungsarten haben ihre empirisch genau bestimmten Indikationen. Die Brandwunden werden mit Honig und gereinigter Butter verbunden. Auch eine ganze Reihe anderer mit Pflanzenextrakten versetzter Salben werden zu diesem Zweck angegeben.

Interessant ist die Heilungsvorschrift für solche Kranke, welche von Rauch oder Dämpfen geschädigt sind. Wir würden das heute Gasvergiftung nennen. Es werden die Symptome genau geschildert und vor allem ein Brechmittel aus Butter, Zucker, Essig und Honig gereicht. Dadurch allein sollen die meisten bösen Folgen für Gehirn, Lunge und Nerven beseitigt werden. Der Kopf wird wieder frei.

16.13.3 Arabische Medizin

Bei den Arabern ist die Kauterisation zu einer ganz besonderen Höhe und systematischen Exaktheit ausgebaut worden. Ausführliche Abhandlungen darüber finden sich bei *Rhazes*, *Avicenna*, *Mesue* und besonders in dem chirurgischen Werke des *Albucasis*. *Rhazes* z.B. sagte, daß das Kauterium das letzte Hilfsmittel ist, nachdem alle anderen Heilversuche im Stiche gelassen haben. Er rühmt es **besonders gegen unerträgliche Schmerzen**, z.B. Neuralgien und Gelenkleiden.

Von allen Autoren werden geradezu überschwenglich die **Vorzüge des Glüheisens** gegenüber den chemischen Ätzmitteln geschildert, ersteres habe große Nachteile, ziehe vom ganzen Körper die schlechten Säfte herbei, hätte giftige Eigenschaften, die Wunde mache bei der Heilung mehr Komplikationen u.dgl. Vor der Kauterisation müsse der Körper purgiert und bei Vollblütigkeit eine Blutentziehung gemacht werden.

In dem Buche des *Albucasis* sind ausführlich die verschiedenen Formen der Instrumente (30 an der Zahl) abgebildet, z.B. punktförmige, kreisförmige, rechteckige, ovale Glüheisen. Die Nachbehandlung ist eine ähnliche wie in der indischen Medizin, meist mit Butter oder anderem Fett.

Interessant ist die Begründung der Kauterisation **am Kopfe**:

1. um Dämpfe herauszuleiten;
2. gegen veraltetes Rheuma;
3. um schädliche Flüsse vom Kopf abzuhalten;
4. um bereits vorhandene Flüsse auszuleeren;
5. zur Heilung der nervösen Teile;
6. gegen Augen- und Ohrenleiden.

Die Kauterisationspunkte sollen an der Vereinigungsstelle der Pfeil- und Kranznaht gesetzt werden, „*weil die Dämpfe zum höchsten Punkt aufsteigen*".

Auch am **Halse**, an den **Armen** und **Hüften** und an den **Schienbeinen** werden bestimmte Punkte angegeben, sowohl zur Behandlung von Krankheiten, die an dieser Stelle ihren Sitz haben, sowie auch von Allgemeinleiden.

Veraltete **Kopfschmerzen, Epilepsie, Schlaganfall**, Zittern, Stupor und alle nervösen Krankheiten, **Erblindung, Schwindel,** Zahnschmerzen, Krankheiten des **Herzens**, der **Lunge** und des **Magens**, **Augen- und Ohrenleiden** usw. können durch Kauterisation des Kopfes allein oft geheilt werden. Und wenn es nicht auf einmal geht, so soll die Kauterisation bis zum Erfolg wiederholt werden.

16.13.4 Vom Mittelalter bis zur Gegenwart

Henri de Mondeville berichtet in seiner Chirurgie (Kapitel Kauterisation) über einen Fall, welcher ein ganzes Jahr lang blind gewesen ist und den er jeden Monat einmal bis zur vollständigen Heilung kauterisierte. Man denke an die Ignipunktur nach *Gonin* bei Netzhautablösung, aber auch an andere Formen der Sehstörung.

Im Lob über den Nutzen des Glüheisens stimmen alle Autoren überein, besonders *Mesue* in dem Abschnitt über die Augenleiden. Kauterisation **am Hinterhaupt** an der Haargrenze wurde als nützlich gegen verschiedene Augenleiden, Epilepsie und veraltete Kopfschmerzen bezeichnet. Gegen Augenleiden, Ohrenleiden und Zahnschmerzen machte man Kauterisation **hinter dem Ohr**. Gegen manche Arten von Zahnschmerzen sollte das geradezu Wunder wirken.

Gegen alle Infektionen des Gesichtes (vielleicht ist auch Gesichtsfurunkel gemeint) soll eine runde Kauterisation **unter dem Kinn** helfen. Ignipunktur **zwischen den einzelnen Wirbeln** des Halses und des Rückens dient gegen Nervenschmerzen und Krämpfe. Ebenso gegen Gibbus, Schmerzen in der Wirbelsäule und der Nieren. Am **Oberarm an der Innenseite** wird kauterisiert gegen Krankheiten der vorderen Hirnanteile, gegen Sehstörungen, Schwindel, Katarakt und andere Augenleiden. **An der Außenseite des Armes** gegen Lethargie, Schiefhals u.dgl. **Unter den Brustwarzen** und **am Hals** wurde die Kauterisation gegen Herz- und Lungenleiden angewendet. Eine ganze Reihe anderer Stellen am Rumpf werden genau bezeichnet.

Es scheint, daß empirisch dabei eine ganze Menge von **Wechselbeziehungen zwischen Haut und inneren Organen** gefunden wurde, welche uns heute unbekannt sind.

Die gründlichste und umfangreichste Schrift über diesen Gegenstand ist das Werk von *Fyens* (16. Jh.). Er bezeichnet als Zweck der Kauterisation Blutstillung, Beseitigung von Fäulnis, Abszeßeröffnung, Hebung alter Schmerzen, Entfernung alles Überflüssigen usw.

Am Beginne der Neuzeit wurde von der Kauterisation wohl im Orient häufig, in Italien und Frankreich einigermaßen, aber in Deutschland und in den nordischen Ländern nur wenig Gebrauch gemacht. *Paracelsus* z.B. verwendete fast ausschließlich, aber ausgiebig Kauterisation mit chemischen Mitteln.

Bei den Arabern, auch in Nordafrika, ist auch heute noch die Kauterisation eines der häufigsten und wichtigsten Mittel bei der Behandlung von Krankheiten, dessen Wirkungsweise oft überraschend und vielfach noch unerklärlich ist. Sie verwenden die Methode bei allen möglichen inneren Erkrankungen, bei Epilepsie, Geistesstörungen, Rheumatismen usw.

Ein Arzt in Palästina erzählte mir folgenden verblüffenden Fall. Ein junger Araber hatte eine schwere Phlegmone der Hohlhand mit beginnender Lymphgefäßentzündung des Unterarmes. Der Arzt bestellte den Patienten für den nächsten Tag zur Operation, er kam aber nicht. Zwei Wochen später traf der Arzt den Mann wieder ganz vergnügt auf der Straße, die Hand war geheilt, und zwar ohne Operation. Der Patient war bei einem arabischen Naturheiler gewesen, der ihm mit dem Glüheisen einen ganz oberflächlichen Strich oberhalb des Handgelenkes gemacht haben soll, worauf die Phlegmone rasch zurückging.

Ähnliche zum Teil reflektorische Wirkungen uns noch unbekannter Natur muß es nach Art der Akupunktur eine ganze Menge geben. Einer alten Überlieferung zufolge soll man nämlich auch Ischias unter Umständen durch bloße Kauterisation einer bestimmten Stelle zwischen der 4. und 5. Zehe heilen können.

A. Bier hat versucht, das Glüheisen wieder in die Medizin einzuführen, aber nicht ganz im Sinne der alten Autoren in Form von Ableitung nach außen, sondern indem er bei zwei Krankheitsbildern, nämlich bei **Gelenkleiden** und bei **Endocarditis lenta** einen Hautlappen abpräparierte und das Unterhautzellgewebe verschorfte. Der Hautlappen wurde dann wieder zugenäht. *Bier* stellte sich vor, daß die Zerfallsprodukte als Reizkörpertherapie wirken. Die Erfolge bei der Endocarditis lenta waren nicht von Dauer. Eher schon bei den Gelenkleiden. Aber gerade dort ist ein so eingreifendes Verfahren nicht nötig, weil man mit Vesikantien, Pustulantien, kleinen Fontanellen und Ignipunktur auf viel schonendere Weise beliebig lange und beliebig oft wiederholt behandeln und viel sicherere Erfolge erzielen konnte. Das Vorgehen *Biers* ist charakteristisch für viele, auch noch so bedeutende Wissenschaftler, welche den Überblick über die vorhandenen therapeutischen Möglichkeiten nicht kennen oder nicht sehen wollen.

Viele Ärzte und Laien haben heute noch einen Abscheu vor der Ignipunktur und weisen das als mittelalterliche Foltermethode und als „*medicina crudelis*" zurück. Die Sache sieht anders aus, wenn man sich vor Augen hält, daß dadurch oft tatsächlich sonst schwer heilbare Zustände geheilt und viel eingreifendere gefährliche Operationen vermieden werden können.

Ich selbst habe in einigen wenigen Fällen versucht, mit dem elektrischen Glühdraht bei **Arthritis deformans** im Klimakterium durch punktförmige Kauterisationen über den Gelenken Besserung zu erzielen. Die Erfolge waren nicht schlecht. Da das elektrische Verfahren ja sehr bequem ist, würde sich die Nachprüfung der alten Indikationen sehr empfehlen.

16.14 Über die Anwendung von Moxen

Auch die Anwendung von Moxen verdient erneute Beachtung und Nachprüfung. Dieses Verfahren ist zwar der Sache nach seit den ältesten Zeiten bekannt, doch soll dieser Name zum erstenmal im 17. Jahrhundert von dem Holländer *Buschhof* in seiner Schrift über das Podagra gebraucht worden sein.

Der Name Moxa wird von Mogusa, d.h. Artemisia vulgaris, Beifuß, abgeleitet, welches in verschiedenen Abarten als Brennkraut, besonders in China und Japan, Verwendung findet. Die Moxen wurden meist als eine mildere Abart der Kauterisation betrachtet und in den entsprechenden Werken auch meist gemeinsam mit den übrigen Kauterien abgehandelt.

So verwendete schon *Hippokrates* Moxen aus Leinwand, teils aus Pilzen. *Paulus von Aegina* gebrauchte Baumschwämme von Eichen- und Nußbäumen. Die Brandstellen wurden lange Zeit durch Reizmittel in Eiterung gehalten. Er erwähnt ausdrücklich, daß die Methode mit den Baumschwämmen hauptsächlich von den wilden Völkern, „den Barbaren" wie er sie nennt, angewendet werde, und zwar hauptsächlich bei chronischem Magenleiden, Leberleiden und Erkrankungen der Bauchorgane überhaupt.

Der italienische Chirurg *Pietro d'Argellata* aus Bologna schrieb sechs Bücher über Chirurgie, ein umfangreiches Werk, und er bediente sich ähnlich wie vor ihm die Araber zur Kauterisation stark erhitzter Pflanzenwurzeln, geschmolzenen Schwefels, heißer Asche, siedenden Wassers oder Öls. Auch geschmolzenes Blei wurde damals dazu verwendet.

In der Volkschirurgie aller Länder ist dieses Mittel sehr beliebt. So in Indien, in Algier, in Sibirien, besonders auch bei den Lappländern. Aber auch im äußersten Süden der Erde, in Polynesien, wendet man Moxen an, dort besonders, um indolente Geschwülste durch Eiterung einzuschmelzen. Es wäre eines Studiums wert, um nachzuforschen, welche Arten von Krankheiten durch Moxibustion in der alten und exotischen Medizin geheilt werden konnten.

Die größte Ausbreitung und Vervollkommnung erfuhr dieses Verfahren aber in China und Japan, wo es bei fast allen Krankheiten angewendet wurde. Die Moxen wurden in jedem Alter und bei jedem Geschlecht angewendet, und es sollen dadurch alle Arten von Schmerz beseitigt werden. Auch prophylaktisch beim Wechsel der Jahreszeiten, wie früher in Europa der Vorbeugungsaderlaß, wurden sie angewendet.

Die chinesischen und japanischen Ärzte unterscheiden gewisse, auch auf Abbildungen verzeichnete, aus den ältesten Zeiten stammende Figuren, nach dem Verlauf der „Lebenskanäle", wie sie sich ihn denken, und da die Akupunktur nach denselben Prinzipien betrieben wird, hat man auf denselben Tafeln die Stellen wo die Akupunktur gemacht werden soll, mit grünen, für die Moxen mit roten Punkten bezeichnet. Die Kenntnis dieser Stellen wird für sehr wichtig gehalten.

Japanische Ärzte haben sich in den letzten Jahrzehnten bemüht, die Moxawirkung wissenschaftlich zu überprüfen und erklärten sie als eine Art Reizkörpertherapie. Weiße und rote Blutkörperchen werden erheblich vermehrt, ebenso werden Hämoglobin, Blutzukker, Kalziumgehalt und Gerinnungsfähigkeit des Blutes erhöht. Aber eine endgültige Erklärung der Moxatherapie kann dadurch allein sicher nicht gegeben werden, denn es spielen, wie gesagt, hier sicher noch unbekannte reflektorische Wirkungen mit.

In *Eulenburgs Realenzyklopädie*, 3. Aufl., gibt *Wolzendorff* folgende ziemlich erschöpfende Beschreibung über die Moxen: Moxen sind kleine Rollen oder Zylinder aus brennbaren Stoffen, die auf der Haut langsam abgebrannt werden. Sie wurden aus dem Mark der Sonnenblume, aus gezupftem Flachs, Charpie, Baumwolle, Feuerschwamm usw. hergestellt. Man formte dieses Material zu etwa 2-5 cm langen und 1-2 cm dicken Zylindern, die mit einem Faden oder einem nachher zusammengenähten Leinwandstück fest umwickelt wurden. Einige empfahlen Imprägnation mit Salpeter, was aber von anderen deshalb abgelehnt wurde, weil die Verbrennung gerade nicht zu rasch erfolgen solle. Manche Autoren benutzten auch gewöhnliche Räucherkerzen, andere tränkten Papier mit chromsaurer Kalilösung und rollten es nach dem Trocknen zu kleinen Zylindern, außerdem gab es noch andere Methoden.

Der betreffende Körperteil wurde zum Schutz mit einem feuchten Stück Leinwand oder Pappe bedeckt, das an der gewünschten Stelle eine Öffnung zur Aufnahme der Moxe hatte. Letztere wurde mit Pflaster, Leim usw. auf der Haut befestigt, dann am oberen, aufgelockerten Ende angezündet. Häufiger wurde statt dessen die Moxe mit einer Pinzette, Kornzange usw. auf die Haut angedrückt, bis sie völlig verbrannt war. Falls nötig, wurde die Moxe durch Anblasen glimmend erhalten.

Der Kranke empfindet erst beim Abbrennen des unteren Teils der Moxe Schmerz, der anfangs recht heftig ist, sich aber dann rasch verliert. Der sich bildende Schorf reicht, je nach Stärke der Einwirkung, verschieden tief. Man bedeckt ihn mit erweichenden Salben, bis er sich nach 8-10 Tagen abstößt.

Bei der Moxe handelt es sich wie beim Glüheisen um ein **ableitendes** bzw. **umstimmendes** Mittel. Man wandte sie im Gegensatz zum Glüheisen an, wenn man länger und weniger heftig einwirken wollte, also eine dauernde Reinigung und Ableitung bezweckte. Besonderen Ruf hatten die Moxen bei **Neuralgien, Lähmungen, serösen Ergüssen, Tumor albus, Lungentuberkulose, Meningitis, Gicht und Rheumatismus**.

Verfasser selbst kennt einen Fall, wo ein **Gesichtserysipel** und einen zweiten Fall, wo eine schwere **Trigeminusneuralgie** durch Moxenbehandlung binnen je 24 Stunden geheilt wurde.

Literatur

1. Schriften Bernhard Aschners
(in chronologischer Ordnung)

- Zur Anatomie der Arterien der Fußsohle. Anatomische Hefte **27** (1905), 345-354.
- Ueber einen bisher noch nicht beschriebenen Reflex vom Auge auf Kreislauf und Atmung; Verschwinden des Radialispulses bei Druck auf das Auge. Wiener klinische Wochenschrift **21** (1908), 1529.
- und *E. von Graff*: Klinische und experimentelle Beiträge zur Vorbehandlung von Laparotomie mit subkutaner Injektion von Nukleinsäure. Mitteilungen aus den Grenzgebieten der Medizin und Chirurgie. **22** (1910), 10-57.
- Über Herzneurose und Basedowoid und ihr verschiedenes Verhalten gegenüber der Funktionsprüfung mit Adrenalin. Zeitschrift für klinische Medizin **70** (1910), 458-467.
- Über einen Fall von hypoplastischem Zwergwuchs mit Gravidität nebst Bemerkungen über die Aetiologie des Zwergwuchses. Monatsschrift für Geburtshilfe und Gynaekologie **32** (1910), 641-649.
- *O. Frankl* und *B. Aschner*: Zur quantitativen Bestimmung des tryptischen Fermentes in der Uterusmukosa. Gynaekologische Rundschau **5** (1911), 647-654.
- und *Grigoriu*: Placenta, Fötus und Keimdrüse in ihrer Wirkung auf die Milchsekretion. Archiv für Gynäkologie Bd. 94, H.3
- und *O. Porges*: Ueber den respiratorischen Stoffwechsel hypophysipriver Tiere. Biochemische Zeitschrift **39** (1912), 200-204.
- Ueber die Funktion der Hypophyse. Archiv für die gesamte Physiologie **146** (1912), 1-146.
- Ueber die Beziehungen zwischen Hypophysis und Genitale. Archiv für Gynaekologie **97** (1912), 200-228.
- Zur Physiologie des Zwischenhirns. Wiener klinische Wochenschrift **25** (1912), 1042.
- Über den Einfluß der Innervation auf das Tumorwachstum. Zeitschrift für Krebsforschung **13** (1913),
- Ueber brunstartige Erscheinungen (Hyperämie und Hämorrhagie am weiblichen Genitale) nach subkutaner Injektion von Ovarial- und Plazentarextrakt. Archiv für Gynaekologie. **99** (1913), 534-540.
- Untersuchungen über die Serumfermentreaktion nach Abderhalden. Berliner klinische Wochenschrift 1913, 1243-1245.
- *Lindemann* und *B. Aschner*: Ueber Natur und Verbreitung vasokonstriktorischer und wehenerregender Substanzen im Körper. Münchener medizinische Wochenschrift **40** (1913), 2779-2782.
- Ueber posteklamptische Amnesie. Zeitschrift für Geburtshilfe und Gynäkologie **75** (1913), 405-410.
- Zur Lehre von der vorzeitigen Lösung der Plazenta bei normalem Sitz. Archiv für Gynaekologie **102** (1914), 181-188.
- Über Morphologie und Funktion des Ovariums unter normalen und pathologischen Verhältnissen. Halle (Saale) 1914. 53 S. (Habilitationsschrift) Auch in: Archiv für Gynaekologie **102** (1914), 446-510.
- Untersuchungen über die Schwangerschaftsalbuminurie. Verhandlungen der Deutschen Gesellschaft für Gynäkologie 1913.
- Schwangerschaftsveränderungen der Zirbeldrüse. Verhandlungen der Deutschen Gesellschaft für Gynäkologie 1913.
- Ueber die prophylaktische Wendung bei Erstgebärenden, insbesondere mit plattem Becken. Praktische Ergebnisse der Geburtshilfe und Gynaekologie **6** (1914), 197-219.
- Kritischer Rückblick über wichtige gynäkologische Arbeiten aus dem Jahre 1913. Münchener medizinische Wochenschrift **18** (1914),
- Ueber die interstitielle Eierstocksdrüse der Wirbeltiere und der Menschen. Mitteilungen der Naturforschenden Gesellschaft zu Halle a.S. 1914; auch in: Zeitschrift für Geburtshilfe und Gynäkologie **76** (1914), 304-313.
- Die Seradiagnostik der Schwangerschaft. In: Handbuch der Immunitätsforschung. 2. Aufl. Bd. IV.
- Ueber den Kampf der Teile im Ovarium. Archiv für Entwicklungsmechanik der Organ. **37** (1914), 565-570.
- Über das Stoffwechsel- und Eingeweidezentrum im Zwischenhirn, seine Beziehungen zur inneren Sekretion (Hypophyse, Zirbeldrüse) und zum Diabetes insipidus. Berliner klinische Wochenschrift 1916. Nr.28
- Praktische Folgerungen aus der Lehre von der inneren Sekretion. Praktische Ergebnisse der Geburtshilfe und Gynäkologie **7** (1916), H.1
- Hypophyse und Diabetes insipidus. Münchener medizinische Wochenschrift **64** (1917), 81.
- Über eine schnelle und einfache Behandlungsmethode der Pyodermatosen, insbesondere der Furunkulose. Münchener medizinische Wochenschrift **64** (1917), 565-567.

- Die Blutdrüsenerkrankungen des Weibes und ihre Beziehungen zur Gynäkologie und Geburtshilfe. Wiesbaden 1918.
- Die Bedeutung der Lehre von der inneren Sekretion und ihre Nutzanwendung für die praktische Gynäkologie. Monatsschrift für Geburtshilfe und Gynaekologie **51** (1920), 130-136.
- Die prophylaktische Wendung bei Erstgebärenden. Ars medici 1919, Nr. 4
- Über einen eigenartigen Ovarialtumor aus der Gruppe der Follikulome. Archiv für Gynäkologie. **115** (1921), H.2
- Die praktische Bedeutung der Lehre vom Habitus und die Renaissance der Humoralpathologie als therapeutische Konsequenz der Konstitutionslehre. Wiener klinische Wochenschrift 1922, Nr.4 und 5.
- Zur Therapie der Amenorrhöe, Dysmenorrhöe und Sterilität. Wiener medizinische Wochenschrift 1922, Nr. 4
- Typen der Amenorrhöe. Verhandlungen der Deutschen Gesellschaft für innere Medizin, Kongr. **35** (1923), 114.
- Ueber Abkürzung der abnorm verlängerten Geburtsdauer und die Schmerzstillung bei der Geburt. Archiv für Gynaekologie **120** (1923), 165-169.
- Ueber die Behandlung der Schwangerschaftsbeschwerden. Archiv für Gynaekologie **120** (1923), 96-99.
- Die konstitutionelle Bedeutung der Amenorrhöe und ihre Behandlung. Wiener klinische Wochenschrift **36** (1923), 901; 918.
- Technik der experimentellen Untersuchungen an der Hypophyse und am Zwischenhirn, in: *E. Abderhalden*, Handbuch der biologischen Arbeitsmethoden. Abt. V, Teil 3B. 1924, S. 125-148.
- Die Frage, ob supravaginale Amputation oder Totalexstirpation. Zentralblatt für Gynäkologie **68** (1924), 2506-2512.
- Beziehungen der Drüsen mit innerer Sekretion zum weiblichen Genitale. In: *Halban/Seitz*, Biologie und Pathologie des Weibes. Wien 1924. I, 635-760
- Konstitutionslehre und Humoralpathologie mit besonderer Berücksichtigung des weiblichen Organismus. Deutsche medizinische Wochenschrift 1924, 1277-1280.
- Der Einfluß der Hypophyse auf die weiblichen Geschlechtsorgane. Medizinische Klinik **20** (1924), 1681-1685.
- Die Konstitution der Frau und ihre Beziehungen zu Geburtshilfe und Gynäkologie. 2 Bde. München 1924. 887 S. (= Deutsche Frauenheilkunde, Bd. 4)
- Konstitution und Konstitutionsbestimmung. Zeitschrift für die gesamte Anatomie. 2. Abt. **10** (1924-25), 721-730.
- Moderne Humoralpathologie und Balneologie. Medizinische Klinik **21** (1925), 795.
- Welche Mittel haben wir, um die Geburt möglichst schmerzlos zu gestalten? Wiener klinische Wochenschrift **38** (1925), 371.
- Grundlagen der Konstitution. Zentralblatt für Gynäkologie **49** (1925), 311-315.
- Der Aderlaß als Prophylaktikum gegen postoperative Komplikationen und bei Entzündungen innerer Organe. Münchener medizinische Wochenschrift **72** (1925), 344.
- Zehn Jahre Frauenkunde. Archiv für Frauenkunde **11** (1925), 1-3.
- Ueber schädliche Spätfolgen nach Uterusexstirpation sowie operativer und radiotherapeutischer Kastration. Archiv für Gynaekologie **124** (1925), 113-160.
- Über Schmerzstillung bei der Geburt. Fortschritte der Therapie 1925, Nr. 10.
- Morphologische und funktionelle Kriterien der Konstitution. Zeitschrift für die gesamte Anatomie, 2. Abt. **11** (1925), 117-126.
- Die Ueberlegenheit der erweiterten konservativen Myomoperation über die Radikaloperation und Röntgenkastration. Wiener klinische Wochenschrift **38** (1925), 699-702. Auch in: Zeitschrift für Geburtshilfe und Gynäkologie **89** (1925), 17-49
- Die Komplexion (Pigmentgehalt, Haar-, Haut- und Augenfarbe) als ein Hauptkriterium der Konstitution. Archiv für Frauenkunde **11** (1925), 365-376.
- Die überragende Bedeutung der Eröffnungsperiode und der Weichteilschwierigkeiten für Dauer, Schmerzhaftigkeit und Ausgang der Geburt. Zeitschrift für Geburtshilfe und Gynäkologie **89** (1925), 272-293.
- Dysmenorrhea and its treatment. American Medicine. Dec. 1925.
- Allgemeines über Schwangerschaftsveränderungen und Schwangerschaftsbeschwerden. Deutsche medizinische Wochenschrift **52** (1926), 109.
- Konservative und operative Therapie der Gebärmutterblutungen. Wiener medizinische Wochenschrift **76** (1926), 188-193.
- Die Heilwirkungen des Aderlasses in der Chirurgie. Wiener medizinische Wochenschrift **76** (1926), 574-576.
- Moderne Humoralpathologie und Balneologie. Archiv für Balneologie und medizinische Klimatologie 1926, H.7
- *Paracelsus*. Sämtliche Werke. Übers. *B. Aschner*. 4 Bde. Jena 1926-1931. 1012, 910, 1060, 1163 S.

- Untersuchungen über die Wirkung der Uterusexstirpation und der künstlichen Menopause. Wiener klinische Wochenschrift **39** (1926), 690-694.
- Das inkretogene Moment in der Geburtshilfe und Gynäkologie. In: *Bayer v. d. Velden*: Klinisches Lehrbuch der Inkretologie und Inkretotherapie. Leipzig 1926.
- Was können wir aus dem Studium der Werke des *Paracelsus* und der Geschichte der Medizin überhaupt für die heutige ärztliche Praxis lernen? Wiener medizinische Wochenschrift **76** (1926), 1471-1473.
- Wie erzielt man schonende und möglichst komplikationslose Geburten? Ars Medici 1927. Nr. 1
- Ueber Menotoxine und ihre schädlichen Wirkungen auf den weiblichen Organismus. Zentralblatt für innere Medizin **48** (1927), 58-74.
- Der diätetische und therapeutische Wert des Bohnenkaffees. Deutsche Ärzte-Zeitung 1927. Nr. 41
- Moderne gynäkologische Therapie. Fortschritte der Medizin **45** (1927), 33-38.
- Ist die Menstrualblutung ein für die Gesundheit der Frau notwendiger Vorgang oder nicht? Zentralblatt für Gynäkologie **51** (1927), 577-595.
- Ueber Geburtsleitung. Wiener medizinische Wochenschrift. **77** (1927), 414; 450.
- Gynäkologie und innere Sekretion. Budapest 1927. (Abhandlungen aus den Grenzgebieten der inneren Sekretion IV)
- Menstruationsstörungen als Krankheitsursache; Hautstörungen infolge zu seltener und zu spärlicher Menstruation. Wiener klinische Wochenschrift **40** (1927), 545-549.
- Krankheiten durch Funktionsstörung der weiblichen Keimdrüsen und ihre Behandlung. Halle (Saale) 1927. (Sammlung zwangloser Abhandlungen aus dem Gebiete der Verdauungs- und Stoffwechselkrankheiten. Bd. 10, H.7)
- Menstruationsanomalien, psychische Störungen und Hautveränderungen durch Stoffwechselbeeinflussung beseitigt. Wiener medizinische Wochenschrift **78** (1928), 129.
- Die Erkrankungen der Zirbeldrüse. In: *Max Hirsch*, Handbuch der inneren Sekretion. Leipzig 1928. Bd. 3, S. 247-273.
- [Gynäkologie und innere Sekretion (russ.)] Moskau 1928. 132 S.
- Über die Beziehungen zwischen Menstruationsstörungen (Hypomenorrhöe) und Schwangerschaftstoxikosen. Zentralblatt für Gynäkologie **52** (1928), 98-102.
- Konstitutionstherapie als Ausweg aus der gegenwärtigen Krise der Medizin. Hippokrates **1** (1928), 41-59.
- Eine neue Modifikation zur Technik des cervikalen Kaiserschnittes, Zentralblatt für Gynäkologie **52** (1928), 1977f.
- Die Krise der Medizin; Konstitutionstherapie als Ausweg. Stuttgart 1928. 562 S.
- Der Wert medizingeschichtlichen Studiums für die Erziehung und das praktische Handeln des Arztes. In: Festschrift Neuburger; Internationale Beiträge zur Geschichte der Medizin. Wien 1928. S. 22-31.
- Die Behandlung des Klimakteriums. Beiträge zur ärztlichen Fortbildung. 6, Nr. 7.
- Physiologie der Hypophyse. In: Handbuch der inneren Sekretion. Leipzig 1929, Bd. 2, S. 277-374.
- Physiologie der Zirbeldrüse. In: Handbuch der inneren Sekretion. Leipzig 1929, Bd. 2, S. 375-384.
- Neue Wege zur Behandlung des Basedow. Hippokrates **1** (1929), 366-376.
- Über das spätere Befinden von Frauen nach Röntgenkastration. Zentralblatt für Gynäkologie **53** (1929), 910-931.
- Menstruationsstörungen als Krankheitsursache. Gelenkerkrankungen infolge zu seltener und zu spärlicher Menstruation. Wiener klinische Wochenschrift **42** (1929), 322-325.
- Prognose der Erstgeburt aus der Muttermundsform. Zentralblatt für Gynäkologie **53** (1929), 1716f.
- Konstitutionstherapie in der Frauenheilkunde und Geburtshilfe. Jahreskurse für ärztliche Fortbildung. Juli 1929. München
- Störungen des Herzens bei Hypomenorrhöe. Jahreskurse für ärztliche Fortbildung, München. **20 (7)** (1929), 5-12.
- Menstruationsstörungen als Krankheitsursache. Störungen des Herzens bei Hypomenorrhöe. Wiener medizinische Wochenschrift **79** (1929), 864-867.
- Über das spätere Befinden von Frauen nach Uterusexstirpation mit Erhaltung der Ovarien. Zentralblatt für Gynäkologie **53** (1929), 1959-1965. - Auch in: Archiv für Frauenkunde **15** (1929), 284-301.
- Konstitutionstherapie beim Weibe. Wiener klinische Wochenschrift **42** (1929), 1313-1318.
- Netzhautablösung und Aderlaß. Münchener medizinische Wochenschrift **76** (1929), 2135.
- Über eine besonders wirksame Methode der konservativen Behandlung von Adnextumoren. Münchener medizinische Wochenschrift **76** (1929), 1379f.
- Umstimmungsbehandlung in der Frauenheilkunde. Mit besonderer Berücksichtigung der ableitenden, ausleerenden und konstitutionsumstimmenden Methoden. Hippokrates **3** (1930), 185-200.

- Der geschlechtsbedingte Rheumatismus bei Frauen. Jahreskurse für ärztliche Fortbildung. München. **21(7)** (1930), 7-16.
- Die Krebsbehandlung bei Paracelsus. Münchener medizinische Wochenschrift **77** (1930), 1635f. - Auch in Acta Paracelsica 1930.
- Grundzüge der Konstitutionstherapie. Medizinische Welt **4** (1930), 1783-1786.
- Welche Kenntnisse muß der praktische Arzt besitzen, um Erfolg zu haben? Verhandlungen der ersten Konferenz zur Förderung medizinischer Synthese, 16.-18. September 1930, Riga.
- Inwiefern ist unsere heutige medizinische Universitätserziehung ergänzungs- und verbesserungsbedürftig. Verhandlungen der ersten Konferenz zur Förderung medizinischer Synthese, 16.-18. September 1930, Riga.
- Die Krise der Medizin. Konstitutionstherapie als Ausweg. Ein Lehrbuch der Konstitutionstherapie. 2. Aufl. Stuttgart 1931.
- Klinik und Behandlung der Menstruationsstörungen. Stuttgart 1931. 448 S.
- Konservierende und radikale Behandlung atypischer Uterusblutungen. Wiener klinische Wochenschrift **44** (1931), 570-575. - Auch in: Aerztliche Praxis **5** (1931), 168-173.
- und *G. Jellinek*: Heilung eines Falles von Dementia praecox mit Amenorrhöe. Wiener klinische Wochenschrift **44** (1931), 815.
- Die Pflanzenheilkunde des Paracelsus. Acta Paracelsica 1931, H.4.
- Wie erzielt man schonende und möglichst komplikationslose Geburten? Archiv für Gynäkologie **144** (1931), 234-238.
- Zur Frage der sogenannten Ausfallserscheinungen. Wiener medizinische Wochenschrift **81** (1931), 1032-1034.
- Neurosen und Psychosen bei Menstruationsstörungen. (Körperliche Behandlung von Geisteskranken). Wiener klinische Wochenschrift **44** (1931), 1132-1135.
- Heilerfolge der somatischen Behandlung bei Dementia praecox. Wiener klinische Wochenschrift **44** (1931), 1220-1225.
- und *H. Vogt*: Gibt es ein echtes Zahnfieber? Medizinische Welt **5** (1931), 1390-1393.
- Konstitutionstherapie bei Hautkrankheiten. Aerztliche Praxis **5** (1931), 329; 356.
- Die Krise der Medizin. Lehrbuch der Konstitutionstherapie. 4. Aufl. Stuttgart 1932. 569 S.
- Medikamente und Rezepte zu - Die Krise der Medizin; Lehrbuch der Konstitutionstherapie. Stuttgart 1932. 152 S.
- Eine weitere Modifikation des Kaiserschnittes nach Portes. Zentralblatt für Gynäkologie **56** (1932), 523-526.
- Weitere Heilerfolge mit somatischer Behandlung bei weiblichen Geisteskranken, insbesondere bei Schizophrenie. Wiener klinische Wochenschrift **45** (1932), 615; 654.
- Neurosen und Psychosen bei Menstruationsstörungen (körperliche Behandlung von Geisteskranken). Aerztliche Praxis **6** (1932), 134-138.
- Hypophysis und Genitale. Wiener klinische Wochenschrift **45** (1932), 882-884.
- Heilerfolge der somatischen Behandlung bei Dementia praecox. Aerztliche Praxis **6** (1932), 201-207.
- Moderne Konstitutionstherapie. Harefuah **6** (1932), v-vi.
- Was können wir aus der Geschichte der Medizin für die ärztliche Praxis lernen?. Wiener medizinische Wochenschrift **82** (1932), 965; 996; 1027.
- Vor- und Nachteile der konservativen Myomoperation. Zentralblatt für Gynäkologie **56** (1932), 2477-2487.
- und *Jaso-Roldan, L.*: Zur klinischen Bedeutung der Pituitrin-Hypoglykämie. Zeitschrift für klinische Medizin **121** (1932), 495-503.
- Heilerfolge der Konstitutionstherapie bei weiblichen Geisteskranken, insbesondere bei Schizophrenie. Stuttgart 1933. 364 S.
- Verbesserte Apparatur und Indikationen für das unblutige und blutige Schröpfverfahren. Münchener medizinische Wochenschrift **80** (1933), 1220-1222.
- Konstitutionstherapie in der Oto-, Rhino- und Laryngologie. Folia oto-laryngologica orientalia **1** (1933), 176-185.
- Ueber somatische Behandlung endogener Depressionszustände beim Weibe (insbesondere bei Hypomenorrhoe, natürlichem und künstlichem Klimakterium). Wiener klinische Wochenschrift **46** (1933), 1295; 1326.
- Die Krise der Medizin. Lehrbuch der Konstitutionstherapie. (Mit Anhang: Medikamente und Rezepte) 6. Aufl. Stuttgart 1934.
- Krise und Kritiker der Medizin. Schweizerische medizinische Wochenschrift **64** (1934), 244f.
- Ist die Unterdrückung der Hämorrhoidal- und Menstruationsblutung belanglos? Münchener medizinische Wochenschrift **81** (1934), 450f.
- Hormonaltherapie in der Gynäkologie. Wiener medizinische Wochenschrift **88** (1934), 1224; 1256.
- La thérapeutique constitutionelle et ses applications à la gynécologie. Progrès médicale 2.2.1935, 177-185.
- Thérapeutique constitutionelle. La Semaine des Hopitaux de Paris **11** (1935), 306-315.

- Konstitutionstherapie bei weiblichen geisteskranken, insbesondere bei Jugendirrsinn. Wiener medizinische Wochenschrift **85** (1935), 370; 405; 429; 458; 484; 515.
- Technik der Konstitutionstherapie. Wien-Leipzig-Bern 1936. 588 S.
- Die Bedeutung der Allgemeinbehandlung des Klimakteriums in der Gynäkologie und ihren Grenzgebieten. Wiener klinische Wochenschrift **49** (1936), 289-294.
- Praktischer Hippokratismus. Wiener medizinische Wochenschrift **86** (1936), 314; 345; 402-406.
- Vorteile und Indikationen der intrauterinen Chlorzinkätzung. Zentralblatt für Gynäkologie **60** (1936), 867-880.
- Technik der Konstitutionstherapie. 2. Aufl. Wien-Leipzig-Bern 1937. 588 S.
- Die Rolle des Bieres in der konstitutionellen Diätbehandlung. Wiener medizinische Wochenschrift **87** (1937), 864.
- Der Arzt als Schicksal. Zürich-Leipzig 1939.
- Neo-hippocratism in everyday practica. Bulletin of the History of Medicine **10** (1941), 260-271.
- Constitutional Therapy as a new trend of medicine. The New York Physician, August 1941.
- The art of the healer. New York 1942. 306 S.
- Management of arthritis in the menopause. The New York Physician, July 1942.
- Utilitaristic approach to the history of medicine. Bulletin of History of Medicine **13** (1943), 291-299.
- Skin diseases in menopause. Urologic and Cutaneous Review **48** (1944), 619-626.
- Empiricism and rationalism in past and present medicine. Bulletin of the History of Medicine **17** (1945), 269-286.
- Medicina y destino. A dónde va la medicina? Barcelona 1946. 330 S.
- Treatment of arthritis and rheumatism in general practice, particularly in women. New York 1946. 340 S.
- The art of healing. London 1947.
- Necessity and advantage of medical history in every-day practice. Festschrift Neuburger 1948, S. 9-13.
- L'art de guérir. Paris 1949.
- De kunst van het genezen. s'Gravenhage 1949. 271 S.
- Behandlung des Gelenkrheumatismus und verwandter Zustände besonders bei Frauen. 3. Aufl. Stuttgart 1949. 403 S.
- Lehrbuch der Konstitutionstherapie. Technik der Allgemeinbehandlungsmethoden. 7. Aufl. Stuttgart 1953. 713 S.
- Trost und Hilfe für Rheumakranke. München 1957. 204 S.
- Arthritis can be cured. New York 1957. 233 S.
- Trost und Hilfe für Rheumakranke. 2. Aufl. München-Basel 1959.
- Befreiung der Medizin vom Dogma. Ulm 1962. 167 S.
- Technik der Konstitutionstherapie. 3. Aufl. Ulm 1962. 588 S.
- Technik der Konstitutionstherapie. 4. Aufl. Heidelberg 1977
- Befreiung der Medizin vom Dogma. 2. Aufl. Heidelberg 1981.
- Technik der Konstitutionstherapie. 6. Aufl. Heidelberg 1984
- Lehrbuch der Konstitutionstherapie. Technik der Allgemeinbehandlungsmethoden. 8. gekürzte Aufl. Stuttgart 1986. 477 S.

2. Von Aschner erwähnte Literatur

(Auswahl; teilweise in neueren Ausgaben)

Abulkasim (=*Albucasis*): On Surgery and Instruments. Transl. *M. S. Spink* and *G. L. Lewis*. Berkeley 1973.

Alexander von Tralles. Ed. *Theodor Puschmann*. 2 Bde. Amsterdam 1963. (repr.)

Aretaeus: Ed. *Karl Hude*. Berlin 1958.

Augenio, Orazio: De ratione curandi per sanguinis missionem. Venedig 1597

Avicenna: Liber canonis. Hildesheim 1964. (Repr.)

Baglivi, Giorgio: Opera omnia. Venedig 1754.

Bauer, Julius: Die konstitutionelle Disposition zu inneren Erkrankungen, 3. Aufl. Berlin 1924.

- Vorlesungen über allgemeine Konstitutions- und Vererbungslehre. 2. Aufl. Berlin 1923.
- Constitution and Disease. New York 1942.

Baunscheidt, Carl: Der Baunscheidtismus. 10. Aufl. Bonn 1869.

Berends, C. A.W.: Handbuch der praktischen Arzneiwissenschaft. 10 Bde. Wien 1830/31.

Bier, August: Erzeugung von Immunität und Heilung schwerer Infektionen durch das Glüheisen und durch Arzneimittel. Medizinische Klinik **24** (1928), 201; 246; 281.

- Über die Behandlung von schweren Infektionen mit dem Glüheisen. Medizinische Klinik **25** (1925), 12.

Bircher-Benner, Max: Ernährungskrankheiten in gemeinverständlicher Darstellung. Zürich 1928.

- Grundzüge der Ernährungs-Therapie. 2. Aufl. Berlin 1926.

Blancard (Blankaart), Steph.: Neuscheinende Praxis der Medicinae. Hannover-Wolfenbüttel 1704.

Boerhaave, Hermann: Institutiones medicae. Nürnberg 1740.

- Aphorismis de cognoscendis et curandis morbis. Venedig 1741.

Bottenberg, Heinz: Die Blutegelbehandlung. Stuttgart 1935. 2. Aufl 1948.

Brauchle, Alfred: Handbuch der Naturheilkunde auf wissenschaftlicher Grundlage. 7. Aufl. Leipzig 1933.

- Naturheilkunde in Lebensbildern. Leipzig 1937.

Bright, Richard: Die Erkrankungen der Nieren. Übers. *E. Ebstein*. Leipzig 1916.

Broussais, F. J. V.: Histoire des phlegmasies ou inflammations chroniques. 2. Aufl. 2 Bde. Paris 1816.

Brown, John: System der Heilkunde. Kopenhagen 1798.

Brugsch, Th.: Einführung in die Konstitutionslehre. in: *Th.Brugsch* u. *F.H.Lewy* (Hrsg.), Die Biologie der Person; Ein Handbuch der allgemeinen und speziellen Konstitutionslehre. Bd. I, Berlin-Wien (1926),

- Allgemeine Prognostik. 2.Aufl. Berlin-Wien 1922.

Bucura, Constantin: Geschlechtsunterschiede beim Menschen. Wien und Leipzig 1913.

Celsus: De medicina. 3 Bde. Cambridge-London 1960-61.

Chaillou, Auguste und *Léon MacAuliffe*: Morphologie médicale; Etude des quatre types humaines. Paris 1912.

Charaka: Caraka-Samhita. Ed. *P.Sharma*. 3 Bde. 2. Aufl. Varanasi 1992.

Corvisart, Jean Nicolas: Essai sur les maladies et les lésions organiques du coeur et des gros vaisseaux. 3. Aufl. Paris 188.

Cullen, William: Institutions of medicine, Edinburgh 1772.

- Abhandlung über die Materia medica. Übers. *S. Hahnemann*. Leipzig 1790.

Diepgen, Paul: Geschichte der Medizin. 2 Bde. Berlin 1949-55.

Dyes, August: Zwei Hauptmittel zur Verlängerung des menschlichen Lebens. Leipzig 1895.

- Bleichsucht und Schlagfluß. 3. Aufl. Stuttgart 1892.

Fallopio, Gabriele: Opera omnia. Frankfurt 1600.

Fernel, Jean: Universa medicina. Genf 1679.

Frank, Johann Peter: Grundsätze über die Behandlung der Krankheiten des Menschen. 6 Bde. Mannheim 1794-1807.

Fyens (Fienus), Thomas: De cauteriis libri 5. Löwen 1601.

Galen: Opera omnia. Ed. *Kühn*. Hildesheim 1964/65 (Repr.)

Gerson, Max: Meine Diät. Berlin 1930.

Glisson, Francis: Opera medico-physica. Leiden 1691.

Gurlt, Ernst: Geschichte der Chirurgie und ihrer Ausübung. Hildesheim 1964 (Repr.)

Haen, Anton de: Ratio medendi. 15 Bde. 2. Aufl. Wien 1760-73

Hahn, Johann Sigmund: Unterricht von der wunderbaren Heilkraft des frischen Wassers. 5. Aufl. Ilmenau 1833.

Haller, Albrecht von: Elementa physiologiae corporis humani. 8 Bde. Lausanne 1757-1766.

Heberden, William: Commentarii de morborum historia et curatione. London 1802.

Heister, Lorenz: Chirurgie. Nürnberg 1752.

Helmont, Jean Baptiste van: Aufgang der Artzney-Kunst. Übers. *Knorr von Rosenroth*. München 1971 (Repr.)

Henri de Mondeville: Die Chirurgie des Heinrich von Mondeville. Hrsg. *J. L. Pagel*. Archiv für klinische Chirurgie Bd. 40-44, 1890-92.

Hippokrates: Oeuvres complètes. Ed. *Littré*. Amsterdam 1961/62 (Repr.)

Hoffmann, Friedrich: Opera omnia. Genf 1740

Holler, G.: Ueber die Wirkung und die therapeutische Anwendung des Aderlasses. Wiener klinische Wochenschrift **48** (1935), 468-470.

Honigmann, Georg: Das Wesen der Heilkunde. Leipzig 1924.

- Geschichtliche Entwicklung der Medizin. München 1925

- Ärztliche Lebensfragen und ihre moderne Lösung. Wiesbaden 1913.

Hovorka, Oskar von und *Adolf Kronfeld*: Vergleichende Volksmedizin. 2 Bde. Stuttgart 1908/09.

Hufeland, Christoph Wilhelm: Encheiridium Medicum. 6. Aufl. Berlin 1842

- Lehrbuch der allgemeinen Heilkunde. Heidelberg 1993.

Kämpf, Johann: Für Aerzte und Kranke bestimmte Abhandlung von einer neuen Methode. Dessau-Leipzig 1784.

Klein: Naturheilverfahren. Leipzig 1928.

Kneipp, Sebastian: Meine Wasserkur. - So sollt ihr leben. München 1988.

Kraus, Friedrich: Die allgemeine und spezielle Pathologie der Person. Leipzig 1919.

Kretschmer, Ernst: Körperbau und Charakter. 10. Aufl. Berlin 1931.

Laennec, R. T. H: Propositions sur la doctrine médicale d'Hippocrate, relativement à la médecine pratique. Paris 1804.

Lahmann, Heinrich: Die wichtigsten Kapitel der natürlichen (physikalisch-diätetischen) Heilweise. 6. Aufl. Dresden 1923.

Liek, Erwin: Der Arzt und seine Sendung. 3. Aufl. München 1926.

- Irrwege der Chirurgie. München 1929.

Louis: Recherches sur les effets de la saignée. Paris 1835

Martius, F.: Konstitution und Vererbung in ihren Beziehungen zur Pathologie. Berlin 1914.

Mathes, Paul: Die Konstitutionstypen des Weibes, insbesondere der intersexuelle Typus. in: *Halban/Seitz*, Biologie und Pathologie des Weibes. Berlin-Wien 1924, Bd. 3.

- Der Infantilismus, die Asthenie und deren Beziehungen zum Nervensystem. Berlin 1912.

Mesue, Johannis: Opera. Venedig 1581.

- Le livre des axiomes médicaux (Aphorismi). Genf 1980.

Möller, Siegfried: Ernährungskuren und ihre Erfolge. 2. Aufl. Dresden 1927.

Neuburger, Max: Die Lehre von der Heilkraft der Natur im Wandel der Zeiten. Stuttgart 1926.

- Geschichte der Medizin. 2 Bde. Stuttgart 1906-11.

- *Hermann Nothnagel*. Leben und Wirken eines deutschen Klinikers. Wien 1922.

Nikander: The Poems and Poetical Fragments. Ed. *Gow/Scholfield*. Cambridge 1953.

Noorden, Carl von: Handbuch der Pathologie des Stoffwechsels. 2. Aufl. Berlin 1907.

- Die Fettsucht. 2. Aufl. Wien-Leipzig 1910.

- Die Zuckerkrankheit und ihre Behandlung. 7. Aufl. Berlin 1917.

Oribasius: Ed. *I. Raeder*. 4 Bde. Amsterdam 1964 (Repr.)

Paracelsus: Sämtliche Werke. Übers. *B. Aschner*. Jena 1926-32 (Repr.: Leipzig 1975-77)

Paré, Ambroise: Dix livres de la chirurgie. Paris 1964. (Repr.)

Paulos: Paulos von Aegina des besten Arztes sieben Bücher. Übers. v. *I. Berendes*. Leiden 1914.

Pende: Le debolezze di costitutione. Rom 1922.

- Constitutional inadequacies. Philadelphia 1928.

Philostratus: (*Julius Jüthner*:) Philostratos über Gymnastik. Amsterdam 1969. (Repr.)

Platner, Zacharias: Gründliche Einleitung in die Chirurgie. Leipzig 1770.

Pott, Percival: Chirurgical Works. 4 Bde. London 1771.

Prießnitz: (*Philo vom Walde*:) Vinzenz Prießnitz. Sein Leben und Wirken. Berlin o. J.

Pringle, John: Observation on the diseases of an army. London 1752.

Rasori, Giovanni: Pricipi nuovi di terapeutica. 2 Bde. Parma 1842.

Rhazes: Opera exquisitiora. Brüssel 1973 (Repr.)

Richter, August Gottlieb: Anfangsgründe der Wundarzneykunst. 6 Bde. Frankenthal-Wien 1788-1800.

Rikli, Arnold: Die Thermodiätetik. Wien 1869.

Rokitansky, Carl: Lehrbuch der pathologischen Anatomie. 3. Aufl. Wien 1856-61.

Rufus Ephesius: Opera. Ed. *Daremberg-Ruelle*. Amsterdam 1963. (Repr.)

Scharfbillig, Christian: Der rote Aderlaß. Heidelberg 1966.

Schmucker, Johann Leberecht: Vermischte chirurgische Schriften. 3 Bde. Berlin-Stettin 1786-97.

Schönenberger, Franz: Lebenskunst - Heilkunst. Ärztlicher Ratgeber für Gesunde und Kranke. Zwickau 1906.

Schroth: Johann Schroth, der Naturarzt zu Lindewiese... und dessen Semmelcur. 35. Aufl. Freiwaldau-Gräfenberg 1909.

Scribonius Largus: Compositiones. Ed. *S. Sconocchia*. Leipzig 1983

Siebeck, Richard: Ueber Beurteilung und Behandlung von Kranken. Berlin 1928.

Siemens:, H. W.: Einführung in die allgemeine Konstitutions- und Vererbungspathologie. Berlin 1923.

- Ueber die Begriffe Konstitution und Disposition. Deutsche medizinische Wochenschrift **45** (1919), 339-341.

Skoda, Joseph: Abhandlung über Perkussion und Auskultation. 3. Aufl. Wien 1844.

Soranus: Die Gynäkologie. Übers. *H. Lüneburg*. München 1894.

- Gynecology. Transl. *O. Temkin*. Baltimore 1956.

Stahl, Georg Ernst: Theoria medica vera. Halle 1708.

Stockard, C. R.: An experimental study of racial degeneration in mammals treated with alcohol. Archives of internal medicine **10** (1912), 369-398.

Stoerck, Anton: Medicinisch-praktischer Unterricht. 3. Aufl. Wien 1789.

Stoll, Maximilian: Ratio medendi. Pavia-Wien 1788-90.

Sushruta-Samhita. Ed. *K. K. Bhishagratna*. 3. Aufl. Varanasi 1981.

Swieten, Gerard van: Commentaria in *Hermanni Boerhaave* Aphorismos 5 Bde. Hildburghausen 1754.

Sydenham, Thomas: Opera omnia. Ed. *Greenhill*. London 1846.

Sylvius (Deleboe), Franciscus: Opera medica. Amsterdam 1680.

Tandler, Julius: Über den innersekretorischen Anteil der Geschlechtsdrüsen auf die äußere Erscheinung des Menschen. Wiener klinische Wochenschrift **23** (1910), 459.

- Konstitution und Rassenhygiene. Zeitschrift für angewandte Anatomie **1** (1913), 11-26.

Tappeiner, Hermann von: Lehrbuch der Arzneimittellehre und Arzneiverordnungslehre. 15. Aufl. Leipzig 1922.

Tissot: Oeuvres complètes. 11 Bde. Paris 1820.

Viola, G.: Le leggi di correlazione morfologica dei tipi individuali. Clin. med. ital. Milano **47** (1910), 649-671.

- La costituzione individuale; dottrina, metodo, tipi morfologici. 2 Bde. Bologna 1932.

Winternitz, Wilhelm: Die Hydrotherapie auf physiologischer und klinischer Grundlage. Wien 1877-79.

Wolzendorff: Moxe. In: *Albert Eulenburg* (Hrsg.): Real-Encyclopädie der gesammten Heilkunde. Bd. 3. Aufl. Wien und Leipzig 1898. XVI, 126f.

Zacutus Lusitanus: Opera. Lyon 1667.

Personenregister

Sachregister

kursiv : in Fallbeispielen
* : Rezeptbestandteil

A

B

C

L

Q

R

T

W